철학으로 한국 사회를 사유하다

철학으로 한국 사회를 사유하다

양해림

집문당

저자 **양해림**

독일 베를린 훔볼트(Humboldt)대학교 철학과에서 "빌헬름 딜타이의 사회철학: 개인과 사회의 관계"에 대한 주제로 철학박사학위를 받았다. 현재 충남대학교 인문대학 철학과 교수로 재직하고 있다. "2020년 대전광역시장 인권상", "2022년 대한민국 인권상(국가인권위원회 위원장)"을 받았다.

현재 양심과 인권-나무-의 공동 대표이며, 민주화를 위한 전국교수협의회 공동의장(민교협), 한국니체학회장, 한국해석학회장, 한국환경철학회장, 충남대학교 인문학연구소 소장, 대전시 인권위원회 위원장(2기, 4기), 대전시민사회연구소장 등을 역임했다.

철학으로 한국 사회를 사유하다

2025년 10월 20일 1판 1쇄

저자 | 양해림
발행인 | 임동규
발행처 | **(주)집문당**
등록 | 1971. 3. 23. 제2012-000069호
주소 | 03134 서울시 종로구 돈화문로 82, 5층
전화 | +82-1811-7567
이메일 | sale@jipmoon.com
홈페이지 | www.jipmoon.com

ISBN 978-89-303-1981-2 03100

가격 25,000원

(주)집문당 이순신돋움체B (저작권자 아산시, 무료글꼴)

머리말

우리가 살아가는 오늘의 한국 사회는 겉으로는 눈부신 성장을 이루었지만, 그 이면에는 여전히 깊은 상처와 해결되지 않은 갈등이 남아 있습니다. 급속히 빠른 경제 성장과 민주주의의 진전은 세계적으로 주목받을 만한 성취였지만, 그 성취가 곧바로 인간다운 삶을 보장하지는 못했습니다.

이 책의 각 장은 세월호 참사와 국가의 책임, 세대 갈등과 권력의 문제, 기후위기와 인권 및 환경권, 공동체와 교육, 허무주의와 종교(기독교와 불교), 동물권과 공리주의, 오리엔탈리즘과 아시아적 생산양식, 유교와 체계이론, 그리고 뇌과학과 불교의 만남, 기억의 소환에 이르기까지 다양한 주제를 다루었습니다. 이렇게 서로 다른 사유와 학문이 만나는 이유는 단 하나입니다. 바로 인간다운 삶을 회복하고, 더불어 살아갈 수 있는 길을 모색하기 위함입니다. 다시 말해 세월호 참사와 같은 비극은 단지 과거의 사건이 아니라, 우리가 어떤 사회를 만들었고 앞으로 어떤 사회를 만들어 가야 하는지 끊임없이 묻고 있습니다. 세대 간의 갈등, 기후 위기와 인권의 문제, 공동체의 해체와 같은 현실 역시 우리 삶의 기반을 흔들고 있습니다.

이 책은 그러한 질문 앞에서 멈추어 서고자 합니다. “국가는 왜 여전히 근본적인 문제를 해결하지 못하는가?”라는 물음을 시작으로 우리 한국 사회의 다양한 모순과 갈등을 철학과 인문학의 시선으로 한국 사회가 직면하고 있는 역사적 맥락과 구조적 조건, 그리고 그 속에서 살아가는 인간의 존엄과 권리를 비추어 보고자 했습니다. 이를 위해 이 책은 다양한 철학자와 사상가들의 사유를 불러들였습니다. 예컨대 니체, 헤겔, 마르크스, 아렌트, 만하임, 푸코, 딜타이, 피터 싱어와 같은 사상가들의 논의는 우리의 현실과 멀리 떨어져 있는 것이 아니라, 지금 우리가 부딪히는 문제를 새롭게 바라볼 수 있는 통로가 되어 줄 것이라는 믿음입니다. 이 책은 이러한 한계와 문제를 단순한 사건이나 제도의 차원에서만 이해하지 않고, 보다 근본적인 차원에서 성찰하고자 했습니다. 이는 단순히 과거의 이론적 유산이 아니라, 오늘 우리가 직면한 문제를 새롭게 바라보게 하는 분석의 도구이기도 합니다. 각 장은 이들의 사상을 토대로 한국 사회의 현실을 재해석하며, 인문학적 통찰이 구체적 현실 속에서 어떤 의미를 가질 수 있는지 보여 주고자 했습니다.

이 책의 구성은 주제별로 나뉘어 있으나, 전체를 관통하는 문제의식은 명확합니다. 세월호 참사를 통해 국가와 신자유주의 체제가 드러낸 취약성을 분석하고, 세대 갈등과 권력 문제를 통해 사회적 신뢰와 연대의 토대를 성찰하며, 기후위기와 인권 문제를 통해 인간의 존엄성과 생존 조건을 묻고자 했습니다. 공동체주의와 교육학의 논의는 더불어 살아가는 삶의 제도적·윤리적 기초를 검토하고, 허무주의, 오리엔탈리즘, 아시아적 생산양식, 서구의 체계이론 등을 통해 우리가 어떤 문명적 길을 선택해야 하는지를 탐구했습니다. 또한 뇌과학과 불교의 대화는 인간의 마음과 기억, 그리고 깨달음에 대한 새로운 이해 가능성을 열어 줄 수 있다고 믿고 있습니다.

이 책의 목적은 모든 완결된 해답을 제시하는 데 있지 않습니다. 오히려 근본적인 질문을 통해 독자 여러분과 함께 묻고, 함께 사유하고, 함께 길을 찾고자 합니다. 왜냐하면 인문학적 성찰은 삶과 동떨어진 것이 아니라, 우리가 당면한 문제를 더 깊이 이해하고 서로를 존중하며 살아가기 위한 마음의 준비이기 때문입니다. 다시 말해 철학과 인문학적 성찰은 현실과 유리된 추상이 아니라, 우리가 마주한 문제를 더 깊이 이해하고 해결의 가능성을 탐색하기 위한 사유의 도구이기도 합니다. 이렇게 이 책은 지난 2011년 이후 한국연구재단 철학 학술지의 등재지에 실렸던 14편의 논문 및 대중불교지 불교평론 1편, 2025년 3월 한국철학회에서 발표했던 1편의 논문(각 장, 들어가는 말에 각주 출처 표기)을 재구성하고 기존의 이론은 수정 및 보완하여 새롭게 내놓게 되었습니다.

아무쪼록 이 책이 독자 여러분께 우리 사회를 차분히 바라볼 수 있는 분석적 시각과 함께, 인간다운 사회의 조건을 다시 사유하는 계기를 제공할 수 있기를 바랍니다. 우리가 안고 있는 문제를 단순히 비판하는 데 그치지 않고, 함께 성찰하며 새로운 길을 찾는 데 이 책이 작은 보탬이 되기를 기대합니다. 또한 이 책이 독자 여러분께 작은 사유의 쉼표가 되기를 바랍니다. 21세기 인공지능(AI)의 빠르게 변하는 시대 속에서도 잠시 걸음을 멈추고, 우리가 놓치고 있는 가치와 의미를 돌아볼 수 있는 기회가 되기를 소망합니다.

끝으로 이 책의 출판을 위해 인문학의 출판 불황 속에서도 기꺼이 출판을 허락해주신 임동규 사장님과 꼼꼼하게 편집해 주신 전장아 편집부장님, 멋있게 책 표지를 디자인해주신 임용우 디자이너님께도 감사한 마음을 전합니다.

2025년 10월
대전 궁동연구실에서
양해림

차 례

제1장

국가는 왜 4.16 세월호 참사를 아직도 해결하지 못했나?

-4.16 세월호 참사와 신자유주의, 그리고 국가-

제1장

국가는 왜 4.16 세월호 참사를 아직도 해결하지 못했나?

-4.16 세월호 참사와 신자유주의, 그리고 국가-*

1. 4.16 세월호 참사의 원인은 어디에 있었나?

지난 2014년 4.16일 세월호는 사고와 사건이라는 두 개의 프레임이 겹쳐진 참사였다.

> 선박이 침몰한 '사고'이자
> 국가가 국민을 구조하지 않은 '사건'이다.

세월호는 304명의 생명을 빼앗아간 비극적인 '사고'인 동시에 신자유주의 체제모순이 집약되고 농축되며 구체화되어 발생한 '사건'이다.

여기서 사고와 사건은 엄연히 다르다. 사전적 해석에 따르면, '사고'는 뜻밖에 일어난 불행한 일을 뜻한다. 즉 사고에는 의도가 없다. 자연재해가 그러하며 인재의 경우에도 실수, 태만, 방심에 의해 비롯된다. 반면 '사건'은 사회적으로 문제를 일으키거나 주목을 받을 만한 뜻밖의 일을

* 이 글은 『동서철학연구』 제78집, 한국동서철학회, 2015, 45-70쪽에 실린 내용을 수정·보완한 것임.

의미한다. 이는 주로 개인 또는 단체의 의도 하에 발생하는 일이며 범죄라든지 역사적인 사건들이 이에 속한다. 의도가 개입되는 순간 사고는 사건이 된다.[1] 검경합동수사본부는 2014년 5월15일 세월호 사고의 원인을 크게 세 가지로 발표한 바 있다.

첫째, 청진해운이 2012년 일본에서 수입한 세월호를 수리·증축하는 과정에서 좌우 불균형이 발생하는 등 복원성에 심각한 문제가 발생했다. 둘째, 사고 당일 세월호에 최대 화물적재량인 1,077톤의 2배인 2,142톤의 화물을 실었고 평형수는 1,308톤을 줄였다.[2] 셋째, 화물차와 컨테이너 등을 선체에 제대로 고정하지 하지 않은 상태에서 선박의 균형을 잡아주는 평형수를 덜 채운 채 운항하였다. 그리고 물살이 유난히 빠른 맹골수도에서 급격하게 우회전하여 원심력을 이기지 못하고 좌로 넘어지며 침몰했다.[3] 또한 정부는 해양수산부와 그 산하기관과 해운 업주들과 유착 고리를 형성했고, 이것이 선박 관리를 부실하게 만든 사고의 주요

---

1) 박민규, 『눈먼 자들의 국가』, 문학동네, 2014, 57쪽.

2) 청해진해운은 복원성 유지를 위해 화물 최대 적재치를 크게 초과하여 적재했다. 이 과정에서 선내의 허가받지 않은 여객 구역에도 적재를 하였으며, 화물 고박시 지켜야 할 규정 또한 다음과 같이 준수하지 않았다. " (...) 청해진해운이 선박안전법 제28조에 의하여 행양수산부 장관으로부터 승인을 받은 복원성 자료에 의하면, 세월호가 최대한 적재할 수 있는 화물의 최대치는 1,077톤이었으므로 월호가 만재흘 수 6,264미터를 유지하면서 최대 1,077톤을 적재하기 위해서는 평형수 1,565.8톤, 연료유 560.9톤, 청수 290.9톤을 적재하고 출항해야 한다. (...) 그럼에도 불구하고 세월호는 인천에서 제주까지 1항차당 유류대금 등의 비용만 약 6,000만원이 소요되므로, 적자를 면하기 위해서는 최대한 화물을 많이 실을 수밖에 없는 상황이었기 때문에 피고인 강○○(1등 항해사)은 세월호에 위와 같은 기준보다 평형수 804.6톤, 연료유 362.52톤, 청수 140.9톤 등 모두 1,308.02톤을 대폭 감축하여 평형수 761.2톤, 연료유 198.38톤, 청수 150톤만을 적재하는 방법으로 그만큼의 화물을 더 적재하고, 피고인 이○○(선장)은 과적 여부에 대한 점검을 하지 않아 화물이 과적되도록 하였다. 그 결과 모두 2,142톤 상당의 화물을 적재하여, 복원성 자료에 기재된 적재 가능한 화물 최대치 1,077톤에서 1,065톤 초과한 화물을 적재하였다.(민주사회를 위한 변호사모임, 『416 세월호 민변의 기록』, 생각의길, 2014, 40쪽. (광주지방법원 2014고합-검찰 고소장 기재 내용 중)

3) 민주사회를 위한 변호사모임, 『416세월호 민변의 기록』, 생각의길, 2014, 40쪽. : 조선일보, "합수부, 세월호 침몰원인 2가지로 압축", 2014.5.15. : 최우리, "세월호 6가지 소문 사실 확인", 한겨레, 2014.5.13.

원인이다. 따라서 관피아(관료+마피아)는 적폐 해소를 위해 시급히 해결되어야 한다. 일부 시민단체들은 승객들의 안전을 무시하고 화물을 과적하여 운송료 수입을 더 얻고자 한 탐욕으로 인해 사고를 불렀기 때문에 "이윤보다 사람을" 존중해야 한다고 주장한다. 노동단체들 또한 선박 규제완화와 선원의 비정규직화를 사고의 주요 원인 가운데 하나라고 주장하기도 한다. 하지만 아직까지 세월호가 침몰한 원인이 명확히 밝혀지지 않은 채 여러 원인 진단과 처방책들이 난무하고 있을 뿐이다. 그러면 무엇 때문에 국가와 정부는 존재하는가? 정부는 국민의 종복임에도 불구하고 왜 국민 위에 주인으로 군림하려 하는가? 과연 국가의 존재 이유는 무엇인가? 지난 박근혜 정부의 공공성이란 무엇을 일컫는가? 지난 4.16 세월호 참사가 청해진해운의 잘못이라면, 해경을 포함한 정부의 공공성은 어떻게 작동해야 했는가? 이 글에서 우리는 세월호 참사와 이러한 최소한의 문제의식을 통해 이후 세월호 참사의 대처 방안을 모색해 보고자 한다.

2. 4.16 세월호 참사와 신자유주의

4.16 세월호 참사는 선박 관련 기업들의 사익과 이윤 추구에 우선권을 내준 규제 완화에 상당 부분 기인하고 있다. 4.16 세월호 참사는 재난의 원인을 제공했던 경제적 이익, 기업의 이윤을 지나치게 추구하는 경제시스템이 불러온 재난이었다.[4] 물론 규제완화, 자본의 탐욕, 안전 관

4) 지난 2015년 4월 리서치앤리서치가 조사한 결과에 따르면, 세월호 참사가 발생한 가장 근본적인 원인은 '공공기관의 부적절한 운항 승인과 부실한 안전검사'(36.7%), '정부 및 정부산하기관, 민간기업 간 비정상적 유착관계'(32.8%) 등 공공기관의 책임이 70%에 달했다. 그동안 정부, 검찰, 법원이 주목해 온 '해운사의 무리한 선박증축과 개조'(19.1%), '선원의 선박운항 및 조작 미흡'(9.1%)은 그 비중이 매우 낮았다. 국민 열 명 중 일곱명은 세월호 참사를 한국 공직 사회에 만연한 부조리, 비리, 부패에 뿌리를 둔 '구조적, 필연적 산물'

리 부실이 거시적인 측면에서 세월호 참사의 간접적인 원인을 제공할 수는 있지만, 직접적인 원인은 아니다. 왜냐하면 정부의 주장대로 당일 8시 50분에 사고가 발생했다고 하더라도 그 당시 배에서 탈출하라고 선원이 지시했더라면, 또한 그곳에 도착한 해경이 탈출을 지시했더라면, 승객 대부분은 구조되었을 것이고 대참사는 일어나지 않았을 것이기 때문이다.[5] 정부는 자신들의 범죄 행위가 대참사의 원인이라는 것을 감추기 위해 침몰의 원인을 참사로 둔갑시킨 것일까? 박근혜는 지난 2014년 5월 19일 대국민 담화에서 세월호 사고에 대해 다음과 같이 말했다.

> 이번 세월호 사고에서 해경은 본연의 임무를 다하지 못했습니다. 사고 직후에 즉각적이고 적극적으로 인명 구조 활동을 펼쳤다면, 희생을 크게 줄일 수 있었을 것입니다. ... 국민 여러분, 이번 사고의 직접적인 원인은 선장과 일부 승무원들의 직무 유기와 업체의 무리한 증축과 과적 등 비정상적인 사익 추구였습니다.

위의 말만 잠깐 살펴보면, 세월호 참사에 대해 대통령은 전혀 책임이 없고, 단지 해경의 직무 태만, 선장과 일부 승무원들의 직무 유기, 업체의 비정상적인 사익 추구가 주된 원인이다. 하지만 추후 밝혀진 바에 의하면, 정부는 배에 탑승한 승객들에게 구조를 하지 않았고 구조를 막았던 것으로 드러났으며 "청와대는 컨트롤 타워가 아니다"라는 무책임한 말만 반복했다. 그러면 4.16 세월호 참사에 대해 신자유주의는 어느 정도 직·간접적인 원인을 제공했을까?

김용옥 석좌교수는 세월호의 불상사는 99.99%의 대중을 희생시켜 0.01%의 부귀권세가들을 봉양하려는 이명박 정부 이래의 줄기찬 신자유주의적인 정책기조가 교육·경제·정치·행정·법률·문화 전반에 끼친 영

로 인식하는 것으로 해석된다.

5) 권정기, 「대참사의 원인은 박근혜정부에게 있다」, 『세월호참사 이전으로 돌아갈 수 없다』, 노사과연, 2014, 102쪽.

향이 만들어낸 것이라 본다. 말하자면 세월호의 실소유주 유병언은 이윤 극대화를 위하여 승객을 짐짝화한 것이다.[6] 지난 2014년 5월 20일 민교협 성명서에서도 "세월호와 같은 대한민국 국가시스템은 1990년대부터 우리사회를 유령처럼 지배해온 신자유주의 정치가 낳은 괴물"이라 비판한다. 다시 말해 신자유주의는 재벌과 외국자본의 탐욕스러운 이윤추구는 철저하게 보장하되, '효율성', '경쟁력', '비용절감'을 위해 노동과 서민을 생활의 위기로, 생존의 위기로 몰아간 신자유주의 정치의 가장 전면에 박근혜 대통령으로 표상되는 보수정치가 있다. 신자유주의와 내외자본의 야합의 정치 속에서, 관피아가 발생하고, 도덕적 해이가 만연하고, 자기 살길만을 챙기는 생명경시의 사회가 탄생한 것이다.[7]

전규찬은 『눈먼 자들의 국가』(2014)에서 세월호 참사는 신자유주의의 모순성이 파경으로 형상화된 우리 신변에서 발생한 충격적인 물리현상이라 본다. 이제 몰살은 전시 상황이 아니더라도 아닌 평시에도 얼마든지 가능하게 되었다. 몰살은 생명을 잡아먹는 신자유주의의 야수적 원리를 고스란히 배태한 날카로운 파편인 것이다. 대한민국이 곧 세월호임을, 신자유주의가 원흉임을 지시하는 결정적인 기표다. 신자유주의가 지속되는 한 세월호는 계속된다.[8]

그러면 지금껏 선진자본주의 국가를 중심으로 추진되고 있는 신자유주의의 세계화는 무엇을 일컫는 것일까? 주지하듯이, 세계화를 뒷받침하는 이념은 신자유주의다. 신자유주의의 정책은 정의(定義)하는 사람에 따라 약간씩 차이를 보이고 있지만, 대체적으로 "시장에서 자유로운 경쟁이야말로 최선의 결과를 낳는다"라는 논리에 바탕을 둔 이념과 정책이

---

6) 김용옥, 「세월호참사 특별기고- 더 이상 애도만 하지 말라! 정의로운 발언을 서슴지 말라!」, 『한겨레』 2014.5.5.

7) 민주화를 위한 전국교수협의회 성명서, 「세월호의 침몰은 절망의 대한민국을 상징하고 있다. 박근혜 대통령은 퇴진하라」, 2014.5.20.

8) 전규찬, 「영원한 재난상태: 세월호 이후의 시간은 없다」, 김애란 외, 『눈먼 자들의 국가』, 문학동네, 2014, 162-163쪽.

다. 신자유주의는 대공황으로 표출된 시장의 실패를 치유하는 과정에서 국가의 적극적인 시장개입을 추구해온 복지국가를 공격의 목표로 삼는다는 점에서 17~18세기의 고전적 자유주의와 차이가 있다. 신자유주의의 토대는 1930년대의 독일 경제학자 오이켄(W. Euken)에 의해 발전되었고 1980년대의 신자유주의의 대변인 격인 하이예크(A. Hayek)와 미국의 경제학자이자 노벨 수상자인 밀턴 프리드먼(M. Friedman)은 "시장경제의 자생적 질서를 인위적인 것으로 대체하려면, 정부의 영향이 커지고, 이러한 정부는 독재와 전체주의로 흐를 수밖에 없다"[9]고 주장했다. 미국의 저널리스트 토머스 프리드먼에 따르면, 신자유주의는 국가에 의한 감독보다는 "외국인 투자와 자본시장에 대한 탈규제화, 무역의 자유화, 외환 자유화, 부정부패의 감소, 연금의 민영화, 안정된 물가 수준, 정부 조직 규모 감축, 재정 균형의 달성, 공공기업의 민영화 등"[10]이 그 대표적인 정책 기조의 핵심이라 말한다.

신자유주의는 1930년의 경제 대공황 이전의 고전적 자유주의와 대공황 이후의 케인스(John Maynard Keynes)식의 근대적인 자유주의를 거슬러 왔다. 이때 한 나라를 단위로 국민경제가 등장했고, 이 국민경제를 조절할 거시경제 정책의 모습이 드러났다. 국가는 복지 지출을 늘려서 가계소득을 보조했고, 불황일 경우는 경기부양 수단으로 활용했다. 제한된 규모이기는 하지만 국가가 운영하는 공공부문이 등장하여 경제정책 수단 중의 하나가 되었다(혼합경제). 이러한 정책 기조는 공적 투자로 수효를 늘려 불황에 맞서자고 주장한 케인스주의(Keynesianism)를 등장시켰다.[11] 그 이후 신자유주의는 1980년대 미국의 레이건, 영국의 대처 정부에 의해 현실화되었다. 지난 1990년대 들어 신자유주의는 미국의

---

9) T. Friedmann, *The Lexus and the Olive Tree*, Anchor Books, New York, 2000, 31쪽.

10) T. Friedmann, 앞의 책, 31쪽.; 장하준, 『나쁜 사마리아인들』, 이순희 옮김, 부키, 2011, 43쪽.; 앤소니 기든스, 『제3의 길』, 한상진·박찬욱 옮김, 생각의 나무, 1998, 34쪽.

11) 장석준, 『신자유주의의 탄생』, 책세상, 2011, 38쪽.

호황을 등에 업고 세계 각국에 시장 개방과 자본의 자유로운 활동을 위한 각종 규제의 철폐로 나아갔다. 이러한 시장에 대해 신자유주의는 각종 정부 규제의 철폐를 요구한다. 이는 "작은 정부, 큰시장"이라는 구호로 나타났다. 신자유주의는 노동조합도 부정적으로 보고, 재정 정책도 결과적으로 비효율성을 낳는다며 정부의 기능을 극소화할 것을 요구한다. 그런데 시장 개방을 받아들이고 신자유주의 정책을 실행했던 국가들은 이런 정책이 저성장과 고실업의 문제를 해결하는 데 오히려 빈곤의 악순환만을 가중시켰다는 비판에 직면해 있다.

따라서 신자유주의 정책의 핵심은 **"탈규제, 노동시장의 유연화, 민영화, 사회비용의 삭감, 자본의 국제 이동에 대한 개방"** 등으로 요약할 수 있다. 한마디로 신자유주의는 모든 부문에서의 유연화를 강조한다. 영국을 비롯한 유럽에서는 신자유주의의 한계를 극복하고자 영국 수상이었던 토니 블레어(Anthony Charles Lynton Blair)와 영국의 사회학자 앤서니 기든스(Anthony Giddens)의 제3의 길이 추구되었다. 흔히 제3의 길은 우파의 시장주의의 피해와 고전적 좌파이론의 약화를 극복하기 위한 이념적이고 정책적 좌표로 알려져 있다. 이른바 "제3의 길"은 기든스에 의해 이론화되었고, 토니 블레어에 의해 정치적으로 표현되었다. 마거렛 대처 전(前) 영국 총리의 '울트라 리버럴리즘적 자본주의'[12]와 '전통적 국가주도경제' 사이에서 중간지점을 선택했다는 의미로 제3의 길을 블레어는 주장해 왔다. 영국 노동당이 주창한 제3의 길은 세계화와 정보화의 변화에 대한 발 빠른 대응이라고 보아도 무방할 것이다. 영국

12) 1970년대 경제불황 시기에 신자유주의가 미국과 영국에서 중앙무대로 올라갔다. 런던의 경제문제연구소와 시카고 대학과 같은 다양한 싱크탱크가 이 이론을 크게 발전시켰다. 1979년 5월 마가렛 대처가 경제개혁이라는 강한 요구 속에서 수상으로 선출되었다. 케이스 조셉(Keith Joeph)과 같은 경제문제연구소의 계획에 영향을 받은 대처 수상은 케인스 주의가 폐기되어야 하고 영국 경제의 특징이었던 스태그플래이션을 치료하는데 핵심적인 것은 통화주의적 "공급주도 정책"이라는 주장을 받아 들였다.(데이비드 하비, 『신자유주의 세계화의 공간들』, 임동근외 옮김, 문화과학사, 2010, 25쪽.)

노동당이 내세웠던 제3의 길은 "구식 사회민주주의와 신자유주의를 함께 극복하려는 것"13)이라고 스스로 규정했다. 하지만 노동이 집권했을 때 실제로 보수당의 편협하거나 극단적인 신자유주의 또는 시잔 근본주의를 일부분 교정하는 정도에 지나지 않았다.14)

이러한 제3의 길은 지난 1980년대 이후 신자유주의 정책의 전형인 미국 로널드 레이건 전 대통령의 레이거노믹스를 연상시키고 있다. 자본주의의 가장 강력한 역사적 대안이었던 사회주의와 사민주의 중의 하나는 폐기되었고, 다른 하나도 강력한 시장경제에 대한 수정의 압력에 놓였다. 이러한 신자유주의는 불평등의 심화, 삶의 질 저하, 정부 통치의 비효율성, 복지국가가 대중의 능동성을 갉아먹고 결과적으로 성장의 둔화를 가져다주었다. 장하준에 따르면, 지난 "1980년대 이후 신자유주의적 세계화는 형편없는 성장을 기록"15)했다고 주장한다. 우리가 부를 더 많이 가지려면, 그 전에 먼저 '더 많은 부'를 창출해야 하며, 신자유주의야말로 이 목표를 달성할 수 있는 방법이라는 말을 반복해서 들어왔다. 그러나 신자유주의의 정책은 대부분의 국가에서 소득불평등은 증가한 반면, 성장은 사실상 크게 둔화되었다.16)

독일의 슈피겔 기자가 쓴 『세계화의 덫』(1996)은 사회 양극화 현상을 잘 표현하여 주목받은 바 있다. 특히 이 책은 1990년대 이후 경제적 세계화의 문제점과 파멸의 위기를 경고한다. 이 책에서 21세기 사회는 20:80의 비율로 부와 빈곤의 차별적 구조화가 진행되고 있다고 경고한다. 말하자면 향후 "21세기에는 노동 가능한 인구 중에서 20%만 있어도 세계 경제를 유지하는 데 별 문제가 없다"17)는 것이다. 즉, "20%의 선진국이나 강대국들이 전 세계의 부를 80% 이상 차지하고, 나머지 80%의 빈

---

13) 앤소니 기든스, 『제3의 길』, 261쪽.
14) 장하성, 『한국자본주의』, 헤이북스, 2014, 421쪽.
15) 장하준, 『나쁜 사마리아인들』, 이순희 옮김, 부키, 2011, 53쪽.
16) 장하준, 『나쁜 사마리아인들』, 53쪽.
17) 한스 페터 마르틴·하랄트 슈만, 『세계화의 덫』, 강수돌 옮김, 영림 카디널, 2006, 26쪽.

곤국, 후진국의 인구들은 20%의 부를 나누어 갖는 현상"으로 나타나는데, 이것은 세계화 과정이 촉진되면서 더욱 빠른 속도로 분명하게 드러날 수 있다고 경고한다. 향후 세계화 경제에서 벌어지는 대부분의 일들은 부자 나라들에 의해 결정된다는 것이다. 비록 부자 나라들이 영향력을 행사하지 않더라도 그렇게 된다는 것이다.[18] "부자 나라들은 세계 생산고의 80%를, 국제 무역의 70%를, 전체 외국인 직접투자의 70~90%를 차지하고 있는데, 이는 부자 나라들의 국가정책이 세계 경제에 막대한 영향력을 행사할 수 있다는 것을 의미한다."[19] 따라서 미래 사회는 점점 불평등을 심화시켜 20대 80의 사회가 될 것이며 그 인력 중 20%만이 운 좋은 사람이 될 것[20]이다.

이런 점에서 장하준은 "자유시장은 정치적으로 정의되는 것"[21]이라 말한다. 즉, "자유시장 경제학자들은 자신들의 정부의 정치적 개입으로부터 시장을 보호하는 것처럼 말하지만, 그것은 사실이 아니라는 것이다. 정부는 언제나 시장에 개입하고 있고, 자유시장론자들도 다른 모든 사람들처럼 정치적이다. 객관적으로 규정된 자유시장이 존재한다는 신화에서 벗어나는 것이야말로 자본주의를 이해하는 첫걸음이다."[22] 여기에 편승하여 한국 사회는 지난 1990년대 말 이후 IMF의 외환 위기나 세계은행, WTO가 강제하는 거시경제 안정화정책과 구조조정 프로그램으로 인해 사회적 양극화로 인한 빈곤의 세계화를 가속해 왔다. 즉 IMF, 세계은행, WTO의 삼총사는 주로 부자 나라들에 의해 통제되고 부자 나라들이 원하는 나쁜 사마리안인 같은 정책을 구상하고 실행에 옮겼다.[23] 이렇게 한국 사회는 신자유주의의 폐해로 인해 사회적 양극화를 낳으면

18) 장하준, 『나쁜 사마리아인들』, 58쪽.
19) 장하준, 『나쁜 사마리아인들』, 58쪽.
20) 한스 페터 마르틴·하랄트 슈만, 앞의 책, 28쪽.
21) 장하준, 『그들이 말하지 않는 23가지』, 김희정·안세민 옮김, 부키, 2010, 20쪽.
22) 장하준, 『그들이 말하지 않는 23가지』, 20쪽.
23) 장하준, 『나쁜 사마리아인들』, 58쪽.

서 중산층의 삶은 나락의 삶으로 곤두박질치고 있다.

지난 4.16 세월호 참사는 침몰하는 배에서 탈출한 선장은 신자유주의의 완벽한 현신(賢臣)이며, 공공심이 단순히 환상에 지나지 않는다는 것을 단적으로 보여주었다. 지난 세월호 선박 침몰 사고는 단지 선원의 부주의나 비전문성 때문에 발생했거나, 조류의 특성으로 인해 발생한 사태라고 단정할 수 없다. 세월호는 현대사회의 '축소판'이라고 할 수 있다. 선장에게만 이번 세월호 참사의 직접적인 책임을 물을 수도 없다. 박근혜 대통령은 이 선장의 행동을 "살인과도 같은 행태"라며 비난한다. 하지만 이번 일은 현대건설의 CEO이기도 했던 이명박 전 대통령의 신자유주의 정책에 일차적인 책임을 물어야 한다. 해운법에 따르면, 지난 1985년까지 20년으로 묶여 있던 여객선 선령은 지난 1991년 엄격한 제한 조건을 달고 5년 범위 내에 연장이 가능하도록 완화되었다. 지난 2009년 연객선 선령은 30년까지 늘어났다. 청해진해운이 1994년 건조된 일본 선박 '나미노우에호'를 취항해 18년 동안 운항한 세월호를 지난 2012년 10월경 한국에 구입하여 2013년부터 운항에 들어간 것이다. 여객선 선령 제한이 20년에서 30년으로 연장되지 않았다면, 청해진해운이 이미 18년 동안 운행한 세월호가 출항하는 일은 없었을 것이다. 단지 2년 운항을 위해 청해진해운이 6800t 규모의 초대형 여객선을 구입할 이유가 없기 때문이다.[24] 지난 이명박 정부가 그동안 강하게 추진해 왔던 친기업 정책 드라이브의 일환으로 이번 참사의 단초를 제공한 것이다. 순수하게 이익에 중점을 둔 기업 정책은 사고의 위험성을 현저하게 높여왔던 것이다. 가격을 낮추고, 효율성을 추구하는 신자유주의의 격언은 인명과 인간의 존엄성을 담보로 삼았던 것이다.

당시 세월호 선원의 대부분은 비정규 계약직이었다. 선장조차도 저임금의 1년 단기 계약을 맺어 왔다. 선장의 월급이 270만원, 3등 항해사는

---

24) 하어영·이세영, "MB 때 '규제 완화' 안했으면 '세월호 참사' 없었다", 『한겨레』, 2014. 4.18.

170만원이었다. 이러한 대우는 다른 여객선사의 70%에도 못 미치는 착취 수준이었다.[25] 선장은 권위도 없는 단지 이름뿐인 선장에 불과했다. 이러한 열악한 근무 조건에서 선원들은 적극적인 참여 의식도, 배에 대한 애착도, 책임감도 생겨날 수 없다. 사고가 발생하자 가능한 한 선원들은 자신들의 목숨부터 먼저 구하고자 하였다. 따라서 실질적인 살인자는 선장이 아닌 신자유주의의 제도인 것이다.[26] 이와 같이 이번 사고는 제도적인 신자유주의의 폭력에 의해 비롯된 것이다.

이번 세월호 참사의 원인은 다양한 단계 및 차원의 총제적 부실이다. 그래서 이번 참사는 공동체 전체의 차원에서 자성과 그 실질적인 처방책을 절실히 필요로 한다. 이는 단순하게 정부의 책임으로만 돌릴 수 있는 문제가 아니며, 가속화되는 **신자유주의 사회에서 팽배한 황금만능주의 구조**, 일상적인 삶에서부터 만연한 눈감아주기 등 기성세대 전반에 걸쳐 있다. 따라서 4.16 세월호 참사는 국가 차원을 넘어서 한국 사회 전체를 어떻게 재건할 것인지에 대한 근본적인 성찰을 필요로 한다.[27] 구체적으로는 관료주의의 혁파와 재난관리 시스템의 정상화, 신자유주의의 폐기, 비례대표제의 도입, 시민사회 중심의 패러다임 조성 등이 그 실례이다. 더불어 사회연대의식에 기반한 사회 재건의 주체로서 시민사회가 그 외연을 더욱 확장하여 연대를 강화해 나가야 한다.

---

25) 정유섭, 『세월호는 왜?』, 조선뉴스프레스, 2015, 33쪽.

26) Han Byung Chul, "세월호 참사는 신자유주의가 빚어낸 비인간화에 따른 참극, *Frankfurter Allgemeiner Zeitung*, 2014. 4.26.

27) '고장난 나라와 세월호, 다시 국가를 묻는다', 참여연대 참여사회연구소 긴급토론회, 2014.5.19.

3. 4.16 세월호 참사와 국가

'4.16 세월호 참사 이후' 한국 사회는 시민의 삶이 국가와 정치의 중심에 위치하고, 시민의 안전과 참여를 담보하는 거대한 **국가 공공성**으로 재편된 공적 질서가 시민들의 실질적 삶 속에 스며들어야 한다. 주지하듯이, "대한민국은 민주공화국이다."[28] 우리는 누구나 대한민국을 민주공화국이라 부르고 있지만, 지금 우리의 현실은 이와 정반대이다. 우리 사회가 민주공화국으로서 우뚝 서고자 한다면, 304명을 바다에 수장시킨 세월호 참사의 진실된 원인을 민주적 절차의 방법으로 규명해 내야 한다. 그리고 "세월호 참사의 진상규명을 위해서 유가족이 원하는 특별법 시행법령을 만드는 것이 민주공화국이 해야 할 첫 걸음이다."무릇 대한민국은 국가의 이름이자 국호를 의미한다. 민주공화국은 한 국가의 정체성을 밝히는 것을 뜻한다. 공화국이란 공(公) 개념의 의미를 함축한다. 즉 공화란 개념은 정치·사회 철학적 측면에서 공익성·공공성을 뜻하며 사적인 것보다 공적인 일을 다룬다. 이런 점에서 한 국가의 정체성이라 할 수 있는 공화국은 단순히 사적인 이익보다 공적인 공익을 다룬다. 다시 말해 공화국은 공익성·공공성의 개념을 의미하며 한 국가의 정체성을 말한다. 따라서 한 국가의 정치는 "국가를 운영하거나 국가 운영에 영향을 미치기 위한 활동"인 것이다.

대한민국 헌법 제34조 6항에 "국가는 재해를 예방하고 그 위험으로부터 국민을 보호하기 위해 노력해야 한다."고 명시되어 있다. 말하자면 국가의 존재 이유는 국민의 안전과 재산을 지키고, 자유와 인권을 보장하고, 행복과 풍요를 도모하기 위해서이다. 이를 위해 국가는 국민이 국내외에서 다치지 않게 하고, 상처가 났다면 고쳐주거나 죽지 않게 해야 한다. 세월호 참사에서처럼 사고가 일어났다면, 그 원인을 하루속히 찾아

---

28) 박찬승, 『대한민국은 민주공화국이다-헌법 제1조 성립의 역사』, 돌베개, 2013.

내어 유가족들이 원하는 특별법을 제정하거나, 죽음에 합당한 조속한 원인 규명을 통해 합의를 이끌어냈어야 했다. 그 이면에 핵심은 국가와 국민 간의 신뢰의 문제다. 신뢰는 사회를 지탱하는 결합재다. 서로 신뢰할 수 있다고 느끼는 감정은 사회를 안정하게 한다. 하지만 지난 박근혜정부 들어 철저한 통제가 신뢰를 대신해 가고 있는지 이미 오래되었다. 지난 박근혜 정부처럼 신뢰가 급격한 속도로 사라지고 있는 사회일수록 투명성에 대한 요구는 오히려 거세진다. 투명성을 요구하는 목소리가 높아진 것은 신뢰 사회의 종언, 도덕적 가치가 이미 상실되어 가고 있음을 암시하기도 했다. 신뢰는 신념에 입각한 행위이다. 신뢰는 지와 무지(Nicht-Wissen)의 중간 상태에서만 가능하다. 신뢰는 타인에 대한 무지에도 불구하고 긍정적 관계를 맺게 한다.[29] 투명성과 통제는 부패를 막을 수는 있으나, 공공선이나 신뢰를 다시 만들어내지 못한다. 부패는 더 깊은 곳에 있는 원인에 인해 발생하는 증상이다. 투명성은 증상만 제거할 뿐이다. 사라져가는 공공선과 날로 점증하는 이기주의의 원인은 계속 그 자리에 있을 뿐이다.[30] 모든 권력이 국민으로부터 나오는 민주주의체제에서는 이런 신뢰 관계를 더욱 중요시한다. 국민이 존재하지 않으면 국가가 없고, 국가가 없으면 국민이 안전할 수 없는 것처럼, 양자 간에는 서로에 대한 신뢰를 밑바탕에 깔고 있다.

프랑스 지롱드파의 권리선언 제9조에 의하면, "안전은 시민의 인신, 소유권, 권리를 보존하기 위해 사회가 각 시민에게 제공하는 보호에 있다."(지롱드파의 〈권리선언〉 제9조) 그리고 이러한 기본권을 보존하기 위하여 정부가 존재하며, 모든 정치적 결합의 목적은 바로 이를 위한 것이다. 정부는 이러한 목적을 달성하기 위하여 국민으로부터 권력을 위임받아, 군대와 관료제를 유지하고 세금을 징수한다. '국가'란 우리 모두에게 공통된 것의 총합(總合)이다. 그리고 정부는 이를 대표하고 관리한

---

29) 한병철, 『투명사회』, 김태환 옮김, 문학과 지성사, 2014, 97쪽.
30) 한병철, 『투명사회』, 98쪽.

다.[31] 국민으로부터 선출된 공화국의 대통령은 한 국가의 대표자로서 무한책임을 져야 하는 자리다. 하지만 민주공화국인 대한민국에서 박근혜는 마치 절대왕정의 군주처럼 '모셔지고' 있고, 그 가신들은 국민과 정부 이외에 초월적인 '제3의 존재'처럼 떠받들고 있다. 세월호 침몰사고는 지난 수십 년간 우리 사회의 문제 해결 및 대응 방식과 원칙들에 대한 반성과 성찰을 촉구한 것이다. 말하자면 이러한 촉구는 대한민국이라는 국가공동체의 존재 기반과 존속 여부의 정당성을 떠받치고 있는 공공성의 문제 제기로부터 출발한다. 국가나 정부는 국민을 위해 존재하며 국민으로부터 그 권력을 위임받은 것이다. 박근혜 정권은 "국민의 뜻을 왜곡하고 국가를 유지하는 것이 아니라 정권과 권력을 유지하려는 사심과 집단적 탐욕이 우선하고 있기 때문에 세월호 사건을 근본적으로 접근"[32]해야 한다. 이번 세월호 참사에서 특수성을 확인할 수 있는 하나의 단서는 대통령의 7시간이다.

청와대는 지난 4월 16일 세월호가 침몰하던 그날, 박근혜 대통령이 '경내'에 머물고 있었으며 모두 21차례에 걸쳐서 서면 또는 유선으로 보고를 받았다고 말한다. 안보실에서 서면 3회, 유선 7회 대통령에게 보고했다. 비서실에서는 서면 11회를 보고했다는 것이다. 안보실로부터 유선 보고를 받고 박 대통령이 적절한 지시를 내렸고 오후 5시15분이 되어서야 중앙 대책 본부를 방문했다.[33] 그곳에서도 박근혜 대통령은 이른바 유체이탈 화법을 구사함으로써 세월호의 상황을 올바르게 인식하지 못하고 있다는 사실을 모든 국민에게 알렸다. 그 당시 김기춘 비서실장 등 청와대 측은 그 '7시간' 동안 "대통령은 (청와대) 경내에 계셨다"는 말만 되뇌었다. 세월호 참사 이후의 대처, 총리들의 잔혹사에 이른 인사 참사

31) 최갑수, "세월호 참사와 인권, 그리고 6월 지방선거 [민교협의 정치시평] '밑으로부터의 혁명'", 그 밑천을 만들자, pressian.com, 2014.05.30.
32) 전홍기혜·이명선, "함세웅 신부와의 대담", pressian.com. 2015.3.12
33) 지용민, "박대통령의 7시간 미스터리, 청와대는 자신 없다", http://www.ohmynews.com, 2014.8.16.

까지 대통령의 잘못이 분명한 사안마다 '내 책임이 아니다', '난 모르는 일이다', '사고까지 내가 어떻게 막느냐'등등 박근혜의 유체이탈 화법은 그녀가 과연 대통령의 역할이 무엇을 하는 위치인지를 근본적으로 묻게 된다. 중요한 사실은 국정의 최고 책임자인 대통령이 어디에 있었는지가 아니라 세월호 사건이후 어떻게 대응했는지의 여부다. 국민 304명이 바다에 수장될 절체절명의 순간에 대통령이 챙겨야 할 다른 중대사가 도대체 무엇인가? 세월호 참사의 원인은 책임의 소재를 분명하게 물어야 대참사의 재발을 방지할 수 있건만, 여전히 대통령의 7시간은 미궁에 빠져 있다. 지금이라도 대한민국의 국민 모두는 '대통령의 7시간 진실'을 마땅히 알 권리가 있고, 대통령과 청와대는 밝혀야 할 분명한 의무가 있다.

> "뭐하나 밝혀진 것이 없어요. 다 쉬쉬해요. 교감선생님은 자살하셨고, 살아온 선생님이라도 진실을 말해줘야 하는데 말하는 게 신뢰가 안가요. 움직이지 말라고 방송한 선장이나 선원도 그렇죠. 한 시간 넘게 구조 요청을 했는데도 왜 해경이 안 구했는지 알아야 할 거 아니예요. 진도관제센터가, 정부가, 청와대가 그 시간에 뭘 하고 있었는지 유족들은 알아야죠. 작은 회사에서도 사고가 나면 증언만 듣는 것이 아니라 시간대별로 부서별로 자료 문서 다 취합해 갖고 사고 과정을 파악하고 책임을 묻는데, 이건 국가잖아요. 우리 얘들은 갑자기 죽은 것도 아니고 사고 나고도 한참을 연락하다 죽었잖아요. 엄마가 걱정하니까 우리 살아서 갈 건데 왜 걱정 하냐고 화내고 간 아이도 있는데. 그런데도 교통사고라느니, 놀러가다 죽은 건데 왜 그러냐느니 하니까 상처가 돼요. 뭔가 있다고요. 세월호는 달라요. 뭔가 있다고요. 의문이 너무 많다고요."[34]

위의 인용문처럼, 세월호 참사는 지금껏 어느 것 하나 명확히 규명된

---

34) 4.16 세월호 참사 시민기록 위원회 작가 기록단, 『금요일엔 돌아오렴 -240일간 세월호 유가족 육성기록-』, 창비, 2015, 82쪽.

것이 없다. 지금 우리 한국에서 4.16 세월호 이후 벌어지는 정치적, 사회적 대립과 분쟁은 국가의 본질과 역할을 근본적으로 묻게 된다. 프랑스 정치철학자 자크 랑시에르(Jacques Ranciére)는 『정치적인 것의 가장자리』(1998)[35]에서 "정치의 종언"[36]을 선언한다. 곧 정치의 종언은 어떤 시대, 그 자체로 어떤 시간의 사용, 즉 약속의 사용에 있어서 크게 영향을 받은 시대가 끝났다는 것을 뜻한다.[37] 그에 따르면, "사실상 악의 근원은 약속이었다. 약속이라는 몸짓이 공동체의 목적으로 던져 놓으면, 그 파편들이 살인적인 돌이 되어 되돌아온다. 약속을 하지 않는 대통령과 함께 정치는 마침내 미래 그리고 다른 곳에 대한 이념들과 오랫동안 맺어왔던 타협의 폐기를 통고했다."[38] 그럼에도 불구하고 정치는 "국가로 하여금 선을 행하게 하는 정치"이다. 하지만, 칼 슈미트(Carl Schmitt)는 『정치적인 것의 개념』(1932)[39]에서, 정치적인 대립은 가장 강도 높고 극단적인 대립이라 보았기 때문에 국가는 선을 행하는 정치가 아니다. 그는 어떠한 구체적인 대립도 적과 동지의 편 가르기에 접근할수록 점점 정치적인 것이 된다고 말한다.[40] 여기서 적이란 경쟁상대 또는 상대방 일반을 말하는 것이 아니다. 적은 공적(公的)인 적만을 일컫는다. 왜냐하면 전체 국민과 관계되는 것은 모두 공적인 것이기 때문이다.[41] 그러면 국가의 본질과 역할은 무엇인가? 국가는 다음과 같이 네 부류로 나누어 살펴볼 수 있다.

첫째, 국가주의 국가론이다. 이것을 신봉하는 사람들은 전체주의의 성향을 대체로 지닌다. 국가주의 이론에 논리적 체계를 세운 사람은 토마

---

35) 자크 랑시에르, 『정치적인 것의 가장자리에서』, 양창렬 옮김, 길, 2013.
36) 자크 랑시에르, 앞의 책, 41쪽.
37) 자크 랑시에르, 앞의 책, 41쪽.
38) 자크 랑시에르, 앞의 책, 42쪽.
39) 칼 슈미트, 『정치적인 것의 개념』, 김효진·정태호 옮김, 살림, 2012.
40) 칼 슈미트, 『정치적인 것의 개념』, 43쪽.
41) 칼 슈미트, 앞의 책, 42쪽.

스 홉스(Thomas Hobbes)였다. 홉스의 정치철학에 따르면, "인간은 나면서부터 평등한 존재이다."[42] 평등은 욕망을 달성하는 데 있어서 인간의 육체적·정신적 능력의 평등을 뜻한다.[43] 홉스에게 국가란 그들의 인격을 책임지는 하나의 인물 또는 집단의 인물을 지명한다. 그 인물에 의해 평화와 안전을 책임지게 하는 자이다. 즉 "국가는 다수가 상호 간의 계약에 의해 스스로 모든 사람을 국가의 행동의 창시자로 만들었다. 국가는 그들의 평화와 공동방위를 위해서 편리하다고 생각하는 대로 그들 모두의 힘과 수단을 끝까지 사용할 수 있는 하나의 인격인 것이다."[44]

둘째, 자유주의 국가론이다. 예컨대 존 로크, 애덤 스미스, 하이에크에 이르기까지 고전적 자유주의자와 신자유주의 철학자들이 그들이다. 이 국가론은 오늘날 거의 모든 선진 문명국가들의 자유주의자들이 신봉하는 보수적 국가론이다.

셋째, 마르크스주의 국가론이다. 마르크스가 창안한 이 국가론은 150여 년 동안 수많은 진보주의자들을 매혹시켰다. 하지만 마르크스 이전의 철학자들은 국가란 무엇인가를 엄밀히 묻지 않았다. 홉스, 로크, 루소, 밀 등은 국가의 본질이 무엇인지를 깊숙이 따져 물었다기보다는 국가가 무슨 일을 해야 하며, 어떻게 그 일을 해야 하는지, 국가의 기능과 바람직한 작동 방식들에 대해서만 고민하였다. 국가가 무엇인지를 대답한 것은 역사상 마르크스가 처음이었다. 국가를 궁극적으로 지배계급이 지휘하는 폭력 도구로 간주한 마르크스의 주장처럼, 국가는 중립적 실체가 아니라 실제로 지배계급의 이해관계에 구속되며, 공권력의 이름으로 피

---

42) 유정갑, 『홉스의 국가론과 평화사상』, 철학과 현실사, 2005, 64쪽. "자연은 육체적인 능력이나 정신적인 능력에서 인간을 너무나 평등하게 만들었다"(Thomas Hobbes, *Livianthan,* Cambridge, 1991, 86, 87쪽.)

43) Thomas Hobbes, *Leviathan,* ch. 15. Of the Matter, Forme and Power of a Commonwealth and Civil, E. W., vol. III(1), Cambridge, 1991,141쪽.

44) Thomas Hobbes, *Leviathan,* ch. 17. 158쪽. :김용환, 『리바이어던-국가라는 이름의 괴물』, 살림, 2005, 223쪽.

지배계급에게 폭력을 비롯한 각종 불리한 힘을 직간접적으로 행사해 왔다. 계급이 존재하는 사회에서 국가는 한 계급이 다른 계급을 통치하고 지배하기 위한 기관이며 동시에 계급 사이의 갈등을 조정하기 위해 이러한 지배를 정당화하고 영속화하는 질서의 창출자이다. 국가는 언제나 지배계급을 통일시키는 동시에 피지배계급을 분할하는 장치로 작동한다. 특히 그 작동은 이데올로기 국가장치를 통한 분할된 '국민'이라는 허구적 동일성의 형성 속에서 선명하게 드러난다.[45] 따라서 마르크스는 국가의 힘을 통해 자본주의를 전복시켜야 하며 국가에 의해 자본주의 경제와 계급사회를 지양한다면, 국가는 자연스럽게 소멸될 것이라 믿었다. 한마디로 부르주아 자본주의는 자본의 모습대로 세계를 창조하고자 하는 것이었다.[46]

넷째는 목적론적 국가론이다. 이 이론은 고대 그리스 철학자 플라톤과 아리스토텔레스가 펼쳤던 가장 오래된 국가론이다.[47] 특히 아리스토텔레스는 『정치학』에서 "국가는 구성원(politeuma)의 성격에 따라 규정되는 정체(politeia=regiume)의 개념"[48]을 통해서 이해했다. 아리스토텔레스의 국가 관념은 고전 그리스에만 국한된 것이 아니었고 고전 로마 헌정사상의 기초를 이루는 것이기도 했다.[49]

민주공화국에서조차 국가 권력은 주권재민의 헌법적 원리에 따라 국민에게서 나오는 것으로 명시하고 있지만, 실제로 국민들 중에서 극소수만이 정치적으로 대표되어 권력행사에 영향을 미쳤다. 그러면 국가와 세월호 참사는 어떤 관계일까? 세월호가 평형수를 빼내듯, 신자유주의는

---

45) 백승욱, 「마르크스주의와 국제주의, 그리고 노동자 운동」, 조희연·지주형 엮음, 『지구화 시대의 국가와 탈국가』, 한울, 2009. 499쪽.

46) 칼 맑스 & 프리드리히 엥겔스, 「공산주의당 선언」, 최인호 옮김, 『칼 맑스 프리드리히 엥겔스 저작선 1』. 박종철출판사, 1994, 404쪽.

47) 유시민, 『국가란 무엇인가?』, 돌베개, 2017, 24쪽.

48) Aristoteles, *Politics, 1278b*

49) 박상섭, 『국가·주권』, 소화, 2009, 55쪽.

사회의 공공성을 갉아먹어 왔다. 모두의 안전과 행복을 위한 핵심 공통 영역의 갈취, 그 결과는 사람들의 떼죽음이었다. 평형수가 배의 복원력 회복에 필수적이라면, 공공성은 생명 안보에 절실하다. 자본은 게걸스레 사유화하고, 국가는 규제 완화를 통해 그 해체를 조장해 왔다.[50] 한국은 지난 2010년 OECD 33개국 회원 중 공익성과 공공성이 33위, 공개성이 29위, 공민성이 31위로 최하위를 차지하고 있다.[51]

국가의 구조를 파악하기 위한 중심 개념은 공공성(publicity/Öffentlichkeit)이다. 공공성이란 사회 구성원이면 누구나 공개적으로 참여할 수 있는 사회생활의 영역이며 이러한 공공성을 수용하고 있는 사회가 다름 아닌 시민사회이다.[52] 독일의 헌법학자 루돌프 스멘트(Rudolf Smend, 1892-1975)는 공공성을 대체로 5가지의 의미가 포함되어 있다고 보았다. 첫째, 공공성은 공공연합, 일반적 이익의 영역에 대한 접근 가능성을 의미한다. 둘째, 공공성은 공개적 토론, 공개절차에서 진리, 결백 및 정의를 획득하는 의미를 함축한다. 셋째, 공공성은 단지 수단이 아닌 자체 목적으로서 고양된 의미를 포함한다. 셋째, 공공성은 단지 수단이 아닌 자체 목적으로서 고양된 의미를 포함한다. 넷째, 공공성은 집단적 생활 영역의 주체, 인민을 의미한다. 다섯째, 공공성은 현대 국가의 가장 고유한 과제의 본질을 의미한다.[53] 이러한 공공성의 의미는 다수의 사회구성원에 미치는 영향, 만인의 필수 생활조건, 공동의 관심사, 만인에게 드러남, 세대를 넘어서는 영속성 등 포괄적으로 함축하고 있다.[54]

---

50) 전규찬, 「영원한 재난상태: 세월호 이후의 시간은 없다」, 김애란 외, 『눈먼 자들의 국가』, 문학동네, 163쪽.

51) 장덕진 외, 『세월호가 우리에게 묻다-재난과 공공성의 사회학-』, 한울, 2015, 113쪽.

52) Jürgen Habermas, *Strukturwandel der Öffentlichkeit*. Frankfurt. a. M. 1969, 7쪽.

53) Rudolf Smmend, "Zum Problem des Öffentlichen und Öffentlichkeit, Staatsrechtliche Abhandlung," 3Aufl(Berlin: Duncker & Humboldt), 1994, 463쪽.

54) 신진욱, 「공공성과 한국사회」, 『시민과 사회』, 제11호(2007), 31쪽.

이와 같이 공공성이란 있는 그대로 공적인 것(the public)의 특성을 뜻한다. 곧 공공성은 공적인 영역에 적합한 특성 또는 규범적 속성을 의미한다. 공공성이라는 개념은 독일어 Öffentlichkeit, 영어 publicity, publicness, 불어 publcité 등으로 번역된다. 이는 공공성과 공론영역의 이중적 의미를 갖는다. 다시 말해 공공성은 다양한 의미로 사용되고 있으며 한 조직이나 어떤 사회적 단위가 한 개인이나 특정 권력자를 위한 것이 아니라 구성원 전체를 위해서 작동하는 것을 뜻한다. 그리고 공공성은 그 조직이나 사회적 단위, 제도, 정책이 한 개인에게 이익이 되는 것이 아니라, 모두에게 공통으로 이익이 되고 그 효과가 공유된다는 의미다.

하버마스(Jürgen Habermas)는 『의사소통 행위 이론』(1981)에서 이성을 올바르게 다루는 **공적 사용**을 공공성으로 의미했다. 하버마스는 국가와 시민사회를 매개하는 공공영역을 현대사회의 구조적 변화로서 논의한다. 여기서 하버마스는 공적영역을 여론이 형성되는 사회생활이라 정의한다. 즉, 공적 영역은 경제적 활동이나 통치 행위가 아닌 자유로운 사회 성원들이 공개적으로 의견을 표출하는 장소이다.[55] 하지만 오늘날 공적 영역은 사회 성원들의 직접적인 의사소통을 완벽하게 이루어 낼 수 없기 때문에 언론 매체가 의사소통을 매개한다. 하버마스는 시민사회를 사적영역으로 보기 때문에 공공영역과 시민사회를 동일한 의미로 간주하지 않았다.[56] 하버마스는 『공론장의 구조변동』(1962)에서 자본주의의 통제력을 증대시키는 중요한 방식 중 하나로서 공론장의 부활을 제안한다. 하버마스는 공론 영역을 언어와 행위를 통한 의사소통의 영역으로 파악한다. 이런 점에서 공론 영역은 여론의 공간이다.

이 모든 것에도 불구하고 이 범주의 가장 흔하게 사용되는 의미

---

55) Jürgen Habermas, 앞의 책, 1-2쪽.
56) 신광영, 「시민사회의 개념과 시민사회의 형성」, 『시민사회와 시민운동』, 한울, 2009, 94쪽.

> 는 여론, 격분한 공론, 또는 적절한 정보를 갖춘 공론, 그리고 공중, 공개성, 발표하다와 연관된 의미이다. 이 공론영역의 주체는 여론의 담지자로서 공중이다. 여론의 비판적 기능과 연관된 것이 공개성, 예컨대 공판에서의 공공성이다.[57]

공공성 이론은 정치 사회 주변에서 정치적 의사결정에 영향을 끼침으로써 현실 정치를 변화시키려는 사회운동과 참여 민주주의에 대해 지적이고 실천적 영감의 지속적인 원천을 이루었다. 공공성의 주체는 곧 시민사회를 구성하고 있는 공중, 즉 시민이다.[58] 여기서 공공성은 개개인의 자발적인 참여를 전제로 하며 여론에서 주로 나타난다. 여론이란 자유로운 참여와 집회의 자유를 통해 형성되는 보편적인 관심사이다. 말하자면 공공성은 공개적으로 표명되는 그 사회의 모든 사회제도 및 사회구조의 총체성이다. 시민사회의 공공성은 사회적인 요소를 포함하고 있는 동시에 정치적·국가적 요소를 함께 지니고 있기 때문에 그것의 성립 근거는 사회나 국가 속에 있다. 그렇기 때문에 공공성은 사회를 국가화하고 국가를 사회화하는 매개의 장이라 할 수 있다.[59] 이러한 공공성은 경제적 차원의 공공성과 정치적 차원에서의 공민성과 공개성을 핵심적인 구성 요소로 한다. 공정성은 자원에 대한 접근과 분배 및 재분배의 형평성 정도를 나타낸다. 그리고 공민성은 공동의 이익과 관련하여 누가, 무엇을, 어떻게 결정하는 과정에서의 시민 참여의 역량과 제도화 수준을 나타낸다. 공개성은 공익과 관련된 의사표현의 자유와 의사결정 과정에서의 개방성과 투명성을 나타낸다. 따라서 공공성은 공익성, 공정성, 공민성, 공개성이라는 네 가지 요소의 총합을 일컫는다.[60]

---

57) Jürgen Habermas, *Strukturwandel der Öffentlichkeit,* 55쪽.

58) Jürgen Habermas, 위의 책, 14쪽.

59) Jürgen Habermas, *Theorie des kommunikative Handeln,* Bd. 1I. Frankfurt. a. M. 1985, 581쪽.

60) 정덕진 외, 『세월호가 우리에게 묻다-재난과 공공성의 사회학-』, 한울, 2015, 96-97쪽.

앞서 언급한 바와 같이, 대통령의 7시간에 대한 답변은 공적 행위에 대한 우리의 인식이 서구의 그것과는 다르듯이, 공적 영역과 사적 영역에 대한 경계 인식이 서양의 그것과는 다르다는 추측을 가능하게 한다.[61] 하지만 하버마스를 비롯한 사회철학자, 사회학자, 정치학자, 헌법학자들이 주장하듯이, 국가가 공공성의 보편적 가치이며, 그 공공성의 강화를 제대로 작동하게 했다면, 4.16 세월호 참사와 같은 전대미문의 불상사는 피할 수 있었다. 주지하듯이, 공공성의 주체는 곧 시민사회를 구성하고 있는 공중, 즉 시민이다. 또한 국가의 공공성이 실종된 채 시민들에게 일방적 언론의 전달이 아니라 보다 치열하고 다양한 수평적 합의가 작동되었더라면, 세월호의 "평형수"[62] 또한 제대로 복원되었을 것이다.

4. 끝나지 않은 4.16 세월호 참사와 대책

앞서 살펴본 바와 같이, 4.16 세월호 참사는 공권력을 독점한 국가가 온전히 그 기능을 다하지 못한 전무후무한 사건이다. 우리는 세월호 참사에 대해 다음과 같이 현 정부에 요청한다. 따라서 이러한 세월호 참사가 더 이상 발생하지 않도록 공공성의 차원에서 그 대책을 다음과 같이 강구해야 한다.

첫째, 세월호에서 희생된 분들의 명복을 빌며, 유가족들의 고통에 진

61) 이충진, 『세월호는 우리에게 무엇인가-철학의 물음』, 이학사, 2015, 36쪽.

62) 평형수는 선박의 복원성을 유지하기 위해 선박 하단에 싣는 물로, 해양에서는 바닷물을 사용한다. 세월호가 안전 운항하려면 평형수를 1,694,8톤, 연료유를 560.9톤, 청수(淸水) 290.9톤을 채워 무게중심을 낮추어야 했고 그만큼 재화 중량에서 빼고 난 화물 적재량은 최대 1.077톤이었다. 그러나 2014년 4월15일 세월호는 화물 최대 적재량의 두 배인 2.142톤 상당을 적재하고, 초과한 적재량만큼 평형수, 연료류, 청수를 적게 실었다. (오준호, 『세월호를 기록하다,-침몰·구조·출항·선원, 150일간의 세월호 재판기록』, 미지북스, 2015. 34쪽.)

정 어린 공감이 있어야 한다. 나 또는 우리 스스로가 대한민국을 불량사회로 만드는 데 일조하지는 않았는지 진지하게 성찰하고 참회한다. "애도의 능력이 없다면, 우리는 폭력에 대항하는 데 필요한 삶에 대한 더욱 예리한 느낌을 잃게 된다."[63]

지금껏 박근혜 정부는 4.16 세월호 참사와 그 이후의 대처 방식을 보면, 참회와 부끄러움과는 거리가 멀었다. 우리는 철학자 니체(F. Nietzsche)의 베푸는 사람의 부끄러움에 대한 다음과 같은 발언에 주목해 보아야 한다.

> "베푸는 사람의 부끄러움- 언제나 주고 베풀면서 그때마다 자신의 얼굴을 보여주는 것은 아량이 매우 부족한 것이다. 주고 베풀되 자신의 이름과 호의를 감추라! 아니면 자연처럼 어떠한 이름도 갖지 말라! 자연에서 마침내. 우리는 자연에서 베풀고 주는 사람과 더 이상 마주치지 않지만, 자비로운 얼굴과도 더 이상 마주치지 않지만, 바로 이것이 다른 모든 것보다 더 우리의 원기를 북돋운다! 물론 그대들은 이렇게 얻은 원기마저 미련하게 잃어버리고 만다. 그대들은 이러한 자연 안에 신을 밀어 넣었기 때문이다. 이와 함께 모든 것이 다시 부자유하고 불안전하게 되었다! 뭐라고? 자기 자신과 단독으로 존재하는 것은 더 이상 존재하지 않는다고?"[64]

위의 인용문에서처럼, 니체에게서 베푸는 사람은 부끄러움을 통해 자신의 이름과 호의를 감추든지 아니면 자연처럼 어떠한 이름도 갖지 말고 자신이 혼자가 아니라 함께하는 존재임을 드러내는 것이다. 그 밤이 지나자 울음소리가 들렸다. 탑승자 가족이 울고 뉴스를 보던 사람들이 울고 뉴스를 진행하던 앵커가 울고 유가족과 생존자들이 울었다.[65] 하지만

---

63) 연효숙, 「우리들, 애도를 놓치다」, 한국철학사상연구회, 『망각과 기억의 변증법』, 이파르, 2015, 39쪽.

64) Friedrich Nietzsche, *Morgenröte, KSA 3,* 279쪽.

65) 진은영, 「우리의 연민은 정오의 그림자처럼 짧고, 우리의 수치심은 자정의 그림자처럼

대통령은 마지못해 기자회견을 통해 악어새의 울음을 보여 주었을 뿐이다. 말하자면 권력을 힘껏 움켜 쥔 대통령은 유가족을 향해 단순한 동정의 울음이었다. 함께 아파하는 공감의 울음이 아닌 제3자의 동정의 울음에 불과한 것이었다. 그렇지 않다면 아직껏 4.16 세월호 참사 이후 11년이 지나도록 한 치도 변하지 않은 꽁꽁 얼어붙은 세월호 정국을 어떻게 이해해야 하는가?

둘째, 4.16 세월호 참사 이후 국정감사, 세월호 특별법 시행령 제정에 이르기까지 관료, 언론 등에 걸쳐 공공성(publicity/Öffentlichkeit)의 확보가 시급하다. 주지하듯이, 국가의 구조를 파악하기 위한 중심 개념은 공공성이다. 공공성이란 사회구성원이면 누구나 공개적으로 참여하여 여론을 형성하는 장이다. 공공성은 어느 한 개인이나 특정 권력자를 위해서 작동하는 것이 아니라 사회구성원 전체를 위한 것이다. 다시 말해 공공성은 그 조직이나 사회적 단위, 제도, 정책이 한 개인에게 이익이 되는 것이 아니라, 모두에게 공통으로 이익이 되고 그 효과가 공유된다는 의미를 함축한다. 4.16 세월호 사건이후 국정의 최고책임자인 대통령이 어디에 있었는지는 그다지 중요하지 않다. 다만 그 이후 최고 국정책임자가 사회구성원 전체를 위해 어떻게 대응했는지가 관건이다. 이런 측면에서 대한민국 국민은 사회구성원 전체를 위해 '대통령의 7시간 진실'을 당연히 알아야 할 권리가 있고, 대통령과 청와대는 밝혀야 할 의무가 있다. 이것이 바로 공공성의 의무다. 따라서 박근혜 대통령의 4.16 세월호 참사 당일 의문의 7시간은 한 개인이나 특정 권력자를 위해서가 아니라 대한민국 구성원 전체를 위해서 반드시 밝혀져야 한다.

셋째, 근본 살인자인 부패 카르텔과 신자유주의의 체제를 해체하는 데 다 함께 머리를 맞대고 그 대응책을 모색해야 한다. 먼저 세월호 사고와 같은 대참사의 원인 중에 하나인 각종 규제완화와 공공시설 및 서비스에

길다」, 김애란 외, 『눈먼 자들의 국가』, 문학동네, 2014, 70-71쪽.

대한 신자유주의적 민영화 정책의 추진을 즉각 중단할 것을 정부에 강력히 요청해야 한다. 무엇보다 이번 4.16 세월호 참사는 단순하게 정부의 책임으로만 돌릴 수 있는 문제가 아니었다. 지난 김영삼, 김대중, 노무현, 이명박, 문재인, 윤석열 정부 이후에도 지속적으로 노동시장의 유연화, 탈규제, 민영화 등의 신자유주의 구조, 만연한 눈감아주기 등 기성세대 전반에 걸친 부패구조의 척결이 급선무였다. 따라서 이러한 신자유주의 구조의 척결 없이는 세월호 참사가 반복되지 않는다고 어느 누구도 장담할 수 없다.

넷째, 4.16 세월호 대참사와 대한민국 붕괴의 **역사적 책임**의 주체는 이 시대 총체적 부실의 주체는 다름 아닌 지난 박근혜 정부였다. 이러한 사태는 현재 우리가 살고 있는 이 시대의 역사가 총체적 부실 속에서 결정권자가 부재한 상태로 표류하고 있다는 사실을 입증했다. 무엇보다 박근혜 정부의 구조적 죄악의 책임은 궁극적으로 모두 박근혜 자신에게 돌아가야 했다. 세월호 참변의 전 과정을 직접적으로 총괄한 사람은 박근혜 한 사람일 수밖에 없다.[66] 주지하듯이, 지난해 세월호 참사 직후 김장수 당시 국가안보실장은 "법률적으로 청와대는 재난대응 컨트롤타워가 아니다"라면서 박 대통령은 아무 책임이 없다는 주장을 폈었다. 이후 정부는 국무총리 산하에 국민 안전처를 신설해 총리로 하여금 재난 컨트롤타워 역할을 하도록 했다. 결과적으로 대통령은 국가 재난상황에서의 지휘통제 체제에서 제외되었다. 하지만 정부의 관료와 이념, 그 모든 것들은 박근혜가 창조한 것이었다. 그만큼 통치의 정점은 박근혜의 정치이념을 국가의 안위에 도입했다. 세월호는 공권력을 독점한 국가가 온전한 기능을 제대로 수행하지 못했고 처참한 지경을 가시화시켰다는데 그 맹점이 있었다.

미국의 정치학자 아이리스 영(Iris Young)은 『정치적 책임에 관하여』

66) 김용옥, 「세월호참사 특별기고- 더 이상 애도만 하지 말라! 정의로운 발언을 서슴지 말라!」, 『한겨레』 2014. 5.5.

(2011)에서 법적인 책임과 정치적 책임을 구별한다. 법적인 책임은 어떠한 조건에서 특정 요인이나 행위자에게 책임을 확인하는 것은 다른 요인이나 행위자를 면책한다는 의미이다.[67] 말하자면 법적인 책임은 어떤 행위를 하거나 하지 않음으로써 결과에 직접적인 원인을 제공한 사람에게 제한적으로 물을 수밖에 없다. 하지만 세월호 사고처럼 거대하고 복잡한 사고는 어느 한두 가지 원인에 의해 발생하지 않는다. 정치적 책임은 죄를 짓지 않은 사람에게도 어떤 의미에서 집단적 책임을 묻는 것을 뜻한다.[68] 따라서 아이리스 영은 "책임을 져야 할 결과에 기여한 이들이 법적 책임이 없다고 하여 정치적 책임마저 면제되는 것은 아니다"[69]고 말한다. 작가 오준호는 『세월호를 기록하다-침몰·구조·출항·선원, 150일간의 세월호 재판기록』(2015)에서 그 핵심을 이렇게 정리하고 있다. "우리는 이 사고(세월호)가 일어나기까지 긴 구조적 맥락을 추적해 누가 어떻게 이득을 누리고 지위를 강화했는지, 누가 자신의 책임을 방기하고 직무를 태만 했는지에 대해 밝히고, 우리의 말로, 직접 행동으로, 그리고 투표로 그들이 자신의 정치적 책임을 인정하게 만들어야 한다."[70]

다섯째, '세월호피해지원법'이 지난 2014년 4월 16일 발생한 세월호 참사로 희생된 사람을 추모하고, 신체·정신·경제적 피해 구제와 피해 지역 공동체 회복을 도모할 목적으로 2015년 1월 제정됐기에 이에 대한 책무를 국가는 져야 한다. 이에 대한 개정안은 현행 '세월호피해지원법'

---

67) 아이리스 영, 『정치적 책임에 대하여』, 허라금 외 옮김, 이후, 2013, 56쪽.

68) 아리리스 영, 앞의 책, 157쪽.

69) 아이리스 영, 위의 책, 147쪽.

70) 오준호, 『세월호를 기록하다,-침몰·구조·출항·선원, 150일간의 세월호 재판기록』, 미지북스, 2015, 323-324쪽.(당시 아이들을 구조할 수 있는 골든타임이 있었음에도 제때에 구하지 못했던 정부의 책임이 가장 컸다. 책임이 엄중한 만큼 정부와 여당은 솔선수범해 안전대책과 국가혁신안을 제시하고 추진해야 했는데도 정치적 손실을 극소화하는 방향에서 소극적으로, 방어적으로 대응했다. 야당 역시 책임에서 자유로울 수는 없다. 생각이 다른 이들과의 합의라는 정치적 의사결정의 특수성을 고려해 섬세하고 지혜롭게 접근했어야 함에도 기대에 부응하지 못했다. (김호기, [김호기의 원근법] 세월호 참사 1년을 돌아보며, 『한국일보』, 2015.4.13)

이 희생자 가족과 승선 당시 희생자 이외의 사람 등을 '참사 피해자'로 규정한 범위에 당시 구조와 수습 활동으로 부상당한 잠수사를 포함하고, 아울러 피해자 의료비 지원 기간을 제한 없이 두자는 내용이 주요 요지이다. 특히 제3조(국가와 지방자치단체의 책무) ① 국가와 지방자치단체(이하 "국가등"이라 한다)는 피해자 및 피해지역에 대한 종합적인 시책을 수립·시행하여야 한다. ② 국가는 피해자 및 피해지역의 지원을 위하여 필요한 예산상의 조치를 하여야 한다. ③ 국가는 미수습자를 수습하기 위하여 최선을 다하여야 한다,

하지만 세월참사 11주년이 되는 2025년까지도 국가 주도의 진상 규명이 제대로 이루어지지 않았다. 이에 '4.16세월호 참사 피해구제 및 지원 등을 위한 특별법'을 근거로 세월호 참사 피해자들이 먼저 출연하고 시민 동포들이 출연에 동참해 만든 재단법인이 〈4.16세월호참사 가족협의회〉이다. 협의회는 과거 재난참사 후 만들어진 관련 재단들의 사례를 보면서 재단 설립과 운영을 정부가 주도할 경우 본래의 목적을 이룰 수 없다고 판단했다.

이에 따라 〈4.16세월호참사 가족협의회〉는 지난 2016년부터 피해자들이 직접 설립을 주도하고 세월호 참사의 교훈을 제대로 이해하고 지켜낼 수 있는 시민들과 함께 운영하기 위한 준비를 시작했다. 2년 가까운 준비를 통해 지난 2018년 5월에 창립했다. 따라서 〈4.16세월호참사 가족협의회〉는 "과거 재난 참사 후 만들어진 관련 재단들의 사례를 보면서 재단 설립과 운영을 정부가 주도할 경우 본래의 목적을 이룰 수 없다."는 경고에 주목해야 할 것이다.

참고문헌

4.16세월호참사 시민기록 위원회 작가기록단, 『금요일엔 돌아오렴 -240일간 세월호유가족육성기록-』, 창비, 2015.

"고장난 나라와 세월호, 다시 국가를 묻는다", 참여연대 참여사회연구소 긴급토론회, 2014.5.19.

권정기, 「대참사의 원인은 박근혜정부에게 있다」, 『세월호참사 이전으로 돌아갈 수 없다』, 노사과연, 2014,

기든스, 앤소니,『제3의 길』, 한상진·박찬욱 옮김, 생각의 나무, 1998.

김용옥, 「세월호참사 특별기고- 다 이상 애도만 하지 말라! 정의로운 발언을 서슴지 말라!」, 『한겨레』 2014.5.5.

김용환, 『리바이어던-국가라는 이름의 괴물』, 살림, 2005.

김호기, [김호기의 원근법] 세월호 참사 1년을 돌아보며, 『한국일보』, 2015.4.13.

랑시에르, 자크, 『정치적인 것의 가장자리에서』, 양창렬 옮김, 길, 2013.

마르틴, 한스 페터·슈만, 하랄트, 『세계화의 덫』, 강수돌 옮김, 영림 카디널, 2006.

맑스, 칼, & 엥겔스, 프리드리히, 「공산주의당 선언」, 최인호 옮김, 『칼 맑스 프리드리히 엥겔스 저작선 1』. 박종철출판사, 1994.

민주사회를 위한 변호사모임, 『416세월호 민변의 기록』, 생각의 길, 2014.

민주화를 위한 전국교수협의회 성명서, 「세월호의 침몰은 절망의 대한민국을 상징하고 있다. 박근혜 대통령은 퇴진하라」, 2014.5.20.

박민규, 『눈먼 자들의 국가』, 문학동네, 2014.

박상섭, 『국가·주권』, 소화, 2009.

박찬승, 『대한민국은 민주공화국이다-헌법 제1조 성립의 역사』, 돌베개, 2013.

백승옥, 「마르크스주의와 국제주의, 그리고 노동자 운동」, 조희연·지주형 엮음, 『지구화시대의 국가와 탈국가』, 한울, 2009.

슈미트, 칼, 『정치적인 것의 개념』, 김효진·정태호 옮김, 살림, 2012.

신광영, 「시민사회의 개념과 시민사회의 형성」, 『시민사회와 시민운동』, 한울, 200.

영, 아이리스, 『정치적 책임에 대하여』, 허라금외 옮김, 이후, 2013, 56쪽.

오준호, 『세월호를 기록하다,-침몰·구조·출항·선원, 150일간의 세월호 재판기록』, 미지북스, 2015.
유시민, 『국가란 무엇인가?』, 돌베개, 2017.
유정갑, 『홉스의 국가론과 평화사상』, 철학과 현실사, 2005.
이충진, 『세월호는 우리에게 무엇인가-철학의 물음』, 이학사, 2015.
장석준, 『신자유주의의 탄생』, 책세상, 2011.
장하성, 『한국자본주의』, 헤이북스, 2014.
장하준, 『그들이 말하지 않는 23가지』, 김희정·안세민옮김, 부키, 2010.
장하준, 『나쁜 사마리아인들』, 이순희 옮김, 부키, 2011.
전규찬, 「영원한 재난상태: 세월호 이후의 시간은 없다」, 김애란 외, 『눈먼 자들의 국가』, 문학동네, 2014.
전홍기혜·이명선, “함세웅 신부와의 대담”, pressian.com. 2015.3.12.
정덕진 외, 『세월호가 우리에게 묻다-재난과 공공성의 사회학-』, 한울, 2015.
정유섭, 『세월호는 왜?』, 조선뉴스프레스, 2015.
조선일보, “합수부, 세월호 침몰원인 2가지로 압축”, 2014.5.15.
지용민, “박대통령의 7시간 미스터리, 청와대는 자신 없다”, http://www.ohmynews.com, 2014.8.16.
진은영, 「우리의 연민은 정오의 그림자처럼 짧고, 우리의 수치심은 자정의 그림자처럼 길다」, 김애란 외, 『눈먼 자들의 국가』, 문학동네, 2014.
최갑수, “세월호 참사와 인권, 그리고 6월 지방선거 [민교협의 정치시평] ‘밑으로부터의 혁명’”, 그 밑천을 만들자, pressian.com, 2014.5.30.
최우리, “세월호 6가지 소문 사실 확인”, 한겨레, 2014.5.13.
하비, 데이비드, 『신자유주의 세계화의 공간들』, 임동근외 옮김, 문화과학사, 2010.
하어영·이세영, “MB때 ‘규제 완화’ 안했으면 ‘세월호 참사’ 없었다”, 『한겨레』, 2014.4.18.
한국철학사상연구회, 『망각과 기억의 변증법』, 이파르, 2015.
한병철, 『투명사회』, 김태환 옮김, 문학과 지성사, 2014.
Aristoteles, *Politics, 1278b.*
Byung Chul, Han, “세월호 참사는 신자유주의가 빚어낸 비인간화에 따른 참극”, *Frankfurter Allgemeiner Zeitung*, 2014.4.26.
Friedmann, T., *the Lexus and the Olive Tree,* Anchor Books, New York, 2000.

Habermas, Jürgen, *JTheorie des kommunikative Handeln*, Bd. 1I. Frankfurt. a. M. 1985.

Habermas, Jürgen, *Strukturwandel der Öffentlichkeit,* Frankfurt. a.M. 1969.

Hobbes, Thomas, *Leviathan,* Cambridge, 1991.

Nietzsche, Friedrich, *Morgenröte, KSA 3.*

Rudolf Smmend, "Zum Problem des Öffentlichen und Öffentlichkeit, Staatsrechtliche Abhandlung," 3Aufl(Berlin: Duncker & Humboldt), 1994.

제2장

국가는 사회갈등을 해결하기 위해 어떤 노력을 하고 있나?

-만하임의 세대 간 문제와 푸코의 세대 간 주체 권력론-

제2장

국가는 사회갈등을 해결하기 위해 어떤 노력을 하고 있나?

-만하임의 세대 간 문제와 푸코의 세대 간 주체 권력론-*

1. 세대 갈등의 출발점

최근 들어 한국 사회의 세대 간 갈등구조는 심각한 양상을 보이고 있다. 이제 한국 사회에서 세대 문제는 우리 일상에서 아주 익숙한 용어가 되었다. 최근 각종 미디어에서 다양한 '세대 문제의 명칭'들은 흘러넘치고 있다. 그러나 실제로 우리가 일상에서 '세대란 무엇인가?'라는 물음에 대한 근본적인 답변을 찾기란 그다지 쉽지 않다. 왜냐하면 세대 문제는 우리 일상에서 어떤 특정한 세대 집단에 대한 '세대 호칭'으로 인식하거나 나의 동년배와 윗세대 혹은 아래 세대로 분류하여 피상적으로 인식해 왔기 때문이다. 또한 우리가 일상에서 마주하는 세대 문제는 쉽게 이해할 수 없는 타자의 행태들을 애매모호한 세대 집단으로 치부하기도 한다. 그러면 세대 문제에 대한 논의가 지속적으로 불거지는 이유는 무엇일까?

세대 문제는 이른바 지난 "88만원 세대"로 불리는 20~30대 청년 세

---

* 이 글은 『철학연구』 제164집, 대한철학회, 2022, 141-164쪽에 실린 내용을 수정·보완한 것임.

대, "어버이연합"이나 "박사모"를 중심으로 구성된 노년 세대에 대한 논의가 주를 이루었다. 지난 2019년, 386(586)세대와 관련된 중앙일보의 한 여론조사(2019년 9월 23일)[1]와 이른바 '이대남(20대 남자)'과 '이대녀(20대 여자)' 실체의 문제를 다룬 「KBS의 '세대 인식 집중 조사 ③(2021년 6월 27일)」[2]를 진행한 바 있다. 이 여론조사에서 '386세대의 특징을 잘 보여주는 단어를 하나만 꼽아달라'는 설문에서 1위가 '민주화투쟁'이었고 2위가 '내로남불'이었다. '386세대를 대표하는 인물을 꼽아달라'는 설문에서는 1위가 조국이었고, 이어 안철수였다. 그러나 조국과 안철수 사이에 '정치적 세대'의 이력에 어떤 공통점이 있는지에 대한 설명은 없었다.

1990년대 후반 이후 청년 세대의 삶의 조건은 2007년의 "88만 원 세대"와 비교하여 그다지 호전되지 않았다. 지난 박근혜정부의 무능함, 무지함, 그리고 기성세대의 무지함을 비난하는 뜻을 함축하고 있는 "헬조선"이라는 용어도 난무한 바 있다. 자신들의 처지를 빗대어 더 이상 기대할 것이 없음을 뜻하는 신조어 "헬조선"은 지난 2007년 제기되어 왔던 세대 간 갈등의 국면도 지난 2015년에 최고치에 도달한 바 있다. 지난 2015년 최대 유행어였던 "헬조선"은 국가의 무능함을 드러내 주었던 신조어였다. 여기에 한국 사회의 기성세대에 대한 부정적인 인식도 포함되어 있다.

한국 사회에 삼포세대(연애포기, 결혼포기, 출산포기), 5포세대(3포+내집마련 포기, 인간관계포기), 7포세대(5포+꿈 포기, 희망포기), "88만

---

1) 중앙일보 386 창간기획 여론조사, 2019.9.23.
2) KBS 세대인식 집중조사① ② ③, 2021.6.24. 예컨대 한국인 다수는 명분상으로나마, 출신 성분에 따른 임금 격차를 불공정한 일이라고 생각한다. 특히 청년 남성들의 의견은 차이가 다소 있다. 학력 수준이나 명문대 출신 여부에 따른 격차가 "공정하다"고 대답한 응답자가 40%를 넘는다. 여성과 남성 사이의 임금 격차에 대해 공정하다는 답변이 불공정하다는 쪽보다 많다. '이대남' 현상은 이로부터 나온다. 최근 실시된 다른 여론조사들에서도 이와 같은 기류는 쉽게 감지된다. 청년층 남성 집단만 유독 '튀는' 응답을 내놓는다.

원 세대", "이태백"과 같은 신조어들이 양산된 배경에는 청년 세대의 암울한 현실 상황이 그대로 반영되어 있다.[3] 또한 높은 실업률과 사교육비의 증가, 노동 근로시간의 증가, 비정규직의 증가, 체감물가의 상승, 주택마련 비용의 대폭 상승, 코로나19로 인한 서민들의 삶은 더욱 피폐해졌다. 이는 대한민국이 처해 있는 풍요 속의 빈곤의 모습이다. 이제 경제적으로 어려운 환경에 처해 있는 대부분의 개발도상국들도 행복 순위에서 이미 우리보다 앞서가고 있다.

지금까지 한국 사회의 부양 대상으로 여겨져 왔던 노년 세대는 청년 세대의 사회적 불만과 불신에 대한 구체적인 혐오의 대상으로 부각되었다. 이제 노년 세대는 고령화 사회로 진입한 한국 사회의 주요한 갈등의 요인으로 자리매김했다. 한국 사회에서 이른바 "혐로사회(嫌老社會)"[4]나 "약육노식(弱肉老食)"이라는 신조어에서 보여주듯이, 노년 세대를 바라보는 멸시와 혐오의 분위기는 더욱 가중되었다. 또한 노인 세대의 정치적 결집은 지난 2016년 말 이후 한국 사회의 세대 갈등을 더욱 심화시켜 왔다.

이런 관점에서 우리는 칼 만하임의 세대 문제와 엔텔레키 개념, 미셀 푸코가 주장했던 권력의 담론 형성과정을 통해 세대 간 갈등 구조를 이해함으로써 상호세대론 및 자기 세대와 타 세대의 관계를 고찰해 보자. 또한 우리는 지금까지 세대 문제에 준거점이 되었던 세대 개념과 세대 간 갈등들을 한국 사회에 어떻게 적용할 수 있는지 살펴볼 것이다. 따라서 이러한 세대 개념과 세대 간 갈등이 한국 사회에서 철학적 및 사회학적으로 어떤 의미가 있는지 살펴보자.

---

3) 방희경·유수미, 「한국언론과 세대론 전쟁」, 『한국언론학보』 59권 2호, 한국언론학회, 2015, 38쪽.

4) 임상범, 『혐로사회』, 좋은땅, 2018. 노인에 대한 젊은 세대의 혐오는 현재 사회구조에 대한 불만과 세대 갈등이 어우러져 비롯된 것으로 보아야 한다. 혐로라는 의미는 사회구조나 경제시스템의 변화 과정에서 필연적으로 발생하는 세대 갈등이 국정농단 사태와 맞물리면서 증폭되었다.(임상범, 『혐로사회』, 좋은땅, 2018. 41쪽.)

2. 세대 문제와 세대 간 갈등

1) 만하임의 세대 문제

세대 문제 연구의 단초는 칼 만하임(Karl Mannheim, 1893~1947)의 세대 개념에서부터 찾을 수 있다. 사회학자이자 철학자였던 만하임은 세대 문제를 자연과 문화 사이에 놓여 있는 복합적인 관계로써 파악한다. 여기서 그는 세대 문제를 사회학 및 철학의 주된 연구 대상으로 삼았다. 그의 『지식사회학』의 저서에 수록된 「세대 문제」(1928)의 논문은 세대 연구에 중요한 고전으로 평가받고 있다. 만하임은 이 논문에서 세대 개념을 구체적으로 제시한다. 만하임은 세대 문제를 단순하게 30년 혹은 15년과 같이 생물학적인 시간적 흐름으로 구분하지 않고 사회 변화 속에서 상호작용하는 것으로 파악한다. 그는 일반적으로 세대가 개인들이 서로 연관되어 있을 것이라고 믿는 다소 피상적이고 단순한 관계에서 파악한다. 이런 점에서 세대 문제는 연령과 같은 계층 문제와 유사한 관계를 갖고 있다.

만하임은 세대 문제에 접근하는 방법을 두 가지 측면에서 다루고 있다. 하나는 실증주의적(positivistischen) 방법이고 다른 하나는 "낭만주의적-역사주의적(romantisch-historitischen) 방법"[5)]이다. 만하임은 이 두 가지의 접근 방법을 사회학적 세대 연구에 적용했다. 실증주의적 방법은 인간 문제에 대한 자료를 양적인 관점에서 설명한다. 반면에 낭만주의적-역사학적 방법은 질적인 관점에서 인간 존재의 문제를 정신적인 측면에서 다룬다.[6)] 만하임은 세대 문제를 프랑스 사상에 영향을 받

5) 만하임은 특정한 사회집단의 대표로 활동하는 지식인이 발전시킨 사상의 조류로 계몽주의 철학과 낭만주의를 들고 있다. 지식인은 궁극적으로 사회집단과 계급의 물질적 이익에 이론적 표현을 제공하며 그 집단이나 계급에 속하지 않고도 동맹자가 된다.(앨런 스윈지우드, 『사회사상사』, 박성수 옮김, 문예출판사, 1990, 352쪽.)

6) 칼 만하임, 『세대 문제』, 이남석 옮김, 2013, 17쪽.

은 콩트, 쿠르노, 드로멜, 멘트레와 이탈리아 학자 페라리, 오스트리아 역사가 로렌츠와 같은 실증주의자들의 '역사적 리듬의 일반 법칙(ein generelles Gesetzs der historischen Rhythmik)'을 활용했다. 여기서 그는 인간의 유한한 수명을 생물학적 연령층에 근거하여 논의했다.[7] 만하임에 따르면 먼저 인류 진보의 형태는 인류의 생명이라는 생물학적 연령층의 측면에서 진행되어 왔다. 즉, 세대 문제는 세월이 흘러감에 따라 생물학적 연령에 의해 형성되어 왔다는 것이다. 예컨대 이러한 세대 문제의 관점은 공적 생활에서 구(舊)세대라고 생각했던 시대의 평균 기간을 새로운 시대로 대체한다. 여기서 세대 문제는 평균적인 시간을 알아내어 한 시대의 어떤 기간으로 상정하고, 이에 따라 세대를 다시 구분해 낸다.[8] 그렇지만 문제가 되는 것은 세대의 자연스러운 출발점을 연속적으로 찾아내기가 그렇게 쉽지 않다는 사실과 각 세대의 독창성을 제대로 밝혀내는 작업이 힘겹다는 것이다. 특히 세대 연구는 사회구조의 차원에서 현 세대의 특징보다는 새로운 미래 세대의 형성 과정을 규명하고자 한다. 즉, 세대 연구는 그 세대의 특징을 통해 한 세대에서 다른 세대로의 변화를 다루는 데 있어서 다소 어려움을 겪고 있다는 사실이다.

세대 문제는 실증주의적 관점에서 모든 자료를 양적으로 측정 가능한 시간을 중심으로 단선적 진보 개념에서 다루고 있다면, 낭만주의적-역사주의적 관점은 딜타이(Wilhelm Dilthey)의 내적인 경험의 시간을 수용하여 모든 인간의 문제를 질적인 방법으로 다룬다. 만하임은 딜타이의 저서에서 세대 문제를 다음과 같이 인용하고 있다.

> 딜타이 저작에서 나타나는 상대적 신선함은 양적으로 측정 가능한 시간과 질적으로 파악 가능한 경험 시간의 개념을 구분했다는 바로 그 사실에 있다. 딜타이가 세대 문제에 특히 관심을 쏟은 이유가

---

7) 위의 책, 21쪽.

8) 위의 책, 22쪽.

> 있다. 왜냐하면 그가 인정한 바에 의하면 세대의 존재에 의해 신, 달, 해, 10년을 토대로 삼았던 정신적인 운동의 진행 과정의 일상적이며 외적일 뿐인 뼈대를 내부에서 작동하는 측정 개념에 따라 대체할 수 있었기 때문이다. 세대의 존재 덕분에 정신적 운동들을 재현의 직관적 과정에 따라 평가하는 것이 가능해졌다.[9]

세대 문제는 세대와 세대 사이를 계승하는 것뿐만 아니라 세대 간의 동시대성도 함께 부각시킨다. 세대 간의 계승 및 시간적 간격은 내적으로 "추체험(Nachleben)"[10]에 의해 가능한 시간을 만들어 내고, 세대 간의 동시대성은 내적 통일성에 의해 규명된다.[11] 만하임에 따르면, 딜타이의 저서에서 한 세대의 **내적 통일성 개념**은 사회학적으로 많은 지적(知的) 영향을 받았다. 딜타이의 세대 문제는 공동체 내에 많은 영향을 끼치기는 했으나, 완전히 질적인 형태로 파악 가능한 것은 아니었다.[12]

우리가 만하임의 세대 문제를 이해하는 데 있어서 "엔텔레키(generational entelechies) 개념"[13]은 중요한 요소로 작용한다. 여기

---

9) Wilhelm Dilthey, *Über das Studium der Geschichte der Wissenschaften vom Menschen, der Gesellschaft und dem Staat,* 1873, *Gesammelt Schriften,* V. Stuttgart 1957, 36쪽. 만하임, 위의 책, 28쪽.

10) 딜타이는 이해의 과제에서 주어진 심신 상태를 공감 및 **감정이입**(Hineinversetzen)이라 불렀다. 감정이입은 모방(Nachbilden) 혹은 추체험(Nachleben)에서 생겨난다. 딜타이는 타인과 함께 느끼고자 하는 "공감"의 노력이 "추체험의 에너지를 강화"시킬 수 있지만, 추체험은 결코 심리학적으로 설명되어서는 안 된다는 것을 강조한다.(양해림, 『딜타이와 해석학적 사회체계』, 집문당, 2022, 33-34쪽.)

11) 칼 만하임, 『세대 문제』, 28쪽.

12) 위의 책, 31쪽.

13) 엔텔레키(entelechy)라는 용어는 독일의 미술사학자 핀더(W. Pinder)가 한 세대의 고유한 특성을 표현하기 위해 사용했던 철학적 개념이다. 사전적 의미로 이 개념은 잠재태에 대비되는 현실태라는 뜻을 담고 있다. 만하임은 이 개념을 세대에 비추어 "세대 계층의 잠재되어 있는 가능성이 자라나오는 것"이라 말한다.(H., Jaeger, "Generations in History: Reflections on a Controversial Concept", *History and Theory,* Vol. 24, No. 3, 1985, p.284) 만하임은 세대 엔텔레키의 의미를 '세대 스타일'로 풀이하기도 한다. 그러한 의미는 어느 세대에 고유한 의식이나 정신적 특성을 지칭한다.(박재흥, 「세대 개념에 관한 연구: 코호트적 시각에서」, 『한국사회학』 제37권 제3호, 한국사회학

서 엔텔레키의 개념은 잠재태에 대비되는 현실태를 일컫는다. 즉 이 개념은 역사적 사건에 대한 불변 요소들과 가변 요소들로 나누어져서 상호작용한다. 먼저 불변 요소들은 문화권, 민족, 가족, 개인 등을 가리킨다. 가변 요소들은 곧 엔텔레키의 개념을 지칭한다. 이런 엔텔레키 개념에 대한 역사적 사건들은 세대 구분을 하는데 주요한 준거점으로 작용한다. 즉, 역사적 사건들은 불변 요소와 가변 요소들에 의해 다양한 엔텔레키들이 상호작용한다. 실제로 엔텔레키의 특성들은 세대사이에 상시적으로 경험되는 갈등적 요인에 주목한다. 만하임에 따르면 낭만주의적 관점에서 자연적 영역들과 정신적 영역들 사이에서 불거지는 사회적으로 조직된 영역들이 존재하고 있지만, 상호 은폐하고 있는 사실에 대해 주시한다.[14] 무엇보다 각각의 세대는 고유한 엔텔레키를 자발적으로 구성한다. 이렇게 자발적으로 구성한 엔텔레키에 의해 각 세대는 실제로 그들만의 질적인 통일성에 이르고자 한다.

만하임에 따르면 예술사의 전통에서 세대 엔텔레키를 검토해본다면, **리글(Alois Riegl)**의 "예술의욕(Kunstwollen) 개념"[15]을 찾을 수 있다. 즉 리글은 예술의욕 개념을 통해 세대 통일성의 현상을 파악한다. 만하임이 보기에 리글의 예술의욕 개념은 이미 역사적인 인간 정신 속에 내재해 있는 형태학적 경향을 통해 실증주의의 영향 아래 다시 결실을 맺

회, 2003, 10쪽.)

14) 칼 만하임, 『세대 문제』, 32쪽.

15) 리글이 주장하는 예술의욕의 개념은 미술사의 시대 구분에 많은 영향을 끼쳤다. 리글의 주장은 미술사가 보링거를 비롯한 빈 학파의 기초 이념을 마련한다. 그리고 예술의욕 개념은 영국의 흄(Thomas E. Hulme)과 리드(Herbert Read) 등에 계승된다.(이윤희 외, 『세계미술 용어사전』, 월간미술엮음, 월간미술, 2017, 같은 책, 335쪽.) 또한 리글과 동시대의 인물인, 벤야민(Walter Benjamin)에 의해 20세기 후반 재조명을 받는다. 벤야민은 소외된 역사적 시기들의 가치를 적극적으로 해석하고자 한 리글의 방법론을 가치있게 평가한다.(알로이스 리글, 『조형예술의 역사적 문법』, 정유경 옮김, 갈무리, 2020, 9쪽.) 리글의 예술의욕 개념은 미술사의 지형을 재구성하는 데 일조한다. 그리고 보링거의 추상이론에도 직접적인 영향을 끼친다. 만하임은 리글의 예술의욕 개념을 예술사적인 관점으로 도입하기도 했다.

은 것이다.[16]

앞서 언급했듯이, 만하임은 세대 문제를 실증주의적 방법이나 낭만주의적 방법에서 떠안고 있던 문제점들을 해결하고자 했다. 그는 세대 위치(Generationslagerung), 실제 세대(Generationszusammenhang), 세대 단위(Generationseinheit)의 구분을 통해 세대 문제에 대한 해결 방안을 찾고자 했다.[17] 먼저 세대 위치는 출생 시점에 기반한 사회적 위치를 의미한다. 위치 그 자체는 잠재적 가능성으로서 드러나거나 다른 사회적 힘들에 의해서 개입되고 수정된 형태로 표현된다. 그리고 실제 세대는 단순한 세대 위치보다도 보다 많은 내용을 함축하고 있다.[18] 이는 실제 세대와 세대 단위로 나아갈 수 있는 잠재력을 지니고 있음을 뜻한다. 무엇보다 실제 세대는 세대 위치에서 연대감을 형성한다. 여기서 세대 엔텔레키가 창출될 때 실제 세대는 점차 발전해 나간다. 그러나 실제 세대는 역사적 자극에 대한 각기 다른 반응을 보임에 따라 그 밖의 다른 세대 단위로 분화된다.[19] 즉 실제 세대는 단순히 동일한 시대를 함께 '살았다'는 사실에만 기반하지 않기 때문에 강한 연대감이나 '공동 운명에 대한 참여'에 우호적인 입장을 취한다. 이러한 기반 위에서 실제 세대가 세대 엔텔레키를 창출할 경우 각 세대는 세대 의식을 형성한다. 그러나 만하임이 구분했던 실증주의적 전통이나 낭만주의적·역사주의적 전통은 이미 혼재되어 있어서 분명한 '세대'를 이끌어 내지 못한다. 이러한 문제점은 한국 사회에 적용했을 경우에도 세대가 어떻게 형성되는가에 대한 담론을 찾아내야 하는 과제를 남기고 있다.

그런데 세대 문제는 세대 형성 과정에서 어느 사회에서든지 상호 대립적인 이해 방식으로 나타날 수 있다. 즉, 세대 문제는 세대를 형성하는

16) 칼 만하임, 『세대 문제』, 31쪽.
17) 위의 책, 68쪽.
18) 위의 책, 69쪽.
19) 위의 책, 69쪽.

과정에서 어떻게 세대를 실제로 확인할 수 있는 집단으로 파악하느냐에 있다. 이러한 세대 문제의 연구는 객관주의적 입장과 주관주의적 입장으로 구분하여 설명할 수 있다. 한편으로 "객관주의적 입장"[20]은 어떤 한 사건을 출생 당사자들이 경험하게 되면, 그 조건들을 충족하여 자연스럽게 어떤 세대가 등장할 수 있다고 예견해 보는 것이다. 다른 한편으로 "주관주의적 관점"[21]은 세대 형성을 계기로 하여 세대 간의 상호 관계를 중요시하며, 개인과 집단의 정체성을 구축하여 세대를 형성하는 것이다.[22] 만하임의 관점에서 세대 위치가 특정 세대 엔텔레키에 의해 세대 집단을 반드시 기술하고자 한 것은 아니다. 세대 위치는 세대에 대한 인식을 개인적 차원에서부터 타 세대 집단에 대한 의식을 어떻게 구성하고 있는지 최소 단위를 설정하여 세대의 형성과정을 이해하는 것이다.

만하임의 세대 개념에 대한 다양한 해석들은 실제로 한국 사회의 세대 구분에 적용하기에 그다지 명확하지 않다. 또한 한국 사회에서 세대 엔텔레키가 촉발되어 세대 위치가 실제 세대로 전개해 나간다고 할지라도 그 세대는 세대 단위에 따라 각기 분화될 수 있다. 그래서 세대 간 집단의 존재, 세대 간의 연속적인 흐름에 의한 특정 연령 집단을 뚜렷하게 구분짓고자 하는 시도는 여전히 복잡하게 얽혀 있다. 물론 이러한 세대 구분의 문제는 세대 위치에서 발생하는 생물학적 연령이라든지 세대 형성과정을 배제하는 것은 아니다. 하지만 만하임이 논의해 왔던 세대 문제에서 어떻게 세대 집단을 구분하고 분류할 것인가에 대한 물음을 여전히

---

20) 객관주의적 입장은 세대 연구에 있어서 특정 세대 집단을 이루는 데 필요한 사회적 요인이다. 왜냐하면 객관주의적 입장은 필연적으로 형성되기 때문에 세대의 분석에 의해 사회의 횡단면적(cross-sectional) 연구가 가능하기 때문이다. 새로운 미래 세대는 미래 세대의 담지자이자 사회 변혁의 행동자로서 사회 변화의 흐름을 파악한다. 이러한 객관주의적 입장은 세대가 만들어지는 것이라기보다 사회적 요건에 의해 드러나는 것으로 파악한다.

21) 구성주의적 입장에서 세대의 형성은 세대 관계에 따라 구성된다. 세대란 세대 관계 속에서 '만들어지는 것'으로 본다.

22) 전상진, 앞의 논문, 33쪽.

명확하게 해결하지 못했다. 만하임은 세대 형성과정에서 '형성적 권력'23) 개념에 의해 '사회 담론'을 구성해야 한다고 말한다. 우리가 세대 담론의 비판과 해석을 통해 그 중요성을 강조할 수 있듯이, 상호 세대의 관점에서 세대란 자기 세대에 대한 인식을 통해 자기 세대와 타 세대 간의 담론으로 다시 드러난다. 한국 사회에서 '나'라는 개인이 타 세대 집단을 어떻게 묶어낼 수 있을 것인가에 대한 근본적 물음들이 함께 있어야 한다.

2) 푸코의 세대 간 주체권력과 갈등

앞서 언급한 만하임의 세대 엔텔레키 개념은 프랑스 현대철학자인 미셸 푸코(Michel Foucault, 1927-1984)의 이론을 적용하여 동질 집단(자기-세대)과 타 세대의 구분을 통해 상호세대론적 맥락에서 고찰해보는 것은 유의미하다. 우리가 푸코의 권력이론을 통해 세대 간의 권력이론을 살펴보는 것은 다소 낯설 수 있다. 하지만 푸코가 평생에 걸쳐 계보학적으로 권력 개념을 추적해 왔음을 미루어 보았을 때, 세대 문제는 세대 간 권력과 밀접한 연관 관계가 있다.

그러면 푸코에게서 주체 세력 간의 세대 권력은 무엇을 뜻하는가? 주지하듯 푸코는 포스트모더니즘의 선구자답게 보편적 진리가 언제나 존

---

23) 기존의 세대 연구는 세대가 형성되는 요인을 광의로 네 가지 관점에서 나누어 볼 수 있다. 첫째, '아랫대', '윗대'라고 언급되는 친족 계보상의 위치, 즉 '가계 계승의 원리'이다. 둘째, '전후(戰後) 세대'와 같이 어떤 역사적 시기를 현재 생존해 있는 사람들로 파악하는 역사학계의 세대 관점이다. 이 단계의 연구는 태어난 출생연도를 공유한다. 예컨대 (청)소년기에 경험한 사건들이 축적되면서 이후 이들 집단을 구분하는 중요한 심리적 속성이 된다는 것을 전제로 하는 코호트(cohort)로서의 세대 개념이다. 넷째, '청년세대'라든지 '노년세대'에서 언급하는 생애주기의 한 단계이다. 이 단계의 연구는 '세대'로서 지칭하는 연령 효과(age effect)에 초점을 맞춘다. 이렇게 세대 구분은 위의 네 가지의 요인 가운데 어느 단계를 사용하느냐에 따라 각기 다르게 적용된다.(박재흥, 앞의 논문, 2003, 6-7쪽.)

재하는 것이 아니며 각 시대와 장소에 따라 각각 다르게 규정될 수 있다고 주장한다. 그는 오랫동안 근대 유럽을 중심으로 전개되어 왔던 철학, 정신의학, 의학, 형벌이론, 고고학, 인류학, 사회학 등 지식의 고고학과 계보학을 다루어 왔다. 즉 푸코에 따르면 어떠한 담론도 고정불변하는 '진리'를 담은 명제(proposition)가 확고하게 고착되어 있는 것이 아니라 우연한 조건들로 인해 진리로 통용되고 있을 뿐이다. 이러한 그의 진리 담론은 세대 문제의 연구, 특히 세대 간 형성 과정을 기술하는 데 적절한 이론으로 유의미하게 활용할 수 있다.

푸코는 자신의 지적(知的) 여정을 "지식, 권력, 윤리의 축"으로 규정하고 서구의 주체가 어떻게 만들어지는가를 진지하게 물은 바 있다. 즉 그는 주체와 권력에서 주체의 세 가지 대상화 방식에 대해 묻는다.[24] 첫째, 어떻게 우리는 지식의 주체가 되는가? 둘째, 주체는 어떻게 권력을 행하기도 하고 그것에 복종하기도 하는가? 셋째, 어떻게 도덕적 주체가 되는가? 이러한 관점에서 푸코는 주체라는 단일한 주제로 세 가지 축을 통합하고자 했지만, 일관된 관점을 갖고 있었던 것은 아니다. 즉 그는 서로 다른 주체 형성과정을 전제하는 주체 형성들이 공존해야 한다고 보았다.[25] 우리는 "지식을 가진 주체로서 어떻게 구성되는가?"에 대해 다루는 고고학, "주체들이 권력관계를 형성하기도 하고 그 앞에 복종하기도 하며 어떻게 형성되는가?"를 보여 주는 계보학, "우리는 행위의 도덕적 주체로서 어떻게 구성되고 있는가?"[26]에 대해 물음을 찾아가는 계보학이 그것이다. 이렇게 푸코는 지식, 권력, 윤리의 축을 재구성했다.

하지만 푸코가 분석한 근대사회의 주체 권력은 다분히 정치적이다. 주

---

24) Michel Foucault, "Das Subjekt und Macht" ,H. L. Drefus & P. Rabinow hg. *Michel Foucault,:Jenseits von Strukturalismus und Hermeneutik*, Frankfurt. a. M, 1987, S. 243.

25) 문성훈, 『미셸 푸코의 비판적 존재론-그 미완의 기획-』, 도서출판 길, 2010, 23쪽.

26) Michel Foucault, "What is Enlightenment?", in *The Foucault Reader*, New York: Pantheon Books, 1984, p.49.

체 그 자체는 칸트에서처럼 이성이나 계몽의 선험적 본질을 인식하는 것이 아니라 정치적 권력관계에서 파생된 것이다. 따라서 주체는 예속된 자이며 복종하는 자에 불과하다.[27] 그에 의하면, 주체는 보편적으로 존재하는 것이 아니라 특정한 방식에 의해 만들어진다.

또한 그는 정상과 비정상(광기), 병과 건강, 범죄와 법과 같은 개념들을 통해 그가 물어왔던 질문에 대해 해답을 찾아 나간다. 이를테면 위에서 언급했던 주체가 지식, 권력, 윤리의 축에 의해 어떻게 주체가 되기도 하고 예속되기도 하는지에 대해 푸코는 규명해 나간다. 즉 광기와 이성이 근원적으로 갈라놓은 분기점으로 되돌아간다. 푸코에게서 비정상인, 야만인, 비합리적인 것들에 대해 차별하는 이유는 인위적으로 구별하거나 실증적 증거에 의해 기인하기 때문이다. 푸코는 지금까지 근대의 주체 물음을 근본적으로 회의(懷疑)한다. 왜냐하면 근대의 주체 물음은 근대의 강제적인 규율에 의해 사회 권력을 정당화해왔기 때문이다. 근대인이 내세우는 자율적인 이성 개념도 "사회적 권력의 도구에 불과"[28]한 것이었다.[29] 결국 푸코는 그동안 철학에서 자명한 것으로 인정해 왔던 권력과 행동의 원천으로서의 주체를 해체하고, 반휴머니스트로서 그리고 반(反)주체 철학자로서의 모습을 선명하게 드러냈다. 따라서 푸코에게서 주제의 인간은 능동적이고 자유롭게 의미를 창출하는 것이 아니라 **권력**

---

27) 박승규, 『푸코의 정치윤리』, 철학과 현실사, 2002, 18쪽.

28) 푸코는 권력개념을 다음과 같이 말한다. 첫째, 권력이란 국가기구에 집중된 것이 아니라 사회적 관계 전체에 미세하게 침투하면서 탈집중화된다. 모든 영역에서 형성된 권력관계는 일종의 상부권력인 셈이다.(Michel Foucault, *Wahrheit und Macht: Interview von A. Fontana und P. Pasquini "Dispositive der Macht: Michel Foucault über Sexualität, Wissen und Wahrheit,* Berlin, 1978, S. 39.) 둘째, 권력은 생산적이다. 권력은 현실을 생산한다. 권력은 대상 영역과 진리 의례를 생산한다. 이런 점에서 개인은 권력의 산물이다.(Michael Foucault, *Überwachen und Strafen,* Frankfurt. a. M. 1994, S. 250.) 셋째, 권력은 인간 본성을 억압하는 것이 아니라 인간에게 진리로 참칭되어 왔던 특정한 현실태를 부과한다.(Michel Foucault, "Zur Genealogie der Ethik", *Michel Foucault,:Jenseits von Strukturalismus und Hermeneutik,* Frankfurt. a. M, 1987, S. 274.)

29) 박찬국, 『철학의 거장들』, 철학과현실사, 2005, 184-185쪽.

-지식 연계에 의해 만들어지고 유통되는 실천적 산물인 것이다. 어떤 지식이나 권력이 보편적 지식이나 보편적 권력으로 나아가는 것은 아니다. 왜냐하면 권력과 지식은 분석하는 것일 뿐이기 때문에 한쪽은 지식에 기인하고, 다른 한쪽은 권력에 기인하지만, 서로 다른 두 범주로 구성된 것은 아니다.[30] 이렇게 푸코는 서구의 주체가 보편적으로 어디에나 존재하는 것이 아니라 역사적으로 특정한 방식으로 전개되어 왔던 것으로 파악한다. 즉, 푸코는 주체와 객체의 이분법적인 사고에서 벗어나 인간을 주체화하는 다양한 방식을 세대 간 권력관계로 이해한다. 즉, "주체는 사회의 이데올로기적 표상으로 산출해 왔던 동시에 특별한 '규율적' 권력과의 관계이기도 한 것이다."[31]

푸코는 『성의 역사(History of Sex, 1.2.3.4)』에서 동시대 세대 간 남성들이 여성을 지배했던 성(Sex)을 권력관계의 매개로 고찰한 바 있다. 즉 푸코는 『성의 역사』의 저서에서 「앎의 의지」(1976), 「쾌락의 활용」(1984), 「자기에의 배려」(1984)를 통해 성의 담론에 의한 **세대 간 권력의 관계**를 촉발시키는 단초를 마련했다. 세대 간 권력의 관계를 남성적인 관점에서 다루었던 푸코는 성에 대한 탐구를 통해 이성중심의 주체를 부인하고 근대적 담론인 주체 중심주의의 상황을 반전시켰다.[32] 푸코는 데카르트 이후의 근대적 대상물인 이성의 주체를 부인한다. 푸코는 "먼저 몸에 대한 권력을 연구하는 것이 보다 유물론자다움"[33]이라고 주장한다. 지금까지 인류 역사에서 성의 역사는 남성이 여성을 오랫동안 지배해왔던 세대 간 남성들에 의한 권력의 역사였다. 그래서 푸코는 성(性)이 그 시대 남성들의 거대한 권력조직과 연결되고 있다는 사실을 추적했다. 대부분의 세대에서 권력이 욕망을 억압했다면, 푸코는 어떤 세대를

30) 미셸 푸코, 『비판이란 무엇인가』, 심세광·전혜리 외 옮김, 동녘, 2017, 66쪽.
31) Michel Foucault, *Discipline and Punish*, New York: Vintage, 1977, p. 82.
32) 양해림, 「푸코의 남성 주체에 관한 몸과 성의 담론」, 『범한철학』, 제31집, 범한철학회, 2003, 152쪽.
33) 이광래, 『미셸 푸코』, 민음사, 1989, 243쪽.

막론하고 권력을 남성적 특성으로 보았다. 푸코는 지난 100년 동안 관심의 대상이 되어 왔던 성이 어떻게 남성들의 권력에 의해 사회질서를 규제해 왔는지에 대해 추적했다. 그는 어떻게 성을 매개로 하여 권력이 강력한 전달체로서 전승(傳承)되어 왔는지 규명해 냈다. 그 당시 남성들은 욕망, 권력과 지식에 의해 사회를 규제해 왔다. 남성들의 권력은 지식을 산출하고 직접 성에 관계해 왔다. 또한 남성들에게서 지식과 권력의 관계는 우리의 삶에 은밀하게 개입하여 우리의 몸을 순응적인 형태로 길들이게 했다.

이러한 점에서 푸코는 **세대 간 지식-권력**에 의해 형성되어 가는 주체의 모습을 추적한 것이다. 다시 말해 푸코에게 주체의 모습은 세대 간 지식-권력에 의해 만들어낸 사회 담론인 것이다. 이렇게 푸코는 세대 간에 지식을 생산하고 권력을 만들어냈지만, 세대 간에 윤리적, 실천적 행동이 필요한 것으로 보았다.[34] 특히 푸코는 동일자(同一者)와 타자(他者)들을 이분법적 관점에서 구분하는 경계에서 벗어나서 점차 복잡한 사회체계로 진입해가고 있음을 눈여겨보았다. 이를테면 푸코의 사유는 세대 간 타자의 사유이며 동일자의 외부에서 본 밖의 사유이다. 또한 동일자와 타자가 갈라지는 경계선상에서 성립되는 극한(la limité)의 사유이다. 이는 한 사회에서 경계의 여러 체계들은 배제(排除)의 체계를 함축하고 있음을 시사한다. 이쪽과 저쪽의 나눔의 경계는 사람들 사이에 뿌리 깊은 간극을 분출한다.[35] 여기서 우리는 서로 다른 타자 간에 불거진 세대 문제에 관심을 환기시킬 수 있다. 우리는 이러한 그의 세대론에서 **자기-세대와 타세대를 구분하는 것과 동일한 맥락**으로 이해해 볼 수 있다. 이러한 동일자와 타자들을 구분하는 경계, 자기-세대와 타 세대를 구분하는

---

34) 장유정, 『노년세대의 갈등유형과 소수자 미디어교육 경험에 대한 현상학적 연구-들뢰즈 가타리의 소수자론과 푸코의 주체구성론을 중심으로-』, 중앙대학교 신문방송학과 대학원 박사학위 논문, 2016, 44쪽.

35) M. Focault, *L'ordre du discours*(1993). 이정우 옮김, 『담론의 질서』. 중원문화, 2014, 16쪽.

경계들은 한국 사회의 세대 담론을 형성하는 과정에서도 유효하게 적용될 수 있다. 즉, 우리는 세대의 형성과정에 대해 주체와 대상 간의 상호 세대론으로 이해할 수 있는 것이다. 특히 상호세대론의 접근 방식은 각기 다른 세대 간 해석에 따른 세대 담론으로 이해할 수 있다.

푸코는 "어떤 사회를 막론하고 담론의 형성은 통제·선별·조직화하고 나아가 재분배하는 과정들"이라 본다. 그는 "사회 담론의 권력과 위험들을 추방해야 한다. 또한 사회 담론은 우연한 사건을 지배하며 담론의 무겁고 위험한 물질을 피해 가는 역할을 하는 과정들이 존재한다."[36] 그렇게 해서 사회 담론들은 어떤 의미를 만들어 내고 재생산하는 과정을 거쳐 나간다. 단순하게 사회 담론들은 언어 이상의 의미를 담고 있으며 밀접히 연관되어 있다. 사회 담론은 상호 간에 지지(地支)하기 위한 싸움이 일어나기도 하지만, 궁극적으로 권력관계로 귀착된다.[37] 이러한 푸코의 사회 담론을 한국 사회에서 자기 세대를 상호 인식하고, 동시에 타 세대를 표현하는 상호 세대론으로써 이해할 수 있는 것이다.

앞서 만하임의 논의에서도 살펴보았듯이, 실제 세대는 단순하게 동일한 시대를 함께 '살았다'는 단순한 사실에만 기반하지 않는다. 예컨대 우리가 강한 연대감, '공동 운명에 대한 참여'를 통해 세대 엔텔레키를 창출할 경우, 세대 의식을 형성하거나 실제 세대를 구성할 수 있다. 물론 자기 세대에 대한 인식은 그동안 '당연한 것'으로 믿어 왔던 세대 단위들의 물음이어야 한다. 다시 말해 한국 사회 세대 담론에서 '당연한 것'이라고 믿는 공동체 의식이나 연대감을 통해 동일한 세대를 형성해나간다. 푸코의 세대-표현은 단지 어느 한 곳에 고정하여 머무는 것이 아니라 적극적인 실천 행위로 나아가야 함을 뜻한다. 여기서 21세기 한국 사회에

---

36) 장유정, 「노년세대의 갈등유형과 소수자 미디어교육 경험에 대한 현상학적 연구--들뢰즈와 가타리의 소수자론과 푸코의 주체구성론을 중심으로」, 중앙대학교 대학원 신문방송학과 박사학위논문, 2016, 38쪽.

37) 장유정, 위의 논문, 39쪽.

서 푸코가 언급했던 자기-세대와 타 세대의 구분을 통한 세대 문제에 대한 인식은 여전히 참고할 만한 가치가 있다. 이를 근거로 한국 사회에서 자기-세대의 '당연한 것'들에 대한 사회 담론의 인식을 타 세대와의 첨예한 권력관계가 어떻게 형성되어 가고 있는지에 대해 지속적으로 주시해볼 필요가 있다.

한국 사회에서 세대 문제에서 발생하는 중요한 사실은 세대가 단순하게 형성되어 나가는 것이 아니라, 어떻게 그러한 세대가 생겨 날 수 있는가에 대한 근본적인 물음일 수 있다. 왜냐하면 한국 사회에서 한 개인이 '자기 세대'와 '타 세대'를 어떠한 이유로 분리하게 되었는지는 여전히 중요한 물음일 수 있기 때문이다. 우리 세대를 구분하는 기준이 바로 개인의 세대-표현이자 자기-표현일 수 있다. 그런데 이러한 세대 논의가 푸코의 국한된 논점에서 머무르는 것은 아니다. 여기서 언급하는 세대 담론은 동시대에서 진행되는 자기 세대와 타 세대의 구분에 의한 세대-표현의 이해인 것이다. 예컨대 한국 사회에서 우리의 부모님들은 나의 윗세대이며 조부모님은 그 윗세대이다. 그리고 미래에 태어날 자손은 자신의 아랫세대가 될 것이다. 초, 중, 고등학교 내에서는 자기의 동기생들과 그 손위 학번의 선배들, 그리고 후배들과 세대의 차이를 느낄 수도 있다. 실제로 자기보다 위의 기수 선배를 '화석'이라 부르기도 한다. 또한 세대 차이는 동일한 20대 초반의 연령대라 할지라도 학교라는 사회 울타리 안에서 세대-인식이 각기 다르게 발생할 수 있다. 학교 안에서 타 세대로 취급하는 선배들과 후배들을 본인과 동일한 세대로 인식한다. 왜냐하면 이러한 인식은 한국 사회에서 분포되어 있는 연령층들을 관점으로 해서 본인 세대(자기 세대)와 윗세대를 구분하는 세대 차이가 다르게 나타나기 때문이다. 따라서 이는 한국 사회에서 동일한 세대 간의 연령층에서도 권력관계가 각기 다르게 형성될 수 있다는 것을 암시한다.

3. 한국 사회에서 세대 간 갈등의 과제

앞서 살펴보았듯이, 만하임의 세대 문제와 푸코의 세대 간 권력의 문제 및 세대 개념은 다의적(多義的)이다. 만하임과 푸코의 세대문제 및 세대 간 권력-지식의 고찰은 연대기적으로 상이(相異)할 수 있으나, 만하임의 실증주의적 관점에서의 양적(量的) 측정방법, 낭만주의적-역사주의적 관점에서의 내적인 경험에 의한 질적(質的) 방법이나 푸코의 주체에 의한 세대 간 권력-지식 관계는 서로 상통하는 측면이 많다.

만하임과 푸코가 언급하고 있듯이, 세대의 속성은 연속적이면서도 불연속적이다. 따라서 세대 개념은 어떤 특정 집단으로 묶어 놓는 각 세대들 간의 구분이 모호하다는 이유로 다소 혼동스러울 수 있다. 세대 개념의 다의적이고 복합적인 해석은 실제 여러 매체에서도 그대로 혼용되어 나타난다. 즉 우리 한국 사회의 각종 매체에서 보도하는 청년세대를 매스컴의 정치적 성향에 따라 비교 분석한 G세대라던지 2030 세대가 복수가 아니라 단수, 또는 타자들의 상호 동일자인 것처럼 서술하기도 한다. 한 세대에서도 출생(연령)은 수많은 이질적인 개인들이 존재하고 있음에도 불구하고, 분석대상의 기사들은 세대 간의 차이 및 갈등을 오히려 부추켜 왔다. 동시에 세대 간의 차이와 갈등은 청년세대를 왜곡하거나 무력화하는 방식으로 드러내 보이기도 한다.[38] 특히 각종 매체에서 다루어 왔던 한국 사회의 세대 문제는 진보, 보수의 정치적 성향에 따라 동일한 대상을 서로 다른 세대로 구분하거나 다르게 적용해 왔다. 이와 관련하여 한국 사회에서 "대부분 세대 개념의 사용방식을 특수한 소규모 집단의 일탈적 가치관이나 행동양식을 전체 연령 집단의 구성원들에게 공통적으로 일반화하거나, 일시적 유행 현상을 특정 세대의 내적 통일성의 지표로 과장(誇張)하여 해석하는 경향"[39]도 종종 전개되어 왔다. 또한

---

38) 김선기, 「청년세대 구성의 문화정치학- 2010년 이후 청년세대담론에 관한 비판적 분석」, 『언론과 사회』 제24권 제1호, 2016, 33쪽.

한국 사회에서 동일 집단의 세대라고 할지라도 상대적 입장에 따라 다른 세대 명칭과 특징들을 부각시켰다. 지금껏 세대 문제는 한국 사회에서 개성을 존중하는 분위기보다 세대 간 집단적 이해관계에 따라 사회 현상을 설명하는 것에 익숙해져 왔다. 이런 점에서 우리 한국 사회는 역사적 경험에 의해 비롯된 386세대와 같은 공통된 특성 '세대'를 중심으로 그 시대의 변화를 설명하는 것에 익숙하다. 왜냐하면 세대 갈등은 푸코의 분석처럼 '내 집단'과 '타 집단' 간의 구별을 전제로 하고 있기 때문이다. 이러한 세대 간 갈라치기는 첨예한 세대 간 권력관계를 암시하기도 한다. 또한 푸코가 지적하듯이, 세대란 "연속적이면서도 동시에 불연속적인 시대의 변화"[40]를 뜻하기도 한다. 이를테면 세대란 시대의 변화에 따르는 변곡점으로 세대 간 집단을 통해 드러난다. 이런 측면에서 세대론은 한 시대의 표상을 드러내 주기도 한다. 그런데 세대론의 흥미로운 사실은 시대의 인식이 어떤 한 세대에 따라 각각 분절되면서 동시에 세대 간의 서로 다른 상대적 관계에 따라 단절되기도 한다.

앞서 고찰하였듯이, 만하임의 세대 개념에 대한 모호성과 다의성이 오히려 실질적인 세대 연구를 가로막거나 세대 문제의 실질적인 해결책을 모색하는 데 난관에 직면할 수 있다. 지금껏 개별적인 연구들은 세대론과 방법론의 발전에 기여해 왔다고 볼 수 있다. 이러한 "세대론에 대한 관점의 차이는 어떻게 세대 형성과정을 이해하느냐"[41] 에 따라 각기 차이를 보일 수 있다. 이를테면 만하임의 세대 개념은 주로 사회운동의 차원에서 구성되었기 때문에 사회운동과 그다지 관련성이 없어 보이는 세대 문제 현상들은 등한시해 왔다. 이러한 경우는 한국 사회운동에도 마

---

39) 전상진, 「세대사회학의 가능성과 한계: 세대 개념의 분석적 구분」, 『한국인구학』 제25권 제2호, 한국인구학회, 2002, 195쪽.

40) 양해림, 「구조의 독해: 딜타이와 푸코의 연속과 불연속성의 역사성」, 『철학연구』, 대한철학회, 2002. 353-379쪽.

41) 박재흥, 「세대 개념에 관한 연구: 코호트적 시각에서」, 『한국사회학』 제37권 제3호, 한국사회학회, 2003, 2쪽.

찬가지이다. 이러한 사회운동의 한계를 보완하기 위해 "포괄적인 세대 규정에 대한 연구"를 차후 대비책으로 남기고자 한다. 세대 현상은 사회운동을 수행해 나가는 세대 집단의 활동 결과물로 간주되며 특히 '집단적 성격'에 주목한다. 그렇기 때문에 세대는 단순하게 '집단의식'으로 취급해서는 안 된다. 다만 "어떤 세대는 언제나 세대 관계의 상호작용 맥락"[42]에 따라 각기 다르게 나타난다. 여기서 세대 문제는 "사회적 사건들의 시간 세대를 상이한 세대들의 관계를 연구과제"[43]로 삼을 수 있어야 한다. 궁극적으로 만하임에게서 보듯이, 세대 문제 및 세대 개념은 단순히 객관적 요인에 의해 형성되는 것이 아니라 세대 간 상호작용에 의해 구성된다. 따라서 21세기 한국 사회에서 세대 문제는 "사회적 상호작용의 맥락에 따라 상이한 세대 문제"에 보다 근본적인 관심을 기울여야 한다. 이를테면 한국 사회에서 세대의 문제 및 세대 갈등들이 사회적 상호작용에 의한 것인지, 엔텔레키 개념에 의한 것인지 근본적인 원인에 대한 후속 규명작업이 필요하다.

만하임의 세대 문제 및 엔텔레키 개념과 푸코의 세대 간 권력에 대한 이해를 위해 총체적인 요인들을 한국 사회에 그대로 수용하는 것은 그다지 쉽지 않다. 왜냐하면 세대 문제가 그동안 정치적, 사회적, 문화적 맥락에 따라 다양하게 연구되어 왔지만, 세대 문제에 대한 이해가 파편화되지 않았는지에 대한 근본적인 진단이 필요해 보이기 때문이다. 오히려 세대 문제의 연구가 세대 간 갈등을 부추기고 이로 인해 세대 문제의 연구에 혼란을 가중시키지는 않았는지에 대한 근본적 물음도 함께 던져야 할 것이다. 예컨대 '이준석 돌풍'도 이와 같은 맥락에서 볼 수 있다. 체험공간은 함께했으나, 다른 경험과 기억을 갖게 된 이른바 '조용한 세대'의

---

42) J., Matthes, "Karl Mannheims 'Das Problem Der Generationen', Neu Gelesen: Generationen- "Gruppen" Oder 'Gesellschaftliche Regelung Von Zeitlichkeit'?", *Zeitschrift für Soziologie*, Vol. 14, No. 5, 1985, p. 370.

43) 전상진, 「세대 개념의 과잉, 세대 연구의 빈곤 : 세대연구 방법에 대한 고찰」, 『한국사회학』 제38권 제5호, 2004, 43쪽.

이야기는 쉽게 잊는다. 또한 세대 문제의 접근 방법이 주로 '단절'에 방점을 두면서 세대 간 갈등만 강조되고 세대 간 소통 문제에는 소홀한 측면에서도 찾아볼 수 있다. 따라서 한국 사회에서 세대 문제를 접근하는 데 있어서 자기과시와 욕망이 강한 그 세대의 상징적인 인물에게 초점을 맞춘 것은 제고의 여지가 있다. 최근 들어 심리분석과 철학, 교육학, 사회학 등에서 세대 간의 지속적인 '공감, 감정이입, 추체험 등 감정유산(感情遺産)'들을 특히 강조하는 이유도 이 때문이다. 한국 사회에서 세대 간 갈등은 만하임의 엔텔레키 개념이나 푸코의 주장처럼 권력 간의 정치적 이념 갈등처럼 첨예하게 표출되는 것이 아닐 수 있다. 하지만 최근 들어 페미니즘 논쟁과 더불어 세대 문제는 심각하게 갈등이 점차 야기되고 있는 상황이다.

궁극적으로 전통적으로 철학의 근간인 인식론, 존재론, 가치론, 논리학의 이론을 활용하여 최근 한국 사회에서 발생하고 있는 다양한 세대 문제 및 세대 간 갈등들의 원인들을 찾아내어 철학적으로 진단하고, 이를 극복할 수 있는 후속 연구작업들은 더욱 필요해 보인다. 이를 바탕으로 철학적 사고(思考)하기를 통해 세대 간 갈등을 해결할 수 있는 후속 연구작업들이 요청된다. 즉, 세대 간 갈등을 해결하기 위한 다양한 철학적 실천 활동이 요청되는 것이다. 요컨대 21세기 한국 사회에서 세대 문제는 철학의 영역에 한정하여 그치는 것이 아니라 다양한 학제적 교류를 통해 그 해결책을 다각적으로 모색해 나가야 할 것이다.

참고문헌

김선기, 「'청년세대'구성의 문화정치학-2010년 이후 청년세대담론에 관한 비판적 분석」, 『언론과 사회』 제24권 제1호, 2016.

김선기, 「세대 연구를 다시 생각한다: 세대주의적 경향에 대한 비판적 검토」, 『문화와 사회』 제17권, 2014.

리글, 알로이스, 『조형예술의 역사적 문법』, 정유경 옮김, 갈무리, 2020.
만하임, 칼, 『세대 문제』, 이남석 옮김, 책세상, 2013.
문성훈, 『미셸 푸코의 비판적 존재론-그 미완의 기획-』, 도서출판 길, 2010.
박길성, 「한국 사회의 세대 갈등: 연금과 일자리를 중심으로」, 『한국사회』, 12권 1호, 2011.
박승규, 『푸코의 정치윤리』, 철학과 현실사, 2002.
박재흥, 「세대 개념에 관한 연구 : 코호트적 시각에서」, 『한국사회학』 제37권 제3호, 2003.
박재흥, 「세대명칭과 세대갈등 담론에 대한 비판적 검토」, 『경제와 사회』 제81호, 2009.
박재흥, 「세대연구의 이론적-방법론적 쟁점」, 『한국인구학』 제24권, 한국인구학회, 2001.
박재흥, 「한국사회의 세대갈등 : 권력·이념·문화갈등을 중심으로」, 『한국인구학』 제33권 제3호, 한국인구학회, 2010.
박재흥, 『세대 차이와 갈등: 이론과 현실』, 경상대학교출판부, 2017.
박정기, 「알로이스 리글의 양식사로서의 미술사-방법론적 근본 문제를 중심으로」, 『미학 예술학 연구』 16권, 한국미학예술학회, 2002.
박찬국, 『철학의 거장들』, 철학과현실사, 2005.
방희경·유수미, 「한국언론과 세대론 전쟁」, 『한국언론학보』 59권 2호, 한국언론학회, 2015,
스윈지우드, 앨런, 『사회사상사』, 박성수 옮김, 문예출판사, 1990.
양해림, 「구조의 독해: 딜타이와 푸코의 연속과 불연속성의 역사성」, 『철학연구』, 대한철학회, 2002.
양해림, 「푸코의 남성주체에 관한 몸과 성의 담론」,『범한철학』, 제31집, 범한철학회, 2003.
양해림, 『딜타이와 해석학적 사회체계』, 집문당, 2022.
오생근, 『미셸 푸코와 현대성』, 나남, 2013.
우석훈·박권일, 『88만원 세대』, 레디앙, 2007.
이광래, 「신체의 정치학: 성의 역사」, 『미셸 푸코』, 민음사, 1989.
이우창, 「헬조선담론의 기원: 발전론적 서사와 역사의 주체 연구 1987-2016」, 『사회와 철학』 제32집, 한국사회철학연구회, 2016.

임상범,『혐로사회』, 좋은땅, 2018.
장유정,『노년세대의 갈등유형과 소수자 미디어교육 경험에 대한 현상학적 연구 -들뢰즈 가타리의 소수자론과 푸코의 주체구성론을 중심으로-』, 중앙대학교 신문방송학과 대학원 박사학위 논문, 2016.
전상진,「세대 개념의 과잉, 세대 연구의 빈곤: 세대 연구 방법에 대한 고찰」,『한국사회학』 제38권 제5호, 한국사회학회, 2004.
전상진,「세대사회학의 가능성과 한계: 세대 개념의 분석적 구분」,『한국인구학』 제25권 제2호, 한국인구학회, 2002.
전상진,「세대사회학의 가능성과 한계」,『한국인구학』 제25권 제2호, 2002.
전상진,『세대 게임: '세대 프레임'을 넘어서』, 문학과지성사, 2018.
중앙일보, 386 창간기획 여론조사, 2019.9.23.
최샛별,『문화사회학으로 바라본 한국의 세대연대기』, 이화여자대학교출판문화원, 2018.
최유석,『세대 간 연대와 갈등의 풍경』, 한울, 2016.
푸코, 미셸,『비판이란 무엇인가』, 심세광, 전혜리 외 옮김, 동녘, 2017.
푸코, 미셸, M. *L'ordre du discours.* 이정우 옮김.『담론의 질서』, 중원문화, 2014.
푸코, 미셸,『말과 사물』, 이규현 옮김, 민음사, 2012.
푸코, 미셸,『지식의 고고학』, 이정우 옮김, 민음사, 2018.
한국철학회 편,『차이와 갈등에 대한 철학적 성찰』, 철학과 현실사, 2007.
허경,「미셸 푸코의 근대와 계몽」,『근대철학』 제5권, 2010.
허경,「미셸 푸코의『말과 사물』에 나타난 '근대 인간과학'의 개념」,『인문언어』 제10호, 2008.
허경,「푸코의 에피스테메 개념」,『에피스테메』 제1호, 2007.
Bengtson, V. L. & N. E. Cutler, Generations and intergenerational relations: *Perspectives on age groups and social change*, vol. Book, Whole, Van Nostrand Reinhold, 1976.
Coomes, M.D., "Understanding the historical and cultural influences that shape generations", *New Directions for Student Services,* Vol. 2004, No. 106, 2004.
Corsten, M., "The time of generations", *Time & Society,* Vol. 8, No. 2-3,

Sage Publications, 1999.

Dilthey, Wilhelm, *Über das Etudium der Geschichte der Wissenschaften vom Menschen, der Gesellschaft und dem Staat,* 1873, *Gesammelt Schriften,* V. Stuttgart 1957.

Esler, A., ""The Truest Community": Social Generations as Collective Mentalities", JPMS: *Journal of Political and Military Sociology,* Vol.12, No. 1, Northern Illinois University, Sociology Dept., 1984.

Foucault, Michel, "What is Enlightenment?", in *The Foucault Reader,* New York:Pantheon Books, 1984.

Foucault, Michel, "Zur Genealogie der Ethik", Michel Foucault,:Jenseits von Strukturalismus und Hermeneutik, Frankfurt. a. M, 1987.

Foucault, Michel, *Discipline and Punish,* New York: Vintage, 1977.

Foucault, Michel, *L'ordre du discours*(1993). (이정우 옮김,『담론의 질서』. 중원문화.2014.)

Foucault, Michel, *Überwachen und Strafen,* Frankfurt. a. M. 1994.

Foucault, Michel, Wahrheit und Macht: Interview von A. Fontana und P. Pasquini "Dispositive der Macht: Michel Foucault über Sexualität, Wissen und Wahrheit, Berlin, 1978.

Mannheim, K., Ideology and utopia, Routledge, 1998.

Mannheim, K., *ssays on the Sociology of Knowledge: Collected Works,* Volume 5, edited by Paul Kecskemeti, Routledge, 1952.

Matthes, J., "Karl Mannheims 'Das Problem der Generationen', neu gelesen:Generationen-"Gruppen oder 'gesellschaftliche Regelung von Zeitlichkeit'?", *Zeitschrift für Soziologie,* Vol. 14, No. 5, 1985.

Rieg, Alois, "Naturwerk und Kunstwerk I", in: *Gesammelte Aufsätze,* hg. von K. M. Swoboda, Augusbung-Wien, 1929.

Sedlmayr, Hans, *Kunst und Wahrheit,* Mäander, 1978.

Sedlmayr, Hans, *Stilfagen. Grundlegungen zu einer Geschichte der Ornamentik,* München, 1977.

Twenge, J. M. & W. K. Campbell, "Age and birth cohort differences in self-esteem: A cross-temporal meta-analysis", *Personality and Social Psychology Review,* Vol. 5, No. 4, 2001.

Vincent, J. A., "Understanding generations: political economy and culture in an ageing society", *Br J Sociol,* Vol. 56, No. 4, 2005.

White, J., "Thinking generations", *The British journal of sociology,* Vol. 64, No. 2, Wiley Online Library, 2013.

Worringer, Wilhelm, *Abstraktion und Einfühlung,* München, 2007.(『추상과 감정이입』, 권원순 옮김, 계명대학교 출판부. 1982)

Yang, Y., "Social inequalities in happiness in the United States, 1972 to 2004: An age-period-cohort analysis", *American Sociological Review,* Vol. 73, No. 2, Sage Publications Sage CA: Los Angeles, CA, 2008.

제3장

국가는 사회갈등을 해결하기 위해 어떤 노력을 하고 있나? (2)

-니체의 그리스 비극에서 사회적 갈등 해결을 위한 탐색-

제3장

국가는 사회갈등을 해결하기 위해 어떤 노력을 하고 있나? (2)

-니체의 그리스 비극에서 사회적 갈등 해결을 위한 탐색-*

1. 사회적 갈등은 왜 발생하는가?

지난 2016년 OECD 30개국 비교조사에서 한국의 갈등지수는 약 5.5점으로 멕시코, 이스라엘에 이어 3위였으며, 한국인의 갈등관리역량은 27위 수준이다. 영국의 킹스컬리지(King's College London)의 2021년 세계 주요국 시민들의 사회적 갈등 인식조사에서 한국이 1위를 차지했다.[1] 또한 지난 2024년 국내 리서치 조사에 따르면, 우리 국민의 80% 이상이 현재 한국 사회의 갈등이 매우 심각하다고 보고하고 있다.[2] 지난 2024년 12월 3일 이전 윤석열 내란 정국 이전에도 여야의 정치상황에서 갈등이 파국으로 이어질 수 있는 상황들을 빈번하게 야기했다. 국내의 다양한 조사기관, 즉, 한국리서치, 트렌드모니터, 통계청, 보사연 등에 따르면 매년 "사회갈등 심각성·집단 간 대립"이 매우 높게 인식되고 있

* 이 글은 니체연구 제48집, 한국니체학회, 2025(10월), 255-271쪽에 실린 내용을 수정·보완했음.

1) https://www:ipsos.com/ko-kr/culture-wars-in-south-korea.

2) https://www:hrcopinion.co.kr/archives/29298

으며, 특히 2023~2024년에 최고조에 이른 수치를 보이고 있다. 국내에서 2017년부터 2023년까지 매년 발표된 사회 갈등·공동체의식 인식 조사를 살펴보면 아래와 같다.[3)]

그러면 이러한 사회적 갈등은 왜 생겨나는가? 먼저 갈등이란 의존관계에 있는 여러 사람 또는 집단이 서로의 가치체계, 목표 및 목적, 각기 다른 감정 등에 의해 대립하고 충돌하면서 상대방에게 부정적인 영향을 주고 있는 상태를 의미한다. 갈등은 일정한 관계가 형성되어 있는 상대가 있어야 발생한다. 대립하고 충돌하는 쟁점이 있어야 한다. 갈등의 배경은 물질적인 이해관계의 차이일 수도 있고, 생각의 차이일 수도 있으며, 목표나 정서적인 차이일 수도 있다. 이런 차이로 대립과 충돌이 발생하고 갈등 당사자들은 분노, 불안, 두려움, 수치심과 같은 감정을 느끼게 된다. 의도적이든 그렇지 않든 간에 상대방에게 부정적인 영향을 끼칠

---

3) 연도별 주요 국내 조사 (2017-2023)

2017년 공동체 의식 및 사회적 갈등 관련 인식' 조사: "사람들과 함께 살아간다는 느낌"은 31.4%로 2012년(52.6%) 대비 크게 하락했다. 한국인의 공동체 의식 저하·갈등 증가 추세가 뚜렷하게 포착되고 있다.

2018년 한국리서치 '집단별 갈등 인식' 조사: "여당-야당간 갈등이 '아주 크다'"는 응답 62%, '부유층-서민' 57%, '진보-보수' 52%이다.

2019년 한국리서치 조사: "여당-야당" 갈등 '아주 크다' 응답 67%로 증가, '부유층-서민' 및 '진보-보수', '기업가-노동자', '정규직-비정규직'도 높은 인식을 보였다.

2020년 한국리서치 조사: 여당-야당 갈등 '큰 편이다/아주 크다' 응답 91%, '부유층-서민' 90%, '진보-보수' 89%, 기타 집단 간 갈등도 80% 전후 수준이다.

2020년 트렌드모니터 '사회적 갈등 및 공동체 의식' 조사: "사회 갈등이 많아졌다" 응답 77.1%, '공동체 의식'은 오히려 82.2%로 상승했다.

2021년한국리서치조사: '부유층-서민' 91%, '진보-보수' 88%, '여야' 88%, '정규직-비정규직' 87%, '기업가-노동자' 85%이다.

2021년 트렌드모니터 조사: 82.8% 응답자 "사회갈등이 예전보다 많아졌다".

2022년 한국리서치 조사: 집단 간 모든 갈등 인식이 전년 대비 상승했다.

2022년 트렌드모니터 조사: 81.9% "사회 갈등 수준 심각하다."

2023년 통계청『2023 한국의 사회지표』: '보수-진보' 82.9%, '빈곤층-중상층' 76.1%, '근로자-고용주' 68.9%가 '갈등 느낀다' 응답.

트렌드모니터 조사: "10명 중 9명, 한국사회 갈등이 이전보다 더 많아졌다" 심각한 갈등 분야로 '성별'과 '정치' 지목했다.

뿐만 아니라 자신도 영향을 받게 된다. 그러면 갈등이 발생하는 배경은 무엇일까?

첫째, 차이(difference)는 빈부 간의 차이, 정규직 비정규직 간의 차이, 남성과 여성의 차이, 이슬람과 기독교의 차이, 성적 차이 등 나와 타인이 다른 것을 말한다. 비록 '차이 '자체가 갈등을 일으키는 것은 아니지만, 사람들은 이런 차이가 정당하고 합리적이라고 느끼지 않을 때 차이를 수용하기 어렵게 된다. 이러한 경우에 차이를 "차별(discrimination)"[4] 이라고 여기게 된다.

둘째, "욕구(needs)"[5]는 '어떤 부족함을 생리적, 심리적으로 충족시키려는 정신 작용'을 말한다. 욕구에는 음식물 섭취, 수면, 성욕 등과 같이 생명을 유지하고 종족을 보전하기 위한 선천적인 것과 안전에 대한 욕구, 자존심, 성취욕, 소속감 등과 같이 후천적인 경험을 통해 심리적으로 각인된 것이 있다. 욕구는 인간 생존과 생활에 필수적인 요소로 사회적으로 형성된 바람을 뜻하는 '욕망(desire)'과는 차이가 있다.

셋째, '지각'(perceptions)은 외부의 감각 기관에 의한 사물이나 자극을 의식하는 과정, 혹은 방식을 말한다. 이는 우리의 의식을 형성하는 기초가 되는 것이다. 사물을 받아들이는 과정과 방식은 사람의 신체적 특징, 경험 학습 등에 의해서 영향을 받게 된다. 같은 상황에서도 사람마다 지각은 다를 수 있다. 예를 들어, 붉은색을 보고 느끼는 것은 사람마다 다를 것이다. 또한 같은 공간에서 같은 사람을 보고도 서로 다른 것을 느

---

4) 차별(差別)은 나이, 신분 및 학력, 다양한 종교, 장애, 학력 및 학벌, 남녀의 성별, 신체적 조건, 성적 지향, 인종, 국적, 지역 및 출신지역, 좌우 이념 등의 이유로 고용, 교육시설 및 직업훈련의 기관을 이용하는 경우 특정인을 우대하거나 불리하게 대우하여 평등권을 침해하는 행위이다.

5) 미국 심리학자 매슬로우(1908-1970)는 인간의 욕구를 1단계: 생리적인 욕구Physiological Needs, 2단계: 안전의 욕구 Safety Needs, 3단계: 사랑과 소속의 욕구 Needs of Love and Belongingness, 4단계: 승인과 존경의 욕구 Needs for Esteem, 5단계: 자기실현의 욕구 Needs for Self-Actualization 등과 같이 5단계로 나누어 주장한다.(박태순, 『갈등해결 길라잡이』, 하정문화사, 2010, 16쪽.)

낄 수 있다. 그리고 이런 지각의 차이가 갈등의 원인이 될 수 있다.[6)]

이러한 갈등의 의미를 오랜 그리스 시대에서 그 근원적 개념을 찾아볼 수 있다. 이러한 갈등, 경쟁의 의미를 담고 있는 아곤을 철학자 니체가 그의 저서에서 찾아냈다. 프리드리히 니체(Friedrich Nietzsche)의 『비극의 탄생』(1871), 『인간적인 너무나 인간적인』(1878), 『선악의 저편』(1886) 등 여러 저서에서 발견했던 그리스 문화의 핵심은 아곤(ἀγών, agon)이라는 개념이다. 니체는 이 고대 개념을 재해석하여 자신의 철학적 주제들과 연결시켰다. 여기서 그는 그리스 철학과 문화를 비판적으로 수용하고 재해석했다. 니체는 고대 그리스에서 나타난 '아곤'정신을 창조적 경쟁 또는 생명력의 표현으로 높이 평가했다. 그의 시각에서 아곤은 단순한 승부가 아니라 자기 초월을 위한 투쟁, 가치 창출의 원동력이다. 니체는 인간 존재와 문명의 발전이 단순한 평화가 아니라 갈등과 투쟁에서 비롯된다고 보았다. 아곤은 파괴적 싸움이 아니라, 경쟁을 통해 더 높은 가치를 창조하는 과정으로 여겼고 고대 그리스 예술과 철학의 본질적 문제들을 다루었다. 여기서 아곤 정신은 디오니소스적 힘과 결합하여 그리스 비극의 탄생을 설명하는 중요한 요소이다. 고대 그리스의 비극은 두 예술 원리의 긴장 속에서 탄생하였다. 니체는 특히 아이스킬로스와 소포클레스의 비극에서 아폴론적 형식과 디오니소스적 본능이 조화를 이루었다고 본다. 합창단(코로스)은 디오니소스의 집단적 도취를, 주인공은 아폴론적 개체 형상을 구현하며, 이 양자는 비극 속에서 예술적으로 융합된다. 니체는 아폴론적 질서와 디오니소스적 열정 사이의 긴장과 투쟁(Agon) 속에서 예술이 발생한다고 주장한다. 고대 그리스의 위대함은 이런 내적 경쟁과 균형 속에서 나왔다고 본다.

니체가 호메로스를 어떻게 보았는지에 대해 이해하려면, 그의 핵심 두 개념인 아폴론적(Apollinisch)과 디오니소스적(Dionysisch) 원리를 중

---

6) 박태순, 『갈등해결 길라잡이』, 하정문화사, 2010, 16-17쪽.

심으로 살펴보는 것이 관건이다. 즉 니체는 고대 그리스 예술의 본질을 아폴론적인 것과 디오니소스적인 것이라는 두 원리의 상호작용을 통해 설명한다. 니체는 호메로스를 높이 평가하면서도 호메로스 이후 아테네의 비극시대에 나타난 예술을 더 높게 평가한다. 왜냐하면 이 비극적 예술은 인간 존재의 고통과 혼돈을 더 정면으로 마주하고 표현했기 때문이다. 그는 특히 비극의 죽음을 소크라테스의 이성 중심적 사고와 연결 짓는데, 이성적 설명을 중시하는 소크라테스적 세계관은 호메로스적 아폴론성과 닮은 점이 있다고 보았다. 니체는 그리스 문명이 위대했던 이유를 아곤적 정신의 수용에서 찾는다. 그는 소크라테스 이후 이 조화가 깨지고, 논리와 이성 중심의 문화가 디오니소스를 억압하면서 예술이 쇠퇴했다고 본다.[7] 니체는 호메로스에서 소크라테스에 이르는 그리스인들에 대한 모든 예술의 가장 내적인 의존이 납득할 만하게 설명되어야 한다고 말한다.[8] 아곤은 존재 자체가 스스로를 드러내는 방식이다. 현실은 고정된 질서가 아니라, 서로 상반된 힘들이 긴장하며 생성되는 과정이다. 이 점에서 니체는 **"헤라클레이토스적인 세계관을 계승한다: 모든 것은 싸움(πόλεμος)에서 비롯된다."**[9]

호메로스(Homer)는 아폴론적 예술의 대표로 제시하였고, 고대 그리스 문화의 한 축을 형성하는 인물로 평가된다. 특히 아곤은 이 두 충동의 긴장 속에서 예술과 문화가 태어난다고 보았다. 니체는 '힘에의 의지'에

---

7) 니체의 이성중심적 소크라테스 비판에 대한 자세한 내용은 다음을 참조; 양해림, 「그리스 비극과 소크라테스 비판-니체의 『비극의 탄생』을 중심으로-」 『니체연구』, 16호, 한국니체학회, 2009, 39-66쪽.

7) F. Nietzsche, "Die Geburt der Tragödie", *Sämtliche Werk, Kritische Studienausgabe* in 15 banden, Giorio Colli /Mazzino Mntinari, Bd. 1. Walter de Druyter, Berlin/New York, 1980.)이하 GT 1: KSA 1로 생략하여 표기함), GT 1: KSA1, 188쪽.

9) 헤라클레이토스의 세계관에 대한 자세한 내용은 다음을 참조: 정낙림, 「헤라클레이토스 단편 B52에 대한 연구-놀이철학의 관점에서」, 『니체연구』, 제17집, 한국니체학회, 2010, 239-277쪽.

의해 삶이 본질적으로 자기 자신을 넘어서려는 의지를 가진다는 생각인 것이다. 그래서 우리는 『비극의 탄생』에서 아폴론과 디오니소스의 개념을 분석하고, 이들의 갈등과 대립, 그리고 비극 예술에서의 화해 가능성을 탐구함으로써 니체의 갈등(아곤) 개념을 중심 논제로서 조명해보자.

2. 갈등과 경쟁, 그 근원적 의미

'아곤(ἀγών, agon)'은 고대 그리스어로 '경합', '경쟁', '투쟁'을 의미한다. 이 단어는 단순한 싸움이나 갈등이 아니라, 규칙이 정해진 상황에서의 질서 있는 경쟁을 뜻한다. 그리스 시대의 아곤은 단순한 경쟁이나 갈등, 싸움 이상의 의미를 지닌 고대 그리스 문화의 핵심 개념 가운데 하나이다. 아곤은 본래 그리스어로 회합장소, 회합의 의미에서 싸움, 재판, 투쟁, 대결, 경쟁, 정치적 논쟁, 올림픽 경기, 시가(詩歌) 경연, 법정의 변론 등의 의미로 확장된다. 특히 이 개념은 체육 경기, 시문학, 정치, 철학적 토론 등에서 두드러졌다. 이 개념의 근원적 정의는 고대 그리스어에서 '모이다', '맞서다'를 뜻하는 동사 ἀγείρω에서 파생된 명사이다. 이는 인간이나 신들이 명예, 진리, 탁월함(ἀρετή, aretē)을 추구하기 위해 서로 겨루는 공적이고 제의(祭衣)적인 경쟁의 장을 뜻한다. 아곤의 개념 및 가치를 문화의 차원으로 고양시킨 인물은 호메로스(Homer)이며 호메로스에게 아곤은 대체적으로 경쟁 및 갈등, 경연 등의 의미를 뜻했다.[10] 따라서 아곤은 그리스인들에게 가치, 사회, 문화 등 일상의 모든 삶과 관련되었다. 즉 아곤은 모든 행동에 최우선하는 가치였다. 니체는 아곤을 대체적으로 '경쟁'으로 이해했고, '힘에의 의지' 개념을 발원지로 삼았다.[11] 니체는 그 당시 절친이자 동료였던 로데(Erwin Rohde) 및 역

10) Scott Liddell, Greek-English Lexion, Oxford Clarendon Press, 1975.10쪽.
11) 정낙림, 「니체의 아곤과 인성교육」, 『문화와 융합』, 제40권 8호(통권 58집), 한국문화융

사학자 부르크하르트(J. Burckhardt)와의 대화(1870)에서 고대 그리스인들에게 아곤의 문화가 있었다는 사실을 알게 된다.[12] 특히 부르크하르트는 고대 그리스 문화를 분석하면서 "고대인의 삶은 아곤적이었다. 그들의 존재 전체가 일종의 경쟁이었다"[13]고 진단한 바 있다.

니체는 1869년 바젤 대학교의 고전문헌학 교수로 부임한 이후, 동료 로데와 역사학자 부르크하르트와의 지적 교류를 통해 아곤 개념의 철학적 중요성에 주목하게 된다. 이들은 고대 그리스에서 경쟁이 단순히 파괴적 요소가 아니라 창조적 힘으로 작용했다는 점에 동의하였다.[14] 이렇게 니체는 로데와 부르크하르트와의 지적 교류가 아곤의 본질을 이해하고 이를 철학적으로 확장하는 데 중요한 기폭제가 되었다. 니체는 『비극의 탄생』에서 **아폴론적 원리와 디오니소스적 원리의 긴장 관계**를 아곤을 통해 나타낸다. 즉, 그리스인은 경합 속에 살았고, 경합을 통해 고양되었다. 이 고양이야말로 예술적 충동의 토양이었다. 그리스인들에게는 자연의 예술적 충동들이 어느 정도로 그리고 어느 수준까지 전개되었다.[15] 니체는 이 두 원리의 아곤을 단순한 대립이 아닌 생산적인 경합으로 해석한다. 그 후에 니체는 이러한 내용을 바젤 시민에게 강연(1872)했고, 그 내용은 「호메로스의 경쟁」의 유고집에서 확인할 수 있다. 이런 측면에서 국내외의 니체의 연구자들은 니체의 아곤 개념에 대해 「호메로스의 경쟁」에서 집약적으로 제시되어 있다고 평가한다. 그리스인들은 그리스 문화의 시조이자 봉화 전달자로서 호메로스와 아르킬로고스를 조각품과 보석 등에 나란히 새겨 넣었다. 왜냐하면 이는 그들이 후대의 그리스 세계 전체에 흘러 들어가는 불의 강의 원천인 이 두 사람만을 우열을 가릴

합학회, 2018, 100쪽.

12) Walter Burkert, *Greek Religion,* Harvard University Press, 1985, p. 192.

13) Jakob Burckhardt, *Griechische Kulturgeschichte*, Band I, 1872, S. 123.

14) Richard T. Gray, Nietzsche's Agon with Culture, Oxford University Press, 2005.

15) GT 1: KSA 1, 31쪽.

수 없을 정도로 진정으로 독창적인 인물로서 간주해야만 한다고 확신했기 때문이다.[16] 니체는 「호메로스의 경쟁」에서 헤시오도스(Hēsíodos)의 『일과 날』[17]에 등장하는 불화의 여신 에리스(Eris)를 언급한다. 불화의 신 에리스는 쌍둥이로 묘사하고 있는데, 하나는 칭찬을 받아 마땅하고 다른 하나는 비난받아 마땅하다는 것이다. 마땅하게 비난받아야 할 에리스는 참혹한 전쟁과 불화를 가져다주는 잔인한 복수의 여신이다. 이에 비해 선한 에리스는 사람들 사이에서 상호 간에 경쟁을 불러 일으키고 경쟁이 서로 간에 이익 및 보탬이 되게 하는 선한 신이다.[18] 하지만 에리스 여신에게 두 종류가 각각 혼재되어 있다. 니체는 이러한 에리스에 대해 이렇게 다음과 같이 말한다.

> 우리는 다른 여신들을 비난하는 것처럼 한 명의 여신을 찬양하고자 한다. (...) 한 여신은 참혹한 전쟁과 불화를 일으킨다. 잔혹한 여신! 어떤 불멸적 존재도 이 여신을 이겨낼 수 없다. (...) 이 여신은 나이가 많은 연장자로서 컴컴한 밤을 낳았다. 그러나 최상의 지배자인 제우스는 다른 여신을 땅의 뿌리와 인간들 편에, 보다 더 선한 신으로서 치켜세웠다. 이 여신은 미완의 남자를 노동으로 내몰곤 한다. 보유하고 있는 재산이나 돈이 없는 한 남자는 부유하게 생긴 다른 남자를 주의 깊게 쳐다보고 재빨리 동일한 방식으로 씨를 뿌리고 재배하고 가옥을 수리한다. 인접한 이웃은 번성하고자 하는 이웃과 서로 경쟁을 한다. 이 불화를 야기하는 여신은 인간에게 아주 선하다.[19]

---

16) GT 1: KSA 1, 42쪽.

17) 헤시오도스의 『일과 날』(고대 그리스어: Ἔργα καὶ Ἡμέραι)은 약 828행의 노동시로 농부의 일상 생활을 포괄적으로 묘사했다. 이 시에는 농부가 해야 할 일에 대한 실천적인 지침을 제시하는 교훈적인 내용을 담고 있다. 이 시는 그리스 신화에서 이른바 황금시대(黃金時代)에 대한 가장 오래된 기록이다. 헤시오도스는 자신의 경험에서 얻은 다양한 도덕적, 실천적 교훈을 이 교훈시에 담아냈다. 『일과 날』은 이후 헬레네즘, 로마 시대는 물론이거니와 서양 교훈문학의 효시가 되는 작품으로 평가받고 있다.

18) 헤시오도스, 『신들의 계보』, 천병희 옮김, 숲, 2009, 101쪽.

니체가 원래 원전과 각기 상이하게 기술하였는지는 확실하게 알 수 없다. 그러나 그 당시 고대 그리스의 문화와 예술에 많은 관심을 갖고 있던 니체는 아곤 개념을 부르크하르트와의 학문적 교류를 통해 받았다. 즉, 니체의 아곤 개념은 "부르크하르트에게서 많은 영향을 받았다는 지멘스"[20] 등의 연구를 통해 그 단서를 추정해 볼 수 있다. 왜냐하면 부르크하르트에 따르면 먼저 선한 에리스가 태어났고, 그 이후에 악한 에리스가 탄생했다고 해석하기 때문이다. 물론 니체는 부르크하르트와 다소 다르게 태초에 악한 에리스가 태어났고, 그 이후에 선한 에리스가 탄생했다고 해석하고 있다. 이는 니체가 부르크하르트와의 학문적 교류에서 단지 하나의 여신이 아니라 두 여신으로 세운 것처럼 보인다.[21]

다시 말해 니체는 「호메로스의 경쟁」에서 헤시오도스의 『일과 날』에서 묘사된 두 에리스 여신의 모습에서 적과 불화를 일으켜 파괴적인 투쟁 및 경쟁을 일으키는 측면과 적에게 시기심을 한층 부추겨 싸우게 하는 측면 가운데 후자를 선한 에리스에 속한다고 보았다. 왜냐하면 불화의 에리스 여신이 인간을 상호 간에 적대적인 극한 전쟁으로 내몰았기 때문에 '악'한 것이라고 간주했다. 또 다른 '불화의 여신'은 '질투와 증오와 시기(猜忌)의 여신'으로서 인간에게 단순히 파괴적 투쟁의 행동이 아닌 경쟁 및 갈등을 자극하기 때문에 '선'하다고 여겼다. 그래서 그 여신의 특징은 '결함'이 있는 것이 아니라 오히려 '선한 여신의 작용'으로 느

---

19) KSA 1, 786쪽.

20) Herman. Siemens, "Nietzsche's Agon" in P. Katsafanas (ed.), *The Nietzschean Mind*(New York: Routledge, 2018) p. 317.: Herman. Siemens, "Reassessing Radical Democritic theory in the Light of Nietzsche's Ontology of Conflict, Nietzsche and the political Theory 2013. _____, Nietzsche's Agon, The Nietzschean Mind, P. Katsafanas(ed), Routledge, 2018: _____, Agonal Perspectives on Nietzsche's philosophy of Critical Transvaluation, De Druyter, 2022.

21) 이에 대해서는 프리드리히 니체, 「호메로스의 경쟁」, 이진우 옮김, 책세상, 2001, 333쪽; 헤시오도스, 『신들의 계보』, 천병희 옮김, 숲, 2009, 101쪽.

졌기 때문에 경쟁자들 간에 아곤에 생산적인 행위를 하기에 충분하다고 보았다. 그리고 이러한 생산적인 행위로부터 경쟁하는 문화가 확산되어 "모든 재능은 경쟁하면서 꽃을 피게 한다"[22]는 생각을 갖게 되면서 개인의 천재성이 발휘될 수 있었다고 전해진다. 이를테면 후자의 에리스의 여신에 보다 더 많은 영향을 받았던 것이다.[23]

먼저 태어난 에리스의 불화와 증오는 적대감으로 표출된다. 이 적대감은 상대의 적(敵)에게 치명적인 타격을 가해 궁극적으로 파멸 및 파괴시키는 것을 목표로 한다. 이러한 적대적인 태도는 이른바 승자독식주의의 경쟁에 해당한다. 그러나 그리스인들에게 경쟁은 선한 에리스의 본성으로 될 수 있었다. 이 파멸 및 불화의 여신은 인간에게 적을 공격하도록 유인하지만, 단순히 "파괴이고 파멸적인 투쟁 및 경쟁이 아니라 경쟁의 행동을 하도록 자극"[24] 한다. 경쟁의 당사자들은 각기 상대방에게 극도로 경멸하거나 증오심을 유발하여 파멸시키는 것을 그다지 원하지 않는다. 이와 반대로 상대의 적에 대한 존중한 마음, 승리와 패배의 희비 등은 차후 나와 적 모두에게도 이익이 된다는 것을 인식할 만큼 그리스인들은 지혜롭게 처신했다. 그리스인들은 서로간의 갈등 및 경쟁이 각 개인의 삶에 해로운 것이 아니라 오히려 유익한 것이며 공동체를 건전하게 하는 자양분이 될 것이라 믿고 있었다. 그리스 문화의 르네상스에서 경쟁 및 갈등의 가치는 더욱 고양되었다. 정치적 논쟁, 올림픽 경기, 시가(詩歌) 경연, 법정의 변론, 비극 경연대회 등은 그리스 문화 전반에 확산되었던 경쟁 및 갈등의 가치를 목격할 수 있다. 니체는 그리스 비극 작가의 예술이 경쟁 및 갈등 없이는 생각될 수 없었고, 그들의 천재성은 헤시오도스의 선한 에리스 여신으로부터 활짝 날개를 달아 주었다고 다음과 같이 보았다.

---

22) 프리드리히 니체, 「호메로스의 경쟁」, 337쪽.
23) 위의 책, 333-335쪽.
24) KSA 1, 787쪽.

> "비극 작가는 승리를 위하여 창작을 했다. 그들의 예술 전체는 내기 없이는 생각될 수 없다 : 헤시오도스Hesiodos의 선한 에리스 Eris라는 명예심이 그들의 천재성에 날개를 달아주었던 것이다."[25]

위의 인용문에서 보여주고 있듯이, "헤시오도스", "선한 에리스", "천재성"의 표현은 「호메로스의 경쟁」에 종종 나타나는 주된 개념들이다. 니체는 여기서 경쟁자들이 반드시 지켜야만 하는 선이 무엇인지에 대해 분명하게 제시한다. 그것은 경쟁의 활성화를 훼방 놓지 말아야 한다는 것이다. 니체는 이 사례에 대해 다음과 같이 말한다.

> "에고스포타모이의 전투 후 더욱 강하고 잔인한 방식으로 그리스에 대한 자신의 우월성을 주장했던 스파르타는 밀티아데스의 예에 따라 오만스러운 행동들로 인해 자신들의 멸망을 불렀다. 그것은 시기와 질투와 경쟁하는 명예욕이 없다면 그리스 국가는 그리스인과 마찬가지로 타락한다는 사실을 증명했다."[26]

이렇게 니체는 스파르타와 밀티아데스의 사례를 통해 경쟁의 중요성을 강조한다. 밀티아데스는 어떤 누구와도 겨루어도 언제나 마라톤 경기에서 우승하는 뛰어난 사람이다. 이를테면 밀티아데스는 자기 스스로 억누를 수 있는 경쟁상대가 인간 세계 어디에도 없다고 생각했다. 그래서 그는 데메테르 여신과 경쟁하고자 마음을 먹었지만, 신의 질투와 시기심을 사게 되어 결국에는 죽음을 당하게 된다.[27] 마찬가지로 스파르타도 경쟁 및 갈등을 갖게 하는 맞상대가 없을 정도의 절대 강대국으로 등극하면서부터 극도의 오만함에 빠지게 되면서 결국에는 몰락 및 파멸에 이

---

25) 프리드리히 니체, 『인간적인 너무나 인간적인 I』, 김미기 옮김, 서울: 책세상, 2001, 187쪽.

26) 프리드리히 니체, 「호메로스의 경쟁」, 340-341쪽.

27) 위의 책, 339-340쪽.

르게 된다.[28]

니체는 경쟁상대가 없는 개인과 공동체가 퇴락하는 상황을 방지하기 위해 고대 그리스들이 패각(貝殼) 추방, 즉 도편추방제를 주목하게 되는데, 이는 두 가지 기능을 엿볼 수 있다. 첫 번째 기능은, 최강자를 추방하는 것이다.[29] 고대인들은 아곤이 개인과 공동체의 삶의 근거라는 것을 잘 인식하고 있었다. 왜냐하면 공동체 내에서 어떤 누구라도 다른 사람들이 감히 뛰어넘지 못할 정도의 최강자가 등장하게 되면, 경쟁은 활성화될 수 없기 때문에 그 사람을 공동체에서 추방하고자 했다.

두 번째 기능은, 뛰어난 경쟁자들 사이의 경쟁이 가열되었을 경우에, 그 경쟁자들이 다른 사람들의 공동체를 파괴할 만한 위협적이고 위험한 행위를 하게 되면 그들을 과감하게 추방하는 것이다.[30]

이렇게 니체가 보기에 아곤은 상호의존적인 활동이기 때문에 경쟁의 지속성을 위해서라도 상대방을 제거해서는 절대로 안 된다는 것이다. 니체는 어떤 누군가에 대해 경쟁의 상대자를 가차 없이 제거하게 된다면, 경쟁은 이미 활성화될 수 없기 때문에 제거된 경쟁상대자는 경쟁을 통한 성장의 기회를 이미 상실하게 된다. 그렇게 하여 경쟁상대들은 실존적 위기를 겪게 된다. 이는 니체가 강조하는 경쟁 세계를 이해하는 관점주의와 힘에의 의지와 연관관계에 있다. 왜냐하면 어떤 누구든지 자기 자신의 힘을 고양하기 위해서는 그와 경쟁할 상대방이 반드시 전제되어야 하기 때문이다.

니체는 인간의 "자연적 특성들과 본래 인간적인 것"[31]에 내재한 폭력성을 완전히 억제할 수 없기에 갈등을 근절시킬 수 있는 것은 그다지 가능하지 않다고 간주한다. 니체는 호메로스의 관점이 그리스인의 인간관

---

28) 위의 책, 341쪽.
29) 위의 책, 336쪽.
30) 위의 책, 337쪽.
31) 위의 책, 330쪽.

을 축약하고 있다고 보고 싶은데, 그것은 앞서 언급했던 아곤에 대한 태도이다. 즉 그리스인에게서 인간본성은 자연적 본성으로부터 떼어낼 수 없을 정도로 서로 얽혀 하나가 되었다. 자연적 본성과 분리시켜 특징지을 수 있다는 인간의 본성은 "잔인함의 특성과 호랑이와 마찬가지의 파괴적인 충동"[32]의 특성을 지니고 있다. 즉 "그리스인이 승리하고 빼어나고자 하는 욕구는 극복할 수 없는 자연의 특성이다. 이는 동등함에 대한 어떠한 존경과 즐거움보다 더 태고(太古)적이고 근원적인 것이다.[33]

그러나 니체가 보기에 파괴충동의 특성은 단순하게 부정적인 성향만은 함축하지는 않는다. 왜냐하면 니체는 인간의 자연적인 잔인함과 폭력성을 성장의 원동력으로 활용할 수 있는 방안을 고대 그리스인들의 경쟁적 문화와 예술을 통해 보았기 때문이다. 이른바 이것이 아곤인 것이다. 이를테면 아곤은 근절해서는 안 되는 갈등 및 경쟁을 보다 더 건설적이고 생산적인 경쟁으로 고양시키는 실천적인 활동인 것이다. 예컨대 도토리 키재기의 서로 비슷한 힘을 지닌 사람들이 파괴충동으로 나아가지 않는 범위 안에서 그들의 역량을 힘껏 발휘하며, 그 역량을 통해 상호 성장해 나아가는 것이 니체가 「호메로스의 경쟁」에서 주장하고자 하는 아곤의 진정한 모습인 것이다.[34] 따라서 니체에게서 아곤은 의지의 표현으로 자기 극복과 발전의 투쟁인 것이다. 즉 아곤은 단순한 싸움이 아니라, 창조적 경쟁, 자기 극복, 예술과 문화의 원천인 것이다. 그렇게 그는 고대 그리스가 가진 아곤적 정신을 이상적으로 보았고, 현대 사회의 무기력함에 대한 대안으로 제시했다.

---

32) 위의 책, 330쪽.

33) KSA 2, 656쪽.

34) 이지형, 「니체의 아곤 : 절제된 상호 소통적 경쟁」, 『대동철학』, 108권, 대동철학회, 2024. 312쪽.

3. 갈등과 경쟁: 호메로스와 아폴론적 세계

니체는 호메로스의 『일리아스』[35]와 『오디세이아』[36]를 아폴론적 예술의 대표로 본다. 호메로스의 서사시에서는 인간 영웅의 고귀함, 신들의 조화로운 질서, 그리고 명료한 서사 구조가 강조된다. 호메로스의 『일리아스』는 주로 전쟁을 다루었지만, 인간의 고귀한 운명과 명예, 규범적인 세계관을 드러내며, 비극적 파멸보다는 균형과 아름다움을 보여준다. 니체는 이를 통해 호메로스가 아폴론의 세계관의 구현자이며 그리스 정신의 균형감각과 외적 아름다움을 구현한 인물로 본다. 그리스의 올림포스 세계는 아폴론적 예술 충동으로서 나타난다. 그런데 그리스인은 구원을 위해 아폴론적 예술 충동의 모방에 의해 올림포스 세계를 창조했다. 이런 점에서 디오니소스적인 것과 아폴론적인 것은 형상화한 호메로스의 올림포스 예술세계의 창조와 구분된다. 그래서 이러한 그리스 비극예술이 이제까지 아폴론적인 예술세계와 디오니소스적인 것을 숨기지 않은 채 형상화된다. 비극은 진리와 가상의 중간세계에서 출현한다. 예술세계를 창조하는 것은 현실이라는 가상의 가상 세계이며, 본래 아폴론적인 것일 수밖에 없다. 왜냐하면 그리스 비극 예술이 아폴론적인 가상의 예술과 다른 차이는 현실에 대해 그저 단순한 가상이 아닌 디오니소스적인 것을 형상화한 상징적인 역할을 하고 있기 때문이다. 아폴론은 꿈, 조화, 질서, 명료성의 상징이며, 호메로스의 서사시에서도 이러한 특성이 강하게 드러난다고 본다. 즉, 니체는 호메로스의 서사시를 꿈과 환상의 세계, 즉 호메로스의 서사시는 아폴론적 예술의 전형적인 실례이다.

니체는 이를 통해 호메로스의 세계가 실제 인간 삶의 고통과 부조리를 완전히 드러내지 못한다고 평가한다. 그는 호메로스가 존재의 깊은 진실을 감추는 환상의 장치를 제공했다고 본다. 그리스인들은 아폴론적인 힘

---

35) 강대진, 『일리아스-영웅들의 전장에서 싹튼 운명의 시-』, 그린비, 2010.
36) 호메로스, 『오디세이아』, 김기영 옮김, 민음사, 2022.

을 통해 삶의 문제를 극복하고자 했다. 올림포스 신들의 세계는 바로 아폴론적인 힘으로 만들어졌다. 그들은 삶의 공포에서 벗어나기 위해 기쁨의 세계인 올림포스 신들의 세계를 만들고, 그들이 자신의 삶을 통해 인간의 삶을 긍정해야 했다. 즉, "삶이라는 것이 드높은 영광에 휩싸여 그리스인의 신들 속에 표현되어 그들에게 나타나지 않았다고 한다면, (...) 그 민족이 삶을 견뎌낼 수 있었겠는가."[37] 그렇게 함으로써 그들은 자신의 개체성을 지키고 삶을 명랑하게 살 수 있었다. 호메로스의 서사시는 이런 방식으로 아폴론적인 힘을 이용해 삶을 정당화했다.

먼저 아폴론은 '빛나는 자 및 빛의 신', '태양의 신', '미'이며 '아름다운 가상'이다. 아폴론적인 것이 '자연' 속에 나타날 때는 '꿈'의 형태를 취한다. 여기서 아폴론이 상징하는 것은 빛이다. 아폴론은 빛의 신이다. 우리의 눈은 자동으로 빛에 반응을 보이고, 빛이 있는 곳에 눈을 돌린다. 빛은 한 마디로 모든 만물을 밝게 비추어 준다.

> "그리스인은 꿈 경험의 이러한 즐거운 필연성을 그들의 아폴론에서 표현했다. 모든 조형력의 신 아폴론은 동시에 예언하는 신이다. 그 뿌리에 따라 '빛나는 자', 즉 빛의 신인 그는 내면적 환상세계의 아름다운 가상까지도 지배한다. 불완전하게 지배하는 대낮 현실과 대립되는 이러한 상태의 훨씬 고양된 진리와 완전성, 더 나아가 침실과 꿈속에서 치유하고 도와주는 자연에 관한 심오한 의식은 동시에 예언하는 능력이며, 삶을 살 만한 가치가 있는 것으로 도와주는 예술에 대한 상징적 유사물이다. 그러나 꿈의 형상이 병리적으로 작용하지 않도록 하기 위해 넘지 말아야 할 -그렇지 않으면 가상은 졸렬한 현실로서 우리를 기만하게 될 것이다- 저 민감한 경계선도 아폴론의 모습이 없어서는 안 된다. 적절한 한계 설정, 광폭한 격정으로부터의 자유, 조형의 신의 지혜로운 평정이 그것이다. 그의 눈은, 그의 근원에 맞게 태양다워야 한다. 그가 화를 내고 불쾌하게 바라

---

37) GT 1: KSA 1, 19쪽.

볼 때에도 아름다운 가상의 성스러움은 그에게 서려 있다."[38]

아폴론은 모든 조형력의 신이었으며, 동시에 예언하는 신이었다. 그는 빛의 신으로서 내면적 환상세계의 아름다운 가상까지도 지배하는 능력을 지녔다. 빛이 있기에 모든 것이 가능하며 이것이 아폴론의 능력이다. 이렇게 아폴론은 '빛나는 자'[39], 즉 빛의 신인 아폴론은 시각적인 것을 지배하는 자이다. 아폴론은 꿈속에서 아름답고 매혹적이며 훌륭하고 탁월한 신들의 상을 가상의 모습으로 그려낸다. 이렇게 아폴론으로부터 아름답고 매혹적인 가상을 만들어내는 '조형가의 예술'이 나타난다. 아폴론은 꿈속에서 훌륭하고 매혹적이며 아름다운 신들의 모습을 가상의 형태로 그려낸다. 이렇게 니체는 아폴론으로부터 아름답고 훌륭하고 매혹적인 가상을 창조해내는 '조형가의 예술'을 묘사했다. **아폴론적 원리는 꿈, 질서, 조화, 형식미, 개인성** 등을 상징한다. 니체에게 아폴론은 꿈의 신이며, 조화, 절제, 개체성, 아름다움을 상징하는 원리이다. 그는 고통스러운 현실을 미화하고 인간의 고독을 형식으로 극복하게 만드는 미적 환영의 세계를 제공한다. 아폴론은 아름다움과 환상의 신이며, 형식과 개체화를 통해 현실을 감내할 수 있게 만든다.

아폴론적 예술은 시각적이고 조형적인 예술, 즉 조각, 건축, 서사시 등에서 드러난다. 이는 개별 인간의 주체성을 강화하며, 경계를 긋고 질서를 세우려는 예술 충동이다. 니체는 호메로스 서사시와 꿈의 세계를 다음과 같이 언급한다.

> 호메로스의 서사시는 올림포스 문화의 시(詩)이다. 올림포스 문화(文化)는 시의 힘으로 거대한 전쟁의 공포에 대한 승전가를 불렀다. 이 비극문화의 압도적인 영향 아래에서 호메로스의 신화들이 새롭

38) GT 1: KSA 1, 27쪽.
39) GT 1: KSA 1, 29쪽.

게 태어났다. 이렇게 변해오던 신화들은 이제까지 아주 심오한 세계관을 통해 올림포스 문화에 이르기까지 정복당해 왔다는 것을 보여주고 있다.[40]

호메로스의 서사시에는 올림포스의 문화와 아름다운 외형의 허상이 지배한다. 그것은 아폴론적인 세계의 꿈과 같은 상태라고도 부를만하다. 니체는 호메로스를 아폴론적 예술의 절정으로 평가하면서도이 균형이 삶의 심연을 드러내는 데는 부족하다고 파악한다. 니체가 보기에 호메로스적 인간은 세계의 공포 속에서도 아름다운 형상으로 나타나는 고귀한 영웅이다. 호메로스는 존재에 대한 일종의 아폴론적 화해인 것이다. 이처럼 호메로스의 작품은 인간 존재의 고통을 보기 보다는 그것을 고귀하고 아름다운 이야기로 승화시키는 특징을 가진다. 니체는 이러한 점에서 호메로스를 '현실을 미화하는 예술가'로 간주하였다. 호메로스적인 인간의 본래적인 고통은 삶으로부터의 죽음, 곧 닥쳐올 죽음에서 비롯되는 것이다.[41] 그리스인들은 다수의 호메로스 그리고 호메로스를 한 명의 꿈꾸는 그리스인으로 불러도 결코 부당하지 않을 것이다.[42] 니체가 보기에 그리스적 의지는 아폴론적 단계에서 이렇게 강렬하게 삶을 갈망하며 호메로스적 인간은 삶과 자신이 일체라고 느꼈기 때문에 그 비탄마저도 삶에 대한 찬가가 되는 것이다.[43] 루소의 에밀마저도 예술가로 간주하려 했고 호메로스야말로 자연의 품속에서 길러진 에밀식의 예술가라고 망상했던 시대뿐이다. [44]

꿈과 예술가 개인이 민족과 자연 전체가 꿈꾸는 능력에 관계하는 방식으로 하나의 개인으로서 아폴적인 문화에 대해 관계하고 있는 호메로스

40) GT 1: KSA 1, 73쪽.
41) GT 1: KSA 1, 73쪽.
42) GT 1: KSA 1, 31쪽.
43) GT 1: KSA 1, 37쪽.
44) GT 1: KSA 1, 37쪽.

야말로 그 어떤 말로 표현할 수 없을 정도로 숭고한 인물 아닌가! 호메로스적 소박함이란 오직 아폴론적 환상의 완전한 승리로 파악할 수 있다.[45]

아폴론의 원리는 꿈의 개념에 의존하고 있으며,[46] 그 꿈은 자연의 원형에서 찾아낸다. 니체가 생각하는 것처럼 꿈은, 그리스 시대 아폴론으로서 인간의 조형을 창조하는 힘의 표현이자 상상력의 산물이다. 꿈의 세계는 "광명의 신이며, 내적인 환상 세계의 아름다운 가상(Schein)을 지배한다."[47] 특히 꿈의 세계는 그림과 가상의 세계다. 이곳에서 우리는 꿈의 현실에 대한 최고의 삶을 가상 속에서 드러난 "서광이 비치는 지각(Empfindung)"[48]을 감지하게 된다. 우리는 꿈의 세계에서 아름다운 가상을 예술가들의 창조물로서 "모든 조형예술을 전제 조건으로 한다."[49] 그렇게 되었을 때 "꿈의 세계는 개인의 예술가적인 교육이나 지적인 수준에만 관여하지 않고 완전성"[50]을 추구한다. 예술가적인 기질을 가진 인간은 꿈의 현실에 관련되면서 환상 세계의 아름다운 가상에서 출현한다. 꿈속에서도 현상세계가 있으며, 이것은 공간, 시간, 인과율의 형식 등에서 분명하게 나타난다. 꿈은 경험적 현실로서 타자의 높고 완전한 현실을 모방한다.

이것은 서구 사상이 전통을 빛의 은유법으로 여긴 것같이, 현대까지 이어져 온 철학적 전통을 읽을 수 있는 상징으로 이용될 수 있다.[51] 또한 아폴론은 꿈이라는 가상 세계에 이르기까지 지배하는데, 이러한 꿈의 세계란 조형 예술의 세계이며, 비극의 절반을 차지하는 예술이다. 니체는

---

45) GT 1: KSA 1, 37쪽.

46) Vgl. A. D. Caro, *Dianysian Ästhetics*, Peter Lang: Frankfurt, 1981, p.41.

47) GT 1: KSA 1, 27쪽.

48) GT 1: KSA 1, 26쪽.

49) GT 1: KSA 1, 26쪽.

50) GT 1: KSA 1, 30쪽.

51) 앨런 메길, 『극단의 예언자들: 니체, 하이데거, 푸코, 데리다』, 장일준외 옮김, 새물결, 1996, 90쪽.

아폴론에 대해 질서와 조화, 척도와 법률, 꿈과 가상, 평정과 정적 이외에도 인간에게 생명력을 부여한다고 보았다.[52] 즉, 아폴론은 모든 재앙을 막고 모든 병든 것을 치료한다.

따라서 니체는 아폴론적인 꿈의 예술 세계를 두 가지 동기로서 파악한다. 첫째, 인간은 꿈속에서 예술가가 된다. 인간은 그림을 창작하고 형성하여 꿈의 세계를 만들어간다. 이러한 꿈의 세계는 자신의 고유한 삶과 상태를 내부의 논리적인 인과율에 의존한다. 둘째, 꿈의 세계는 최종적으로 다양한 꿈의 형태를 현실세계와 구분할 수 있는 환상의 유산물과 같이 단순하게 잠복되어 머물러 있지만은 않다. 꿈꾸는 자는 이미 가상의 미광이 비치는 지각을 갖고 있다.[53] 아폴론적 충동에 의해 미화된 세계는 아름다운 가상으로서 세계이며 하나의 예술작품처럼 여긴다. 마찬가지로 인간도 자기 자신을 균형과 절도를 갖춘 아름다운 가상으로 미화하여 자신을 예술작품처럼 여긴다. 이러한 과정을 통해 이제 그리스인은 자신의 삶과 존재를 정당화할 수 있는 근거를 발견한다.

4. 갈등과 경쟁: 호메로스와 디오니소스의 세계

니체는 호메로스가 인간 존재의 고통과 부조리를 아름다움으로 감쌌다고 비판하면서, 디오니소스적 예술에서야 비로소 그 진실이 드러난다고 본다. 즉 니체는 호메로스 예술의 한계를 지적하며, 비극의 예술이 보다 근원적인 진실을 드러낸다고 본다. 디오니소스는 대상들 전체를 하나

52) 아폴론적인 생명력은 이미 태양과 빛에도 잘 각인되어 있다. 빛살은 밝음과 온기만 제공하는 것이 아니라 모든 생명력과 성장을 부여한다. 이는 마치 플라톤이 국가의 "태양의 비유"에서 명백하게 드러내듯 삶과 생명을 퍼붓는 것과 같은 것이다.

53) F. Decher, "Nietzsches Metaphysik in der "Geburt der Tragödie" im Verhältnis zur Philosophie Schopenhauers", in: *Nietzsche-Studien*, Bd. 14. 1985, p.113.

로 통일시키는 내면적 삶의 원리로서 개별화를 오히려 파괴했다.54) 디오니소스는 예술을 이끌게 하는 내면적인 힘을 지녔다. 여기서 개별화의 원리와 예술의 표상에 관한 논의는 니체가 쇼펜하우어의 견해를 그대로 받아들였다.55) 특히 니체는 "개별화의 원리(Principium individuation)"를 쇼펜하우어의 이론에서 수용하여 아폴론의 원리로 전개했다.

> "쇼펜하우어가 마야의 베일 속에 사로잡힌 사람들에 관해 한 말은 약간 벗어난 의미기는 하지만, 아폴론에게도 적용된다. 사방으로 끝없이 펼쳐진 채 포효하며 산과 같은 파도를 올렸다 내렸다 하는 광란의 바다 위에서, 한 뱃사람이 조각배 위에, 그 허약한 배를 신뢰하며 앉아 있는 것처럼, 고통의 세계 한가운데서 개별적인 인간은 개별화의 원리를 의지하고 믿으며 고요하게 앉아 있다. 그렇다. 그 원리에 대한 확고부동한 신뢰와 그 안에 사로잡혀 있는 자의 고요한 정좌가 아폴론의 형상 속에 가장 숭고하게 표현되어 있다고 말할 수 있을 것이다. 사람들은 아폴론 자체를 개별화의 원리의 장려한 신상이라고 부르고 싶을 것이다."56)

쇼펜하우어에게서 우주의 본체인 의지는 전체로서의 하나(근원적 일자)이지만, 우리가 일상적으로 경험하는 세계는 무수하게 다양하고 구체적인 개체로 나타난다. 이러한 개체들은 특정한 시간과 공간에 한정됨으로써 개체로서의 특성을 갖는다. 디오니소스적인 본질은 이러한 개별화의 원리가 파괴되었을 때의 공포의 순간에 출현한다. 니체에 따르면 아

---

54) 니체의 쇼펜하우어에 대한 평가는 대체로 부정적이다. 『비극의 탄생』에서 니체는 쇼펜하우어의 미학을 극복하려고 노력한다. 그러나 쇼펜하우어의 『의지와 표상으로서의 세계』의 구성과 니체가 『비극의 탄생』에서 아폴론적인 것과 디오니소스적인 것으로서 예술을 구분한 것을 비교해 보면 니체가 쇼펜하우어의 영향을 받았다는 것을 부정할 수는 없다.(GT 1: KSA 1, 28쪽.)

55) A., Schopenhauer, *Die Welt als Wille und Vorstellung,* Bd.1., Hrsg. von W.F. von Lohneyen, Frankfurt. a. M. 1988. §25. 181쪽.

56) GT 1: KSA 1, 28쪽.

폴론적 충동은 인간이 모방한 현상에 의한 최고의 승리에 대한 기쁨을 맛본다. 여기서 최고의 승리는 개별화의 원리를 숭상하는 것이며, 아폴론에게서 개별화의 원리를 탁월한 신의 형상으로 제시한다.[57] 따라서 니체에게서 아폴론적 충동에 의한 세계는 고통스러운 가상이 아니라 아름다운 가상으로 미화된다. 각 개체를 경계 짓고 균형과 절도를 갖춘 가상으로 미화시키면서 이제 세계는 아름다운 가상이 된다. 이 아름다운 가상은 근원적 일자가 자신의 근원적 모순과 고통을 경감시키기 위해 '가상을 통한 자신의 구원(Erlosung druch den Schein)'을 위해 실행했던 것처럼 인간이 세계에서 자신의 삶을 살아갈 만한 것으로 만든다.

> "바로 자연으로부터 솟구쳐 나오는 즐거움에 넘친 황홀감을 이 공포에 덧붙여 본다면, 우리는 디오니소스적인 본질을 엿볼 수 있다. 이 본질을 우리는 다음에 다시 도취의 유추에서 다루고자 한다. 모든 원시인이나 원시 민족이 그들의 찬가에서 말하고 있는 마취를 통해 모든 자연을 흥겹게 관통하는 봄의 힘찬 순간에, 디오니소스적 격정이 눈뜨게 된다. 이 격정이 고조되면서 주관적인 것은 완전한 자아 망각으로 변모한다."[58]

위 인용문에서처럼, 니체는 자연이 개체로 분열하는 것을 탄식하는 것처럼 그리스적인 축제에서는 자연의 감성적인 측면이 터져 나온다고 찬미한다. 이와 같이 이중성의 기분에 사로잡힌 열광자들의 노래와 몸짓은 호메로스적인 그리스 세계에서는 전대미문의 것이었다.[59] 니체는 다음과 같이 묻는다. '호메로스는 어떻게 하여 다른 시인들보다 그렇게 훨씬 더 구체적으로 묘사하고 있는가? 이는 그가 그만큼 더 많이 관조하기 때문이다. 우리가 시에 대해서 그렇게 추상적으로 이야기하는 것은 우리

57) GT 1: KSA 1, 24쪽.
58) GT 1: KSA 1, 21쪽.
59) GT 1: KSA 1, 31쪽.

모두가 형편없는 시인이기 때문이다.'[60] 이에 대해 디오니소스는 힘을 통해서가 아니라 서사적 주인공으로서 호메로스의 언어를 사용하여 말한다.[61] 특히 니체는 비극적 예술, 소포클레스와 아르킬로코스(Archilochos, B. C. 7세기 그리스 서정시인)[62]의 비극을 디오니소스적 예술로 보았다. 그는 소포클레스나 아르킬로스의 비극에서 디오니소스적 충동과 아폴론적 충동의 두 요소가 균형을 잡는 방식에 주목했다. 이에 비해 호메로스의 서사시는 디오니소스적 깊이가 부족하다고 보면서 삶의 어두운 본질을 은폐하거나 미화한 측면이 있다. 그는 호메로스의 아폴론적 예술이 삶의 고통과 파괴를 아름다움으로 감추는 데 반해, 디오니소스적 예술은 삶의 비극성과 고통을 정면으로 마주하는 예술이라고 주장한다. 그리스 최초의 서정시인 아르킬로코스는 그리스의 첫 번째 서정시인[63]이자 동시에 주체적인 예술가다. 여기서 아르킬로코스는 디오니소스적 예술가들의 기본적인 원형으로 삼았다. 호메로스 곁에서 아르킬로코스는 증오와 조소를 쏟아내고 도취상태에서 자신의 욕망을 분출함으로써 우리를 경악하게 만든다.[64]

니체는 아르킬로코스가 "서정시인들의 기본적인 모형으로 제시"[65]되면서 음악이 중요한 역할을 한다고 보았다.[66] 아르킬로코스가 뤼캄베스의 딸에게 던진 시[67]는 도취의 황홀경에 빠져 우리 앞에서 춤을 춘다. 이

---

60) GT 1: KSA 1, 60쪽.

61) GT 1: KSA 1, 64쪽.

62) 아르킬로코스는 자신은 술에 취하면 디오니소스 신의 아름다운 노래인 디튀람보스를 선창할 수 있다고 자랑한다. 아리스토텔레스는 선창자와 합창가무단(코로스)의 이러한 대립에서 대화적·드라마적 요소가 발전한 것으로 본다.(천병희, 『그리스 비극의 이해』, 문예출판사, 2009. 14쪽.)

63) GT 4: KSA 1, 44쪽.

64) GT 4: KSA 1, 43쪽.

65) G. Lenzinger, *Das Problem der Musik und des musikalischen bei Nietzsche*, Phil. Diss. Konstanz, 1943, p.233.

66) H. Reiss, "Nietzsche, Geburt der Tragödie", in: *Zeitschrift für deutsche Philologie*, Bd. 92. 1973, p.495.

것은 개인적인 열정(주관적 예술)이 아니다. 독자들은 이런 아르킬로코스의 모습을 보며 디오니소스와 마이나데스[68]들을 보고 있는 것으로 간주할 수 있다. 이러한 아르킬로코스에게 아폴론이 다가와 월계수로 그를 만진다. 디오니소스와 아폴론의 극적인 만남인 셈이다. 이것이 최고로 발전했을 경우, 비극과 주신찬가로 불리게 되는 서정시가 탄생하게 된다. 니체에게서 아르킬로코스는 의도적으로 시대성을 넘나드는 그리스 시대의 디오니소스적 예술에서 서정시와 음악을 동시에 드러내 보이려는데 있었다. 니체에게 있어서 이 기원은 그리스 문학의 시조이자 봉화전달자 역할을 했던 호메로스와 아르킬로코스로 간주했다. 아폴론적 소박 예술가의 전형인 호메로스가 난폭하게 인생 속을 떠돌아다니는 뮤즈의 전투적 시종인 아르킬로코스의 정열적 정신을 경이롭게 여긴다.

그러나 이러한 아르킬로코스를 단순한 주관적 예술가로 해석하였다. 일반적으로 주관적 예술가는 열등한 예술가로 여겨졌다. 주관은 극복할 대상이며 자아로부터의 구제, 그리고 개인적 의지와 욕망의 침묵을 강요당했다. 이러한 관점은 객관성, 즉 사심 없는 순수한 관조[69] 없이는 진정한 예술적 창조가 불가능하다는 생각에서 형성되었다. 하지만 '서정시인이 예술가가 될 수 있는가?'라는 자격의 문제가 제기될 수 있다. 왜냐하면 서정시인은 어떤 시대에도 주관적인 '나'를 말하고 자신의 정열과 욕망을 노래하기 때문이다. 객관성, 즉 아폴론적인 사심 없는 순수한 관조의 관점으로 보자면, 이러한 서정시인은 비예술가로 치부된다. 이렇게

---

67) 프리드리히 니체, 『비극의 탄생』, 박찬국 옮김, 아카넷, 2007. 각주 54번 참조.

68) 위의 책, 각주 55번 참조.

69) 위의 책, 각주 51번 참조.
사심 없는 관조의 개념은 쇼펜하우어에게서 원용한 개념이다. 사심 없는 관조는 개념 또는 의식을 통해서는 결코 불가능한 것이다. 왜냐하면 의식과 개념은 항상 표상과 관계하기 때문이다. 또한 이러한 관조는 인과율에 사로 잡혀있는 한 불가능하다. 인과율은 끊임없이 다른 원인과 결과의 결합관계를 상정하기 때문이다. 오직 사심 없는 관조는 순수한 주관에게 가능한데 이러한 주관은 "순수하고, 의지 없고, 고통 없고, 시간 없는 인식주관이다."(이서규, 『삶과 실존철학』, 서광사, 2002, 61쪽.)

니체는 아폴론적 예술보다 디오니소스적 도취의 예술을 높이 평가했다.

그러면 왜 아폴론과 디오니소스적인 신이 그리스인에게 필요한가? 라는 의문을 제기할 수 있다. 먼저 아폴론은 현실에서 오는 고통스러운 측면을 마주했을 경우, 가상을 통해 현실에서 마주치는 고통을 극복하는 것이다. 즉, "그리스인은 삶의 공포와 전율을 알고 있었고 느낄 수 있었다. 그들은 올림포스라는 꿈의 산물을 만들어 내야만 했다."[70] 하지만 그리스인들은 개인의 주체가 모순되는 존재의 고통을 극복하고자 하는 목적에서가 아니라 모순되는 존재의 고통 자체에서 디오니소스적인 신이 필요로 했다.

"영원히 고통받는 자, 그리고 모순에 가득한 자로서 진실로 존재하는 것인 근원적인 한 사람은 자기 스스로를 구원하기 위하여 늘 매혹적인 환영, 즐거운 가상을 사용한다."[71]

디오니소스적 세계는 고통받고 모순에 가득찬 공포와 전율이 도취된 세계이다. 디오니소스적인 것은 현실의 개별화된 삶 속에 갇혀 있는 것을 해방하고, 그 사이에 존재하는 장막의 벽을 허물어뜨린다. 그래서 인간과 자연의 경계를 뛰어넘는다. 그리스 비극의 신화는 인간의 가상 세계이자 아름다운 가상이다. 도취와 광란은 우리의 삶을 이끌어 간다. 이러한 인간은 가상을 창조적으로 형상화하고 진리보다는 삶을 앞세우며 긍정하고 사랑한다. 니체는 아폴론적 예술과 대비되는 것으로 디오니소스적 예술, 즉 트라스적인 본능, 열정, 무질서, 집단적 황홀경, 고통과 삶의 부조리 인식을 강조한다. 이러한 결합은 고통을 회피하지 않고 정면으로 대면하면서도 형식을 통해 그것을 견디게 하는 미적 구원의 양식이었다. 비극은 삶의 비참함을 '의미 있는 고통'으로 승화시키며, 니체가

70) GT 3: KSA 1, 45쪽.
71) GT 4: KSA 1, 48쪽.

말한 예술의 힘은 바로 이러한 화해적 구조에서 발현된다. 디오니소스적 예술은 인간의 개별성을 파괴하고, 전체 생명으로의 몰입과 도취를 경험하게 한다. 이 충동은 음악, 춤, 비언어적 표현에서 나타나며, 존재 자체에 대한 긍정과 열광을 불러일으킨다. 디오니소스는 아폴론과는 달리 형식을 해체하고 생명의 원초적 힘을 드러낸다.

그리스인들에게서 디오니소스적인 자유분방한 축제는 '세계를 구제하는 축제, 정화의 날'이라는 의미를 함축하고 있다. 디오니소스적인 것이 그리스 문화의 이상주의의 위력 아래 굴복함으로써 이것이 예술적 현상으로 고양되었다고 니체는 생각했다. 디오니소스적인 것은 아름다운 것이 아니라 오히려 소름 끼치는 것, 무서운 것이며, 거기에는 생존의 두려움과 공포, 부조리가 서로 얽혀 있다. 따라서 디오니소스적인 것은 빛나는 표면이 아니라 바닥을 알 수 없는 깊이, 심연, 꿰뚫어 볼 수 없는 어두운 '깊은 내면'이다. 거기에서는 아폴론적인 '개별화'나 '절도' 혹은 '너 자신을 알라'와 같은 단어에 집착하는 자기인식을 파기하는 것이다. 디오니소스는 이러한 파괴를 통해 근원적 존재와 일체화에 직결된다. 디오니소스적인 것은 고통과 환희가 하나로 연결된 모순 그 자체이다. 이는 근원적 모순과 근원적 고통이 잠재해 있다. 고뇌와 기쁨이 함께하는 디오니소스적 매력은 자기분열이다. 그러면서 니체는 그것에 만족하지 않고 무한으로 향하는 동경에서 디오니소스적 현상을 발견할 수 있다고 생각했다. 이 디오니소스적인 것이 예술화로 승화되었을 경우, 거기서 음악이라고 하는 비조형적인 디오니소스적 예술이 성립하게 된다. 말하자면 디오니소스적 예술이 성격상 비극적 내용을 담게 되는 것이다. 왜냐하면 비극은 개체의 파괴와 몰락에 의해 '영원한 생명'을 믿기 때문이다. 음악이란 실로 이러한 생명의 직접적인 이념이다. 니체에게서 아폴론적 예술은 "가상적인" 것인데 반해 디오니소스적 예술은 음악 일반을 지칭했다. 니체는 디오니소스와 아폴론의 음악을 다음과 같이 비교하여 말한다.

“그러한 디오니소스적 열광의 합창과 몸짓 언어는 호메로스적(Homerisch)-그리스적 세계에서 무엇인가 새로움과 경이감이었다. 특히 디오니소스적 음악은 경이감과 전율을 자극시켰다. 음악이 이미 아폴론적인 예술로서 가상적인 것으로 인식했을 때, 아폴론적인 상태의 조형적인 힘의 서술로 전개된 운율의 파장으로서만 정확하게 받아들였다. 아폴론의 음악은 그리스 도리아식의 건축 양식의 음향이었다. (...) 디오니소스적 음악의 특성과 음악 일반은 음향에 충격을 주는 힘과 멜로디의 통일적인 흐름, 하모니와 비교할 수 없는 세계로 나아간다.”72)

이러한 음악의 두 방식은 그 안에서 두 음악의 근본적인 특성을 엿볼 수 있다. 호메로스적-그리스적 세계의 배후에서 디오니소스 음악의 출현은 디오니소스 정신으로서 고취하기 위한 것이었다. 현대 사회에서 예술은 다시 이 두 충동의 화해를 통해 삶의 의미를 묻는 역할을 회복해야 한다.

앞서 살펴보았듯이, 니체는 그리스 비극에서 보이는 ‘디오니소스적 충동’과 ‘아폴론적 충동’을 주요 개념으로 다루었다. 즉 니체는 ‘꿈과 도취’라는 두 예술 충동을 통해 서로 상이한 생리학적 현상과 연관되어 있다고 강조했다. 꿈과 도취의 “두 생리학적 현상들 사이에는 아폴론적인 것과 디오니소스적인 것 사이에서 대립”73)이 존재하고 있었다. 니체는 꿈과 도취의 예술과 삶의 관계를 철학적으로 조망했던 것이다. 즉, 니체는 ‘아폴론적’ 충동과 ‘디오니소스적’ 충동을 통해 비극의 본질을 해석하고자 했던 것이다. 앞서 언급했듯이, 아폴론은 질서, 꿈, 형상을 대표했고, 디오니소스는 열정, 도취, 파괴와 재생을 상징했다. 이 상반된 원리의 갈등과 융합은 고대 비극의 정수를 이룬다고 니체는 말하고 싶어 했다.

앞서 언급했듯이, 니체는 『비극의 탄생』에서 호메로스를 중요한 고대 그리스 문화의 상징으로 다루었고, 그의 서사시와 세계관을 통해 고대

---

72) GT 1: KSA 1, 33쪽.
73) GT 1: KSA 1, 29쪽.

그리스 문명의 일면을 분석해 냈다. 그렇게 하여 고대 그리스인들이 고대 비극을 통해 두 예술적 충동이 어떻게 존재의 고통과 경쟁을 견디게 하는지를 니체는 보여주고자 했던 것이다.

5. 갈등과 경쟁, -한국 사회는 어떻게 정당한 경쟁자를 내세울 수 있을까?-

앞서 살펴보았듯이, 니체는 『비극의 탄생』에서 예술을 단순한 미적 표현이 아니라 삶 그 자체를 긍정하게 하는 힘으로 파악했다. 니체가 『호메로스에 대한 경쟁』에서 고대 그리스 정신의 본질을 '경쟁'을 통해 재조명하면서 호메로스를 단순한 신화적 위인이 아니라, 경쟁 속에서 끊임없이 자신의 위대함을 증명하고 확립한 존재로 재해석한다. 이러한 경쟁 개념은 이후 니체 철학의 핵심 주제인 힘에의 의지, 초인, 영원회귀 등으로 이어지는 출발점이라 할 수 있다.

니체에게 호메로스는 고대 그리스 예술의 출발점이자, 아폴론적 아름다움과 조화를 구현한 대표적 인물이다. 그는 호메로스의 예술이 인간 존재의 고통을 은폐하는 "아름다운 꿈"임을 인정하면서도, 그것이 존재의 진실을 밝히는 디오니소스적 비극의 예술에는 미치지 못한다고 본다. 이러한 니체의 시각은 단순한 예술 비판을 넘어 인간 존재와 진실, 고통에 대한 철학적 문제의식을 담고 있다는 점에서 그 의미가 있다고 하겠다. 니체는 호메로스라는 위대한 시인이 단순히 독보적 존재로 추앙된 것이 아니라, 다른 시인들과의 경쟁을 통해 자신의 위상을 굳혔다고 주장한다.

"호메로스는 존경의 대상이었지만, 그와 경쟁하려는 자들도 허용되었다. 오히려 그런 경쟁이 촉진되었다."그리스 사회는 경쟁을 통한 탁월성을 추구하며, 이를 통해 최고의 예술과 철학, 정치가 생겨났다. 이는 "무너뜨리기 위한 경쟁"이 아니라, 서로를 북돋아 위대함을 만들어가는 건설적 경쟁'이다.

니체는 경쟁이야말로 그리스 문명의 원동력이었던 것이다. 그리스인들은 '선의의 경쟁'을 통해 인격과 공동체를 발전시켰다는 것이 니체의 해석이다. "그들은 인간을 악하게 만들지도, 파괴하지도 않는 건강한 경쟁을 발명했다."니체는 고대 그리스인의 "고귀한 경쟁"과 비교하여 현대 유럽의 평준화된 경쟁이나 질투 중심의 문화를 비판한다. 현대의 경쟁은 파괴적이며 질투심에 기반한 것이 많지만, 그리스인의 경쟁은 탁월함을 향한 욕망에서 나온 것이라고 보았다.

그리스인들은 아폴론과 디오니소스의 충동은 대립하고 있지만, 진정한 예술은 이 둘의 창조적 긴장에서 발생한다고 보았다. 그리스의 비극은 아폴론적 형식과 디오니소스적 혼돈의 아곤(투쟁) 속에서 빛났다."앞서 살펴보았듯이, 아폴론적인 것과 디오니소스적인 것은 대립되는 원리이지만, 그리스인은 그들의 문화 속으로 디오니소스적인 것을 받아들임으로써 아폴론적인 것과 화해를 시도한다. 니체에 의하면 그리스 비극에서 아폴론적인 것은 결코 디오니소스적인 것의 주인이 아니다. 오히려 디오니소스적인 것의 파괴적인 지배행위가 비극에서 나타난다. 이렇게 보면 비극은 아폴론적인 형태의 세계 내에서 디오니소스적인 것이 객관화된 것이다. 즉, 디오니소스적인 것의 근원은 고통에서부터 잉태된 예술 충동과 생성인 것이다. 이것이 디오니소스적 세계를 특징짓는 비극적 탄생이다. 핑크(Eugen Fink)가 종종 제시하고 있듯이, 니체는 『비극의 탄생』이나 후기 저서에서 예술 충동을 아폴론과 디오니소스의 대립 관계, 즉 하나는 아폴론적이고, 다른 하나는 디오니소스적인 것에서 찾는다.[74] 그런데 아폴론은 디오니소스적인 동기에 의해서 파악한다. 근본적으로 그리스 시대의 예술은 디오니소스적 음악의 현상과 비극적 신화에

74) E. Fink, *Nietzsches Philosophie*, Stuttgart, 1979, p.18.

서 제기되었다. 디오니소스는 우리의 유한한 삶의 끊임없는 생성이다. 여기서 디오니소스의 생성은 디오니소스와 아폴론, 생성과 존재의 투쟁이다. 이런 점에서 아폴론은 디오니소스 없이 살 수 없다.[75] 이렇게 디오니소스와 아폴론적인 생성과 투쟁에 의해서만 디오니소스의 유동하는 삶이 가능하게 된다. 그래서 우리는 아폴론과 디오니소스의 생성과 투쟁 속에서 우리의 삶을 목격한다. 두 신의 그리스적 화해는 디오니소스의 변화를 의미하는 것만이 아니라 아폴론의 경직성으로부터의 해방을 뜻한다. 이러한 표현은 조화로운 질서의 가능성과 모순이 서로 맞물려 있다는 것을 암시한다. 이러한 조화와 대립적 측면은 근대의 인간 생활의 모순적인 이중성에 있었다.

니체의 사상은 단지 철학적 담론에 머무르지 않고, 예술가, 교육자, 정치가에게도 중요한 실천적 사유를 제공한다. 아곤이 개인주의적인 활동이라서 타자에 무관심하여 그들의 의견을 듣고자 하는 소통 과정이 없다고 주장한다. 그런데 아곤은 다분히 타자에게 관심이 있는 사람들이 벌이는 활동이다. 그들은 자신의 뛰어남을 타자에게 인정받고자 하는 태도를 보이기 때문이다. 니체는 특히나 타자의 인정 없이 스스로를 뛰어나다고 생각하는 사람을 자만심에 가득 찬 사람이라고 비판한다.

니체의 이러한 관점은 샹탈 무페의 『민주주의의 역설』(2000)에서 찾아볼 수 있다. 니체의 아곤이 경쟁적 다원주의 및 경쟁적 민주주의의 이론적 모델로서 가진 지위를 확보하려고 하는 데에 있다.[76] 니체 철학을 통해 경쟁적(agonistic) 민주주의 이론을 세우려고 하는 시도는 여러 공격을 받는다. 예컨대 니체 철학을 어떻게 정치와 민주주의와 연관시킬 수 있느냐 하는 것이 대표적이다. 무페는 자유민주주의와 민주주의 사이의 구조적 긴장을 "역설(paradox)"로 명명하면서 이 갈등을 억제하거나 제거하는 것이 아니라 제도화하고 생산적으로 수용하는 방식으로 민주

---

75) GT 1: KSA 1, 40쪽.

76) 샹탈 무페, 『민주주의의 역설』, 이행 옮김, 인간사랑, 2006. 31쪽. 158-163쪽.

주의를 재구성해야 한다고 주장한다. 이 과정에서 무페는 B.C. 5세기경 고대 그리스의 아테네의 아곤(ἀγών) 개념, 즉 정치적 경쟁과 갈등의 장을 현대 민주주의의 핵심으로 재도입한다.[77] 그녀에게 민주주의란 본질적으로 정체성과 이해관계의 충돌을 끊임없이 드러내고 다루는 정치의 공간이며, 자유주의가 추구하는 보편적 합의 모델은 이러한 긴장의 현실을 은폐함으로써 오히려 민주주의를 약화시킨다고 본다.

무페가 주장하는 아고니즘적 공공영역(agonistic public sphere)'은 갈등을 제거하지 않고, '적(enemy)'을 '정당한 경쟁자(adversary)'로 전환함으로써 지속 가능한 민주주의 질서를 가능하게 한다. 공공영역에서는 상이한 가치, 정체성, 이데올로기가 서로 경쟁하며 정치적 헤게모니를 형성하는 과정이 열려 있어야 하며, 이때 민주주의는 생명력을 갖는다. 무페는 적대적 갈등을 경쟁적 갈등으로 전화시킬 것을 주장한다. 즉 민주주의의 정치의 중심과제는 경쟁적 형태를 취하는 갈등을 허용하는 제도를 제공하는 것이다. 이 제도 안에서 대립된 경쟁자들은 서로의 적이 아니라 상호 간에 갈등적 합의가 존재하는 대결자임을 인정하는 것이다.[78]

이러한 아고니즘적 민주주의의 이상은 현재 한국 사회의 정치적 현실과 깊은 관련성을 지닌다. 현재 한국 정치는 지난 2024년 12월 3일 내란죄로 인해 윤석열 정권의 몰락 이후 파괴된 민주주의를 복권시켜야 하는 중대한 과제를 안고 있다. 국민의힘은 내란 동조 세력이란 낙인이 찍혀 거대 양당 간의 화해는 그다지 쉽지 않다. 시민사회에서는 법정에서 내란죄를 받고 있는 윤석열을 그동안 국민의힘이 비호해 왔기에 내란정당의 해체를 외쳐오면서 새로운 대의민주주의의 개편을 요구하고 있다. 이러한 과제를 별개로 하더라도 그동안 한국 사회는 극단적인 양당 대립, 이념적 적대, 소통의 단절이라는 문제에 봉착해왔다. 정치적 반대세력은 '적대적 타자'로 규정되며, 정책적 경쟁이나 정체성의 차이는 정치적 파

---

77) 샹탈 무페, 위의 책, 126쪽.

78) 샹탈 무페, 『경합들』, 서정연 옮김, 난장, 2020, 20쪽.

괴의 대상으로 환원되는 경향이 있어 왔다. 이에 따라 공적 토론의 공간은 협소해지고, 정치에 대한 시민의 불신과 무관심은 점차 심화되고 있다. 이러한 현실은 무페가 비판한 자유주의적 합의 모델의 환상, 즉 갈등을 제거하고 모두가 수렴할 수 있는 보편적 이성과 절차가 가능하다는 믿음이 여전히 작동하고 있음을 보여준다. 하지만 무페에 따르면, 민주주의란 본질적으로 이견과 갈등을 수용하고 제도화하는 정치적 틀이며, 이를 억압하는 순간 민주주의는 정체되고, 나아가 권위주의적 경향으로 회귀할 수 있다.[79] 따라서 한국 사회의 민주주의를 심화시키기 위한 방향은 다음과 같이 정리할 수 있겠다.

첫째, 정당 정치와 시민사회의 공간에서 이견과 정체성의 충돌이 공정하게 표현될 수 있는 제도적 장치의 확충이 요구된다.

둘째, 상대를 말살하거나 퇴출할 대상이 아닌 '정당한 경쟁자'로 인식하는 정치문화의 재구성이 필요하다.

셋째, 다양한 사회적 요구와 불만을 등가 사슬로 연결하여 새로운 정치적 연대를 구성하려는 급진적 시민주체의 형성이 절실하다.

넷째, 아곤은 유의미한 결과를 산출할 수 없다고 주장할 수 있지만, 유의미한 결과가 산출되기 위해서는 관점의 공통성이 확보되어야 하고, 이를 타자와 소통하며 논의가 전개될 수 있어야 한다. 그런데 첫째와 둘째에서처럼, 아곤은 공통성이 확보되어 있고, 타자와 소통하고자 하는 태도를 지닌 사람들의 활동이다. 그 결과로 공동체의 안녕과 성장이라는 유의미한 결과를 제시해야 한다. 결론적으로 니체의 그리스 비극에서 아곤과 무페의 아고니즘적 민주주의는 한국 사회가 처한 민주주의 위기를 진단하고, 이를 극복하기 위한 중요한 이론적 틀을 제공할 수 있다. 궁극적으로 한국 사회에서 민주주의는 언제나 완결된 상태가 아니라 투쟁과 긴장의 과정이며, 그 지속 가능성은 우리가 갈등을 어떻게 제도화하고

---

79) 샹탈 무페, 『민주주의의 역설』, 이행 옮김, 인간사랑, 2006.

다루는가에 달려 있다고 하겠다.

참고문헌

강대진, 『일리아스-영웅들의 전장에서 싹튼 운명의 시-』, 그린비, 2010.

강용수, 「니체의 우정의 정치학-아곤(agon) 개념을 중심으로-」, 『니체연구』 38호, 한국니체학회, 2020, 7-36쪽.

니체, 프리드리히, 「호메로스의 경쟁」, 이진우 옮김, 책세상, 2001.

니체, 프리드리히, 『인간적인 너무나 인간적인 I』, 김미기 옮김, 서울: 책세상, 2001.

니체, 프리드리히, 『비극의 탄생』, 박찬국 옮김, 아카넷, 2007.

메길, 앨런, 『극단의 예언자들:니체, 하이데거, 푸코, 데리다』, 장일준외 옮김, 새물결, 1996.

무페, 샹탈, 『경합들』, 서정연 옮김, 난장, 2020.

무페, 샹탈, 『민주주의의 역설』, 이행 옮김, 인간사랑. 2006.

무페, 샹탈, 『정치적인 것의 귀환』, 이보경 옮김, 후마니타스, 2007.

박태순, 『갈등해결 길라잡이』, 하정문화사, 2010.

양해림, 「그리스 비극과 소크라테스 비판-니체의 『비극의 탄생』을 중심으로 -」, 『니체연구』 16호, 한국니체학회, 2009, 39-66쪽.

양해림, 「한국사회의 세대간 갈등구조에 대한 철학적 성찰-만하임의 세대간 문제와 푸코의 세대간 주체 권력론을 중심으로-」, 『철학연구』 제164집, 대한철학회, 2022, 141-164쪽.

이상엽, 「니체와 아곤의 교육」, 『철학논총』 73, 새한철학회, 2013, 213-237쪽.

이지형, 「니체의 아곤:절제된 상호 소통적 경쟁」, 『대동철학』 108권, 대동철학회, 2024. 311-329쪽.

정낙림, 「니체의 아곤과 인성교육」,『문화와 융합』, 제40권 8호(통권 58집), 한국문화융합학회, 2018, 99-126쪽.

정낙림, 「자연성으로서의 놀이와 아곤」, 대동철학』 89, 대동철학회, 2019, 359-382쪽;

정낙림, 「헤라클레스 단편 B52에 대한 연구-놀이철학의 관점에서」, 『니체연구』,

제17집, 한국니체학회, 2010, 239-276쪽.
천병희, 『그리스 비극의 이해』, 문예출판사, 2009.
헤시오도스, 『신들의 계보』, 천병희 옮김, 숲, 2009.
Burckhardt,J., *Griechische Kulturgeschichte*, Band I, 1872.
Burkert, W., *Greek Religion,* Harvard University Press, 1985.
Caro, A. D. *Dianysian Ästhetics,* Peter Lang: Frankfurt, 1981.
Decher, F., "Nietzsches Metaphysik in der"Geburt der Tragödie" im Verhältnis zur Philosophie Schopenhauers", in: *Nietzsche-Studien*, Bd. 14. 1985,
Fink, E., *Nietzsches Philosophie*, Stuttgart, 1979.
G. Lenzinger, *Das Problem der Musik und des musikalischen bei Nietzsche,* Phil. Diss. Konstanz, 1943.
Herman. Siemens, "Nietzsche's Agon" in P. Katsafanas (ed.), *The Nietzschean Mind*(New York: Routledge, 2018.
Herman. Siemens, "Reassessing Radical Democritic theory in the Light of Nietzsche's Ontology of Conflict, Nietzsche and the political Theory 2013.
Herman. Siemens, Agonal Perspectives on Nietzsche's philosophy of Critical Transvaluation, De Druyter, 2022.
Herman. Siemens, Nietzsche's Agon, The Nietzschean Mind, P. Katsafanas(ed), Routledge, 2018.
Nietzsche, F., "Die Geburt der Tragödie", *Sämtliche Werk, Kritische Studienausgabe* in 15 Banden, Giorio Colli /Mazzino Montinari, Bd. 1. Walter de Druyter, Berlin/New York, 1980.
Reiss, H., "Nietzsche, Geburt der Tragödie", in: *Zeitschrift für deutsche Philologie*, Bd. 92. 1973.
Richard T. Gray, Nietzsche's Agon with Culture, Oxford University Press, 2005.
Scott Liddell, Greek-English Lexion, Oxford Clarendon Press, 1975.
https://www:ipsos.com/ko-kr/culture-wars-in-south-korea.
https://www:hrcopinion.co.kr/archives/29298

제4장

국가는 기후위기로 인한 인권침해에 대해 어떤 환경정책을 세우고 있나?

-기후위기와 인권-

제4장

국가는 기후위기로 인한 인권침해에 대해 어떤 환경정책을 세우고 있나?

-기후위기와 인권-*

1. 기후위기와 환경권의 등장

인간은 물과 토양, 공기와 땅 등 자연환경의 도움 없이는 단 하루도 살아갈 수 없다. 인간은 아주 미세한 자연의 일부로서 자연 속에서 인간다움의 가치를 찾고 인간으로서의 행복을 추구하면서 살아가는 존재이다. 그런데 오늘날 자연환경이 심각하게 파괴됨으로써 인간으로서 누려야 할 행복만이 아니라 인류의 생존 그 자체가 위협받고 있다. 이러한 절박한 상황에서 자연환경과 관련하여 등장한 인권개념이 환경권이며 생태적 인권이다.

그렇다고 환경권이 천부인권으로 주장된 것이 아니다. 다만 환경권은 공해의 폐해와 싸우기 위한 권리개념으로 등장한 것이라 할 수 있다.[1]

* 이 글은 2025년 한국철학회 정기학술대회, 「기후위기시대의 철학」, 2025.3.22. 30-47쪽에 발표한 내용을 수정·보완한 것임.

1) 김철수, 『헌법학 개론』, 박영사, 2005: 874쪽, 고문현, 『환경권에 관한 연구』, 울산대학교 출판부, 2005, 7쪽. 고문현, 『헌법학 개론』, 박영사, 2022.

대한민국의 경우 1960년 이후 전개된 성장 위주의 경제 정책의 결과로 각종 오염사건이 빈번히 발생하게 되자 지난 1980년 헌법에 환경권이 신설되어 지금까지 진행되어 오고 있다. 1987년에 개정된 현행 대한민국 헌법 제35조 제1항에 따르면, "모든 국민은 건강하고 쾌적한 환경에서 생활할 권리를 가지며, 국가와 국민은 환경보전을 위하여 노력해야 한다."고 규정하고 있다. 그런데 환경권은 헌법에 명문화하는 것만으로 그 실현이 보장되는 것이 아니다. 그 실현은 국가와 국민 모두의 노력 여하에 달려있다. 환경권은 다른 인권들을 제한·제약하고 이를 더욱 신장한다는 특성을 갖고 있다. 그래서 환경권의 실현 정도는 한 국가의 인권 수준을 판단하는 척도라 할 수 있다.[2] 환경권은 어떤 사상가에 의하여 체계적으로 정립된 것이 아니다. 제2차 세계대전 이후 그리고 1960년대 이후 부각된 환경 위기에 대한 인식과 함께 기존의 시민법 원리의 결함과 한계가 발견되었다. 그리고 공해대책법 및 행정상의 지도이념에 중요한 문제가 발생하게 되자, 환경권이라는 새로운 권리개념이 도입되었다고 할 수 있다. 환경권의 등장 배경에 대해 구체적으로 보면 다음과 같다.[3]

첫째, 환경권은 생태위기의 심각성에 대한 인식에서 비롯되었다. 무한한 것으로 인식되었던 공기, 물, 토양 등 자연의 혜택이 지구라는 하나의 생태계 내에서 유한하다는 인식이 새롭게 제기되었다. 궁극적으로 생태계의 파괴는 인류의 파멸을 의미한다는 사실이 확인되면서, 이 위기를 극복하는 노력이 환경권으로 나타나게 되었다. 다시 말해 공공재인 환경의 가치를 훼손할 경우 사회 전체, 더 나아가 인류전체의 피해로 이어져 생존 자체에 심각한 위협 요소가 될 수 있다는 인식이다.

둘째, 환경권은 전통적 시민법 원리의 결함을 극복하지 않으면 안 되는 상황이 되었다. 시민법 체제에서는 공기나 물을 오염시키는 행위가

2) 김타균·이근행, 「쾌적한 환경에서 살 권리」, 인권운동사랑방 사회권위원회, 『인간답게 살 권리-IMF 이후의 사회권 실태 보고서』, 사람생각, 1999, 483쪽.
3) 김성재 외, 『인권시대를 향하여』, 서울: 나남출판, 2002, 132쪽.

다른 사람의 권리를 직접 침해하지 않는 한 그 적법성을 인정받을 수 있었다. 그런데 환경오염이 심해지면서 사법 분야에서 권리 남용론의 적용을 확대하여 이에 대처하려고 했으나, 이것은 근본적 해결책이 될 수 없었다.

셋째, 환경권은 지금까지의 공해대책법 및 행정의 지도 이념상의 결함이 드러나면서 비롯되었다. 환경문제에 대처하는 과거의 입법 및 행정은 기업 활동의 자유 및 재산권 존중의 법리에 근거함으로써 문제에 대한 개별적·대증 요법적 접근방법에 의존하였던 것이다. 그러나 환경요소들은 서로 유기적 관련을 갖고 있는 유기적인 관계로서 구성되어 있다는 점에 주목하고, 환경 전반에 대한 적정한 관리 방법을 모색하는 것이 필요하다는 인식이 다음과 같이 등장하고 있는 것이다.

2. 제3세대 인권: 환경권

제3세대 인권[4]으로서의 환경권은 인간이 건강하고 쾌적한 환경에서 생활할 권리라고 규정된다. 이는 인간 중심적 인권이다. 제3세대 인권은 발전권, 환경권, 평화권, 인류공동유산에 대한 소유권 및 인간적 도움을

4) 인권의 부류는 〈세계인권선언〉에서 제시된 목록을 프랑스 법학자 바삭(K. Vasak)이 제3세대 인권으로 분류한 것이 그 전거가 되었다. 바삭은 〈세계인권선언 〉에 제시된 세대 모형을 적용하여 각각 프랑스 혁명의 3대 가치인 자유, 평등, 박애와 결부시켰다. 바삭은 그의 논문 「제3세대 인권을 위해」 출간 이후, 국제법 분야에서 인권을 세 부류의 세대로 구분했다. 제1세대 인권은 정치적-시민적 권리로서 18세기 문서에도 표명되었다. 제2세대 인권은 경제적·사회적·문화적 권리이다. 경제적·사회적·문화적 권리는 사유재산을 넘어서 공평한 직업을 가질 권리, 인간다운 삶을 누릴 권리, 사회보장의 권리, 유급휴가의 권리 등을 포함한다. 제3세대 권리는 최근에 개념화된 것으로서 "연대의 권리"라 일컫는다.(Karl Vasak, Studies and Essays on International Humanitarian Law and Red Cross Principles, Geneva and the Hague, Martinus Nijtinus, 1984, 837-845쪽.) 제3세대 인권 이론의 창시자라 할 수 있는 바삭은 발전권, 환경권, 평화권, 인류공동유산에 대한 소유권 및 의사소통권을 이에 해당하는 권리로 들고 있다.

요구할 권리, 의사소통권 등이 있다. 특히 환경권의 개념은 세계인권선언 제 25조에서 환경에 관한 권리를 포괄적으로 선언하고 있다. 즉, "모든 사람은 음식, 의복, 주거, 의료, 사회적 서비스를 포함하여 자신과 가족의 건강과 복지에 충분한 생활수준을 누릴 권리가 있다. 또한, 실업, 질병, 장애, 사별, 노령이나 그 밖의 자신의 통제 범위를 벗어나는 생계 결핍이 있는 경우 사회보장의 권리를 가진다."[5] 그런데 이러한 환경권도 개인이나 국가의 의지가 없으면 불가능하다. 건강하고 쾌적한 환경은 국가의 헌법적 선언만으로 실현되는 것은 아니다. 국가가 환경보전을 위해 적극적으로 정책을 수립하고 추진할 때 환경권은 보장된다. 따라서 모든 국민들이 환경보전에 앞장서고 환경을 훼손시키는 행위를 자제할 때 환경은 보전될 수 없다.

대한민국 헌법 제35조 1항은 "모든 국민은 건강하고 쾌적한 환경에서 생활할 권리를 가지며, 국가와 국민은 환경보전을 위하여 노력해야 한다." 또한 2항은 "환경권의 내용과 행사에 관한 사항은 법률로 정한다." 라고 규정함으로써 환경권의 구체화를 법률에 위임하고 있다. 3항에는 "국가는 주택 개발 등을 통하여 모든 국민이 쾌적한 주거생활을 할 수 있도록 노력해야 한다."고 규정하고 있다. 이에 따라 환경권과 환경보전의 의무는 1990년 8월 1일에 환경법의 기본법이라고 할 수 있는 환경정책기본법을 비롯하여 대기환경보전법, 수질환경보전법, 소음·진동규제법, 유해화학물질관리법, 환경오염피해분쟁조정법 등 환경법들이 제정되었다. 또한 지난 1991년 2월에는 환경정책기본법 시행령, 1993년에는 한국자원재생공사법, 1995년에 토지환경보전법이 제정되었다.

환경권은 그 혜택이나 피해의 범위가 그 어떤 권리보다도 크며, 모든 인류의 삶과 직결되어 있다. 환경권은 모든 인류가 함께 향유할 수도 있고 그렇지 않을 수도 있다. 왜냐하면 자연환경이란 고립이나 단절 없이

---

5) 세계인권선언 제25조, 양해림, 『인권과 사회』, 충남대학교출판문화원, 2021. 306쪽 재인용.

하나로 연결되어 있기 때문이다. 또한 환경권은 우리가 살아 숨 쉬는 한, 우리 생활과 긴밀하게 연관되어 있다. 예컨대 공기, 물, 초목, 산천 등의 건강성, 청정성, 쾌적성, 아름다움 등은 모든 인간이 평생에 걸쳐 24시간 동안 향유할 수 있는 산물들이다. 환경권은 다른 권리와 마찬가지로 우리가 향유·요구하는 권리이다. 하지만 다른 권리들과 다르게 그것의 유지·확보를 위해 우리가 의무를 다해야 하는 권리이다.

지난 2000년대에는 수도권매립지관리공사의 설립 및 운영에 관한 법률이 제정되고 호소수질관리법이 수질환경보전법에 통합되었다. 지난 2002년 1월에는 상수원 수질을 보전하기 위해 「낙동강수계 물관리 및 주민지원 등에 관한 법률」 등이 제정됐다. 또한 2003년에는 수도권지역의 대기환경을 개선하기 위하여 「수도권 대기환경개선에 관한 특별법」이 제정되고 지난 2004년에는 「악취방지법」이 제정·공포됨에 따라 2004년 2월 현재 환경부가 직접 관장하는 환경법은 총 37개 법률에 이르게 되었다.[6] 그런데 이와 같은 과정을 통해 제정·공포된 한국의 환경관련법은 국민의 환경의식과 환경보호운동에 기초한 것이라기보다는 위로부터의 개혁의 산물이라 할 수 있다. 향후 대한민국에서 진정한 의미의 환경권이 실질적으로 실현되기 위해서는 다음과 같은 조건이 구비되어야 한다.[7]

첫째, 다수의 국민, 이를테면 이해관계를 같이하는 집단적 국민의 적극적인 노력이 있어야 한다. 환경권의 최종적인 보장과 실현은 궁극적으로 국민들의 환경권에 대한 인식과 환경보전의 노력에 달려 있다. 인권이 아래로부터의 요구를 기초로 사회로 확대되고 수용되듯이, 인권으로서의 환경권은 아래로부터의 환경운동의 활성화에 의해 실질적으로 실현될 수 있을 것이다. 여기서 환경운동의 활성화는 국가의 환경정책을 견제하고 견인하는 역할을 수행하며 종국적으로 환경권의 실현에 기여

6) 고문현, 『환경권에 관한 연구』, 80쪽.
7) 김타균·이근행, 「쾌적한 환경에서 살 권리」, 496-499쪽.

할 수 있을 것이다.

환경권의 법적 성격은 '건강하고 쾌적한 환경에서 생활할 권리이며 국가에 대해 쾌적한 환경을 요구할 수 있는 권리이므로 인간다운 생활을 보장하기 위한 생활권적 기본권', '인간의 존엄과 가치·행복 추구권에서 발생된 기본권으로서 생존권적 기본권', '생명권, 행복추구권, 인격권, 재산권, 사회적 기본권 등의 복합적인 요소를 포함하는 종합적 기본권' 등으로 규정하고 있다. 요컨대 환경권은 인권으로서 종합적인 성격을 지닌 기본권으로 해석하고 있다.[8] 이렇게 종합적인 성격을 띠고 있는 기본권으로서의 환경권은 국가로부터 자유의 성격인 자유권적 측면과 국가에 의한 자유 및 생활 배려의 성격인 생존권적 측면이라는 이중적 성격을 가진다고 할 수 있다. 여기서 말하는 자유권적 측면이란 환경에 대한 다른 공유자의 동의를 얻지 않은 침해는 그 자체 위법하며, 침해의 결과에 대하여는 다른 공유자에게 건강상 또는 생활환경상의 침해를 주는지 여부에 관계없이 그 침해 배제를 청구하거나 침해의 예방을 청구할 수 있다는 것을 의미한다. 생존권적 측면은 환경권이 적극적으로 국가 또는 지방공공단체에 대해 좋은 환경의 확보를 요구할 수 있는 기능을 포함한 권리로 표현될 수 있다. 이러한 환경권의 자유권적 성격과 생존권적 성격을 구체적으로 언급하면 다음과 같다.[9]

첫째, 환경권은 국가로부터 위법적으로 환경이익을 침해당하지 아니하는 자유권으로서의 성격을 가진다. 즉 건강하고 쾌적한 환경을 향유할 수 있는 자유를 위법적으로 침해당하지 아니하는 권리이다. 이 경우에는 환경 파괴로부터의 자유라는 소극적 권리로서의 성격을 가지며, 이 성격으로 인하여 국민의 생활환경을 침해하는 행위들에 대하여 침해 배제청구권이 나온다. 이것은 대량 인권 침해의 성격을 가진 환경 파괴라는 새로운 사회 현상에 대응하여 인권 대량 파괴에 대한 배제권 및 예방권 또

8) 석인선, 『환경권론』, 한영문화사, 2007, 195쪽.
9) 석인선, 위의 책, 196-198쪽.

한 저항권으로서의 의의를 가진다. 일반적으로 사회적 기본권에서도 자유권적 성격을 가진 것으로 보고 국가 권력이 국민의 인간다운 생활의 영위를 방해하는 경우에 그것의 배제를 청구할 수 있다는 의미의 자유권적 효과가 있다는 것에 대해 이론의 여지가 없다. 환경권의 자유권적 성격에 관한 한, 환경권은 직접 구체적 권리로서 그 피해자에게는 사법적 구제가 부여될 수 있다.

둘째, 환경권은 국가에 대해 좋은 환경의 확보를 요구할 수 있는 권리, 즉 건강하고 쾌적한 환경에서 생활할 수 있게 해 줄 것을 국가에 대하여 청구할 수 있는 생존권적 기본권인 측면이 있다. 요컨대 환경권은 생존권의 기본적인 취지가 환경 문제 해결을 위한 법이론 속에 투영되어 그것이 권리로서 응집되어 구상된 것이다. 이런 의미에서 환경권은 생존권적 성격을 강하게 갖고 있는 것이라고 말할 수 있다. 여기서 생존권이란 단순히 동물로서의 생명을 유지하는 데 그치는 권리가 아니고, 건강하고 문화적인 인간다운 생존의 권리이다. 그래서 생존권의 실현에 대한 요구는 생필품의 공급에 대한 요구가 아니라, 단지 스스로 자립할 기회를 제공받도록 요구하는 것을 포함한다.[10)]

그러나 생존권이라고 하는 것에서 보다 더 중요한 의의가 있다. 이런 관점에서 환경권은 환경 파괴로부터의 자유를 전제로, 국가에 의한 자유·좋은 생활환경의 조성에의 배려, 즉 인격의 자유로운 발전, 생명·신체의 불가침에 대한 소극적 권리와 병행하여 이러한 자유를 전제로 하여 환경의 보호와 정비를 국가에 대해 요구하는 적극적 권리라고 할 수 있다.

---

10) 조성민, 『인권론』, 한국학술정보, 2024, 223쪽.

3. 기후위기의 원인, 어디에 있는가?

21세기 들어 현대 산업사회에서 지구온난화는 가장 시급한 문제로 등장하였다. 최근 급속한 과학기술의 발전은 광범위한 화석연료를 사용함에 따라 시구상에 배출되는 대기 중의 이산화탄소에 의해 온실효과가 심해지면서 예측할 수 없는 "기후변화" 및 기후위기[11] 현상이 나타나고 있다.

기후위기란 인간 활동에 직접 또는 간접으로 지구 대기의 구성을 변화시키는 상당한 기간에 관측된 자연적 기후 가변성에 추가해 일어나는 현상을 말한다. 기후위기란 대기 중 온실가스 농도가 증가해서 온실기체의 복사강제력이 높아지면서 지구로부터 나가려는 긴 파장의 적외선 복사에너지를 더 많이 흡수하여 대기 중에 가두게 됨으로써 나타나는 현상이다.

이미 지구온난화에 대한 종말론적 예언들은 무력감에 빠질 수 있다는 사실을 여러 연구에서 경고한 바 있다. 지구의 온도가 급격하게 상승하는 현상이 두렵고 위험한 이유는, 열이 증가하면 지구의 물 순환이 급격하게 변하기 때문이다. 지구는 물이 있는 행성이며, 지구의 다양한 생태계는 지질시대 동안에 강수 유형과 직접적인 관계를 맺으며 진화해 왔다, 온도가 1도씩 증가할 때 마다 대기의 보수력은 7%씩 증가한다.[12] 지난 6천 년 동안에 인류는 '대지'(Terra mater) 위에 살고 있다고 굳건하게 믿으면서 지구상의 물은 정복하고 길들이고 통제할 수 있다고 확신했다. 또한 물은 인류의 유익을 위해 쓰면 그만인 대상으로 여겼고, 그렇게 문명을 발전시키는 것이라고 착각했다. 인류의 이런 인식이 그나마 바뀌

11) 기후변화는 기후위기(climate crisis), 기후 비상사태(climate emergency), 기후붕괴(climate collapse), 기후재앙(climate disaser)등의 용어로 사용하기도 한다.(김완구, 『기후변화윤리』, 커뮤니케이션북스, 2024, 9쪽.) 여기서 우리는 기후변화를 기후위기로 사용한다.

12) 제레미 리프킨, 『한계비용제로사회』, 안진환 옮김, 민음사, 2015, 463쪽.

기 시작한 것은 1972년 달로 향하던 아폴로 17호 우주선이 2만 9400㎞ 상공에서 촬영한 지구 사진을 보내면서이다. 그 사진은 태양이 비추는 푸른 구체를 생생하게 드러내며 우리가 땅이 아니라 물이 주를 이루는 행성에 살고 있다는 사실을 밝혀냈다. 궁극적으로 2021년 유럽우주국(ESA)은 "플래닛 아쿠아"(Planet Aqua, 물의 행성)라는 용어로 이를 공식화했다. 지구 온난화로 인해 가스 배출로 지구 온도가 상승할 때마다 지상과 바다의 물이 대기 중으로 빠르게 증발하고 구름의 강수량 농도가 급증한다. 이는 더욱 격렬하고 기하급수적인 수문 현상을 유발한다. 그렇게 강력한 대기천, 초대형 폭설과 강추위, 대규모 홍수, 장기간의 가뭄, 치명적인 폭염과 산불, 파괴적인 허리케인과 태풍 등이 발생해 지구 생태계를 황폐화하고 인간과 동료 생물의 생명을 앗아가며 인프라를 파괴하는 것이다.[13]

그러면 인간의 얼마나 많은 활동으로 기후위기가 생겨났을까? 과학기술의 발전은 인간의 활동을 부정적 행태로만 보아야 하는 것인가? 현재의 폭염, 한파 등 기후위기와 같은 환경문제는 서양의 과학기술문명이 초래한 부정적 결과라는 견해가 지배적이다. 유엔의 정부 간 기후변화위원회(Intergovernmental Panel on Climate Change: IPCC)는 2007년도 제3차 평가보고서에서 "지난 50년간 관찰된 지구온난화의 대부분은 인간 활동 때문이다"[14]라고 밝혔다. 이 보고서는 "산업혁명이후 일어난 지구온난화에 대한 책임"[15]은 인간의 활동에 의해 초래된 것이라 보고하였다. 지금까지 인간의 활동 가운데서도 주로 화석연료 및 토지개발

13) 제레미 리프킨, 『플래닛 아쿠아-우주 속 우리 지구를 다시 생각하다-』, 민음사, 2024, 12쪽.

14) Thomas J. Crowley, "Causes of Climate Change over the past 1000 Years", Science, 14. July 2000, 189: pp. 270-279.

15) 산업혁명이 자연환경을 어떻게 변화시켰는가에 대한 자세한 고찰은 다음을 참조: 이시히로유키 외, 『환경은 세계사를 어떻게 바꾸었는가』, 이하준 옮김, 경당, 2003, 229-242쪽.

과 관련된 인간의 활동에 그 원인이 있다는 것이 분명하게 확인되었다.[16] 주지하듯이, 17세기 과학혁명과 18세기 산업혁명을 거치면서 서서히 환경의 파괴는 시작됐다. 먼저 자본주의의 반생태적 성향은 17세기의 과학혁명, 특히 영국 경험론의 철학자 베이컨(Fransis Bacon)의 "아는 것이 힘이다."라는 주장에 그 기원을 두고 있다. 18세기의 산업혁명은 환경에 대한 자본주의의 관계를 보다 강화하는 계기를 마련하였다. 산업혁명이 환경에 악영향을 미친다는 사실은 처음부터 인식되었다. 증기해머 발명자인 제임즈 네이머즈는 1830년 "굴뚝에서 뿜어져 나오는 아황산가스들에 의해 풀들이 말라 죽었고, 모든 초본성 식물들이 소름끼치는 잿빛으로 변했다. 이것이 식물의 죽음을 상징하는 가장 슬픈 측면이다."라고 말한다. 즉, 지난 기후변화 정부 간 위원회는 보고서에서 지구온난화를 "명백한 인류의 책임"이라고 지적했다. 지금까지 발표한 보고서 가운데 가장 '분명한' 어조였다.

하지만 "각국 대표단의 정치적 개입으로 상당 부분 수위가 조절된 채 공개된 내용"이라는 지적이기도 하다. 이 보고서가 제시한 것보다도 훨씬 빠른 속도로 이미 기후위기가 일어나고 있었고 그 잠재적 결과가 엄청난 불길한 재앙을 보여주는 증거를 제시하고 있었다. 이렇게 대부분의 과학자들은 대기 중의 이산화탄소의 화석연료나 메탄 농도가 높아지는 원인으로 산업혁명이후부터 20세기 초 급격히 진행된 산업 활동과 문화생활을 영위하기 위한 인간의 활동으로 인해 사용량이 꾸준히 증가하고 있는 것으로 진단한다. 즉, 산업혁명이후 지난 100여 년 동안 산업화가 급격히 추진되고 화석연료의 사용이 급증하면서 온실효과를 일으키는 이산화탄소가 늘어났다.[17] 그 이유는 인간의 활동을 통해 인위적으로 발

16) Intergovernmental Panel on Climate Change, Summary for Policymakers of Synthesis Report of the IPCC Fourth Assessment Report, November 2007, http:www.jpoc.ch.

17) 전용호, 『교토의정서 발효와 한국의 미래』, 지누출판, 2005, 22-23쪽.

생하는 이산화탄소의 양이 워낙 급증하고 있기 때문이다. 무엇보다 이산화탄소의 증가는 연료의 사용에 의한 것이며 메탄과 아산화질소의 증가는 농업부문의 성장과 다른 토지의 이용 변화에서 기인하는 것이 그 주요 원인이다.[18]

지난 2018년 인천 송도에서 열린 제48차 기후변화에 관한 정부간협의체(IPCC) 총회는 2100년까지 지구의 온도 상승 폭 1.5도를 달성해야 한다는 특별보고서를 채택했다. 이전 파리기후협약의 상승 폭 2도도 부족하다고 보았다. 이런 위기감 속에 영국, 유럽연합, 캐나다 등에서는 국회가 기후 비상사태를 선포하고, 탄소제로 정책을 추진하고 있다. 반면 한국은 여전히 이산화탄소 배출이 상위권(7~9위 사이)에 머물러 있다. 심지어 1인당 배출량은 꾸준히 늘고 있다. 산업화 이후 현재의 자본주의 경제체제는 석탄, 석유와 같은 화석연료 없이는 유지할 수 없는 시스템이다. 20세기 이후 많은 전쟁이 석유라는 자원을 확보하기 위해서 벌어졌다. 화석연료를 손에 넣기 위해 전쟁을 일으키고, 그 전쟁 수행을 위해 더 많은 석유를 소비하는 악순환이 이어진다. 또 전쟁 과정에서 배출되는 온실가스는 다시 기후변화를 가속하게 된다. 기후위기를 유발한 현재의 경제 시스템, 지구자원의 착취에 기반한 문명은 군대의 도움 없이는 유지될 수 없다.

기후위기 비상사태는 공동의 위협과 싸우기 위해 자연 재난을 관리하는 능력이 기후위기 증가에 압도당하는 상황이다. 식량 부족, 물 부족, 생물 다양성 파괴와 해수면 상승 등에 대응할 수 없는 상황에 빠진다. 2018년 정부 간 기후변화협의체(IPCC) 특별보고서에 따르면 지구 평균기온이 1~2도 상승할 경우 그 위험 피해는 기하급수적으로 증가하여 재난 대응체계를 초과하는 비상사태가 될 수 있다고 보고한다. 지금까지 IPCC 보고서는 크게 세 가지로 요약된다. 첫째, 지구온난화가 과학적인

18) 정희성, 『전환기의 환경과 문명』, 도서출판 지모, 2009, 195쪽.

측정과 예측이 가능한 현상이고, 둘째, 지구온난화가 인간에 의해 초래된 것이며, 셋째, 이것이 수십 년 내에 지구에 커다란 재앙을 가져올 것이라고 보고한다. 현재의 온실가스 배출량을 지속하면 2040년께 1.5도를 넘고 2060년께 2도를 넘게 될 것이다. 그렇지만 40년 동안의 위험을 피힐 시간 여유가 있는 것은 아니다. 자연에서는 원인과 결과 사이에 시연이 일어나는 경우가 있다. 온실가스가 흡수한 열 대부분이 해양에 흡수되므로 바로 기후위기가 드러나지 않는다. 온실가스 배출 후 기후위기는 수십 년 지연돼 나타난다. 우리는 이미 1.5도를 넘을 수 있는 온실가스를 거의 다 배출했다. 우리에게는 이미 기후위기를 피할 수 있는 시간이 거의 없다. 임페리얼 칼리지 런던팀에 따르면, 이산화탄소 배출량을 대규모로 빠르게 감소시키지 않으면 세계는 2030년 이전에 1.5℃ 온난화를 맞이할 확률이 50%에 달한다.[19)]

지난 코로나19(COVID-19)와 같은 감염병 위기는 간헐적으로 일어나며 즉각적이고 직접적으로 식별할 수 있는 위험이다. 사람들은 생명을 위협하는 새롭고, 불확실하고, 통제할 수 없는 위험에 즉각 반응하는 경향이 있다. 지난 코로나19 경험으로 다음번에는 또 다른 감염병에 보다 효율적으로 잘 대응할 수도 있다. 하지만 기후위기는 점진적이고, 누적되며, 불확실성을 포함한 위험이다. 기후위기는 임계 수준을 넘게 되면, 그 재난 결과는 파멸적이다. 지구 평균기온이 상승한다는 것은 단순히 더워서 살기 힘들어지는 정도가 아니라 지구 조절 시스템이 붕괴하는 위기다. 가뭄으로 식량과 물이 부족해지고, 해수면 상승으로 거주지가 물에 잠기면서 우리 생존 근거가 무너진다. 미세먼지, 금융위기, 코로나19에서도 먹고 살 수 있고 재난을 막는 여러 조치를 할 수 있었다. 그런데 기후위기는 마트에 갔더니 먹을 게 없고 이 상황이 더 심각하게 진행되는 것이다. 따라서 기후위기는 일단 우리 눈앞에 드러나면 다시는 회복

---

19) 박영숙·제롬 글렌, 『세계미래보고서 2025-2035』, 교보문고, 2024, 65쪽.

되지 않는다. 왜냐하면 지구는 인간이 온실가스를 배출하는 것과는 상관없이 기후위기를 증폭시키는 되먹임에 빠지기 때문이다. 이것은 계산이 불가능하고 대응할 수 없는 위험이다. 미세먼지, 금융위기, 지난 코로나19처럼 이 또한 지나가면 일상으로 되돌아갈 수 없다. 기후위기에서는 인류에게 두 번째 기회는 없다. 지금까지 인류는 시행착오를 통해서 환경에 적응해 왔지만, 기후위기가 일어나면 시행착오로부터 배울 수 없다.

4. 기후위기, 어떤 재난이 닥칠 것인가?

지난 2018년 여름에 35-39도 안팎의 재난적 폭염은 한국을 비롯한 아시아, 유럽 등 전 지구적 현상이라 해도 과언이 아니다. 기록적인 불볕더위가 기승을 부린 2018년 여름의 전국 평균 폭염 일수가 지난 1994년 한 해 폭염 일수보다 더 많은 것으로 집계됐다. 기상청에 따르면, 제19호 태풍 솔릭이 닥치기 이전까지 지난 8월 22일을 기점으로 폭염 일수는 31.2일로 가장 더운 해로 꼽혔던 1994년의 연간 폭염 일수 31.1일을 넘어섰다. 최고기온 역시도 관측 사상 40도 이상을 기록한 7번 가운데 6번이 올해 기록으로 남으면서 지난 2018년은 가장 강력하고 긴 더위가 이어진 해로 공식 기록됐다. 지난 2018년 폭염에 필적하는 더위는 2024년의 더위이다. 특히 '열대야'는 지난 2024년 여름이 더욱 심각했다. 기상관측이 시작된 이래로 최장 열대야 일수를 기록한 지역이 속출했다. 2018년에 세워진 기존 기록을 경신했다. 제주 북부는 한 달 반이 넘도록 열대야가 지속되었고, 밤에도 온도계가 25도 아래로 내려가질 않았다. 다시 찾아온 역대급 더위, 기후위기에 주목하는 현상은 점점 짧아지고 있는 '폭염의 주기'이다. 1994년 폭염의 기록이 2018년 경신되기까지 걸린 시간은 24년이었다. 하지만 2018년에 필적하는 2024년 폭염은 겨우 6년 만에 발생했다. 산술적으로만 보면 4배 빠른 속도이다. 지난

2024년 6월 미국 국제공동연구팀이 발표한 논문에 따르면, 온실가스를 줄이려는 노력이 없다면 2030년대 이후부터는 매년 폭염 기록이 깨지는 '뉴 노멀'이 시작될 수도 있다고 보고한다.[20]

또한 기상청에 따르면, 한반도에서 본격적으로 기상관측이 시작된 1973년 이래 2020년 1월은 가장 따뜻한 겨울이었다. 전국 1월 평균기온은 2.8도. 이는 평년(1981~2010년) 1월 기온인 영하 1.0도보다 3.8도 높은 수치다. 직전 최고 평균기온 기록은 1979년으로 1.6도였다. 1월 내내 전국의 평균 기온이 평년보다 높았다. 기상청이 공개한 1973~2020년 1월 기상자료를 보면, 우리나라 전국 1월 평균 기온은 꾸준히 상승하는 추세다. 겨울이 점점 따뜻해지는 이유는 "지구온난화 영향"이며 대부분의 월별 기상 자료가 비슷한 경향을 보여 왔다.

환경문제는 우리에게 단순히 자원이거나 개발의 대상으로서만이 아니라 우리 자신이 삶을 영위해야 하는 집이다. 우리는 환경문제라고 하면, 흔히 환경오염을 떠올린다. 우리의 주변에서 수시로 접하는 자동차의 매연, 쓰레기 오물에서 나는 악취, 오염되어 냄새나는 수돗물 등 주로 환경오염과 관련되어 있기 때문이다. 그러나 환경문제는 환경오염에만 국한된 협소한 대상이 아니다. 환경문제는 환경오염의 문제보다 훨씬 광범위하다. 21세기의 환경문제는 인구의 증가, 에너지를 비롯한 천연자원의 부족, 식량부족, 육상 및 해양 생태계의 파괴, 야생동물의 멸종, 온실효과, 오존층 파괴, 산성비, 이상기후 등을 포함한 포괄적 현상이다. 다시 말해 환경파괴와 오염은 인간과 별개의 문제가 아니라 자연 속에서 삶을 살아가야 하는 인간의 삶의 질을 결정한다는 것을 의미한다.

> "자연을 정복할 때마다 자연은 우리에게 보복한다. 자연이 처음에는 우리가 의도한 결과를 가져오는 게 사실이다. 그러나 그런 정복이 두 번, 세 번 거듭될 때마다 예기치 못했던 효과가 발생하여 맨

---

20) https://news.kbs.co.kr/news/pc/view/view.do

> 처음 정복의 효과마저 상쇄하곤 한다. 메소포타미아, 그리스, 소아시아 등지의 주민들은 농경지를 늘리기 위해 숲을 개간했다. 그러나 숲을 제거해 수분을 품을 수 있는 저장고를 파괴함으로써 오늘날 이들 지역의 황폐한 자연 상태의 기초를 놓은 셈이 되고 말았다. […] 따라서[자연개발]의 매 단계에서 우리는 마치 정복자가 이민족을 지배하는 식으로, 누군가가 자연 바깥에 서 있다는 식으로 자연을 지배해서는 안 된다는 점을 상기하게 된다. 오히려 살과 피와 두뇌로 이루어진 인간은 자연의 일부로 존재해 왔고, 지금도 자연 속에서 존재하고 있으며, 우리가 다른 피조물에 비해 자연의 법칙을 알고 그 법칙을 올바르게 적용할 줄 아는 능력이 있기에 우리가 자연의 우위에 있다는 점을 상기해야 한다."[21]

지금껏 우리가 자연을 정복하고 과학기술 발전의 결과로 인해 삶의 편의성을 한층 증가시켰다는 것을 부인할 수 없음에도 불구하고, 인간은 마음 놓고 사는 것이 어렵게 되었다. 우리는 더 이상 결정적인 조치를 늦추면 늦출수록 문제는 더욱 복잡해지고 사람들이 개입해야 하는 규모는 그만큼 커질 것이다. 21세기의 환경문제는 향후 인간의 미래를 예단하는 데 새로운 전환점에 서 있다. 21세기의 인류는 이제 탄소 여름(carbon summer)을 두려워하게 되었다. 여기서 탄소 여름이란 미국의 앨 고어 전(前) 부통령이 2007년 12월 노벨평화상 수상 연설에서 사용한 말로서 "지구온난화에 의한 기후위기"[22]를 의미한다. 인류가 땅속에 묻힌 화석연료를 꺼내어 사용함으로써 배출되는 이산화탄소의 온실효과로 향후 기후가 변화할 것이라는 예측이다. 지구온난화의 우려가 처음으로 제기된 곳은 1957년 미국 캘리포니아 주 소재의 주 스크립스 해양학연구소의 한스 스웨스와 로저 러벨이 발간한 논문을 통해서이다. 그들은 인간

---

21) Friedrich Engels, "Dialectics of Nature, in: Friedrich Engels and Karl Marx, Marx and Engels on Ecology, pp. 179-180.

22) 지구온난화에 대한 자세한 내용은 다음을 참조: 앨 고어, 『불편한 진실』, 김명남 옮김, 좋은생각, 2008.

의 공업과 농업관련 활동이 대기 중 이산화탄소 농도의 증가로 이어져 예기치 못할 기온상승을 가져올 것이라고 경고했다.23) 지난 1970~1980년대 들어 지구온난화에 대한 관심은 석유위기와 환경에 대한 관심이 높아지면서 고조되었다. 1980년 하반기에 유엔은 지구의 기후위기에 대한 다양한 의견들을 종합하여 10개가 넘는 분야에서 수백 명의 연구집단을 구성하여 지구온난화에 대한 연구를 당부했다. 2011년 1월 IPCC(유엔 기후변화 정부 간 위원회) 보고서는 20세기에 지표면 평균온도가 0.36~1.08℃ 상승했다고 밝혔다. 향후 2100년 도에 도달하면 화씨 2.54~10.44℃ 상승할 것으로 예상된다.24)

지난 2007년 2월 "유엔 기후변화 정부 간 위원회(IPCC) 보고서"에 따르면, 지구온난화에 따라 지구 평균기온이 2001년 발표된 3차 보고서에서 예상한 평균기온 상승은 1.4~5.8℃였지만, 21세기말까지 20세기 말에 비해 1.8~4.0℃ 오를 것으로 예상한다. 지구온난화의 주범으로 지목되는 온실가스의 감축에 유럽연합은 다각도로 힘을 기울이기 시작하고 있다. 지난 2007년 5월 태국 방콕에서 개최한 IPCC는 지구온난화의 위험을 경고하는 「제4차 기후변화 보고서」를 냈다. 세계 130여 개 나라의 과학자 2500여 명이 2만 9000건 이상의 지구변화 관련 자료를 6년에 걸쳐 분석해 놓은 이 보고서는 지구온난화가 지금 속도로 지속된다면, 100년 안에 인간을 제외한 대부분의 생물이 사라질 수 있다는 충격적 내용을 담고 있다. 과학 저널 네이처에 따르면 IPCC 최근 보고서에서 60% 이상의 과학자들이 세기말까지 지구기온이 산업화 대비 3도 이상 오를 것으로 예상했다.25) 한때 미국 일각에서는 기후변화 자체를 부정하려는 시도가 있었으나, 이제는 IPCC보고서의 과학적 신빙성에 대한 도전은

---

23) 제레미 리프킨, 『수소혁명』, 이진수 옮김, 민음사, 2003, 180쪽.

24) 제레미 리프킨, 앞의 책, 181쪽.

25) 김완구, 「왜 환경철학인가?」, 한국환경철학회 편, 『미래를 위한 환경철학』, 연암서가, 2023, 21쪽 재인용.

그다지 없는 것으로 보인다.

지난 2007년 3월 유럽연합은 2020년까지 온실가스 배출을 20%까지 감축하기로 함으로써 지구온난화 해결에 강한 의지를 보였다. 교토의정서 체결 이후 유럽연합 15개국은 2008년 대비 1.2%를 줄였을 뿐 미국과 일본은 물론 중국과 인도에서도 배출량은 오히려 늘어났으며 우리나라도 더 이상 예외가 아니다. 이렇게 지구온난화는 점점 가속화되고 있으며 국제사회가 점점 적극적으로 대응해야 한다는 점을 보여주고 있다. 2050년이면 지구온도가 평균 2~3도 상승하고, 동식물의 20~30%가 멸종위기에 처하며, 세계인구의 10~20억 명이 물 부족현상을 겪게 될 것이라 보고하고 있다.

이를테면 기후위기는 기상이변, 폭염과 가뭄, 물 부족과 식량난, 해수면 상승을 불러온다. 고향 터를 잃은 이들은 난민이 되어 고향을 떠나게 되고, 자원의 배분을 둘러싼 갈등과 분쟁이 일어나게 된다. 2002년 4월 미국 스탠퍼드대 캐서린 매치 연구원 팀은 20세기의 무력충돌 중 최대 20%가 기후변화와 그에 따른 극한기후에 의해 일어났고, 21세기 들어 그 영향이 더욱 증가하고 있다는 연구를 발표한 바 있다. 기후위기가 국제적인 분쟁과 갈등을 낳고 있다. 전쟁은 의료시설을 파괴하고 의료진의 목숨을 위협한다. 감염병 예방과 대처는 속수무책일 수밖에 없다. 전쟁 수행에 많은 자원을 낭비하는 사회는 보건을 위한 인프라에 취약할 수밖에 없다. 막대한 군비를 사용하는 미국에서 가장 많은 코로나 희생자들이 발생하는 상황은 최강대국이라는 미국의 보건 시스템이 얼마나 부실한지를 역설적으로 드러냈다. 군사 안보가 국민 안전을 희생시키고 있다고 해도 과언이 아니다.

지난 코로나19 감염병 문제만이 아니라 더 큰 위협이 다가오고 있는데 바로 기후변화다. 날로 심각해지는 기후변화는 인류의 생존과 지구 문명을 위협하는 지경에 이르렀다. 기후변화 협약을 비롯한 과학자들은 지구온도상승 1.5도를 넘어서는 안 된다고 경고한다. 중요한 것은 코로나와 마찬가지로 국제적인 갈등과 분쟁, 그리고 전쟁과 군사 활동이 기후변화와 밀접한 관련이 있기 때문이다. 미국 등 선진 국가들은 이미 기후변화를 중요한 '안보 위협' 요인으로 인식했다. 미 국방부는 지난 2014년 〈기후변화 적응 로드맵〉을 발표하면서 "기후위기를 단순한 환경문제가 아닌 눈앞에 닥친 국가안보 위협"으로 규정한 바 있다. 지난 2019년 호주 국립기후복원센터에서 나온 보고서는 현재 과학계의 전망이 지나치게 안이하다면서 "전시 수준의 비상 자원 동원 체계를 수립"해야 한다고 밝히고 있다.

인류가 기후위기 대응에 실패하면 세계인구의 3분의 1이 50년 안에 사하라 사막과 같은 기온에서 살게 된다는 연구결과가 나왔다. 거주지의 기온이 연평균 섭씨 29도를 웃돌 것이란 암울한 관측이다. 미국과 유럽, 중국 등의 과학자들로 구성된 연구팀은 5일 미국 국립과학원회보(PNAS)에 이런 내용의 논문을 발표하고 국제사회에 신속한 온실가스 감축 행동을 촉구했다. 인류는 수천 년 동안 대부분 연평균 기온 섭씨 11~15도 사이의 매우 좁은 기후대에 거주해 왔다. 과학기술을 통해 자연조건을 극복해왔지만, 모든 생물종이 환경적으로 적합한 조건을 선호하는 것에는 인간도 예외가 아니기 때문이다.

지구의 온도 변화로 인해 온실가스가 현재 추세로 계속 배출될 경우 50년 안에 세계 인구의 3분의 1이 거주하는 지역의 연평균 기온이 섭씨 29도를 넘을 것으로 예측된다. 이런 기후 환경은 사하라 사막에서도 가장 더운 지역과 비슷한 수준이다. 현재 전체 육지의 0.8%에 해당하는 이런 기온대가 아프리카 중북부, 남아메리카 북부, 인도 대부분은 물론 오스트레일리아 북부까지 확산해 19%로 늘어난다는 것이다. 연구팀이 대규모 이주 등은 고려하지 않고 인구 증가만을 산정하더라도, 2070년에 이런 환경에 놓이게 될 인구는 전체의 30%인 35억 명이 될 것으로 추산됐다. 기후위기가 계속될 경우 지난 2020년을 기점으로 50년 뒤 지구 온도는 산업화 이전 대비 3도의 상승 폭을 보이고 인류가 체감할 상승

폭은 2.3배 높은 7.5도에 이를 것으로 예측된다. 인간이 주로 거주하는 육지가 해양보다 빨리 더워질 뿐 아니라, 인구 증가가 기온이 높은 곳을 중심으로 이뤄질 것으로 예상되기 때문이다.

지난 코로나19는 불과 몇 달 전에는 예측할 수 없었던 변화를 몰고 왔다. 기후위기도 비슷한 결과를 가져올 수 있다. 지구의 광범위한 지역들이 사람이 살 수 없는 수준으로 더워지고 기온은 다시 떨어지지 않을 것이다. 이러한 재앙을 막을 유일한 방법은 빠르게 탄소 배출량을 줄이는 것이다. 지난 코로나19의 세계적 대유행에 의한 인간 활동의 위축은 지구온난화에는 일단 긍정적으로 작용할 것으로 평가됐다. 세계에너지기구(IEA)는 지난 '2020 세계 에너지 검토'보고서에서 2020년 세계 에너지 소비량이 6% 감소하면서 이산화탄소 배출도 8% 줄어들 것으로 전망했다. 이 배출량 감소 폭은 코로나 사태가 장기화할 경우 경제가 회복되면서 이산화탄소 배출량이 증가할 것이라는 우려가 크다. 그런데 안보의 관점에서 기후위기를 바라보는 것은 군사력 강화로 귀결될 우려가 있다. 이미 일부 지역에서는 국경 지역 경계를 강화하여 기후위기로 인한 난민의 이주를 막을 방법을 찾고 있다. 하지만 이런 군사적 방법은 진정한 해결책이 될 수 없다. 국제적인 갈등을 없애기 위해서는 그 근본 원인을 제거하는 것, 곧 기후위기 자체에 대응하는 것이 우선되어야 한다. 미국 브라운대 왓슨 연구소가 2019년 발표한 〈전쟁 프로젝트의 비용〉 보고서에 따르면, 2001년부터 2017년까지 미군은 단일 조직으로는 세계에서 가장 많은 석유를 소비하고, 가장 많은 온실가스를 배출한 것으로 나타났다. 2017년 한 해 동안 미국 국방부가 배출한 온실가스는 5,900만 톤에 달하며 이는 스웨덴이나 덴마크의 1년 치 온실가스 배출량을 능가하는 수준이다. 한편 '국제적 책임을 다하는 영국 과학자들'은 영국 국방부는 2016~17년 동안 320만 톤의 온실가스를 배출했고, 이는 아이슬란드의 탄소배출량보다 높다고 지적했다. 이처럼 군사활동은 기후위기의 원인이자 주범이다. 따라서 기후위기로 인한 분쟁을 막기 위해 군사적 수단을 강화하는 것은 막대한 화석연료를 사용함으로써 기후위기의 악화를 가져올 뿐이다. 세계의 많은 국가에서 '안보'상의 이유로 군사부문 탄소 배출량이 얼마나 되는지 투명하게 공개하지 않는다. 각국이 유엔에 제출하는 배출량 통계에 포함되어 있는지도 알 수 없다. 1997년 발효되었던 교도의정서 체제에서는 군사 활동의 배출량은 자동 면제 내상이었다. 시난 2015년 195개국이 채택한 파리협정에서는 군사 분야가 자동 면제되는 것은 아니었지만, 동시에 군사부문 배출량을 감축할 의무도 명시하지 않았다. 이 협정에서 지구의 기온상승을 산업화이전 대비 2℃ 이하로 제한하는데 합의했지만, 사실상 1.5℃ 이하로 제한하는 데 필요한 노력을 추구하기로 했다.[26]

한국의 온실가스 국가배출량 통계에 군사부문의 배출량을 확인하기는 불가능하다. 군사부문 배출량이 정확히 포함되어 있는지도 불확실하다. 또한 공공부문 온실가스 목표 관리제도에서는 아예 처음부터 군사 분야를 제외하고 있다. 배출량 통계조차 없다면, 배출량을 줄이려는 노력도 없다는 의미다. 결국, 군사 부문 온실가스 감축과 기후변화 대응의 사각지대에 놓여 있던 셈이다. 하지만 기후위기 대응은 사회 모든 분야에서 이루어져야 한다. 발전, 산업, 수송 등 각 분야가 가능한 한 빨리, 가능한 한 많은 양의 감축을 해야 한다. 군사 분야라고 예외일 수 없다. 한국은 탄소 배출 세계 7위~10위를 넘나들고 군비지출은 세계 10위다. 기후위기 대응을 위해 많은 공공재원이 투여되어야 하는 것은 현실이 되었다. 이를테면 화석연료를 대신하는 재생에너지 확충을 비롯한 산업 전환 과정에서 노동자와 지역민의 지원, 산불, 태풍, 폭염과 같은 기후재난으로부터 보호책의 마련 등 사회시스템의 전환에는 많은 재원이 필요한 것이다. 하지만 전 세계적인 군사비에 비해 "기후위기 대응 예산"[27] 은 아주

26) 박영숙·제롬 글렌, 『세계미래보고서 2025-2035』, 교보문고, 2024, 65쪽.

27) 지난 2016년 전 세계의 기후재정은 전 세계 군사비의 1/12에 불과하다. 미국 정책학연구소(Institute for Policy Studies)의 〈전투 vs 기후〉 보고서에 따르면, 2017년 미국의

미흡하게 나타나고 있다.

5. 기후위기, 인권을 어떻게 침해하는가?

지난 2019년 독일 시민단체 저먼 워치(German Watch)는 세계 각국의 기후위기 실행지수를 분석, 한국이 61개국 중 58위를 기록했다고 발표했다. 이 지수는 온실가스 배출량, 재생가능에너지 사용량, 1인당 에너지 사용량, 기후정책 등을 고려했다. 한국보다 낮은 나라는 사우디아라비아, 미국, 대만 3개국뿐이었다. "온실가스 배출량을 극적으로 감축하려면 제조업과 수송 분야 축소가 필수다." 제조업이 중요한 한국에서는 지금의 경제시스템을 포기해야 한다는 점에서 쉽지 않은 과제다. 지금껏 한국 정부는 기후위기 대응에 거의 손을 놓고 있으며, "전환의 시대에 경제성장과 화력과 원자력에 집착하는 것 자체가 위기"라고 비판하기도 한다. "기후위기는 단순히 온도의 문제가 아니다. 식량 부족, 물 부족, 날씨 변화 등이 수반돼 미래 세대의 삶과 묶여 있어요. 미세먼지는 지역 문제인 반면 지구 온난화는 인류적 위기를 초래할 수 있다."

데이비드 월러스 웰즈(David Wallace Wells)의 『2050 거주불능지구』(2020)의 저서에서 30년 내에 지구에 인간이 거주하는 것이 불가능할 수 있다고 말한다. 예컨대 2011년 약 100만 명이 이르는 시리아 난민이 기후변화와 가뭄으로 촉발된 내전으로 유럽 곳곳으로 퍼졌다. 그리고 사실상 이런 난민 쇼크가 불러일으킨 공황 상태 때문에 오늘날 서구권 전체가 포퓰리즘 시대를 맞이했다고 해도 과언이 아니다. 유엔에서는

기후예산이 210억 달러인 반면 국방예산은 무려 5880억 달러에 달한다. 20배가 넘는 차이다. 2019년 기준 한국의 국방예산은 46.7조 원이었으나, 환경부의 기후위기대응 예산은 792억 원에 그쳤다. 국토부의 128억 원, 농림축산식품부의 242억 원을 모두 합쳐도 1162억 원에 불과하다. 국방예산의 1/400에 불과하다. 기후위기의 시급성에 비춰 볼 때, 무책임하고 무대응에 가까운 수준의 예산 배분이다.

2050년에 기후난민이 2억 명에 달할 것이라 내다봤다. 로마제국이 전성기를 누릴 때 전 세계 인구가 2억 명이었다. 최악의 시나리오는 30년 뒤에 싸움을 벌이거나 도망치는 것, 이외에 다른 선택지가 거의 없는 취약한 빈민층이 10억 명에 달할 수 있다는 것이다.[28)]

지난 2020년 5월 한국 기후변화학회 전문가들은 신종 감염병이 기후위기와 연관이 있는지를 묻는 질문에 77%가 관련이 있다고 답변했다. 지난 코로나19의 발생 원인에 대해서 1위로 환경파괴(66%), 2위로 기후위기(51%)를 꼽았다. 도시화, 지구화, 공장식 축산농업이 뒤를 이었다. 감염병의 발생주기는 지구온난화로 인해 3년 이내로 단축될 것이라는 예상이 가장 많았다.[29)] 기후변화가 심각해짐에 따라 환경권 사상에도 변화가 일어났다. 과거의 환경권은 산업재해로 인한 인간의 건강권에 침해에 초점을 맞추었다면, 지금의 환경권은 기후위기로 인한 지구 생태계 전체의 보존과 인간이 살아가야 할 권리를 강조한다. 국제사회는 오랜 전부터 기후환경문제를 인권적 측면에서 구조적으로 인식하기 시작했다. 기후환경의 문제는 인권과 동전의 양면이다. 이러한 구조적 인권의 인식에 따라 지난 2012년부터 기후위기의 심각성은 잠재적 지구 종말의 핵심으로 포함됐다. 그 연장선상에서 지난 2015년 195개국이 참여해 체결한 유엔의 '파리기후협정'에 인권의 중요성이 부각됐다. 파리협정 전문에 '기후위기는 인류의 공통의 우려로서, 모든 국가는 기후위기에 대처하는 행동을 취할 때 인권-건강권, 원주민과 지역공동체의 권리, 이주민과 어린이의 권리, 장애인과 취약계층의 권리, 성 평등과 여권신장, 세대 간 형평 등에 대해 그들의 개별적 의무를 존중·촉진·고려해야만 한다'고 규정했다. 또한 지난 2015년 유엔은 향후 2030년까지 지속가능한 발전의 목표를 빈곤퇴치, 기아 종식, 건강과 복지, 성평등, 깨끗한 물, 지

28) 데이비드 월러스 웰즈, 『2050 거주불능지구』, 김재경 옮김, 추수밭, 2020, 23쪽.

29) 최우리, "전문가들 새 감염병발생주기, 3년 이내로 단축될 것", ≪한겨레 5월19일≫, 조효제, 『탄소사회의 종말』, 21세기북스, 2020, 11쪽.

속가능한 도시, 기후위기대응 등을 명시했다. 유엔 인권위원회도 지난 2016년 '기후위기와 인권 결의안'을 채택했다. 즉, 유엔 인권위원회는 '인권옹호와 기후변화 대응책 사이에 연계를 주장'했다. '특히 기후위기로 피해를 당한 가난한 사람들의 인권을 보장할 것'을 촉구했다. 말하자면 인권에서 환경문제를 바라보는 기본관점은 환경오염이 곧 인권침해라는 시각이다. 인권에서 환경문제는 단순히 사회문제가 아니라 인권유린의 문제나 범죄로 다루어야 한다는 인식이 강하다. 유엔사회인권위원회에서는 사람이 거주하는 지역에 독성 폐기물을 방출하는 행위는 단순하게 환경범죄 차원이 아니라 인권 유린 범죄라는 입장이다.[30]

사이먼 카니(Simon Caney)라는 학자는 기후위기는 인권을 침해하는 최대의 주범이며, 이를 침해하는 인권을 **생명권, 건강권, 생계권**의 침해로 정리한다. 기후위기는 환경파괴와 더불어 우리가 누려야 할 인권도 무참히 파괴한다. 무엇보다 모든 인권의 첫 자리에 생명권이 침해된다. 태풍과 같은 급격한 사건이 발생하면 순식간에 인명 손실이 커진다. 또한 폭염, 가뭄, 코로나 19와 같은 매개체 감염 등의 사건으로도 인명손실이 발생한다.[31] 국제인권 메카니즘에 따르면 9개의 핵심 국제규약을 발동한다. 각 조항마다 위원회가 설치되어 있는데 그 가운데 자유권규약에서 자유권(시민적 정치적 권리)을 다루며 자유권위원회에서 그 업무를 관장한다. 자유권위원회는 2018년에 환경파괴, 기후변화, 지속 불가능한 삶의 발전이 **현세대와 미래세대가 생명권**을 누릴 수 있는 능력을 가장 시급하고 심각하게 위협하는 요인이라 진단한다.[32] 생명권은 세계인

30) Un Commission on Human Rights, *Economic, social and cultural Rights: Adverse effects of the illicit movement and dumping of toxic and dangerous products and water onenjoyment op human rights*', 2001.

31) 조효제, 『침묵의 범죄 에코사이드』, 창비, 2023, 83쪽.

32) UN Human Rights Committe, "General comment No. 36.2018. on article of the Internatiomal Covenant on Civil and Political Rights. on the right to life", 2018. 조효제, 『침묵의 범죄 에코사이드』, 창비, 2023, 183쪽.

권선언 자유권 규약 6조에 "모든 인간은 생명에 대해 본질적 권리를 가진다."라고 규정하고 있다. 중앙재난안전대책본부는 지난 2019년 10월 태풍 미탁으로 12명이 사망하고 3명이 실종했다고 보고했다.[33] 또한 2020년 12월 30일 한국 정부에서 기후위기는 생명권과 생계권 등 인권에 직간집적으로 광범위한 영향을 미치기 때문에 정부가 기후위기 상황에서 모든 사람의 인권을 보호하고 증진하는 것을 국가의 기본 의무로 인식해야 한다는 의견을 표명했다.[34] 따라서 생명권은 인간의 제일 앞자리에 있는 권리인 것이다.[35]

건강권은 신체적 건강과 정신적 건강을 모두 아우른다. 건강권침해는 세계보건기구와 유엔인권이사회, 유엔기후변화협약 등에서 기후변화로 인해 건강권이 심각하게 위협되고 있다고 강조해 왔다.[36] 즉 신부전, 계절성 질환, 말라리아, 뎅기열, 출혈열, 지카열, 비브리오, 설사, 심장질환, 폐질환, 진드기에 의한 라임병 등 온갖 부류의 건강문제가 발생한다.[37]. 기후변화는 건강의 악화로 이어지고 수명단축에도 영향을 끼친다. 산불, 태풍, 폭우 등을 겪고 난 이후 외상후 스트레스장애와 유사한 정신보건문제도 나타난다. 기후위기에 대한 두려움이나 염려 때문에 불안, 초조, 우울, 강박, 답답함, 불면 등을 호소하는 생태불안 장애도 증가하고 있다. 이를테면 기상이변, 산불, 태풍, 전염병, 폭염, 미세먼지 등은 인간의 건강에 미치는 악영향은 막대하다.[38] 지난 코로나19와 같은 감염병도 지구와 기후변화로 인해 더욱 확대되어 가고 있다.

이렇게 기후위기는 인간의 각종 전염병과 풍토병 유형을 바꾸고 건강

---

33) 김일우, "태풍 미탁 실종자 1명 주검 발견.... 사망자 13명, 실종 2명", ≪한겨레 2019, 10월 7일≫.

34) 인권연대, 『인권으로 살펴 본 기후위기 이야기』. 철수와영희, 2024, 31쪽.

35) Samir Saram and Vidisha Mishra, Climate Change and human Rights, 2015, 조효제, 『탄소사회의 종말』, 63쪽.

36) UN Human Rights Council, 2016.

37) 조효제, 『침묵의 범죄 에코사이드』, 84쪽.

38) 조효제, 『탄소사회의 종말』, 166쪽.

을 악화시키며, 식량안보가 위협받고 농지가 유실되며, 흉작과 기근이 만연하여 **생계를 위협한다**. 초대형 태풍과 같은 급격한 개시사건은 사람의 생명을 직접 위협한다. 앞서 언급했듯이, 세계 인권선언 25조는 적합한 생활수준을 누리고 생계를 유지할 권리를 규정한다. 즉, "모든 사람은 자신과 가족과 안녕에 적합한 생활수준을 누릴 권리가 있다. (...) 자신의 힘으로 어찌할 수 없는 형편이 되어 생계가 곤란해진 모든 사람은 사회나 국가로부터 보호를 받을 권리가 있다." 무엇보다 생계란 삶의 수단을 유지하는 데 필요한 역량, 자산, 활동을 뜻한다. 기후위기는 인적, 사회적, 자연적, 물리적, 경제적 자산에 영향을 주어 사람들의 생계를 심각하게 침해하고 있는 것이다.[39] 기후위기가 생계에 가장 직접적인 영향을 미치는 영역은 농업, 수산업, 계절성 경제활동들을 말할 수 있다. 이렇게 기후위기는 생계권에 커다란 타격을 입힌다.

6. 기후위기, 어떤 환경대책을 세워야 하나?

앞서 고찰하였듯이, 인권에서 환경문제를 바라보는 기본적 관점은 환경오염이 곧 인권침해라는 시각이다. 예컨대 유엔 사회권위원회는 사람이 거주하는 지역에 독성 폐기물을 방출하는 것은 단순히 환경범죄가 아니라 인권유린 범죄라는 입장을 견지한다.[40] 유럽 인권재판소에서도 독성 폐기물로 목숨을 잃으면 인권유린의 범죄로 다루어야 한다고 본다.[41]

---

39) Thakur and Bajagain, "Impacts of Climate Change on livelihood and its adapation needs":, *Journal of Agriculture and Environment 20*, 2019, pp. 173-185.

40) Un Commission on Human Rights, Economic, social and cultural Rights: Adverse effects of the illicit movement and dumping of toxic and dangerous products and water onenjoyment op human rights, 2001.

41) 조효제, 『침묵의 범죄 에코사이드』, 185쪽.

인류의 실존적 위험은 인간이 상상할 수 있는 최후의 극단적인 구조적 폭력을 전제한다. 우리가 생존을 위한 통찰, 즉 재생에너지, 무탄소 에너지, 전기 에너지, 풍력 에너지, 태양광 에너지 등을 이미 보유하고 있고 정치적 의지만 있다면, 기후위기의 인권 침해를 최소한 예방할 수 있다. 현재의 기후위기는 지금 갑작스럽게 만들어진 것이 아니다. 이는 아주 오랜 기간에 걸쳐 나타난 것이다. 만약 지금과 같은 상태가 지속되었을 경우 현세대보다 미래세대에게 다가올 커다란 부담으로 작용하고 있다. 우리가 기후위기를 견인하는 힘에 대응하고 그러한 힘들을 변화시킬 수 있는 시간은 점차 미약해지고 있다. 그래서 현재의 생태위기는 기존의 목적론적 방향으로 전개해 왔던 윤리이론을 제고해야 하며, 또한 지금껏 인간들만의 관계에서 자연과의 관계로 확장해 나갔을 때 환경문제를 극복할 수 있다.

앞서 언급한 바와 같이, 인간이 지속적으로 다양한 영역에 걸친 전문가들의 생태계 파괴의 경고를 외면하고 과학기술의 성장에 의한 물질적 풍요만을 추구하였을 때 머지않아 인류의 문명은 공멸할 수 있다는 지표들은 더 이상 기우가 아니게 되었다. 전 세계 인권운동은 최근 들어 기후위기를 가장 심각한 구조적 폭력으로 인식하기 시작한 것이다. 따라서 향후 인간의 현재 및 미래에 대한 기후위기와 인권침해의 문제는 더 이상 개별적인 학문 및 정책에 한정된 사안이 아니라 학제적 관점에서 함께 고민하고 해결해야 할 과제가 되었다.

따라서 우리는 이에 기후위기에 따른 인권침해 현상들을 환경 윤리적 관점에서 진단하고 대안책들을 민·관·정이 합심하여 지속적으로 모색해야 할 것이다.

우리는 지난 코로나19가 발생할지에 대해 제대로 인식하지 못했지만, 기후위기가 우리에게 닥칠 것이라는 사실은 이미 30년 전부터 알고 있었다. 기후위기가 닥쳐온 것은 우리 인간이 끊임없이 무차별적으로 저지른 행동의 결과가 너무 늦게야 비로소 확인되고 있는 과정이다. 그 위기의 확실함은 위기가 드러난 다음에야 알 수 있다. 전 세계 인권운동은 최근 들어서야 비로소 기후위기를 가장 심각한 구조적 폭력으로 인식하기 시작했다. 그래서 기후위기로 인한 생태계의 파괴는 인권평화의 문제이기 때문에 국제사회는 인류의 공동 노력으로 이를 반드시 극복해야 할 것을 강조하고 있다.

따라서 우리는 기후위기와 같은 구조적 인권침해에 관해 문제해결의 능력을 키워야 하는 것이 당면한 문제로 떠올랐다. 이는 우리의 지속가능한 생존을 위해서라도 민·관·정이 합심하여 합당한 행동을 조속히 취해야 하는 절박한 기로에 서 있다. 기후위기로부터 안전한 세상과 전쟁 없이 평화로운 세상은 함께 가야 한다. 평화를 지키는 것이 곧 기후위기를 막는 길이며, 기후위기 대응이 평화를 위한 길이다.

참고문헌

고문현,『헌법학 개론』, 박영사, 2022.

고문현,『환경권에 관한 연구』, 울산대학교출판부, 2005.

김완구,『기후변화윤리』, 커뮤니케이션북스, 2024.

김철수,『헌법학 개론』, 서울: 박영사, 2005.

김타균·이근행, 인권운동사랑방 사회권위원회,『인간답게 살 권리-IMF 이후의 사회권 실태 보고서』, 서울: 사람생각, 1999.

노희정,「생태계의 본래적 가치와 환경 파시즘」, 한국환경철학회 엮음,『환경철학의 이념』, 서울: 철학과현실사, 2003.

데이비드 월러스 웰즈,『2050 거주불능지구』, 김재경 옮김, 추수밭, 2020.

박영숙·제롬 글렌,『세계미래보고서 2025-2035』, 교보문고, 2024.

석인선,『환경권론』, 한영문화사, 2007.

앨 고어,『불편한 진실』, 김명남 옮김, 좋은 생각, 2008.

양해림,『기후변화, 에코(ECO)철학으로 응답하다』, 충남대학교출판문화원, 2016.

양해림,『인권과 사회』, 충남대학교출판문화원, 2021.

이시 히로유키 외,『환경은 세계사를 어떻게 바꾸었는가』, 이하준 옮김, 경당, 2003.

인권연대, 『인권으로 살펴본 기후위기 이야기』, 철수와영희, 2023.
전용호, 『교토의정서 발효와 한국의 미래』, 지누출판, 2005.
정회성, 『전환기의 환경과 문명』, 도서출판 지모, 2009.
제레미 리프킨, 『수소혁명』, 이진수 옮김, 민음사, 2003,
제레미 리프킨, 『플래닛 아쿠아-우주 속 우리 지구를 다시 생각하다-』, 민음사, 2024.
제레미 리프킨, 『한계비용제로사회』, 안진환 옮김, 민음사, 2015.
조성민, 『인권론』, 한국학술정보, 2024.
조효제, 『침묵의 범죄 에코사이드』, 창비, 2023.
조효제, 『탄소사회의 종말』, 21세기북스, 2020.
한국환경철학회 편, 『미래를 위한 환경철학』, 연암서가, 2023,
Intergovemmental Panel on Climate Change, Summary for Policymakers of Synthesis Report of the IPPCC Fourth Assessment Report, November 2007, http:www.jpoc.ch.
Karl Vasak, Studies and Essays on International Humanitarian Law and Red Cross Principles, Geneva and the Hague, Nartinus Nijtinus, 1984.
Samir Saram and Vidisha Mishra, Climate Change and human Rights, 2015,
Thakur and Bajagain, "Impacts of Climate Change on livelihood and its adapation needs":, *Journal of Agriculture and Environment 20*, 2019.
Thomas J. Crowley, Causes of Climate Change over the past 1000 Years, Science, 14. July 2000.
Un Commission on Human Rights, Economic, social and cultural Rights: Adverse effects of the illicit movement and dumping of toxic and dangerous products and water onenjoyment op human rights', 2001.

제5장

한국 사회에서 공동체주의는 여전히 적용 가능한가?

-헤겔의 법철학과 공동체주의-

제5장

한국 사회에서 공동체주의는 여전히 적용 가능한가?
-헤겔의 법철학과 공동체주의-*

1. 공동체주의의 발단

1990년대 이후 미국과 유럽을 중심으로 활발하게 전개되었던 공동체주의와 자유주의의 논쟁은 정치철학의 영역에서 논의되어 왔다. 자유주의와 공동체주의의 논쟁의 중심점은 존 롤스(John Rawls, 1921-2002)의 『정의론』[1](1971)에서 주장하였던 정의의 우선성의 입장에 대해 "옳음(선)과 좋음의 우선성 문제"[2]에 초점을 맞추었다. 특히 롤스의 『정의론』은 현대의 사회적 맥락에 따라 사회계약론적인 칸트의 입장을 기술하였다. 먼저 "공동체주의자들은 정치철학 및 도덕철학의 칸트적인 접근에 논의를 이끌어 갔고 롤스의 『정의론』이후 '권리에 근거를 둔' 이론들

---

* 이 글은 「철학연구」, 제117집, 대한철학회, 2011, 161-189쪽에 실린 내용을 수정·보완한 것임.

1) John Rawls, *a Theory of Justice*, Cambridge, Mass: Harvard Univ. Press, 1971.

2) 롤스의 좋음에 대한 옳음의 우선성 문제는 다음의 논문을 참조 : 홍성우, 「'좋음에 대한 옳음의 우선성'에 관한 롤즈적 근거」, 한국사회·윤리연구회 편, 『사회계약론 연구』, 철학과 현실사 1993, 248-279쪽. Vgl. Rainer Forst, *Kontexte der Gerechtigkeit. Politische Philosophie jenseits von Liberalismus und Kommunitarismus*, Frankfurt. a. M. 1996, 239-242쪽.

에 대해 다소 비판적인 관점을 취하였다."[3] 먼저 롤스는 좋음에 대한 옳음의 우선성을 일관되게 주장한다. 이러한 롤스의 입장에 대해 마이클 샌델(Michael Sandel)은 "롤스가 좋음에 대한 옳음의 관계를 혼동하고 있다"고 주장한다. 그 이유는 좋음과 옳음의 목적들에 대한 자아의 관계를 질못 생각하기 때문이라는 것이다.[4] 이러한 자유주의와 공동체주의의 논쟁은, 현대 사회의 도덕적 근거를 마련하여 보다 질서정연한 체계 잡힌 정치구조를 만들고자 하는 것이었다.[5] 다시 말해 이 논쟁은 어떻게 현대 사회를 규범적으로 통합하며, 또한 어떻게 체계 잡힌 질서정연한 정치구조를 정립할 수 있는가?에 대한 물음에 심도 있는 답변을 하고자 했다. 이렇게 "자유주의와 공동체주의 논쟁"[6]의 중심점은 현대사회의 도덕적 근거를 마련하여 정치적·사회적 정의(正義)를 올바르게 수행하는 데 있었다.

먼저 자유주의적 입장은 루소, 로크, 흄, 칸트 등으로 이어지는 계약론의 전통에 유래한다. 즉 자유주의는 정치윤리의 관점에서 자유에 대한 논의를 통해 이에 대한 합리적인 근거를 정립하고자 하였다. 다시 말해 자유주의는 개인의 기본권과 자유권에 논의의 초점을 맞추어 공동체 사회의 규범적인 토대를 마련하여 개인의 인권을 보장하는데 주로 관심을 보였다.

---

3) 이인숙, 「공동체주의에 대한 연구 — 자유주의와 관련하여」, 고려대학교 철학 박사 학위 논문, 1994, 129쪽.

4) Michael Sandel, *Liberalism and the Limits of Justice,* Cambridge Univ. Press 1982, 19쪽.

5) Wolfgang Kersting, *Die Wiederkehr der Tugend. Zur gegenwärtigen Diskussion der politischen Theorie über die moralischen Grundlagen der modernen Gesellschat,* in : *Studia Philosophica.* Vol. 53. 1994, 36쪽.

6) 이에 대한 몇몇의 국내의 문헌은 다음을 참조: 스테판 뮬홀외, 『자유주의와 공동체주의』, 김해성외 옮김, 한울, 2007 :홍성우, 『자유주의와 공동체주의 윤리학』, 선학사, 2005: 황경식, 「자유주의와 공동체주의」, 『개방사회의 사회 윤리』, 철학과현실사, 1995, 170-230쪽. 이하 1990년대 이후 두 논쟁의 국내·외의 저서 및 논문들은 르네상스의 시기를 맞이 했었다.

반면, 공동체주의는 자유주의의 비판가들, 즉 맥킨타이어(A. MacIntyre), 왈쩌(M. Walzer), 샌델(M. Sandel), 테일러(Ch. Taylor) 등이 각기 상이한 주장들을 펼쳤다. 공동체주의는 오랜 전통을 지닌 반자유주의적 관점, 즉 아리스토텔레스, 홉즈, 마키아벨리, 토크빌, 헤겔 등으로 이어지는 정치학의 계보를 통해 신아리스토텔레스, 신홉스 그리고 **신헤겔학파의 얼굴들**과 새롭게 마주친다.[7] 무엇보다 공동체주의는 그동안 민주주의의 전통에서 내세웠던 자율을 강조하여 주권을 부각시킨다. 공동체주의는 사회에서 강력한 구속력을 지닐 수 있는 올바른 가치의 이념을 제공하고자 하였다. 자유주의와 마찬가지로 공동체주의 비판의 중심은 롤즈의 정치철학에 근거한다. 여기서 공동체주의는 보편적·절차적 과정을 통해 공정으로서의 정의(正義)를 세우고자 한다. 따라서 공동체주의는 서구 사회의 문화적·정치적 현실에서 드러난 철학적 의미의 자유주의가 지배하는 체제를 대체로 거부한다. 지난 18세기 중엽 이래로 철학적 의미의 자유주의는 공동체주의의 흐름에 비판적이었다. 특히 이러한 패러다임을 형성한 것은 의심할 여지없이 **칸트와 헤겔 철학사이의 대립**이었다. 그들은 헤겔의 『법철학』의 내용을 통해 객관적 정신의 인륜성을 수용하여 정치적 공동체를 결합하고자 시도한다.[8]

위에서 언급하였듯이, 우리는 서구에서 1990년대 이후부터 활발하게 논의되었던 공동체주의와 자유주의의 논쟁에 대해 헤겔의 『법철학』에서 전개하고 있는 도덕성과 인륜성의 개념을 통해 우리사회의 정치현실과 연관시켜 살펴보고자 한다. 특히 우리는 1990년대 이후 정치철학의 관점에서 논의되었던 헤겔의 공동체주의의 입장을 끌어들여 재조명하고자 한다. 헤겔은 『법철학』에서 **근대의 윤리적-정치적 질서**를 세우기 위한

---

7) Wolfgang Kersting, "Kommunitaristische Liberalismuskritik", in : ders., *John Rawls zur Einführung*, Hamburg 1993, 185쪽.

8) Rainer Forst, Kommunitarismus und Liberalismus-Stationen einer Debatte, in: Axel Honneth(Hg.), *Kommunitarismus. Eine Debatte über die moralischen Grundlagen moderner Gesellschaft,* Frankfurt. a. M / New York 1994, 182쪽.

근본적인 의미로서 파악하고자 하였다. 그리고 헤겔은 칸트의 도덕성을 수용하여 법과 국가의 체계를 올바르게 세우기 위해 그의 이론을 심도 있게 분석하였다. 우리는 이 논쟁을 통해 헤겔의 『법철학』에서 구체적으로 논의하고 있는 도덕성과 인륜성의 이론을 한정하여 살펴보고, 우리의 정치 현실에서 반성적 성찰의 기회로 삼고자 한다. 국내·외에서 헤겔의 법철학의 관점들이 다양하게 논의되고 있는 것은 고무적이라 사료되지만, 왜 그의 철학이 우리의 현실에서 다시 수용해만 하는지에 대한 근본적인 성찰이 아직 부족해 보인다. 우리는 이러한 문제의식을 바탕으로 그의 이론을 추적해 보자.

2. 헤겔의 인륜적 공동체의 토대: 아리스토텔레스의 수용

헤겔은 『법철학』[9]에서 칸트의 합법성(Legalität)과 도덕성의 주장들을 단초로 하여 그의 논점을 전개하고 있다. 1967년 리델(Manfred Riedel)은 헤겔의 자연법 비판에서 이 문제에 대해 헤겔사상의 보다 성숙한 이론을 전개하였으며, 그리고 어떤 측면에서 헤겔 『법철학』이 다른 사상가들과 다른 이유를 보여주었다. 리터(Johaim Ritter)는 1966년 그의 논문 『도덕성과 인륜성-칸트 윤리학에 대한 헤겔의 논박』[10]에서 헤겔의 입장을 설득력 있게 재구성하였다. 그리고 여기서 헤겔은 아리스토텔레스를 다시 불러들이는데 성공하였다. 특히 헤겔은 아리스토텔레스 이론의 수용을 통해 정치 철학의 이론적 근거를 마련하였다.[11] 즉 그는 인간

9) G.W. F. Hegel, *Grundlinien der Philosophie des Rechts*, Frankfurt. a. M, 1987 (이하 GPR로 약칭하여 인용함.)

10) Joahiam Rittter, "*Moralität und Sittlichkeit. Zu Hegels Auseinandersetzung mit der kantischen Ethik*", Friedrich Kalbacher(Hg), *Kritik und Metaphysik Studien*, Berlin, 1966.

11) Karl Heinz Ilting, Hegels Auseinandersetzung mit der aristotelischen Politik,

의 본성(physis)을 주장하는 아리스토텔레스의 생각을 따랐다. 이러한 이론을 바탕으로 헤겔은 플라톤과 아리스토텔레스를 넘어서고자 하였다.[12] 1981년 국제헤겔학회는 '칸트인가 아니면 헤겔인가'라는 논쟁적 표현을 통해 두 철학자들의 첨예한 관점을 전개하였다. 1986년 쿨만이 편집한 『도덕성과 인륜성』은 하버마스(J. Habermas), 아펠(K. O. Apel) 등 현대를 대표하는 이론가들에 의해 이 논의들에 대해 보다 깊숙이 참여하는 계기를 마련하였다.

헤겔은 그 당시 그리스 폴리스(Polis: 도시국가)에서 영감(靈感)을 받고 이제까지의 **이상적 공동체**의 특징을 분명하게 제시하고자 하였다. 여기서 그는 자신의 『법철학』을 통해 인륜성의 개념을 구상하였다. 이를 통해 헤겔의 인륜적 공동체는 그리스 폴리스에서의 고대 인륜성의 형식을 회고하여 아리스토텔레스적 의미의 폴리스를 '진정한 토대'로서 받아들였다. 이는 인륜, 곧 레스 퍼블리카(res publica: 공화국)이다.[13] 이를테면 헤겔은 그리스 폴리스에서 완전하게 실현된 공동체를 통해 일종에 토대(ein Subtrat)를 이룬다고 본다.[14] 이른바 헤겔의 인륜(Sitte)의 개념은 본래 습속·풍습을 뜻하는 **공동체**이다. 다시 말해 헤겔의 인륜개념은 가족·시민사회·국가 더 나아가 제도 조직과 같은 인간사회의 객관적인 체제를 뜻하였다.

아리스토텔레스에 의하면, 사람들은 세 가지의 특성에 의해 선(善)하고 훌륭해진다고 보았다. 그 세 가지란 본성(physis), 습관(ethos) 그리고 이성(logos)이다.[15] 먼저 사람은 다른 동물이 아닌 인간으로 태어나

---

in: *Philosophisches Jahrbuch* 71(1963/64), 38쪽.

12) Axel Honneth, *Kampf um Anerkennung-Zur moralischern Grammatik sozialer Konflikte,* Frankfurt. a. M, 1994, 24쪽.

13) 요하임 리터, 「헤겔 법철학에 있어서의 전통과 혁명」, 『헤겔의 사회철학』, 황태연 옮김, 한울, 1992, 14쪽.

14) Karl Heinz Ilting, 앞의 논문, 49쪽.

15) Aristoteles, *Politika,* 1332a39-40

야 하고, 특정한 성질의 몸과 혼을 갖고 태어나야 한다. 그리고 타고난 탁월성은 습관에 의해 더 좋게 바뀔 수도 있다. 다른 동물들은 대체로 본성대로 살고, 그 중의 소수는 습관에 의해 따라야 한다. 그러나 인간은 이성에 의해서도 살아간다. 인간만이 이성을 갖고 있기 때문이다. 때로는 이성 때문에 습관과 본성에 반대되는 행동을 할 경우도 많기 때문이다. 따라서 아리스토텔레스는 이 세 가지의 요소가 서로 조화를 이루어야 한다고 생각한다.16) 또한 아리스토텔레스는 두 종류의 덕을 구분한다. 하나는 이론적 덕이며 다른 하나는 실천적 덕이다. 전자가 가르침에서 유래한다면, 후자의 실천적 덕은 습관(Gewohnheit), 익숙하게 사는 방식에서 나왔다. 즉, 실천적 덕은 습속, 전통에 익숙함(Brauch), 유래된 것(das Herkommende)으로서의 집들(Gehäus), 울타리(Gehege), 거주지(Wohnung), 체류의 뜻을 지닌다. 이 양자의 관계는 의미론적으로 동근원적인 뿌리를 갖고 있다.17) 이렇듯 아리스토텔레스의 윤리학은 에토스(Ethos), 가정, 폴리스에서의 개인의 삶과 행위에서의 인륜, 관례(Brauch)의 관계에서 유래한다. 이러한 개념들은 타당한 삶의 질서, 인간의 공동체 내에서 지배적인 습속을 뜻하였다.

주지하듯이, 윤리학은 실천철학에 속한다. 왜냐하면 실천은 행위의 직접적인 것일 뿐만 아니라 **폴리스의 윤리적이고 제도화된 질서**에서 현실적으로 형성되기 때문이다. 이런 점에서 일반적으로 윤리학은 선과 권리의 학설이며, 에토스와 노모스 속에서 일반화된 개인의 행위를 규정한다. 이렇게 윤리학은 각기 상이한 정치적인 입장과 가정(oikos) 및 폴리스에서 목적론적인 규정의 근거를 마련하여 정치학의 토대를 구성한다.18)

---

16) Aristoteles, *Politika,* 1322b6-11.

17) 이정일, 『칸트와 헤겔에 있어서 인륜적 자유』, 한국학술정보, 2007, 19쪽.

18) Joachim Ritter, *Moralität und Sittlichkeit,* Friedrich Kaulbach und Joachim Ritter(Hg.), Kritik und Metaphysik Studien, Berlin, 1966, 343쪽.

무엇보다 헤겔은 아리스토텔레스에게서 연원하는 인륜성의 개념을 단지 그리스적인 의미에 한정하지 않는다. 그는 **인륜성의 습속들**은 우리가 언제든지 필요로 할 때, 안내자들이라 말한다. 우리가 어떤 종류의 인간이 되어야 하는가를 언급해 주는 것이 습속들이다. 그 습속들은 공동체 안에서의 삶의 방식들이다. 이것은 인간들을 서로 인정하게 해 주는 상호인정의 구조들이다.[19] 다시 말해 그러한 방식은 "제2의 자연으로서의 인륜적 습관이며 더 나아가서 하나의 세계를 이루면서 생생하게 현존하는 정신이다"(GPR, §151). 그래서 헤겔에게 있어서 덕은 특수한 것에 적용되는 윤리적인 것이라 말한다. 이러한 덕은 특수한 주관적 입장에서 보았을 때, 때때로 무규정적인 불명확한 측면이 있기 마련이다. 따라서 우리가 덕을 규정할 경우, 다과(多寡)의 양적인 요소가 등장한다. 헤겔에 있어서 덕의 개념은 아리스토텔레스의 경우처럼 덕에 반하는 결함, 즉 악덕도 끌어들일 수 있다고 보았다. 아리스토텔레스는 각 개개인의 특수한 덕을 올바른 분별력에 따라 과다와 과소(寡少)의 중간인 중용(die Mitte)으로 규정하였다(GPR, §150).

이렇게 헤겔은 아리스토텔레스로부터 유래한 정치학의 전통에서 **인륜성의 관점**을 통해 연관시키고자 하였다. 아리스토텔레스가 『정치학』제1권에서 언급하고 있듯이, (가정) 경제의 기초를 형성하는 것은 보다 작은 규모의 사회를 일컫는다. 즉 가정의 경제적 기초는 "시민사회 내지 국가 이외의 작은 사회를 상정하고 있다. 하지만 그것은 자연 상태 또는 국가 밖의 그 어디에서도 위치시킬 수 없다. 예컨대 어떤 단순한 이름뿐일지라도 잘 잘려져 있지 않은 가부장적 혈족사회가 바로 그것이다."(GPR, §66) 아리스토텔레스의 관점에서, 자연은 여자와 노예를 구별한다. 그리고 그는 남녀의 결합, 주인과 노예의 결합에서 생겨난 것이 바로 가정(Oikos)이라 주장한다. 흔히 우리가 가정에 대해 "집과 여자 그리고 밭

19) 이정일, 앞의 책, 386쪽.

갈이할 소"라고 말한다. 소는 가난한 사람에게는 가사 노예(Oiketēs)라 할 수 있다. 가정은 일상적으로 뒤풀이되는 필요를 충족하기 위해 자연스럽게 형성된 공동체이다. 또한 날마다 뒤풀이되는 필요이상을 충족되기 위해 여러 가정으로 구성된 최초의 공동체가 마을 이다[20] 이렇듯 정치학의 출발점은 가정에서 출발하여 다소 낯선 도덕성을 지닌 특별한 행위의 현실로 나아간다. 그리고 정치학은 제도화에 얽매인 학설을 중심으로 **인륜성**을 형성하여 가족·사회·국가의 단계로 점차 나아간다. 이로부터 인륜성은 정치학의 윤리학에서 **도덕성의 윤리학**에로 넘어서고자 한다.[21]

위에서 언급하였듯이, 실천철학은 윤리학에서 파생된 일반화된 인륜·관례(Brauch)·유래·습관으로부터 형성된다. 주지하듯이, 실천철학은 논리학의 전통과 연관되어 있다. 인간영혼의 이중적 능력, 즉 인식능력과 요구능력은 지금껏 철학의 기초가 되어 왔다. 자연법, 정치학 그리고 윤리학에 토대를 둔 실천철학을 체계화시키고자 하는 시도는 아리스토텔레스 이래로 정의(正義)철학의 한 부분으로 간주되어 왔다. 또한 실천철학에는 두 가지의 기본학설, 즉, 하나는 시민사회의 시민과 권리·의무에 관한 학으로서의 정치학이고, 다른 하나는 공동체 사회에서 인간에 관한 학으로서의 윤리학 이외에 인간을 가정(家庭)의 성원으로 고찰하는 (가정)경제학이다. 이러한 두 가지의 근거 위에서 아리스토텔레스의 실천철학을 구성하였다. 다시 말해 실천철학은 인간의 실천에 근거해서 나온다. 실천철학에서 강조하고자 하는 바는, 각기 욕구능력에 따라 선을 택하고 악을 없애는 지식과 연관시킨다.[22] 무엇보다 실천철학은 올바른 행

---

20) Aristoteles, *Politika*, 1252b9-1252b15

21) 아리스토텔레스의 윤리적 근거는 다음을 참조: J. Ritter, *Zur Grundlegung der praktischen Philosophie bei Aristoteles*, in: *ARSP 46, 1960, 179-199쪽; K. H. Ilting, Hegels Auseinndersetzung mit der aristotelischen Politik, in: Philosophisches Jahrbuch, 71, 1963, 38쪽.*

22)요하임 리터, 앞의 책, 16-17쪽.

태의 방식과 그 곳에 기초를 둔 덕과 함께 삶을 현실화시킴으로써 가정과 경제의 대상을 구성한다. 특히 헤겔은 아리스토텔레스와는 다소 다르게 사유와 의지의 구별을 통해 이론적 태도와 실천적 태도를 구별한다. 여기서 의지의 구별은 두 개의 능력을 따로따로 존재시키는 것이 아니라 사유의 특수한 방식이다. 특히 헤겔에게서 의지란 사유가 스스로 현존하는 세계를 옮겨가는 방식이며, 스스로 현실에서 존재하는 충동으로서의 사유이다(GPR, §4). 이러한 의지는 공적인 생활을 사적 자유공간에 상호 제한을 두는 것이 아니라 각각 개인의 자유 실현을 위한 기회로 간주된다.[23] 다시 말해 의지는 보편적 자유와 개인적 자유의 살아있는 통일체이다. 선은 선택하고 악은 제거해야 하며 인간의 욕구능력은 자제해야 한다.

따라서 헤겔은 고대 그리스의 아리스토텔레스적인 인륜성의 개념을 보충하여 체계의 부분으로서 사변적 인식을 구성하였다. 이렇게 헤겔의 『법철학』은 실천철학을 정립하고자 하는 의도에서 고대와 근대의 논쟁을 통해 그의 이론을 정립하고자 하였다.[24] 그렇게 하여 헤겔은 그리스적인 인륜성의 개념을 사변적 측면으로 한층 고양시켰고 동시에 이에 대한 결함들을 보완하고자 시도하였다. 그래서 헤겔은 윤리적 토대 위에 법적인 정치 질서를 전환시키고자 하였다. 궁극적으로 헤겔은 근대의 원리라는 관점에서 실천철학을 정착시켜 『법철학』의 근본이념을 규명하고자 했다.

---

23) Axel Honneth, 앞의 책, 24쪽.

24) Udo Rameil, "Sittliches Sein und Subjektivität", in: *Hegel-Studien*, Bd. 16, 1981, S. 126.

3. 도덕성과 인륜성의 변증법

1) 헤겔 법철학의 근본개념

헤겔은 『법철학』의 §2절에서 법(das Recht)의 개념에 대해 "법의 학문은 외부에서 생성된 것이므로 법을 연역한다는 것은 여기서 전제조건화 되어 주어진 것으로 받아들여야 한다."(GPR, §2)고 말한다. 또한 헤겔은 법철학을 "법의 이념", "법의 개념과 그 실현"이라고 규정한다(GPR, §7. 29).[25] 먼저 그는 법의 개념을 자유의 이념과 연결시킨다. 그는 무엇인가 현실존재가 자유의지를 구현하는 것, 이것이야 말로 법(정의, 권리)이라 보았다. 헤겔에게 있어서 법(Recht)이란 단지 개념적인 법이 아니라 권리라는 뜻이다. 법이 법의 효력을 가질 수 있기 위해서는 법칙(Gesetz)의 의미를 획득해야 한다. 그리고 법이 법칙의 의미를 얻으려면, 권리 속에 법칙의 계기가 감추어져 있는 것을 밝혀내야 하고, 그리고 이것에 어떤 조건이 주어지면 현실 속에서 그 계기를 실재로 나타내게 해야 한다.[26] 헤겔은 『법철학』에서 자유의 이념을 §4-29절에 걸쳐 법의 본질과 현실로서 묘사하였고, 인륜성(GPR, §142)에서 충족할 만한 것으로 현실화시켰다. 법은 자유의지가 객관적으로 현존하는 것이기 때문에 그 자체가 바로 자유의 반영이면서 자유의 제도적 완성이다(GPR, §27). 그에 의하면, 자유는 거기에 있는 것으로서의 권리(GPR, §29)이며 제2의 자연이다. 법의 출발점이 "자유로운 의지 "라면, 이 의지의 자유가 현실화 된 것, 다시 말해 의지의 자유가 인정되어 있는 것이 법이다(GPR, §4). 이렇게 헤겔은 법을 "자유로운 의지의 현존재"(GPR, §29)로 표현하였다. 그리고 동시에 그는 법을 추상적인 방법으로서 실제적으로 자유로운 의지의 내용에 주어지는 것으로 파악했다. 왜냐하면 실제적으로 자유

---

25) Vgl. 나종석, 『차이와 연대』, 길, 2007, 76-77쪽.
26) 윤병태, 『칸트 그리고 헤겔』, 용의 숲, 2008, 275쪽.

의지는 인간의 표상이기 때문이며, **진정한 당위와 도덕의 내용**을 동일화하기 때문이다. 자유와 연관이 없는 법은 법으로서의 존재 이유를 인정받을 수 없다. 이런 측면에서 헤겔은 법과 도덕의 연결점을 필연적인 것으로 보았다. 사실상 자유개념은 정신적인 존재로서의 인간본성과 연관되어 있다. 헤겔의 관점에서 법의 요소를 이루는 것은 정신적인 것이어야 하며, 구제적인 출발점은 자유로운 의지이다. 자유야 말로 법의 실체와 사명을 이루며, 또한 법의 체계란 실현된 자유의 왕국이며 정신 스스로가 제2의 자연으로 산출해낸 정신의 세계이다. 여기에서 자유가 이념으로서 있게 된다. 법은 언제나 자유와 연관되어 있을 때 그 존재이유를 찾을 수 있다. 따라서 헤겔 『법철학』의 전제가 보편화된 법의 개념 및 **자유요청**에 의해 기초하고 있다는 것은 근대자연법에 대한 철학의 소속성을 증명하는 것이며 그 기초를 국가이론으로서 인지하게 되는 것이다.

2) 도덕성

헤겔은 『법철학』에서 추상법(das abstrackte), 도덕성(Moralität), 인륜성(Sittlichkeit)의 세부분으로 구성한다. 여기서 헤겔은 자유의지의 현존재를 중요한 방식으로 규정한다. 그리고 이러한 헤겔 『법철학』의 구성은 자유로운 의지의 현존하는 것으로서 첫째, 추상적인 법적 의지 또는 개념적 형태로서, 둘째, 주체의 형태로서 궁극적으로는 인륜적 주체로 발전하는 과정을 보여 주었다.[27] 이런 관점에서 헤겔 『법철학』의 목표는 자유이념을 현실화하는 것이었으며 자유이념을 실현하는 과정으로서 추상법, 도덕성, 인륜성의 과정을 세분화하여 구성하였다.

헤겔은 『정신현상학』의 정신 장(場)에서 도덕성을 주체성의 원리로서

---

27) Karl Heinz Ilting, *Der Struktur der Hegelschen Rechtsphilosophie in Materialien zu Hegels Rechtsphilosophie,* M. Riedel, (Hg.), Frankfurt. a.M, 1975, 62쪽.

그리고 인륜성은 객관성의 원리로서 각각의 행동영역으로 제한되어 있음을 밝힌다. 여기서 도덕성은 특수성의 권리(GPR, §124), 주체적 의지의 권리(GPR, §124), 그리고 특수성의 원리(GPR, §185)로서 시민사회의 일정한 영역을 차지한다. 이러한 헤겔의 도덕성의 주체성 및 인륜성의 개념은 근대를 전근내로부터 구분 짓는 중요한 개념이었다.

> "주체의 **특수성의 권리** 또는 같은 의미로 주체적인 자유의 권리야말로 근대와 고대를 구별 짓는 전환점이며 중심점이다. 이것은 하나의 새로운 형식의 세계를 위한 보편적이고 현실적인 원리가 되었다. 이 원리가 세부적으로 형태화한 것은 사랑, 낭만적인 것, 개인의 영원한 축복을 목적으로 하는 것 등이다. 그 다음으로 도덕이나 양심, 그 밖에 또 다른 형식으로서 한편으로 시민사회의 원리나 정치적 기본체제를 위한 요소로서 모습을 드러낸다. 다른 한편으로 역사 속에 특히 예술·학문·철학의 역사 속에 등장하는 그대로이다(GPR, §124)."

위 인용문에서 보듯이, 헤겔은 근대 세계와 고대 세계를 구별하여 주체성의 일반적인 원리를 세계의 새로운 형식으로 생성되어야 한다고 본다. 그래서 헤겔의 도덕성은 근대의 절대적 이념으로 생성된 주체성의 개념과 연관된다. 그에게 있어서 주체성은 근대의 질서를 세울 수 있는 긍정적인 개념으로 다가온다. 모든 인간은 법적 그리고 정치적인 의미에서 상태(Stand), 출생, 유래로부터 자유로울 수 있다. 이러한 개념들은 법과 국가의 주체로 점차 확장되어 나아간다. 이것은 사회의 원리로서, 정치적인 동기로서 관심을 불러일으키게 된다(GPR, §124).

헤겔은 『법철학』에서 도덕성을 근대의 **윤리적-정치적 질서**를 세우기 위한 근본적 의미로서 보았다. 여기서 헤겔은 칸트의 도덕성을 수용하여 법과 국가의 개념을 근본적으로 규명하고자 하였다.[28] 즉, 헤겔은 칸트의 도덕성의 내용에 공허함을 느끼고, 칸트가 주장하는 "당위를 영구화" 하는 것을 무기력하다고 비판한다. 하지만 헤겔의 인륜성과 칸트의 도덕성은 첨예한 대립관계에 있지 않다. 헤겔에게 있어서 도덕성은 칸트처럼 **"당위의 관점"**(GPR, §108)이다. 헤겔이 주장하는 **도덕성**이란 '개인의 내면적 의무수행'이다. 도덕의지는 내면적으로 자신이 행하는 자유의지로서 보편의지에 합치하는 개별의지이다. 이때 보편의지는 인격주체의 내적 확실성에 의해 결정된다. 주체의 내적 확실성이란 양심(Gewissen)을 말한다. 헤겔에게 있어서 **양심**은 일체의 외면적인 것이거나 제약이 사라져버린 자기 내면의 고독이다. 인간의 양심은 더 이상 특수한 목적에 단지 속박 당하지 않는다. 양심이야말로 근대 세계가 표방하는 하나의 고차적인 입장이며 이 세계에 이르면서 비로소 이와 같은 의식과 자기몰입에 이르게 된다(GPR, §136). 인간은 양심에 따라 무엇이 옳고 무엇이 그른지, 무엇이 권리이고 무엇이 의무인지를 스스로 인식한다. 하지만 주관적인 양심에 의지하는 개인적인 도덕에 대해서는 객관적이고 확정적인 가치를 부여할 수 없다.[29] 여기서 주관적 양심에 따라 의지의 형식이 **주체성**의 모습을 드러낼 때는 아직 의지하는 개념과 동일한 것으로 정립되어 있지 않다. 이런 점에서 헤겔의 도덕성은 관계와 당위, 그리고 요청의 입장을 취한다(GPR, §108).

하지만 헤겔은 **도덕성과 양심**에 대해 자기규정을 하는데 있어서 자아로서의 개인이 주체성에서 머물러 있을 경우, 자유에서 그 근거를 찾아야 한다고 강조한다. 단적으로 헤겔은 도덕성을 모든 제도, 국가, 사회의 근대세계의 토대 위에 기반한 것으로 보았으며, 주관적인 도덕적 의지, 양심 등에서 자아의 자유가 속해 있다고 주장한다(GPR, §136). 궁극적으로 헤겔은 이러한 도덕성을 내적인 자유의 의무에서 한계점을 극복하

---

28) Maciej Potěpa, *Hegel und der Kommunitarismus,* in: *Hegel-Jahrbuch,* 1995, S. 210.

29) 오세혁, 『법철학사』, 세창출판사, 175쪽.

고자 했으며 가족·시민사회·국가와 같은 제도를 현실로서 연관시키고자 했다. 그것은 칸트에게서의 도덕성의 이행을 유독 법에서 가족·사회·국가와 같은 체계 잡힌 제도를 인륜성의 이행으로서 개념화시켜 나아가고자 했다.

3) 인륜성

헤겔의 『법철학』에서 인륜성은 주관적인 규범인 '도덕성'을 넘어서는 객관적 규범이다. 이러한 인륜성은 직접적인 단계(가족)에서 상대적 매개의 단계(시민사회)를 거쳐 실체적 보편자의 현실화의 단계(정치적 국가)로 완결되는 변증법적 논리의 순서에 따라 사회를 가족, 시민사회, 국가로 구분하여 고찰한다.[30] 즉 인륜성의 개념은 주관적 의지의 도덕성과 추상적 선의 구분에서, 즉자 그리고 대자적 법칙(GPR, §144), 인륜적 힘(GPR, §145), 개인의 일반적 행위방식으로서 습관, 인륜(GPR, §157), 상태(GPR, §207), 협력(GPR, §253) 등 다양한 개념으로 정의한다.

먼저 헤겔은 인륜성을 이념이라 부른다. 인륜성이란 "자유의 이념", "살아있는 선"[31]이다. 구체적으로 표현하자면, 인륜성은 "자유의 개념이 현존하는 세계로서 눈앞에 있을 뿐만 아니라 자기의식의 본성이다"(GPR, §142). 이러한 관점을 토대로 헤겔은 참된 "자유의 이념"으로서의 인륜성을 전개한다. 살아있는 선은 의지의 개념과 특수한 의지가 통합된 이념이다. 이 통일체 속에는 추상적인 권리뿐만 아니라 복리나 주관적인 지(知)나 우연한 외적 생활까지도 독립된 존재로서 지양되어 있다. 이런

---

30) 황태연, 「헤겔의 국가론과 정치철학」, 『계몽의 기획』, 동국대출판부, 2004, 259쪽.

31) 헤겔은 선(善)을 세 단계로 나누어 구분한다. 첫째, 선은 어디까지나 의욕을 지닌 특수한 의지로서의 나에 대해서 있고 내가 그 선을 안다는 단계, 둘째, 무엇이 선(善)인지를 말하면서 선의 특수한 규정이 전개되는 과정, 셋째, 선의 독자적인 의미에 따라 선의 특수성이 무한한 자각을 지닌 주관성임을 드러내는 것이다(GPR, §131).

의미에서 선은 자유의 실현이며 세계의 궁극적인 목적이다(GPR, §129). 이러한 인륜성의 이념은 근대적인 관점 위에서, 근대의 정치적, 경제적인 영역에서 그리고 지배적인 주관적 자유와 특수자의 권리의 인정이라는 관점 위에서 새롭게 정립한다. 이것을 근거로 헤겔은 고대 그리스시대에서 유래한 인륜성과 근본적으로 구별하고자 하였다.[32] 헤겔은 근대의 주체성 개념이 포함하고 있는 문제점을 "개별자와 보편자의 절대적 통일체"GPR, §515)[33]라 할 수 있는 인륜성의 원리를 통해 해결하고자 시도한다. 그는 이러한 인륜성의 이념을 고대 그리스의 정치이론으로부터 수용한다. 그에게 있어서 주체성이 결여된 고대의 아름다운 인륜성은 변화된 현실 속에 더 이상 설득력이 없는 것으로서 간주한다. 고대의 인륜성을 보완하여 헤겔은 자신의 권리와 타당성을 얻고자 했다. 즉 헤겔에 의하면, 인륜적 실체를 터득한 개인은 스스로의 아집이나 자기만을 드러내게 되는데 실체적 세계에 대립하는 고고한 양심을 물리쳐야 한다고 보았다. 하지만 인륜성은 주체와 실체 사이의 구별을 모조리 사라져버리고 단순히 형식적 구별에 지나지 않게 된다(GPR, §152). 인륜의 단계에 와서야 비로소 의지의 개념과 동일해짐으로써 이 개념만을 스스로의 내용으로 삼는다. 따라서 헤겔은 도덕의 테두리에 머물러 있는 당위가 인륜의 단계에 이르러 비로소 성취된다고 보았다(GPR, §108).

그는 이러한 인륜적 존재를 즉자적이고 대자적으로 존재하는 근거와 움직이는 목적을 갖고 있는 것으로 규정하였다. 이런 관점에서 헤겔은 인륜성에 의해서 선의 실현과 정의의 객관적 제도화를 동시에 성취하고자 했다. 그래서 헤겔은 정치를 윤리로부터 분리하거나 윤리를 정치적 삶과 연결시키지 못하는 것을 비판한다. 무엇보다 그는 인간의 고유한 삶과 권리가 어떻게 인륜을 구성하고 또 인륜 속에서 어떻게 실현되는지

---

32) R. Horstmann, "Über die Rolle der bürgerlichen Gesellschaft in Hegels politischer Philosophie", 213쪽.

33) G.W. F. Hegel, *Enzyklopädie der philosophischen Wissenschaften*, §515.

를 해명하는 것을 과제로 삼았다. 궁극적으로 인륜의 토대는 가정이며 이 가정의 개념 위에 제도로서 시민사회와 국가가 구축되고 역으로 사회와 국가의 인륜적 체제 내에서 가정은 그 실존적 존재의 권리를 확립한다.[34]

둘째, 헤겔은 주체성과 실체성의 통일로서의 인륜성을 말한다. 여기서 헤겔은 인륜성을 두 가지 관점에서 파악한다(GPR, §156). 하나는 실체론적 관점이며 다른 하나는 원자론적 관점이 그것이다. 고대적 사고방식이 실체성을 기점으로 하는 전자의 관점을 채택하는 반면에, 근대적 사유는 후자의 입장을 채택한다. 근대 자연법이나 사회계약론, 칸트와 피히테의 도덕철학은 모두 개인에서 출발하는 공통된 흐름 위에 있다.[35] 헤겔의 인륜성은 사물의 형식과 범주들에 대해 주관적 사상으로부터 독립된 것이라 주장하는 플라톤과 아리스토텔레스의 생각에 더 가깝다. 즉 인륜적 범주에 대한 헤겔의 실체론적 접근은 아리스토텔레스의 전체론(holism)을 수용한 것으로 보아야 한다. 실체론적 관점에서 헤겔은 인륜성을 자유 실현의 단계로서 가족·시민사회·국가·세계사라는 순서로 전개한다. 칸트는 도덕에서의 추상적 선 대신에 "객관적 인륜성을 무한한 형식으로서의 주체성에 의하여 이루어진 구체적인 실체", 혹은 주체성에 충만된 객관적인 것이라 말한다. 따라서 헤겔의 인류성은 그 자체가 필연적이고 주관적인 사견이나 제멋대로의 의향을 넘어서서 존속되는 확고한 내용을 갖추는 것을 말한다. 헤겔은 이것이 절대적으로 존재하는 법칙이며 제도(GPR, §144)라 강조한다.[36]

셋째, 헤겔은 도덕적 의무와 인륜적 의무를 구별하고 인륜적 의무를 보다 더 강조한다. 헤겔은 『법철학』의 §148-155절에서 개인에 대한 인

---

34) 윤병태, 앞의 책, 307-308쪽.

35) 홍영두, 「칸트의 공허한 형식주의적 도덕 주관성에 대한 헤겔의 비판과 인륜적 자유이념 -헤겔의 『자연법논문』과 『법철학 강요』의 도덕관을 중심으로-」, 『성균대학교 대학원 철학박사 학위논문』, 2001, 41쪽.

36) 여기서 헤겔은 제도를 가족·시민사회·국가를 가리켰다.

륜적 정체성의 결과를 규명하고자 했다. 헤겔에게 있어서 인륜적 실체의 자율성(GPR, §146)은 의무의 체계(GPR, §158-149)를 일컫고, 의무의 체계에 의해 개인은 덕(GPR, §150)과 인륜(GPR, §151)에 복종(Befolgung)하고 현실화시키는 것이다. 이와 반대로 그의 개인적 자율성(GPR, §147)은 개인의 기본적인 권리를 표현한다(GPR, §153-154). 의무는 먼저 제한을 가한다. 그러나 인륜성에서의 의무는 자연적 충동이나 자의에 대해서만 제한적일 뿐이다. 개인은 인륜적 의무를 자연의존성이나 무규정적 주체성으로부터 해방되고 실체적 자유로의 해방을 성취한다(GPR, §149). 따라서 헤겔의 관점에서 국가 안의 관계들은 **자유의 이념**을 필연적이고 현실적이게 함으로써 개인에게 적극적인 자유 획득의 길을 안내하게 된다.[37)]

넷째, 헤겔은 인륜성을 주관적 확신뿐만 아니라 객관적인 요소가 존재한다고 본다. 즉, 헤겔에게 있어서 인륜성은 주관적인 것이며 동시에 객관적인 것이다. 그에 의하면, 인륜성의 살아있는 선은 실체, 다시 말해 객관적인 것이 주관성으로 충족되어 있음을 뜻한다. 헤겔의 인륜성을 객관적 입장에서 보자면, 인륜적 인간은 자신이 인륜적이라는 것을 의식하지 않는다(GPR, §144). 인륜적인 것은 이념의 규정체계로서 바로 인륜적인 것의 이성적 본성을 구성한다. 이렇게 하여 인륜적인 것은 자유이며 절대적으로 존재하는 객관적 의지이며 필연성의 영역(Kreis)이다.[38)] 이 영역의 요소를 이루는 것은 인륜적인 위력으로서 개인의 생활을 지배한다. 그리고 인륜세계의 우연(Akzidenzen)으로서 개인 속에서 스스로의 표상과 현상화된 형태와 현실성을 지닌다(GPR, §145). 헤겔에게 있어서 자유롭다는 것은 자신의 주관적 규정을 내릴 수 있는 개개인의 권리, 자신의 자유에 대한 개인의 확신이며 인륜적 현실 속에서 진리에 이르게 된다. 무엇보다 개개인은 내면적 보편성을 실제로 갖게 된다. 이렇

37) 홍영두, 앞의 논문, 41쪽.

38) 특히 헤겔은 필연성의 영역에 가족·시민사회·국가의 요소를 포함시켰다(GPR, §145).

게 하여 인륜은 주관적인 요소와 함께 객관적인 요소가 존재한다. 그러나 두 요소는 단지 인륜의 형식에 지나지 않는다. 인륜성의 살아있는 선은 실체, 즉 객관적인 것이 주관성으로 충족되어 있음을 뜻한다. 헤겔의 인륜성을 객관적 입장에서 보자면, 인륜적 인간은 자신이 인륜적이라는 것을 의식하지 않는다(GPR, §144). 결국 헤겔의 관점에서 인륜적 힘은 개인의 표상을 통해 이루어진다. 단지 특별한 개인은 우연(GPR §145)적일 수 있지만, 이러한 헤겔의 인륜성의 개념은 실체적인 정체성을 지니게 된다.[39]

4) 도덕성에서 인륜성으로의 지양

헤겔은 칸트가 언급하는 "도덕성을 인륜성 안에서 지양"[40]하고자 한다. 앞장에서 살펴보았듯이, 헤겔은 도덕성과 인륜성을 구별하여 설명하였다. 헤겔에 의하면, 인륜성은 도덕성과 합법성의 매개된 통일이라 규정한다. 그는 자유의 문제를 인륜적 관점, 즉 도덕성과 합법성의 매개된 통일로서 다루고자 하였다. 즉 그는 자유가 자유규정을 포함하면서 이것을 제도화된 객관적 실존으로 확장시키는 칸트의 도덕철학을 실천의 결핍으로 비판한다. 자유의지가 제도화된 공적인 영역에서 실질적 중심을 이루기 때문에 이성의 자기입법은 내적 자유와 외적 자유 모두에게서 자기 현실성을 얻는다.[41] 이미 언급한 바와 같이, 헤겔 『법철학』의 이념은 자유이기 때문에 자유는 이념의 자기 현실화로서 현실을 지배한다.

---

39) Adriaan Peperzak, "Hegels Pflichten und Tugendlehre", in: *Hegel-Studien*, Bd. 17. 1982, 103쪽.

40) 이에 대한 자세한 내용은 다음을 참조 할 것:Miguel Giusti, Lassen sich Moralität und Sittlichkeit miteinander, in: *Philosophische Rundschau*. 38. Jg. 1991, 14-47쪽: 정미라, 「도덕성과 인륜성-헤겔의 도덕성에 나타난 도덕성과 인륜성에로의 지양문제」, 『철학연구』 제70집, 대한철학회, 1999, 53-78쪽.

41) 이정일, 앞의 책, 20쪽.

주지하듯이, 헤겔의 『법철학』은 법이념에 의해 지탱되며 그 근거를 삼는다. 헤겔은 도덕성을 인륜성에로 지양하려는 과도한 요구 때문에 칸트의 도덕성, 양심의 절대성, 도덕의 근거요구에 대한 정당성을 지나치게 과소평가하는 경향이 있다. 특히 이러한 오해는 『법철학』 §35에서 분명하게 드러난다. 칸트의 도덕성에 대한 헤겔의 비판은 헤겔과 칸트를 상호대립으로 보는 입장을 고착화시켰고, 이런 고착화의 결과로서 칸트의 도덕성은 헤겔에 의해 정당하게 평가받지 못하고 있다.[42] 현실적으로 헤겔의 도덕성에서 인륜성의 수용은 칸트의 입장을 지양하여 한정된 윤리 내에서 의지의 내적인 규정을 수행하는 것이었다. 헤겔은 인륜성의 보다 완전한 해결책을 위해 오랜 전통의 그리스 시대로 되돌아가려고 하였고, 도덕성은 정치철학의 관점에서 깊숙이 관여되어 있다. 헤겔은 이 과제를 해결하기 위해 근대 자유이론이 갖고 있는 도덕성과 고대 정치의 인륜성의 개념을 연결하고자 했다.[43] 그러는 동안에 헤겔은 윤리와 정치로 되돌아가려는 기억을 보편성과 아카데미적인 정치학설을 아리스토텔레스의 광범위한 실천철학에 기대고 있었다.[44] 따라서 헤겔의 인륜적 자유는 칸트처럼 현실로부터의 추상이나 자기규정에 머물지 않고 인륜적 삶에서 실질적으로 작용하게 하는 것이었다.

하지만 인륜적 자유는 칸트적인 도덕성의 폐지가 아니라 칸트적인 도덕성의 실질적인 완성을 이루어 내는 것이다.[45] 여기서 헤겔은 칸트의 합법성과 도덕성(Legalität und Moralität)의 입장을 먼저 수용하였다. 헤겔에 따르면, 인륜적인 것은 천성적으로 타고난 개인적 성격 그 자체에 반영되어 있는 한에서 덕이라 한다. 그것은 개인에 속해 있는 그때그

42) 이정일, 앞의 책, 385쪽.

43) Odo Marquard, Hegel und das Sollen, in: *Schwierigkeiten mit der Geschichtsphilosophie,* Frankfurt. a.. M, 1992, 37쪽.

44) Maciej Potěpa, *Hegel und der Kommunitarismus,* in: *Hegel-Jahrbuch,* 1995, 210쪽.

45) 이정일, 앞의 책, 396쪽.

때의 상태에 따라 생겨나는 의무에 대해 개인이 단순히 순응하는 것을 나타내는 데 지나지 않는 한에서 성실함(Rechtschaffenheit)이라 한다(GPR, §150). 헤겔에 의하면, 성실함은 시민사회에서 가장 요구되는 덕목이다(GPR, §207, GPR, §253). 곧 성실함은 법률적으로나 윤리적으로 인간에게 요구될 수 있는 일반적인 것이다. 인륜적인 것이 여러 개인의 현실적 삶과 동일성을 이루어 낼 때 "개인의 보편적 행동양식을 뜻하는 습속"(GPR, §151)으로 나타난다. 헤겔에게 있어서 인륜적 실체의 이념은 정신으로서만, 즉 스스로를 아는 현실적인 것으로서만 존재한다. 왜냐하면 헤겔에게 있어서 **정신은 자기 자신을 객관화**하는 것이며 그 온갖 요소의 형식을 거쳐나가는 운동이기 때문이다. 정신이란 특수성을 요구할 수 있는 당연한 권리가 있다(GPR, §136). 헤겔의 직접적이며 자연적인 **인륜적 정신** 즉, 가족의 실체성은 통일성을 상실하여 분열과 상대성의 입장으로 이행한다. 여기에 시민사회[46]가 나타난다. 시민사회의 성원은 자립적인 개인으로서 형식적 보편성을 띠고 있으며 상호 결합한다. 이렇게 헤겔의 시민사회의 결합은 개개인의 욕구나 인격과 재산의 안전을 보장하는 수단으로서의 법제도 그리고 특수이익과 공동이익을 조정하는 외적 질서 등에서 드러난다. 헤겔의 시민사회는 개인에게서는 외면적인 국가이다. 외면적인 국가는 실체적 보편자의 목적과 현실성 그리고 실체적 보편자에 헌신하는 공동생활의 목적과 현실성으로, 즉 국가체제 또는 헌법으로 회귀하여 안으로 결집된다(GPR, §157). 국가는 가족과 시민사회가 참된 기초일 뿐 아니라 가족·시민사회 그리고 국가로의 발전은 개인의 발전 순서이다. 결국 헤겔의 이러한 개념의 형태화는 역사적인 발전의 시초에 국가가 있다(GPR, §32 주해 GPR, §182)고 보았다.

---

46) 헤겔은 시민사회를 세 개의 요소로서 포함시킨다. 첫째, 개개인의 욕구의 만족이 자기의 노동과 다른 사람의 노동 그리고 욕구의 만족과 매개되어 있는 것 욕구의 체계. 둘째, 욕구의 체계에 포함되어 있는 자유라는 보편적인 것의 현실성, 즉 사법에 의한 소유물의 보호 셋째, 욕구의 체계 속에 잔존하는 우연성을 배려하며 특수한 이익을 공동이익으로 증진시키기 위해 힘쓰는 복지행정과 직능집단의 업무가 그것이다(GPR, §188).

헤겔에게 있어서 곧 도덕성으로부터 인륜적 실체성은 그의 권리를 획득하게 되고 타당성을 얻게 된다. 이러한 인륜적 실체를 터득한 개인은 스스로의 아집이나 자기만을 드러내며, 실체적 세계에 대립하는 고고한 양심을 물리치게 된다. 이렇게 하여 헤겔은 윤리적인 성격의 소유자를 자신에게 안겨진 본분을 현실의 합리성으로 개방되어 있는 공동체의 윤리를 설정한다(GPR, §152). 따라서 헤겔의 관점에서 공동체의 윤리는 스스로를 이끌어가는 목적이라는 점을 인식하고 자신의 가치나 특수한 목적의 존재이유를 향해 나아가는 것이다. 헤겔은 시민사회에서의 각 개인의 활동과 그에 대해 나타나는 이해관계에 다소 부정적이다. 하지만 이는 인륜적 관습을 보다 근본적으로 입증해 보이고자 하는 요구와 맞물려 있다.

4. 공동체 이론에서 공동체주의로

헤겔이 자신의 인륜성을 통해서 극복하고자 했던 것은 바로 공동체에 대한 도구적 견해와 당위의 무기력함이다. 헤겔은 개인과 공동체의 불가결한 관계를 강조함으로써 상호주관적인 관계 속에서 우리는 참다운 도덕적 주체로서 성장할 수 있음을 드러내고자 하였다.[47] 따라서 공동체주의는 도덕철학의 토대를 다양한 관점에서 다음과 같이 설정할 수 있다.

첫째, 도덕철학으로서 공동체주의는 계몽과 보편적 윤리에 대립적인 방향으로 나아간다. 근대의 기획에 상응하는 공동체주의자들의 비판은 도덕적-정치적 관심에 근거를 두고 현대 사회가 도덕적 위기에 직면해 있음을 진단한다. 공동체주의자들은 흄, 칸트, 키에르케고르, 니체 등의 철학자들이 계몽주의 기획의 전개에 책임이 있다고 본다.[48] 공동체주의

47) 나종석, 『차이와 연대』, 길, 2007, 271쪽.

48) Otfrid Höffer, Der Kommunitarismus als Alternative? in : *Zeitschrift für*

자인 헤겔은 근대 계몽철학의 근본성을 파괴하는 입장을 보인다. 헤겔은 홉스에서 몽테스키외, 로크, 볼테르, 루소를 거쳐 칸트에 이르는 근대 계몽주의에서 개인적 인간을 문제 삼았다. 헤겔의 주요관심사는 개인적 자유나 개인적 인간이 아니라 집단적 자유, 집단적 인간이었다.[49] 특히 헤겔의 입장에서 칸트가 주장하는 인간 본성의 특징은 각 개인에 대한 이성의 일정한 규칙과 보편적 범주에 따라 움직이는 이성에 있었다.[50] 헤겔은 칸트의 **보편주의적 윤리학**이 서유럽의 도덕적 관점을 반영하고 있는 규범들을 보편적으로 타당하다고 주장하는 자문화 중심주의적인 오류를 범하고 있다고 비판한다. 매킨타이어는 헤겔의 이러한 비판을 독창적으로 재구성하였다.[51]

투겐트하트(E. Tugendhart)에 따르면, "헤겔은 공동체, 즉 국가에 대한 책임이 있고 비판적인 관계를 허용하지 않는다". "오히려 우리는 기존의 법률이 절대적인 권위를 지닌다는 말을 들을 수 있을 뿐이다. 개인이 행해야 할 바는 이미 공동체에 놓여 있다. 개별자의 고유한 양심은 사라져 버렸으며 반성의 자리에 신뢰만이 존재한다. 이것이 헤겔의 도덕성에서 인륜성으로의 지양과 함께 믿고자 하는 것이다."[52] 맥킨타이어에 의하면 18세기의 도덕철학자들은 계몽주의의 기획[53]이 실패할 수밖에 없었다.[54] 왜냐하면 그들은 인간 본성의 이해 속에서 도덕적 신념의 합

---

philosophische Forschung, Bd. 50. Heft. 1 / 2. 1996, 96쪽.

49) 황태연, 「헤겔의 국가관과 정치철학」, 『계몽의 기획』, 동국대학교 출판부, 2004, 275쪽.

50) Alasdair MacIntyre, 앞의 책, 76쪽.

51) A. MacIntyre, *Whose Justice? Which Rationaltity?,* Notre Dame, 1988, 384쪽.

52) E. Tugendhat, *Selbstbewußtsein und Selbstbestimmung,* Frankfurt. a. M, 1993, S. 349쪽.

53) 계몽주의의 기획이란 도덕을 합리적으로 정당화하려는 것이며, 도덕 법칙을 표현하는 것으로서 의지를 구속하는 준칙들과 도덕 법칙에 일치하지 않는 준칙들을 구별할 수 있는 일종의 합리적 검증을 발전시키고자 하는 기획을 말한다(Alasdair Maclntyre, 앞의 책, 66쪽.).

54) Vgl. Jürgen Habermas, *Erläuterungen zur Diskursethik,* Frankfurt. a. M. 1992, 86쪽.

리적 토대를 발견하려고 시도하였기 때문이다. 이들은 한편으로 도덕의 법칙적 상태를 받아들였고, 다른 한편으로는 인간 본성을 자유로운 것으로 상정함으로써 도덕적 구속성에 대한 모순적인 사고를 전개시켰다. 이러한 어긋난 관계는 인간 본성에 관한 그들의 새로운 신념에 의해서도 제거되지 않는다.[55] 맥킨타이어의 관점에서 공동체주의는 보편주의적 윤리의 비판과 연결하여 개인주의의 원리 대신에 공동체적인 신뢰할 만한 입장으로 전개되어야 한다. 따라서 맥킨타이어에게 있어서 객관주의적·보편주의적 도덕의 관점은 칸트의 이론과 함께 동일시한다. 여기서 객관주의적·보편주의적 규범의 시도는 일반적으로 그다지 타당성이 없는 이론으로 비판한다. 맨킨타이어의 "보편주의적 도덕 비판"[56]은 두 측면에서 이루어진다. 하나는 민주주의적 규범의 관점에서 비민주주의적인 고립된 진리의 주장을 비판하는 것이고, 다른 하나는 상호 맥락의 중립적인 입장의 가능성에 질문을 설정하는 것이다. 이러한 경우는 왈쩌의 사회 비판이나 멕킨타이어의 의무론적인 도덕 이론에서 찾았다.[57] 따라서 왈쩌는 하버마스나 아펠의 담화윤리학처럼 롤스에게서 근거를 찾고 그 계획을 전개시켜 나갔다.

둘째, 도덕철학으로서 공동체주의는 점차 **덕의 윤리**[58]로 발전한다. 헤겔은 도덕성을 인륜성으로 지양하여 칸트와 피히테의 **도덕철학**을 반성철학으로 전개해야 한다고 비판한다. 그래서 헤겔은 인륜성을 도덕성의 구체화나 실현으로 보았기 때문에 도덕성의 객관적 제도화를 규정한다.

헤겔이 보기에 칸트는 도덕성을 의지의 보편화로서만 이해하고 이것

55) Alasdair MacIntyre, 앞의 책, 80쪽.

56) Jürgen Habermas, 앞의 책, 100쪽.

57) Ranier Forst, Kommunitarismus und Liberalismus - Stationen einer Debatte, in: Honneth(Hg.), *Kommunitarismus*, op. cit. 204쪽.

58) 덕의 윤리에 대한 자세한 내용은 다음을 참조: 노영란, 『덕 윤리의 비판적 조명』, 철학과 현실사, 2009.

을 외적 강제로 특징 지워지는 합법성에 대립시켰기 때문에 도덕성을 덕의 문제로 다루어야 한다고 강조한다. 헤겔에 의하면, 유덕(有德)하기 위해서 인간은 무엇을 해야만 하고 그가 이행해야만 할 의무는 어떤 것인가는 **인륜적인 공동체 내**에서는 쉽게 짐작을 해야 한다. 헤겔의 입장에서 시회나 공동체가 미개한 상태에 있을수록 딕에 대한 본연의 형식이 더 많이 나타난다. 왜냐하면 거기서는 인륜적인 것이 오히려 개인적 임의에 따른 것이어서 인륜적인 것의 실현은 곧 개인의 특유한 천재적 본성을 나타낸 것이기 때문이다(GPR, §150). 그러므로 사회나 공동체가 미개한 상태에 있을수록 덕의 본연의 행식이 많이 나타난다. 왜냐하면 거기서는 인륜적인 것이 오히려 개인의 임의에 따른 것이어서 인륜적인 것의 실현은 곧 개인의 특유한 천재적 본성을 나타낸 것이기 때문이다(GPR, §150). 따라서 헤겔은 자아에서 선(善)이, 자기의식 속에서 스스로를 알고 의욕하는 동시에 자기의식의 행동을 통하여 현실성을 획득할 수 있다고 강조한다. 그렇게 하여 자기의식은 인륜적 존재를 스스로의 절대적인 기반이며 스스로를 이끌어가는 목적으로 삼는다.

셋째, 사회 이론으로서 공동체주의는 **공동체에서 성장한 생활 형식**을 위한 변론을 진행시킨다. 여기서 공동체주의는 현대사회의 위기진단을 강화한다. 공동체주의는 자유주의를 유력한 파트너의 상대로 받아들이지만, 삶의 실천적 측면에서 서로 어긋난 상이한 주장을 한다. 헤겔은 『법철학』에서 고대 그리스 국가의 시민들에 대해 "인륜적인 공동체적 존재"로서 그들의 관계들 속에서 나타나고 표현되고 알려진 것 이외에 어떠한 다른 것도 행하지 않는다(GPR, §150)고 말한다. 이러한 직접적인 통일 속에서 인륜적 공동체는 "전혀 때 묻지 않은 어떠한 갈등에 의해서도 더럽혀지지 않은 세계이다".[59] 헤겔에 의하면, **공동체적 삶**이 투명하고 이성적인 형식으로서 작동할 경우에 개인들은 이런 이성적으로 현

---

59) G. W. F. Hegel, *Phänomenologie des Geistes,* 341쪽.

실화된 삶 안에서 자유를 자신들의 보편적인 목적으로 알고 의지한다.[60] 하버마스에 의하면, 공동체주의자들은 헤겔의 유산을 아리스토텔레스적 선의 윤리적 시각에서 수용하고 이성적으로 합당한 보편주의를 포기하는 대신에, 담화 윤리는 도덕성을 역사주의적 맥락에서 인륜성으로 해체시키지 않고 정언 명법을 상호 주관적으로 해석하기 위하여 **헤겔의 승인(Anerkennung) 이론**을 수용하고 있다. 하버마스는 담화 윤리를 헤겔과 마찬가지로 정의와 연대성의 내면적 관계를 견지하나 칸트적 정신에서 나온다고 주장한다. 샌델은 롤스와의 논쟁 속에서 자유로운 목적의 근거를 설정하지만 그 목적을 단지 현실적인 이유에서만 찾지 않았다. 샌델에게 있어서 공동체주의의 실천은 올바른 목적을 설정하고 잘못된 근거를 추적하여 사회가 어떠한 결과를 가져올 것인지에 심사숙고하는 것이었다.

넷째, 사회 이론으로서 공동체주의는 새로운 관점에서 과거의 자유주의의 비판과 연관되어 있다.[61] 헤겔의 관점에서 사회 공동체 내부에서 의사소통으로 사용되는 인륜적 관습(Sitte)이라는 개념을 선택한 이유는, 국가가 제정한 법률이나 개별화된 주체의 도덕적 신념이 아니라 상호주관적이며 실천된 태도들만이 확장된 자유의 시행을 위한 토대를 제공할 수 있다는 점을 분명히 하기 위해서이다.[62] 헤겔주의자 **테일러는 자유주의에서 제시된 자유**를 현실화시킨다. 테일러의 입장은 오랜 시간 동안 지배적이었던 자유의 원칙을 비판 이론화하는 방향으로 나아간다. 테일러에 의하면, 지배로부터 자유로운 의사소통을 논증하지 못할 경우, 국가적인 힘이 퇴락된 논증을 할 수밖에 없다.[63] 따라서 테일러가 추구

---

60) 이정일, 앞의 책, 401쪽.

61) Otfrid Höffe, Der Kommunitarismus als Alternative? in : *Zeitschrift für philosophische Forschung.* Bd. 50. Heft. 1 / 2. 1996, 98쪽.

62) Axel Honneth, *Kampf um Anerkennung-Zur moralischern Grammatik sozialer Konflikte,* Frankfurt. a. M, 1994, 24쪽.

63) Vgl. Charles Taylor, *Negative Freiheit?,* Frankfurt. a. M. 1995, 118쪽.

하는 자유는 자율적인 선택의 기회를 보장한다는 측면에서 기회의 개념이라 주장한다.

5. 공동체주의는 한국 사회에 어떤 기여를 할 수 있을까?

지금까지 고찰하였듯이, 헤겔의 『법철학』에서 도덕성과 인륜성을 중심으로 논의하고자 하는 관점은 규범적인 **정치 윤리의 질서를 도덕적**으로 바르게 설정하고 근대 사회의 문화적인 자기 이해의 논쟁 속에서 현 사회를 올바르게 자리매김하려는 의도였다.

첫째, 헤겔의 『법철학』과 관련된 공동체주의 논의를 통해 현대 사회의 윤리적-정치적인 자기 이해의 과정을 현 사회의 체계 잡힌 질서를 위한 반성적 성찰의 물음으로 진행되어야 한다.

1945년 해방 이후의 근현대 정치사를 돌이켜보았을 때, 현재에 이르기까지 정치가들의 도덕성 부재의 현상은 심각하게 만연해 있다고 해도 과언이 아니다. 박정희 유신정권을 비롯한 전·노 군사정권 하에서는 불법적인 군사력의 힘을 동원한 권력의 찬탈로 인한 끊임없는 도덕의 정통성에 관한 시비, 민간 정부 이후로도 더욱 첨예한 지역 분할 현상과 패거리 정치, 연고주의 정치, 소신과 원칙이 무시된 정당의 끊임없는 이합집산 현상, 파행적인 의회 정치의 운영 등 도덕철학의 부재나 그에 대한 불감증은 예나 지금이나 변함없이 활개를 치고 있다. 노무현 참여정부 이후 이명박 정부는 이명박 대통령자신의 BBK 주가조작 연루 의혹사건, 자녀 입학을 위한 위장전입 및 위장취업문제, 도곡동 땅 사건 등 도덕적 불감증의 현상을 일일이 헤아릴 수 없으며, 또한 고소영, 강부자 내각에서 보여주듯이, 도덕적으로 심각히 부패되었었고 사기죄 등으로 징역형을 치렀다. 또한 지난 노무현 참여정부 때 여야가 합의하여 국민들에게 약속했던 세종시 행정복합도시의 문제나 국민의 대다수가 반대하는 4대강 사업 등 이명박 정부의 일방주의적 밀어붙이기식의 정책은 정치적 도의 및 국민의 도덕적 신뢰를 이미 상실해 버렸음에도 불구하고 역설적이게도 40-50%의 지지율을 넘나들었었다. 즉, 지난 이명박 정부아래에서도 어느 정권보다 정치개혁이 반드시 필요한 시점이지만 패권주의에 사로잡혀 실종되었다. 그 이후 박근혜 정부의 탄핵파면으로 촛불시민들의 힘으로 정권을 획득한 문재인정권도 부패청산을 이루지 못하고 정치개혁은 좌초되었다. 문정권의 실정(失政)으로 정권을 획득한 윤석열 정부도 마찬가지로 공동체주의 관점에서 주장하는 체계 잡힌 질서정연한 정치질서를 세우기 위해서는 지난 묵은 부패들을 개혁해야 했지만, 스스로 내란을 일으켜 자폭했다. 즉 윤정권은 3년을 못채우고 내란죄를 일으켜 국회에서 탄핵·파면 당했다. 이처럼 정치개혁 및 사회 대개혁은 정치인들의 뼈저린 자기 반성적 숙고를 통해 정치의 도덕적 정의를 회복하는 것이 최우선 과제였지만, 번번이 좌초되었다. 향후에도 규범적인 정치윤리의 질서를 도덕적으로 바르게 설정하지 못하고 그럴 조짐이 보이지 않을 세력에게는 2026년 6월 다가오는 지방선거에서 유권자의 힘으로 일패도지(一敗塗地)시켜야 할 것이다.

둘째, 헤겔의 『법철학』과 관련된 공동체주의의 논의를 통해 정치·윤리의 사회 토대를 마련해야 하는 도덕철학은 현 사회를 건전하게 보존하고 체계 잡힌 정치질서의 실행을 반드시 이루어 내야 한다. 이 논의에서 우리의 정치 현실에 견주어 적용하려는 시도는 다소 무리가 따를 수 있다. 하지만 향후 우리가 주목하고자 하는 점은 이 논의에서 헤겔의 **"정치철학 측면에서의 도덕적 신념의 합리적 토대"**를 주의 깊게 관찰함이다. 공동체주의자인 왈쩌에 의하면, 도덕철학은 현실정치에 대해 발견의 방향을 제대로 제시해야 한다고 말한다. 그는 사회 비판의 방법과 도덕철학 사이에서 제안을 내 놓으면서 보편주의적 도덕 이론에 대한 비판을 규범적인 민주주의 이론에서 찾아야 한다고 보았다.[64] 즉 왈쩌의 입장은 사회 비판·도덕 이론·민주주의 이론의 차원 안에서 공동체주의의 이론을 구축하고자 한다. 그는 기존에 느슨하게 진행되어 왔던 사회 비판 및 도덕철학을 정치 공동체의 분리되었던 논증의 내재적인 재구성을 만들어내야 한다는 것이다.[65] 무엇보다 "이상적인 인간은 이상적 장소에서 난나서 이상석 사회를 위한 이상적 원리블 발견한다".[66] 이러한 이상적 원리를 찾고자 하는 공동체주의의 방향 점은 사회 비판의 최상의 방법으로서 규범적 및 개념적인 관점들을 분명히 밝혀내야 하는 것이다.[67] 또한 샌델에 의하면, "어떤 사회가 강한 의미에서 공동체가 되기를 원하고자 할 때, 공동체는 참여자들의 공유된 자기 이해로 구성되어야 한다. 또한 그에 의하면, 이것은 제도적 장치들을 통해 구현되어야 하며 단순히 참여자들의 생활 계획의 일부로 되어서는 안 된다."[68] 맥킨타이어에게 있어서도 도덕철학은 행위자가 그 이유·동기·의도와 행위 사이의 관계에 대한 개념적 분석을 정확하게 제시해야 한다. 이러한 주장이 전제되고 있는 이유는 이러한 개념들을 구체화시키거나 최소한 현실 사회에 존재할 수 있도록 해야 하기 때문이다.[69] 따라서 공동체주의자들의 주장과 마찬가지로 현실정치에서 바람직한 사회비판으로서의 도덕철학은 다양한 관점들을 단지 외부적 요인에서 찾는 것이 아니라 내재적인 재구성을 통해 정치적 공동체의 합리적 토대를 제대로 수용해야 한다.

셋째, 헤겔의 정치적 공동체의 합리적 관점을 통해 민주주의의 국가

64) Rainer Forst, *Kontexte der Grechtigkeit*, 245쪽.
65) Michael Walzer, *The Communitarian Critique of Liberalism*, in : *Political Theory*. Vol. 18. No. 1. 1990, 7쪽.
66) Michael Walzer, *Interpretation and Social Criticism*, Mass. 1987, Kap. 1. 참조.
67) Rainer Forst, *Kommunitarismus und Liberalismus -Station einer Debatte*. 204쪽.
68) Michael Sandel, *Liberalism and Limits of Justice*, Cambridge, Mass 1983, 173쪽.
69) Alasdair MacIntye, *Der Verlust der Tugend*, Frankfurt. a. M. 1995, 41쪽. 한국어판 : 알레스데어 매킨타이어 저, 이진우 역, 『덕의 상실』, 문예출판사, 1997.

형태로서 보다 성숙되게 발전시켜야 한다. 이른바 민주주의의 의회 정치가 대화의 정치라고 했을 때, 상대방이나 상대당의 의사소통구조를 면밀히 검토하고 상호 주관적 타당성과 향후 의회 민주주의의 발전을 위해 가능한 합리적인 논거를 마련해야 하는 공론장이 우선이다. 또한 장기적인 도덕적 행위 전략의 원칙을 세워 국민의 생존과 안녕을 위한 것이어야 하며, 자기 당의 일방적인 당리당략적인 계략에 의해서가 아니라 상대방의 의사를 존중하고 철저한 상호 합의에 근거하여 토대와 논증을 통해 성숙한 민주주의의 의회 정치를 구축해야 한다. 따라서 헤겔의 『법철학』 이론은 우리의 정치 현실에서 진지한 반성적 숙고가 먼저 선행되었을 경우에, 보다 바람직한 사회를 향한 논의의 장으로 활성화될 수 있다.

하지만 한국 사회는 여전히 전통적 공동체주의와 개인주의 사이에서 갈등하고 있으며 그 사이에 제도적 공백이 존재한다. 이러한 현실은 헤겔의 철학이 제시하는 '도덕성에서 인륜성으로'의 이행을 통해 재구성될 수 있다. 공동체의 회복은 단순한 도덕적 호소가 아니라, 제도적 실천과 구조적 개혁을 필요로 한다. 국가는 단순한 행정기관이 아니라 다양한 가치와 집단을 조율하고 공동선을 추구하는 인륜적 주체로 거듭나야 한다. 결국 헤겔의 관점에서 볼 때 한국 사회의 공동체주의는 개인의 자율성과 공동체적 삶이 긴장과 조화를 이루는 과정을 통해 가능해진다. 공동체는 억압이 아니라 자유의 제도화된 조건이다. 이러한 철학적 통찰을 바탕으로 한국 사회는 새로운 인륜성의 시대를 모색해야 할 것이다.

참고문헌

김준수, 「헤겔 『법철학』의 구조논리에 대한 비판적 고찰」, 『철학연구』, 제48집, 2000.

나종석, 『차이와 연대-현대세계와 헤겔의 사회 정치철학』, 도서출판 길, 2007.

노영란, 『덕 윤리의 비판적 조명』, 철학과현실사, 2009.

리델, M., 『헤겔의 사회철학』, 황태연 옮김, 한울, 1992.
뮬홀. 스테판 외, 『자유주의와 공동체주의』, 김해성 외 옮김, 한울, 2007 :홍성우, 『자유주의와 공동체주의 윤리학』, 선학사, 2005.
오세혁, 『법철학사』, 세창출판사. 2008.
윤병태, 『칸트 그리고 헤겔』, 용의 숲, 2008.
이인숙, 「공동체주의에 대한 연구-자유주의와 관련하여」, 고려대 철학 박사 학위 논문, 1994.
이정일, 『칸트와 헤겔에 있어서 인륜적 자유』, 한국학술정보, 2007.
정미라, 「도덕성과 인륜성-헤겔의 도덕성에 나타난 도덕성과 인륜성에로의 지양 문제」, 『철학연구』 제70집, 대한철학회, 1999.
한국사회·윤리연구회 편, 『사회계약론 연구』, 철학과현실사, 1993.
홍성우, 『자유주의와 공동체주의 윤리학』, 선학사, 2005.
홍영두, 「칸트의 공허한 형식주의적 도덕 주관성에 대한 헤겔의 비판과 인륜적 자유이념-헤겔의 『자연법 논문』과 『법철학 강요』의 도덕관을 중심으로-」, 『성균대학교 대학원 철학박사 학위논문』, 2001.
황경식, 「자유주의와 공동체주의」, 『개방사회의 사회 윤리』, 철학과현실사, 1995.
황태연, 「헤겔의 국가론과 정치철학」, 『계몽의 기획』, 동국대출판부, 2004.
Burger, R., Lob der Niedertracht -Probleme mit Universalethik von Habermas und Apel, in : *Levithan.* Heft. 4. 16. Jg. 1988.
Ders. *Grundlinien der Philosophie des Rechts,* Frankfurt. a. M, 1970.
Ders., Die Wiederkehr der Tugend. Zur gegenwärtigen Diskussion der politischen Theorie über die moralischen Grundlagen der modernen Gesellschaft, in : *Studia Philosophica.* Vol. 53. 1994.
Ders., *John Rawls zur Einführung,* Hamburg 1993.
Ders., *Kommunitarismus. Eine Debatte über die moralischen Grundlagen moderner Gesellschaft,* Frankfurt. a. M/New York 1994.
Ders., Recht, *Gerechtigkeit und demokratische Tugend,* Frankfurt. a. M. 1997.
Ders., *The Communitarian Critique of Lliberalism,* in : Political Theory.

Vol. 8. 1990.

Forst, R., *Kontexte der Gerechtigkeit.* Politische Philosophie jenseit von Liberalismus und Kommunitarismus, Frankfurt. a. M. 1996.

Giusti, G., "Lassen sich Moralität und Sittlichkeit miteinander vermitteln?", in: *Philosophische Rundschau*, 38. Jg. 1991.

Habermas, J., *Erläuterungen zur Diskurethik,* Frankfurt. a. M. 1992.

Hegel, G.W. F., *Phänomenologie des Geistes,* Suhrkamp Verlag Frankfurt. a. M. 1970.

Höffe, O., Der Kommunitarismus und Liberalismus als Alternative? in : *Zeitschrift für philosophische Forschung.* Bd. 50. Heft. 1/2. 1996.

Honneth, A(Hg.), Grenzen des Liberalismus. Zur politisch-ethischen Diskussion um den Kommunitarismus, in : *Philosophische Rundschu.* 38. Jg. 1991.

Honneth, Axel, Kampf um Anerkennung-Zur moralischern Grammatik sozialer Konflikte, Frankfurt. a. M, 1994.

Ilting, Karl Heinz , *Der Struktur der Hegelschen Rechtsphilosophie in Materialien zu Hegels Rechtsphilosophie,* M. Riedel, (Hg.), Frankfurt. a. M, 1975.

Ilting, Karl Heinz, *Der Struktur der Hegelschen Rechtsphilosophie in Materialien zu Hegels Rechtsphilosophie,* M. Riedel, (Hg.), Frankfurt. a. M, 1975.

Ilting, Karl Heinz, Hegels Auseinandersetzung mit der aristotelischen Politik, in:*Philosophisches Jahrbuch,* 71(1963/64).

Junge, M., Verbotene Frechte der philosophie? Kommunitarismus und Soziologie, in: *Soziologische Revue.* 18. Jg. 1995.

Kerékgyárió, B., Auf dem Weg zu einem Konzept der Sittlichkeit? Die Reinterpretation der Hegelschen Anerkennungstheorie bei Axel Honneth, in: *Hegel-Jahrbuch,* 1996.

Kersting, W., Die Liberalismus-Kommunitarismus-Kontroverse in der amerikanische politischen Philosophie, in : V. Gerhardt(Hg.),

Politisches Denken. Jahrbuch 1991, Stuttgart, 1992.

Kuhlmann, W.(Hg.), Kommunikation und Reflexion. Frankfurt. a. M. 1982.

MacIntyre, A., Der Verlust der Tugend, Frankfurt. a. M. 1995.

Müller, Ch., Von der Gerechtigkeitstheorie zum politischen Liberalismus, in : *Zeitschrift für Politik.* 42. Jg. H. 3. 1995.

Peperzak, A., Hegels Pflichten- und Tugendlehre, in; Hegel-Jahrbuch, Bd. 17, 1982.

Potêpa Maciej, Hegel und Kommunitarismus, in; Hegel-Jahrbuch, 1995.

Reese-Schäfer, W., Grenzgötter der Moral, Frankfurt. a. M. 1997.

Rieger, G., Wieviel Gmeinsinn braucht Demokratie? -Diskussion um den Kommunitarismus, in : Zeitschrift für Politik. Jg. 40. Heft. 1. 1993, 304-332쪽.

Ritter, J., Moralität und Sittlichkeit, in: Riedel M.,(Hg.), *Materialen zu Hegels Rechtsphilosophie,* Bd. 2. Suhrkamp Verlag, 1974.

Sandel, M., *Liberalismus and the Limits of Justice,* Cambridg Univ. Press 1982.

Taylor, Ch., Negative Freiheit? Zur Kritik des neuzeitlichen Individualismus, Frankfurt. a. M, 1988.

Walzer, M., *Interpretation and social Criticism,* Mass. 1987.

제6장

한국 사회에 인문학적 인권개념을 어떻게 적용할 수 있을까?

-인문학과 인권-

제6장

한국 사회에 인문학적 인권개념을 어떻게 적용할 수 있을까? -인문학과 인권-*

1. 인권의 출발점: 인문학과 자연권

사람답게 산다는 것은 어떤 삶을 말하는 것일까? 이 물음은 물론 쉽게 정의할 수 없다. 하지만 '사람답게 산다.'는 것의 기준은 시대에 따라 서로 달라진다는 점을 지적할 수 있다. 예컨대 현대사회에서 사람답게 살기 위해 기초적인 교육을 받아야 하며, 우리나라는 중학교까지 의무교육을 실시하고 있다. 교육은 사람답게 살기 위해 보장받아야 할 하나의 권리이며, 국가는 그 권리를 보장하고 이행하는 주체다. 사람다움의 물음은 머나먼 고대 그리스 시대로 거슬러 살펴볼 수 있다. 사람이 사람답게 살기 위해 보장되어야 하는 당연한 권리가 인권이며 인문학적 사유다. 사람과 사람다움에 대한 이야기가 곧 인권이다. 그래서 사람과 사람다움에 대한 탐구는 인문학적 작업과 밀접한 관계를 맺는다.

사람과 사람다움에 대한 탐구는 기원전 4세기 소크라테스와 같은 시

* 이 글은 「인문학연구」, 제108호, 충남대학교 인문과학연구소, 2017, 273-301쪽에 실린 내용을 수정·보완한 것임.

기에 그리스 아테네에서 청년들을 중심으로 글을 가르쳤다. 그 당시 소피스트는 글자 그대로 지자(知者), 식자(識者)를 뜻하였다. 그들은 문학적, 문예적, 정치적 문제들에 대해 점차로 증대해 가는 식자들의 관심으로 인해 이론적 토대를 마련하고자 하는 노력들이 일어났다. 소피스트들의 이론은 곧 회의적, 상대적, 궤변적 양립론으로 대두되었다. 그들은 약한 이론을 약하게 하고 강한 이론을 강하게 하였다. 그래서 플라톤은 부유하고 뛰어난 젊은 사람들은 돈을 받고 낚는 사냥꾼이라 비판하였다. 그들은 스스로를 처세술 혹은 시민적 **덕(aretē)**을 가르치는 지지자들이라 자처하면서 시대적 조류에 편승하여 명예와 부를 축적하는 데 성공하였다. 이런 이유로 그들은 오늘날까지도 궤변가의 대명사로 불리기도 한다.

그러나 소크라테스와 크세노파네스 등은 이들을 궤변론자들이라 폄하하였다. 그러한 이유는 이들이 청년들에게 인간의 정신을 맑게 하는 덕(德)을 가르치지 않고 세상에서 출세하는 기술, 즉, 문법, 웅변술, 수사학, 변증론을 가르쳤고, 상대주의를 고취하여 사회의 혼란을 부추겼으며, 돈을 받고 글을 가르쳤다는 것이었다. 당시 그리스에는 enkyklios paideia(기초교양교육)이란 말이 있었다. 소피스트들이 가르친 그 과목들이 기초교양교육의 역할을 하였다. 이들은 청년들에게 문법, 웅변술, 논리학, 수사학, 변증론 등을 가르쳤고, 이 과목들이 기초교양교육의 교과과정으로 되었다. 시대가 점차 흐르면서 위의 과목들은 산수, 기하학, 음악, 천문학 등이 추가되어 기원전 146년 그리스가 로마에 정복당할 무렵 문법, 논리학, 수사학, 변증론, 산수, 기하학, 음악 천문학이 자유학예(liberal arts)라 불리면서 널리 유포되어 있었다.[1] 이렇게 그리스 시대에 인문학의 기초를 놓았지만, 그리스 시대에도 로마시대에도 기본적으로 인권이라는 관념이 통용되지는 않았다. 예컨대 그들도 인간의 평등은 중시했지만, 그 때문에 노예제를 비판하지는 않았다.[2]

---

1) 김영식, 『인문학 강의』, 철학과현실사, 2011, 16-17쪽.

2) Martha Nussbaum, *Cultivating Humanity,* Havard University Press, 1997,

중세시대에 들어와서 스콜라 교과과정은 크게 **신학·철학·자유학예 (Artes liberales)**의 순서로 나누어 졌다. 특히 여기서 자유학예란 로마제국 후기에 철학의 예비학문으로 간주되었던 학문들에 부여한 이름을 뜻했다. 이 학문들은 '자유롭게 태어난 인간들에게 가치가 있는 활동형태'라는 의미에서 자유학예란 이름을 얻었다. 그 후 스콜라 철학자 보이티우스(Boethius, 480-523)와 카시오도루스(Cassiodorus, 477-565)에 의해 자유학예는 '일곱 자유학예(Seven Liberal Arts)'로 정리하였다. 일곱 자유학예에서 먼저 3학과(學科)는 문법학, 수사학, 변증법, 논리학 등 우리가 실제를 인식하고 표현하는 언어관련 화법의 학예(Artes Semocinales)로 구성되었다. 4학과는 대수학, 기하학, 음악학, 천문학 등 사태적인 측면을 다루는 실제에 관련된 학예로 구성하였다. 이것이 르네상스를 거쳐 1800년대에 학문이 분화되는 과정에서 화법에 관한 학문인 3학(學)이 '인문학'으로, 실재에 관한 학문인 4과(科)는 '자연학'으로 불리어 나누어졌다.[3)]

위와 같이 인문학은 고대 그리스시대를 거쳐 로마시대, 중세시대, 그리고 르네상스시대에 와서 그 절정을 이루었다. 로마시대의 정치사상가인 키케로(M. T. C. Cicero, 기원전, 106~43)는 자유학예가 인간에 관한 연구라는 의미에서 'Studia Humanitas'라 명명했다. 여기에서 '인문학'이란 말이 생겨났다. 이렇게 로마시대에 자유학예가 인문학으로 된 것이다. 키케로는『공화국』과『법률론』에서 그의 이론을 집대성했다. 그는 보편적 자연법의 존재, 세계국가 헌법으로서의 자연법, 신정(神政), 인간의 이성적이고 사회적인 본성, 모든 관습법과 실정법을 판단하는 기준으로서의 자연법, 불변성과 지고성 등을 주장했다. 그는 다음과 같이 자연법을 말한다.

140-141쪽.

3) 양해림,『현대인을 위한 서양철학사』, 집문당, 2023, 145쪽: 김영식,『과학, 인문학 그리고 대학』, 생각의 나무, 2007, 40-51쪽.

> 실제로 존재하는 단 하나의 진정한 법은 올바른 이성이라는 법이다. 이 법은 자연과 일치하며 모든 인간에게 적용되고 불변하며 영원하다. 이 법은 그 명령을 통해서 인간이 자신의 의무를 수행할 것을 요구하며, 그 금기를 통해서 그릇된 행위를 규제한다.……모든 시대에 모든 인민을 구속하는 하나의 법이 존재할 것이다.[4]

위 인용문에서 보듯이, 키케로의 이론은 인간본성=자연=이성=신성으로 이어지는 도덕적 일체성을 뜻했다. 인권이라는 용어는 영국의 정치사상가 토머스 페인(Thomas Paine)의 『인간의 권리(Rights of Man)』(1791)에서 처음으로 쓰였다. 그는 프랑스 인권이 숨은 이면을 추적했다. 그래서 그는 "권리의 선언은 동시에 의무의 선언이다. 나의 권리는 타인의 권리이기도 하다"[5]라는 명제를 제시했다. 여기서 인간의 권리라는 용어는 프랑스 인권선언 원문에 나타나 있는 자연권(droit natural)에 대한 번역어이다. 오늘날 즐겨 쓰이는 human rights는 19세기 중반 헨리 데이비드 소로(Henry David Thoreau)가 『시민의 불복종』(1849)에서 처음 사용했다. 이후 세계 2차 세계대전이후 국제법 사상 최초로 유엔헌장 전문에 기본인권(fundamental human rights)라는 말이 등장하면서 세계사회 윤리로 자리매김했다.[6] 제2차 세계대전이후 '조용한 혁명'을 거쳐 이제 국내 사안에 이르기까지도 조정하고 국제사회의 감독하에 놓이게 됐다.[7] 따라서 인권은 국제법과 지역 협정의 주요 구성 성분으로서 제2차 세계대전 이후 그 위상이 올라갔다. 하지만 인권이 법적인 권리로 환원될 수 없다는 사실은 여전히 해결해야 할 과제로 남아 있다. 지금껏 인권에 관한 많은 저서나 연구논문들은 국내·외적으로 축적되어 왔으나, 인문학적 관점에서 인권에 관한 선행연구물은 간헐적으로

---

4) 마르쿠스 툴리우스 키케로, 『국가론』, 성염 옮김, 한길사, 2013.
5) Thmos Paine, *The Rights of Man*(1791), New York: Heritage Press, 1961, 18쪽.
6) 조효제, 『인권의 지평』, 휴마니타스, 2016, 36쪽.
7) 크리스토프 멩케, 『인권철학입문』, 정미라·주정립 옮김, 21세기북스, 2012, 32쪽.

논의되어 오고 있을 뿐이다. 이러한 상호 관련 자료의 한계에도 불구하고 우리는 인문학과 인권의 관점에서 인문학적으로 인권개념이 어떻게 형성되어 왔으며, 인권의 존엄성, 즉 인권에 포함되는 다양한 권리들은 자유권, 평등권, 연대권을 중심으로 살펴보고, 인권의 가치들은 상호 어떤 관계를 갖고 있는지 고찰하고자 한다.

2. 인문학적 인권개념의 형성

지난 1960년대 중반 인도에서는 공산주의를 탄압하는 과정에서 50만 명이 넘는 민간인이 학살되었다. 캄보디아에서는 폴 포트(Pol Pot)가 이끄는 크메르 루즈(Khmer Rouge) 정권에 의해 학살된 사람의 수가 적게는 30만, 많게는 200만 명에 이르는 것으로 추정된다. 1970년대 말 아르헨티나 군사정부 아래서는 9천 명 이상이 실종되었다. 우간다에서는 이디 아민이 집권한 1972년~1978년까지 25만 명이 넘게 살해되었다. 이라크에서는 1980년대부터 10년간 수십만 명의 민간이 보안군에 의해 살해되었다. 엘살바도르에서는 1980년부터 1992년까지 계속된 내전으로 인해 전체인구의 약 2퍼센트가 정치적 살인으로 추정된다. 르완다에서는 1994년 한 해 동안 50만 명에서 100여만 명이 정부의 지시에 의해 살해되었다. 이것이 전부가 아니다. 보스니아, 체첸, 동티모르 등 세계 곳곳에서 이와 비슷한 일들이 벌어졌다. 인권은 이러한 사건들에서 어떻게 생각할 것인지에 대한 방법을 제시해 주는 개념이다. 하지만 인권에 관한 논의는 인권의 개념을 분석하는데서 출발한다. 철학 및 인문학은 이러한 개념분석을 통해 이해하는 것을 목적으로 한다.[8]

먼저 인권의 개념은 인간에게 태어날 때부터 부여받았다고 간주되는

8) 마이클 프리먼, 『인권 이론과 실천』, 김철효 옮김, 2006, 아르케, 16쪽.

절대권으로서 전통적인 자연권의 개념에 그 유래를 둔다. 자연권의 개념은 그 자체로 완결된 것이 아니라 선행하는 자연법의 전통과 연관되어 있다. 근대 자연법사상은 네덜란드 법학자 그로티우스(Hugo Grotius, 1583-1645)[9]를 효시로 하여 대륙의 자연법사상과 홉스(Thomas Hobbes, 1588~1679)를 거쳐 로크(John Locke, 1632~1704), 몽테스키외(Baron de La Brède et de Montesquieu, 1689~1755), 루소(Jean-Jacques Rousseau,1712~1778)와 같은 계몽사상가의 영향으로 사회계약설을 흡수하고 자유주의사상과 결합하면서 근대 국가를 형성하는데 기여하였다. 하지만 데카르트, 스피노자 등의 대륙의 자연법사상은 체제비판의 시각이 여전히 결여되어 있었다. 지금도 자연권을 자연법으로 유추하는 것이 타당한지에 대한 여부는 이론(異論)의 여지가 있다. 자연법 전통에는 어떤 누구도 거역할 수 없는 인류보편의 상위질서 관념이 드리워져 있다. 자연법의 내용은 인류보편의 복리를 위해 세속적 정치질서로 간주하지 않는 도덕률이 대부분이다. 자연권은 자연법질서를 전제로 출발한다. 그래서 자연권 사상은 자연법의 전통 속에 함축되어 있다. 즉, 자연권은 인권의 보편화된 개념형태인 권리개념의 역사적 기원에서 찾아볼 수 있다. 이러한 인권개념은 권리개념을 거쳐 로마법 전통의 올바름 혹은 정의(justice)를 의미하는 법, 권리 개념에 어원적인 뿌리를 두고 있다.

먼저 국제법의 아버지라 불리는 그로티우스는 『전쟁과 평화의 법』(1625)에서 국제법을 기술했다. 그는 이 책에서 인류의 역사에서 보았을 때, 전쟁은 원칙에 따라 움직였고 평화는 예외였다고 말한다. 이를테면

9) 현대 국제법의 아버지 중의 한 사람이며 영향력 있는 자연법의 창시자이다. 자연법은 이성적인 본성과 일치하든지 일치 하지 않든 간에 도덕적인 천박함과 도덕적인 필요성의 특질을 가진다. 자연법의 원리는 첫째, 타인에게 속한 것으로부터 삼가라. 우리가 가지고 있을지도 모르는 타인의 소유물을 상대방에게 돌려주라. 둘째, 협정에 의해 살아가며 다른 사람들에게 한 약속을 이행하라. 셋째, 실수로서 다른 사람에게 가해진 어떤 손상이라도 보상하라. 넷째, 처벌을 할 만한 사람에게는 처벌하라.

평화의 시기는 전쟁을 준비하는 시기에 불과했다. 평화란 전쟁과 전쟁 사이를 이어주는 짧은 이음새에 불과했다. 따라서 인류의 역사는 전쟁을 치르거나 전쟁을 준비하는 과정의 연속이었다.[10] 그는 인간의 본성에 자연법을 최초로 체계화했다. 그는 중세의 사상들을 근대적 권리개념으로 전환하는데 결정적인 역할을 했다. 그의 이론에서 신의 의지는 바로 법이며 그것은 인간(남성)이 사회성을 갖고 있다는 사실을 통해 증명된다는 명제로부터 시작한다.[11] 말하자면 신의 자연법이 인간의 자연법으로서 전환되었다. 인간의 본성은 사회성에 있다. 신앙이 없어도 인간성에 기인하는 자연법에 의해 국가는 성립될 뿐 아니라 국제간에도 적용되었다. 인간의 독특한 특징 중에는 사회생활을 위한 진취적인 욕망이 있다. 그에 따르면, 그 욕망이란 "어떤 그리고 모든 종류의 것이 아닌 자신 그대로인 사람과 더불어 그의 지력의 크기에 따라 평화적이고 조직화된 것"[12]이라 말한다.

17세기 영국의 홉스에 이르러서 자연법을 자연권으로 이해한다. 영국의 자연법사상은 사회를 개인의 관계 개념으로 재구성되었다. 그 출발점은 홉스였다. 홉스의 이론은 자신의 시대, 즉 만연한 전쟁상태를 극복하지 못하고 무질서 극복을 위한 병든 평화를 추구하였다.[13] 홉스는 자연권을 확보할 수 있는 조건으로서 평화가 최고의 사회적 덕성이며, 이 평화를 유지하기 위해 사람들이 복종해야 할 최고의 도덕적 법칙, 즉 자연법이라는 점을 결론으로 도출했다.[14] 홉스는 내전으로 잿더미가 된 폐허 속에서 낙관의 등불을 밝히면서 기본적인 자연권의 필요성을 역설했다. "모든 사람은 자신의 힘을 이용해서 자기 자신의 자연, 즉 자신의 생명을 보존하기 위해 노력해야 한다."[15] 이러한 자연권으로부터 "평화를 이룩

---

10) 안경환, 『법과 사회와 인권』, 돌베게, 2011, 78쪽.
11) 마이클 프리먼, 『인권 이론과 실천』, 김철효 옮김, 아르케, 2007, 36쪽.
12) 마이클 프리먼, 위의 책, 37쪽.
13) 유정갑, 『홉스의 국가론과 평화사상』, 철학과현실사. 2005, 103-137쪽 참조.
14) 박상섭, 『국가·주권』, 소화, 2009, 64쪽.

할 수 있는 희망이 있는 한 모든 사람이 그 평화를 위해 노력해야 한다는 원칙 또한 이성의 일반 법칙"[16]을 도출했다. 즉, 홉스는 권리와 법을 냉철하게 구분했다. 권리는 자유를 뜻하고 법은 금지를 뜻하기 때문에 권리와 법은 서로 다르기도 하지만, 반대되기도 한다. 자연 상태의 인간사회에서 모든 사람은 자기를 보존하기 위해 무엇이든 할 수 있는 자연적인 권리를 갖고 있다. 자기 자신을 돌보는 것은 자연법에 따른 의무이기도 하지만, 동시에 자연권이기도 하다. 자연 상태의 인간사회는 만인 대 만인에 대한 전쟁 상태이며, 대단히 불안한 상태이다. 이러한 상태에서 인간(남성)은 이성에 따라 주권자에게 자신을 대신하여 행동해 줄 것을 위임했다.[17]

14세기~16세기에 일어난 그리스·로마시대로 복귀하자는 운동은 중세를 거부하는 운동으로 나타났다. 르네상스 시대는 재생, 부활을 뜻하는 리나시타(Rinascita)에서 나온 말로서 14세기 이탈리아에서 일어났다. 이는 중세적 교권주의로 인한 기독교적 지배에 반대하고 인간의 권위와 인간성을 존중하고 인간의 이상(理想)을 그리스, 로마의 고전에서 구했다. 이 시기에 베이컨의 과학사상, 이탈리아의 마키아벨리는 정치철학자로서 명성을 얻었다.[18] 근대에 들어와 이성의 등장은 첫째, 시민혁명, 종교적 분쟁 속에서 계몽사상과 이성의 시대가 도래 했다. 둘째, 종교의 내면화로 인해 인간의 외적 세계를 규율하는 수단으로서 이성이 등장했다. 셋째, 이성은 영원불변한 인간 본질이 아니라 근대 시민의 생활원리로 이해된다. 넷째, 과거와의 결별의식, 인간의 선천적 차이성을 부정하고 인간성을 백지라고 보는 상태이다. 모든 억압에 대항하여 이성의 지시에 따르는 자기보존의 운동이 일어났다. 그래서 근대 자연법사상의

---

15) Thmos Hobbes, "The Leviathan', in Ishay, The human Rights Reader, 84쪽.
16) 위의 책: 미셸린 이샤이, 『세계인권사상사』, 조효제 옮김, 도서출판 길, 158쪽 재인용.
17) 마이클 프리먼, 위의 책, 37쪽.
18) 이봉철, 『현대인권사상』, 아카넷, 2003, 135-136쪽.

발달은 17세기 중반 무렵에 유럽제국에서 동시에 출현하였다.

로크는 영국의 첫 경험론의 철학자로 평가를 받지만, 사회계약론도 동등하게 중요한 평가를 받는다. 그의 사상들은 『관용론』(1667), 『시민정부론 혹은 통치론』(1690) 등 인식론과 더불어 정치철학에 매우 큰 영향을 주었다. 그는 가장 영향력 있는 계몽주의 사상가이자 자유주의 이론가의 하나로 널리 알려져 있다. 그의 저서들은 볼테르와 장 자크 루소에게 영향을 주었으며, 미국 혁명뿐만 아니라 여러 스코틀랜드 계몽주의 사상가들에게도 영향을 미쳤다. 그의 영향은 미국 독립 선언문에 반영되어 있다. 로크의 정신에 관한 이론은 "자아 정체성"에 관한 근대적 개념의 기원으로 종종 인용되는 데, 데이비드 흄과 장 자크 루소, 칸트와 같은 후대 철학자들의 연구에 현저한 영향을 주었다. 로크는 "의식"의 연속성을 통해 자아를 정의하고자 한 최초의 철학자였다. 또한 그는 정신을 "빈 서판"(백지 상태) 즉, "타블라 라사(Tabula Rasa)"로 간주하였는데, 데카르트나 기독교 철학과는 다르게 사람이 선천적 관념(본유 관념 또는 생득 관념)을 지니지 않고 태어난다고 주장하였다.

로크는 『관용론』에서 인간(남성)은 이성적이며 행동적인 피조물이기 때문에 종교적 신앙을 행동에 옮겨야 하며, 그러기 위해 행동의 자유가 필요하다고 주장하였다.[19] 그는 인간의 자연 상태를 완전한 자연 상태로 가정하여 이 상태에서 인간은 적절하다고 생각했다. 이러한 자연 상태는 인류의 보존과 평화를 추구하는 자연법에 의해 지배된다. 이 자연법은 모든 인간이 평등하고 자유로우며 어느 누구도 다른 사람의 생명, 건강, 자유, 재산에 해를 끼쳐서는 안 된다. 천부의 권리인 생명(Life), 자유(Liberty), 재산권(Property)을 향유하는 것은 불확실하며 타인의 개입에 노출되어 있다. 로크에 따르면, 모든 사람은 타인의 생명, 건강, 자유, 소유물에 해를 입히지 않아야 할 의무를 갖는다. 이것은 신의 의지에 따

19) 마이클 프리먼, 위의 책, 39쪽.

라 인간사회를 유지시켜야하기 때문이다. 애초에 '자연 상태, 즉 정부가 부재한 상태에서 모든 사람은 자기를 방어할 권리와 자연법칙을 따를 권리를 갖고 있었다. 하지만, 많은 사람들은 자기 입장에 따라 판단하기 때문에 서로 충돌이 발생하게 된다. 그리하여 합리적인 각 개인은 정부에게 자연법을 집행하고 법칙에 따라 만인의 자연권을 보호하여 공공선(公共善)을 증진할 것을 위임하고 그 통치하에서 살아가는 데 동의하게 된 것이다.[20] 궁극적으로 그는 절대군주제를 거부하고 제한된 권력을 가진 정부를 옹호했다. 자연법의 침해를 처벌하는 데 있어서 이성의 지배에서 벗어나기가 쉽다.[21] 자연법은 근대 자본주의 발전에 기여하게 되면서 제3신분의 입장에서 서술되었다. 로크에게서 자연권은 자연 상태에서 인간이 갖고 있는 권리였다.

> 자연 상태 속에서 모든 사람에게 의무를 지우는 자연법이 지배한다. 이 자연법은 이성에 합치하는데 인류가 이 이성에게 조언을 구하겠다는 의향만 있다면, 그것은 다음과 같은 것을 가르쳐 줄 것이다. 바로 모든 사람이 동등하고 자립적이기 때문에 아무도 다른 사람의 생명이나 소유, 건강, 자유에 해를 끼쳐서는 안 된다는 점이다.[22]

위의 인용문에서 보듯이, 자연 상태란 이성의 법칙인 자연법에 따라 생활하는 상태로서 인간은 모두 독립적이고 평등하며 일정한 인권(자연권)을 부여받는다. 자연권은 초기 자본주의 사회를 주도했던 신흥 부르주아의 정치적 입장을 축약한 이데올로기였다. 로크는 『시민 정부론』에서 인간의 본성을 자연 상태에서 자연권의 보장에 의해 자유롭고 평등한

---

20) 위의 책, 40-41쪽.
21) 존 로크, 『시민정부론』, 마도원 옮김, 다락원, 2009.
22) John Locke, *Zwei Abhandlungen über die Regierung(1690),* Frankfurt. a. M. 1989, 203쪽.

상태에 있다고 전제한다. 그리고 인간본성을 노동과 그것의 성과를 소유권으로 귀결시킨다. 이 소유권을 확보하기 위해 먼저 동의한 계약에 의한 협동체의 확립과 신탁에 의한 공동사회를 형성하고, 나아가 저항권을 주장한다. 로크의 자연 상태는 완전히 자유로운 상태이다. "거기에서는 자연법의 범위 내에서 자신이 적당하다고 믿는 바에 따라 자신의 행동을 규율하고, 그 재산과 신체를 처리할 수 있고, 타인의 허가나 타인의 의지에도 의존하지 않는다." 평등의 상태는 "일체의 권력과 권한은 상호적이며 누구도 타인 이상의 것을 갖지 않는다. 동종, 동급의 피조물은 태어나면서 무차별하게 모두가 동등한 자연의 이익을 향유하고 동등한 능력을 이용할 수 있다. 로크의 2단계 자연 상태를 제1의 자연 상태(가설)는 자유롭고 평등한 인간들의 질서로 본다. 그래서 자유롭고 평등한 인간들의 자연 상태라는 가정은 명백하게 절대왕정과 대립시키기 위한 것으로 보이지 않는다. 제2의 자연상태(현실)는 화폐 제도의 발명과 사회형성 이전 단계인 자연 상태에서 역사적 사건임을 전제한다. 즉 자본주의 발전의 전제인 자본 축적을 가능하게 하는 자연법적 제한을 철폐하는 제 2단계의 목적이 있다.[23)]

좁은 의미의 재산권을 인권에 중요한 것으로 간주한다. 노동 소유권은 토지와 재산의 모든 것은 인류의 생존을 위한 인류의 공동 재산으로 어느 누구도 이 고유재산을 독립적으로 소유할 수 없다. 공유재산은 노동을 통해 사유 재산화 된다. 사람은 누구나 자신의 일신에 대해 소유권을 갖는다. 노동의 생산성과 창조성은 봉건적, 공동체적 재산의 개념과는 상이한 절대적이고 불가침적인 재산의 개념을 만들어 낸다. 그래서 누구나 재산의 양도 가능성 및 화폐에 의한 재산의 무한한 축적 가능성을 인정한다. 사적 소유는 분업을 매개로 하여 개인적 노동이 사회적 생산으로 확대된다. 나아가 사적 소유는 화폐를 매개로 하여 부르주아적 소유

---

23) 인권법교재발간위원회, 『인권법』, 아카넷, 2008, 22쪽.

로 발전했다. 여기서 화폐의 발명은 재산 축적을 지속적으로 확대해 나갔다. 자연 상태에서는 인권을 보장하기 위한 사회계약의 필요성을 도출해 낸다. 사회계약의 목적은 생명, 자유, 재산 등의 인권을 내외의 침해자로부터 수호하고 각자의 자연 상태에서 소유한 자연법의 권리를 정치사회에 양도하여 공통된 정치권력을 형성한다.[24] 자연 상태에서 개인은 자연권을 갖고 있으며 국가를 창설함으로써 자연인이 사회인이 되는 사회권, 즉 참정권을 갖는다. 따라서 권리의 구조는 개인으로서 갖는 전국가적 자연권, 공민으로서 국가에 대해 참정권을 갖는다. 궁극적으로 개인은 주권재민의 입장에서 **저항권**을 갖는다. 근대의 인권개념은 칸트(Immanuel Kant, 1724~1804)의 『실천 이성비판』(1778)이나 『도덕형이상학 원론』(1785)에서 잘 나타난다. 칸트는 인간을 목적의 왕국, 인간질서의 근본상황이라 불렀다.

> 너 자신의 인격에서나 다른 모든 사람의 인격에서 인간(성)을 항상 동시에 목적으로서 대하고, 결코 한낱 수단으로 대하지 않도록, 그렇게 행위 하라.[25]

또한 칸트에게서 인간은 이성적 존재로서 존엄한 존재인 동시에 목적으로 대우해야 하는 존재인 것이다.

> 인간은, 그리고 일반적으로 모든 이성적 존재자는, 목적 그 자체로 실존하며, 한낱 이런저런 의지의 임의적 사용을 위한 수단으로서 실존하는 것이 아니다. 인간은, 그리고 일반적으로 모든 이성적 존재자는 그의 모든, 자기 자신을 향한 행위에 있어서 그리고 다른 이성적 존재자를 향한 행위에 있어서 항상 동시에 목적으로서 보아야 한다.[26]

---

24) 인권법교재발간위원회, 앞의 책, 25쪽.
25) 임마누엘 칸트, 『실천이성비판』, 백종현 옮김, 아카넷, 2002, 378쪽.

위의 인용문에서처럼, 칸트에게서 도덕적 행위는 기본적으로 인격으로서의 인간에 대한 행위이다. 칸트에게서 인간은 합목적적인 존재이다. 하지만 결코 그 자체로서 최종의 목적이 될 수 없는 수단적 목적, 즉 '어떤 무엇을 위해'한정적인 의미에서 목적만을 가질 뿐이다.

> 만약 그것들이 이성이 없는 존재들이라면, 단지 수단으로서 상대적 가치만을 가지고 있는 물건들이라고 일컬어지는 존재인 것이다. 그에 반해 이성적 존재자들은 인격들이라 불린다. 이성적 존재자는 이미 목적 그 자체를 포함하고 있기 때문에 이미 그 자체로서 존경의 대상이다.[27)]

위와 같이 칸트는 이성적 존재자로서 인간 실존을 목적 그 자체라는 칸트 고유의 개념을 통해 규명한다. 목적 그 자체는 인간에게 당위적으로 주어져 있는 실존적 목적이다. 즉 인간의 실존이 자연의 최종적 목적이며 궁극적 목적인 것이다. 칸트는 이성의 능력을 소유한 인간만이 목적 그 자체이며 인격체라고 규정한다.[28)] 칸트는 어떤 표상이 동시에 그 결과를 산출하기 위해 작용하는 지성적 원인의 표상을 '목적'이라 불렀다. 현재의 관점에서 로크, 칸트를 비롯한 인권이론은 다음과 같은 역사적 의미와 한계를 갖는다.

첫째, 근대 시민사회의 출현에 큰 영향을 미쳤다. 봉건제도를 타도하는데 근대시민혁명의 이론이며 근대적인 인권보장을 정당화하기 위한 이론이었다. 국가권력의 존재이유를 생명, 자유, 재산에서 찾았고, 그것을 침해할 경우 정부에 인민의 저항권을 부여하였다.

둘째, 로크의 사상은 미국 독립선언에 끼친 영향에 대해 다소 이견(異

---

26) 임마누엘 칸트, 『윤리형이상학 정초』, 백종현 옮김, 아카넷, 2015, 175쪽.

27) 임마누엘 칸트, 위의 책, 175쪽.

28) 김양현, 「칸트철학의 생태 철학적 비판과 반비판」, 『사회와 철학』, 제28호, 사회와 철학 연구회, 2014, 137쪽.

見)이 있지만, 그 영향력은 분명해 보인다.

> 우리는 다음의 사실을 자명한 진리로 확신한다. 즉 모든 인간(남성)은 평등하게 창조되었고, 그들은 창조주에 의해 어떤 양도할 수 없는 권리를 부여받았다. 그 중에는 생명과 자유와 행복을 추구할 권리가 포함되어 있다. 또한 이러한 모든 권리를 확보하기 위해 인간(남성)사이에 정부가 조직되었으며, 그리고 정부의 정당한 권력은 피치자의 동의에서 비롯되는 것이다. 어떤 정치형태라 할지라도 이러한 목적을 훼손하게 되는 경우, 인민은 그 정부를 교체하거나 폐지할 권리를 가진다.[29]

또한 로크의 자연법은 1789년 프랑스 혁명과 유럽 각국의 헌법에 인권조항의 초석을 다졌다. 토마스 페인은 이후 프랑스혁명의 의의를 보편화하기 위해 심혈을 기울였다. 그는 인간(남성)의 권리 개념이야말로 인류의 새 시대를 약속하는 것이라 주장했다. 페인은 부(富)의 불평등이 존재하는 현실을 부정할 수는 없지만, 자유로운 상업사회가 정치적 민주주의와 결합함으로써 개인의 권리와 공동선의 양자를 모두 보장할 수 있을 것이라 믿었다.[30]

셋째, 소유권 이론에 기초해 있어 제한 선거를 인정한 것은 참정권의 범위를 한정시켰다. 하지만 소유권의 인정은 소유권의 축적을 가능하게 함으로써 불평등을 유발했다.

---

29) 마이클 프리먼, 위의 책, 42쪽 재인용.

30) 토마스 페인, 『상식, 인권』, 박홍규 옮김, 필맥, 2004, 262쪽.

3. 인간의 존엄성: 자유, 평등 그리고 연대

인권은 인간의 존엄성과 가치성에 대한 확인에서 출발한다. '보편적 합의' 또는 '중첩적 합의'에서 인권은 구체적으로 다양한 내용으로 나타나지만, 그 기본 이념은 하나이다. 그 이념은 '모든 인간은 존엄하다', '모든 인간은 존중받아야 한다.' 즉, 인권은 '인간의 존엄성'이라는 개념을 전제로 한다.[31] 이러한 인간의 존엄성을 하나의 도덕 가치로 존중하는 것은 세상에서 유독 서구적이거나 기독교적인 것은 아니다. 인간의

---

31) 자유와 평등은 인간의 존엄과 가치를 보장하기 위한 필수적 조건이다. 인간의 존엄과 가치는 인권의 기본적 전제임. 이러한 인권은 보편성, 도덕성, 근본성, 추상성, 우월성이라는 다섯 가지 본질적 특성을 가진다. 첫째, 모든 인간이 누구나 향유할 수 있는 권리. 보편적 주체성이 인정되는 **'보편적 권리(universal rights)'**다. 이것은 부(富)나 권력, 인종이나 성별 또는 장애 여부 등 인간을 둘러싼 어떠한 조건과도 상관없이 누구에게나 인권이 보장되어야 함을 의미. 오로지 인간이라는 생물학적 조건을 갖춘 모든 존재에게 인권은 인정되어야 한다. 어떤 권리가 인권이라고 하더라도 현실적으로 모든 사람이 그러한 권리를 향유하는 것은 아니다. 하지만 어떤 권리가 인권인 경우에 그러한 권리를 모든 사람이 향유해야만 한다는 당위적 명제가 변하지는 않는다. 둘째, '어떠한 시대와 공간에서도 인정되어야만 하는 권리'라는 점에서 보편적 효력이 인정되는 **'도덕적 권리(moral rights)'**다. 따라서 특정한 시대나 특정한 공간(국가 또는 지역)에서만 제한적으로 효력이 인정되는 권리는 인권이라고 부를 수 없다. 물론 일정한 권리들이 대단히 중요한 경우에는 각국의 형편에 따라 헌법상의 권리로 보장될 수는 있다. 그렇다고 해도 헌법상 보장된 권리가 모두 인권인 것은 아니다. 인권은 모든 국가의 헌법에서 반드시 보장되어야 하는 권리인 반면에 헌법적 권리는 이러한 인권과 함께 각국의 현실적 필요에 따라 헌법에 명시된 권리를 포함한다. 셋째, '모든 인간에게 필수적으로 요구되는 권리'라는 점에서 **'근본적 권리(fundamental rights)'** 또는 **'기본적 권리(basic rights)'**. 다른 권리는 포기하더라도 이 권리는 결코 포기할 수 없는 가장 기초적인 권리를 의미한다. 인권은 인간이 인간으로서 존엄하고 가치로운 존재가 되기 위해 최소한 보장되어야 하는 필수적인 권리로 이해된다. 넷째, 의미 내용의 경계가 대단히 불확정적인 **'추상적 권리(abstractrights)'**이다. 따라서 인권은 구체적 권리가 되기 위해 의미 내용의 경계가 확정될 필요가 있는 권리를 뜻한다. 모든 사람에게, 모든 시대와 공간을 뛰어 넘어, 인간인 모든 존재에게 반드시 인정되어야 하는 권리는 그만큼 추상적일 수밖에 없는 것이다. 다섯째, '설정법보다 우선 한다'는 점에서 **'우월적 권리(priory rights)'**이다. 이것은 실정법과 인권이 충돌하는 경우에 인권이 실정법을 판단하는 기준이 되고, 실정법의 효력을 상실시킬 수 있는 권리가 된다는 뜻한다. 인권은 모든 실정법의 존재목적이고, 모든 실정법은 직·간접적으로 인권을 보장하기 위해 존재하기 때문이다.(이준일, 『인권법』, 홍문사, 2010, 7쪽.: 이봉철, 『현대인권사상』, 아카넷, 2003, 40-48쪽)

존엄성에 대한 철학과 사상은 대다수 비서구 사회에서도 어렵지 않게 찾아볼 수 있고 한국 사회도 예외는 아니다. 인권의 가치인 인간 존엄성은 과거 한국의 불교와 유교의 전통, 그리고 19세기 말 동학의 인내천(人乃天) 사상 등에 내포되었고 역사적으로 다양한 사회사상과 운동을 통해 표출되어 왔다고 볼 수 있다. 인간이 존엄하고 가치 있는 존재가 되기 위해서는 필수적인 조건은 자유와 평등이다. 자유와 평등은 적어도 보편적이고 필수적인 것으로 이해된다. 따라서 인권(人權, human rights)이란 인간이 인간답게 존재하기 위한 보편적인 인간의 모든 정치·경제·사회·문화적 권리 및 지위와 자격을 칭한다. 즉, 인권은 사람은 사람답게 살 수 있는 권리가 있다는 생각을 뜻한다. 그래서 인권은 법의 관할 지역(jurisdiction)이나 그 밖의 지역적인 변수(민족이나 국적 등)에 관계없이 적용된다.

인권은 보통 자연법적이고 천부적인 권리로 이해된다. 이것은 인권이 인정되어야 하는 다른 근거에 대해 더 이상 논의할 필요가 없다는 뜻이다. 적어도 인권은 어떠한 공동체에서도 보편적으로 인정되어야 할 당위적 권리이다. 따라서 실정법 이전에 존재하는 권리(자연법적 권리)라는 사실은 틀림없고, 심지어 하늘이 내려 준 권리(천부적 권리)라고 생각할 수도 있다. 그러나 인권을 절대화시킬 경우 상호 충돌할 경우에 해답을 얻을 수 없다. 따라서 인권의 보편적 당위성은 이성적 논증이 가능한 것으로 이해되어야 한다. 인권에 관한 논의는 반드시 이성이나 합리성을 통해 출발해야 한다.

인권의 부류는 〈세계인권선언〉에서 제시된 목록을 프랑스 법학자 바작(K. Vasak)이 제3세대 인권으로 분류한 것이 그 전거가 되었다.[32] 바삭은 그의 논문 「제3세대 인권을 위해」출간 이후, 국제법 분야에서 인권을 세 부류의 세대로 구분했다. 제1세대 인권은 정치적-시민적 권리로서

32) K. Vasak, UNESCCO Courier, Nov. 1977, 29-32쪽. 제3세대 3등급 분류는 박구용, 『우리안의 타자: 인권과 인정의 철학적 담론』, 철학과현실사, 2003, 176-181쪽.

18세기 문서에도 표명되었다. 제2세대 인권은 경제적·사회적·문화적 권리이다. 경제적·사회적·문화적 권리는 사유재산을 넘어서 공평한 직업을 가질 권리, 인간다운 삶을 누릴 권리, 사회보장의 권리, 유급 휴가의 권리 등을 포함한다. 제3세대 권리는 최근에 개념화된 것으로서 "연대의 권리"라 일컫는다.[33]

바삭은 〈세계인권선언〉[34]에 제시된 세대 모형을 적용하여 각각 프랑스 혁명의 3대 가치인 자유, 평등, 박애와 결부시켰다. 카생은 〈세계인권선언〉에서 프랑스 혁명당시에 외쳤던 구호처럼 "존엄성, 자유, 평등, 박애"의 네 기둥으로 이루어졌다고 말한다. 그에 따르면, 〈세계인권선언〉의 전체 30개 조항 중에서 27개 조항이 4개의 기둥으로 각각 나뉘어져 있다. 여기서 4개 기둥이 모여 주랑 현관의 천장에 해당되는 28~30조를 뒷받침한다.[35] 인권에 포함되는 다양한 권리들은 자유권, 평등권, 연대권으로 분류된다. 자유권은 정치적 시민적 권리라 한다. 이는 생명을 유지할 권리, 고문 등으로 보호받을 권리, 법 앞에 평등권. 정치에 참여할 권리, 재산권 등을 포함한다. 평등권은 사회적, 경제적 권리이다. 이는 생존권, 노동할 권리, 교육받을 권리, 주권 등을 포함한다. 연대권은 일부 인권학자들이 인권에 포함시키는 것을 반대하는 권리로서 환경권, 평화권 등 공동체적 유대 및 민족적 유대와 관련된 권리로 구성되어 있다.[36]

첫째, 제1세대 인권은 전통적 시민권 또는 자유권(시민적·정치적 영역)과 관련된다. 즉 제1세대 인권은 시민적·정치적 자유권이다.[37] 앞서

---

33) Karl Vasak, Studies and Essays on International Humanitarian Law and Red Cross Principles, Geneva and the Hague, Nartinus Nijtinus, 1984, 837-845쪽.

34) 〈세계인권선언〉은 전문, 제1조와 제2조의 근본적 원칙, 제3조부터 제21조까지 시민적 정치적 권리, 제22조부터 제27조까지 경제적 사회적 문화적 권리, 제28조부터 제30조에서 규정된 모든 인권의 향유를 보장하기 위한 연대권으로 이루어져 있다.

35) 미셸린 이샤이, 『세계인권사상사』, 조효제 옮김, 도서출판 길, 2005, 36쪽.

36) 구태환, 「인권과 사회, 삶」, 한국철학사상연구회, 『철학, 삶을 묻다』, 동녘, 2015, 226쪽.

37) E. Reichert, Placing human rights at the center of social work profession, in

살펴보았듯이, 철학적으로는 홉스, 로크, 루소, 칸트 의해 정당화된 이념이며, 역사적으로는 영국, 미국, 프랑스 혁명 속에서 발현되었다. 1948년 UN총회에서 만장일치로 통과된 〈세계인권선언〉과 1966 UN총회에서 제정되어 1976년 발효된 〈시민적 및 정치적 권리에 대한 규약(The Convenant on Civil and Political Rights)을 통해 국제적 합의에 도달한 것이다.[38] 즉 제1세대 인권은 국가가 개인을 괴롭히지 않고 그냥 내버려 두기만 하면 보장되는 소극적 권리의 의미가 강하다. 시민적·정치적 권리는 삶의 특정부분을 국가나 타인의 간섭으로부터 보호하기 위한 시민적 권리와, 공동체 구성원들이 국가업무에 참여하고 통제하기 위한 정치적 권리를 일컫는다. 세계인권선언 제3조에서 제21조에 해당하는 권리로서 공정한 재판을 받을 권리, 언론과 종교의 자유, 이전과 집회의 자유 그리고 차별, 노예 신분, 고문을 받지 않을 권리, 인간 존재 자체와 관련하여 인간의 완전성에 관한 권리, 평등권, 인간의 신체적 활동과 관련한 권리, 인간존재의 물적 조건(경제활동)에 관한 권리, 인간의 사적 영역 및 가족에 관한 권리, 정치활동에 관한 권리, 권리 구제를 받을 권리 등이 시민적, 정치적 권리에 포함된다.[39] 그러나 시민적, 정치적 권리만으로 인간의 존엄은 충분히 확보할 수 없으며, 경제적·사회적·문화적 권리와 잘 어우러져야 온전하게 확보될 수 있다.[40] 따라서 시민적·정치적 권리는 이 양자(兩者)를 포괄하는 개념이며 국가의 통치권에 대항하여 발전해 왔던 고전적인 인권이다. 여기서는 소극적 권리와 적극적 권리는 구별되어야 한다는 입장이다. 기본적 인권은 시민적 정치적 인권인 소극적 혹은 부정적 권리들이며, 이러한 권리들만이 그에 상응하는 방해

Journal of Intergroup Relations 28.1(spring), 43-50쪽. 2001,

38) 박구용, 『우리 안의 타자-인권과 인정의 철학적 담론』, 철학과현실사, 2004, 176쪽.

39) United Nations, Universal Declaration of Human Rights. Adopted December 10. 1948, GA. Res. 217 AIII. United Nations Document a. 810. New York: UN. 1948: art, 2-15.

40) 인권교재개발위원회, 『인권법』, 97쪽.

하지 않을 명백한 의무를 산출할 수 있다는 것이다.[41] 그래서 시민적, 정치적 권리로서 평등은 국가의 자기 억제와 의무와 관련되어 이해되어 왔다. 이것은 "국가는 같은 처지에 있는 사람들을 다르게 대우하지 않도록 자기 억제를 해야 한다"라는 명령으로 표현된다. 국가가 자기 억제 의무를 강조하는데 태도는, 행위 주체가 자신의 행동을 통해 스스로 초래한 불평등에 대해서는 자기 스스로 책임질 수밖에 없고, 국가는 고의로 불평등을 초래하지 않으면 된다는 전제에서 비롯되었다.[42]

둘째, 제2세대 인권은 경제적·사회적·문화적 권리를 실현하기 위해 정부의 적극적인 지원과 개입을 필요로 하는 평등권(사회권: 경제적·사회적·문화적 권리영역)과 관련된다. 경제적·사회적·문화적 권리는 국가는 그 실현을 위한 적극적 권리이다. 시민적·정치적 권리가 대부분 곧바로 실현될 수 있는 권리인데 반해, 경제적·사회적·문화적 권리는 점진적인 실현 가능성을 예정한다. 1948년 〈세계인권선언〉과 1966년 제 21차 UN 총회이후 『경제적 사회적·문화적 권리에 관한 국제규약』, 『시민적 정치적 권리에 대한 규약의 선택 의정서』에 관한 여러 조항에서 노동자의 권리를 국제적으로 명문화했다. 특히 『경제적·사회적·문화적 권리』는 세계인권선언의 제22조에서 제27조에 규정된 권리들로 이루어져 있다. 이들 권리들은 보통 사회권이라고도 하며 "~에 대한 권리"라는 형식으로 규정된다. 모든 사람은 자기 자신과 가족의 건강과 행복한 삶을 위해 음식, 의류, 주택과 의료보호, 필요한 사회보장 서비스를 포함한 충분한 생활수준을 향유할 권리가 있다. 부녀자와 어린이는 특별한 보호와 지원을 받을 권리가 있으며, 모든 사람들은 무상으로 초등교육을 받을 권리가 있다. 이러한 권리들을 보호하기 위해 정부와 개인이 반드시 필요한 조치를 취해야 한다는 점에서 이러한 권리들은 적극적인 권리(Positiv right)이며, 정부는 이러한 적극적인 권리를 제공해야 한다.[43]

---

41) 박정순, 「인권이념의 철학적 고찰」, 『철학과 현실』, 제68호, 철학문화연구소, 2006, 42쪽.
42) 샌드라 프레드먼, 『인권의 대전환』, 조효제 옮김, 교양인, 2009, 393쪽.

여기서 『경제적·사회적·문화적 권리』는 사회권 규약을 제정하고 있으며 사회권의 흔적은 가톨릭 등에서 이야기하는 인간의 존엄성이라는 요청에서 찾을 수 있다. 사회권에서 노동권은 근로의 권리를 가장 먼저 규정한다. 왜냐하면 그것은 인간의 삶에 있어서 자유롭게 선택하거나 수락하는 노동을 가장 핵심적인 요소라 판단하고 있기 때문이다. 왜냐하면 노동은 그 자체로 자신은 물론, 가족 등의 음식, 의복, 주거 등 물적 자원을 확보하는 수단이 되기 때문이다. 뿐만 아니라 노동은 신체활동을 통해 자신의 인격을 발현, 형성하는 인간행위의 대표적인 형태라는 점에서 그 자체만으로도 인간의 존엄성과 가치에 중요한 의미를 지닌다. 글로벌한 사회에서 노동조합의 결성 및 가입에 관한 권리인 사회권 규약은 국제노동기구(ILO) 제83호와 제2조와 함께 사용자의 권력으로부터 노동자를 보호하는 기본적 권리로서 단결권, 즉 노동 3권(단결권, 단체교섭권, 단체행동권)을 인정하고 있는 것이다. 이렇듯 〈세계인권선언〉과 『경제적·사회적·문화적 권리에 관한 국제규약』등 여러 조항에서 노동자의 권리를 명문화하여 규정했다. 이러한 평등권은 네 가지 목표를 지닌다. ① 모든 사람의 동등한 존엄성과 가치(평등한 가치), ② 어떤 집단의 특유한 정체성을 인정하고 격려한다(차이의 인정), ③ 소외집단의 불이익을 없애야 한다(소외집단의 기본권 보장), ④ 모든 집단의 참여를 보장해야 한다(평등한 참여). 44)

셋째, 제3세대 인권은 국가와 개인의 관계 속에서 파생되는 권리가 아니라 연대의 권리다. 즉, 제3세대 인권은 국가 간의 집단적 권리를 포함한다. 이 1948년의 〈세계인권선언〉에 따라 모든 사람은 선언에서 제시된 권리와 자유가 완전히 실현될 수 있는 사회적, 국제적 질서를 가질 권리를 가진다(제28조). 제3세대 인권은 혁신적이고 진보적이라는 견해와

---

43) 엘리자베스 라이커트, 『사회복지와 인권』, 국가인권위원회 사회복지연구회 옮김, 인간복지, 2008, 37쪽.

44) 샌드라 프레드먼, 『인권의 대전환』, 조효제 옮김, 한영문화사, 2009, 39쪽.

그 내용 자체가 불명료하다는 입장이다.[45] 먼저 새로운 연대권(박애, 형제애)으로 분류된다. 연대성은 프랑스 혁명 당시 구호였던 자유, 평등, 형제애 가운데, 형제애에 대한 현대적 표현이다. 형제애의 요소, 즉 연대, 협력, 결속이다. 그 이념의 바탕에는 국제적 연대와 결속을 의무로 인정하는 길만이 인권 실현에 현실적으로 진보할 수 있다는 이념이 내재해 있다.[46] 제3세대 인권은 발전권, 환경권, 평화권, 의사 소통권, 인류 공동유산에 대한 소유권 및 인간적 도움을 요구할 권리가 있다. 특히 환경권의 개념은 제25조에서 환경에 관한 권리를 포괄적으로 선언하고 있다. "모든 사람은 음식, 의복, 주거, 의료, 사회적 서비스를 포함하여 자신과 가족의 건강과 복지에 충분한 생활수준을 누릴 권리가 있다. 또한, 실업, 질병, 장애, 사별, 노령이나 그 밖의 자신의 통제범위를 벗어나는 생계결핍이 있는 경우 사회보장의 권리를 가진다." 또한 제26조 "...종교적 집단 간에 있어서 이해, 관용, 및 친선을 증진시키고 평화를 유지하기 위한 국제연합의 활동을 촉진시켜야한다."특히 한국의 분단 상황은 21세기 인권의 주요 분야인 평화권이 경제발전과 깊은 연관관계에 있음을 알려 준다.[47] 따라서 제3세대 인권은 국제법으로 문제를 제기하고 세계적 차원에서 접근하여 해결할 것을 시도한다. 최근 들어 인류의 실존론적 위험의 연구가 새로운 인권문제로 떠올랐다. 기후변화는 인류의 구조적 인권침해의 궁극적 형태이다.[48] 말하자면 기후변화는 인류역사상 최대 규모의 인권침해를 일으키는 주범이다. 기후변화가 심각해지자 환경권 사상에도 변화가 일어났다. 사이먼 카니(Simon Canny)는 기후변화가 침해하는 인권을 세 종류로 정리한다. 첫째, 생명권을 침해한다. 생명권은 인권에 가장 원초적인 차원의 권리이다. 둘째, 건강권을 침해한다.

---

45) 인권교재개발위원회, 『인권법』, 아카넷, 2006, 164쪽.

46) 위의 책, 166쪽.

47) 박경서, 「인권 실천 앞에 보수, 진보 따로 없다」, 박경서 외, 『인문학이 인권에 답하다』, 철수와영희, 2015, 32쪽.

48) 조효제, 『인권의 지평』, 후마니타스, 2016, 109쪽.

기후변화는 각종 전염병, 풍토병, 지구 온난화, 물 부족, 사막화, 산성화 인간의 심신을 교란시킨다. 셋째, 생계권을 침해한다.[49] 왜냐하면 식량 안보가 위협받고 농지가 유실되며, 흉작과 기만이 만연하기 때문이다.

4. 한국 사회에 인문학적 인권은 어떻게 적용 가능한가?

우리가 앞서 살펴보았듯이, 인권의 근원은 다음과 같은 관점에서 대답할 필요가 있다. 첫째, 우리에게 인권이 왜 있는가? 둘째, 우리에게서 인권이 왜 있어야만 하는가? 또 다른 철학적 혹은 인문학적 질문은 인권이 다른 가치들과 어떤 관계를 갖고 있는가?

지금까지 살펴보았듯이, 인권이란 인간이란 이유만으로 향유해야 할 기본적인 권리를 말한다. 근대사회에서 인간해방의 의미는 중세 봉건사회와 기독교중심의 세계관으로부터의 해방을 뜻했다. 영국의 청교도 혁명, 프랑스 대혁명, 미국 독립혁명 등이 근대적 의미의 해방으로 평가된다. 그러나 시민 혁명과 소유권 쟁취를 통해 질곡으로부터 해방된 인간은 제3신분인 부르주아로 국한되었다. 소유권에 기초한 사적 재산의 형성은 화폐의 도입으로 인해 경제적 불평등의 단초를 제공했다. 중세의 질곡에서 벗어난 이후에도 인간해방의 사상은 자본주의 경제사회에 대한 비판의 계급 해방의 사상으로 발전하였고, 부르주아와 프롤레타리아의 새로운 갈등상황을 야기했다. 1832년의 영국의 선거법 개정이나 신흥 자본가 계급과 노동자 계급간의 갈등은 제4신분의 권리투쟁이 소유권이 아닌 새로운 권리 중심으로 전개되었다. 예컨대 신흥 계급은 선거권 쟁취 투쟁, 사회권을 요구했다. 시민혁명과 선거권의 제약은 시민계급이 선거권을 쟁취하기는 힘든 과정을 겪었다.

---

49) 조효제, 위의 책, 110쪽. 기후변화에 관한 자세한 내용은 다음을 참조: 양해림, 『기후변화, 에코(ECO)철학으로 응답하다』, 충남대학교출판문화원, 2016.

시민혁명이 안정기에 접어든 이후 선거권은 소유자, 즉 유산자에게만 고착되었다. 이런 인권개념은 1776년 미국독립선언과 1789년 프랑스혁명에서 채택된 '인간과 시민의 권리'(이른바 프랑스 인권선언)에서 등장했다. 미국독립선언은 생명, 자유, 행복을 추구할 권리를 자명한 진리로 선언했다.[50] 프랑스 인권선언은 "인간은 자연적이며 양도 불가능하고 신성 불가침한 제 권리를 엄숙히 선언"한다. 여기서 "인간은 자유롭고 평등하게 태어나서 생존한다."(제1조)라고 강조한다. 특히 근대 입헌주의 헌법에서 여성은 선거법, 민법, 형법 등 여러 법률에서 많은 차별을 당하였다. 특히 프랑스는 여성의 선거 참여 2차 대전 이후 1804년 나폴레옹 민법전은 부인을 무능력자로 보았다. 현대 헌법은 평등조항에서 성차별 금지를 명시했다. 1946년 프랑스 헌법은 여성과 남성의 평등한 권리를 보장했다. 이러한 인권의 개념을 한국 사회에서 다음과 같이 적용할 수 있다.

첫째, 만인의 평등은 자연법에 따라 주어진 선한 본성을 완결함으로서 자신을 올바르게 실현해 나갈 평등한 의무를 의미한다.

하지만 현실 속에서는 구조적 불평등, 혐오 발언, 플랫폼 노동 착취, 청년 고립 등으로 인해 많은 이들이 인간으로서 존엄을 체감하지 못하는 상황에 놓여 있다. 따라서 인문학적 인권 개념은 한국 사회에 필수적인 대안으로 떠오른다.

둘째, 그 의무를 이행하는데 있어서 인간의 법이 자연법과 부응하여 평등한 권리를 만인에게 부여한다. 따라서 권리, 의무 양면에서 자연법 앞에 만인의 평등은 오늘날 인권평등의 철학적 기반으로 이어지고 있다. 결국 자연법은 인간사회의 조직원칙으로서 인간은 모두 자연법 앞에 평등하며, 서로 형제처럼 결합할 수 있다는 의미로 생각된다. 따라서 정치철학자 존 롤즈(John Rawls, 1921~2002)의 표현대로 "인권이란 가상

---

50) 안경환, 「헌정 50년과 자유와 평등의 이념」, 『법학』, 제39권 제4호, 서울대학교 법학연구소, 1988.

적 사회계약이 당사자가 국가를 만들 당시에 다수의 횡포를 방지하기 위해 합의한 본래의 계약 내용의 일부"[51]라는 인권문제에 접근하는 기본적인 시각과 원칙을 천명한 것에서 출발한다.

셋째, 한국 사회는 급속한 경제 발전과 기술 혁신에도 불구하고 인간 소외, 정체성 혼란, 공동체 해체 등의 위기를 겪고 있다. 이러한 배경 속에서 '사람답게 산다는 것'은 단지 물질적 풍요가 아니라, 존엄성의 보장, 관계적 인정, 삶의 의미 추구를 포함한 전인적 조건을 말한다는 것을 중시해야 한다.

넷째, 인권교육의 통합적 접근이 요구된다. 현재 한국 사회에서 인권교육은 주로 법적 권리와 절차에 초점을 맞추고 있으나, 인문학적 접근은 인간 존재의 이해를 토대로 인권을 가르친다. 즉 인문학적 인권은 철학, 문학, 역사 등을 통해 인간의 고통과 존엄을 성찰하게 하며, 학생들이 타인의 권리를 감정적으로 공감하고 비판적으로 사고할 수 있도록 돕는다. 예를 들어 한강의 『소년이 온다』를 통해 국가 폭력과 기억의 문제를 인권적 시각에서 조망하거나, 카뮈의 『이방인』을 통해 타자성, 소외, 자유의 문제를 토론할 수 있다.

다섯째, 앞서 언급한 인권의 통합적 접근이후에 대학사회에서도 공공정책과 인문학적 인식의 전환을 필요로 한다. 이재명 국민주권정부는 행정과 정책은 단지 효율과 예산 중심이 아니라, 인간의 존엄과 삶의 질을 기준으로 설계되어야 한다. 예컨대 주거정책, 복지정책, 환경정책에서 주민의 서사와 감정, 공동체적 삶이 존중되어야 하며, 이를 위해 인문학자들이 정책 과정에 적극적으로 참여하는 것이 중요하다고 하겠다.

여섯째, 이재명 국민주권정부는 노동과 생계의 인간화를 사회 전반에 뿌리를 내리게 해야 한다. 예컨대 플랫폼 노동자, 비정규직, 이주 노동자들은 현대 자본주의 속에서 인간성을 상실하기 쉬운 위치에 있다. 인문

51) John Rawls, *A Theory of Justice*, Oxford University Press, 1978.

학적 인권은 이들을 단순한 '노동력'이 아니라 관계와 서사를 지닌 주체로 인식하게 한다. '사람답게 일할 권리'는 단지 각기 다른 임금 수준을 넘어 자율성, 안전, 사회적 인정까지 포함해야 한다.

일곱째, 디지털 시대의 인권, AI시대의 인권개념을 재정의해야 한다. AI와 데이터 사회에서는 개인의 정보, 감정, 정체성이 기술에 의해 침해될 위험성이 높다. 인문학적 인권은 디지털 기술 속에서도 인간의 내면성, 기억, 창의성, 표현의 자유를 보호하는 기준이 되어야 한다. 정보에 대한 자기 결정권, 감시로부터의 자유, 알고리즘 편향에 대한 비판이 포함되어야 한다. 인권은 법과 제도의 문제가 아니라, 인간 존재에 대한 해석과 실천의 문제이다. 한국 사회가 진정한 인권 사회로 나아가기 위해서는 인문학적 인권 개념을 교육, 정책, 노동, 기술 등 삶의 전반에 걸쳐 적용할 필요가 있다.

따라서 인문학은 인간이 어떤 존재인가를 묻고 인권은 그 존재가 어떻게 살아야 할 것인가를 거듭 제안할 필요가 있다. 그러므로 인문학은 인권의 심장이 되어야 하는 것은 물론 '사람답게 사는 삶'은 한국 사회의 미래를 비추는 윤리적 나침반이 되어야 한다.

참고문헌

구태환, 「인권과 사회, 삶」, 한국철학사상연구회, 『철학, 삶을 묻다』, 동녘, 2015.
김비환, 「역사적 맥락에서 본 인권」, 『철학과 현실』, 제68호, 철학문화연구소, 2006.
김영식, 『과학, 인문학 그리고 대학』, 생각의나무, 2007.
라이커트, 엘리자베스, 『사회복지와 인권』, 국가인권위원회 사회복지연구회 옮김, 인간복지, 2008.
로크, 존, 『시민정부론』, 마도원 옮김, 다락원, 2009.
멩케, 크리스토프, 『인권철학입문』, 정미라·주정립 옮김, 21세기북스, 2012.
모인, 새뮤얼, 『인권이란 무엇인가』, 공민희 옮김, 21세기북스, 2011.

박경서 외, 『인문학이 인권에 답하다』, 철수와영희, 2015.
박경서, 『인권이란 무엇인가』, 미래지식, 2012.
박구용, 『우리안의 타자: 인권과 인정의 철학적 담론』, 철학과현실사, 2003.
박상섭, 『국가·주권』, 소화, 2009.
박정순, 「인권이념의 철학적 고찰」, 『철학과 현실』, 제68호, 철학문화연구소, 2006.
배성인, 「인권과 한반도 정치학」, 『진보평론』, 제42호, 겨울호, 2009.
안경환, 「헌정 50년과 자유와 평등의 이념」, 『법학』, 제39권 제4호, 서울대학교 법학연구소, 1988.
안경환, 『법과 사회와 인권』, 돌베게, 2011.
양해림, 「왜 인권인가」, 양해림 외, 『지역사회의 인권을 말하다』, 충남대학교 출판문화원, 2013.
양해림, 「인권과 민주주의」, 『철학연구』, 제96집, 대한철학회, 2005.
양해림, 「인권과 민주주의-하버마스의 『사실성과 타당성』을 중심으로-」, 『21세기 한국사회와 철학』, 철학과현실사, 2008.
양해림, 『기후변화, 에코(ECO)철학으로 응답하다』, 충남대학교출판문화원, 2016.
양해림, 『현대인을 위한 서양철학사』, 집문당, 2023.
이봉철, 『현대인권사상』, 아카넷, 2003.
이상돈, 『인권법』, 세창출판사, 2006.
이샤이 미셸린, 『세계인권사상사』, 조효제 옮김, 도서출판 길, 2005.
인권교재개발위원회, 『인권법』, 아카넷, 2006.
조효제, 『인권의 문법』, 휴마니타스, 2007.
조효제, 『인권의 지평』, 후마니타스, 2016.
진보평론(편), 「특집: 지구화시대, 해체되는 인권의 사유」, 『진보평론』, 42호, 겨울호, 2009.
칸트, 임마누엘, 『실천이성비판』, 백종현 옮김, 아카넷, 2002.
클래펌, 앤드류, 『인권은 정치적이다.』, 박용현 옮김, 2010.
키케로, 마르쿠스 툴리우스, 『국가론』, 성염 옮김, 한길사, 2013.
탤벗, 윌리엄 J. 『인권의 발견』, 우근우 옮김, 한길사, 2011.
페인, 토마스, 『상식, 인권』, 박홍규 옮김, 필맥, 2004.
프레드먼, 샌드라, 『인권의 대전환』, 조효제 옮김, 교양인, 2009.

프리드먼, 마이클, 『인권 이론과 실천』, 김철효 옮김, 아르케, 2006.

필즈, 벨덴, 『인간이기 때문에 누려야 할 권리, 인권』, 박동천 옮김, 모티브북, 2013.

하버마스, 「민주주의의 세 가지 규범적 모델」, 한상진 편, 『현대성의 새로운 지평』, 나남출판, 1996.

Habermas, Jürgen, *Faktizität und Geltung, Frankfurt.* a. M. 1992.(한상진 외 옮김, 『사실성과 타당성』, 문예출판사, 1999).

Horster, Delef, "Recht und Moral: Analogien, Komplementaritäten und Differenzen", in: *Zeitschrift für philosophische Forschung,* Bd. 51. 1997.

Horster, Delef, *Rechtsphilosophie*, Hamburg, 2003.

Hunt, Lynn, Inventing Human Rights, New York: W.W. Norton, 2007.

Locke, John, *Zwei Abhandlungen über die Regierung(1690),* Frankfurt. a. M. 1989

Lohmann, George, *Philosophie der Menschenrecht*, Frankfurt. a. M, 1998.

Rawls, John, John Rawls, *A Theory of Justice,* Oxford University Press, 1978.

Rawls, John, John Rawls, *The Law of People,* Cambridge: Havard University Press, 1999.

Reichert, E., Placing human rights at the center of social work profession, in: *Journal of Intergroup Relations* 28.1(spring), 2001.

United Nations, Universal Declaration of Human Rights. Adopted December 10. 1948, GA. Res. 217 AIII. United Nations Document a. 810. New York: UN. 1948: art, 2-15.

Vasak, K., *Studies and Essays on International Humanitarian Law and Red Cross Principles,* Geneva and the Hague, Nartinus Nijtinus, 1984.

Vasak, K., UNESCCO Courier, Nov. 1977.

제7장

한국 사회는 인권투쟁을 통해 어떻게 시민혁명을 이끌어낼 수 있을까?

-마르크스의 인권관-

제7장

한국 사회는 인권투쟁을 통해 어떻게 시민혁명을 이끌어낼 수 있을까?

-마르크스의 인권관-*

1. 사회권의 출발점

인권의 개념은 역사적 산물이다. 이제 시대가 바뀌면서 새로운 담론은 언제나 수시로 나타난다. 인권의 역사에서 가장 먼저 자유권이 주장되었다. 그리고 대체로 제2차 세계대전 이후 사회권이 각 국가의 헌법에 반영되었다. 프랑스 법학자 바작(K. Vasak)은 인권의 유형을 제1세대, 제2세대, 제3세대의 인권으로 구분했다. 제1세대 인권 이념은 자유(자유권), 제2세대 인권이념은 평등(사회권), 제3세대 인권의 중심은 연대성이다.[1] 특히 제2세대 인권은 경제적·사회적·문화적 권리(사회권)를 실현하기 위해 국가의 적극적인 지원과 개입을 필요로 한다. 제2세대 인권은

---

* 이 글은 「동서철학연구」, 제88집, 한국동서철학회, 2018, 2670-292쪽에 실린 내용을 수정 보완한 것임.

1) 제1, 2, 3세대 인권의 자세한 내용은 다음을 참조: 인권교재발간위원회, 『인권법』, 아카넷, 67-161쪽.: 양해림, 「인권과 인문학」, 『인문학연구』, 충남대학교 인문과학연구소, 제108집, 2017, 273-302쪽.: 벨덴 필즈, 『인간이기 때문에 누려야할 권리』, 박동천 옮김, 모티브북, 2013. 73-89쪽.

현재 당장은 목적 달성이 쉽지 않을 수 있지만, 미래의 실현을 위해 사회적, 정치적 기본제도의 보완과 신설을 위한 관심과 투자가 필요하기 때문에 기본적 인권이라 불린다. 1948년의 《세계인권선언》, 1966년의 제21차 UN 총회이후 《경제적·사회적·문화적 권리에 관한 국제규약》, 《시민적·정치적 권리에 대한 규약의 선택 의정서》에 관한 여러 조항들에서 노동자의 권리를 국제적으로 명문화하여 규정해 놓은 지 이미 오래 되었다. 특히 《경제적·사회적·문화적 권리》는 사회정의(正義)와 실질적 평등의 이념으로부터 도출된다. 이를테면 《경제적·사회적·문화적 권리》는 모든 사람이나 국가나 사회, 그리고 공동체에 대해 자신이 인간으로서 인간다운 생활을 할 수 있도록 해 줄 것을 요구한다. 모든 사람은 자기 자신과 가족의 건강과 행복한 삶을 위해 음식, 의류, 주택과 의료보호, 필요한 사회보장 서비스를 포함한 충분한 생활수준을 향유할 권리가 있다. 부녀자와 어린이는 특별한 보호와 지원을 받을 권리가 있으며, 모든 사람들은 무상으로 초중등교육을 받을 권리가 있다. 여기서 《경제적·사회적·문화적 권리》는 사회권의 규약을 제정하고 있다. 이러한 사회권의 규약은 가톨릭에서 종종 언급하고 있는 인간의 존엄성이라는 요청에서 그 유래를 거슬러 올라간다.

세속적 권리로서의 사회권은 17~18세기의 시민혁명들이 노동자계급과 여자들을 열등한 시민으로 취급하면서 지난 수많은 혁명의 성과로부터 배제했다는 비판에서부터 출발했다.[2] 즉, 사회권은 18세기의 시민혁명, 보통선거권, 사회보장과 복지, 노동과 직업의 권리, 건강과 쾌적한 생활의 권리, 교육권 등을 보장함으로써 경제적, 사회적 평등을 구현하고 이를 통해 인간의 존엄과 인격의 가치를 구현하는 노력이 필요하게 되었다. 홉스(Thomas Hobbes)의 자연 상태에서 만인 대 만인의 투쟁, 로크의 사회계약으로 인한 저항권의 인정, 루소의 인간 불평등비판, 칸

2) 인권법교재발간위원회, 『인권법』, 아카넷, 2008, 137쪽.

트의 인간의 존엄성, "마르크스의 사회주의 이념"[3] 등은 인간의 권리와 자유를 바라보는 시각을 현실적 삶의 수준으로 맞추었다. 이렇게 사회권은 기존의 시민법상의 인간관을 전제로 하여 이를 보충하는 형태로 전개되어 왔다. 이제 사회권은 시민권의 일부로 받아들이면서 평등의 원리에 대한 중대한 변화를 가져다주었다. 이를테면 불평등의 완화를 위해 사회권이 등장한 것이다. 점차 사회권에 대한 정당성이 확인되면서 교육과 의료 등 사회복지에서 핵심적인 문제들에 대한 불평등을 없애자는 주장이 제기되면서 사회권은 불평등에 대한 비판으로 확대되었다.[4]

사회권은 노동력 상품이라는 특수성을 반영하여 독일의 바이마르헌법에서 처음으로 헌법으로 규정되었다. 바이마르헌법은 노동과 자본의 공동원리에 따라 노동자층의 대표로서 노동조합이 승인되고, 단결권은 무조건 승인되었다. 바이마르헌법 제159조는 다음과 같이 규정하고 있다. "노동 및 경제조건을 유지하고 촉진하기 위한 결사의 지유는 모든 사람과 작업에 보장된다. 이러한 자유를 제한하거나 저해하는 협정과 조치는 모두 위협이다."사회권은 자유권의 전제조건이기도 하지만, 자유권이 제대로 보장되어야만 사회권에 대한 요구가 성립된다. 이러한 방식으로 양자(兩者)는 상호 지지하고 강화한다.[5]

사회권의 종류와 내용 가운데 노동권은 가장 먼저 근로의 권리를 규정하고 있다. 노동권을 전면에 내세운 이유는, 노동권이 인간의 삶을 영위하는데 가장 핵심적인 요소라 판단하고 있기 때문이다. 또한 노동은 자기 자신뿐만 아니라 가족에게 음식, 의복, 주거 등 물적 자원을 확보하는

---

3) 인권에 대한 사회주의내의 이론적 논의는 크게 두 갈래로 나누어 볼 수 있다. 하나는 사회주의사회는 자본주사회의 전면적 혁파를 전제로 한 후에나 가능하다고 보는 이른바 정통 마르크스주의를 중심으로 하는 혁명론자이고, 다른 하나는 자본주의 사회의 점진적 개혁을 통해 사회주의에 도달할 수 있다고 보는 개혁론자들이다.(이봉철, 『현대인권사상』, 아카넷, 2003, 200쪽.)

4) 최현, 『인권』, 책세상, 2009, 99-100쪽.

5) 장은주, 『인권의 철학』, 새물결, 2010, 303쪽.

가장 기본적인 수단이 되기 때문이다. 뿐만 아니라 노동은 신체활동을 통해 자신의 인격을 발현, 형성하는 인간행위의 대표적인 형태라는 측면에서 인간의 존엄성과 가치에 중요한 의미를 지닌다.

근대적 인권은 마르크스(Karl Heinrich Marx, 1818~1883)로부터 시작되었다고 해도 과인이 아니다. 마르크스의 『경제학-철학수고』(1844), 『독일이데올로기』(1845)에서 드러난 유적 존재(Gattungswesen)로서의 인간과 자기소외라는 개념은 마르크스 사상의 중심에 놓여 있었다. 마르크스가 주장하는 유적 존재로서의 인간이란 이 세상에 처음부터 끝까지 타인 없이는 살아갈 수 없고, 타인과 더불어 살아가는 사회적 존재를 말한다. 개별적 인간이 유적 존재로서 고유한 힘을 발휘하게 될 경우에 사회적 힘을 인식하고 조직을 하게 된다. 이러한 사회적 힘이 정치적 형태 안에서 분리되지 않았을 경우에 인간 해방이 완성된다.[6] 따라서 인간은 노동을 통해 새롭게 생명을 발현시키는 사회적 존재가 된다. 여기서 사회란 인간 상호 간의 생산 공동체를 일컫는다. 이러한 사회관은 자본주의 사회에서 발생하는 이기적 인간관의 문제 때문에 빈곤문제를 극복하고 분열된 시민사회를 넘어서게 된다. 이러한 인간관을 바탕으로 제2인터내셔널이 창립되었고, 8시간 노동의 보장은 자본에 대한 노동의 승리이기도 했다.[7] 사회권의 등장은 마르크스가 주장한 유적 존재로서의 인간을 전제로 한 것은 아니었지만, 마르크스의 이념은 1917년의 러시아혁명을 통해 확인되었다. 인간다운 생활을 보장하려는 사회권은 자유권에 한정되었던 기존의 인권 개념을 확대했다. 기존의 고립된 단자(單子)적인 개인적 인권이 사회공동체에 참여하는 구성원으로서 외연이 확장된 것이다.[8]

---

6) Karl Marx, *Judenfrage,* in: Marx and Friedrich Engels, *MEW1,* Berlin, 1988, 370쪽.
7) 인권법교재발간위원회, 『인권법』, 39-40쪽.
8) 위의 책, 41쪽.

사회권은 현대적 관점에서 마르크스가 “보편적 인권”을 어떻게 취득하고, 타인을 어떻게 인정할 수 있는가에 많은 고민을 한 것에 예의주시한다. 마르크스는 보편적 인권, 곧 사회권이라는 것은 시민사회의 구성원 이외에 아무것도 아니라고 본다. 보편적 인권이란 인간 및 공동체로부터 분리된 이기적인 인간의 권리이외에 아무 것도 아니며 투쟁을 통해 쟁취할 수 있다고 말한다. 따라서 우리는 마르크스의 인권관을 그의 초기 저작인 『유대인 문제에 관하여』의 저서에 한정하여 그의 경제적 평등권의 단초를 제공한 사회권을 중심으로 고찰해보자.

2. 마르크스의 인권관

1) 종교적 해방에서 정치적 해방으로

마르크스의 「유대인 문제에 관하여 Zur Judenfrage」(1843~1844)의 저서는 브루노 바우어(Bruno Bauer, 1809~1882)의 「유대인의 문제 Die Judenfrage」(1843) 읽고 쓴 비평문의 형식으로 이루어져 있다. 하지만 그의 비평문은 19세기 정치사상의 중요한 테제로 평가 받는다.[9] 특히 마르크스는 「유대인 문제에 관하여」에서 발표했던 비평문에서 인권개념의 일반적인 비판을 가했다.[10] 이 비평문은 유대인들의 사회적, 정치적 상황에 대해 청년 헤겔학파의 동지였던 브루노 바우어가 내놓은 두 편의 연구를 분리시켜서 비판을 가했다. 이 비평문은 『독불연보』에 게재되어 제1부에서는 바우어의 『유대인 문제』를 비판적으로 다루었다. 즉, 마르크스는 제1부에서 유대인들에게 정치적·시민적 권리를 부여할 수 없다는 바우어의 주장이 근본적으로 정치적 해방과 인간적 해방의 차

---

9) Jonathan Wolff, *Why Read Marx Today?* Oxford: Oxford University 2002.
10) 벨덴 필즈, 『인간이기 때문에 누려야 할 권리, 인권』, 모티브북, 2013, 66쪽.

이를 구별하지 못하는데서 나타나는 과오였음을 적나라하게 비판한다. 여기서 마르크스는 국가와 사회에 대한 기본적인 다양한 원칙들을 규명했다. 또한 제2부에서 그는 「오늘날의 유대인과 기독교가 자유롭게 될 수 있는 능력」[11]의 문제를 다루었다. 특히 제2부에서 그는 유대인들의 해방 가능성을 종교적 차원에서만 언급했던 바우어와는 다소 다른 입장을 취한다. 즉 마르크스는 '일상적 유대인'의 본질, 즉 유대주의를 격렬하게 비판함으로써 자본주의 사회의 속성을 분명하게 폭로했다. 따라서 마르크스의 「유대인 문제에 관하여」의 비평문은 유대인의 해방문제에 초점을 맞추어 전개해 나갔다.[12]

그러면 도대체 그 당시 프로이센에서 유대인의 문제가 인권과 무슨 상관관계가 있었는가? 그 당시 프로이센에서는 1816년 유대인들을 억압하는 법을 제정했다. 그런데 1843년 의회에서 유대인의 해방령을 통과시켰다. 이에 대해 프로이센 왕이 유대인들의 해방령에 대한 거부권을 행사함으로써 이 문제가 프로이센제국의 민감한 정치쟁점으로 떠올랐다. 그 당시 유대인들의 문제, 정교분리의 문제, 정치적 해방과 인간적 해방의 문제, 국가와 종교문제와 같은 관점들은 보수와 진보를 가르는 핵심쟁점으로 삼고 있었다. 그런데 청년헤겔학파에 속하면서 진보적 신학 강사로 분류되었던 "무신론자 바우어"[13]가 이 문제에 대해 다소 상이

---

11) Karl Marx, *Judenfrage*, in: Karl Marx·Friedrich Engels, *MEW1*, Berlin, 1988.

12) 정문길, 『에피고넨의 시대』, 문학과지성사, 1987, 174쪽. Shlomo Avineri, "Marx and Jewisch Emancipation," *Journal of History of Ideas*, Vol. XXV, 1964, 445쪽.

13) 청년헤겔학파였던 바우어와 마르크스의 지적 연계는 1848년 『공산당선언』에 이르기까지 오랜 기간 지속되어 왔다. 마르크스와 바우어와의 지적인 교류는 베를린 독토르 클럽(Doktorklub)에서 비롯되었다. 마르크스는 1936년 10월에 베를린 대학교(지금의 훔볼트 대학교)에 등록했으며 1937년에 모임을 갖기 시작했다. 여기서 그는 당시 베를린 대학의 강사였던 10년 연상의 바우어를 만났다. 마르크스와 바우어, 청년헤겔학파와의 자세한 관계는 다음을 참조. 정문길, 『에피고넨의 시대』, 문학과지성사, 1987. 카를 뢰비트, 『헤겔에서 니체로』, 김학철 옮김, 민음사, 2010. William J. Brazil, *The Young Hegelians*, Yale University Press, 1970.: McLellan's, *The Young Hegelians and Karl Marx*, London, 1969.

한 주장을 제기했다. 바우어가 문제로 삼은 주된 내용은 독일에서 유대인들이 자기들만의 종교와 문화를 갈망하면서 동화되기를 거부하고 있기 때문에 유대인들만의 정치적 해방을 갈망하는 것은 불가능하다는 것이었다. 유대인들은 독일인의 해방에 관심을 갖고 있지 않으면서 도대체 무엇 때문에 독일인들이 유대인들의 해방에 유독 관심을 가져야 하는지가 핵심쟁점으로 떠올랐다.

당시 기독교가 국교였던 절대주의 국가였던 프로이센에서 기독교 때문에 일반 독일 국민들도 진정한 정치적 해방과 시민적 권리를 획득하지 못하고 있었다. 그런데 어떻게 소수자였던 유대인들이 기독교적인 국가의 특성에서 유대인들의 해방을 어떻게 방해할 수 있었는가? 유대인이라는 정체성만으로 유대인들의 해방을 어떻게 가로막을 수 있었는가? 이러한 물음은 마르크스가 보기에 프로이센국가가 기독교 국가를 유지하고 있는 이상(以上), 그리고 유대인들이 유대교로 남아 있는 이상, 프로이센 국가가 일반 독일국민 모두에게 해방을 주지 못하는 것과 마찬가지로 유대인들도 해방을 얻지 못했다.[14] 그래서 마르크스에 따르면 유대인들은 자기들만의 특별한 권리와 예외적인 해방노선의 당위성을 그만 중단하고 국가를 종교의 사슬로부터 해방되어 독일 국민들과 함께 공동투쟁을 벌여 나가야 한다는 것이다. 마르크스의 입장에서 사회전체를 그냥 내버려두고 어느 특정 종교의 집단만을 해방시켜야 하는 것은 사회적 분열을 더욱 고착시킬 것이라는 생각이었다. 또한 권위주의의 통치에 저항하는 집단행동도 어느 정도 차단해야 한다는 생각이었다. 그래서 마르크스는 기독교 국가에서 유대인 집단에게만 예외조항을 두어 혜택을 준다면, 많은 사람들이 그 집단에 반감을 품게 될 것이라 주장한 것이다. 이런 점에서 마르크스는 기독교와 유대교인의 "적대관계를 더 이상 불가능한 것으로 만들어버려 종교를 폐지해야 한다[15]"는 것이다.

---

14) Karl Marx, 앞의 책, 347쪽.

15) 위의 책, Vgl. 미셸린 이샤이, 『세계인권 사상사』, 도서출판 길, 2006, 230쪽.

프랑스 혁명이나 미국헌법에서 볼 수 있는 것처럼, 정교분리, 특권층의 폐지, 그리고 평등사회로 나아갈 할 경우, 동시에 기독교인과 유대인이 해방될 수 있는 것이다. 왜냐하면 정치적 해방이 종교와 갖는 관계는 정치적 해방이 인간적 해방이 갖는 문제와 연관되어 있기 때문이다.[16] 이런 연관된 내용들은 바우어가 주장하는 정치적 해방에 관한 것이었다. 여기서 당시 독일의 지식인에게는 미국헌법의 권리장전에 명시했던 조항들이 선진적인 내용인 것으로 통용되고 있었다.

하지만 마르크스는 바우어의 이러한 주장에 대해 어느 정도 타당하다고 동의하면서도 부분적으로 만족스럽게 여기지 않았다. 왜냐하면 마르크스는 기독교 국가만을 바우어가 비판할 것이 아니라 국가 자체를 비판해야 한다고 생각했기 때문이다. 그래서 바우어의 유대인 문제에 대한 지적은 다음과 같은 문제점을 갖고 있다고 마르크스는 보았다.

> 바우어는 오로지 기독교 국가만을 비판에 내맡기고 있다는 점에서 오류를 범하고 있다. 바우어가 정치적 해방의 인간적 해방에 대한 관계를 검토하지 않은 채, 정치적 해방과 무비판적 혼동할 때에만 설명 가능한 조건을 제시한다는 점에서 오류를 범하고 있다고 생각한다.[17]

이를테면 바우어는 유대인의 문제를 다루는데 있어서 누가 주체이고, 누가 객체이냐의 문제를 중심만으로 언급했다. 즉, 바우어는 어떤 부류의 해방이 문제가 될 것이며, 어떤 해방이 본질을 규정하는 조건이 될 것인지에 대한 근본적인 의문들을 제기하지 않았다. 따라서 마르크스는 "정치적 해방에 대한 비판만이 유대인 문제에 대한 결정적 비판이 될 것이며, 당대의 보편적 문제에 대한 진정한 해결"[18]이 필요하다고 보았다.

---

16) Karl Marx, *Judenfrage*, 352쪽.
17) 위의 책, 351쪽.
18) 위의 책, 361쪽.

그러면 마르크스의 정치적 해방의 본질이란 무엇이었으며, 인간적 해방이란 무엇이었을까?

물론 이러한 질문은 쉽게 답할 수 있는 문제는 아니다. 다만 마르크스는 모든 형태의 종교적 해방이나 예외적인 해방을 주장하는 것에 대해 비판을 가했다. 왜냐하면 그 당시 독일의 유대인들은 권위주의의 멍에에서 크게 벗어나지 못하고 있었기 때문에 자기들만의 특별한 권리를 주장할 수도 없었다. 마르크스는 유대인들의 해방을 주장하는 사람들에 대해 다음과 같이 비판을 가했다.

> 당신들은 독일인으로서 독일의 정치적 해방에, 인간으로서 인간의 해방에 진력해야 할 것이다.[19]

위 인용문에서처럼, 마르크스는 독일의 유대인들에게 정치적 해방과 인간적 해방에 독일인들과 함께 노력해 줄 것을 당부한다. 마르크스는 유대교의 유대주의와 기독교에서의 종교적 반목이나 기독교 국가의 본질에 대해 "바우어의 비판·분석·설명이 대담하고 예리하며 기지(奇智)가 넘칠 뿐만 아니라 그 표현양식 또한 간결하고 힘차며 정확하다"[20]고 긍정적인 입장을 보인다. 이런 점에서 마르크스는 정치적 해방과 인간적 해방을 다음과 같이 말한다.

> 정치적 해방은 두말할 필요도 없이 하나의 커다란 진보다. 정치적 해방은 실로 인간적 해방 일반의 최후의 형태는 아니지만, 그러나 기존의 세계 질서 내부에서는 인간 해방의 최후의 형태이다. 이 경우 우리가 말하는 것은 현실적이고 실제적인 해방임은 물론이다.[21]

---

19) 위의 책, 347쪽.
20) 위의 책, 348쪽.
21) 위의 책, 356쪽.

위 인용문에서 보듯이, 마르크스는 정치적 해방을 완전하고 모순이 없는 인간적 해방과는 다르게 구별했다. 그는 정치적 해방이 인간을 공인(öffentlicher Mensch)과 사인(privat Mensch)으로부터 분열시키고 종교를 국가로부터 시민사회로 이동하는 것이라 보았다. 이러한 이동현상이 정치적 해방이 취하는 어떤 이행단계가 아니라 정치적 해방의 완성(Die Vollendung)에 이르는 길이라는 사실을 명백히 하고자 했다.[22] 말하자면 마르크스가 보기에 정치적 해방은 인간을 종교로부터 해방시킬 수 있지만, 인간에게 천국과 지상의 이중생활을 영위하게 만든다는 것이다.

> 인간은 정치적 공동체에서는 그 자신을 공동체적 존재(Gemeinwesen)로 간주된다, 시민사회에서는 사인으로 행동하고, 다른 인간을 수단으로 취급하며, 그 자기 자신을 수단으로 격하시키며, 낯선 힘의 노리개가 되어 버리게 한다.[23]

마르크스에 따르면 인간은 정치적 공동체에서는 유적 존재로서 행동함으로써 타자와 공동체적인 생활을 영위하지만, 시민사회에서는 철저히 이기주의에 집착하게 된다. 더욱이 사적 영역으로 물러난 종교, 특히 특정 종교에 대한 시민의 집착은 정치적 국가와 시민사회에서 나타나는 세속적 모순이 두드러진 일면이기도 하다. 종교는 더 이상 국가의 본질이 되지 못한다. 이제 종교는 시민사회의 정신이 되었고. 이기주의의 영역이 되었으며, 만인의 만인에 대한 투쟁의 표상으로서 그것이 인간의 본질임을 적나라하게 보여주었다.[24] 그래서 마르크스는 유대교와 정치적 해방에 대해 다음과 같이 말한다.

---

22) 위의 책, 356쪽.
23) 위의 책, 355쪽.
24) 위의 책, 356쪽.

> 너는 유대교와 결별선언을 하지 않더라도 완전하고 일관되게 정치적으로 해방될 수 있다. 왜냐하면 정치적 해방은 인간적 해방이 아니기 때문이다.[25]

위 인용문에서 보듯이, 마르크스는 인간적 해방과 구별되는 "정치적 해방은 정치로부터, 그리고 보편적 내용의 외관(Schein) 그 자체로부터 시민사회의 해방"[26]을 의미했다. 그리고 이러한 시민사회에서는 인간은 종교로부터 해방된 것이 아니라 종교적 자유를 얻은 것이다. 그는 재산으로부터 해방된 것이 아니라 오히려 소유할 재산을 얻었다. 그래서 인간은 상업의 이기주의로부터 해방되지 않았다. 따라서 인간은 상업을 할 자유를 얻었다.[27] 고 마르크스는 지적한다. 마르크스는 정치와 종교가 분리되어 정치적 해방이 이루어진 나라에서도 종교적 차별은 계속 존재한다고 보았다. 국법의 형식적 차원에서 차별이 사라진다고 할지라도 사적인 시민사회에서는 여전히 실질적으로 속박이 남아 있다. 여기서 마르크스는 정치적 해방과 인간적 해방을 분리한다. 이를테면 마르크스의 관점에서 정치적 해방이란 인간이 자유롭지 않은 상태에서 국가만 자유로워진 상태이다.[28] 이러한 측면에서 마르크스는 정치적 해방을 통해 시민사회가 획득한 바로 이와 같은 자유는 유대주의가 활동할 수 있는 기회를 제공한 것이라 보았다. 마르크스가 그의 「유대인 문제에 관하여」의 제2부에서 근본적인 비판을 가한 유대주의는 바로 이러한 시민사회를 근거로 한 것이다.

그러나 마르크스는 바우어의 유대인들의 문제를 다루는 주장이 전적으로 종교적·신학적 차원에 머물러 있다고 비판한다. 즉 "오늘날 유대인의 존재는 그의 종교에 의해서 설명되는 것이 아니다. 유대교의 강인한

---

25) 위의 책, 361쪽.
26) 위의 책, 369쪽.
27) 위의 책, 369쪽.
28) 위의 책, 349쪽.

생존은 유대교 가운데 환상적으로 방영된 시민사회의 실질적인 특성에 의해 설명되어야 한다."[29] 따라서 바우어가 정치적인 측면에서 강조하는 자유, 자유로운 인정, 특권 등은 기껏해야 본질적인 문제를 회피하기 위한 한갓 구실에 지나지 않는다. 마르크스는 바우어와는 다르게 정치적 해방이 반드시 종교의 폐기를 전제로 하는 것이 아니라는 것을 미국과 프랑스의 실례를 열거하며 구체적으로 전개해 나간다. 즉, 미국이나 프랑스와 같은 국가에서의 자유나 인권은 양심의 자유, 종교 선택의 자유를 의미하였으며, 이는 시민사회에서 이기적 인간의 권리를 뜻하는 것이었다. 그렇기 때문에 마르크스는 정치적으로 해방된 미국의 경우, 그들은 완전한 정치적 자유를 누릴 뿐만 아니라 종교역시도 참신하고 왕성한 활력을 보이고 있음을 지적한다.[30] 하지만 마르크스는 종교로부터의 국가나 인간의 정치적 해방은 종교가 공법의 영역에서 사법의 영역으로 물러났음을 말하는 것일 뿐, '인간의 종교폐기나 이에 대한 추구를 뜻하는 것이 아니었다.[31] 또한 마르크스에게서 종교의 폐기가 종교로부터의 진정한 인간의 해방을 의미하는 것도 아니었다.

2) 시민의 권리

마르크스는 「유대인 문제에 대하여」의 비평문에서 역사적 유물론을 전개했다. 그는 비평문에서 권리의 관점을 간결하게 논하고 있는 동시에 신랄한 비판도 가했다. 즉 마르크스의 입장에서 "개인이 추상적인 시민을 자기 안에 다시 받아들일 경우, 또한 스스로의 힘을 사회적 행동력으로 인식하고, 사회적 행동으로 조직할 경우, 정치권력의 형태를 띠고 있는 사회적 힘에서 자기 자신을 분리시키지 않을 경우에만"[32] 혁명의 정

29) 위의 책, 377쪽.
30) 위의 책, 362쪽.
31) 위의 책, 361쪽.

신이 실현되는 것이었다. 마르크스가 세속적 인간과 구분했던 추상적 시민은 〈인간과 시민의 권리 선언〉[33]에 명시했던 바로 그 시민을 일컬었다. 또한 이는 사회화된 자유를 실현하는 수단인 정치권력으로서의 시민이기도 했다. 이를테면 인간들은 자신들의 자유를 스스로 제한하는 이기적인 존재가 아니라, 자유를 다함께 실현하는 존재이다. 하지만 시민의 존재는 부르주아의 사회 안에서 이미 손상될 때로 망가져 버렸다.[34] 마르크스는 인간의 권리라는 이름을 빙자한 개념들이 실상은 시민사회에서 타인들과 맞서 자기의 재산을 지키려고 애쓰는 특정 계급의 이기적인 관점에 불과하다고 생각했다. 이와 같은 시민사회의 이기적인 권리는 계급의 지배를 정당화하기 위한 이데올로기적인 도구였던 것이다.[35] 따라서 마르크스는 시민사회의 존립이나 토대에 대해 다음과 같이 말하고 있다.

> 이미 시민사회의 존립을 보장하고, 시민사회의 필연성을 보증하는 시민사회의 토대, 즉 욕구가 시민사회의 존립을 항구적인 위험에 빠트리고 시민사회의 불확실한 요소를 길러내며, 지속적인 변천에 포함된 가난과 풍요, 궁핍과 번영의 혼합, 즉 변천일반을 산출한다.[36]

또한 마르크스는 「유대인 문제에 관하여」에서 시민의 권리와 구분되는 인간의 권리를 다음과 같이 언급하고 있다.

---

32) 위의 책, 348쪽.

33) 1791년 〈인간과 시민의 권리선언〉은 그 누구도 자신의 신념으로 인해, 종교적 신념으로서 인해 박해받아서는 안 된다고 명시하고 있다. 1791년의 헌법 전문 제1조에는 "누구든지 자신이 속한 종교의 예배를 수행할 자유를 갖는다."라는 조항이 인권으로 보장되어 있다.(Karl Marx, *Zur Judenfrage*, MEW1, 363쪽.)

34) 조효제, 『인권의 문법』, 휴머니타스, 2007, 170쪽.

35) 벨덴 필즈, 『인간이기 때문에 누려야할 권리, 인권』, 박동천옮김, 모티브북, 2013, 72쪽.

36) 위의 책, 356쪽.

> 시민의 권리와 구분되는 이른바 인간의 권리라는 것은 시민영역의 구성원으로서 갖고 있는 권리에 지나지 않는다. 즉 다른 인간들 그리고 전체 공동체로부터 동떨어진 이기적인 개인의 권리를 말하는 것이다. ... 따라서 인간은 종교로부터의 자유가 아니라 종교적 자유를 부여받았다. 인간은 재산으로부터의 자유가 아니라 소유권을 부여받았다. 인간은 사적 영리활동으로부터의 자유가 아니라 영리활동의 자유를 부여받았다.[37]

위의 인용문에서처럼, 마르크스의 관점에서 권리는 사회의 상부구조에 속해 있는 광범위한 범주이다. 이는 단지 권리만이 아니라 법, 종교, 그리고 국가를 포함하고 있다. 사회적, 정치적 결정은 인간과 자연 사이의 관계, 다시 말해 인간의 권리는 기술적 생산력의 과정에서 나타난다. 그리고 이러한 인권의 권리는 생산과정에 의해 생성되는 사회적 관계(gesellschaftlichen Verhältnis)의 총체성에서 드러난다. 이러한 "사회적 관계의 총체로서의 인간"[38]이 권리의 출발점인 것이다.

이와 같은 사회적 관계에 의해 계급이 존재하는 경우, 권리는 그다지 보편적일 수 없다. 권리란 이러한 과정을 지배하는 계급을 보호하는 것에 따를 뿐이다. 이런 조건 아래서 권리는 단지 외관상으로만 보기에 해방적이다. 말하자면 권리는 이데올로기에 의해 신비화된 허상으로서 지배체제에서 중추적인 역할을 한다. 만약 계급이 없다면, 진정한 평등의 체계가 자리 잡을 수 있으며, 사람들이 기본적으로 필요로 하는 것을 충족할 수 있으며, 각자 삶의 보람을 느낄 수 있는 다양한 방향으로 자신의 삶을 자유롭게 이끌고 나갈 수 있다. 이런 측면에서 권리의 개념이 인간의 삶에 반드시 충족해야 하는 필요불가결한 것은 아니다. 벨덴 필즈(Belden A. Fields)에 따르면, 마르크스의 관점에서 보편적 권리 또는 인

---

37) 위의 책, 364쪽.

38) 프리드리히 엥겔스, 『루트비히 포이어바흐와 독일고전철학의 종말』, 강유원, 이론과실천, 2008, 93쪽.

권이라는 개념이 어떠한 합리적인 의미도 가질 수 없을 뿐만 아니라 대다수 인간이 선(善)하고 보람 있는 삶을 성취하는데 방해가 되었다. 바로 이와 같은 권리개념에 대해 바우어가 유대인들을 배제하기 위해 권리나 인권개념을 적용했다는 것은 역설적일 수 있는 것이다.[39]

마르크스가 보기에 유대인들 자신은 자기의 본성을 타자로부터 영원히 분리된 삶을 살아갈 것을 고백했다. 그러면서 유대인 자신들은 어떻게 "보편적 인권"[40]을 획득할 것이며 어떻게 타인을 인정해야 하는 지에 대해서는 그다지 관심이 없었다.[41] 따라서 마르크스는 보편적 인권사상에 대해 다음과 같이 말한다.

> 인권사상은 기독교 세계에서 지난 세기에야 비로소 발견되었다. 인권사상은 인간에게 선천적인 것이 아니다. 인권사상은 오히려 인간이 지금까지 훈육 받은 역사적 전통에 대한 투쟁을 통해 획득된 것이다. 그래서 인권은 자연의 선물이 아니며, 지금까지의 역사가 우리에게 쥐어준 지참금이 아니다. 오히려 인권은 탄생의 우연에 대한 투쟁을 통해, 그리고 세대를 걸쳐 역사가 지금까지 남겨둔 특권에 대한 투쟁을 통해 획득한 대가이다. 인권은 교양의 산물이다. 인권은 그것을 스스로 획득하고 누릴 자격을 갖춘 자만이 소유할 수 있다.[42]

---

39) 벨텐 필즈, 『인간이기 때문에 누려야 할 권리, 인권』, 박동천 옮김, 모티브북, 2013, 70-71쪽.

40) 롤스(John Rawls)에 따르면 보편적 인권은 어떠한 사회가 혹은 사람들이 적절한 기준에 부합하는 것이 되기 위해 필요한 최소한의 권리로 명시한다. 롤스는 자유주의 사회가 적절한 기준을 충족시킨 비자유주의적 사회를 용납해야 한다고 믿는다. 예컨대, 생명권(생계 수단과 안전에 관한 권리), 해방권(노예제, 농노제, 그리고 강요된 직업으로부터의 자유, 종교와 사상의 자유를 보증하는 양심의 해방을 위해 충분한 수단을 가질 권리), 소유권(개인적 소유에 관한 권리), 자연적 정의의 규칙(동종의 사건들은 동일하게 다루어져야 하는 것)이 표현하는 형식적 평등권이 그것이다(John Rawls, *The Law of Peoples*, Cambridge, Mass. Harvard University Press, 1999, 59, 85쪽.).

41) Karl Marx, 앞의 책, 362쪽.

42) 위의 책, 362쪽.

위 인용문에서처럼, 마르크스는 인권사상을 역사적 투쟁의 산물로 보았다. 인권은 단순히 수동적으로 주어지는 것이 아니라 스스로 획득한 자만이 누릴 수 있다는 것이다. 바우어에 따르면 유대인들은 그동안 특권주의와 자신들의 신앙을 통해 역사에서 스스로 격리되었기 때문에 인권을 제대로 일지도 못했다. 그래서 득권 주의적이거나 이기석인 인간은 시민사회를 정치적 근간으로 삼아왔던 것이다. 이러한 인간들은 시민사회에서 이기주의를 극복하지도 못했기 때문에 국가의 정치적 성격을 따라가지 못했던 것이다. 인간의 권리, 즉, "부르주아 인간"의 권리는 인간의 특권 주의적 이기심에 깊게 뿌리를 내리고 있기 때문에 결코 보편적일 수가 없다. 따라서 마르크스가 보기에 유대인들이 자신들의 특권주의에서 벗어나지 못했기 때문에 인권을 누릴 수 없다고 보았던 바우어의 이야기도 한갓 이러한 특권주의의 수준에 머물러 있을 뿐이었다.[43] 이와 같은 상황에서 기독교인들이 문화적, 종교적 전통에서 유래한 인권을 단순히 유대인들에게 부여한다고 해서 유대인들이 그 권리를 제대로 인식하는 것은 더 더욱 아니었다. 마르크스는 유대인들이 보편적 권리를 내세울 수 있느냐라는 일반적 질문에 바우어와 정면에 맞서지는 않았다. 다만 마르크스는 그 권리들이 과연 무엇인지에 대해 천착(穿鑿)해 들어갔다. 이런 점에서 마르크스는 유대인들의 인권이 진정 무엇인지에 대한 근본적인 물음을 던졌다. 그러면 유대인들이 실제로 인권을 가질 수 있는가?

먼저 유대인들 스스로가 유대인으로 존재하고 있는 한, 그들 스스로가 편협한 본질에서 벗어나도록 해야 한다. 무엇보다 그들은 타자와 연대할 수 있는 인간적 본질에 대해 우위를 보일 수 있게끔 노력해야 한다. 그래서 마르크스는 유대인들을 비유대인으로부터 분리시켜 자신을 유대인이라는 특권적 본질이 자신의 참다운 본질로 다시금 밝혀내야 한다고 보았

43) 위의 책, 347쪽.

다.[44] 결국 마르크스의 관점에서 유대인들이 인간의 본질이라고 하는 최고의 본질이 과연 무엇인지 진지하게 생각해 보아야 한다고 다음과 같이 주장했다.

> 동일한 이유에서 기독교인은 기독교인으로서 (유대인에게) 그 어떠한 인권도 허락할 수 없다.[45]

위에서 보듯이, 유대인들이 특권주의에 빠져 인간의 본질을 제대로 인식하지 못한다면, 기독교인들도 유대인에게 인권을 허락해서는 안 된다는 것이다. 이러한 관점에서 마르크스는 국가와 시민사회(부르주아 사회)를 구분한다. 먼저 국가는 공적으로 자유의 권리를 가진 시민 주체들의 공간으로 취급된다. 먼저 시민사회는 일상적 이기주의가 만연한 경제활동의 공간으로 종종 이해하게 된다. 특히 마르크스는 시민사회를 상업사회와 같은 개념으로 받아들였고, 개인들이 자신의 사적 이익을 악착같이 추구하는 시장터와 같은 영역으로 보았다.[46]

유대인들은 상거래, 은행업, 전당업에 종사하면서 시민사회 안에서 상업적 가치를 유포하였고 막강한 영향력을 행사해 왔다. 이에 보태어 국가는 유대인의 경제력에 의존했다. 국가는 민간 영역 안에서 유대인들이 상업적 지위를 유지할 수 있게 허용했다. 따라서 유대인들이 부르주아적인 물질적 수혜를 포기하지 않는 이상(以上), 국가가 자본주의를 폐지하지 않는 이상(以上), 유대인에 대한 차별은 좀처럼 사라지지 않을 것이다. 이는 부르주아의 상업사회가 사회적 차별을 만들어낸 근본적인 원인이었다. 궁극적으로 마르크스는 자본주의를 철폐하고 타자와의 관계 속에서 자유를 찾는 세상을 만들었을 경우에 모든 인간의 진정한 해방이

44) 위의 책, 362쪽.
45) 브루노 바우어, 『유대인 문제』, 독불연보, 19-20쪽.
46) Karl Marx, 앞의 책, 369쪽.

가능하다고 믿었다.

마르크스는 근대 자유주의 이념이 국가와 시민사회를 분리한 이후 국가는 마치 천상과 같은 완벽한 상태로 떠받들면서 시민사회는 지상의 불완전한 상태로 방치했다고 비판한다. 마르크스는 『신성가족』(1845) 내의 「유대인문제에 관한 재론」에서도 시민사회를 비판적으로 본다. 특권에 의존해서 유지되어 왔던 봉건제가 현대에 들어와서 인간의 권리를 강조하는 사회로 변모했다고 하지만, 그것은 알고 보면 특권적 질서를 계급적 질서로 한갓 대체한 것에 지나지 않았다.

> 만약 시민사회의 노예제가 거대한 자유처럼 보이는 이유는 그것이 외관상으로 개인의 완전한 독립이라는 모양새를 갖추고 있기 때문이다. 특권을 폐지한 후 탄생한 시민사회는 무질서가 지배하고 있고, 시민사회의 무질서는 근대 공적 시스템의 토대가 된다.[47)]

이렇게 마르크스가 보기에 시민사회는 특권적 의식이 폐지되고 탄생되었기 때문에 이기주의나 무질서가 지배할 수 있지만, 공적시스템을 구축해야 한다는 것이다. 마르크스에 따르면 동일한 사람이 국가에서는 시민이라 불리면서 시민의 권리를 누리고 있다는 것이다. 반면에 시민사회에서는 부르주아, 소상인, 임금노동자 등으로 지칭하면서 인간의 권리를 만끽한다. 여기서 마르크스는 원래 루소가 사용했던 용어인 시민(citoyen)과 부르주아의 개념을 적용하여 근대인이 이중인격체의 특징을 갖고 있음을 지적한다.[48)] 즉 마르크스는 인권과 시민권을 구별했던 헤겔로부터 교육받았던 루소의 후계자인 셈이다.[49)] 말하자면 일반이익이 지배하는 국가에서는 언론, 집회, 출판, 투표, 사상, 신앙과 같은 고귀한 시민의 권리를 향유하지만, 시민사회에서는 자유, 소유권, 평등, 안전과 같은 부르

47) 위의 책, 364쪽.
48) 위의 책, 366쪽.
49) 위의 책, 364쪽.

주아적 인간의 권리, 즉 인권을 누린다. 특히 마르크스는 프랑스 혁명 이후에 일어났던 사회운동에 기반 했던 인권이 결코 보편적인 인권이 아니라 한갓 시민적 특권이었다는 것을 강조한다. 마르크스에게서 인권은 그 자체로 시민권과 구별된다. 그러면 시민권과 구별되는 인권이란 무엇인가? 보편적 인권이란 시민사회의 구성원 이외에 아무것도 아니다. 말하자면 보편적 인권이란 공동체로부터 분리된 이기적인 인간의 권리 이외에 아무 것도 아닌 것이다. 그래서 마르크스는 아메리카와 프랑스의 혁명에서 옹호했던 보편적 인권원칙에는 그다지 일관성이 없다고 지적한다.

바우어에 따르면, 인간은 보편적 인권을 획득하기 위해 "신앙의 특권"을 희생해야만 했다. 인권은 진정한 형태에서의 인권, 즉, 북아메리카인이나 프랑스인과 같이 인권을 발견한 사람들이 갖고 있던 형태의 인권이었다. 이러한 인권은 정치적 권리이며 타자와 더불어 사는 공동체에서만 행사되는 권리이다.

구체적으로 공동체의 참여는 정치적 공동체, 국가적 삶에 참여하는 권리인 것이다. 이런 점에서 마르크스가 강조하는 인권은 정치적 자유의 범주와 시민권(Staatsbürgerschaft)의 범주에 속한다. 시민권은 결코 종교를 아무런 모순 없이 긍정적으로 지양하는 것을 전제하지 않으며, 유대교를 지양(止揚)하는 것을 전제하지도 않는다. 따라서 인권(Droits de L′Homme)이 시민권과 구별되는 한, 시민권과 구별되는 인권을 고찰할 필요가 있다고 마르크스는 본 것이다.[50] 예컨대 이러한 인권에서 양심의 자유, 임의의 예배를 행할 권리를 찾아내야 하는 것이다. 신앙의 특권이란 어떤 인권을 막론하고 또한 어떤 자유를 불문하고 인권의 결실을 분명하게 인정해야 하는 것이다.[51] 이러한 것을 토대로 하여 마르크스는 프랑스 인권선언, 1793년과 1795년의 프랑스 헌법, 미국의 헌법, 그리

50) 위의 책, 362쪽.
51) 위의 책, 362쪽.

고 펜실베니아와 뉴햄프셔의 헌법 등 18세기 말에 작성된 권리에 관한 주요 문서들에서 어떤 권리들이 규정되어 있는지에 대해 분석해 냈다.[52] 즉, 무엇 때문에 시민사회의 구성원들 속에서 인권이라는 것을 지칭하는가? 권리는 왜 인권이라 일컫는가? 우리들은 이러한 사실들을 어떻게 설명해야 하는가? 마르크스에게서 이러한 물음들이 정치적 국가와 시민사회의 관계에서, 그리고 정치적 해방에서 성취돼야 하는 것이었다.[53] 이를 가리켜 마르크스는 시민사회의 구성원은 국가라는 사자의 탈을 뒤집어쓰고 있는 것이나 마찬가지라고 표현했다.[54] 무엇보다 국가라는 공적 영역은 인간의 자유, 권리, 평등과 같은 개념이 보장돼야 한다.[55] 하지만 마르크스는 이러한 내용들이 현실과 많은 괴리가 있는 이유는 무엇 때문이며, 프랑스 헌법, 미국헌법 등에서 등장하는 인권의 권리란 어떤 것일까?[56]라고 묻는다.

마르크스는 프랑스 혁명의 「인간과 시민의 권리선언」[57]과 미국 펜실베니아 및 뉴햄프셔의 주 헌법은 종교를 신봉할 자유를 예찬했던 권리와 그에 대한 분리를 말한다. 여기서 시민들이 공통된 인권의 의제를 보다 발전시킬 기회를 박탈하게 되었다고 마르크스는 비판한다.[58] 프랑스 혁

52) 위의 책, 363쪽.

53) Karl Löwith, *Von Hegel zu Nietzsche,* Hamburg, 1978, 266-267쪽.

54) 위의 책, 367쪽.

55) 위의 책, 364쪽.

56) 위의 책, 363쪽.

57) 프랑스혁명을 통해 성립했던 프랑스 공화국이 「인간과 시민의 권리선언」을 공표한다. 이를 뒷받침하는 시민권 법과 제도를 만들면서 프랑스 공화국의 시민이나 프랑스에 거주하는 사람들은 인권을 보장받게 되었다. (최현, 『인권』, 책세상, 2009, 69쪽.) 프랑스는 노예제를 폐지하고, 동성애 행위를 범죄에서 제외시키고 유대인을 해방시킨 최초의 나라였다. 프랑스는 「인간과 시민의 권리선언」에서 종교와 의사표현의 자유를 선포한다. 초창기에는 유대인들에게 시민의 자격부여 논란이 많았다. 국민의회의 뒤포르(Adrien Jean Francois Duport) 의원은 유대인을 공화국의 동등한 시민으로 받아들이자는 대담한 제안을 하면서 1791년 9월 27일에 「인권과 시민의 권리선언」이 채택되었다(미셸린 이샤이, 『세계인권 사상사』, 조효제 옮김, 2006, 도서출판 길, 207쪽.).

58) Karl Marx, 앞의 책, 364쪽.

명의 〈인간과 시민의 권리선언〉, 그리고 그는 미국헌법에서 규정한 '인간의 권리'는 철저하게 인간본성을 이기적인 것으로 보고, 공동체로부터 고립된 단자들로 구성된 사회구조를 옹호하는 부르주아적 개념이라 파악한다. 그러면 이제까지 진정한 공동체적 생활형태가 존재한 적은 있었던가? 마르크스는 1870년 파리코뮌 당시의 공적 시스템을 가리켜, 이는 위계질서가 아닌 분권적·민주적·참여적 방식으로 조직했었던 사실을 상기시킨다. 그는 공동체야말로 "사회적 해방의 정치적 형태"[59]였다는 것을 말한다. 경제적 해방과 정치적 해방은 내세에서 구원을 찾는 것이 아니라 현실에서 구원을 찾아낼 때 기회가 오는 것이다. 특히 정치적 해방은 민족에게는 다소 낯설게 보이는 국가적 본질, 즉 지배 권력이 의존하고 있는 낡은 사회를 해체해야 하는 것이다. 이를테면 정치적 혁명은 시민사회의 혁명인 것이다. 낡은 사회의 특성은 바로 봉건성에 있다. 낡은 시민사회는 직접 정치적 특성을 지니고 있는 것이다.[60]

이처럼 마르크스는 프랑스 혁명이나 미국헌법의 문서들에서 인간의 권리와 시민의 권리를 구분하는 것에 주목하여 시민권과 인권에 관심을 기울인 것이다. 예컨대 투표권은 인권에 포함시키지만, 인권은 시민사회 구성원의 권리이다. 헤겔이 국가와 사회의 구분을 처음으로 분석했지만[61], 이 문서들이 실제로는 개별적인 사회들과 상호 연관되어 보편화되었다. 이는 시민권과 대비되는 인권이 사실상 사적인 입장에서 자기 이익만을 취하고자 하는 개인적인 모나드(Monad), 즉, 단자의 권리에 해당되는 것과 같다. 이 때문에 마르크스는 "실천적 적용이라는 차원에서

59) 위의 책, 369쪽.

60) 위의 책, 467쪽.

61) 헤겔은 『법철학』에서 시민사회를 욕구들의 체계라고 불렀다. 욕구라는 인간 본성의 측면에 대한 특유의 근접성이 시민사회 영역의 고유성으로 창출된 것처럼 보인다. 헤겔은 영국의 정치경제학에 해박한 식견에 기반 해서 시민사회라고 불리는 영역을 자본주의적 시장의 영역과 동일시한다.(악셀 호네트, 『비규정성의 고통-헤겔의 법철학을 되살리기-』, 이행남 옮김, 그린비, 2017, 96쪽.) 시민사회에 대한 자세한 내용은 다음을 참조: 양해림, 「시민사회와 공공성」, 『동서철학연구』, 제70호, 한국동서철학회, 2013, 275-404쪽.

보자면 자유권이란 곧 사유재산권"[62]을 의미했다. 그리고 사유재산은 "각자 운 좋게 차지한 것을 향유하면서 자기 뜻대로, 다른 사람들을 배려하지 않고 사회와도 상관없이, 처분할 권리와 같다. 이를테면 이것은 자기 이익의 권리인 것이다. 이러한 개인의 자유를 적용하여 시민사회는 그 기반을 세우게 된다. 이렇게 히여 모든 시람들은 자신의 권리가 실현된 결과를 보지 않고 자신의 권리를 제한한 결과를 보게 된다. 각자 일하고 노동한 결실, 각자의 재화와 수입을 자기 뜻대로 향유하고 처분할 권리를 무엇보다도 우선하는 것을 선포하는 셈이다."[63] 자유권과 사유재산권은 시민사회의 토대를 이룬다. 자유, 평등이라는 개념도 모든 인간 자신에게 근거하는 단자로서, 동일하게 고찰된다. 평등은 모든 사람이 차별받지 않고 자족적인 단자로 대우해야 할 권리다. 평등은 비정치적 의미로 보았을 때, 자유와 동등한 권리라는 것을 마르크스는 주장한다. 그리하여 이것도 자기이익에 매몰된 각 개인의 개별성에만 관련되는 단자적인 개념일 뿐이라는 것이다.[64]

평등은 이렇게 프랑스 혁명에서 천명된 우애와 단절되고, 홉스(Thomas Hobbes)적인 갈등과 경쟁적 관계이다. 마르크스는 1795년의 헌법을 전거로 삼아 언급한다. 그 헌법에서 평등은 모든 사람에게 동등한 법과 관련되어 있다. 그렇지만 사람들 각자가 자신의 통제 아래 있는 자신의 "자유"에 속해 있는 재산과 관련해서 처한 상황을 서로 다르게 볼 수밖에 없는 노릇이었다.[65]

"안전"은 1793년의 헌법에서 "구성원 각자에게 인격, 권리, 재산의 보존을 위해 그 구성원 모두에게 제공하는 보호를 의미하는 것"[66]으로 정의(定義)한다. 안전은 시민사회에서 최고의 사회적 개념, 즉 경찰의 개념

62) Karl Marx, 앞의 책, 365쪽.
63) 위의 책, 365쪽.
64) 위의 책, 365쪽.
65) 위의 책, 366쪽.
66) 위의 책, 365쪽.

이다. 하지만 시민사회는 공동체에서 서로 돕고 살기는커녕 인간을 타인의 침해로부터 보호해 주지 못하면서 오직 전체사회를 위한 목표로만 제시되어 왔던 것이다.[67] 이것이 바로 시민사회의 적나라한 실체다. 그것은 이기주의의 영역이고 "만인의 만인에 대한 투쟁"[68]에 불과한 것이다. 앙시앙 레짐의 법이 그러했듯이, 이제껏 법이란 계급집단의 재산을 보호해 주는 구실을 해 왔다. 프랑스와 미국에 새롭게 등장한 정권아래서도 법이 오직 지배집단의 수행만을 위해 존속하고 있다고 마르크스는 확신했다. 계급의 구성은 서로 다를 수 있지만, 이념적으로 보편적 권리를 보호해야 할 법이 실제 상황에서는 사회 안에 속한 사람들의 개인주의적 권리를 보호하지도 못했다. 프랑스 혁명 아래서 자연적·보편적 권리라고 하는 보편주의를 정당화한다는 미명아래 실제로 법은 특정한 부르주아적인 인간의 권리였다. 구체제는 군주정과 봉건제 아래의 정치적 성격들을 보존한다. 즉 시민사회의 목줄과도 같은 기능과 조건들이 정치의 영역에 맡겼던 반면에, 정치혁명은 시민사회의 정치적 성격을 지워 버렸다. 정치혁명으로 인해 시민사회는 보다 단순한 구성요소들로 분해되었다.[69] 정치혁명은 한편으로 단순한 개인으로 분해되었고, 다른 한편으로 삶의 내용과 개인의 시민적 상황을 형성하는 물질적이고 정신적인 요소로서 각각 분해되어 버린 것이다.

이렇게 인권선언은 프랑스 혁명의 「인간과 시민의 권리선언」과 미국 펜실베니아 및 뉴햄프셔의 주 헌법 등은 시민사회의 개인에게서 출발했다. 즉 시민을 본래 참된 인간이라 부르는 이유는 그 선언이 여전히 봉건적 질서에 대한 투쟁을 지속하고 있기 때문이다. 단지 마르크스에게서 인간은 유적 존재(Gattungswesen)가 아니라 유적 생활로 이해된다. 즉 인간은 사회에서 항상 인간 본래의 독립성을 제약받는다. 하지만 각 개

67) 위의 책, 365쪽.
68) 위의 책, 356쪽.
69) 위의 책, 368쪽.

별적 인간을 서로 연관되어 있는 유대(留待)적 관계는 욕구하는 개인을 이해하게 된다.[70] 이런 이유 때문에 프랑스 혁명에서 이루어낸 정치적 해방은 인간적 해방에 의해 완성돼야 하는 것이다. 이러한 인간적 해방은 인간자신이 사회적인 유적 존재로서 구축된다. 그렇게 된다면 "시민사회의 개인은 소멸되이 자유가 최고의 공동생활이라는 헤겔의 명제"[71]가 진실 된 것일 수 있다.

마르크스는 시민사회에서 인간의 권리를 보장한다고 할지라도 인간해방에 훨씬 못 미칠 뿐만 아니라 오히려 인간해방에도 방해가 된다고 주장한다. 마르크스는 『고타강령 비판』(1875)에서 "권리는 사회의 경제 구조보다 더 높은 위상에 놓일 수 없다"고 주장한다. 그는 경제적 토대의 문제를 도외시하면서 인권을 주장한다면, 오히려 인간해방은 소원(疎遠)해 질 수 있다는 것이다. 따라서 마르크스의 관점에서 정치적 해방은 "한편으로 인간을 시민사회의 구성원이나 이기적인 독립적 개인으로 환원된다. 다른 한편으로 시민이나 도덕적 인격으로 환원한다."[72] 이런 측면에서 정치적 해방은 인간을 정신분열적인 존재로 만들 수 있다. 하지만 진정한 인간은 추상적인 시민을 자기 자신 안으로 불러들여 공동체 안에서 평등한 구성원으로서 자신의 정체성을 찾을 수 있어야 한다. 그래서 마르크스는 인간스스로가 공동체에 속해 있는 "유적 존재"[73]라는 사실을 깨달아야 한다고 주장한 것이다. 이러한 유적 존재로서의 인간은 자신의 힘을 단지 개인적 힘에 의해서가 아니라 사회적 힘을 인식할 수 있어야 하며, 사회적 힘을 조직할 줄 알아야 하며, 자아와 사회적 힘을 분리하지 않고 동일한 것으로 파악할 수 있어야 한다.[74] 따라서 이런 인식

---

70) Karl Löwith, 앞의 책, 267쪽.

71) 헤겔의 시민사회에 대한 자세한 내용은 다음을 참조: 양해림, 「헤겔의 법철학과 공동체주의-도덕성과 인륜성을 중심으로」, 『철학연구』, 제110집, 대한철학회, 2011.

72) 위의 책, 370쪽.

73) 위의 책, 355쪽.

74) 위의 책, 370쪽.

에 도달했을 경우에 인간해방이 완성될 수 있다고 마르크스는 주장하고 있는 것이다.

3. 한국 사회는 인권투쟁을 통해 어떻게 시민혁명을 이끌어 낼 수 있을까?

지금까지 살펴본 바와 같이, 마르크스에게서 인간의 권리는 공동체로부터 격리된 이기적인 인간의 권리였다. 인간의 권리는 개인의 외부에 존재하며 개인의 자연적 자유를 제한한다. 마르크스는 인간의 권리가 보편적인 것처럼 보이지만, 실상은 개인의 권리를 강조하면서 계급에 따른 사회구조적 불평등을 은폐하고 부르주아(Bourgeois) 계급의 이익만을 대변한다고 비판을 가한 것이다. 각 개인들이 서로 잠재적인 적(敵)이라 가정하는 이유는 부르주아적 이기주의나 자본주의의 경쟁체제 때문이지만, 이는 자연스럽고 보편적인 현상은 아니다. 인간의 권리는 사회가 형성되기 이전에 존재했을 뿐, 독립적인 개인은 언제나 자연스러운 것이다. 또한 자본주의사회에서 개인의 정치활동도 단지 자연권을 보호하기 위한 수단으로 여겨왔다. 마르크스는 이러한 자본주의사회에서 부르주아적 개인의 권리개념이 노동과 생산 그리고 부(富)가 인간복지에 얼마나 중요한 것인지를 간과하고 있다고 경고한다. 결국 인간해방은 개인의 경제적 문제를 다분히 함축하고 있다.[75]

마르크스는 프랑스 파리에서 사회 작업장(作業場)이 해체되고 억압적인 노역상태가 계속 존속하고 있는 현장에 대해 주시했다. 그는 『프랑스

---

75) 마이클 프리먼, 『인권 이론과 실천』, 아르케, 2006, 51쪽. J. Waldron, *Nonsense Upon Stilts': Bentham, Burke and Marx on the Rights of Man,* London:Methuen, 1987, 126-132. : R. Dagger, Rights. In T. Ball, J. Farr and R. L. Hanson (eds), *Political Innovation and Conceptual Change*: Cambridge: Cambridge University Press, 1989, 302-303쪽.

의 계급투쟁, *Die Klassenkämpfe in Frankreich*』(1848~1850)[76]이라는 논고에서 노동자들의 강제적 임노동의 불평등한 경제체제 위에 수립된 자본주의 국가가 노동의 권리를 제대로 보장할 수 없을 것이라는 회의론을 개진한다. 즉 마르크스가 보기에 "노동의 권리라는 것은 부르주아의 터무니없는 개념이다. 이는 비참할 정도로 경건한 희망사항에 지나지 않는다."[77]

하지만 마르크스는 공산주의 사회에서는 개인의 권리개념이 왜 필요한 것인지, 또는 부르주아의 권리 개념이 어떻게 사라질 수 있는지에 대해 그다지 분명한 입장을 표명하지 않았다. 이것은 곧 마르크스 권리개념의 결점일 수 있다. 하지만 마르크스주의는 한 국가에서 채택했던 강력한 공산주의 국가들이 발전해 나가는 개인의 권리, 즉 국가의 권력 남용으로부터 개인의 권리를 보호하고자 하는 관점이 정치적으로 중요한 역할을 했다.[78]

스티븐 룩스(Steven Lukes)는 마르크스가 「유대인 문제에 관하여」에서 주장한 인권비판은 18세기 혁명 당시의 인권관에 비추어 보아도 협소한 분석이라 지적하기도 한다. 즉, 1789년 프랑스 혁명의 〈인간과 시민의 권리선언〉은 제10조와 제11조의 의사표현, 사상과 언론의 자유에 대해 마르크스 자신도 반대하지 않았다는 것이다. 또한 룩스에 따르면, 프랑스 혁명의 〈인권과 시민의 권리선언〉 제 7.8.9조의 적법 절차의 존중, 무죄추정의 원칙은 마르크스의 핵심적 비판과는 다소 거리가 멀다는 것이다.[79] 마르크스가 18세기 프랑스 혁명의 인권선언을 기치로 내세웠

---

76) 마르크스는 "모든 지금까지 사회의 역사는 계급투쟁의 역사이다."(Die Geschichte aller bisherigen Gesellschaft ist die Geschichte von Klassenkämpfen) 라고 말한다. 이에 대한 자세한 분석은 다음을 참조: Gareth Stedman Jones, *Das kommunistische Manifest von Karl Marx und Friedrich Engels,* München; C.H. Beck, 2012, 253-290쪽.

77) 미셸린 이샤이, 『세계인권 사상사』, 도서출판 길, 2006, 244쪽.

78) Karl Marx, 앞의 책, 370쪽.

79) 미셸린 이샤이, 『세계인권사상사』, 2005, 2장 참조, 153-157쪽 참조.

던 자유, 평등, 안전의 이념에 대해 거침없이 비판을 가한 것은 현실적 실현방안을 새롭게 모색하기 위한 것이었다.

앞서 살펴보았듯이, 마르크스의 인권관은 평등의 원칙이라는 관점에서 정의(Gerechtigkeit, Justice)관과 밀접하게 연관되어 있다. 앞서 언급했듯이, 마르크스에게서 인권은 무엇보다 평등에 근간으로 해야 한다고 주장한다. 마르크스는 임금과 평등, 그리고 국가의 문제를 '공정한 임금'으로 고양시켜야 한다고 주장했다. 마르크스는 노동력이 다른 모든 상품처럼 가치대로 교환된다는 점에서 임금이 '공정해야 한다'는 것을 강조한다. 그는 임금 제도 자체가 착취적 사회관계에 의해 노동자의 임금 수준에 관계없이 대체로 불공정하게 설정되었다는 것이다. 그가 『고타강령 비판』에서 주장한 임금의 공정성은 평등의 이념인 "각자는 능력에 따라, 각자에게는 필요에 따라![80]라는 구호와 한참 동떨어져 있다는 것이다.

마르크스의 인권관은 역사적 상황에 따라 규정되어 왔다. 그의 "평등 개념은 부르주아 형태이든지, 프롤레타리아 형태이든지 역사적 산물로서, 기나긴 이전 역사를 전제로 하는 특정한 역사적 조건들을 필요로 한다.[81] 따라서 그의 평등 개념은 결코 현실과 동떨어진 외적 대상에서 나타난 것이 아니다. 그의 인권관은 평등권(공정 분배)에 대한 "다른 모든 권리처럼 내용상으로 불평등한 권리"에서 출발했던 것이다. 그러므로 마르크스의 궁극적인 목표는 단순히 평등한 분배가 아니라 모든 사람마다 필요에 따른 분배였던 것이다. 그것이 그가 바라던 보편적 인권이었다.

---

80) 1875년에 집필된 『고타강령비판』에 나오는 구문이다. 카를 마르크스·프리드리히 엥겔스, 칼 맑스·프리드리히 『엥겔스 저작 전집 4』, 김세균 감수, 박종철 출판사, 1997, 377쪽.

81) 마르크스의 평등개념에 대한 자세한 내용은 다음을 참조: Ernst Tugendhat, *Vorlesungen über Ethik,* Frankfurt. a.M. 1993.: Wilfried Hinsch, Gerechtfertige Ungleichheiten, Berlin, 2003, Stfefan Gosepath, *Gleiche Gerechtigkeit,* Frankfurt. a. M. 2004. Isaiah Berlin, "Equality", in: *Conceptes and Categories*, hg. von H. Handy, Harmondswoorth, 1981.

마르크스는 인권을 단순한 보편 가치로 보지 않았고 인권이 계급사회를 유지하는 형식적 권리에 불과할 수 있으며 오히려 현실적 자유와 해방은 투쟁을 통해서만 실현된다고 보았다. 한국 사회 역시 인권의 역사는 피동적 수용이 아니라 능동적 쟁취의 역사였다.

첫째, 인권의 정치화: 인권은 권력의 문제다. 인권은 중립적이거나 추상적인 개념이 아니다. 그것은 누가 언제든 어느 곳에든지 말할 수 있고, 누가 침묵당하며, 누가 권리를 주장할 수 있는가의 문제이다. 한국의 노동운동(1970~80년대), 민주화운동(6월 항쟁), 성소수자 인권운동, 이명박, 박근혜, 윤석열 탄핵 및 대통령 퇴진시민운동 등은 모두 단순한 권리 요구'를 넘어 지배 구조와의 충돌 속에서 성립되었다. 인권을 제도 내의 문제가 아니라 권력 구조 전환의 촉매로 인식하는 것이 시민혁명의 출발점이다.

둘째, 생활 속 인권과 구조적 불평등의 개선을 위해 노력해야 한다. 이른바 주거권, 건강권, 노동권, 환경권, 생계권 등 생활 속 인권은 오늘날 인권투쟁의 핵심이 되고 있다. 예컨대, 비정규직 노동자의 투쟁은 단순한 노동 조건의 개선이 아니라 자본주의적 노동통제의 문제 제기로 확장되어야 한다. 기후위기, 디지털 노동, 이주노동자 등 새로운 인권 의제들은 시민의 삶을 통해 구조적 불평등을 드러내고 공통의 시민혁명 투쟁의 장을 형성한다.

셋째, 시민주도형 인권운동과 연대의 확장이 더욱 요구된다. 한국 사회의 인권운동은 오랫동안 시민단체(NGO) 중심으로 전개되어 왔다. 그러나 진정한 시민혁명은 민중과 생활세계의 주체들이 직접 참여하고 조직화될 때 가능하다. 예컨대 여성운동, 퀴어운동, 이주민운동, 장애인운동, 청년주거운동 등이 상호 연대함으로써 단일 의제를 넘어 '전체 시민권'운동으로 발전할 수 있다. 이러한 연대는 '소수자 권리'에서 '새로운 사회계약'으로 확장되어 나가야 한다.

넷째, 디지털 공간과 인권 행동의 전환이 요구된다. SNS와 온라인 플랫폼은 인권 담론을 대중적으로 가시화하고 확산시킬 수 있는 새로운 공간이다. 지난 2016~17년 촛불집회, 박근혜 대통령 탄핵 촛불시민운동, 윤석열 촛불 및 응원봉 대통령 파면 시민운동 등은 온라인 여론이 현실 정치로 전환된 대표적 사례이다. AI시대에 디지털 공간에서의 집단 인식은 행동으로 전환될 수 있는 잠재적 에너지이며, 이는 '감성적 정당성'과 '참여의 자율성'을 동시에 확보하게 한다.

넷째, 시민들의 힘에 의해 탄생한 이재명 국민주권정부는 헌법적 인권과 시민권을 사회 대개혁으로 재구성해야 한다. 대한민국 헌법 제10조는 "모든 국민은 인간으로서의 존엄과 가치를 가지며, 행복을 추구할 권리를 가진다."고 명시하고 있다. 그러나 실질적 삶의 조건은 이 선언과 괴리되어 있다. 인권투쟁은 헌법의 선언과 현실 사이의 간극을 고발하여 헌법에 기초한 시민혁명의 정당성을 확보할 수 있다. 시민권은 고정된 신분이 아니라, 투쟁을 통해 구성되는 역사적 실체이다. 마르크스의 관점에서 보면, 인권은 계급사회에서의 형식적 자유를 비판하는 동시에 현실적 해방을 위한 실천의 무기가 된다. 한국 사회에서 인권투쟁은 시민사회의 조직화, 생활 기반의 문제 제기, 구조적 연대, 헌법적 정당성의 확보 등을 통해 시민혁명적 전환의 가능성을 열 수 있다. 결국 인권은 투쟁이며, 그 투쟁은 혁명의 과정이다. 따라서 한국 사회의 미래는 이 시민혁명에 의한 인권의 정치적 투쟁력에 따라 달려 있다고 해도 과언이 아니다.

참고문헌

레비트, 카를, 『헤겔에서 니체로』, 강학철 옮김, 민음사, 2006.

마르크스, 카를·엥겔스, 프리드리히, 칼 맑스·프리드리히 『엥겔스 저작 전집 4』, 김세균 감수, 박종철 출판사, 1997.

마이클 프리먼, 『인권 이론과 실천』, 아르케, 2006.

백승욱, 『생각하는 마르크스』, 북콤마, 2017.
벨덴 필즈, 『인간이기 때문에 누려야 할 권리, 인권』, 박동천 옮김, 모티브북, 2013.
슈트, 스티븐·헐리, 수잔, 『현대사상과 인권』, 민주주의 법학연구회 옮김, 사람생각, 2000.
양해림, 「시민사회와 공공성」, 『동서철학연구』, 한국동서철학회, 2013.
양해림, 「인권과 인문학」, 『인문학연구』, 충남대학교 인문과학연구소, 제108집, 2017.
양해림, 「헤겔의 법철학과 공동체주의- 도덕성과 인륜성을 중심으로」, 『철학연구』, 제110 집, 대한철학회, 2011.
엥겔스, 프리드리히, 『루트비히 포이에르바하와 독일고전철학의 종말』, 강유원 옮김, 이론과 실천, 2008, 1987.
이봉철, 『현대인권사상』, 아카넷, 2003.
이샤이, 미셸린, 『세계인권 사상사』, 도서출판 길, 2006.
인권법교재발간위원회, 『인권법』, 아카넷, 2008.
장은주, 『인권의 철학』, 새물결, 2010.
조효제, 『인권의 문법』, 후마니타스, 2007.
조효제, 『인권의 지평』, 후마니타스, 2016.
최현, 『인권』, 책세상, 2009.
탤벗, J. 윌리엄, 『인권의 발견』, 은우근 옮김, 한길사, 2011.
호네트, 악셀, 『비규정성의 고통-헤겔의 법철학을 되살리기-』, 이행남 옮김, 그린비, 2017.
Dagger,R., Rights. In T. Ball, J. Farr and R. L. Hanson (eds), *Political Innovation and Conceptual Change*: Cambridge: Cambridge University Press, 1989.
Gosepath, Stfefan, *Gleiche Gerechtigkeit,* Frankfurt. a. M. 2004.
Hinsch, Wilfried, *Gerechtfertige Ungleichheiten,* Berlin, 2003.
Isaiah Berlin, "Equality", in: *Conceptes and Categories*, hg. von H. Handy, Harmondswoorth, 1981.
Jaeggi, Rahel·Loick, Daniel(Hg.), *Nach Marx,* Frankfurt. a. M. 2014.
Jones, Gareth Stedman, *Das kommunistische Manifest von Karl Marx*

und Friedrich Engels, München; C.H. Beck, 2012.

Löwith, Karl, *Von Hegel zu Nietzsche,* Hamburg, 1978.

Marx, Karl, *Zur Judenfrage,* MEW,1, Berlin, 1987.

Rawls, John, *The Law of Peoples,* Cambridge, Mass. Harvard University Press, 1999.

Tugendhat, Ernst, *Vorlesungen über Ethik,* Frankfurt. a.M. 1993.

Waldron,J., *Nonsense Upon Stilts: Bentham, Burke and Marx on the Rights of Man,* London, 1987.

제8장

한국 사회에서 공리주의적 윤리에 근거해 동물살생을 근절시킬 수 있을까?

-피터 싱어의 동물 살생에 대한 선호공리주의-

제8장

한국 사회에서 공리주의적 윤리에 근거해 동물살생을 근절시킬 수 있을까?

-피터 싱어의 동물 살생에 대한 선호공리주의-*

1. 동물도 고통을 느끼는가?

피터 싱어(Peter Singer, 1946~)[1]는 『동물해방』(1975), 『실천윤리학』(1979), 『사회생물학과 윤리』(1999) 등 여러 저서에서 동물윤리의 주제를 비롯한 사회윤리의 문제를 다양한 관점에서 전개해 오고 있다. 그는 사회윤리를 개별적인 것이 아닌 통합적인 요소로서 다루었고 벤담의 쾌락적 공리주의나 선호 공리주의적 사유를 사회윤리의 중요한 이념으로 수용한다. 먼저 싱어는 고통을 피하고 행복을 추구한다는 공리주의 철학자인 벤담의 도덕철학을 공유한다. 싱어는 어디에서든지 어떤 종(種)이 고통이 발견되는 장소라면 우리가 고통을 방지해야 할 도덕적 의

* 이 글은 「인문학연구」, 통권 129호, 충남대학교 인문과학연구소, 2022, 201-233쪽에 실린 내용을 수정 보완한 것임.

1) 싱어에 의하면, 지난 1970년대 초반 무렵까지 동물권리에 관한 서적은 95권에 불과했다. 동물의 권리에 대해 글을 쓴 사람들 중에 소수만이 전문철학자였지만, 최근들어 18년 동안 동물에 대한 240 여권의 저서가 간행되었다. 그중에 많은 부분은 대학에 종사하는 강단 철학자들이 저술한 것이라 말한다.(피터 싱어, 『사회생물학과 윤리』, 김성한 옮김, 연암서가, 2012, 406-407쪽.)

무가 있다고 주장한다. 싱어는 인간과 동물은 전혀 다른 생물종이지만, 동물도 인간처럼 고통과 쾌락을 느끼는 존재라고 말한다. 즉, 감정이 인간만 갖고 있는 고유한 것이 아니라는 것이다. 다시 말해 감정이 인간만 갖고 있을 것이라는 통념은 착각에 불과하다. 싱어는 어떤 존재가 동일한 고통이나 행복을 느낀다면, 그런 고통과 행복은 동등하게 고려의 대상이 되어야 한다는 '이익 평등 고려의 원칙(the principle of equal consideration of interest)'을 제시한다. 여기서 그는 동물의 이익도 인간의 이익과 동일하게 인정되어야 한다는 것이다. 싱어가 언급하는 '이익'이란 "고통으로부터의 해방이며, 그 고통을 동물이라고 하여 감수해야 하는 것은 아니다."[2)]

하지만 그는 동물의 권리와 관련하여 인간이 가진 모든 권리를 동물도 동등하게 갖고 있는 것은 아니라고 말한다. 즉 그는 인간과 동물의 권리에 대한 차이를 인정한다. 싱어는 이익평등 고려의 원칙을 중심으로 자신의 주장을 강조하는 이런 유형의 공리주의를 선호공리주의라 불렀다. 이 원칙에 따르면 단지 인간이 아닌 동물이라는 이유로 고통과 쾌락을 무시한다면, 이것은 종차별인 것이다. 싱어에게 있어서 종차별은 마치 자기가 속한 성(性)이 아니라는 이유로 다른 성을 차별하는 성차별, 자기 인종이 아니라는 이유로 인종차별을 하는 것과 논리적으로 동일하다는 것이다.[3)] 여기서 그는 도덕적으로 납득할 만한 보편화 가능성을 어떻게 설정할 것인지에 대한 윤리적 토대를 마련하고자 한다. 그러면 싱어가 말하는 도덕적으로 납득할 만한 보편화 가능성은 무엇을 의미하는가?[4)]

---

2) Peter Singer, *Practical Ethics*, Cambridge, 2011, 48쪽.

3) 싱어는 인종차별주의나 성차별주의와 비슷한 형태로 종차별주의라는 말을 유행시켰다. 그는 인종이나 성이 다르다는 이유로 도덕적 지위에 차별을 두는 것이 도덕적으로 올바르지 못한 것처럼, 어떤 종의 구성원에 속한다는 이유로 도덕적 지위에 차별을 두는 것 역시 올바르지 못하다고 주장한다.(조세프 R. 데자르댕, 『환경윤리』, 김명식·김완구 옮김, 연암서가, 2017, 234쪽.) 싱어는 종차별주의라는 리차드 라이더(Richard Rider)의 에세이 "Victims of Science", 1973) 에서 유래한다. 이 책은 싱어의 논평문 "Animal Liveration", New York Review of Books, 1973년 4월) 17-21의 주제였다.

우리가 도덕적으로 사유한다는 것은 무엇을 의미하는가?[5] 동물을 죽이는 행위는 아주 잘못된 일인가?[6] 우리 인간은 동물 세계를 어디까지 지배할 권리가 있을까?[7] 싱어는 이러한 다양한 물음들을 통해 동물살생에 대한 자신의 윤리적 견해들을 답변해 왔다. 싱어에 따르면 지금까지 "동물을 음식으로 이용하는 것은 아마도 가장 오래되고 가장 널리 퍼진 방식일 것이다. 그리고 이것은 동물을 이용하는 가장 기본적인 방식이며, 동물이 우리의 필요와 이익을 충족하기 위해 우리가 사용해야 할 물건이라고 보는 윤리의 주춧돌이기도 하다."[8] 싱어는 이러한 이익 평등고려의 원칙과 선호공리주의의 척도를 세워 동물살생에 대한 보편적인 윤리원칙을 확립하고자 한다. 위와 같은 관점에서 우리는 싱어의 동물살생에 대한 벤담의 쾌락적 공리주의 입장, 동물의 쾌고(快苦) 감수에 대한 주관적 선호공리주의의 관점, 동물 이익평등의 윤리적 판단과 선호 공리주의의 보편화 가능성의 관점, 선호 공리주의의 보편화 가능성의 의미들을 차례로 고찰해 보자.

---

4) Herwig Grimm/Markus Wild, *Tierethik zur Einfürhung*, Hamburg, 2016, 59쪽.

5) Peter Singer, *Practical Ethics*, Cambridge, 2011, 43쪽.

6) Peter Singer, 위의 책, 119쪽.

7) 루이스 해리슨, 『동물기계』, 강정미 옮김, 에이도스, 2020, 177쪽.

8) Peter Singer, 앞의 책, 53-54쪽. 캐나다와 미국을 포함한 세계 곳곳에서 가축과 억류 야생동물의 상황은 어느 정도 개선되었다. 하지만 여전히 두 가지 사실은 반박할 수 없다. 첫째, 대개의 동물은 아직도 재산으로 취급된다. 둘째, 지금은 과거 그 어느 때 보다 훨씬 더 많은 동물들이 붙잡히거나 착취되거나 죽임을 당하고 있다. 인간은 매년 1,000억 마리 이상의 동물을 죽이고, 그 수는 계속 늘어나고 있다. 매년 한 사람이 적어도 15마리의 동물을 죽이고 있다(데이비드 보이드, 『자연의 권리』, 이지원 옮김, 교유서가, 2020, 75쪽.)

2. 싱어의 선호 공리주의(preference utilitarianism)

1) 동물 살생의 입장: 쾌락적 공리주의에서 선호 공리주의에로

싱어는 『실천윤리학』에서 동물들을 살생하는 옳고 그름의 문제는 공리주의적 고려 상황에 에 따라 각기 다르다고 말한다. 왜냐하면 죽어가는 동물들은 자율적이지 않고 그 스스로 생명에의 권리를 갖고 있지 않기 때문이다.[9] 동물을 죽이는 많은 방식들은 동물에게 즉각적인 죽음을 불러일으키지 않을 수 있지만, 동물들이 죽어가는 과정에서 많은 고통이 뒤따르게 한다. 싱어를 비롯한 공리주의자들은 동물들이 인격체든 아니든 간에 동물에 대한 어떠한 살생도 반대한다. 하지만 공리주의자들은 동물들에게 고통을 가하지 않거나 어떤 피해를 주지 않는 그런 살생에 대한 윤리적 판단은 다소 복합적으로 얽혀 있다. 왜냐하면 그러한 동물 살생에 대한 윤리적 판단은 쾌락주의적 공리주의를 선택한다거나 아니면 선호 공리주의(preference utilitarianism)를 선택하느냐에 따라 서로 각기 다른 판단을 할 수 있기 때문이다.[10]

김명식에 의하면, "19세기 공리주의가 쾌락과 고통이라는 범주를 기본척도로 삼아 개인의 효용함수(utility function) 및 사회효용함수를 기본척도로 삼아 개인의 효용함수 및 사회 효용함수를 정의했다면, 20세기의 후생 경제학자들은 쾌락과 고통이라는 극히 주관적인 범주 대신에 그 대안으로서 선호라는 관찰 가능한 범주를 그 비교 척도로 삼게 된다. 공리는 쾌락이 아니라 선호의 만족으로 정의 된다."[11]는 것이다. 싱어는 『실천윤리학』에서 쾌락적 공리주의와 선호공리주의의 관점을 다음과 같이 구분한다.

---

9) Peter Singer, *Practical Ethics*, 104쪽.

10) Peter Singer, 위의 책, 105쪽.

11) 김명식, 「환경윤리에 관한 연구-공리주의와 생명중심주의를 중심으로-」, 『고려대학교 대학원 철학 박사학위논문』, 1996, 32쪽.

> 내가 이제까지 약술한 것은 공리주의이다. 그러나 이는 벤담이나 밀이나 시지워크와 같은 고전적 공리주의자들이 옹호하는 공리주의 버전은 아니다. 그들은 우리가 언제나 쾌락, 즉 행복을 최대화하고 고통, 즉 불행을 최소화할 것을 주장하였다. 이것은 쾌락적 공리주의(hedonistic Uniltarianism)이다. 쾌락적 공리주의는 즐거움을 의미하는 그리스어를 어원으로 한다. 이에 반해 우리의 견해는 선호 공리주의로 알려진 것에 당도하게 된다.[12)]

위의 인용문에서처럼, 벤담(Jeremy Bentham, 1748~1832), 밀(John Stuart Mill, 806~1873), 시지워크(Henry Sidgwick, 1838~1900)로 대변되는 "고전적 공리주의"[13)]는 '최대다수의 최대행복'을 주창한다. 즉 고전적 공리주의에서 "행위(act)들은 오직 행위 결과의 좋음과 나쁨에 의하여 옳거나 그르다"고 주장한다. 이를테면 "고전적 공리주의"[14)]는 인

---

12) Peter Singer, *Practical Ethics*, 2011, 13쪽.

13) 고전적 공리주의는 행위-공리주의(act-utilitarianism)와 동일시한다. 즉, 고전적 공리주의는 벤담, 밀, 시즈위크 등의 18-9세기 영국의 대표적 공리주의자들을 행위-공리주의자로 분류하려고 했던 경향을 말한다.(강준호, 2013: 140) 각 개별적인 행위를 행위의 결과에 근거해서 판단하는 공리주의를 행위 공리주의라 한다. 행위공리주의에 대한 가장 일반적인 대안은 규칙공리주의(role-ulilitarianism)이다. 규칙공리주의는 행위에 대한 정당화가 정당한 도덕규칙에 일치하느냐, 위반하느냐에 따라 옳거나 그른 것으로 판단한다.(카타르지나 드 라자리-라덱·피터 싱어, 『공리주의 입문』, 류지한 옮김, 울력, 2020, 158쪽.)

14) 그 밖의 다른 실례로서 롤즈(John Rawls)에 따르면 고전적 공리주의는 "완벽한 이타주의자들의 윤리(the ethic of perfectaltruists)"라고 정의한다. 롤즈는 그것을 가장 극단적 형태의 공리주의와 동일시한다. 또한 밀의 최대행복의 목적은 행복에 관여한다. 여기서 각각의 행위는 대안적 행위들과 비교된다. 어떤 특정한 행위가 그 밖의 다른 행위들보다 보다 더 선호할 만한 행위인가의 여부는 행복을 극대화시키는 지, 아니면 그것이 얼마만큼 편의를 제공하는가에 따라 각기 결정된다. 그러나 밀의 공리주의의 원칙은 도덕적 견지에서 행복을 극대화하는 행위를 선택하도록 요구하지 않는다. 라이온스는 "밀이 말하는 공리의 원칙 자체가 도덕적 요구들을 규정한다"고 가정하는 것은 잘못이라 주장한다. 규칙-공리주의는 행위의 결과에 따라 독자적 위상을 상식적 도덕 규칙들에 부여한다. 이 경우 이러한 규칙들의 선택은 공리의 극대화를 위해 단순한 수단 및 전략으로 도구화해서는 안된다. 라이온스에 따르면, 그러한 규칙-공리주의는 확장된 행위 공리주의에 불과한 것이다.(D., Lyons, *Forms and Limits of Utilitarianism,* Oxford

간의 쾌락 정도의 기준에 따라 윤리적 가치를 결정한다. 특히 벤담의 『도덕과 입법의 원칙에 대한 서론』(1789)[15] 저서의 전반부는 인간 행동의 결과에 대한 의도 및 동기를 기술한다. 그리고 후반부에서 벤담은 형벌에 부적당한 사례들, 형벌과 위법행위 등에 대한 구체적인 분석을 통해 '행위'의 개념에 집중한다. 반면에 그는 규칙-공리주의에서 '규칙'이란 용어를 거의 사용하지 않는다.

하지만 그는 도덕 판단의 기준을 "상식"이나 직관적 "옳음의 규칙, 사물의 합목적성, 자연법, 이성의 법, 올바른 이성, 좋은 질서"등 일반적 도덕 규칙에 대해 공리주의와 상충하는 학설이라고 규정한다.[16] 벤담은 "공리란 이해 당사자에게 이익, 이득, 쾌락, 좋음, 행복을 산출하거나 해악, 고통, 악, 불행의 발생을 막는 경향을 가진 어떤 대상의 속성을 의미한다. 만약 이해 당사자가 공동체 전체라면, 그 공동체의 행복을 의미한다. 만약 이해 당사자가 특정 개인이라면, 그 개인의 행복을 의미한다.[17]"따라서 벤담에게서 공리의 원칙은 "사인(私人)의 모든 행동뿐만 아니라 정부의 모든 수단들(measures)"을 인도하는 지침이다.[18]" 즉 벤담에게 있어서 공리의 원칙은 공동체의 이익과 관련하여 개인의 행위를 포함하여 정부가 취할 수 있는 정책, 제도, 법안 등 모든 실행을 포괄한다. 정부가 취할 수 있는 수단은 법적 규제와 정책 실행에 의한 개인의 행위를 직접 규제하는 것뿐만 아니라 교육을 통해 도덕적 성향을 키우고 시민의 덕성을 함양하는 간접적 수단도 포함된다. 비록 그 효율적인 정확한 계산은 다소 오차가 있을 수 있더라도, 벤담은 이러한 간접적 수단에 의한

University Press, 1965.)

15) J., Bentham, *An Introduction to the Principles of Morals and Legislation in The Works of Jeremy Bentham,* vol. 1, Edinburgh.1833-1844.

16) J., Bentham, *An Introduction to the Principles of Morals and Legislation,* vol. 1, Edinburgh.1833-1844: 2장, 14의 각주.

17) J., Bentham, 『도덕과 입법의 원칙에 대한 서론』, 강준호 옮김, 아카넷. 2013, 49쪽.

18) J., Bentham, 위의 책, 49쪽.

것이 직접적 수단보다 훨씬 더 효율적이라고 생각한다.[19] 쾌락주의적 공리주의자였던 벤담은 한 존재에게 도덕적인 고려를 받을 만한 결정적인 특징으로서 '고통을 느낄 수 있는 능력의 유무'의 기준을 인간 이외에 다른 동물들에 이르기까지 도덕적 지위를 부여할 수 있는 기반을 제시했다. 그는 『도덕과 입법의 원칙 서론』 2판에서 다음과 같이 기술한다.

> 왜 다른 동물의 이익에 대해서는 보편적으로 인간의 이익에 대해서 만큼은 감수성의 차이를 인정하지 않는가? 왜냐하면 현존하는 법은 상호 간의 두려움, 덜 이성적인 동물들은 가지고 있지 않았지만, 인간은 이용할 수 있는 수단이 되는 감정의 산물이기 때문이다. 왜 동물은 그렇게 고려되어서는 안 되는가? 아무런 이유도 주어질 수 없다. 동물은 우리가 소유하고 있는 것처럼 미래의 고통에 대해 오래 지속되는 예감을 가지지 않는다. 우리의 손에 의해 동물이 치르게 되는 죽음은 일반적으로 자연의 불가피한 과정에서 그것을 기다리고 있는 죽음보다 훨씬 신속하고 고통도 덜하다. 다른 동물들도 학대의 손길만 없다면 결코 유보될 수 없을 그런 권리를 획득할 수 있는 시대가 올 수 있다. 프랑스인은 피부의 검음이 한 인간을 아무런 보상도 없이 고문자의 변덕에 내맡겨야 할 이유가 아님을 발견했다. 언젠가는 다리의 수나 피부에 털이 많음이나 엉치뼈의 끝부분이 감수성을 가진 존재를 동일한 운명으로 내던질 이유로는 충분하지 않음을 인정하게 될지 모른다. 넘을 수 없는 경계선을 긋는 다른 무엇이 있는가? 그것은 이성의 능력인가, 아니면 말하는 능력인가? 그러나 어미가 된 말이나 개는 하루나 일주일이나 한 달이 지난 유아보다 훨씬 더 이성적이고 말을 나눌 수 있는 동물이다. 그러나 상황이 다르다고 가정해도 무슨 소용이 있겠는가? 정작 중요한 문제는 그들이 이성적으로 사유할 수 있는가? 혹은 말을 구사할 수 있는가? 가 아니라 동물들이 고통을 느낄 수 있는가이다.[20]

---

19) G., Stephen, "Indirect Legislation": Bentham's "Liberal Government", Polity 35. 2003, 369-388쪽.

위의 인용문에서 보듯이, 벤담은 한 존재에게 동등한 고려의 권리를 부여하고자 할 경우에 염두해야 할 특징으로써 고통을 느낄 수 있는 능력을 언급한다. 왜냐하면 벤담이 보기에 동물은 고통을 겪을 수 있기 때문에 당연히 도덕적 대상인 것이다. 따라서 인간이 정당한 이유없이 동물을 잔인하게 행위 하거나 고통을 함부로 주는 행위는 비윤리적이다. 벤담은 공동체의 최대 행복과 관련된 공리의 원칙을 개인의 행위 결과에 대한 계산뿐만 아니라 그러한 공리 계산이 거의 불가능할지도 모르는 정부의 모든 수단들을 효과적으로 고려할 것을 권고한다. 이런 점에서 그의 공리주의는 어떤 행위에 대한 좋음 혹은 나쁨의 결과를 판단하는 행위-공리주의와는 다소 동떨어져 있다.[21] 주지하듯이, 공리주의는 공리의 원칙을 개별 행위에 적용하는 원리를 행위 공리주의로 규정한다. 따라서 공리의 원칙은 쾌락이나 고통의 산출과 관련해서 어떤 행위에 대한 경향성(tendency)에 의해 이로움/해로움, 좋음/나쁨으로 평가하는 기준을 마련한다. 다시 말해 행위 공리주의는 어떤 행위에 대한 옳음 혹은 그름으로 평가된 그 행위자를 칭찬하거나 비난하는 기준에 따라 그 사회에서 통용되는 일반적인 도덕 규칙들을 마련한다.

하지만 벤담의 쾌락적 공리주의의 문제점은 선호공리주의의 관점에서 보았을 때 첨예하게 드러난다. 즉, 선호 공리주의는 선호가 욕구와 다르게 등급을 매겨질 수 있다는 이유로 이러한 쾌락 계산의 어려움이 있는 문제들을 어느 정도 인정한다. 예를 들어 나는 휴가도 원하고 나의 일을 끝마치기 위해 보다 많은 시간을 필요로 한다. 하지만 나는 일보다 휴가를 훨씬 더 선호한다. 하지만 비록 이러한 접근방식이 개인들의 요구를 상호 비교하는데 있어서 몇 몇 불거진 문제들을 극복할 수 있을지라도,

---

20) J., Bentham, *An Introduction to the Principles of Morals and Legislation in The Works of Jeremy Bentham,* vol. 1,122쪽/제러미 벤담, 『도덕과 입법의 원칙에 대한 서론』, 557-558쪽.

21) 강준호, 「고전적 공리주의와 행위 공리주의의 관계에 대하여」, 『범한철학』, 제68집, 범한철학회, 2013년 봄, 2013, 158쪽.

서로 대립하는 욕구를 가진 두 사람이 경험하는 쾌락(혹은 가치)을 비교하는 것에는 그렇게 도움이 되지 않는다.[22)]

주지하듯이, 벤담은 고통이나 기쁨을 느낄 수 있는 모든 존재들의 이익을 고려해야 한다고 말한다. 특히 고통이나 기쁨을 얻는 능력은 이익 일반에 대한 전제이며 이익 이전에 충족되어야 하는 조건이다. 그래서 이익 평등 고려의 원칙은 그 존재의 고통을 다른 존재들의 유사한 고통과 동일시해야 한다는 것을 기본으로 한다. 즉, 감응력은 타자의 이익을 배려하는 기준선이 된다. 반면에 지능, 합리성 등의 기준은 결코 피부색, 다른 특징에 대한 기준들보다 월등하게 정당한 것이라고 할 수 없다. 왜냐하면 지능이나 합리성에 대한 정도의 차이가 가치판단 기준에 따라 각기 상대적이기 때문이다.[23)] 즉 이익이라면 그 어떠한 것도 작의적으로 배제하는 것은 아니다. 이것이 벤담이 주장하고자 하는 공리주의의 핵심이다.[24)] 싱어는 이를 이익 평등고려의 원칙이라 부른다. 그리고 싱어는 이것이 인간의 평등을 보장해주며 인간이 아닌 동물에게도 적용되어야 하는 근본적인 원칙이어야 함을 제시한다.[25)] 여기서 싱어는 이익과 평등의 개념을 구분하고 있고 특히 이익의 개념을 다음과 같이 언급한다.

> 고통이나 즐거움을 느낄 수 있는 능력을 적어도 이익을 갖기 위한 전제조건이며, 그 조건은 우리가 의미 있는 방식으로 이익에 대해 논하는 것이 가능하려면 그 전에 충족되어야 하는 조건이다. 예컨대 학생이 돌을 걷어 찾는데, 이것이 돌의 이익을 고려하지 않은 처사라고 말하는 것은 허튼소리가 될 것이다. 돌은 어떠한 이익도 갖고 있지 않다. 왜냐하면 어떠한 돌은 고통을 겪을 수 없기 때문이다. (...) 쥐는 길바닥에서 걷어차일 경우, 어느 정도 고통을 느낄 것

---

22) 조세프 R. 데자르뎅, 『환경윤리』, 86-87쪽.
23) Peter Singer, *Practical Ethics*, 150쪽.
24) Peter Singer, *Animal liberation,* 7쪽.
25) Peter Singer, 2007, 99쪽.

이기 때문에 쥐는 걷어 차여서 길거리에 굴러다니지 않을 이익을 갖고 있다.[26]

위의 인용문에서처럼, 싱어는 고통과 기쁨을 느낄 수 있는 능력은 이해관계를 갖기 위한 선행조건이라는 것이다. 즉 고통과 기쁨을 느낄 수 있는 능력은 우리의 이해관계에 따라 의미 있게 이야기하기 이전(以前)에 충족되어야 하는 조건이다. 또한 생쥐는 길바닥에서 발로 걷어차이지 않을 이해관계를 갖는다. 왜냐하면 생쥐가 발로 걷어차일 때 고통을 느낄 것이기 때문이다. 우리가 무생물에 대해 취할 수 있는 어떤 것도 무생물의 복지에는 전혀 문제가 되지 않는다. 하지만 고통이나 기쁨을 느낄 수 있는 동물들은 어떤 존재에 대해 이해관계(최소한 고통을 느끼지 않을 이해관계)를 갖는다고 말하기 위한 필요조건과 충분조건을 갖고 있어야 한다.[27] 그래서 싱어는 인간 평등의 원리에 대해 우리가 인간을 어떻게 대우해야 할 것인지를 다음과 같이 언급한다.

평등에 대한 주장은 지능, 도덕적 능력, 육체적 힘, 또는 그와 비슷한 사실의 문제에 기대지 않는다는 것을 분명하게 해둘 필요가 있다. 평등은 도덕적 이념이지 사실을 언급하는 것은 아니다. 인간이 평등하다고 말하는 원리는 인간들 사이에서 존재하는 대상을 추론하여 실질적으로 평등하다는 사실을 기술(Description)하고자 하는 것이 아니다. 평등은 우리가 인간을 어떻게 대우해야 할 것인 지에 대한 규정(prescription)이라 말할 수 있다.[28]

위에서 언급하고 있듯이, 싱어는 평등에 관한 주장들 및 이익평등 고려의 원칙에 대한 자신의 주장을 옹호하고 뒷받침하는 이런 유형의 공리

26) Peter Singer, *Animal liberation*, 2009, 7.
27) Peter Singer, 위의 책, 7-8쪽.
28) Peter Singer, 위의 책, 4쪽.

주의를 선호공리주의라고 지칭한다.[29] 기본적으로 인간평등 원칙의 근본은 "이익 평등의 원칙"[30]에 근거한다. 이런 점에서 싱어는 이익 평등 고려의 원칙을 동물에게 확장하여 적용해야 된다고 주장한다. 사람의 문제가 동물의 문제보다 우선시하는 것은 우리가 갖고 있는 편견일 따름이며 인간 종족이 아닌 다른 종족에게도 이익 평등 고려의 원칙을 적용할 수 있어야 한다. 다른 인종에 대한 착취, 지능이 낮은 사람에 대한 무시와 착취가 정당하지 않은 것처럼, 종족이 다르다는 이유로 다른 존재들을 착취할 권리가 없다. 따라서 동물들이 인간과는 다른 능력을 가졌다고 할지라도 동물들의 이익은 평등하게 존중받아야 하는 것이다.

2) 동물의 쾌고감수에 대한 주관적 선호공리주의

앞서 살폈듯이, 선호 공리주의의 입장에 따르면, 옳은 행위는 우리의 행위에 영향을 받는 모든 사람들의 선호를 가장 많이 만족시키는 행위이다. 선호공리주의는 사람들의 선호하는 강도(强度)처럼 관찰 가능하지 않다. 이런 점에서 선호공리주의는 관찰 가능한 선택을 했던 사람들의 진정한 선호를 외면적 드러내고자 하는 것을 중요하게 여기지 않는다.[31] 싱어는 동물들에게 살생행위를 인간들이 했을 경우, 고통, 쾌락, 욕망과 같은 개념들이 도덕적으로 중요한 것을 결정하는 척도인지에 대해 강한 의문을 제기한다. 즉 그는 공리주의에서 고통, 쾌락, 욕망과 같은 개념들에 대해 어떤 도덕적 판단을 내려야 할 경우, 어떠한 사실을 기반으로 반드시 연역될 수 있는 것은 아니라고 다음과 같이 주장한다.

---

29) Peter Singer, *Practical Ethics*, 80쪽.

30) 싱어에 따르면 상이한 존재의 이익이 충돌하는 경우에 고통의 강렬함(Heftigkeit)과 시간적 지속성(Zeitdauer)을 기준으로 이익 평등원칙에 따라 해결될 수 있다.

31) 카타르지나 드 라자리-라덱·피터 싱어, 앞의 책, 91쪽.

『실천 윤리학』 제1장에서 주장이 여전히 나는 올바른 것으로 보인다. 우리 모두 자신들의 고통, 쾌락, 욕망들에 대해 관심을 갖고 있다. 우리가 윤리적으로 생각하기 시작하였을 경우, 우리는 보편적이어야 한다. 이것은 우리가 결정한 것에 의해 영향을 받는 타인의 고통, 쾌락, 욕망을 고려해야 한다는 것을 의미한다. ... (우리 생략) 이 문제에 대해 공리주의적 접근방식과 비교되는 비-공리주의적 접근방식은 자연적 권리, 직관적으로 알려진 절대적 규범, 내재적 존엄성, 신적 존재의 의지에 의탁한다. 이 모든 것은 우리의 의식 경험에 현저하게 부인할 수 없는 특징들이다. 그 각각의 존재를 확립하기 위한 주장이 필요하다.[32]

위 인용문에서 보듯이, 싱어는 타인의 고통, 쾌·불쾌, 그리고 욕망의 문제들에 대해 지속적인 관심을 보여 왔다. 즉, 싱어의 주된 관심은 동물의 쾌고감수(快苦感受) 존재에 대한 선호이다. 그는 그 쾌고감수 존재에 대해 선호의 만족을 극대화하거나, 선호를 방해하는 요인을 극소화시키는 것에 관심을 보여 왔다.

앞 장에서 언급한 바와 같이, 싱어는 공리주의의 분류를 통해 선호의 충족을 우선시하는 선호공리주의를 제시한다. 그에 따르면 어떤 인간의 행동이 쾌감을 극대화하거나 고통을 최소화하여 그 기준에 따라 판단하는 것이 아니다. 다만 인간의 행동은 어떤 행동을 했던 행동의 결과와 관계된 선호도의 일치 여부에 따라 판단을 해야 한다.[33] 그래서 싱어는 자신의 쾌고감수에 대한 이익을 보편화해야 한다고 강조한다. 즉 어떤 개인이 어떤 행동을 했을 경우 중요한 요인들을 헤아린 후에 그가 선호하는 것을 자신의 이익으로 수용한다면, 그것은 고전적 공리주의가 아니라 선호공리주의인 것이다.[34] 싱어가 보기에 도덕적인 가치가 있는 최상의

---

32) Peter Singer, A Response, Singer and His Critics, 1999, 291-292쪽.
33) Peter Singer, *Practical Ethics*, 128쪽.
34) Peter Singer, 위의 책, 128쪽.

원천은 주관적 선호이다. 그래서 그는 '선호 공리주의'를 가장 합리적인 윤리이론으로 제시한다. 왜냐하면 주관적 선호가 이성의 영역을 다소 벗어날 수는 있지만, 결국에 이성은 주관적 선호에 의해 고려하고 계량한 척도에 따라 윤리학의 기반을 다져 나가기 때문이다. 즉 선호 공리주의에서 "어떤 존재의 선호에 반하는 행동은 이 선호가 상반되는 선호보다 더 가치가 없다면 그릇된 것이다.[35)]"싱어는 어떤 존재의 선호에 있어서 미래 지향적인 '인격체'에 특별한 지위가 부여할 수 있지만, 모든 쾌고감수 존재(sentient beings)의 선호에 의해 고려할 가치를 갖고 있다고 강조한다. 즉 싱어가 보기에 고통이나 행복의 경험들보다는 선호의 만족도에 따라 보다 더 관심을 갖고 있는 선호 공리주의자는 합리적이고 자의적인 어떤 존재를 죽이는 것과 그렇지 못한 존재를 죽이는 사이에 이미 내려진 구분과 비슷하게 일치한다는 것이다. 다시 말해 합리적이고 자의식적인 존재는 자신의 삶을 영위하는 개별적인 존재이다. 이러한 존재는 어떤 의미에서 단순히 어떤 양(量)의 행복을 담고 있는 그릇만으로 간주하지 않는다. 다만 의식은 갖고는 있지만, 자의식을 갖고 있지 않은 존재들은 쾌락이나 고통의 경험을 담아내는 그릇 이미지와 유사하다. 왜냐하면 그것들의 선호도는 즉각적으로 각기 다르게 나타나는 부류이기 때문이다.[36)]

싱어에 따르면 단지 의식만을 가진 존재에게 죽음은 경험의 중단이며, 태어남은 경험의 시작이다. 태어남이 생명을 시작하는 이익과 일치하는 것과 마찬가지로 죽음은 삶을 계속하고자 하는 이익과 대립하지 않는다. 따라서 싱어는 단순히 의식적이기만 한 존재들에게 태어남과 죽음은 상호 상쇄한다.[37)] 싱어가 "선호 공리주의, 생명에의 권리에 관한 툴리(Michael Tooley)의 논증, 자율성 존중의 원칙, 쾌락주의적 공리주

---

35) Peter Singer, *Practical Ethics*, 80쪽.

36) Peter Singer, 위의 책, 112쪽.

37) Peter Singer, 위의 책, 112쪽.

의"[38]에서 볼 수 있듯이, 인격체를 죽이는 행위는 비인격체를 죽이는 것보다 비윤리적이다. 그렇다면 인간이 아닌 동물도 인격체일 수 있는가? 앞서 언급했듯이, 싱어에게서 인격체란 합리적이고 자의식적인 존재이며, 자신들의 과거와 미래를 갖고 있는 개별적인 존재이다.[39] 따라서 싱어는 선호 공리주의의 입장에서 인격체를 다음과 같이 말한다.

> 선호 공리주의자들에 의하면, 인격체의 생명을 빼앗는 것은 통상 다른 생명을 빼앗는 것보다 더 나쁘다. 왜냐하면 스스로 미래를 가지고 있는 독립체로 간주할 수 없는 존재는 자기 자신의 미래 존재에 대해 선호를 가질 수 없기 때문이다.[40]

위 인용문에서와 같이, 인격체의 생명을 빼앗는 것은 다른 생명을 빼앗는 것보다 더 나쁘며, 스스로 미래를 조망할 수 없는 생명체는 선호를 가질 수 없다. 싱어는 윤리의 기원을 살펴보자면, 도덕법칙이나 선호가 각각 독립하여 존재한다고 하는 주장은 수용하기 어렵다는 것이다. 즉 도덕법칙이나 선호가 독립적인 도덕적 실재로서 유지되지 않는다면, 비결과론적인 도덕 규칙이나 원리들을 옹호하는 주장들은 개인적인 선호를 표현한 것에 지나지 않는다.[41] 서로 다른 도덕적 원리들 사이의 대립은 각기 다른 선호들 사이의 대립에서 보여주는 것과 마찬가지로 인정해주어야 한다.[42]

하지만 싱어는 인간(Mensch)이나 "인격체(Person)"[43]가 동일한 의미

38) Peter Singer, 위의 책, 94쪽.

39) Peter Singer, 위의 책, 94쪽.

40) Peter Singer, 위의 책, 80쪽.

41) 선호 공리주의의 강점은 이론적인 편의의 문제로 볼 수 있다. 쾌락의 정도는 본인만이 느낄 수 있는 반면에 선호의 정도는 밖으로 표출 가능하기 때문에 타인들도 그것을 관찰할 수 있다. 선호의 만족으로 복지를 측정할 때, 그 사람의 선호가 만족되었느냐는 관찰을 통해 확실한 결과를 얻을 수 있다.(김명식, 앞의 논문, 32쪽.)

42) 피터 싱어, 『사회생물학과 윤리』, 김성한 옮김, 연암서가, 2012, 204-205쪽.

43) 싱어는 인격체란 합리성과 자기 인식을 지닌 존재라는 정의를 제시했다. 문제는 합리성

는 아니라고 말 한다[44]. 여기서 인격체는 그 자체로 과거뿐만 아니라 미래와도 관련되어 있다. 즉 인격체는 각각 삶의 지속을 위해 이익을 전개할 수 있는 존재를 뜻한다.[45] 이러한 의미에서 영장류와 유사하게 발달된 동물들은 비록 인간은 아니지만, 인격체에 속한다. 왜냐하면 싱어가 보기에 어떤 존재에게 이익을 인정받기 위한 필요충분조건은 고통이나 기쁨을 느낄 수 있는 능력을 인간이나 동물들 모두 갖고 있기 때문이다.[46] 이런 고통이나 기쁨의 능력을 갖고 있는 동물들 역시도 자신의 주관적 선호에 따라서 이익을 취득할 수 있어야 한다.[47] 그래서 이익을 취할 수 있는 고등동물들에게 도덕적 지위를 부여하는 것은 당연한 것이다.[48] 즉 모든 이익은 인간이나 동물 모두에게 똑같이 중요한 것이다. 따라서 인간이나 동물에게 동등한 이익을 고려하여 "그 이익을 갖고 있는 동물들에게 동일한 도덕적 지위"[49]를 부여해야 한다.

3) 동물 이익평등의 윤리적 판단과 선호 공리주의의 보편화 가능성

앞서 살펴보았듯이, 선호 공리주의는 선택할 수 있는 행위에 대해 각기 그러한 행위에 영향을 받을 모든 사람들이 선호하는 정도를 만족시키는 행위를 선택해야 한다."는 입장이다. 싱어의 이러한 선호 공리주의 관

과 자기 인식이 모 아니면 도라는 특징이 아니라는데 있다. 우리가 인격을 부여하지 않는 동물에게도 저마다 정도는 다르지만, 어느 정도의 합리성을 확인할 수 있다.(데이비드 드그라지아, 「인격은 호모사피엔스에게만 있는가?」, 『동물과 인간이 공존해야 하는 합당한 이유』, 시대의 창, 2012. 71쪽.)

44) Peter Singer, *Practical Ethics*, 147쪽.

45) Peter Singer, 위의 책, 77쪽.

46) Peter Singer, *Animal liberation,* 7쪽.

47) 이러한 생각은 공리주의에서 도출될 수 있는 평등원칙(Gleichheitsgrundsatz)에 기인한다. 더 나아가 싱어는 종차별주의(Speziesismus), 특히 이와 유사하게 전개되는 인종차별주의(Rassismus) 및 성차별주의(Sexismus)를 거부한다.

48) Friederike Schmitz(Hg), *Tierehik,* Frankfurt. a. M. 2014, 209쪽.

49) Peter Singer, *Animal liberation,* 8쪽. 77쪽.

점에서 동물 이익평등의 윤리적 판단과 보편화 가능성의 윤리적 입장은 무엇인가?. 주지하듯이, 동물들의 이익은 평등하게 존중받아야 한다. 싱어는 윤리적인 관점을 행위자 개인 스스로가 어떠한 특정한 윤리적 기준을 믿는다. 이렇게 싱어는 윤리적 기준에 의해 이성을 통해 윤리적 관점을 정당화시키고자 한다. 윤리는 개인직인 고려 사안이기 보다 어떤 인격적 대상에 대한 고려이므로 대중에 호소함으로써 지지를 얻을 수 있어야 한다. 즉, 싱어에게 윤리기준은 보편화 가능성을 담보할 수 있는지에 대한 여부이다. 싱어가 상정하는 공리주의적 전제는 나의 이익을 중심으로 공리를 계산하는 것이 아니다. 이런 점에서 싱어는 윤리적 판단의 보편적 관점[50]을 받아들인다는 것을 전제로 나 자신만의 이익을 고려하는 것이 아니라 타인의 이익을 동등하게 고려해야 한다고 주장한 것이다.[51] 이를테면 자신과 타인의 이익 고려를 통해 측정된 이익의 합을 최대화할 수 있는 윤리적 단계인 것이다. 싱어는 이러한 윤리적 판단의 보편화 가능성을 제안하는 이유에 대해 다음과 같이 말한다.

> 윤리적 판단이 보편적인 관점에서 내려져야 한다는 것을 받아들이게 되면, 나 자신의 필요, 요구, 그리고 욕망이 단지 그것이 나의 선호들이라는 이유만으로, 어떤 다른 사람의 필요, 요구, 그리고 욕망보다 더 중요한 것으로 간주될 수 없다는 것을 받아들이게 된다. 그러므로 나 자신의 필요, 요구, 욕망이 앞으로 나는 이것을 선호들이라고 부를 것인데- 존중되어야 한다는 나의 대단히 자연스러운 관심은 내가 윤리적으로 사고하는 한, 다른 사람의 선호들에게까지

---

50) Peter Singer, *Practical Ethics*, 12쪽.

51) 싱어는 윤리를 도덕적 가치 개념의 근원에서 사실과 가치를 분리한다. 그에게 사실/가치의 구분은 객관적/주관적 구분과 한 쌍을 이룬다. 도덕적 가치의 속성은 다른 것으로 환원될 수 없는 주관적 현상이다. 그는 결국 흄에 동의하면서 이렇게 말한다. "윤리학은 원자가 그러한 것처럼, 우주의 일부가 아니다. 이성은 열정의 노예이다."(Peter Singer, How Are We to Live? Ethics in an Age of Self-Interest, Amherst, NY: Prometheus Books. 1995, 88쪽.)

확장되어야 한다.52)

이와 같이 윤리적 판단이 보편적 관점에서 내려져야 한다는 것을 전제로 동물의 이익 평등을 싱어는 주장한다. 무엇보다 그는 동물의 세계에서 자신의 권리를 인정받을 미래가 곧 다가올 것이라고 말한다. 어느 인간에게도 고통을 가할 수 없듯이, 고통을 가진 생명체에게 고통을 주어야 할 권리는 어느 누구에게도 없다. 인간의 이성능력이 동물들을 고통스럽게 할 어떤 정당성도 부여받지 않았다. 예컨대 언어와 이성의 능력을 제대로 갖고 있지 않은 어린 아기보다 오히려 어떤 동물들은 더 뛰어난 지적이고 언어적인 이해능력을 가지고 있다는 근거도 있다. 중요한 사실은 언어나 이성의 뛰어난 능력이 아니라 어떻게 동물들이 고통을 겪고 있는 가에 공감하는 것이다. 싱어는 벤담과 마찬가지로 선호 공리주의를 쾌락과 고통을 느낄 수 있는 동물을 비롯한 모든 살아 있는 존재에 대해 도덕적 고려의 대상으로 삼아야 한다는 것이다.

앞서 언급하였듯이, 쾌락적 공리주의는 일종의 결과주의, 즉 옳은 행위는 최선의 결과를 낳는 행위라 본다. 그런데 최선의 결과를 어떻게 이해해야 하는가?53) 여기서 그는 행위 결과를 중시하는 벤담의 쾌락적 공리주의에 기반하여 보편성을 확보하고자 했다. 그래서 싱어는 우리의 행위 결과가 보편적으로 받아들여질 수 있는 공리주의의 입장을 설득력 있게 보여주어야 한다고 강조한다.54) 왜냐하면 우리가 행위한 결과에 대한 윤리적 판단을 보편적 관점에서 선택한다면, 이익이 단지 나의 이익이라는 이유만으로 다른 사람의 이익보다 더 중요한 것으로 간주할 수 없다는 것도 받아들이게 되기 때문이다.55)

---

52) Peter Singer, *Practical Ethics,* 11-12쪽.

53) 카타르지나 드 라자리-라덱·피터 싱어, 앞의 책, 83쪽.

54) Richard Taylor, The Singer Revolution, Philosophy Now, August/September, 2000, 33-34쪽.

55) Peter Singer, *Practical Ethics,* 12쪽.

무엇보다 싱어에게서 동물해방의 목적은 이익 평등고려의 원칙과 선호공리주의라는 척도를 정립하여 보편적인 윤리원칙을 근본적으로 확립하고자 하는 것이다. 그는 이러한 보편적 윤리의 척도를 통해 전통적인 서구의 도덕성을 전복시켜 '코페르니쿠스적 혁명'을 꾀하고자 한다.[56] 그러므로 싱어가 보기에 우리가 모든 인간을 포괄하는 형태의 평등을 받아들여 동일한 이해관계에서 동등한 비중을 두어야 한다. 이를테면 인간이 아닌 동물의 이해관계에서도 동등한 비중을 두어야 하는 것이다.

이와 같이 싱어는 벤담의 쾌락적 공리주의의 관점을 근거로 인간과 동물의 동등한 이해관계를 통해 동물해방론을 전개해 나갔다. 즉, 싱어는 벤담의 쾌락적 공리주의가 동물의 도덕적 지위를 뒷받침할 수 있을 것으로 보았다. 그는 적어도 한 존재가 도덕적인 고려를 받기 위해서는 동등한 이해관계를 가져야 하며 이를 위한 전제조건으로써 **"감응력(sentience)"**[57], 즉 고통이나 즐거움을 느낄 수 있는 능력을 갖고 있어야 한다고 보았다.[58] 감응력은 다른 존재들의 이해관계에 관심을 가질수 있는 지의 여부를 판가름한다. 이러한 감응력은 우리가 옹호할 수 있는 유일한 경계이다.[59]. 왜냐하면 감응력을 갖고 있는 존재만이 이해관계를 갖고 있기 때문에 감응력이 있는 존재는 도덕적 지위를 갖고 있다. 이렇게 싱어를 비롯한 동물해방론자들은 감응력이 있는 동물에게 도덕적 지위가 있음을 보다 분명하게 강조한다. 즉 싱어는 고통과 쾌락의 지배를 받는 것은

---

56) 김광태, 「피터 싱어(Peter Singer)의 생명 윤리 소고-선호와 인격개념을 중심으로-」, 『인문학논총』, vol.15. No.2. 공주대학교 인문학연구소, 2017.2017, 36쪽.

57) sentience는 "고통을 느낄 수 있거나 즐거움을 또는 행복을 경험할 수 있는 능력"(Peter Singer, practical Ethics, 172쪽.)이다. 감응력 개념에 대한 자세한 내용은 다음을 참조: (맹주만, 「피터 싱어의 윤리적 채식주의」, 『철학탐구』, 제22집, 중앙대학교 철학연구소, 2007, 5-30쪽.)

58) 싱어는 생물종의 경계를 넘어 감응력을 가지는 모든 존재의 이해관계에 관심을 가져야 한다는 관점은 벤담으로부터 영향받았다. 즉 "왜 다른 동물의 이익에 대해 감응력의 차이를 고려하지 않는가?"(제러미 벤담, 『도덕과 입법의 원칙에 대한 서론』, 강준호 옮김, 아카넷. 2013, 557쪽.)

59) Peter Singer, *Practical Ethics*, 50쪽.

인간만이 아닌 까닭에 어떤 존재가 고통을 느낀다면 그와 같은 고통을 고려하지 않을 경우 도덕적으로 정당화될 수 없다고 주장한다. 생김새나 능력이 아닌 고통을 느낄 수 있는 능력의 여부, 감응력에 따라 어떤 존재가 이해관계에 기반한 도덕적 지위를 가진다면, 인간과 동물 사이의 도덕적 단절은 사라질 수 있다. 인간이 아닌 동물들에게도 고통과 행복의 차이를 알 수 있고 해를 입지 않을 근원적인 것, 그리고 우리가 침해할 수 없는 그 무엇인가가 있다. 인간이 아닌 다른 동물의 이익에 대해서도 보편적으로 인간의 이익만큼 감수성의 차이를 고려해야 한다. 따라서 싱어는 자기중심적 의사결정을 보편화하고자 하는 선호 공리주의의 입장을 다음과 같이 말한다.

> 선호 공리주의 입장은 자기중심적인 의사결정을 보편화함으로써 우리가 도달하는 첫 번째 지점이자, 최소한의 입장이다. 우리가 윤리적으로 생각하고자 한다면, 우리는 이러한 단계를 취하지 않을 수 없다. 선호공리주의를 넘어서기 위해서는 무엇인가를 더 해야만 한다. 비록 아주 많은 사람들이 공유하고 있는 것이라고 해도 우리의 직관들에만 의존할 수는 없다. 왜냐하면 이러한 것들은 우리의 진화의 유산이다. 그래서 무엇을 옳은 지를 안내할 믿을 수 있는 안내자가 아니기 때문이다.[60)]

위 인용문에서 언급하고 있듯이, 싱어의 선호 공리주의는 자기중심적 의사결정을 보편화함으로써 도달하고자 하는 최소한의 윤리이다. 단지 선호공리주의는 윤리적 입장뿐만 아니라 무엇인가를 보다 더 성취해야 한다. 선호 공리주의가 도덕원리를 제시하고자 할 경우, 최소한의 출발점에 설 수 있다. 하지만 선호 공리주의를 뛰어넘어 새로운 윤리이론을 제시하고자 할 경우, 자신들의 이론이 왜 정당한지를 입증해야 할 책무

---

60) Peter Singer, 위의 책, 2011, 4쪽.

도 아울러져야 한다. 싱어는 이러한 보편적 원칙인 공리주의를 어떤 다른 윤리이론보다 훨씬 고려할만한 가치를 지닌 윤리적 입장이라 생각한다. 이러한 그의 주장에는 전통 윤리학에서는 제대로 이루어지지 않았던 전제, 즉 보편적 원리를 일차적으로 찾아보려는 시도가 가능하게 전개되지 않았다는 비판이 잠재되어 있다. 이처럼 싱어의 선호 공리주의에 대한 윤리적 문제의식은 어떠한 보편적 규칙보다는 목표나 성취 결과를 어느 것보다도 우선해서 설정해서 출발한다. 이러한 싱어의 선호 공리주의의 관점은 그가 윤리적인 삶을 어떻게 이해해야 하는가? 라는 물음에서 잘 드러나 있다. 그는 '윤리적 삶이란 적극적으로 어떤 목적을 선택하고 그것을 달성할 수 있는 수단을 궁구하는 삶이어야 한다.[61]' 고 말한다.

일상의 삶에서 실천윤리학을 어떻게 선호 공리주의의 관점에서 적용해야 하는지를 우리가 논의하고자 할 때, 싱어는 스승인 헤어(R. M. Hare, 1919~2002)의 영향아래서 윤리의 보편화 가능성을 받아들인다. 헤어의 관점에서 자신의 삶은 자기 스스로 즐겨야 하고 기뻐해야 한다. 헤어는 "인간적인 우주(Peopled Universe)"의 삶을 선호해야 한다고 말한다. 우리는 현존하는 선호들을 충족시켜 선호를 만들어내야 한다. 하지만 미래세대의 선호에 대해 우리가 책임질 이유는 없다. 왜냐하면 이것은 우리 자신의 선호를 보편화하는 것에 기반한 선호 공리주의라는 원래의 최소주의 이념을 넘어서야하기 때문이다. 이런 관점에서 싱어는 두 종류의 가치들을 다음과 같이 구분한다. 하나는 선호 의존적인 가치이다. 이는 선호를 가진 존재에 대해 의존하는 것이다. 여기에 그러한 특정한 존재자들의 선호들이 서로 연결되어 있다. 다른 하나는 선호로부터 독립되어 있는 가치이다. 인간적인 우주가 무감응력(Nonsentient)한 우주보다 더 좋다고 말할 경우, 우리는 선호로부터 독립된 가치를 말하는 것이다.[62] 19세기 공리주의자인 시지워크는 그 자체로서 좋은 유일한

61) 피터 싱어, 『이렇게 살아도 괜찮은가』, 정연교 옮김, 세종서적. 1996, 270쪽.
62) Peter Singer, *Practical Ethics*, 117쪽.

것을 위해 우리가 바람직한 것으로 간주하는 어떤 의식 형태, 즉 마음의 상태라는 것을 알게 될 것이라고 말한다.[63] 시즈워크는 바람직한 어떤 의식 형태가 쾌락이라 말한다. 왜냐하면 다른 쾌락주의적 공리주의자들과 마찬가지로 인간적인 우주가 무감응력한 우주보다 더 낫다고 생각하기 때문이다. 또한 인간적인 우주는 쾌락을 포함하고 있지만, 무감응력한 우주는 쾌락을 포함하고 있지 않다.[64]

하지만 싱어가 보기에 쾌락주의적 공리주의자들은 쾌락을 지지함으로써 다소 어려움에 부딪힐 수 있다.[65] 왜냐하면 쾌락주의적 공리주의자들은 **'행복한 양이 살고 있는 우주(Happy Sheep Universe)'**를 선호할 것이 틀림없기 때문이다. 쾌락주의적 공리주의자들은 행복한 양이 살고 있는 우주를 인간적인 우주보다 선호할 것인가의 여부는 어떤 존재자들이 더 많은 행복을 갖고 있을 것인지의 생각에 따라 각기 다르다. 싱어는 인간적인 우주와 행복한 양(Sheep)이 살고 있는 우주를 서로 존중해야 한다고 주장한다. 하지만 싱어도 우리의 삶이 실제로 어떤 끔찍한 고통이 없이 모든 사람들에게 행복한 인간적인 우주를 존중한다.[66]

싱어가 생각하기에 무감응력한 우주는 어떤 다른 우주보다 훨씬 더 나쁘지도 더 좋지도 않다. 이것은 인간적인 우주에 긍정적인 값을 주는 척도에서 제로 값을 갖게 되는 것이 아니다. 이것은 단지 윤리의 영역 바깥에 있을 뿐이다. 어떠한 가치 척도도 무감응력한 우주에 적용되지 않는다. 우리가 인간적인 우주와 무감응력한 우주를 구분할 수 있다는 것을 부정하는 사람들은 지옥 우주가 무감응력한 우주보다 더 나쁘다는 것에 동의할 준비가 되어 있다는 것을 뜻한다. 즉 이것은 우리가 무감응력한 우주와 감응력 있는 우주에 대해 각기 다르게 비교할 수 있다는 것을 의

63) 우주적인 관점을 취한다는 것은 모든 사람들의 이익을 고려한다는 것을 뜻한다.
64) Peter Singer, 위의 책, 117쪽.
65) Peter Singer, 위의 책, 117쪽.
66) Peter Singer, 위의 책, 117쪽.

미한다.[67]

싱어가 보기에 헤어의 주장은 객관적인 도덕적 진리를 회피하고 선호 공리주의를 강조하고 있다. 즉, 헤어는 도덕 판단을 보편화하려는 규정으로 간주하려고 한다. 그리고 그 도덕적 판단을 보편화하려는 규정들은 욕구나 선호에 기반한다. 싱어는 객관적인 도덕적 진리가 존재한다는 생각에 대체로 회의적이다. 그래서 싱어는 선호공리주의를 최소한 그 출발점으로 삼는다. 왜냐하면 우리가 우리 자신의 욕구나 선호에 대한 결정들을 보편화하였을 경우, 공리주의는 행복을 보다 극대화하고자하기 때문에 선호 공리주의를 선택한다.[68] 여기서 행복은 선호의 강도에 따라 그 비중이 정해지는 선호의 최대 만족을 의미한다. 행복에 대한 이러한 설명은 경험적인 사실을 극복하고자 하는 것이다. 하지만 그것도 그 자체로 문제를 안고 있다.[69]

앞서 언급한 바와 같이, 선호 공리주의는 '복지' 및 '선(the good)'을 다른 사람들의 선호에 대한 충족함을 극대화시킬 것을 요구한다. 그리고 어떤 존재의 선호에 반하든 간에 상반되는 선호에 상충될 수 있다. 그러나 싱어는 어떤 선호에 충족되는 개념을 좋음에 대한 최종적인 개념으로 간주하지 않는다. 그는 "편협하게 제한된 주관주의를 넘어서 의미를 갖는 삶"[70]에 대해 도덕과 좋음을 동일시한다. 무엇보다 싱어는 "공평무사성(impartiality)"[71]의 이성 능력에 의해 도덕적인 합의를 이끌어 낼 수

---

67) Peter Singer, 위의 책, 118쪽.

68) 카타르지나 드 라자리-라덱·피터 싱어, 『공리주의 입문』, 류지한 옮김, 울력, 2020, 91쪽.

69) 카타르지나 드 라자리-라덱·피터 싱어, 『공리주의 입문』, 92쪽.

70) Peter Signer, How Are We to Live? Ethics in an Age of Self-Interest, Amherst, NY:Prometheus Books.1995, 217-218쪽.

71) 공평무사성이란 자신의 행동에 의해 영향을 받는 모든 사람의 이익을 동등하게 고려하는 것을 의미한다. 공평무사성을 요구한다는 것은 자기 이익에 대해 뻔뻔스러운 호소는 통하지 않는다는 것을 의미한다. 예컨대 타인들이 나로부터 열매를 가져 간다면, 손해가 되고 타인으로부터 열매를 가져 오는 것은 이익이 된다는 이유로 타인으로부터 열매를 가져갈 수 있다고 말할 수 없다.(피터 싱어, 『사회생물학과 윤리』, 김성한 옮김, 연암서가, 2012, 162쪽.)

있다고 본다. 이성적 합의를 이끌어 낼 수 있을 경우에, 단순히 주관주의적 입장이 아닌 객관적인 관점으로 도달할 수 있어야 한다는 것이다. 싱어는 이것을 '이성의 에스컬레이터'에 올라타는 것[72] 이라고 다음과 같이 말한다.

> 기대하지 않았던 장소로 우리를 이끌고자 하는 이성의 능력은 진화의 당연한 노정이라 생각할 수 있는 곳으로부터 낮 설고 우회한 곳으로 우리를 이동시켜 놓았다. 우리가 이성 능력을 갖게 된 것은 그것이 우리가 생존하고 번식하는 데 유리했기 때문이다. 그러나 만약 이성이 에스컬레이터라면, 상승의 첫 단계는 생존과 번식을 도왔을지 몰라도 이제 이러한 목적을 위한 단계를 뛰어넘어 보다 높은 곳으로 올라가게 되었다.[73]

선호 공리주의자들은 제3자의 관점에서 공평무사성이라는 이성의 에스컬레이터로 올라타는 것이라 할지라도 그 자신의 삶을 영위하고 지속적으로 살기를 원하는 자기를 아는 사람들과 미래를 가리키는 어떠한 선호들을 갖고 있지 못한 사람들과 엄밀히 구분해야 한다고 말한다. 왜냐하면 자신의 삶을 살아가기만을 원하는 사람들은 자신이 미래의 존재라는 개념을 갖고 있지 않기 때문에 어떤 의미에서 '인격체가 아닌 것들'일 수 있다.[74] 선호공리주의에 따르면 인격체가 아닌 개체들을 즉시 그리고 고통 없이 죽인다면, 우리는 그들의 어떤 선호에 반(反)하여 행동한 것이 아닐 수 있다. 선호공리주의에서 제기되는 반론은 자신의 욕구가 만족했다는 것을 잘 모르고 있었다고 할지라도 자신의 행복이 증진될 수 있다는 것이다.[75] 즉, 선호 공리주의가 오직 합당한 선호만을 고려할 수 있게

---

72) 위의 책, 177쪽.

73) 피터 싱어, 『이렇게 살아도 괜찮은가』, 정연교 옮김, 세종서적, 1996, 351쪽.

74) Peter Singer, *Practical Ethics*, 2011, 111쪽.

75) 카타르지나 드 라자리-라덱·피터 싱어, 위의 책, 91쪽.

제한한다면, 그것은 욕구에 토대를 둔 이론(desire-based theory)을 포기해야만 하는 위험에 빠질 수 있다. 만약 어떤 합리적인 사람이 어떤 것에 대해 객관적으로 선(善)이라는 것을 인식할 수 있다면, 선호 공리주의는 단지 객관적으로 선에 대한 선호만을 고려하는 이론이 될 수 있다. 그렇게 된다면 선호 공리주의는 전혀 다른 부류의 이론일 수 있다는 것이다.[76)]

하지만 우리가 일상사에서 왜, 어떻게, 윤리적 삶을 살아야 할 것인지에 대해 성찰하고자할 경우, 일상적 삶에서 직접 이행할 수 있는 일종의 안내자 역할을 할 수 있는 폭넓은 윤리원칙을 적용할 수 있어야 한다.[77)] 따라서 우리가 각자 도덕적 상황에서 선호를 계산하려는 시도보다 선호를 극대화하는데 보다 도움이 될 수 있는 이론이어야 한다는 싱어의 생각에 눈여겨볼 필요가 있다.

3. 한국 사회에 선호 공리주의는 어떻게 적용 가능한가?

앞서 고찰했듯이, 싱어의 선호 공리주의는 모든 사람들이 모두 동의할 수 있는 것은 아니다. 선호 공리주의는 객관적 원리에 근거한 윤리이론이라기 보다 실용적으로 적용하고자하는 이론일 수 있다. 그러면 현재의 관점에서 싱어의 동물살생에 대한 선호 공리주의의 보편화 가능성은 어떤 의미를 갖고 있을까? 또한 그의 이런 주장들은 어떻게 받아들여야 하는가?

첫째, 싱어의 선호 공리주의는 주관적 선호에 기반하고 있지만, 감성을 넘어서는 어떠한 요구를 하는 것이 아니라 모든 쾌고감수 존재의 이

76) 위의 책, 99쪽.
77) Peter Singer, 위의 책, 93쪽.

익을 고려해야 한다는 의미이다. 물론 선호 공리주의는 주관적 선호에 따라 쾌락과 고통에 의해 모든 쾌고감수 존재를 이해하려고하기 때문에 어떠한 종교적 신조나 세속적 신념 체계와 관계하지 않는다. 말하자면 선호 공리주의는 모든 쾌고감수 존재의 이익을 고려하기 때문에 자기-이익을 뛰어넘어 보편적 가능성으로서의 윤리학을 정립하는데 필요한 단계이다. 왜냐하면 선호 공리주의는 이를 정초하기 위한 최소한의 윤리이기 때문이다. 이는 "공리주의를 넘어서려는 사람들은 증명이라는 무거운 짐을 져야 한다.[78]"는 것이 단적인 실례이다.

둘째, 벤담은 이익을 '이성적 능력 혹은 담화를 나눌 수 있는 능력'으로 보편화시키는 것은 그릇된 것이라고 보고 있자만, 싱어는 벤담의 이와 같은 이익 고려대상을 '고통과 쾌락'을 느낄 수 있는 능력의 존재로서 윤리적 판단 기준을 보편화 가능성에서 그 의미를 찾을 수 있다. 즉 싱어는 선호 공리주의의 도덕적 보편화 가능성에서 인간이든 동물이든 어떤 존재에게 평등한 고려의 대상을 부여할 수 있는 것을 가장 주요한 특징으로 보았다. 다시 말해 싱어는 동물의 쾌고감수 능력을 도덕적 고려의 기준으로 삼았던 것이다. 궁극적으로 싱어가 보기에 인간들의 동물살생 행위는 단지 의식만을 가진 존재를 대체 가능하다고 주장하는 것은 동물의 이익이 중요하지 않다는 것이 아니다. 이를테면 그는 인간을 비롯한 감응력이 있는 존재들이 의식을 갖고 있는 경우에, 모든 살아 있는 존재들의 이익을 충족시키고자 하는 이익, 또한 가능한 한 많은 쾌락과 적은 고통을 경험하고 있다는 생각을 해야 한다는 것이다. 감응력은 어떤 한 존재를 이익평등 고려 원칙의 영역에서 그 존재가 지속적으로 자신만을 위해 살고자 하는 개인적인 이익을 갖고 있다는 의미는 아니다.[79] 따라서 싱어는 벤담의 쾌락적 공리주의를 통해 도덕적 고려의 대상 범위를 동물에 이르기 확장해 나간 것이다. 즉, 벤담의 쾌락적 공리주의에서 모

78) Peter Singer, *Practical Ethics*, 2011, 14쪽.
79) Peter Singer, 위의 책, 119쪽.

든 사람은 각자 한 개인으로 간주되며, 어떤 누구도 그 이상으로 취급될 수 없다. 특히 벤담은 쾌락적 공리주의를 도덕적 평등의 핵심적 토대로 삼았듯이, 쾌락적 공리주의는 어느 누군가가 어떤 행위로 인해 영향을 받거나 모든 개별적 존재들의 이익은 다른 존재들의 이익을 고려의 대상에 포함하고 동일한 비중의 이익을 부여해야 하는 것이다. 왜냐하면 자신이 속해 있는 성(性), 인종, 그리고 종(種)의 이익을 옹호하면서 동시에 다른 종의 이익을 배척하는 편향된 태도는 모든 차별주의의 핵심이기 때문이다. 이렇게 된다면 이는 싱어의 이익 평등고려의 원칙에 정면으로 위배되는 것이다.

셋째, 싱어의 선호 공리주의는 평등의 기본원칙에 기반한 보편적인 윤리의 원칙을 표방한다. 다만 윤리적 원칙이 유일한 도덕적 기준은 아니다. 우리 사회에서 바람직한 선호 공리주의는 정치적, 사회적 존재로서의 인간을 모두 포괄할 수 있어야 한다. 왜냐하면 선호 공리주의의 보편적 가능성으로서 윤리학의 구축은 바로 우리 시대의 절실한 과제이기 때문이다. 인간들이 동물을 학대하고 살생하면서 동물들을 함부로 대하는 이면에는 한갓 동물들을 자연의 일부로 보며, 인간이 이성과 문명으로 자연을 정복할 수 있다는 오랜 기간 갖고 있던 우월감 때문이다.[80] 궁극적으로 싱어는 인간을 위한 "공장식 축산농장"[81]을 금지할 것을 요청했고 단지 인간을 위해 도구적으로 동물들을 이용하는 것에 반성을 촉구했다. 싱어가 『동물해방』의 저서에서 보여준 공장식 축산농장에 대한 고발은 과거 어느 철학자도 쉽게 흉내 낼 수 없는 업적이다. 하지만 싱어는

---

80) 앙우안 F. 괴첼, 『동물들의 소송』, 이덕임 옮김, 알마출판사. 2019, 51쪽.

81) 공장식 축산농장에 대한 많은 문제점은 1964년 해리슨(Ruth Harrison)에 의해 제기되었고 싱어는 그에게서 많은 영향을 받았다. 싱어는 해리슨의 『동물기계』에서 "인간들은 자신들의 이윤을 위해 동물들을 잔혹한 방법으로 도살하고 있다."(Peter Singer, "Ethik und Tiere-Eine Anwendung der Ethik über unserer eigene Spezis hinaus", F. Schmitz(Hg.), *Tierethik*, Frankfurt. a.M. 2014, 84쪽)는 것을 기술한다. 이에 대한 자세한 내용은 루스 해리슨, 위의 책.)

최저생활을 위한 사냥에 반대하는 것은 아니다. 그는 단지 공장식 축산농장의 잔인한 관행에 대해 반대한 것이다. 지금까지 우리는 포유동물에만 중점을 두었고, 다른 생물에 대해서는 그다지 관심을 기울이지 않았다. 그래서 싱어의 동물해방론은 선의(善意)의 확대, 즉 인간 이외의 동물에 대한 배려의 확장이라 말할 수 있다. 그렇지만 싱어는 그 확장의 범위를 자기의 미래를 조금이라도 감지할 수 있는 존재로 한정했다.

넷째, 선호 공리주의 윤리에 기반한 동물살생 근절 방안으로 윤리 교육과 철학적 공감능력 강화하고, 초·중등 교육과 시민교육 과정에 동물윤리 철학 포함시켜 '이익의 평등 고려'의 원칙을 도덕·인성 교육에 포함하여 종차별주의 극복해야 할 것이다. 또한 윤리 교육은 감성적 접근을 통해 동물의 고통에 대한 공감 능력을 증진시켜야 할 것이다. 지금까지 인간과 동물의 관계가 수세기 동안 이어져 온 권력투쟁의 관계로 보는 시각이 그다지 잘못된 것이 아닐 수 있다. 하지만 인간도 동물이라는 겸손한 자세로서 다른 생명체와 함께 살아가는 생명체의 존중함을 배우고 누구나 갖고 있는 타고난 존엄성을 느낄 수 있을 때, 동물권의 인식도 점차 고양될 수 있을 것이다. 지금까지 그가 언급했던 도덕적 지위의 기준인 쾌락과 고통의 감수능력, 즉 "감응력(sentience)"은 아무리 강조해도 지나침이 없는 중요한 도덕적 고려사항이다. 즉, 싱어가 "인간의 평등을 떠받쳐주는 윤리적 원칙이 동물에 대한 평등한 존재로서 확장되어야 하는 이유"[82]인 것이다. 따라서 그가 동물에게도 평등한 존재로서 도덕적 지위를 부여하면서 육식에 반대하는 이유로 제시했던 이익평등 고려의 원칙과 감응력은 여전히 중요한 요인으로 작동한다.

다섯째, 한국 사회는 유교적 효 중심 문화와 식문화 전통 속에서 동물을 주로 도구적 존재로 인식해 왔다. 특히 개 식용, 산업적 축산, 의학적 동물실험 등이 여전히 존재한다. 이들 행위는 동물의 고통과 생명을 경

---

82) Peter Singer, *Animal liberation,* First Harper Perennial, 2009, 1쪽.

시하는 결과를 낳고 있다. 현재의 동물보호법은 주로 동물학대를 방지하고 생명 경시 문화를 개선하는 데 초점을 맞추고 있으나, 동물의 도덕적 지위에 대한 본질적 문제를 다루고 있는 것은 아니다. 또한 도살·사육·실험 등의 영역은 여전히 윤리적 공백상태에 있다.

싱어의 선호 공리주의는 단순히 동물에게 고통을 주지 말라는 정서적 호소를 넘어 도덕적 판단의 기준을 보다 보편적으로 확장할 수 있는 철학적 방안을 제시한다. 한국 사회는 법제도적 정비와 함께 시민사회 교육, 정책적 전환을 통해 동물의 고통을 줄이고 살생을 근절할 수 있는 조건을 근본적으로 마련해야 한다. 따라서 동물의 이익을 인간과 동등하게 고려한다는 윤리 원칙은 우리 사회가 보다 도덕적으로 성숙한 방향으로 나아가기 위한 전제조건이라 할 수 있다.

참고문헌

강준호, 「고전적 공리주의와 행위 공리주의의 관계에 대하여」, 『범한철학』, 제68집, 범한철학회, 2013년 봄. 2013,

김광태, 「피터 싱어(Peter Singer)의 생명 윤리 소고-선호와 인격개념을 중심으로-」, 『인문학논총』, vol.15. No.2. 공주대학교 인문학연구소, 2017.

김명식, 「동물윤리와 환경윤리: 동물해방론과 생태중심주의 비교」, 『환경철학』, 15집. 2013.

김명식, 「환경윤리에 관한 연구-공리주의와 생명중심주의를 중심으로-」, 『고려대학교 대학원 철학 박사학위논문』.1996.

김성한(1999), 「피터 싱어의 동물해방론」, 『철학연구』, 제22권, 고려대 철학연구소, 1999.

김훈, 『동물윤리 대논쟁』, 사월의 책. 2019.

데자르댕, 조세프 R., 『환경윤리』, 김명식·김완구 옮김, 연암서가, 2017.

드그라지아, 데이비드, 「인격은 호모사피엔스에게만 있는가?」, 『동물과 인간이 공존해야 하는 합당한 이유』, 시대의 창, 2012.

맹주만, 「피터 싱어의 윤리적 채식주의」, 『철학탐구』, 제22집, 중앙대학교 철학연구소, 2007.
문성학, 『동물해방 대 인간존중』, 한국학술정보, 2019.
벤담, 제러미, 『도덕과 입법의 원칙에 대한 서론』, 강준호 옮김, 아카넷, 2013.
보이드, 데이비드, 『자연의 권리』, 이지원 옮김, 교유서가, 2020.
싱어, 피터 엮음, 『동물과 인간이 공존해야 하는 합당한 이유들』, 노승영 옮김, 시대의 창, 2012.
싱어, 피터, 『동물해방』, 김성한 옮김, 인간사랑, 2006.
싱어, 피터, 『사회생물학과 윤리』, 김성한 옮김, 연암서가, 2012.
싱어, 피터, 『실천윤리학』, 황경식 김성동 옮김, 연암서가, 2018.
싱어, 피터, 『이렇게 살아도 괜찮은가』, 정연교 옮김, 세종서적, 1996.
싱어, 피터·메이슨, 짐, 『죽음의 밥상』, 황규진 옮김, 산책자, 2011.
앙우안 F. 괴첼, 『동물들의 소송』, 이덕임 옮김, 알마출판사, 2019.
카타르지나 드 라자리-라덱·피터 싱어, 『공리주의 입문』, 류지한 옮김, 울력, 2020.
해리슨, 루이스, 『동물기계』, 강정미 옮김, 에이도스, 2020.
Bayertz, Kurt(Hg.), *Praktische Philosophie*, Hamburg, 1991.
Bentham, J., *An Introduction to the Principles of Morals and Legislation in The Works of Jeremy Bentham,* vol. 1, Edinburgh. 1833-1844.
Birnbacher, Dieter(Hg.), *Ökologie und Ethik,* Stuttgart, 1986.
Birnbacher, Dieter(Hg.), *Ökophilosophie,* Stuttgart, 1997.
Braun, Das Klonieren von Tieren,
Burr, "Toward Legal Rights for Animal", *Environmantal Affairs*, Vol. 4. 1972.
D., Lyons, D., *Forms and Limits of Utilitarianism,* Oxford University Press, 1965.
Goodkin Susan L., "The Evolution of Animal Rights", *Columbia Human Rights Law Review,* Vol. 18. No.2 Spring, 1987.
Grimm, Herwig/Wild, Markus(2016), *Tierethik zur Einfürhung,* Hamburg, 2016.
Hart, Herbert L. A., *The Concept of Law,* Oxford University Press, 1961, (허버트 하트, 『법의 개념』, 오병선 옮김, 아카넷, 2001.)

Japers James, "The Animal Rights Crusade", The Free Press, New York, 1992.

Leavitt, E. S., Animals and Their Rights, 1970.

Lyons, D., *Forms and Limits of Utilitarianism,* Oxford University Press, 1965,

Mage, Harles R., "Keyguide to Information Sources in Anamal Rights", Mansell, London, 1999.

Pfordten, Dietmar v.d., *Ökologische Ehik,* Hamburg, 1994.

Reichard Rider, "Victims of Science", Standley and Roslind Godlovich and Harris(Hg.), Animals, Men, and Morals, New York:Grove Press, 1973.

Roger Crisp, "Teachers in an Age of Transition: Peter Singer and J. S. Mill," Singer and His Critics, 1999.

Rohr, Janelle, "Animal Rights", Greenhouse Press Inc San Diego, 1989.

Schmitz, Friederike(Hg), *Tierehik,* Frankfurt. a. M. 2014.

Singer, Peter, "A Response," Singer and His Critics, 1999.

Singer, Peter, "Ethik und Tiere-Eine Anwendung der Ethik über unserer eigene Spezis hinaus", F. Schmitz(Hg.), *Tierethik,* Frankfurt. a.M. 2014.

Singer, Peter, *Animal liberation,* First Harper Perennial, 2009.

Singer, Peter, How Are We to Live? Ethics in an Age of Self-Interest, Amherst, NY:Prometheus Books, 1995.

Singer, Peter, *Practical Ethics*, Cambridge, 2011.

Stephen G., Engelmann, "Indirect Legislation": Bentham's Liberal Government", Polity 35. 2003.

Taylor, Richard, "The Singer Revolution," Philosophy Now, August/ September, 2000.

제9장

한국 사회에서 보편타당한 교육은 어떻게 가능할까?

-딜타이의 보편적 교육학 탐색-

제9장

한국 사회에서 보편타당한 교육은 어떻게 가능할까?

-딜타이의 보편적 교육학 탐색-*

1. 보편타당한 교육이란?

딜타이(Wilhelm Dilthey, 1833~1911)는 「보편타당한 교육학의 가능성에 대하여」[1](1888) 라는 교육학 강연과 교육학 논문에서 보편타당한 근본원칙에 맞는 교육 규정을 언급한다. 특히 그는 보편타당한 교육학을 현장 교육에서 어떻게 적용할 수 있는지에 대해 주목한다.[2] 여기서 그는 "아주 다양한 민족과 시대를 위한 교육의 목적과 방법, 그리고 교수법"[3] 등에 대해 구체적으로 제시한다. 그에게 있어서 교육학은 정신적 삶의 규범이나 보편타당한 규칙의 가장 일반적인 규제조건을 제시하는 것이었다. 그는 이미 정립된 문화체계, 이를테면 교육의 목적론적 특성을 부여하여 개인의 정신적 삶을 고양시키고자 했다.[4] 딜타이는 17세

---

* 이 글은 「현대유럽철학연구」, 제71집, 한국현대유럽철학회, 2023, 195-229쪽에 실린 내용을 수정·보완한 것임.

1) Wilhelm Dilthey, *Über die Möglichkeit einer allgemeingultigen pädagogischen Wissenschaft.* in: *Gesammelte Schriften VI.,* Stuttgart 1957.(이하 G.S라 축약하여 인용함). 60쪽.

2) G.S. VI. 57쪽.

3) G.S. VI. 56쪽.

기~18세기 교육학의 도입 시기부터 위대한 교육학자 헤르바르트(J. F. Herbart, 1776-1841)에 이르기까지 그동안 당연하게 생각했던 교육 체계를 비판적 관점에서 다룬다. 즉. 서로 상이한 문화과학과 사회과학과의 비교를 통해 교육학은 시대에 뒤떨어진 낡은 교육 체계를 개혁해야 하는 과제를 떠안고 있다.[5] 각 개인은 외부 조직을 통해 다양한 문화 체계를 형성한다. 여기서 교육은 각 개인의 고유한 특성을 최대한 발휘하여 본래의 목적을 수행해 나가야 한다. 그래서 각 개인은 일반적인 교육과 개인의 전문 영역에서 성취한 성과를 교육의 목적에 맞게 출발해야 한다.[6] 그러면 우리는 보편타당한 교육학을 어떻게 증명해보일 수 있을까?

딜타이는 정신과학에서 보편타당한 교육학을 수행할 수 있어야 한다고 보았다. 무엇보다 교육학은 교육 현장에서 다양하게 관여하고 있는 교육 문제의 요소들을 찾아내어 출발해야 한다. 즉, 교육학은 가르치는 교육 현장에서 경험과 이론을 아우르는 다양한 규칙들의 연관을 형성해 나가야 한다. 이를 위해 교육학은 **철학, 윤리학, 정치학, 심리학**의 명제들로부터 교육학적 결론들을 도출해 내어 궁극적인 교육학의 이상(理想)을 제시할 수 있어야 한다.[7]

본론에 들어가기 전(前)에 국내에서 딜타이에 대한 교육학에 관한 단일 주제로 다룬 연구물들은 대체로 활성화되지 않았다. 즉 우리가 검토한 결과 "독일어권의 주요 딜타이와 관련된 교육학 연구물들은 축적"[8]

---

4) G.S. IX. 185쪽.

5) G.S. VI. 56쪽. 61쪽. G.S. IX. 177쪽.

6) G.S. X. 118쪽.

7) G.S. VI. 57쪽.

8) Klaus Barterls, *Die Pädagogik Herman Nohls inihrem Verhältnis zum Wilhelm Diltheys und zur heutigen Erziehungswissenschaft*, Weinheim und Berlin 1968, Klaus Brose, *Philosophie und Erziehung. Pädagogische Implikate in der Philosophie Kants, Diltheys und in der kritischen Theorie der Gesellschaft mit Anmerkungen zu neiner künftigen Pädagogik*, Frankfurt. a.M 1976, Ulrich

되어 있으나, 국내에서 아직도 딜타이 교육학과 관련하여 집중적으로 다룬 연구물들을 그다지 찾아보기 쉽지 않다.[9] 그러면 21세기 현시점에서 보편타당한 교육학의 체계를 어떻게 마련할 수 있을까? 우리는 21세기 현시점에서도 보편타당하게 적용될 수 있는 **교육의 목적, 수업 방법, "교육 대상의 가치"**[10]들이 여전히 미흡하여 이에 대한 보완책이 필요하다는 문제의식에서 출발한다. 우리는 딜타이가 강조했던 모든 민족에게 보편타당하게 적용될 수 있는 교육의 목적, 수업 방법, 교육 대상의 가치[11]에서 탁월한 교육학의 체계를 제시할 수 있어야 한다고 본다. 딜타이는 그 당시 헤르바르트, 슐라이어마허(Schleiermacher), 스펜서(Spencer), 베인(Bain), 베네케(Beneke), 바이츠(Waitz)와 같은 교육 이론가들이 보편타당하게 적용될 수 있는 교육관에 대해 적극적으로 동의한다.[12] 즉, 딜타이가 보편적인 교육학 체계를 형성하고자 하는 주된 이유는 교육의 다양성을 무시하고 획일적인 이상(理想)을 학교 제도에 도입하여 강요하려는 우려 때문이다.[13] 또 다른 이유는 교육학 이론에 대해 오류가 발생

Hermann, *Die Erziehungsphilosophie zwischen Dilthey und Neukantianern*, Frankfurt. a.M. 1988. Horst Schaub, *The Theorie von Teleologie des Seelenlebens im Werk Wilhelm Diltheys und ihre Bedeutung für die Pädagogik*, Köln, 1970.

9) 이종서, 「빌헬름 딜타이의 교육학. 과학적 학문으로서의 교육학의 기본논리」, 『교육문제연구』, 제7집, 동국대학교 교육문제연구소, 1992, 134-135쪽. 손승남, 「Dilthey 해석학과 정신과학적 교육학의 전개과정」, 『교육사상연구』, 제21권, 한국교육사상연구회, 2007, 121-138쪽, 손승남, 「Dilthey의 해석학과 정신과학적 교육학적 전기연구」, 『교육학연구』, vol. 35. 한국교육학회, 1997, 17-39쪽.

10) 스펜서는 개인의 도야에 공리주의적 원리를 적용하여 **교육 대상의 교육적 가치**를 측정한 바 있다. 그는 모든 개인에 대해 획일적으로 공리주의적 공식을 적용한다. 하지만 교육 대상의 교육적 가치는 오직 주어진 사회에 내재하는 분업과 욕구에서 추출될 수 있다. 이러한 가치는 항상 역사적 제약과 한계를 갖는다. 영국인들과 그들을 추종하는 독일인들이 삶의 공리주의적 관점을 정립했다. 베인과 몇몇 사람들은 공리주의 학설을 교육학에 적용했다. 공리주의적 학설은 인생의 목적이 어느 학설에 의해서도 부정될 수 없다고 주장한다. 그러나 그들은 교육적 계획에서 나온 목적을 배제하는 일은 곧 교육의 구성에 결정적이라는 사실을 간과했다.(G.S. VI. 61쪽.)

11) G.S. VI. 56쪽.

12) G.S. VI. 56쪽.

하면 학교 교육 체계를 정립하는데 위험적인 요인들을 발생하게 할 수 있으며 보편타당성을 지니지 못한 추상적 이론이 사회의 질서 체계에 혼란을 가중시킬 수 있기 때문이다.[14]

따라서 우리는 보편타당하게 적용할 수 있는 딜타이의 교육관에 대한 내용, 즉 교육의 목적, 수업 방법, 교육 대상의 가치들 가운데 그 범위를 **교육의 목적과 수업 방법**에 한정하여 살펴보고 궁극적으로 21세기 AI 사회에서 교육 개혁이란 어떤 의미를 지니고 있는지 딜타이의 관점을 통해 재조명해 보자.

2. 보편타당하게 적용될 수 있는 교육학의 목적은 어떻게 가능한가?

1) 교육학의 목적

① 교육학의 이념 및 의미

교육학은 18세기 **계몽주의 윤리 이념**으로부터 교육의 목적을 받아들였다. 딜타이는 17~18세기 교육학의 방법론을 직관에서 개념으로, 사실에서 추상으로 나아가야 한다고 주장한다.[15] 이 시기에 교육학은 방법론과 인간학으로부터 개인 교육의 규칙을 수용했다.[16] 그러나 18세기 교육학은 그 당시 삶과 교육적 이상(理想)에 대해 추상적 표현들만 난무했을 뿐이었다. 예컨대 그 당시 심리학의 적용도 한정적이고 상대적인 가치를 지녔을 뿐이었다. 왜냐하면 낡은 교육학의 형식들을 변화시키고자 했던 사람들도 시간과 장소를 뛰어넘는 추상적인 보편타당성을 추구하는데 불과했기 때문이다. 그들은 개인들의 삶과 역사적 유한성에 대해

---

13) G.S. VI. 56쪽.
14) G.S. VI. 56쪽.
15) G.S. VI. 77쪽.
16) G.S. VI. 60쪽.

제대로 인식을 했어야 했지만,[17] 그렇게 하지 못했다.

물론 교육학은 보편타당한 규칙을 정립하여 정신적 삶의 목적을 제시해야 하지만, 딜타이가 보기에 교육학은 보편타당한 이념을 분명하게 설정될 수 없다는 사실에서 출발한다. 즉 윤리적 목적을 포함하는 어떠한 교육 이념도 존재하지 않으며, 어떤 것도 교육에 방향을 제시할 수 없다.[18] 딜타이에 따르면 모든 보편타당한 학문은 종말을 고(告)하고 오직 인간존재의 다양성에 관한 서술과 인과적 설명만이 남아 있는 것처럼 보인다. 이것이 실제로 지난 "역사학파"[19]의 속내였다. 이는 실제로 정치경제학에서 가장 명확하게 드러났다.[20] 이러한 보편타당한 교육학에 대한 회의론은 경제법, 국가법, 종교법, 교육법 등 모든 영역에 걸쳐 나타났다. 그리고 모든 교육 규칙이나 보편타당한 원리를 파기했다. 이는 결국 학문을 파기하고 삶의 영위를 불가능하게 만들게 되었다.[21]

무엇보다 딜타이의 관점에서 보편타당한 교육학을 설정하기 위해 목적론적 삶의 연관을 지향해야 한다. 여기서 딜타이는 이론과 실천의 연관관계에 의해 관념들의 완전성을 보편타당하게 발전시킬 수 있어야 한다고 보았다. 즉 보편타당하게 전개시킬 수 있는 교육학은 정신적 삶의

---

17) G.S. VI. 56쪽.

18) G.S. VI. 58쪽.

19) 딜타이에 따르면 교육학은 역사학파에서 겸손함을 배워야 한다. 정신적 삶의 법칙을 찾는 어떤 과정에서 유용한 삶에 속하는 정신적 과정의 완전성을 이끌어낼 수 있는가는 오직 교육학적 작용에서 발생하는 명제와 규칙들이다. 이것들은 교육적 존재의 형성을 주어진 시대에 이끌어가야 하는 가장 단순하면서도 근원적인 규범들이다. (빌헬름 딜타이, 「빌헬름 딜타이의 교육학적 기본사고」, 『딜타이 교육학 선집』, 손승남 옮김, 2008, 지만지, 2008, 146쪽), 프랑스 혁명의 선동에 맞서 역사학파가 생겨났다. 이러한 역사학파는 추상적 원리에 대한 역사의식의 권리를 인정했다. 그것은 역사 발전의 연속성, 사회적 기관들의 통일성, 공법의 영속성 및 군주제의 원리 등이다. 이 학파는 역사의식의 발전을 법률가와 공무원의 예비 과정으로 인정함으로써 군주제를 위해 투쟁한다. (빌헬름 딜타이, 「교육기관의 조직과 개혁에 관하여」, 140쪽.)

20) 빌헬름 딜타이, 「교육기관의 조직과 개혁에 관하여」, 손승남 옮김, 『딜타이 교육학 선집』, 지만지, 2008, 147쪽.

21) 빌헬름 딜타이, 「교육기관의 조직과 개혁에 관하여」, 148쪽.

구조 안에서 근거 지을 수 있어야 한다. 여기서 정신적 삶에 대한 설명은 목적론적이어야 한다. 중요한 사실은 감정적으로 만족할 만한 존재를 실현해야 하며, 모든 교육 구조는 수단의 체계로서 그 구실을 다해야 한다.[22] 딜타이는 이러한 교육학에 대해 행복한 인간 존재의 목표를 공리주의적 관점에서 제시할 수 있어야 한다고 강조한다. 따라서 딜타이에게서 교육학의 목적은 다음과 같은 유형의 명제를 구성해야 한다.

첫째, 교육학의 명제는 경험에 의해 검증된 명제들을 도출해 내야 한다. 즉 교육학은 가르치는 교육 현장에서 경험과 이론을 결합하여 교육 규칙들의 연관을 형성할 수 있어야 한다.

둘째, 교육학의 명제는 윤리학, 정치학, 심리학의 명제들로부터 연역적인 교육학의 결론들을 도출하여 교육학적 이상(理想)을 제시할 수 있어야 한다.[23] 하지만 교육의 목적은 윤리학이나 다른 학문에서와 마찬가지로 모두 보편타당하게 입증될 수 있는 것은 아니다. 다만 교육의 목적은 고귀한 윤리의식에 의해 파악할 수 있어야 한다.[24] 딜타이는 이러한 교육의 목적을 위해 한 국가의 문화는 모든 교육과정의 규정들을 변화시킬 수 있어야 한다. 그렇게 하여 교육의 목적에 부합하는 수업 및 교육 규정을 적합하게 적용할 수 있어야 한다. 그러므로 딜타이의 관점에서 교육학은 교육의 목적에 맞게 체계적으로 보완할 필요가 있다.[25] 예컨대 우리가 심리학을 적용했을 경우에 교육 실험을 제대로 검증할 수 있어야 한다. 즉 심리학은 아동의 마음을 읽어 내고 논리학의 지식을 습득하여 개인의 지식 증진을 위해 도와주어야 한다. 또한 청소년의 수업에서도 교육학은 대학의 학위 과정을 편성하여 그 중요성을 도출해 낼 수 있어야 한다.[26] 여기서 각 개인의 교육 경험은 교육학의 규정을 통해 반드시

22) 빌헬름 딜타이, 위의 글, 149쪽.
23) 빌헬름 딜타이, 「교육기관의 조직과 개혁에 관하여」, 105쪽.
24) 빌헬름 딜타이, 「빌헬름 딜타이의 교육학적 기본사고」, 114쪽.
25) 빌헬름 딜타이, 위의 글, 114쪽.
26) 빌헬름 딜타이, 위의 글, 115쪽.

제어할 필요는 없다.

② **교육의 본질**

딜타이에 따르면 **교육의 본질**은 개인의 교육의 도야를 지향한다. 다만 각 개인은 수업 규칙의 연관성 속에서 추상적인 이론으로 나타날 수 있다. 하지만 추상적인 교육이론도 각 개인의 고유 가치, 개별 인간의 내적인 목적, 인간 본성에 근거를 두어야 한다. 그 추상적인 교육의 유형들은 보편타당한 교육의 목적을 위해 실현할 수 있어야 한다.[27] 딜타이가 보기에 루소(J.-J. Rousseau)이후에 이러한 교육의 전제 조건들은 일반 교육학 과정으로 점차 발전되어 나갔다. 그 이유는 모든 교육의 사안들이 교사의 행위 규칙을 제대로 수행해야 하기 때문이다. 이러한 교육의 전제 조건들은 추상적 조건에서 그 효력을 발생한다. 딜타이는 피교육자의 정신에 영향을 주는 거대한 국가 교육의 요인들은 문화의 총체적 개념에 영향을 받는다고 보았다.

실제로 교육의 과업은 주어진 정치적 환경에서 문화의 총체적 개념을 중요하게 간주한다. 피교육자를 제약하는 보이지 않는 영향력을 행사하는 요소들은 문화의 총체적 개념에 기인한다. 피교육자의 정신에 많은 영향을 주는 국가적 교육의 요인들은 문화의 총체적 개념에 제약을 받는다.[28]

딜타이에 따르면 교육은 기성세대가 성장 세대의 정신적 삶을 도야(Bildungstheorie)하고자 하는 계획적인 활동이다.[29] 즉, 교육은 성장하는 개인들에게 특정한 형식의 삶과 특정한 정신적 힘에 질서를 부여하는 것이다. 그래서 교육은 성장하는 개인들에게 많은 영향을 끼친다. 교육에서 실현하고자 하는 교육의 이상(理想)은 어느 시대에서도 역사적

27) 빌헬름 딜타이, 「교육기관의 조직과 개혁에 관하여」, 151쪽.
28) 빌헬름 딜타이, 「교육기관의 조직과 개혁에 관하여」, 151쪽.
29) G.S. VI. 69쪽.

제약을 받아 왔다. 딜타이는 지난 18세기에 이르러 개인적인 도야를 통해 인류의 진보를 실현할 수 있는 이상(理想)을 발견했다고 믿었다. 그러나 19세기 말에도 교육은 한갓 웃음거리에 지나지 않았으나 교육의 목적에 윤리적 측면을 분명하게 설정했다. 하지만 교육이 여전히 보편타당성에 대한 요구를 적극적으로 시도하지는 않았다.[30] 무엇보다 딜타이는 사회에 새롭게 유입되는 교육적인 요인에 **동화작용**(Assimilation)이 필요하다고 보았다.[31] 하지만 이러한 동화작용은 공동체의 삶 속에서 의도한 대로 전개되는 것은 아니다. 오히려 무의도적인 교육이 계획적인 교육 행위에서 훨씬 더 교육적인 결과를 이끌어 낼 수 있다. 왜냐하면 교육은 각 개인의 도야에 계획적인 활동을 이미 포함하고 있기 때문이다.[32]

딜타이에게서 각 사회의 구성원들은 정신적인 삶을 통해 개인적인 도야에 주안점을 둔다. 각 개인의 도야가 어느 정도 교육적 의미를 갖고 있는지 분명하게 확인할 수는 없지만, 주체인 개인에게는 스스로 자극을 받을 수 있다. 따라서 교육적으로 의도된 행위는 주체적인 작업이기에 개인적인 도야에 머물고 있는 것이다. 독일 계몽주의의 사상가이자 극작가인 레싱(G. E. Lessing)이 강조한 바와 같이, 자연과 운명은 의도적으로 각 개인에게 영향을 끼치지 않는다.[33] 하지만 신은 각 개인의 최고 교육자이다. 그렇지만 신과 개인의 관계는 단지 개념적으로 파악할 수 있는 것은 아니다.

③ **완전성**(Vollkomenheit)

앞서 언급하였듯이, 딜타이에 따르면 교육자의 계획적인 활동은 교육자가 분명한 목적을 설정하여 피교육자의 정신적인 삶을 점차 고양시키

---

30) 빌헬름 딜타이, 「교육기관의 조직과 개혁에 관하여」, 146쪽.
31) G.S. IX. 14쪽.
32) 빌헬름 딜타이, 「빌헬름 딜타이의 교육학적 기본사고」, 106쪽.
33) 빌헬름 딜타이, 「빌헬름 딜타이의 교육학적 기본사고」, 107쪽.

는 것이다. 이러한 교육의 목적은 '완전성'에 있다.[34] 딜타이는 『칸트의 교육학 강의』(1803)에서 교육의 목적을 다음과 같이 말한다.

> (...) 계속 이어지는 각 인간 세대는 인류가 추구하는 완전성을 향하여 한 걸음씩 접근해 나갈 것이다. 왜냐하면 교육의 배후에는 인간 본성의 완전성을 추구하는 위대한 비밀이 놓여 있기 때문이다. 이 시대에 와서야 교육은 인간 본성의 완전성을 추구하는 교육의 작업을 실행에 옮길 수 있다. 왜냐하면 이제 와서야 사람들은 올바르게 판단하고 명백하게 이해하고 인식하는 일을 시작했으며, 이러한 일은 좋은 교육의 내용에 본질적으로 속하는 것이기 때문이다.[35]

위의 인용문에서처럼, 칸트에게서 이러한 교육의 목적은 완전성의 개념에서 잘 드러난다. 딜타이는 칸트의 완전성의 개념을 적용하여 내적인 문제를 심리학에서 다룬다. 그렇게 하여 그는 완전성의 개념을 통해 교육의 목적을 성취하고자 한다.[36] 그에 따르면 교육학이 어떤 목적을 상정하고 있다는 점에서 보편타당한 학문이 아니라는 것이다. 교육학의 목적은 주로 인간을 도야하는 데 있다. 예컨대 어린아이는 자기 자신을 향상시키기 위해 목적론적으로 교육을 받게 된다. 교육학은 교육의 목적을 구체적으로 세운 이후에 그 성과를 이룰 수 있다. 따라서 교육학이 이러한 목적을 상정하고자 하지만, 언제나 보편타당한 학문인 것은 아니다.[37]

딜타이의 관점에서 교육학은 완전성을 향해 실현해 가는 과정을 서술하는 것이다. 즉, 교육학에서 완전성의 개념은 이론과 실천적 사유를 결합한다. 그렇게 하여 교육학은 궁극적으로 창조적 사유를 도출해 낸다. 모든 인간의 창조적 행위는 이미 실현된 어떤 것의 영상(映像)과 결합되

---

34) G.S. VI. 74.

35) 칸트, 『칸트의 교육학 강의』, 조관성 옮김, 철학과 현실사, 2007, 49쪽. 칸트의 교육이론에 대한 자세한 내용은 다음을 참조: 김영태, 『칸트의 교육이론』, 철학과현실사, 2003.

36) 빌헬름 딜타이, 「빌헬름 딜타이의 교육학적 기본사고」, 108쪽.

37) 빌헬름 딜타이, 위의 글, 108쪽.

어 있다. 이 안에서 창조의 실천적 행위는 예술적 행위와 유사하다. 이것은 언어를 잘 활용해야 제 기능을 발휘할 수 있다. 예컨대 시는 이념을 나타낸다. 또한 종교도 그러한 이념들을 산출해 낸다.[38] 실천적 힘이 강력했던 시기에 철학은 현자(賢者)의 이념을 창출해 냈다. 이러한 이념의 생성은 우리의 상상력 안에서 신적 과정을 상승시키고, 서해 요인을 제거하여 삶의 가치를 완성도 있게 실현하고자 했다. 학문적인 연구자는 삶의 변화무쌍한 가치들을 배제한 채 그 안에서 항상 동일한 것을 완전하게 찾으려고 노력한다. 이것은 어떠한 이념을 설정하고자 하는 과정이다. 예컨대 시와 학문적 연구는 이 지점에서 일맥상통한다. 실천적 삶은 항상 현실 속에서 존재하는 것은 아니다.

딜타이는 실현하고자 하는 어떤 새로운 교육을 창조해야 한다고 강조한다. 즉, 모범적인 것, 이념적인 것, 전형적인 상들, 플라톤, 헤르바르트, 로체의 이념들, 슐라이어마허와 헤겔의 이념적 철학, 이 모든 것들은 우리가 생존하는 동안에 언제든지 목격할 수 있다. 이로 인해 윤리적 삶과 행위하는 각 개인의 존재는 창조적인 것과 형상적인 것을 만들어 낼 수 있다.[39] 딜타이에게서 실천적 삶은 개별 과정에서 다음과 같이 나타난다.

> 왜냐하면 개별 과정이나 개별 과정들의 성과들은 전체적 영향의 관계 속에 합목적성을 갖고 있기 때문이다. 합목적성은 과정과 그 과정들 관계에서 완전성으로 규정될 수 있다. 이 완전성은 정신적 구조의 전체와 함께 작용한다. 이러한 감각적 인상 속에서 정확하게 이것들을 파악해야 한다. 감정은 이러한 실재의 가치들을 자신의 삶을 위해 이해해야 한다.[40]

---

38) 빌헬름 딜타이, 「교육기관의 조직과 개혁에 관하여」, 148쪽.
39) 빌헬름 딜타이, 위의 글, 149쪽.
40) 빌헬름 딜타이, 위의 글, 149쪽.

그러면 어떻게 감정으로부터 의지가 행위의 규칙을 이끌어 낼 수 있는가? 그 행위 규칙들은 우리 삶 속에서 어떻게 완전성을 성취하는가에 따라 다르게 나타날 수 있다. 딜타이는 이러한 완전성의 관점에서 우리의 정신적 삶은 목적론적 연관을 구성한다고 말한다. 예컨대 예술가가 일반적인 신체의 외형을 묘사하듯이, 시인은 영혼의 완전성, 신체의 기능들의 최상의 성취력, 합목적성의 연관 관계, 정신적 이념들을 묘사한다. 마찬가지로 교육학이 실제로 그와 같은 보편타당한 완전성을 묘사하고자 하는 그다지 쉽지 않다. 딜타이가 보기에 보편타당한 교육학이 어렵다는 것은 트라프(Trapp), 니마이어(Niemeyer), 슈바르츠(Schwarz)와 같은 교육학자들도 의견을 함께했다. 그들은 윤리적 사유를 통해 교육개혁 시기에 경험했던 내용들을 정리하여 능력학설(Vermögenslehre)과 연관시켰다. 그들은 교육학의 엄밀한 학문성에 대해 의심을 보냈고 대중의 선호에 따르는 이론을 제시했다.[41] 따라서 딜타이의 관점에서 그들은 정신적 삶, 행복, 완전성, 윤리적 인격, 신의 형상성 등의 개념에서 교육학의 목적을 탐색했고 대중들이 선호할 만한 이론에 관심을 보였다.

④ 윤리학

딜타이에 따르면 17~18세기의 교육학은 보편타당한 원리로부터 교육학의 체계를 세우기 위해서 윤리학과 심리학을 요구했다. 즉, 교육학은 윤리학으로부터 교육의 목적에 대한 지식을 찾아야 한다. 교육학은 심리학으로부터 교육의 목적을 달성하고자 하는 개별 과정과 방법에 관한 지식을 받아들여야 한다.[42] 그러면 심리학과 윤리학이 교육학에 어떤 공헌을 할 수 있는가?

딜타이에 따르면 교육학은 윤리학에 의존한다. 지난 교육의 역사에서 심오한 인간의 윤리의식과 그렇지 못한 윤리의식 사이에 종종 마찰이 있

41) G.S. VI. 60쪽.
42) G.S. VI. 57쪽.

어 왔다.[43] 딜타이가 보기에 삶에 의해 교육의 목적을 설정해야 한다. 하지만 윤리학이 삶의 목적을 세웠다고 해서 삶을 보편타당하게 규정할 수 있는 것은 아니다.[44] 인간은 보편타당한 개념을 갖고 교육학의 목적을 설정하는 것이 아니라, 각 개인의 내적 체험을 통해 자기 자신을 경험한다. 왜냐하면 인간의 개인적 경험은 오래 세월에 걸쳐 왔기 때문이다.[45] 따라서 딜타이는 교육의 경험 및 윤리적 경험에 대해 다음과 같이 말한다.

> 교육은 윤리적 경험에 의해 형성된다. 삶과 학문에서 우러나온 신념은 교육에 많은 영향을 준다. 사회를 유지하게 하는 요소들은 정신적 개인, 즉 삶의 통일체이다. 개인은 자연적 연관으로부터 형성되지 않는다. 개인은 도야의 내적 법칙의 목적을 자신의 내부에 지니고 있다. 개인은 사회의 다른 구성원들과 함께 행복, 동정, 헌신의 관계를 갖고 있다.[46]

위 인용문에서 언급하고 있듯이, 달타이는 교육에서 개인과 사회의 연관관계를 강조하고 있는데, 특히 개인은 법과 정의(正義)의 원칙에 따라야 한다. 그렇게 했을 경우에 개인은 교육에서 법과 정의에 대한 필요성과 정당성을 부여받게 된다. 예컨대 부모와 자녀 사이에 삶의 연관관계는 개념화할 수 없지만, 모든 법적 규정에 우선해있다. 부모는 어린 자식에게 목적을 지닌 인격체로 성장할 수 있도록 교육할 의무를 갖고 있다. 왜냐하면 아동 교육의 목적은 아동의 완전성과 행복을 실현하고자 하기 때문이다.[47]

딜타이는 인간 삶의 최종 목적을 역사적으로 조건지워져 있다고 말한

---

43) 빌헬름 딜타이, 위의 글, 108쪽.
44) G.S. VI. 57쪽.
45) G.S. VI. 57쪽.
46) 빌헬름 딜타이, 「빌헬름 딜타이의 교육학적 기본사고」, 110쪽.
47) 빌헬름 딜타이, 위의 글, 110쪽.

다. 역사적으로 조건 지워져 있다고 해서 보편적인 도덕 체계나 논쟁의 여지가 없는 형이상학적 원리가 존재하지 않는 것은 아니다. 딜타이는 윤리적 삶의 원리들은 활발한 활동과 욕구, 동정심, 완전성과 행복을 향한 열망, 의무감으로부터 생성된다고 말한다.[48] 즉 그는 삶의 원리들을 활발한 동력의 개념으로 파악한다. 여기서 형성된 동력의 개념은 전체로 연결하여 활발한 활동을 해석해 내야 한다. 그러한 해석은 앞서 언급한 역사적 조건이나 상황에 의해 제한받는다. 이를테면 그 활발한 활동들은 매우 복잡하게 얽혀 있다. 그 활동성은 역사적으로 끊임없이 역동적으로 변화해 왔다. 이러한 활동성에 대한 변화는 인식론적으로 입증 가능해야 한다. 특히 윤리적 판단은 활동성을 지각하거나 사유의 명증성에 의해 증명되는 것은 아니다. 왜냐하면 윤리적이거나 도덕적 명제는 논리적 명제나 수학적 명제처럼 보편타당한 것은 아니기 때문이다.[49]

딜타이에 따르면 행위의 판단은 행위자 스스로 자신의 행위에 반(反)한 감정이나 의지의 활동이다. 또한 행위의 판단은 주변의 의지로부터 나오는 일종의 거부감이다. 다시 말해 행위의 판단은 인간의 감정과 의지에서 파생된 것이다. 예를 들면 의무감과 의지 사이에서 마찰이 일어날 경우, 인간은 위로와 의무가 첨예하게 교차하는 곳에서 소원함을 느낀다. 예컨대 타인에게 해를 끼치는 사람은 사회집단으로부터 점차 고립될 수 있다. 여기서 딜타이는 발달과 성숙에 대한 열망이 식어지면 사회집단으로부터 비난받고 고립될 수 있다고 본다. 왜냐하면 그러한 의지와 감정으로부터 생성된 가치 판단들은 일관된 통합된 원리로써 보편타당할 수 없기 때문이다. 또 다른 이유는 그 명제와 규칙을 드러내 주는 다양한 연관성이 있는 경우에 전혀 다른 의미와 가치를 함축하고 있기 때문이다. 따라서 이러한 명제와 규칙들은 어느 누구든지 자기 자신을 입증할 수 있는 도덕적 행위의 판단으로 나아간다.[50] 하지만 딜타이는 단

48) G.S. VI. 58쪽.
49) G.S. VI, 58쪽.

순한 논리적 명제와 규칙들을 보편적인 도덕 체계로 묶는 작업은 그다지 쉽지 않다고 본다. 딜타이에 따르면 윤리적 삶은 문화적 연관에서 출발한다. 윤리적 삶 자체가 문화적 연관들을 질적인 관점으로 나아가도록 연결시켜 준다.[51] 딜타이는 윤리적 삶에 대해 다음과 같이 말한다.

> 윤리적 삶에서 의지의 내용적 통일성이 가능하다. 그 통일성 안에서 개별 활동과 그와 연관된 감정들이 서로 밀접한 관련을 맺는다. 하지만 교육의 목적은 윤리학에서 보편적으로 입증될 수 없고, 오직 고귀한 윤리의식에서 파악될 수 있다. [52]

딜타이가 보기에 감정에 충실하거나 감정의 내용에 부합할지라도 보편타당한 것이 아니라 주관적이고 역사적인 관점에서 설명할 수 있을 뿐이다. 하지만 감정은 다양한 감정의 내용을 형성할 수 있다. 감정은 어느 곳에서나 동일한 삶의 조건들에 맞게 표현할 수 있어야 한다. 현실에서 실현이 가능한 삶의 과정들은 완전성을 향해 나아간다. 예컨대 시인은 나 자신에게 완전한 정신적 삶을 내 앞에서 재현하도록 할 수 없다. 왜냐하면 실제적 삶이 있는 곳에는 구체적이며, 내용으로 가득 찬 삶의 통일성을 함축하고 있어야 하기 때문이다. 실제적 삶은 언제나 개인적이며, 개별적이다.[53]

딜타이에 따르면 어떤 시대나 민족의 구체적 삶의 내용들은 관련된 연관구조와 맞닿아 있다. 예컨대 어떤 시인은 자기 자신의 의지에 의해 형성된 삶의 통일성을 삶의 이상(理想)으로 표출할 수 있다. 또한 어떤 철학자는 최고의 선이나 윤리적 원리로써 삶의 이상(理想)을 표현할 수 있다. 그 철학자들은 단지 삶의 이상(理想)을 역사가 서술한 것에서 새로운

---

50) G.S. VI, 58쪽.
51) G.S. VI, 58쪽.
52) G.S. VI, 58-59쪽.
53) G.S. VI, 58쪽.

언어를 발견할 뿐이다. 예컨대 시인의 시적 창조의 기준들은 그 당시에 시를 창작하는 기예(技藝)와 관련되어 있다.[54] 마찬가지로 딜타이는 윤리적 삶에서 삶의 이상인 최고선, 윤리적 원리를 역사적 삶의 전체적 조건에서 생성될 수 있다고 말한다.[55] 따라서 딜타이의 교육학에서 윤리적 삶은 역사적 삶의 전체에서 성장해나가며, 역사적 조건에서 제약을 받을 수 있다.

⑤ 정치학

딜타이에 따르면 교육학은 정치학에 의존한다. 즉, 교육학의 진리는 정치의 진리에 의존한다. 루소를 위시한 프랑스 급진주의자들은 프랑스 혁명 당시 시민들을 가리켜 거의 동물에 가깝다고 판단하고 오직 국가교육만이 시민을 구원할 수 있다고 주장한다.[56] 그 당시 프랑스 급진주의자들이 보기에 인간은 선천적으로 이성과 윤리성을 지녔기 때문에 국가교육을 통해서 시민을 계몽할 수 있다고 판단했다.[57] 딜타이는 아리스토텔레스의 『정치학』 제8권의 교육이론에 주목하여 그의 이론을 수용한다. 아리스토텔레스 교육이론의 기본원칙은 법에 근거해야 한다고 다음과 같이 언급한다.

> 교육은 법에 의해 규제되고 국가에 의해 주도되어야 함은 분명하다. 그러나 교육은 어떤 성질의 것이어야 하며, 아이들은 어떻게 교육받아야 하는 지도 우리는 알고 있어야 한다.[58]

이와 같이 아리스토텔레스에 따르면 교육은 법에 의해 규제되고 국가

54) G.S. VI, 58쪽.
55) G.S. VI, 58쪽.
56) 빌헬름 딜타이, 「빌헬름 딜타이의 교육학적 기본사고」, 93쪽.
57) 빌헬름 딜타이, 위의 글, 93쪽.
58) 아리스토텔레스, 『정치학』, 천병희 옮김, 도서출판 숲, 2009, 427쪽.

에 의해 주도된다. 또한 아리스토텔레스는 "공통의 관심사는 공통으로 해결해야 한다."고 주장한다. 그는 그러한 자신의 국가적 이상(理想)을 실현시키고자 국가교육에 관심을 쏟았다. 아리스토텔레스는 스파르타 및 로마시대 퀸틸리아누스(Quintilianus)의 공교육체계를 수용했다. 하지만 중세기에 공교육체계는 침체기를 맞게 된다.[59] 개인은 사회의 모든 상황을 잘 파악하여 자신의 삶을 완성할 수 있어야 한다. 바로 각 개인은 삶을 완성할 수 있을 경우에 사회와 조화로운 균형감각을 유지할 수 있다. 각 개인은 그러한 균형감각을 실현하기 위해 국가의 공교육체계를 통해 개별 교육기관의 독립성을 인정하게 된다. 동시에 교육기관은 개인의 자유를 보장하는 교육체계를 갖추어야 한다. 그래서 정치가는 수업의 목적을 올바르게 설정하고 심리학에 의해 이러한 수업의 목적을 달성해야 한다. 그렇게 하여 교육은 총체적인 진리의 개념을 보편타당한 개념으로 정립할 수 있는지 입증할 수 있어야 한다. 따라서 교육학에서 진리체계는 귀납과 연역체계를 포괄할 수 있어야 한다.[60]

딜타이에 따르면 그 당시 교육학은 아직 현대적 의미의 학문이 아니라는 정서가 남아 있었다. 딜타이가 보기에 그 당시 교육학은 개별 민족정신에서 우러나오는 교육기관의 위대한 역사적 형상들에 대해 숙달하고는 있었지만, 현존하는 교육의 내밀한 역사적 의의에 대해 제대로 인식하지 못하고 있었다. 교육학은 단순하게 역사학파의 관점에서 교육기관의 역사적 내용들을 단순하게 분석함으로써 대체될 수 있는 것이 아니다.[61] 딜타이가 제대로 인식하고자 하는 것은 과거에 발생했던 단지 역사학파와 같은 일들은 아니라고 다음과 같이 말한다.

> 더 중요한 것은 누구나 각자가 교육적 행위의 규칙을 필요로 하

59) 빌헬름 딜타이, 「빌헬름 딜타이의 교육학적 기본사고」, 94쪽.
60) 빌헬름 딜타이, 「빌헬름 딜타이의 교육학적 기본사고」, 95-96쪽.
61) G.S. 61쪽.

> 는 지금 우리가 살고 있는 시대다. 만일 역사학파가 과거에 일어난 일들에만 애써 몰두한다면, 자신이 스스로 극복한 자연 체계를 극복할 수 없다. 이 분야는 물론이거나 인접 학문인 윤리학, 시학, 정치 경제학과 같은 학문이 당면한 질문을 다음과 같은 것이다. 어떤 지점에서 현존하는 인식으로부터 당위론적인 규칙이 나오는가? 62)

위에서 인용한 관점에서 딜타이는 법에 의해 민족정신이 스며져 있으며, 보다 고양된 민족정신은 체계적인 법을 필요로 한다고 말한다. 그래서 법은 최상의 민족 가치에 근거를 두어야 한다. 그렇게 하여 교육이론은 법에 의해 정치적 진리를 찾아내야 한다. 따라서 교육이론은 당대의 민족정신이 깃든 법에 의해 완성되어 나갈 수 있다.63) 무릇 인간은 역사적인 존재이다. 한 시대의 민족정신이 반영되지 않은 추상적인 교육은 어떤 의미도 없다. 그래서 각 시대의 교육은 그 당시 국가의 위엄을 존중해야 한다.64)

딜타이의 관점에서 기존의 정치체계는 노동 분업이나 직업을 분화시켜야 했다. 공교육에서 개인의 심리적인 요인들은 사회 구성원들의 일생에 걸친 직업과 연관되어 있다. 무엇보다 공교육 기관들은 사회 구성원 모두가 자신과 사회 전체의 유용성을 위해 최고의 만족을 얻어낼 수 있도록 노력해야 한다.65) 따라서 딜타이는 국가에서 행하는 공교육은 반드시 필요하다고 강조한다. 왜냐하면 "교육 기관들은 교육의 발전 단계에 따라 다양한 정신적 방향으로 분화"66)될 수 있기 때문이다.

---

62) G.S. 61쪽.
63) 빌헬름 딜타이, 「빌헬름 딜타이의 교육학적 기본사고」, 93쪽.
64) 빌헬름 딜타이, 위의 글, 94쪽.
65) 빌헬름 딜타이, 「빌헬름 딜타이의 교육학적 기본사고」, 111쪽.
66) 빌헬름 딜타이, 위의 글, 111쪽.

⑥ **심리학**

딜타이는 칸트의『심리학 강의』저서를 인용하여 교사 교육은 사회의 가장 중요한 일이라 파악한다. 딜타이의 관점에서 교육학은 심리학에 의존한다.[67] 교육학은 심리학으로부터 한 사람의 정신적 삶의 개별 과정을 다른 사람에게 어떤 영향을 끼치는 지에 대해 제대로 인식할 수 있는 수단을 강구해야 한다. 그리고 교육학은 이러한 정신적 삶의 인과적 연관관계에 따라 의도적으로 교육 수단을 어떻게 적용할 있는 지에 대해 찾아내야 한다.[68]

딜타이에 따르면 교육자는 계획적인 활동을 통해 피교육자를 도야시켜야 한다. 하지만 피교육자는 최소한 도야할 수 있는 능력을 갖고 있어야 한다. 그렇게 했을 경우 교육자는 교육을 설계할 할 경우, 결과로서 피교육자가 습득하게 되는 내적 삶의 법칙을 예견할 수 있어야 한다. 내적 삶, 즉 정신적 삶을 고양시키는 학문은 교육기술과 교육학을 기본적으로 이수해야 한다.[69] 교육은 인간 정신에 끊임없이 적용하는 작업이기에 교육학은 응용 심리학(Die angewandt Psychologie)이라 지칭한다. 딜타이의 관점에서 보기에 18세기 고전적 교육학에서 심리학은 능력 있는 학문(Vermögenslehre)이었다. 그 당시 응용 심리학에서 의식은 유머, 오성, 욕망 들을 등장시키는 무대였다. 응용 심리학자들은 정신력이 타인을 지지하기도 하고, 억누르기도 한다고 말한다. 응용 심리학자들의 주장에 따르면, "자신의 능력을 개발하라, 그렇지만 결코 너무 한쪽으로 치우치거나 과도하게 개발해서는 안 된다."[70]

하지만 딜타이가 보기에 응용 심리학에 바탕을 둔 교육학은 그다지 효율적이지 못했다. 교육학은 상념들을 힘으로 다루었고 이러한 힘들의 법

---

67) G.S. VI, 59쪽.
68) G.S. VI, 59쪽.
69) 빌헬름 딜타이, 「빌헬름 딜타이의 교육학적 기본사고」, 107쪽.
70) G.S. VI, 59쪽.

칙적 관계로부터 정신적 삶의 외현을 도출해내는 작업을 필요로 했다.[71] 그렇기 때문에 딜타이는 그 당시 새로운 심리학에 기반을 둔 교육학을 전개했던 "헤르바르트의 새로운 교육학"[72]에 눈길을 돌리게 된다.

⑦ **새로운 심리학에 기반한 헤르바르트의 교육학**

딜타이는 앞서 언급했던 헤르바르트(J. F. Herbart, 1776-1841)의 새로운 교육학, 즉 심리학 개혁에 주목하게 된다. 딜타이가 보기에 그 당시 교육학은 단순하게 심리학적으로 도출했거나 학교에서 설정된 학교 규정의 단순한 전개일 뿐이었다고 비판한다. 특히 그 당시 교육학의 귀납적인 방법에 기인한 학문적 특성은 쉽게 찾아보기 힘들었다.[73] 그런데 딜타이의 관점에서 헤르바르트 및 헤르바르트 학파의 교육학은 정확하게 서술한 경험들의 철저한 수집과 새로운 실험에 의한 교육학을 제시했다. 경험과 실험을 도외시했던 교육 실천가들은 심리학적인 근거로부터 교육학의 문제를 해결하려고 했다. 하지만 교육학은 언제나 심리학으로부터 도출해낼 수 있는 것은 아니었다.[74]

헤르바르트는 새로운 심리학의 기본 가정(假定)을 페스탈로치(Johann Heinrich Pestalozzi, 1746~1827)의 교육학적 경험에서 가져왔다.[75] 이러한 교육학적 경험에서 새로운 심리학은 교육학과 밀접하게 연관을

---

71) G.S. VI, 59쪽.

72) 헤르바르트의 새로운 심리학에 대한 자세한 내용은 다음을 참조: 김창환, 『헤르바르트-실천학으로서의 교육학』, 문음사, 2002. 임태평, 「헤르바르트의 심리학이론과 일반교수법」, 『교육사상연구』, 제24권, 한국교육사상학회, 2010, 155-175쪽.

73) 빌헬름 딜타이, 「빌헬름 딜타이의 교육학적 기본사고」, 98쪽.

74) 빌헬름 딜타이, 위의 글, 98쪽.

75) 헤르바르트는 루소의 독자(Reder)이고 페스탈로찌의 신봉자였다. 그는 루소의 자연주의를 거부하여 인간을 자연에 맡기는 것은 어리석은 짓이라 주장한다. 루소의 당시 사회의 비판을 수용한다. 헤르바르트는 심리학 개념에서 페스탈로찌를 능가했으나, 자기활동(특히 흥미의 요구)의 안내자로서 교사의 직무에서는 루소와 페스탈로찌의 신념을 믿었다.(S. J. Curties& M. E. A. Boultwood, A *Short history of EAducational Ideas,* London;University Yutorial Press Ltd, 1975, 362쪽.)

맺기 시작했다. 딜타이가 보기에 교육학에서 절대적으로 필요한 부분은 감정과 의지에 관한 이론이다. 하지만 감정과 의지의 이론은 학문적 접근이 쉽지 않았다. 교육학이 일반 학교에 적용된 시기는 개인의 교육에서 윤리성을 교육의 목적으로 설정하면서 출발하였다.[76] 다시 말해 헤르바르트의 새로운 교육학은 심리학에 기반을 둔 교육학 혹은 교육학에 적용할 수 있는 심리학이었다. 그는 교육학을 실천철학, 즉 '윤리적 삶에 관한 학설'에 근거해서 심리학 이론을 정립했다. 헤르바르트는 새로운 심리학을 정립하기 위해 정신적 삶에 주안점을 주었다. 그는 교육을 세 가지 기능으로 다음과 같이 분석했다. 첫째, 아동의 관리이다. 아동 관리의 목적은 교육의 목적을 성취하기 위해서 기본질서를 확립하는 과정이다. 둘째, 수업에서 헤르바르트는 교육학적 수업의 명칭과 개념을 고안해 냈다. 그는 '다면적 흥미'를 발견하는 것에서 수업의 목적을 두었다. 셋째, 훈육이다. 훈육 수업의 목적은 '도덕 성격의 강화'에 있었다.[77]

그 후에도 헤르바르트는 교수학에 입각한 교육학을 정립하고자 했다. 즉, 흥미, 주의력, 감성, 기억과 사고에 관한 헤르바르트, 베네케(Beneke), 바이츠(Waitz), 빌만(Willmann)의 연구들은 17세기 교수학에 확고한 심리학적 기반을 제공했다.[78] 그러한 교수법은 지성의 훈련을

---

76) G.S. VI, 59쪽. 딜타이에 따르면 칸트가 처음으로 교육학을 학문으로 다루었다. 그 이후 니마이어의 『교육과 수업의 근본체계』(1796), 슈바르츠의 『교육학 강의』(1805)가 출간했다. 심리학이 성장함에 따라서 교육학의 문제들은 학문적으로 다루어졌다. 경험론의 창시자인 로크는 추상적 개념들은 외적 경험(감각)과 내적 경험(숙고)에서 형성된다고 주장했다. 그는 이것을 교육의 기술에 적용하는 학설을 서술했다. 그 이후에 헤르바르트는 인간의 타고난 교육적 재능과 교육적 경험에 의한 학설을 정립해 나갔다. (빌헬름 딜타이, 「빌헬름 딜타이의 교육학적 기본사고」, 116쪽.)

77) 빌헬름 딜타이, 「빌헬름 딜타이의 교육학적 기본사고」, 116-117쪽)

78) G.S. VI, 60쪽. 교육적 작업의 향방은 교육학적으로 적용할 수 있는 심리학을 산출하는 방향으로 나아가고 있다. 베네케(Beneke)는 『교육 및 수업론』(1835)에서 교육학적 문제를 다루면서 순수하게 경험적인 심리학의 근거를 설정했다. 영국의 경험론은 로크에서 출발하여 흄에 의해 지속적으로 발전했다. 독일의 관념론 학파는 헤겔학파 로젠크란츠의 『체계로서 교육학』(1848), 바우어의 『교육학설의 근본 체계』(1876), 팔머의 『기독교 교육학』(1852), 슈미트의 『교육 및 수업 기관의 통합 백과사전』이다. 교육학의 발

통해 실제와 상응하는 일련의 연관성을 찾고자 했다. 이를테면 그는 지성의 훈련을 주된 교육의 목적으로 삼았다. 이러한 지성의 훈련은 지능에 관한 학설에 기반해서 심리학적 분석을 통해 많은 성과를 거두어 냈다. 하지만 그 헤르바르트 학파는 교육에서 감정과 의지가 함께 작용하는 개별 과정을 만족스럽게 설명해내지 못했다. 또한 헤르바르트의 윤리적 형식들은 칸트나 슐라이어마허의 윤리학만큼 만족스럽게 설명해내지 못했다.[79]

딜타이의 관점에서 모든 민족과 시대에 통용되는 수업적 물음에 대한 규칙들을 결정할 수 있는 보편타당한 교육학은 어디에도 존재하지 않는다. 교육에 대한 다양한 목소리들은 긍정적으로 평가할 수 있지만, 전체가 모이면 언제든지 불협화음을 낼 수 있다.[80] 지금 당면한 수업적 물음은 중심잡지 못한 애매한 계획들에 대해 보다 분명한 관점을 규명해내야 하는 것이다. 딜타이는 이러한 기존의 애매한 작업을 계획하는 것이 다소 미흡할 수 있지만, 최상의 수업적 물음은 반드시 진행해야 한다고 강조한다.

3. 보편타당한 교육학의 수업방법은 어떻게 가능한가?

1) 최상의 수업에 관한 물음과 교육학

① 자연과학에 기반을 둔 교육학

딜타이에 따르면 자연과학에 기반을 둔 새로운 언어로 준비된 사고가 모든 영역에서 널리 통용되고 있었다. 근대에 들어 갈릴레이와 데카르트

달은 응용심리학의 학문적 성격을 획득할 수 있다는 사실을 보여준다. (빌헬름 딜타이, 「빌헬름 딜타이의 교육학적 기본사고」, 117-118쪽)

79) G.S. VI, 61쪽.

80) 빌헬름 딜타이, 「교육기관의 조직과 개혁에 관하여」, 144쪽.

에 의해 촉발된 자연과학은 삶의 모든 영역에 퍼지게 되었다. 근대인은 경험을 통해 점차 현명해지게 되었다. 하지만 최고의 교육 수단으로서 자연과학과 근대 언어가 새로운 능력을 보여줄 수 있을 지는 여전히 미지수였다. 그 당시 독일은 김나지움을 의미심장하게 창립하면서 독일 정신을 교육할 준비를 하고 있었다.[81]

딜타이가 보기에 그 당시 최상의 수업에 관한 물음은 여론 형성과정에서 공적(公的) 사유를 해야 한다는 견해들이 널리 퍼져 있었다. 하지만 최상의 수업을 하고자 하는 학교에서도 후진적 학문을 하고 있었다. 그래서 딜타이가 보기에 지난 1810년 위대한 개혁 시기 이후에도 분명한 수업 계획과 수업 방법을 제대로 제시하지 못했다.[82]

대체로 자기 자식을 위해 교육에 참여하고 있는 학부모들은 누구나 자신의 권리를 주장한다. 또한 학부모들은 넘쳐나는 여러 생각들 가운데서 자신에게 유익한 것만을 선택할 수 있다. 딜타이가 보기에 이 순간에 문제가 되는 것은 다음과 같은 물음들이다.

어떻게 최상의 수업 규칙을 어떻게 명료하게 이끌어 낼 것인가? 나아가 교육학이 어떻게 보편타당한 규칙들을 이끌어 낼 수 있을까? 실과 김나지움 교사들, 학자들, 교육자들이 중요한 교육 내용과 권리들을 학부모들에게 어떻게 넘겨줄 것인가에 대한 문제들도 시급한 상황이었다.[83]

딜타이의 관점에서 모든 교육은 경험의 장소이다. 특히 그는 교육을 귀납적인 것으로 파악한다. 이러한 경험에 의한 교육은 공적인 수업 기관에서 제한을 받을 수 있다. 하지만 이론적 통찰은 실험에 기반을 두어야 한다. 딜타이가 보기에 교육 개혁가는 연역적인 방법으로 실험을 해야 한다. 여기서 교육학은 실험의 결과를 학습자에게 제시해야 한다. 이러한 실험의 결과는 정확하지 않을 수 있고 기술적 요소와 다른 조건들

---

81) 빌헬름 딜타이, 「교육기관의 조직과 개혁에 관하여」, 142쪽.
82) 빌헬름 딜타이, 위의 글, 143쪽.
83) 빌헬름 딜타이, 위의 글, 143쪽.

이 상호 작용해야 하지만, 오히려 단점으로 작용할 수도 있다.[84] 따라서 딜타이는 교육 실천가들이 제시한 교육학의 체계들은 어느 정도 한계점을 노출하고 있다고 본다. 딜타이가 보기에 교육 실천가들은 귀납적인 교육 방법을 사용하지만, 실천적인 경험을 제한 없이 일반화했다.

하지만 딜타이는 심리학적 이론 및 연역적인 방법에 의해 교육의 정당성을 얻어낼 수 있다고 말한다. 이를테면 교육학의 대표자격인 로크(Locke), 헤르바르트(J. F. Herbart), 베네케(Beneke), 슐라이어마허(Schleiermacher)는 교육학을 실천적 교육으로 전개해나갔다. 그럼에도 불구하고 그들은 삶과 학문을 하나로 연결하는 교육의 경험을 제대로 파악하지 못했다.[85] 딜타이는 교육학의 토대를 굳건히 하기 위해 연역과 귀납적 방법은 상호작용해야 한다고 강조한다. 따라서 딜타이는 상호작용해야 하는 근거를 다음과 같이 제시한다.

첫째, 고대의 교육학은 주로 정치적 관점이 지배적이었다.

둘째, 근대 민족들은 실제 실험을 통해 기술적 규칙들을 도출해냈다. 그들은 일반 심리학에서 그 규칙들을 검증(Vertifikation)해냈다. 16세기 학교장이었던 라티치우스(Raticuius)와 코메니우스(Comenius)는 이러한 방법을 사용했다.

셋째, 경험적 관점에서 교육학은 심리학적 토대를 구축했다.[86] 경험론적인 철학을 발전시킨 로크가 바로 그러한 심리적인 토대를 구축하면서 커다란 전환점을 가져다주었다. 로크 이전의 심리학은 비생산적인 측면이 많았다. 반면에 루소는 개혁적인 교육목표를 설정했지만, 그 방법은 그다지 개혁적이지 못했다.

넷째, 로크와 루소부터 출발한 심리학적인 이론과 실험은 페스탈로치, 바제도, 헤르바르트에 이르러 점차 발전해 나갔다.[87] 따라서 딜타이에게

84) 빌헬름 딜타이, 「빌헬름 딜타이의 교육학적 기본사고」, 96쪽.
85) 빌헬름 딜타이, 위의 글, 97쪽.
86) 빌헬름 딜타이, 위의 글, 97쪽.

있어서 모든 학문의 진리 체계는 귀납과 연역적 방법을 두루 적용하였다.

2) 김나지움의 수업관

① 고대 및 근대인들의 교육관

앞장에서 살펴보았듯이, 자연과학에 대한 지식은 독일 문화 및 문명에 커다란 영향력을 미쳤다. 자연과학은 독일 상급학교 기관의 많은 변화를 이끌어냈다. 독일의 상급학교는 지난 1882년 학교의 교과 과목을 설계하면서 실과 김나지움(Realgymaasium)을 출범시켰다.[88] 하지만 김나지움 수업에 대한 거부감이 곳곳에서 나타나면서 독일 민족의 언어, 문학, 역사 교육 공간의 확장을 위해 지도자의 지도력을 요청받고 있었다. 그럼에도 불구하고 새로운 교육은 과도한 수(數)의 의학 기관들로 인해 독자적인 인문주의적 수업을 허용하지 않았다.[89]

그 당시 독일 국가는 엄격한 문법적 훈련을 받았다. 즉 독일 국가는 명료하고 논리적인 고대인들의 교육을 습득한 덕분에 올곧은 사고를 할 수 있게 되었다.[90] 그 당시 독일 국가는 고대 언어를 습득하여 논리적인 훈련, 로마의 역사 및 문학에서 습득한 국가와 법의식에 대한 교육, 종국적으로 독일 국가는 "고대 그리스의 정신적 삶의 이상(理想)"[91]을 교육목표로써 설정하고 자신들의 교육체계를 준비하였다.[92] 17세기 이후 이러한 법의식과 국가 의식은 로마 정신을 이어받으면서 교육체계를 점차 발

---

87) 빌헬름 딜타이, 위의 글, 97-98쪽.

88) G.S. VI. 83쪽.

89) G.S. VI. 83쪽.

90) 빌헬름 딜타이, 「교육기관의 조직과 개혁에 관하여」, 124쪽.

91) 딜타이에 따르면 독일 문화는 그 당시 교육학자였던 멜란히톤(Melanchthon)의 교육이론에 많은 영향을 받았다. 여기서 독일 문화는 그리스 정신의 심리적-지적인 교육을 받았다(빌헬름 딜타이, 「빌헬름 딜타이의 교육학적 기본사고」, 124쪽.)

92) G.S. VI. 84쪽.

전시켜 나갔다. 이러한 국가 의식은 근대 국가를 형성하는 기틀을 마련했다. 특히 교육자는 국가 의식을 고취시키고 개인의 사적 권리를 보호하고자 했다. 또한 교육자는 국법을 질서정연하게 유지하려는 확고한 의지를 고양시키고자 했다. 예컨대 그러한 국가 의식은 로마의 민족, 역사, 법률, 문학 등에서 찾을 수 있었다. 이는 키케로(Cicero), 카이사르(Caesar)와 타키투스(Tacitus)의 문장 속에서도 생생하게 살아 있었다.[93]

무엇보다 딜타이는 칸트의 교육이론에 많은 영향을 받았다. 즉, 칸트는 『교육학 강의』에서 "인간의 두 가지 발견을 가장 어려운 것"으로 본다. 즉, 이는 "통치기술과 교육기술"[94]이다. 딜타이는 고대 민족(그리스와 로마 민족)과 근대 민족(게르만-로마 민족)을 교육사에서 핵심적인 두 부류의 세대라 말한다.[95] 그렇다고 해서 딜타이가 이 세대를 게르만 정신의 발달과정과 단순 비교하려고 한 것은 아니다. 각 세대는 자기 나름의 고유한 품격을 갖고 있기에 복잡다단하다. 독일 국가는 앞서 언급하였듯이, 로마의 정신과 마찬가지로 고대 그리스의 정신적 삶에 영향을 받았다. 또한 독일 국가는 청소년들에게 로마의 정신적 발달에 근접할 수 있게 단순하고 유연하면서도 투명한 형식들을 제시해왔다. 왜냐하면 청소년들이 일정한 한계를 극복할 수 있는 개인의 도야를 할 수 있게 지도해주어야 했기 때문이다.[96]

딜타이는 칸트의 『교육학 강의』를 수용하여 천성의 발달은 저절로 생기지 않는다고 말한다. 그래서 모든 교육은 기술 또는 기예의 성격을 지닌다. 자연은 인간에게 기술적 본능을 부여하지 않았다.[97] 기술의 원천

---

93) 빌헬름 딜타이, 「교육기관의 조직과 개혁에 관하여」, 136쪽.

94) 칸트, 『칸트의 교육학강의』, 조관성 역주, 철학과현실사, 2007, 74쪽.

95) 빌헬름 딜타이, 「빌헬름 딜타이의 교육학적 기본사고」, 112쪽. 딜타이의 고대 그리스와 로마교육에 대한 자세한 내용은 다음을 참조: 빌헬름 딜타이, 『고대 그리스와 로마의 교육』, 손승남 옮김, 지만지, 2009.

96) 빌헬름 딜타이, 「교육기관의 조직과 개혁에 관하여」, 139쪽.

97) 칸트, 『칸트의 교육학강의』, 70쪽.

과 진보는 기계적인 특성이 있거나 감식력 풍부한 특성을 지니고 있다. 한편에서 기계적인 특성은 어떤 것의 유용성과 해로움에 대한 경험을 충분히 인식하고 파악하는 상황에서 우러나오는 교육기술이다. 기계적으로 파생한 교육기술은 무계획적으로 생겨난 것이기에 많은 문제점을 갖고 있다. 다른 한편에서 교육기술은 인간성을 실현하는 방향으로 전개될 때 경우 감식력이 풍부해진다. 그래서 교육기술은 학문적인 변화를 꾀할 필요가 있다. 그렇지 않으면 그것은 의미 있는 작업이 될 수 없다.[98]

이와 함께 김나지움의 교육은 기독교와 기독교 원전들을 정통적으로 이해시키는 교육을 감행했다. 이후 당시 라이프니츠 시대에 근대적 경험과학의 공동 작업을 통해 보편적인 역사적 의미를 찾고자 했다. 이는 독일인들에게 모든 유형의 정신적 실재를 인식하게 하는데 있었다. 또한 김나지움은 독일 청소년들에게 근대적 경험을 올바로 평가할 수 있는 능력을 습득하게 했다. 딜타이에 따르면 이러한 견해를 가장 충실하게 나타내주는 것이 인문적 김나지움(humanistisches Gymnasium)이었다. 하지만 김나지움에 대한 국가의 일방적으로 교육 규칙을 제정하고자 하는 시도는 정반대되는 결과를 낳을 수 있었다.[99] 궁극적으로 김나지움 교육 체계의 변화는 전체의 학교 기관을 재조직할 수 있는 기회를 제공했다. 여기서 김나지움은 청소년들에게 다양한 문화와 문화적 관심을 만족스럽게 제공해 주어야 한다.

② **학사법**(Schulverfassung)

딜타이는 그 당시 학사법에 대해 다음과 같이 의문을 제기한다. 무엇 때문에 학사법이 교육학적으로 충분한 성과를 내지 못했는가? 왜 실과 김나지움이 죽은 것이나 다름없는 기계적인 방식, 즉 획일적이고 그릇된 방식으로 치우치게 되었는가? 독일의 행정 체계는 전형적으로 수업의 획

---

98) 칸트, 위의 책, 2007, 71쪽.
99) G.S. VI. 84쪽.

일성으로 치달아 자주적인 교육학의 혁신에 어떠한 공간도 허용하지 않았는가? 미래의 자유로운 발전을 위한 교육학의 혁신에 어떠한 자주성을 부여할 것인가? 이러한 교육학적 물음에 대한 정확한 답변을 얻어내는 것은 쉽지 않다. 하지만 어떤 단순한 학사법에 대한 질문보다도 근본적인 교육학적 물음이 필요하다.

딜타이에 따르면 가족은 사회의 외부 조직들, 공동체, 교회, 국가에 부속되어 있다. 그렇게 가족은 사회 외부 조직에 의해서 아동 교육에 많은 영향을 미친다. 하지만 우리가 살아가는 사회에서 가정, 공동체, 국가, 교회들에 의해 교육의 기능을 상호 분담한다. 부분적으로 교육의 기능은 가정과의 사회의 외부 조직으로 분리된다. 여기서 교육의 기능을 관리할 "학사법"[100]이 태동했다. 학사법은 교육을 실행하는 과정에서 특정한 방향으로 나아가며, 국가, 교회, 가정 등에서 통제를 받을 수 있다.[101] 따라서 학사법은 그 당시 독일 수업의 가장 완성된 체계로 정착될 수 있었다. 그 당시 독일에서 학사법의 정착은 교육학을 결집시킬 수 있는 원인을 제공했다. 초창기에 학사법은 다소 미흡한 측면들이 많았지만, 차츰 교육적 실험을 통해 교육의 다양성을 꾀하면서 교육체계에 자유를 부여했다. 그 당시 학사법을 담당했던 학교장과 교사들은 대체로 신학자들이었으며, 1810년경에 이르러서도 일반적으로 규정된 교과 시험이 없었다. 이후 학사법은 훔볼트와 쥐베른 등의 교육개혁을 통해 보다 굳건하게 학교를 지켜낼 수 있었다. 학사법은 학교 교실에서 진행하고 있는 교육 개혁 작업의 성과들을 최대한 활용했다. 딜타이에 따르면 그 당시 교육학자였던 훔볼트의 독창적인 행정 능력은 베를린(Berlin), 쾨니히스베르크(Königsberg), 브레슬라우(Bresleu) 등 세 개의 지역에 학문적 대표

100) 궁극적으로 독일에서 학사법은 1815년 4월 30일, 1825년 12월 31일, 1845년 6월 27일의 법령을 거쳐 통일적이고 굳건하게 잘 통제된 학교 운영의 기틀을 세웠다. 이를 바탕으로 딜타이는 독일의 상급 교육 기관들이 생산적이고 유쾌한 교육학적 작업의 장이 되어야 하며, 교육학적 실험이 계속되어야 한다고 주장한다. (G.S.VI. 83쪽.)

101) G.S. VI. 72쪽. 빌헬름 딜타이, 「빌헬름 딜타이의 교육학적 기본사고」, 111쪽.

교육기관을 설치한 것이었다. 이들 세 개의 대표 교육기관들은 행정 관청 이외에도 많은 영향력을 행사했다. 이들 교육기관들은 학문적 이해를 바탕으로 교육학적 작업을 진취적으로 행정적 문제를 적극적으로 해결하고자 했고, 동시에 교육 자문기관으로서 행정 관청을 지원했다.102)

딜타이는 김나지움의 희사법을 통해 창의적 교육학을 제시해야 한다고 강조한다. 그는 지난 16세기 이후 독일 김나지움에 의해 위대한 교육학적 창조물(Schöpfung)을 수행해왔다고 다음과 같이 강조한다.

> 교육 관련 요소들, 교회, 학교 관청, 종교개혁가와 인문주의자들, 대학과 김나지움, 학문, 행정, 수업 등이 긴밀한 연관 관계를 이루고 있었다. 교육자의 재능은 시인이나 수학자의 재능만큼이나 근원적이다. 사랑의 기술로 아이들에게 다가서는 능력, 자신의 발전된 영혼의 풍부한 힘들을 아직 발달하지 않는 어린이의 눈높이에 맞게 낮추는 능력이 그것이다. 그 안의 순수성이 바로 어린이의 마음을 사로잡고, 청소년의 발달을 가능하게 하는 것이다.103)

위 인용문에서처럼, 딜타이는 16세기에 김나지움을 비롯한 교육교과목들이 자유롭게 편성되었다고 말한다. 최초로 이탈리아 인문주의자들은 왕손의 교사로서, 귀족 집안의 가정교사로서, 귀족과 교양인의 소양교육을 담당했다. 이러한 소양 교육의 성과들은 저서와 교재로 출판되었다. 이후 독일에서 인문주의적 교사들에게 모든 형태의 교육에 대해 교사들에게 자주권을 부여하면서 실제로 교육 실험을 할 수 있는 교육 공간을 마련해 주었다.104) 이러한 교육 실험 작업의 일환으로 그 당시 교육학자였던 멜란히톤은 자기 집에서 기숙 인문학교를 설립해 수년간을 지도했다. 그는 다양한 교육을 지도하고 자기 뜻대로 학생들을 교육할

---

102) G.S. VI. 86쪽.
103) G.S. VI. 85-86쪽.
104) G.S. VI. 86쪽.

수 있었기에 교육에 대해 많은 자부심을 가졌다.105) 이렇게 해서 16세기 후반 김나지움은 짧은 시간 안에 위대한 학교 지도자의 교육으로 인해 훌륭한 교육체계를 정상에 올려 놓을 수 있었다. 딜타이는 이렇게 김나지움이 정점에 이르게 된 원인을 신교도 지역의 학교 종사자들과 학교 규칙 사이에 연관성 및 상호교제를 잘 활용했기 때문에 가능한 것이라 본 것이다.

③ **교수법**(Didaktik)

딜타이에 따르면 17세기에 교육학의 방법학이 널리 회자되고 있었다. 그 방법학은 인간 본성에 대한 연구에 치중했다. 점차 그 방법학은 경험학에 근거한 교수법을 태동시켰다.106) 교수법은 수업의 정신적 보조 수단으로 자리 잡았다. 특히 교수법은 한 민족들의 학문 전승과 학문의 성장을 통해 발전해나갔다. 교수법은 많은 보조 수단을 얻게 되었고, 학문의 양적 증가로 팽창하면서 교수법에 대해 새로운 방법론을 필요로 했다. 새로운 교수법이 발견되고 이를 종합하여 새로운 교육학의 이론들이 생겨났다.107) 이렇게 17~18세기에 새로운 교수법에 의해 교육학이 출발하게 되었다. 즉 딜타이가 보기에 17세기부터 교수법이 탄생하면서 학교 수업을 통해 인간의 지성을 자연스럽게 교육하기 시작했다.108) 먼저 이러한 교수법은 경험을 중시했다. 즉 교수법은 추상적 진리로부터

---

105) G.S. VI. 86쪽.

106) G.S. VI. 56쪽. 교수법(Didaktik)의 문제를 본격적으로 거론한 인물은 Weniger(1893-1961)이다. 그는 교수법 가운데서 그의 관심은 역사교수법에서 출발한다. 그는 교수법의 발전에 몇 편의 논문을 남겼다. 1929년에 발표한 「교육에서의 이론과 실천」은 교육적 난제의 하나인 이론과 실제의 관계 해명에서 단순히 이론 우위 혹은 실천 우위의 입장을 견지하는 것을 피하는 대신 교육실제의 존재론적 우선권을 인정하면서 교육이론의 단계론을 제시한다.(손승남, 「Dilthey 해석학과 정신과학적 교육학의 전개과정」, 『교육사상연구』, 제21권, 한국교육사상연구회, 2007, 126쪽.)

107) G.S. VI. 57쪽.

108) G.S. VI. 57쪽.

살아있는 언어 및 언어의 규칙으로, 그리고 아동의 가장 근접한 환경에서 시작해 광범위하게 확장해나갔다. 또한 18세[기 이후 이러한 교수법은 자연스러운 수업체계로써 거의 모든 교육체계로 확산되었다. 즉 교수법은 자연스럽게 교육하는 방법과 모든 교육의 목적과 원리를 내세워 인격을 완성시키는데 힘썼다.[109] 그렇게 해서 교수법은 트라프, 슈바르츠, 니마이어와 같은 교육학자들에 이르러 교육학 체계를 보다 진일보시켰다. 특히 딜타이가 보기에 교수법은 근대 이후 자연과학의 급격한 성장과 절대군주의 성장으로 인해 유럽의 교육적 이상(理想)을 세우는데 전환점을 가져다주었다고 본다. 새로운 궁정 학교와 프랑스의 자연과학적 교육 방법은 뛰어난 영재들을 배출하는데 적합했다. 하지만 쉬운 방식으로 청소년들의 삶과 그들의 학습 내용을 확장하기 위한 공간이 필요했다. 베이컨(Bacon), 데카르트(Descartes) 및 그 당시 지식인들은 새로운 학문적 기반을 마련하여 교수법을 보다 구체화시켰다.[110]

딜타이는 실험적 교육 과정을 높이 평가하고 있으나, 똑같은 비용이 들더라도 수준 높은 인문적 교육 과정을 단순하게 모방해서는 안 될 것이며, 게으른 아이들이거나 검소한 부모일지라도 어떤 학교를 선호하게 해서는 안 될 것이라고 주장한다. 또한 실과 김나지움에서 모국어와 역사는 어느 때보다도 중요한 위치를 차지하고 있었다. 이러한 공교육기관은 언제든지 교육관련 조직 및 범위에 대해 활발하게 논의를 해야 한다. 따라서 딜타이는 그 당시 적절한 시기에 학사법에 대한 결론을 내려야 할 것이라 주장한다.[111]

딜타이가 보기에 김나지움은 가능한 양적 팽창에서 벗어날 필요가 있을 뿐만 아니라 연령 제한의 규정을 두어서라도 질적인 향상을 도모해야 한다. 하지만 그 당시 김나지움이 다양한 교과 과목에 대해 변화를 주었

109) G.S. VI. 57쪽.

110) G.S. VI. 57쪽.

111) 빌헬름 딜타이, 「교육기관의 조직과 개혁에 관하여」, 125쪽.

더라도 새 시대를 염원하는 대중들의 희망을 모두 충족시키지는 못했다.[112] 그러면 왜 교육제도가 대중들에게 만족할만한 성과를 못 내었는가? 딜타이에게서 진정한 교육개혁은 학교 교실에서 꾸준히 지속되어야 한다. 교육개혁은 과감한 교과 과목의 개혁을 통해 성취될 수도 있지만, 그러한 꾸준한 교육개혁들이 미흡했다. 그럼에도 불구하고 교육개혁은 획일화되지 않고 다양한 교육 규정을 설계하여 진정한 교육개혁으로 추진해나가야 한다.[113] 궁극적으로 그러한 교육개혁은 학교 교실이나 실제 교육 현장에 잘 활용할 수 있어야 한다.

4. 한국 사회에서 보편타당한 교육학의 혁신은 어떻게 가능한가?

지난 17-18세기 그리고 20세기를 넘어 오늘날 21세기 AI시대에 이르기까지 새로운 교육개혁으로 발돋움 하려면, 어떠한 교육개혁에 의해 "보편타당한 교육"[114]의 목표를 세워야 하는가? 어느 시대, 어느 민족에나 통용될 수 있는 보편타당한 교육개혁은 가능한가?

첫째, 앞장에서 고찰하였듯이, 딜타이에게서 그 당시 교육개혁은 학생

112) G.S. VI. 84쪽.

113) G.S. VI. 85쪽.

114) 15세기 말부터 독일에서 제2의 교육학의 개혁운동이 시작되었다. 이는 16세기 개혁운동에 적지 않은 영향을 주었다. 거의 반세기 동안 개혁은 지속되었다. 훔볼트(Humboldt), 볼프(F.A. Wolf), 쥐베른(Süvern)과 알텐슈타인(Altenstein) 주도 아래 개혁 법안이 마련되면서 그 결실을 보게 되었다. 비교할 수 없을 정도로 풍부한 개혁운동에 결정적이고 강력한 동인을 제공한 것은 루소의 『에밀』이었다. 하지만 이 저서는 프랑스에서 작은 논쟁거리리 밖에 되지 않았다. 반면 독일어권 국가에서는 커다란 교육학의 개혁을 불러일으켰다. 여기에 아동의 영혼을 진정으로 사랑했던 교사들과 인간 교육을 실현하고자 애썼던 군주들이 있었다. 이 밖에 활동적 존재로서 다양한 신분들을 한 곳으로 모았던 스위스 공화국과 궁극적으로 인간 교육의 모든 물음에 대해 자극을 받았던 열광적 민중들이 있었기에 가능했다.(G.S. VI, 87쪽.) 또한 독일의 계몽주의 업적 중에 가장 유용했고 후세에 지대한 인정을 받았던 것은 바로 교육개혁이었다.(G.S. III. 158쪽.)

들에게 최소한의 노력과 자신이 갖고 있는 재능이나 능력을 발휘할 수 있도록 도와줄 수 있어야 한다. 동시에 공교육기관은 학생들에게 가능한 한 장래의 진로를 펼칠 수 있는 열린 교육기관이어야 한다. 그 당시 독일의 인문적 김나지움은 신학자와 교육자들에게 모두 모범적 교육기관이었다. 앞서 고찰했듯이, 교육개혁은 예나 지금이나 이론과 실천을 아우르는 교육이어야 한다. 즉 교육개혁은 교육의 완전성을 위해 어떻게 보편타당한 교육학을 정립시킬 수 있는지에 대해 함께 고민하는 교육이어야 한다. 그 당시 딜타이가 주장했던 정신적 삶의 구조를 확고히 하여 합목적론적인 방향으로 나아가야 한다. 따라서 21세기 교육개혁은 이론과 실천을 아우르는 어느 시대, 어느 민족에서도 통용될 수 있는 교육제도 및 교육 규칙을 보편타당하게 만들어 낼 수 있는 가에 대한 논의가 여전히 필요하다.

무엇보다 딜타이는 교육을 단순한 지식 습득이나 기능 습득의 수단이 아니라 인간이 자신의 삶을 총체적으로 이해하고 역사적 맥락 속에서 자아를 형성하는 과정으로 보았다. 그는 인간이 단절된 존재가 아니라 체험(Erlebnis)과 이해(Verstehen)를 통해 타자 및 세계와 관계를 맺는 존재임을 강조하였다. 이러한 딜타이의 교육철학은 한국 사회의 교육위기를 해결하기 위한 구체적 대안적 방향을 제공한다. 따라서 교육개혁은 단편적 지식 전달을 넘어 학습자가 자신의 경험을 되돌아보고 해석하며 성장할 수 있는 정신적 삶 기반을 중심의 통합 교육으로 재편되어야 한다.

둘째, 앞장에서 언급하였듯이, 딜타이에게서 교육의 목적은 윤리학, 심리학, 정치학 등에 의해 보편타당한 학문으로 입증될 수는 없으나, 품격있는 윤리의식 및 내적인 심리 의식, 정치적 진리 등에서 교육목표를 세우고자 한 측면에 주목할 필요가 있다. 그 당시 교육의 목적은 한 국가 문화를 변화시키는데 중요한 역할을 했다. 즉 교육의 목적에 부합하는 정치학, 윤리학, 심리학에서 최상의 수업에 대한 물음 및 그에 대한 적용은 교육혁신의 실험대이다. 그러므로 지난 17-18세기, 19-20세기에서 감행했던 다소 낡은 교육개혁, 그리고 현재의 21세기 AI사회에서 이 시대에서 요청하는 열린 교육개혁은 여전히 절실한 시점이다. 따라서 우리는 딜타이의 보편타당한 교육에서 단순한 기술적 훈련이 아니라, 인간이 자신의 삶을 해석하고, 타인과의 관계 속에서 자기 자신을 새롭게 이해하는 과정에 주목한다.

셋째, 17세기-20세기를 넘어 오늘날 AI 시대에 이르기까지 교육학은 어떤 사회이든 간에 기성세대와 성장세대 및 미래세대가 함께 공존해야만 하는 운명을 갖고 있다. 딜타이가 앞에서도 언급한 바와 같이, 교육은 성장하는 개인들에게 특정한 형식의 삶과 특정한 정신적 힘의 질서를 부여하고자 성장하는 개인들에게 미치는 의도적인 작용이다. 하지만 교육에서 실현하고자 하는 이상(理想)은 어느 시대나 역사적 제약을 받아왔다. 18세기에 교육은 개인의 도야에서 인류의 진보를 실현할 이상을 발견했다고 믿었다. 그러나 19세기, 20세기 그리고 21세기에 들어 개인의 도야를 넘어 인류의 보편타당한 교육학의 목표를 여전히 모색하고 있지만, 그 목적에 부합하는 교육을 어떻게 구체적으로 실행할 것인지는 여전히 교육개혁의 과제로 남아 있다. 따라서 교육개혁은 단편적 지식 전달을 넘어 학습자가 자신의 경험을 되돌아보고 해석하며 성장할 수 있는 삶 기반 중심의 통합 교육으로 재편되어야 한다

넷째, 교육행위는 어떤 시대나 어떤 사회를 막론하고 반드시 필요한 욕구이다. 왜냐하면 교육은 인간 사회의 지속 가능한 기능이기 때문이다. 교육의 법적 기초는 사회의 혁신이 될 수 있다. 지난 독일을 포함한 유럽 사회는 사회의 권력 중심은 가족, 공동체, 교회, 국가들에서 교육의 기능을 맡아 왔다. 즉 교육자들은 교육 기능을 담당해오고 있고 사회는 하나의 유기체로써 전체와 부분들을 상호 아울러야 한다. 부분들은 다수의 체계 즉, 예술, 종교, 인문과학, 자연과학, 공학과 같은 학문으로 구성되어 있다. 교육은 사회의 교육 성과들을 유지하거나 전승하고 새로운 인물들을 배출하면서 수행해나가야 한다. 21세기 교육의 과정들은 여전

히 문이과가 아우르는 교육체계로 상호 보완될 필요가 있고 그것이 곧 교육혁신이다.

다섯째, 교육은 백년대계를 설계하듯이, 중, 장기간에 걸친 단계적 교육의 목표를 설정해야 한다. 즉, 딜타이도 강조한 것처럼, "급진적인 교육개혁은 다분히 경계"[115]해야 한다. 교육개혁의 기조에서 설계한 새로운 교육 안들을 모두 옹호하는 것은 근시안적일 수 있지만, 기존 정부의 긍정적인 교육의 입장들은 계승할 필요가 있다. 교육의 목표를 자주 바꾸면 교육 현장에서 당연히 혼선을 불러 온다. 따라서 교육개혁은 급진적인 개혁이 아닌 오랜 경험을 지닌 교사들과 신진 교사들 그리고 교육행정 전문가들의 입장들을 상호 조율할 수 있는 열린 교육 창구를 통해 백년대계의 교육청사진을 세워야 함은 어느 시대를 불문하고 동일하다.

따라서 한국 교육이 현재의 위기를 극복하고 진정한 보편타당성을 회복하기 위해서 딜타이의 통찰을 바탕으로 교육의 철학적 지평을 회복하고, 제도와 실천을 전면적으로 재구성해야 한다. 이제 한국 교육은 '경쟁과 서열'이 아니라 이해와 공감, 삶의 통합적 형성이라는 방향으로의 전환이 필요하다. 이러한 방향 전환에서 딜타이가 제시했던 '보편적 교육'의 현대적 구현이며, 우리 사회가 교육을 통해 인간다운 공동체로 나아갈 수 있는 길이다.

참고문헌

김영태, 『칸트의 교육이론』, 철학과현실사, 2003.
김창환, 『헤르바르트-실천학으로서의 교육학』, 문음사, 2002.
딜타이, 빌헬름, 『고대 그리스와 로마의 교육』, 손승남 옮김, 지만지, 2009.
딜타이, 빌헬름, 『딜타이 교육학 선집』, 손승남 옮김, 지만지, 2008.
손승남, 「Dilthey 해석학과 정신과학적 교육학의 전개과정」, 『교육사상연구』,

115) 빌헬름 딜타이, 「교육기관의 조직과 개혁에 관하여」, 136쪽.

제21권, 한국교육사상연구회, 2007, 121-138.
손승남, 「Dilthey의 해석학과 정신과학적 교육학적 전기연구」, 『교육학연구』, vol. 35. 한국교육학회, 1997, 17-39.
아리스토텔레스, 『정치학』, 천병희 옮김, 도서출판 숲, 2009.
양해림, 『딜타이와 해석학적 사회체계』, 집문당, 2022.
이종서, 「빌헬름 딜타이의 교육학. 과학적 학문으로서의 교육학의 기본논리」, 『교육문제연구』, 제7집, 동국대학교 교육문제연구소, 1992, 134-135쪽.
임태평, 「헤르바르트의 심리학이론과 일반교수법」, 『교육사상연구』, 제24권, 한국교육사상학회, 2010, 155-175쪽.
칸트, 『칸트의 교육학 강의』, 조관성 옮김, 철학과 현실사, 2007.
Dilthey, Wilhelm, *Gesammelte Schriften, X.,* Stuttgart. 1957.
Dilthey, Wilhelm, *Gesammelte Schriften, IX.,* Stuttgart. 1957.
Dilthey, Wilhelm, *Gesammelte Schriften, III.,* Stuttgart. 1957.
Hermann, Ulrich, *Die Erziehungsphilosophie zwischen Dilthey und Neukantianern,* Frankfurt. a.M. 1988.
Curties, S. J. & Boultwood, M. E. A., A *Short history of EAducational Ideas,* London;University Yutorial Press Ltd, 1975.
Schaub, Horst, *The Theorie von Teleologie des Seelenlebens im Werk Wilhelm Diltheys und ihre Bedeutung für die Pädagogik,* Köln, 1970.
Dilthey, Wilhelm, *Über die Möglichkeit einer allgemeingultigen pädagogischen Wissenschaft.* in: *Gesammelte Schriften VI.,* Stuttgart. 1957.
Barterls, Klaus, *Die Pädagogik Herman Nohls inihrem Verhältnis zum Wilhelm Diltheys und zur heutigen Erziehungswissenschaft,* Weinheim und Berlin 1968,
Brose, Klaus, *Philosophie und Erziehung. Pädagogische Implikate in der Philosophie Kants, Diltheys und in der kritischen Theorie der Gesellschaft mit Anmerkungen zu einer künftigen Pädagogik,* Frankfurt. a.M 1976,

제10장

기독교적 허무주의는 불교로 치유 가능할까?

-니체의 허무주의적 데카당스 불교관-

제10장

기독교적 허무주의는 불교로 치유 가능할까?

-니체의 허무주의적 데카당스 불교관-*

1. 니체는 불교를 어떻게 보았나?

러셀(Bertrand A. W. Russell)은 그의 『서양 철학사』(1946)에서 니체와 부처사이에 대면한다면, 어떤 주장으로 청중에게 호소할 것인지에 대해 가상적으로 논한 바 있다. 먼저 부처는 병자나 추방당한 사람, 가난한 사람, 싸움터에서 부상당해 심한 고통으로 죽음을 맞이한 사람, 고아, 실패와 죽음에 대한 두려움으로 심각하게 고민하는 사람들에 대한 논의로 시작한다. 이들의 비애를 구원해줄 수 있는 길은 오직 자비를 통해서 가능하다고 묘사한다.[1] 반면에 니체에게서 소인들은 사소한 일에 괴로워하지만, 거인들은 위대한 일에 괴로워한다. 또한 니체는 위대한 괴로움에 대해서 후회할 필요는 없지만, "비존재"[2]에 의한 부정적인 관념과 고

---

* 이 글은 『니체연구』, 제42집, 한국니체학회, 2022, 82-107쪽에 실린 내용을 수정·보완한 것임.

1) 버트란트 러셀, 『서양철학사』, 집문당, 2017, 1106쪽.

2) (...) [불교도들이] 추구하는 것은 비존재(Nichtsein)에 길이며, 이것 때문에 불교도들은 욕정에 의한 온갖 충동을 기피한다. (...) 불교의 이상(ideal) 가운데 심지어 선악으로부터의 해방이 본질적으로 표현되어 있다. 거기에는 완전성의 본질과 합치하는 도덕의 세련된 피안성이 고안되어 있기 때문인데 이러한 선한 행위도 역시도 단지 수단으로서만, -즉 모

통의 부재를 추구하는 부처의 이상(理想)은 부정적이라고 비판한다. 위대하게 고통받는 위대한 인간들, 예컨대 아테네 장군/정치가 알키비아데스, 황제 프레데릭 2세, 나폴레옹 등을 어떤 비참한 일이라도 용납하고 숭배하는 인물로 기술한다.[3)]

니체의 많은 지서들 가운데 불교에 대한 논의들은 『비극의 딘생』[4)] (1871)에서부터 『인간적인 너무나 인간적인』(1878-1880), 『차라투스트라는 이렇게 말했다』(1883), 『선안의 저편』(1886), 『도덕의 계보』(1887), 『이 사람을 보라』(1887), 『안티크리스트』(1895), 『유고』 등 거의 모든 저작을 통해 유럽의 도처에 조용히 확산되어 나갔다. 그렇게 하여 불교에 대한 니체의 해석과 비판의 내용들은 국내·외에서도 비교적 많은 연구물들이 축적되어 왔다.[5)] 특히 니체는 『안티크리스트』의 제20,

---

든 행위에서 해방되기 위한 그것으로서만 잠시 동안 필요로 하게 되는 것에 지나지 않음을 전제로 하고 있다(F. Nietzsche, *Der Wille zur Macht,* Stuttgart,1960, S.155).

3) 버트란트 러셀, 『서양철학사』, 1107쪽.

4) 니체의 불교에 대한 주장은 『비극의 탄생』에서도 발견할 수 있다. 이는 뵐렌도르프(U. von Wilamowiz-Modellendorff)가 「미래의 문헌학」에서 제기한 관점에서도 엿볼 수 있다.(Wilhelm Habfass, *Indies ansd Europa*, Basel, 1981, p.124. 김정현,「니체와 불교의 만남 - 니체의 불교 이해 및 서양적 무아사상을 중심으로」, 『니체연구』, 제8집, 한국니체학회, 2005, 73쪽 재인용.)

5) F. Nietzsche, *Sämtliche Werke. Kritische Studienausgabe in 15 Bänden.* Hrsg. v. G. Colli und M. Montinari. München, Berlin, New York 1980, Bd. 13, 11[413], S.191. (이하 KSA라 축약하여 표기함. KSA) 12, S.138. Masao Abe, "Zen and Nietzsche", in:*Buddhist and Western Philosophy.* New Delhi 1981, Masao Abe, *Zen and Western Thought.* Hawaii 1985. Max Ladner, *Nietzsche und der Buddhismus.* Zürich 1933, Mistry Freny, *Nietzsche and Buddhism.* De Gruyter, Berlin 1981, Robert G., Morrison, *Nietzsche and Buddhism.* New York 1997. Max Ladner, *Nietzsche and Buddhism,* Berlin & New York, 1981, 아베 마사오, 「선과 니체」, The Eastern Buddhist. 6. no.2. 1973, 김종욱, "불교와 서양철학의 비교연구 문헌목록"(불교사상과 서양철학, 1990), 벤자민 A. 스티븐 하인,「디오니소스 대(對) 붓다: 니체의 "예스"와 붓다, "노"」, Buddhist and Western Philosophy. Ed. Nathan Katz. Delhi, 1981, 그래엄 파크스,「영원의 자아에 관하여: 니체와 니시타니」(The Eastern Buddhist, 17. no.2. 1984, 로버트 모리슨, 니체와 불교(1997), W. L. 해어, 「니체의 불교 비판」(The Buddhist Review, 1916), A.W. 루돌프,「니체의 불교: 허무주의의 교의의 한 국면」(ITA Humanidades, 5, 1969. 권순홍, 『불안과 괴로움-하이데거,

21, 22, 23구절에서 불교를 기독교와의 비교를 통해 두 종교의 기원과 본질적 성격에 대해 보다 상세하게 구명하고 있다. 니체는 많은 저서에서 불교에 대해 산발적으로 언급하고 있지만, 『안티크리스트』에서는 불교의 기원과 본질적 성격에 대해 보다 상세하게 논의하고 있다. 따라서 우리는 니체가 『안티크리스트』를 중심으로 전개하고 있는 불교의 허무주의적 데카당스의 종교관에 대한 논의를 고찰해 보자.

2. 허무주의적 데카당스의 불교관

니체는 『안티크리스트』의 저서에서 무엇보다 불교를 기독교와 본질적으로 유사한 종교라고 이해한다. 왜냐하면 니체가 보기에 두 종교는 모두 허무주의적 종교-데카당스한 종교이기 때문이다.[6] 이렇게 니체는 기독교와 불교의 두 종교를 위대한 허무주의적 운동으로 규정하고 있지만, 기독교에 비해 불교를 긍정적이고 우호적으로 평가한다.[7] 다시 말해 니체는 불교에 대체로 만족하는 사람들은 교양을 충분하게 쌓은 **정신화된 계급**이라 말한다. 불교의 근본사상은 사법인설(四法印設)과 사법제설(四法諦說)로 대표된다. 여기서 법(法)은 진리를 의미한다. 또한 인(印)은 보증할 수 있을 만큼 틀림없이 확실함을 뜻한다. 사법인설은 제행무

니체, 그리고 초기 불교의 4성제』, 도서출판 길, 2022, 김정현, 「니체와 불교의 만남 - 니체의 불교 이해 및 서양적 무아사상을 중심으로」, 『니체연구』, 제8집, 2005, 김진, 「니체와 불교적 사유」, 『철학연구』, 제89집, 대한철학회, 2004, 이진우, 「니체와 아시아적 사유」, 『철학연구』, 제53집, 철학연구회, 2001, 성진기, 「니체와 불교」, 성진기외, 『니체 이해의 새로운 지평』, 철학과 현실사, 2000, 진은영, 「니체와 불교의 만남」, 『니체, 영원회귀와 차이의 철학』, 그린비, 2007, 94-123쪽, 정철호, 「허무주의에 대한 니체와 초기 불교의 연관성」, 『니이체 철학의 현대적 이해와 수용』, 정영도 외, 세종출판사, 1999, 아베 마사오, 『선과 현대철학』, 변선환 엮음, 대원정사 1996. 204-266쪽.

6) F. Nietzsche, *Der Antichrist,* 20, KSA 6, S.184.

7) F. Nietzsche, *Der Antichrist,* 20, KSA 6, S.186.

상(諸行無常), 제법무아(諸行無我), 일체개고(一切皆苦), 열반적정(涅槃寂靜)이다. 특히 불교에서 가장 중요하게 여기는 계율은 무아설(無我說)이다. 무아설은 현상의 모든 존재는 고정된 실체를 가지고 있지 않다는 내용이다.

> 모든 존재는 자성(실체, 본체)이 있는 것이 아니라 여러 인연(因緣)으로 그렇게 되어 있을 뿐 불생불멸(不生不滅), 불일불이(不一不二) 등 필경 공(空)하며 무소유하다.[8]

즉 모든 것이 끊임없이 변화하고 있으므로 고정불변하는 그 무엇(我)이 있을 수 없다는 생각이다. 이러한 사상이 곧 제법무아(諸法無我)이다. 즉 자아의 문제에 있어서 무아를 주장하는 불교의 교리와 니체의 사상은 상통하는 바가 많다. 니체는 서구의 주체 개념을 비판하면서, "주체는 다만 허구이다"[9]라고 언급한 바 있다.[10] "주체란 우리에게 있는 많은 동일한 상태들이 마치 하나의 유일한 기체의 결과인 것처럼 말하는 하나의 허구이다."즉 우리가 만들어 낸 동일성의 개념 역시도 사실이 아니기 때문에 니체는 동일한 상태도 전적으로 부정해야 한다고 보았다.[11] 따라서 니체의 관점에서 기독교보다도 불교를 긍정적으로 보는 이유는 크게 두 가지이다.

첫째, 기독교는 인간의 고통(苦痛)을 원죄로부터 비롯되었다고 보기 때문에 고통의 원인을 다소 신화적인 관점에서 말한다. 이에 반해 불교는 인간의 고통이 어디서부터 유래했는지를 인간 삶의 현실에 대해 보다 정확한 통찰을 통해 해명하려고 한다. 이러한 사실에서 니체는 불교가

---

8) 나아가르쥬나, 『中論頌』, 황산덕 譯解. 서문문고, 1979, 24쪽.

9) Das Subjekt ist nur eine Fiktion:es gibt da Ego gar nicht, von dem geredet wird, wenn man den Egoismus tadelt " in: F. Nietzsche, *Der Wille zur Macht*, S. 370.

10) F. Nietzsche, *Wille zur Macht*. 2. 370, S. 251.

11) F. Nietzsche, KSA 12, S. 465.

기독교보다 지극히 현실주의적이면서 동시에 실증주의적이라고 평가한다. 니체는 "불교는 우리에게 제시하는 단 하나의 유일한 실증주의적 종교다"[12] 라고 다음과 같이 말한다.

> 그리스도교보다 백배나 더 **실제적이고 객관적이고 냉정한 문제제기**의 유산을 갖고 있다. 불교는 역사가 우리게 보여준 단 하나의 **실증적 종교**이며, 그것의 인식이론에서도 마찬가지이다.[13]

> ... -그리스도교의; 세 가지 덕목인 믿은, 소망, 사랑에 대해서는 이쯤해 두자: 나는 이것들을 세 가지 그리스도교적인 교활이라 부른다. -불교는 이런 방식으로 교활하기에는 너무 노년적이고 **실증적**이다.[14]

> "다시 한번 말하지만 불교는 [기독교보다] 백배나 더 **냉정하고 진실되고 객관적**이다. 그것은 자기 자신의 고통과 고통을 느끼는 능력을 더 이상은 죄 해석을 위한 수단으로 하여 바람직한 것으로 만들어야 할 필요를 느끼지 않는다. —불교는 '나는 괴롭다'에 대한 자신의 생각을 말할 뿐이다."[15]

위의 인용문들에서 보듯이, 니체는 불교를 백배나 더 실제적이고 냉정하고 객관적이며 실증적이라는 것이다. 니체는 이중적 관점에서 불교를 수동적 허무주의(der passive Nihilismus)와 능동적 허무주의(der aktive Nihilismus)로 구분하고 구체적으로 분석해 나간다. 이러한 분석을 통해 니체는 현실을 부정하고 염세주의적인 것처럼 보이는 허무주의의 근저에는 반형이상학적 경향을 보인다. 하지만 그는 여러 저서에서 현실을

12) F. Nietzsche, KSA 12, S. 465.
13) F. Nietzsche, *Der Antichrist,* 20. KSA 6. S.186.
14) F. Nietzsche, *Der Antichrist,* 20. KSA 6. S.191.
15) F. Nietzsche, *Der Antichrist,* 23, KSA 6, S.189.

긍정하고 미래의 철학으로 발전할 수 있는 가능성을 보여 주었다.[16] 반면 야만인에게서 고통이란 그 자체로 바람직하지 않은 것이다. 그가 괴롭다는 것을(그의 본능은 그에게 오히려 고통을 부정하라고. 말없이 감내하라고 지시한다.) 시인(是認)하기 위해 그는 먼저 어떤 해석을 필요로 한다. 악마라는 말이 일익을 담당한다. 이제 사람들은 막강하고 무시운 적을 하나 갖고 있다. 그래서 그런 적으로 인해 고통당한다는 것을 부끄러워할 필요가 없다.[17]

오랜 철학적 논쟁으로 다소 몸이 지쳐 피로할 수 있지만, 불교는 그리스도교를 발생시킨 계층과 마찬가지로 문화의 하층부에 속해 있는 종교는 아니다.[18] 이처럼 니체는 고통을 느끼는 관점에서 불교를 통해 분석함으로써 죄에 대한 해석을 기독교와는 근본적으로 다르게 생각한다.

둘째, 기독교는 선(善)과 악(惡)의 기준을 신에 의해 영원불변하게 확고하게 고정되어 있는 것으로 규정한다. 반면에 불교는 원초적인 인간의 고통과 욕망을 극복하는데 있어서 도움을 주는 행위는 선한 것이라 주장한다. 하지만 불교는 인간의 고통을 극복하는데 그다지 도움이 되지 않는 행위는 악이라 말한다.[19] 불교가 지닌 이러한 두 번째 특징은 첫 번째 특징에서 언급한 현실적이고 실제적이고 실증주의적인 성격과 긴밀한 연관 관계가 있다. 다시 말해 불교에서 어떤 것이 진정 선이고 어떤 것이 진정 악인지는 신이나 하나님에 의해 결정되는 것이 아니다. 즉 인간의 행복과 고통 그리고 행위는 존재하는 인과관계에 의한 것이라기보다 엄밀하고 객관적인 통찰에 의해서 결정되어야 하는 것이다.

> 불교는 더 이상 죄에 대한 싸움을 언급하지 않고 오히려 현실을 인정하면서도 고통에 대한 싸움을 말한다. 불교는 이러한 사실에서

---

16) 김진, 『니체와 불교적 사유』, 울산대학교 출판부, 2004, 31쪽.

17) F. Nietzsche, *Der Antichrist,* 23, KSA 6, S.189.

18) F. Nietzsche, *Wille zur Macht.* 2. S.114. S.155,

19) F. Nietzsche, KSA 12, S.465.

불교를 그리스도교로부터 철저하게 갈라놓는다. 불교는 도덕 개념의 자기기만을 뒤로 하고 있다. 나의 언어로 말하자면 불교는 선과 악의 저편에 넘어서 있는 것이다.[20]

위 인용문에서 보듯이, 불교는 그리스도교처럼 죄 개념을 언급하지도 죄와의 다툼을 선언하지도 않는다. 다만 불교는 고통과의 싸움을 통해 인간의 고통을 해방시키고자 하는 길을 찾고자 했다. 이를 위해서 불교는 정신섭생의 **구체적인 방법을 찾아가는 "위생학의 성격"**[21]을 갖고 있는 것으로 이해한다. 위에서 언급하였듯이, 니체는 불교를 그리스도교보다 "더 **실제적이고 객관적이고 냉정한 문제 제기**"[22]의 종교로 평가한다. 또한 불교는 우리가 불경(佛經)들을 지켜야 할 이유에 대해 어떤 인격적이거나 전지전능한 신에 의해 주어진 무조건적이고 영속적으로 명령을 내리는 위치에서 찾고자 하지도 않는다. 다만 그것들의 고통을 극복하는 데 도움이 될 만한 요소를 찾고자 한다. 기독교에서 신의 계율과 율법을 지키지 않는 것은 죄이지만, 불교의 경우에 계율과 경전을 준수하지 않는 것은 자기 자신을 보다 더 고통스럽게 만드는 어리석음이다. 따라서 불교는 신이나 하나님이 명령을 내린 율법에 대한 위반으로서의 '원죄'

20) F. Nietzsche, *Der Antichrist,* 20, KSA 6, S. 186.

21) "적대는 적대에 의해 끝나지 않는다. 적대는 호의에 의해 끝난다. 불교는 도덕이 아니다. -그리스도가 그러한 것처럼 속물적 조야함으로 인해 불교를 경시하는 것은 심각한 오해가 될 수 있을 것이다. **불교는 위생학이었다**.(KSA 13, S.618.) (...) 불교는 황혼의 인간을 위한, 보다 쉽게 고통을 느끼게 되는 다소 호의적이고 부드럽고 지나칠 정도로 정신적인 것이 되어버린 인종(人種)을 위한 종교이다.(유럽은 아직도 불교를 기꺼이 받아들일 정도로 성숙하지 못했다-): 불교는 미성숙한 자들을 평화와 명랑으로 복귀시켰다. 불교는 **정신적인 것에서는 섭생요법**으로, 육체적인 것에서는 특정한 단련을 통해 복귀시켰다.(F. Nietzsche, *Der Antichrist,* 22. KSA 6, S.189.) 부처의 "가르침은 바로 복수 감정과 혐오 감정과 원한 감정을 경계하라는 것일 뿐이다.(- "적대는 적대를 통해서는 종결되지 않는다": 불교 전체의 심금을 울리는 후렴구...) 바로 이러한 감정이야말로 불교의 섭생요법적인 핵심 목적에 비추어 완전히 불건강하다는 말이다. [...] 부처의 가르침에서는 이기주의가 의무가 된다.: '필요한 한 가지', 즉 "너는 어떻게 고통에서 벗어날 수 있는가?"가 정신적인 섭생 전체를 규정하며 제한한다."(F. Nietzsche, KSA 6. 187.)

22) F. Nietzsche, *Der Antichrist,* 20, KSA 6. S.189.)

및 "죄의식"과의 끊임없는 싸움이 아니라 오히려 '고통'에 대한 싸움에서 이겨낼 것을 주창한다. 하지만 니체는 불교를 기독교와 마찬가지로 '수동적 허무주의의 형식 내지 데카당스(수동적 허무주의)'[23]의 한 형태로 규정한다. 이러한 유럽에서의 허무주의는 불교사상의 출현을 다음과 같이 예고해 준다.

> 이러한 허무주의의 반대는 더 이상 공격하지 않는 지친 허무주의일 것이다. 이것의 가장 유명한 형식은 불교이다: 수동적 허무주의로서[24]

니체가 주장하고 있는 '새로운 불교의 예측성(Wahrscheinlichkeit eines neuen Buddhismus)'[25]은 곧 불교가 수동적 허무주의로부터 기존의 낡은 가치들을 해체시키고 해머를 들고 새로운 가치들을 창조하여 **능동적 허무주의**로 이행해나가는 과정을 보여준다. 능동적 허무주의를 추진해나갈 수 있는 근본적인 원동력은 '불교의 유럽적 형식'에서 찾아볼 수 있다. 여기서 니체는 불교와 연관하여 **"영원회귀(die ewige Wiederkehr)의 개념"**[26]을 탐색하고 있다. 그러면 니체는 허무주의를

---

23) F. Nietzsche, KSA, 13, S.191.

24) 프리드리히 니체, 『유고(1887년 가을 1888년 3월)』, 니체 전집 제20집, 책세상, 2014, 23쪽.

25) F. Nietzsche, KSA 12, S.131.

26) 니체의 영원회귀는 의미나 목표가 없을 수 있지만, 단순히 무로 종결되지 않으며 불가피하게 회귀를 지속하는 실존을 표방하는 일종의 허무주의의 극단적인 형식이다. 영원회귀는 이 세상에서 존재하는 그 어떤 아무것도 아닌 것, 즉 무의미한 상태가 영원히 지속된다는 것을 의미한다. 우리 인간이 지닌 지식과 힘의 에너지는 모든 가설 가운데 가장 자연과학적인 영원회귀, 즉 '불교의 유럽적 형식'이라는 신앙 및 믿음을 강제한다. 그렇게 하여 우리는 궁극적인 목표를 부인한다. 이것을 부인한다면 실존은 이미 목표를 성취했어야 할 것이다.(F. Nietzsche, *Der Wille zur Macht* Stuttgart 1964, S.44. Vgl. KSA 12, S. 213.) 니체의 관점에서 "영원회귀를 열반이 없는 영원한 윤회의 한 유형"(Robert G. Morrison, *Nietzsche and Buddhism, A Study in Nihilism and Ironic Affinities,* p.153) 또는 "윤회와 열반의 동일성에 대한 니체식 표현"(야니스 콩스탕티니데스, 『유럽의 붓다, 니체』, 강의경 옮김, 열린책들, 2012, 77쪽)으로 언급하기

어떻게 보았는가? 니체는 허무주의를 다음과 같이 말한다.

> "허무주의를 목표가 결여되어 있으며: 왜? 라는 물음에 대한 대답이 누락되어 있다. 그러면 허무주의는 무엇을 의미하는가? 허무주의는 최고의 가치들이 탈 가치화하는 것. 이것은 두 가지 뜻이 있다. A) 상승되어 가는 정신력의 징후로서 허무주의: 능동적 허무주의로서 이것이 강함의 징후일 수 있다. B)정신력의 하강해가는 퇴행으로서의 허무주의: 수동적 허무주의: 쇠약함의 징후로서: 정신력이 피폐해질 대로 소진해버리고 고갈되어 버릴 수 있다."[27]

위의 인용문에서 보듯이, 니체는 허무주의를 능동적 허무주의와 수동적 허무주의로 구분한다. 능동적 허무주의는 상승해가는 정신력의 징후로서 드러나는 허무주의이다. 이러한 허무주의는 강력함의 징후가 아주 분명하게 드러난다. 수동적 허무주의는 점차 정신력의 하강과 퇴행해가는 것으로서의 허무주의이다. 이러한 수동적인 허무주의는 미약함의 징후가 곧 드러나서 정신력이 지칠 대로 소진되고 고갈되어 버려 지금까지의 어떤 목표나 목적 그리고 가치들이 더 이상 부합하지도 않고 무의미한 상태로 전락되어 버리는 것이다. 니체는 『안티크리스트』를 비롯한 여러 저서에서 수동적 허무주의를 가장 대표적인 부류로써 불교를 이해한다. 수동적인 허무주의는 어떤 공격도 할 수 없을 만큼 피로해져 버린 나약한 허무주의라 할만하다. 위의 인용문에서 언급한 것처럼, 니체는 그 가장 대표적인 유형의 형식을 불교라고 규정한다. 즉 불교는 수동적 허무주의로서, 약세의 징후로서, 정신의 힘은 지금까지의 목표와 가치가 부합하지 않고, 어떠한 신앙에서도 속시원하게 발견할 수 없게 된다. 그렇게 해서 불교는 기존에 세웠던 가치와 목표가 점차 붕괴되어 버려 각

도 한다. 영원회귀에 대한 자세한 내용은 다음을 참조: 이상엽, 「니체의 동일한 것의 영원회귀에 대한 연구」, 『니체연구』, 제5집, 한국니체학회, 2003, 71-96쪽.

27) 프리드히 니체, 『유고(1887년 가을~1888년 3월)』, 니체 전집, 제20권, 22-23쪽.

각의 가치가 치열하게 상호투쟁하게 된다. 하지만 기존의 허무주의는 종교적, 도덕적, 정치적, 미적인 다양한 모습을 은닉한 채로 전면에 등장한다.[28] 즉 허무주의는 진리라든지 사물의 절대적 성질이라던지 사물 자체가 없다는 것을 의미한다. 허무주의는 그 사실들 자체가 가장 극단적인 경우인 것이다.[29]

이러한 수동적 허무주의와 연관하여 니체는 불교에 대해 다소 비판적인 관점을 견지한다.[30] 즉 현재 우리가 실존하는 모습이 어떤 의미와 목표를 설정하지 않고도 영원하게 반복될 수 있다는 불교적 사유는 **'허무주의의 가장 극단적인 형식(die extremste Form des Nihilismus)'**[31]에 불과한 것이다. 따라서 니체는 불교를 가르켜 아주 유명한 형태의 '수동적 허무주의'[32]라고 주장한다. 우리가 살고 있는 세속의 세계와 삶을 부정적 측면의 세계관을 가진 불교는 인위적인 삶이 아닌 무(無)를 근거로 삼는 무위적 가치를 추구한다. 이 때문에 니체에게서 불교는 **허무(虛無)**와 동일한 것으로 이해한다. 니체는 불교가 세속적 삶의 허무와 고통을 강조하면서 '문명의 결말과 권태를 위한 종교'[33]로서 이해한다. 불교는 실존적 삶의 절대적 무상과 허무를 수용하는 급진적 허무주의인 것이다.[34] 즉 니체는 '아시아적 평안과 관조(觀照)도 삶의 충동과 욕망을 부인(否認)하는 **수동적 허무주의**에 기반한다.', 결국 그러한 허무주의는 마침내 '최면에 걸려버려 허무에 빠져 있는 감정과 가장 깊숙한 내면에 깃든 잠의 평안'[35]에 들고 만다.

---

28) F. Nietzsche, *Wille zur Macht*. S.20.
29) F. Nietzsche, *Wille zur Macht*. KSA 5, S.20, S.408; KSA 12, S. 350.
30) Heinrich Dumoulin, "Buddhism and Nineteenth-Century German Philosophy", in: *Journal of History of Ideas*, Vol. XLII, no.4.1981, p.469.
31) F. Nietzsche, KSA 12, S. 213.
32) F. Nietzsche, KSA 12, S. 351.
33) F., Nietzsche, *Der Antichrist*, 22, KSA 6, S.189.
34) F., Nietzsche, KSA 12, S. 571.
35) F., Nietzsche, KSA 5, S. 382.

그러나 니체의 불교에 대한 관점이 대체로 수동적이고 허무한 상태에만 깊숙이 빠져 있다는 것은 아니다. 니체는 불교가 세속적인 삶 속에서 허무를 있는 그대로 받아들임으로써 세속의 온갖 고통에서부터 벗어날 수 있는 교훈을 일깨우고 있다는 사실에 주목한다. 니체에 있어서 허무주의는 지금까지 유럽적 세계관과 이에 수반된 가치들에 대한 신념의 완전한 상실에 뒤따르는 절망적인 상태인 것이다.[36] 니체는 유럽적인 세계관과 가치관의 상실에 대한 반동으로 허무주의적 혼란이 유럽을 뒤덮을 것으로 예언한다. 이와 더불어 니체는 교육을 받은 교양인들 사이에서 이와 같은 재난에 대한 문명적인 반응으로써 "유럽적 불교"가 성장할 수 있을 것이라고 예측한다. 니체의 관점에서 유럽적인 불교도 일종의 허무주의의 형태이다. 즉 유럽적 불교는 "소극적 허무주의"[37]인 것이다.

모리슨(Robert G. Morrison)에 의하면, 소극적 허무주의는 보다 건강한 관점에 의해 세계를 이해하고 해석하는 것을 가로막는 심리적인 질병의 눈을 통해 판단되고 해석하는 세계에 대한 또 하나의 투사(projection)이다.[38] 그렇기 때문에 불교적인 소극적 허무주의는 극복되어야만 한다. 미스트리(Freney Mistry)에 따르면, 니체는 불교가 공(空: sunyata)을 하나의 이론일 뿐이기 때문에 세속적 욕망에 집착해서는 안 된다고 경고했던 사실을 까맣게 잊고서, 불교의 공에 대한 교설을 소극적 허무주의로 잘못 이해했다는 것이다.[39] 미스트리는 불교가 인간의 고통을 소멸시키는 것을 목표로 삼음으로써 삶과 생명의 거부가 그 목표가 되었다는 이유로 불교를 "소극적 허무주의"의 한 형태라고 비판한다.[40] 미스트리에 의하면, 니체는 duḥkha(苦)라는 단어가 불교에서

36) Robert G. Morrison, *Nietzsche und Buddism, A Study in Nihilism and Affinities,* 4쪽.

37) Robert G. Morrison, 위의 책, 4-5쪽.

38) Freny Mistry, *Nietzsche und Budhism,* Oxford Universty Press, 1997: Robert G. Morrison, 위의 책, 22-3쪽 재인용.

39) Robert G. Morrison, 위의 책, 255-6쪽.

무엇을 뜻하는지에 관한 적절한 정보가 없었기 때문에, “불교의 고(苦)에 대한 언급”[41]은 잘못 이해했다는 것이다. 이러한 관점에서 니체는 무(無)에 대해 다음과 같이 말한다.

> 무와 개념과 모순이 혼성되어 있는 이 다락상에서 온갖 **데카당스 본능**, 영혼의 온갖 비전과 피로가 재가를 받고 있다.[42]

불교에서 고통은 세속적인 삶 속에서 지니고 있는 긍정적인 의미와 가치를 부정한다. 즉 불교는 고통스러운 세속의 현실로부터 내면적인 평화로의 도피와 궁극에는 종말에의 의지만을 가르치고 있다고 본다.

> “무사(Selbstlosigkeit)—이것은 데카당스 원칙이고, 예술과 도덕에서의 종말에의 의지(der Wille zum Ende)인 것이다.”[43]

니체의 간단한 이 문구는 데카당스의 심리적 원인과 의지가 예술과 도덕에서 어떤 나약함의 방식으로 나타나는지에 대해 잘 보여준다. 이 인용문에서 니체는 불교의 학설에서 보여주고 있듯이, 데카당스의 원칙을 무사(無事), 즉 사심(私心)과 사욕이 없는 몰아(沒我)와 무욕(無欲)과 같은 자기 상실로 규정한다. 니체는 그리스도교의 데카당스에 대해 다음과 같이 말한다.

> 그리스도교인과 그 밖의 다른 허무주의자들에 의해 거부당한 삶

---

40) Graham Parkes, *Nietzsche ans Asian Thought*, Chicago ans London: University of Chicago Press, 1996, p.256.

41) 고(苦)는 스스로 만들기도 하고, 남에 의해 만들어지기도 하며, 나와 남이 함께 만들기도 하고 원인 없이 만들어지기도 한다고 말하는데 사람이 있지만, (이러한 것으로 苦라는) 결과가 발생하리라고는 볼 수 없다.(나가아르쥬나, 앞의 책, 101쪽.)

42) F. Nietzsche, *Der Antichrist,* 19, KSA 6, S.185.

43) 프리드리히 니체, 「우리 대척자들」, 『니체 대 바그너』, 백승영 옮김, 책세상, 2002, 531쪽.

의 측면은 그 가치의 서열상에 있어서 **데카당스 본능**을 승인하고, 만약 데카당스의 본능을 승인한다고 할지라도 되었던 것들보다 무한히 높다. 이 점을 파악하고자 한다면 용기가 필요하다. 그러한 용기를 위해서 넘쳐흐르는 힘이 필요하다.: 왜냐하면 용기가 과감하게 전진한다고 할지라도 되는 반드시 그만큼, 꼭 힘의 정도만큼만, 사람들은 진리에 다가가려고 하기 때문이다. 미약함에 의해 고무되어 있는 약자들에게 실재에 대한 비겁함과 실재로부터의 도주가 — '이상'—이 필연이듯 말이다.……44)

니체는 이러한 허무주의의 데카당스로부터 "선한 인간"이라는 유형을 이끌어 낸다. 자기 스스로 고유한 삶의 덕을 새롭게 창조해낼 수 없는 자들은 그리스도교의 심리에 따라 강한 자들의 가치와 그들의 건강한 삶에 대한 원한과 복수, 즉 악, 악인(惡人), 선(善), 선인(善人), 병(炳) 등으로 전도하고 반자연적 심리의 구원자로서의 신을 창조할 뿐이다. 그리고 자신을 새롭게 창조해낼 수 없는 자들은 이러한 나약한 노예도덕의 질서를 정의로운 세계로 수동적으로 해석하며 평균적 무리의 삶을 거리낌 없이 살아간다. 즉, **"무리 동물의 나약함은 데카당의 나약함과 전적으로 유사한 도덕을 만들어낸다."**45)

데카당스가 아직도 주저하며 머물고, 데카당스의 치료책을 아직도 고안하지 못해서이건 간에46)

니체는 데카당스의 치료책을 아직도 고안해 내지 못했고, 그리스도교와 도덕에 의한 쾌와 불쾌의 심리학적 전환을 실마리로 하여 나약한 인간의 의지와 그 원인에 대한 증상을 심리학적으로 탐구해 나간다. 하지

---

44) 프리드리히 니체, 『이 사람을 보라』, 「비극의 탄생」, 2, 책세상, 2009, 392쪽.
45) 프리드리히 니체, 『유고(1888년 초~1889년 1월 초)』, 23[4], 510쪽.
46) 프리드리히 니체, 『유고(1887 가을 1888년3월)』, 니체 전집, 제20권, 책세상, 2014, 23쪽.

만 나약한 의지도 힘을 추구하고자하기 때문에 이러한 시도는 생리학적 탐구로 나아가야 한다. 즉 니체는 그리스도교에 대한 심리적 탐구를 통해 선한 인간의 심리를 실존적 무기력한 상태에 빠져버린 데카당스 병으로 진단한다. 니체에게 있어 힘에의 의지는 인간의 심리-생리적 진단 기호이다. 니체는 힘에의 의지에서 "우리의 시대는 어떤 의미에서 무르익었다(즉, 데카당스하다). 부처의 시대처럼, 불교는 소리 없이 유럽 모든 곳에서 세력"[47]을 확장해가고 있다.

> 힘에의 의지가 어떤 형태로든 쇠퇴하는 곳에서 항상 생리적 퇴행, 즉 **데카당스**가 있다. 가장 남성적이라고 할만 덕목과 충동들을 제거당한 **데카당스**의 신은 이제 필연적으로 생리적으로 퇴행한 자들의 신, 약자들의 신이 된다. 이들은 스스로 약자라고 부르지 않고 선한 자라 부른다.[48]

> 힘에의 의지가 쇠퇴하는 곳에서 늘 데카당스가 있다. 가장 남성적인 부분과 덕목들을 제거당한 **데카당스**의 신은 이제 선한 자들의 신이 된다. 그들의 숭배는 '덕'이라고 불리고; 그들의 추종자들은 '선한 자들과 정의로운 자들'이다.[49]

니체는 이러한 힘에의 의지로부터 자기 상실을 인간 실존의 고통으로 이해하며, 이에 대한 심리학적 증상을 다양한 관점에서 언급한다. 니체는 그러한 증상을 데카당스의 병으로 다음과 같이 규정한다. 첫째, 니체는 "하루에 대략 200권 정도가 적당하다며 수많은 서적을 읽으며 스스로 생각하는 능력을 완전히 상실한 채, 자신이 읽은 책에 의해서만 반응하는 수동적 사유를 하는 학자"[50]와 둘째, 인간의 본능을 부정하고 이성

---

47) F. Nietzsche, *Wille zur Macht*. S. 239-240.
48) F. Nietzsche, *Der Antichrist*, 17. KSA 6. S.183.
49) 프리드리히 니체, 『유고(1888년 초~1889년 1월 초)』, 17[4], 2, 396쪽.

적인 아폴론을 강화시켜 디오니소스적인 현상을 마비시키고 삶의 비극적 관점을 약화시킨 "소크라테스를 전형적인 데카당"[51]으로 최초로 규정한다.[52]

> "쾌에 대한 불쾌의 우세는 허구적인 도덕과 허구적인 종교의 원인이다 :그런데 그런 우세가 데카당스에 대한 공식을 제공하는 것이다…"[53]

이상범은 그의 논문에서 데카당스와 인간의 심리-생리적인 연관성을 분석한 바 있다. 그는 데카당스라는 징후가 심리적인 것과 생리적인 것의 복합적인 증상이며, 후기의 니체가 "데카당스를 일종의 문명의 병으로 규정하고 보다 적극적으로 그 현상과 원인을 심리-생리학적으로 파고들기 시작한다"[54]고 파악한다.

> 도대체 어느 누가 최초의 지성적인 바그너 숭배자였는가? 샤를 보들레르였다. 그는 들라크루아를 이해한 최초의 인물이었으며, 그

---

50) 프리드리히 니체, 『이 사람을 보라, 「나는 왜 이렇게 현명한지」, 8, 책세상, 2009, 368쪽.

51) 데카당으로서의 소크라테스에 대한 니체의 주요한 비판은 인간의 본능에 대한 소크라테스의 부정에서 기인한다. 소크라테스는 당시 그리스 사람들이 "올바르고 확실한 통찰을 갖지 못한 채 오직 본능만으로 자신의 직업을 수행"(Friedrich Nietzsche, 박찬국 옮김, 『비극의 탄생』, 아카넷, 2007, 195쪽 참조.)하는 것을 비판함으로써 '본능에 대한 인식의 우월한 능력'을 확인하고자 했다. 이러한 소크라테스의 비판을 통해 전통적 가치를 전복하고 새로운 가치의 선구자가 되고자 했던 것이다. 소크라테스의 등장과 영향은 이성적 학문의 높이가 하강하는 문화적 몰락, 즉 데카당스를 의미한다. 이 때문에 니체는 소크라테스적 지식을 추구하는 이론적 인간을 비판한다.(정희중, 「니체의 데카당스 극복-소크라테스와 바그너를 중심으로-」, 『한국예술연구』, 한국예술연구소, 2022, 69쪽.) 따라서 "소크라테스를 데카당으로 인식하게 되었다."(F. Nietzsche, KSA 6. S. 289.)

52) F. Nietzsche, KSA 6. S. 311.

53) F. Nietzsche, *Der Antichrist,* 15. KSA 6. S. 182.

54) 이상범, 「데카당스에 대한 니체의 심리-생리학적 해명」, 『니체연구』, 제36집, 한국니체학회, 2019, 142쪽.

안에서 예술가 유형 전체를 알아볼 수 있는 전형적인 데카당이다. - 아마도 최후의 데카당일지도 모른다. ...[55]

특히 19세기 유럽의 예술은 데카당스적인 특징을 잘 보여주고 있다. 그 당시 유럽에서 보들레르 등의 예술가들은 데카당스를 일종의 예술적 사조로 받아들인다. 예컨대 데카당스는 병, 죽음, 퇴폐, 악, 허구, 악마주의 등과 같은 소재와 표현을 탐닉했다. 다시 말해 데카당스 예술가들은 "기존에는 소재를 선택하는데 있어서 도덕적인 불신과 질적으로 저열하게 취급되는 예술을 사용하기 위해서 (...) 여기에 새로운 의미를 부여하며 그 가치평가를 역전"[56]시켰다.

3. 불교의 허무주의와 열반

드로아(Roger-Pol Droit)는 1840년대부터 유럽에 불교라는 유령이 출현했다고 말한다. 즉 불교의 등장은 오랜 서양 사상 속에서 허무주의에 관한 철학적 담론의 형성과정과 일정 부분 연관되어 있다.[57] 서양의 허무주의를 극복할 수 있는 불교적 대안, 그것은 바로 "불교에서의 열반(涅槃) "[58]인 것이다. 열반은 모든 욕망과 고통으로부터의 해방, 해탈, 즉

---

55) F. Nietzsche, KSA 6. S. 289.

56) 김창준, 「니체의 데카당스 개념과 토마스 만의 「트리스탄」」, 외국문학연구 제45집, 한국외국어대학교 외국문학연구소, 2012, 32쪽.

57) 로제 폴 드로아, 「불교라는 망령」, 『문학과 비평』, 여름호 문학과비평사, 1991, 233, 238쪽,

58) 열반의 빨리어 표기인 'Nibbana'는 산스크리티어 'nirvana'에서 유래한다. 니르바나는 중성명사로 '불어서 끄다, 불어서 꺼진 상태'를 의미한다. 하나의 불꽃을 불어서 꺼졌다는 뜻으로 사용되었다. 불교에서 삼독(三毒)인 탐·진·치(貪·瞋·癡)의 불꽃을 꺼졌다는 의미로 사용되었다. 우리나라에서 사용하는 뜻은 모든 번뇌의 속박에서 해탈하고 진리를 궁구하며 미(迷)한 생사를 초월해서 불생불멸의 법(法)을 체득하는 것을 뜻한다.(석성우, 『열반사상』, 신흥출판사, 1977, 23-24쪽.) 상윳따니까야(SN:38:1)에서는 "벗이여,

"깨달음에 도달한 자"59)를 위한 존재론적 자양분이다. 그리하여 참된 해방은 **"고통 앞에서 열반이라는 저 동양적 허무(jenes orientalisches Nichts)로 은둔함으로써"**60) 이루어진다. 이처럼 니체는 서양의 허무주의를 통해 마음 깊숙한 내면의 논리가 통찰된 불교를 '능동적 허무주의'라고 부른다. 여기서 니체는 지금까지의 허무주의를 극복할 수 있는 새로운 주체, 즉 위버멘쉬(Übermensch)가 자리매김할 수 있는 활동 공간이 기다리고 있다는 것이다.61) 그는 서양의 문화가 몰락 및 쇠퇴하고 데카당스로 전락하는 것을 목격하고, "어떤 사람은 우울함과 유약함에 빠져 있으며 거기에 속박되어 유럽은 새로운 불교에 위협을 받고 있는 것처럼 보인다."62)고 말한다. 니체는 『비극의 탄생』에서 불교를 무에 대한 열망이라 지칭하면서 삶에 대한 의지의 부정과 연관시켜 언급한다.63) 니체는 다음과 같은 두 가지 '생리적인 사실(Physiologischen Tatsachen)'을 기반으로 불교에 관심을 보였다.

> 첫째로는 고통을 잘 느끼는 섬세한 능력으로 나타나는 지나치게 민감한 감수성이며, 둘째로는 지나친 정신화(Übergeistigung), 다

탐욕의 멸진, 성냄의 멸진, 어리석음의 멸진을 열반이라 한다." 『잡아함(雜阿含)』, 제18권, 《제490경》에서도 "멸이란 탐욕이 영원히 다하고, 성냄이 영원히 다하며. 어리석음이 영원히 다하고, 일체의 모든 번뇌가 영원히 다한 것을 열반이라고 한다."따라서 탐욕의 제거, 성냄의 제거, 어리석음의 제거, 이것은 열반의 계를 지칭하는 말이다."(A Certain Bhikkhu, The Connected Discourses of the Buddha: A New Translation of the Samyutta Nikaya, Boston: Wisdom Publication, 2000, p.1528.) 열반의 개념에 대한 자세한 내용은 다음을 참조: 테오도르 체르바츠키, 『열반의 개념』, 연암종서 옮김, 경서원, 1994.

59) 불교의 궁극적 목적은 "깨달음을 얻는 것이 아니고 현세에서 열반을 증득하는데 있다. 열반은 살아 있는 동안 '지금 여기서'획득하는 것이다.(마성, 「초기 불교에서 말하는 깨달음」, 『불교평론』, 66호, 2016, 49쪽. 양해림, 「인지과학에서 바라본 깨달음」, 『불교평론』, 66호, 2016, 109-100쪽.)

60) F., Nietzsche, KSA 3, S.350.

61) 김진, 「니체와 불교적 사유」, 34쪽.

62) F., Nietzsche, KAS 5. S.125.

63) F. Nietzsche, KAS 1, S.133.

시 말해 개인적인 본능이 해를 입고 '비개인적인 것이 우세해질 정도로 개념과 논리적 절차에 지나치게 오랜 동안 몰두하는 것이다.'[64)]

위 인용문에서 보듯이, 불교에서 하나는, 섬세하게 고통을 느끼는 공감 능력으로 표현되는 지나치게 민감한 감수성이고, 다른 하나는, 과도한 정신화와 개인의 본능을 비개인적인 것에 우세하게 만들면서 개인의 본능에 피해를 입히는 개념과 논리적 절차 및 추론에 몰두해서 오랜 기간에 걸쳐 살아 왔다는 사실이다.

그러면 니체는 고통을 의식적으로 매개된 이후에 일어나는 현상으로 보고 있는 것일까? 이에 대한 응답은 "다시 한번 말하지만 사람들은 고통에 반응하는 것이 아니다. 불쾌는 결단코 행위의 원인이 아니다."[65)]라는 니체의 확신이다. 또한 "인간은 쾌를 추구하지도 않고 고통을 피하지도 않는다."[66)]라는 그의 견해는 여전히 타당한 것인가? 니체는 '불교적인 특징'(Buddhistischer Zug)을 '무에로의 동경'(Sehnsucht in's Nichts),[67)] 즉, 열반을 동경하는 것이라고 말한다.[68)] 니체는 허무주의에 대처할 수 있는 방법으로서 불교를 "모든 욕망과 고통으로부터 해방된 열반(Nivana)"[69)]을 다음과 같이 제시한다.

> "우리는 고통 앞에서 **열반**이라고 불리는 저 동양적 허무로 입과 귀를 닫는 완고한 자기포기, 자기망각, 자기소멸로 빠져들건 간에 우리는 이 길고 위험한 극기 훈련을 거쳐 다른 사람이 된다."[70)]

---

64) F. Nietzsche, *Der Antichrist,* 20. KSA 6. S.186.

65) 프리드리히 니체, 『유고(1888년 초-1889년1월초)』, 『니체 전집, 제21권』, 191쪽.

66) 프리드리히 니체, 위의 책, 191쪽.

67) F. Nietzsche, *Wille zur Macht.* 1.3, S.8; KSA 12, S. 368.

68) F. Nietzsche, KSA 5, S. 26. 라트너는 니체가 석가의 무아설을 정확하게 이해하지 못하였다고 지적한다.(Max Ladner, *Nietzsche und der Buddhismus.* Zürich 1944, S.54.)

69) 이진우, 「니체와 아시아적 사유」, 『철학연구』, 제53집, 철학연구회, 2001, 363쪽.

70) F. Nietzsche, KSA 3. S.350.

이렇게 니체는 고통 앞에서 사람들이 열반이라고 부르는 동양의 무, 그리고 입과 귀를 닫은 완고한 자기포기, 자기망각, 자기소멸로 끌려가는 것을 긍정적으로 보지 않는다.

주지하듯이, 불교 일반이 지향하는 근본정신에 대한 해석은 제행무상(諸行無常), 일체개고(一體皆苦) 그리고 모든 고(苦)가 무명(無明)과 그것에 입각한 갈애와 집착에서 비롯된다는 근본 교설에 있다. 불교의 근본정신에 이러한 해석은 여전히 현재에도 중요하게 작동한다. 불교에서 "모든 욕망은, 온갖 욕정이나 피를 휘저어 곧이어 행위가 된다." ... 행위, 이것은 아무런 의미도 갖고 있지 않으며, 생존 속에 고착해 있다. 하지만 모든 생존은 어떠한 의미도 갖고 있지 않다. 불교는 철저히 무욕망, 무행위, 비존재, 해방의 교의로서 인식되고 있다. 그리스도교의 심리학 문제에 관하여.--몰아세우는 힘은 남아 있다. 그것은 르상티망[원한], 민중의 반역, 얼뜨기들의 반역이다. 불교의 경우는 이와는 다르다. 불교는 르상티망 운동에서 생겨난 것이 아니다. 불교는 르상티망이 행위에로 몰아세우는 까닭에 이것과 싸운다.[71] 니체는 영원회귀이나 힘에의 의지 개념을 "불교의 유럽식 형식"[72]으로 말한다. 즉 니체는 영원회귀를 "열반이 없는 영원한 유형"[73] 또는 힘에의 의지는 윤회와 열반의 동일성에 대한 니체식 표현으로 해석하기도 한다.

그리스도교는 야수의 지배자가 되기를 바란다. 그 수단은 바로 그들을 병들게 하는 것이다. 약화는 길들이기를 위한, 그리고 문명을 위한 그리스도교적 처방전이다. 불교는 문명의 종말을 언급하고 이미 지쳐버린 문명을 위한 종교이다. 그리스도교는 문명을 발견하는 것조차 못하고 있지만, 필요하다면 그 토대를 일으켜 세우기도 한다. 그러나 니체는 불교를

---

71) F. Nietzsche, *Wille zur Macht.* S.179.

72) 프리드리히 니체, 『유고(1885~1887 가을), 니체 전집 제19권, 266쪽.

73) Robert G. Morrison, *Nietzsche und Buddism, A Study in Nihilism and Affinities,* 153쪽.

철저히 허무주의적이라고 보았기 때문에[74], 불교의 어떤 영향도 봉쇄하기를 원했다.

> 진리란 없다는 것: 사물의 절대적인 성질이란 없다는 것, '사물 자체란 없다'는 것-이러한 것 그 자체가 허무주의이다. 그 중에서도 가장 극단적인 허무주의이다. 이 허무주의는 사물의 가치를, 어떠한 실재도 그 가치에 대응하지 않고 대응했던 적도 없었으며, 오히려 가치 설정자가 지닌 힘의 증후이자 그의 삶의 목적을 위한 단순화에 지나지 않는 것, 바로 거기에 부여한다.[75]

니체가 볼 때, 불교는 우리에게 궁극적인 만병통치약이라고 할 수 있는 열반, 즉 모든 지상의 고통과 고뇌가 소멸되는 완전한 무욕망의 상태를 말한다. 따라서 니체는 불교를 "문명의 종말을 위한, 지쳐버린 문명(die Mündigkeit der Civilisation)을 위한 종교"[76]라고 본 것이다. 이러한 불교에서는 문명화로 인해 피로한 이들에게 "고통으로부터 열반이라고 불리우는 저 동양적 무(無)"(서문)로 은둔할 수 있다. 따라서 니체는 불교가 연약해진 현대의 문화인을 대표하는 차라투스트라의 "궁극적 인간"[77]을 사로잡아 이 궁극적 인간이 그의 "위버멘쉬"를 보다 더 선호되게 될 것을 우려한 것이다.

---

74) Robert G. Morrison, 위의 책, 21쪽.

75) 프리드리히 니체, 『유고(1997년 가을-1888년3월)』, 니체 전집, 제20권, 23-24쪽.

76) F. Nietzsche, *Der Antichrist,* 22, KSA 6, S.189.

77) Robert G. Morrison, 앞의 책, 24쪽.

4. 현대사회에서 고통은 어떻게 극복해야 하나?

앞서 고찰한 바와 같이, 니체는 기독교에 비해 불교를 보다 긍정적으로 평가한다. 즉, 니체는 불교가 등장하게 된 생리적이고 심리적인 조건들을 구체적으로 제시하였고, 불교의 본질적 성격을 위생학 내지 치료학으로 규정한다. 니체에게서 치료학은 개인들의 건강한 본능이 손상을 입고 지나치게 정신적으로 섬세한 감수성이 발달한 생리적인 조건 아래서 생성될 수 있다는 것이다. 불교가 "소극적 허무주의의 한 형태"[78]이기 때문에 허무주의의 부정에 대한 위협이기도 하지만, 21세기 현시점에서 치료학 혹은 위생학의 역할을 해 줄 수 있을 것이라 믿는다. 부처는 중생들에게 존재의 무의미성을 극복하도록 도와주기보다는 단순히 그들이 어느 정도의 쾌활한 자세로 그 무의미에 적응하도록 도와주게끔 한다. 니체에 의하면, 불교는 "명랑과 평정, 무욕(無欲)을 최고의 목표로써 원하게 되고, 그 목표에 이르는 것이다."[79]

무엇보다 니체는 불교에서 주장하는 고통을 중요한 개념으로 제시하고 있듯이, 우리 시대의 사회를 진통(鎭痛) 사회라 부른다. 진통사회의 특징은 생의 감정이 매우 빈약해져 왔다는 것이다. 여기서 삶은 약화되어 안락한 생존으로 안주한다.[80] 즉 니체는 이미 고통에 대해 적대적인 진통 사회가 도래할 것을 다음과 같이 알고 있었다.

> "무통(無痛)의 황금 구름으로 자신을 에워싸는 때가 결국 온다. 영혼이 자신의 피로를 즐기고, 자신의 끈기를 가지고 끈기 있게 유희하면서 행복을 느끼는 가운데 바다의 파도를 닮은 그런 때가 온다. 고요한 여름날, 다채롭게 물든 저녁 하늘의 찬란한 빛을 반사하

---

78) F. Nietzsche, *Wille zur Macht,* S. 23.
79) F. Nietzsche, *Der Antichrist,* 21. KSA 6, S.187.
80) 한병철, 『고통이 없는 사회』, 김영사, 2021, 58쪽.

면서 해변에서 찰랑거리고 찰랑거리다가 다시 잠잠해지는 파도 말이다. 끝도 목적도 만족도 욕망도 없이 변전(變轉)을 즐겁게 바라보는 완벽한 고요, 자연의 맥락에 맞춘 온전한 썰물과 밀물; 이것이 모든 병든 자들의 감정이고 말(Rede)이다. 그러나 그들이 이 순간에 도달하면, 잠시의 즐거움 후에 지루함이 찾아온다."[81]

원한은 병자에게는 금물이다. ... 심오한 생리학적인 부처는 이 점을 파악하고 있었다. 부처의 종교를 그리스도교 같은 비참한 것들과 함께 뒤섞어버리지 않기 위해서 그것을 위생법이라고 명명하는 편이 훨씬 나을 것이다. 불교의 효력과 원한에 대한 승리는 상호 의존적이다,: 불교는 영혼을 원한으로부터 아주 해방시켜 버리고자 한다. -그리고 이러한 것이야말로 회복에 이르게 되는 첫 단계인 것이다. **적대는 적대를 통해서도 종결되지 않고, 우호를 통해서 종결된다. 이것이 부처의 가르침의 서두에 위치하고 있다.** 도덕이 부처의 가르침을 그렇게 하라고 말하는 것이 아니라, 생리학이 그렇게 하라고 말한다. 유약함에서 생겨나고, 그 누구보다도 약자 자신을 가장 이롭게 하는 원한-이것은 풍부한 본성의 소유자를 전제하는 다른 경우에서는 불필요한 감정이다.[82]

위의 두 인용문에서 보듯이, 니체는 현대사회를 불교에서와 마찬가지로 진통과 고통이 내재된 사회로 보았고 이를 어떻게 극복해 나갈 것인가가 관건이었다. 21세기 현대사회는 서로의 적과 아군으로 더 첨예화하게 이분화되었다. 적대는 적대를 통해서도 끝나지 않고, 우호를 통해서 종결된다. 이것이 니체가 보는 불교의 가르침이며 또한 우리 시대의 교훈이다.

---

81) F. Nietzsche, KSA, 6, S.160.
82) F. Nietzsche, KSA, 6, S.273.

참고문헌

권순홍, 『불안과 괴로움-하이데거, 니체, 그리고 초기 불교의 4성제』, 도서출판 길, 2022.

김정현, 「니체와 불교의 만남 - 니체의 불교 이해 및 서양적 무아사상을 중심으로」, 『니체연구』, 제8집, 한국니체학회, 2005.

김진, 「니체와 불교적 사유」, 『철학연구』, 제89집, 대한철학회, 2004.

김진, 『니체와 불교적 사유』, 울산대학교 출판부, 2004.

김창준, 「니체의 데카당스 개념과 토마스 만의 「트리스탄」」, 외국문학연구 제45집, 한국외국어대학교 외국문학연구소, 2012.

나가아르쥬나, 『中論頌』, 황산덕 譯解. 서문문고, 1979.

니체, 프리드리히, 『권력에의 의지』, 강수남 옮김. 청하, 1999.

니체, 프리드리히, 『권력의지』,김세영·정명진, 부글 books, 2018.

니체, 프리드리히, 『니체 대 바그너』, 「우리 대척자들」, 백승영 옮김, 책세상, 2002,

니체, 프리드리히, 『유고(1881년 봄~1882년 여름)』, 니체 전집, 제12집, 책세상, 2017.

니체, 프리드리히, 『유고(1885~1887 가을), 니체 전집』, 제19권, 책세상, 2014.

니체, 프리드리히, 『유고(1887년 가을 1888년 3월)』, 니체전집 제20집, 책세상. 2014.

니체, 프리드리히, 『유고(1888년 초~1889년 1월초)』, 니체 전집, 제21권, 책세상, 2014.

니체, 프리드리히, 『이 사람을 보라,「나는 왜 이렇게 현명한지」』,니체전집 제15집, 책세상, 2002.

동국역경원. 잡아함경(1). 동국역경원, 1996.

드로아, 로제 폴, 「불교라는 망령」, 『문학과 비평』, 여름호 문학과 비평사, 1991.

러셀, 버트란트, 『서양철학사』, 집문당, 2017.

마사오, 아베, 『선과 현대철학』, 변선환 엮음, 대원정사 1996.

마성, 「초기 불교에서 말하는 깨달음」, 『불교평론』, 66호, 2016.

박경일, 「니르바나의 시학:회전하는 세계의 정지점」, 『탐구』, 동인, 2000.

박경일, 「불교와 포스트모더니즘」. 『比較文學』, 제22집. 1997.

박이문, 「니체 철학의 동양적 조명」. 『이성의 시련』, 문학과지성사, 2001.

석성우, 『열반사상』, 신흥출판사, 1977.
성진기, 「니체와 불교」, 성진기외, 『니체이해의 새로운 지평』, 철학과현실사, 2000.
양해림, 「인지과학에서 바라본 깨달음」, 『불교평론』, 66호, 2016.
이상범,「데카당스에 대한 니체의 심리-생리학적 해명」, 『니체연구』, 제36집, 한국니체학회, 2019.
이진우, 「니체와 아시아적 사유」, 『철학연구』, 제53집, 철학연구회, 2001,
정철호, 「허무주의에 대한 니이체와 초기 불교의 연관성」, 『니이체 철학의 현대적 이해와 수용』, 정영도 외, 세종출판사, 1999.
정희중, 「니체의 데카당스 극복-소크라테스와 바그너를 중심으로-」, 『한국예술연구』, 한국 예술연구소, 2022.
체르바츠키, 테오도르, 『열반의 개념』, 연암종서 옮김, 경서원, 1994.
콩스탕티니데스, 야니스, 『유럽의 붓다, 니체』, 강의경 옮김, 열린책들, 2012.
한병철, 『고통이 없는 사회』, 김영사, 2021.
中村 元. 『中國人의 思惟方法』, 김지견 옮김, 동서문화원, 1971.
Bhikkhu, A Certain, *The Connected Discourses of the Buddha: A New Translation of the Samyutta Nikaya,* Boston: Wisdom Publication, 2000.
Dumoulin, Heinrich, "Buddhism and Nineteenth-Century German Philosophy", in:*Journal of History of Ideas,* Vol. XLII, no.4. 1981.
Freny Mistry. Nietzsche and Buddhism: Prolegomena to a Comparative Study, Berlin & New York: W. de Gruyter, 1981.
Friedrich Nietzsche, 『비극의 탄생』, 박찬국 옮김, 아카넷, 2007.
Habfass, Wilhelm, *Indies ansd Europa,* Basel, 1981.
Hassan, Ihab. "Ideas of Cultural Change". Innovation/Renovation: New Perspectives on the Humanities. Eds. Ihab Hassan and Sally Hassan. Madison & London: University of Wisconsin Press, 1983.
Inada, Kenneth K. "Some Basic Misconceptions of Buddhism", International Philosophical Quarterly, Vol. İX, No.1. March, 1969.
Ladner, Max, *Nietzsche und der Buddhismus.* Zürich 1944,
Ladner, Max. Nietzsche und der Buddhism us: Kritische Betrachtungen

eines Buddhisten. Zürich: Juchli-Beck, 1933.

Loy, David. "Beyond Good and Evil? A Buddhist Critique of Nietzsche". in:Asian Philosophy. Vol.6. March, 1996.

Martin, Glen T. "Deconstruction and Breakthrough in Nietzsche and Nagarjuna". Nietzsche and Asian Thought. Ed. Graham Parkes. Chicago:University of Chicago Press, 1996.

Mills, Edm und J. "The Buddhism in Heraclitus". in:The Buddhist Review. Vol.11: 1, 1910.

Mistry, Freny, *Nietzsche und Budhism,* Oxford Universty Press, 1997.

Morrison, G. Robert. Nietzsche and Buddhism: A Study in Nihilism and Ironic Affinities. Oxford & New York: Oxford University Press, 1997.

Murti, T.R.V. The Central Philosophy of Buddhism. London: George Allen & Unwin, 1980.

Nagarjuna, A Translation of His Mula-Madhyamika-Karika with an Introductory Essay. Tr. KennethInada. Buffalo, New York: State University of New York Press, 1970.

Nehamas, Alexander. Nietzsche:Life as Literature. Cambridge& London:Harvard University Press, 1985.

Nietzsche, Friedrich, *Sämtliche Werke. Kritische Studienausgabe in 15 Bänden.* Hrsg. v. G. Colli und M. Montinari. München, Bd.13, Berlin, New York 1980.

Nietzsche, Friedrich, *Sämtliche Werke. Kritische Studienausgabe in 15 Bänden.* Hrsg. v. G. Colli und M. Montinari. München, Bd. 1, Berlin, New York 1980.

Nietzsche, Friedrich, *Sämtliche Werke. Kritische Studienausgabe in 15 Bänden.* Hrsg. v. G. Colli und M. Montinari. München, Bd. 12, Berlin, New York 1980.

Nietzsche, Friedrich, *Sämtliche Werke. Kritische Studienausgabe in 15 Bänden.* Hrsg. v. G. Colli und M. Montinari. München, Bd. 3, Berlin, New York 1980.

Nietzsche, Friedrich, *Sämtliche Werke. Kritische Studienausgabe in 15 Bänden.* Hrsg. v. G. Colli und M. Montinari. München, Bd. 6, Berlin, New York 1980.

Nietzsche, Friedrich, The Will to Power. Trs. Walter Kaufmann and R. J. Holingdale. New York: Vintage, 1967.

Parkes, Graham. Ed. "Feature Review's: Nietzsche and Early Buddhism ". Philosophy East and West. Vol. 50, No. 2. April 2000.

Parkes, Graham. Ed. Nietzsche and Asian Thought. Chicago and London: University of Chicago Press, 1996.

Santina, Peter Della. "The Madhyamaka and Modern Western Philosophy." in:Philosophy East and West, 36, No.1(January, 1986).

Sarup, Madan. An Introductory Guide to Post-structuralism and Postmodernism. New York & London: Harvester Wheatsheaf, 1988.

Schacht, Richard. Nietzsche's kind of philosophy", The Cambridge Companion to Nietzsche. Eds. Bernd Magnus & M.Higgins Kathleen. Cambridge: Cambridge University Press, 1996. 151-179.

Shapiro, Gary, Nietzschean Narrative. Bloomington & Indianapolis: Indiana U P. 1989.

제11장

기독교적 허무주의는 정치철학으로 극복 가능할까?

-아렌트가 바라본 니체의 가치 전도와 니힐리즘-

제11장

기독교적 허무주의는 정치철학으로 극복 가능할까?

-아렌트가 바라본 니체의 가치 전도와 니힐리즘-*

1. 근대사회에 대한 아렌트의 접근

한나 아렌트(Hana Arendt, 1906-1975)는 『인간의 조건』(1958), 『정신의 삶』(1977) 등의 주요 저서에서 근대 사회에 대한 니체의 "가치 전도"와 니힐리즘 사상에 새로운 관점을 제공한다. 다시 말해 아렌트는 여러 저서에서 니체의 "가치 전도"와 니힐리즘을 근대 사회의 변화를 이해하는 데 중요한 개념으로 해석한다. 즉, 아렌트는 니체의 가치 전도에 대해 근대 사회의 인간 조건 변화를 이해하는 데 중요한 이론적 틀로 적용한다. 이를 통해 그녀는 근대 사회에서 일어났던 활동의 재정렬, 정치적 삶의 중요성 감소, 기술적 지배 현상, 자유와 창조성의 상실 등을 분석해 나갔다. 이를테면 니체의 가치 전도는 유럽의 전통적 가치 체계가 붕괴하고 새로운 가치가 등장하는 과정을 의미한다. 아렌트는 이를 통해 근대 사회에서 일어난 인간 활동을 재정립했다. 이런 관점에서 아렌트는 니체 철학을 통해 근대 사회에서 불거졌던 다양한 문제들을 분석하고 비

* 이 글은 「니체연구」, 제46집, 한국니체학회, 2024, 221-225쪽에 실린 내용을 수정·보완한 것임.

판해 나갔다. 따라서 니체에게서 가치 전도의 개념은 아렌트가 근대 사회의 문제를 분석하고 비판하는 데 중요한 철학적 토대를 제공한다. 아렌트는 근대 전통과의 단절과 니체의 전통적인 위계질서의 전도에도 불구하고 근대 사회가 본질적으로 변한 것은 아무것도 없다고 파악한다. 현재 수용되는 가치 전도의 본질은 그대로 남아 있는 것이다.

아렌트는 니체의 이러한 생각을 통해 근대사회가 어떻게 인간의 행위, 노동, 작업을 재 정의하고, 정치적 삶의 중요성을 감소시키며, 인간의 조건을 변화시키는지에 대해 분석해 냈다. 그녀는 근대 사회가 인간의 활동 가운데 가장 중요한 정치적 행위를 무시하고, 대신 노동과 작업을 중심으로 하는 사회로 전환되었다고 주장한다. 이는 니체가 말한 가치 전도와 일맥상통한다. 유럽의 전통적 가치와 질서가 붕괴되면서 인간의 존엄성과 자유를 유지하는 정치적 행위가 뒷전으로 밀려난다는 점에서 니체와 아렌트의 관점은 상호 연결된다.

이는 근대 사회에서 인간의 본질과 조건이 어떻게 변화했는지를 이해하는 데 중요한 역할을 한다. 아렌트는『인간의 조건』에서 근대 문턱에 발생한 '3대 주요 사건'을 지목하고 그 성격을 규정한다. 그녀는 이러한 각각의 사건들을 근대적 세계 소외의 기원으로 각색한다. 근대 사회 초기에 일련의 사건들은 첫째, 아메리카의 발견과 이에 뒤따른 전 지구의 탐험, 둘째, 교회와 수도원의 재산을 몰수함으로써 개인 재산의 몰수와 사회적 부의 축적이라는 이중적 과정을 야기한 종교개혁, 셋째, 망원경의 발명과 우주의 관점에서 지구의 자연을 고려하는 신(新) 과학의 발전이 그것이다.[1]

근대사회 초기에 지도와 항해도는 기술의 발명을 촉진했다. 예컨대 철도, 증기선박, 비행기는 지구의 공간을 축소시키고 먼 거리를 단축시키는 역할을 했다.[2] 하지만 이는 지구를 하나의 표상화 될 수 있는 대상으

1) 한나 아렌트,『인간의 조건』, 이진우·태정호 옮김, 한길사, 1996, 66쪽.
2) 한나 아렌트, 위의 책, 313쪽.

로 만들었다. 그렇게 해서 인간은 자신의 터 잡고 있는 거주지를 완전히 소유하였고, 지구의 장엄한 윤곽과 지구 표면의 세부적인 사항들을 자신의 손바닥의 손금처럼 훤히 알 수 있도록 지구의 궤도 위에 표시하기에 이르렀다.3)

아렌트는 니체의 가치 전도를 통해 근대사회에서 노동, 작업, 행위의 순위가 재정립된 것을 설명해 나갔다. 오랜 그리스 사회를 비롯한 전통사회에서 정치적 행위가 가장 중요한 활동이었지만, 근대사회에 들어서 노동이 우선시되고, 작업이 그 뒤를 따르며, 정치적 행위는 점차 중요성을 상실해 나갔다. 이는 니체가 말한 전통적 가치의 붕괴와 새로운 가치의 등장을 반영한다.

아렌트와 니체의 철학은 서로 다른 철학적 맥락에서 발전했지만, 두 사상가는 니힐리즘과 가치 전도에 대한 중요한 관점을 제시했다. 특히 국내에서 아렌트와 니체의 니힐리즘을 분석한 연구물은 전무하기에 아렌트의 관점에서 니체의 니힐리즘을 재해석한다는 것은 다소 오독 및 무리가 따를 수 있다. 그럼에도 불구하고 우리는 아렌트의 니체적 니힐리즘의 관점을 수용하여 정치철학적 시각에서 니힐리즘을 재해석하고자 한다. 아렌트는 니힐리즘을 주로 정치적 맥락에서 분석했다. 그녀는 니힐리즘이 전체주의적 사고의 토양이 될 수 있음을 지적하며, 20세기 정치적 악의 부상과 관련지어서 설명했다. 그래서 아렌트는 니체와 다르게 전통적 가치의 붕괴가 종국에는 새로운 창조적 가능성을 열어준다고 보지 않았다. 오히려 이러한 가치의 붕괴가 대중들을 혼란스럽게 하고, 극단적인 이념으로 몰아갈 수 있다고 경고했다. 아렌트는 니체가 주장한 가치 전도의 개념을 비판적으로 수용하고 니체와는 다소 다르게 나아갔다. 아렌트에게 니체의 가치 전도는 기존의 도덕적 토대를 붕괴시키지만, 그 결과 새로운 가치체계의 확립보다 도덕적 진공 상태를 초래할 위

---

3) 한나 아렌트, 위의 책, 316쪽.

험이 있다고 보았다. 그녀는 이러한 상태가 전체주의적 권력의 정당화에 이용될 수 있다고 경고했다. 따라서 우리는 아렌트가 바라본 근대 사회에서 니체의 가치 전도와 니힐리즘의 관점을 통해 니힐리즘의 극복책을 고찰하고자 한다.

2. 아렌트가 바라본 니체의 가치 전도

아렌트는 『인간의 조건』에서 니체의 삶 철학을 "가치 전도"와 밀접하게 연결시켰다. 즉 아렌트에 따르면 니체에게 있어서 노동이 아닌 삶이 "모든 가치의 창조자로 공언"[4]되었고 삶 철학자인 니체가 삶의 과정의 단순한 기능을 발견한 것은 옳은 일이었다.[5]

주지하듯이, 니체 철학은 전통적 가치와 도덕을 비판하고, 새로운 가치와 의미를 창출하려는 시도이다. 우리가 니체의 삶 철학을 기존의 다른 철학과 비교하였을 경우, 특이하게 강조하는 것 중의 하나는 새로운 관점에 의한 의도적인 가치 전도를 철학적으로 프로그램을 채택했다는 사실이다. 말하자면 니체는 보다 나은 내일을 위해 현재를 존재하게 했던 과거의 가치들을 끊임없이 전복시키려고 하였고 일생에 걸친 실험 정신의 프로그램을 기획했다. 니체 철학은 유럽의 모든 가치를 재평가하면서 가치 전도를 목적으로 삼았다. 그 한 가운데 힘에의 의지(Wille zur Macht)[6]가 자리 잡고 있다. 따라서 모든 가치는 힘에의 의지로 평가된

4) 한나 아렌트, 앞의 책, 173쪽.

5) 위의 책, 232쪽.

6) 힘에의 의지는 간단하게 해석하지 않고 애매모호하고 각기 다양한 해석이 가능한 이유는 니체가 힘에의 의지를 명확하게 정의하지 않았기 때문이다. 즉 힘에의 의지는 텍스트의 맥락에 따라 각기 다르게 해석된다. 즉 "니체의 힘에의 의지는 다수성이 실제로 존재한다." 니체가 주장하는 "힘에의 의지란 이 세계전체를 관통하는 유일한 "한 가지 특징"(Wolfgang Müller-Lauter, "Nietzsches Lehre von Willen zur Macht", *Nietzsche-Studien*, Bd. 3. 1974, 38쪽.)이다. 하지만 힘에의 의지는 늘 다수로만 존재

다.[7] 니체는 "힘에의 의지"를 다음과 같이 말한다.

> "단지 삶이 어디에 있는가, 거기에 또한 의지가 있다. 그러나 삶에의 의지뿐만 아니라 나는 너에게 가르친다. -힘의 의지! 그리고 나는 생동적인 것을 발견했다. 거기서 나는 힘의 의지를 찾았다. 헌신하는 의지에서 주인의 의지를 찾았다."[8] 그러나 삶은 무엇인가? 삶에 대한 새로운 명확한 이해가 필요하다. 즉, 삶은 힘에의 의지다.[9]

위 인용문에서처럼, 니체에게서 삶은 "힘에의 의지"이며, 삶에의 의지는 힘에의 의지에서 찾는다.[10] 여기서 삶은 "힘에의 의지에 일정 부분 지배를 받는다. 삶에의 의지, 거기서 나는 언제나 힘에의 의지를 발견한다."[11] 니체에게서 이 세계는 힘에의 의지들에 대한 끊임없는 긴장과 싸움, 그리고 갈등 관계다. 이 세계는 힘에의 의지다. 그 밖에 아무것도 아니다! 너희 역시 이 힘에의 의지다. 그 밖에는 아무 것도 아니다. 힘에의 세계는 본질적으로 관계-세계다.[12] 이처럼 힘에의 의지는 각각 인간의 표현수단이지만, 다양한 형식으로 드러난다.[13] 하지만 힘에의 의지는 단순히 삶에서 나오는 착취나 억압, 폭압 같은 부정적인 형식을 말하는 것이 아니다. 바로 힘에의 의지는 인간존재 그 자체인 것이다. 즉, 삶에의

하지 않는다. 하이데거는 "니체가 힘에의 의지에서 근대를 완성하는 형이상학적 근거를 사전에 사유"해야 한다고 주장한다. 힘에의 의지에서 형이상학적 사유가 이미 완성되었다. 즉 힘에의 의지를 사유하는 사람은 서구 최후의 형이상학자다.(Martin Heidegger, *Nietzsche I,* Pfullingen, 1961, SS.479-480.).

7) 정낙림, 「니체 정동의 놀이로서의 예술」, 『감각의 부활』, 파라아카데미, 2024, 234쪽.

8) Nietzsche, Friedrich, *Sämtliche Werk, Kritische Studienausgabe,* in 15 Banden, Giorio Colli/Mazzino Montinari, Bd. 1. Walter de Druyter: Berlin·New York, 1980.(이하 KSA라 축약하여 표기함) KSA, 4, S.148.

9) KSA, 12, S.161.

10) KSA, 12, S. 208.

11) KSA 10, S.17.

12) 백승영, 『니체, 철학적 정치를 말하다』, 책세상, 2018, 52쪽 재인용.

13) KSA 10, S. 17.

의지? 거기서 언제나 힘에의 의지를 발견한다.[14)]

니체가 보기에 지금까지 인간의 역사에 나타났던 전도된 가치들에 주목했던 현상과 개념들은 잔혹함, 고통, 위장, 이성, 만족, 노동, 지식욕, 평화, 동전, 행복 등에 대한 평가와 관점들이었다. 이러한 가지전도 현상들은 엄청나게 오랜 시간에 걸쳐 힘들게 희생을 치르고 얻어낸 투쟁의 산물인 것이다.[15)] 이렇게 니체가 가치 전도 현상에 대해 도덕과 가치를 생성, 발전, 변화시켜 끊임없는 투쟁의 결과로 바라보았고, 니체는 "가치들이 성장·발전·변화되어 왔던 조건들과 다양한 상황"[16)]을 탐구하고자 했다.

니체의 삶 철학에서 가치 전도라는 이름은 "상승과 하강 사이의 전쟁, 삶에의 의지와 삶에 대한 격렬한 복수사이의 전쟁, 정직함과 음험함 허위 사이의 전쟁"[17)]으로 부단하게 치러졌다. 그것은 삶 철학의 원칙으로서 힘에의 의지를 점차 강화시켜 나갔다.[18)] 아렌트는 하이데거의 '의지에의 의지'에 대한 비판을 『정신의 삶-의지』 제15장에서 상세하게 언급하고 있다. 그녀에 따르면 하이데거는 니체에 관한 저서 제1권과 제2권 사이에서 의지의 변화를 기술하고 있다. 즉, 의지할 의지로서의 "힘에의 의지"는 새로운 평온함. 즉 "내맡김"의 평온, 그리고 역설적인 "의욕 하지 않을 의욕(Will-not-to-will)"로의 전환을 분명하게 나타내고 있다. 왜냐하면 하이데거는 니체에 대한 근본적인 이해를 의지의 파괴적 본질로서 파악한다. 근대에 들어오면서 기술의 본질은 의지할 의지, 즉 자연적 목적이 단지 완전한 파괴일 수 있는 의지의 지배와 통치에 전(全) 세

---

14) 정낙림, 「놀이의 실천철학적 의미-니체 철학을 중심으로」, 제122집, 『철학연구』, 대한철학회, 2012, 331쪽.

15) 니체, 『아침놀』,박찬국 옮김, 책세상, 2004, 36쪽, 『도덕의 계보』, 김정현 옮김, 책세상 2002, 475쪽.

16) 니체, 『도덕의 계보』, 344쪽

17) 니체, 『유고(1883년초~1889년 1월 초)』, 백승영 옮김, 책세상, 2017, 544쪽.

18) Werner Stegmaier, *Philosophie der Fluktuanz. Dilthey und Nietzsche,* Göttingen, 1990. S. 187.

계를 예속시키는 의지였다. 이런 맥락에서 하이데거는 그러한 통치의 대안은 "내맡김"이며, 활동으로서 내맡김은 존재의 요청에 복종하는 사유라 말한다[19] 이런 점에서 아렌트는 『정신의 삶』에서 니체의 '의지(Wille)' 개념을 비판적으로 해석한다. 아렌트는 니체의 의지가 인간의 자율성과 창조성을 강조하는 긍정적인 측면을 가지고 있지만, 동시에 부정적인 측면도 함축하고 있다고 본다.[20] 니체의 의지는 전통적인 철학에서처럼 '의지'가 자주 '이성'과 대립하는 것으로 이해되던 것과는 다르게 아렌트는 니체가 의지를 삶의 긍정과 힘의 원천으로 제시하고 있다고 해석한다. 니체에게서 의지는 세계를 재창조하고 자기 자신을 초월하려는 능동적인 힘인 것이다. 이는 개인의 자유와 창조성을 극대화하려는 시도로써 '위버멘쉬'의 이상(理想)을 향해 나아가게 한다.

그러나 아렌트는 니체의 의지 개념이 결국 개인의 자율성과 주체성을 극단적으로 강조함으로써 '의지의 폭정'을 초래할 수 있다고 경고한다. 즉, 의지가 절대화될 때, 그것은 다른 사람들과의 관계나 세계의 현실적 한계들을 무시하게 될 수 있고, 궁극적으로는 폭력적이고 전체주의적인 방향으로 나아갈 수 있다는 것이다. 즉, 아렌트는 의지의 절대화가 인간의 다원성과 공동체적인 삶을 파괴할 위험이 있다고 경계한다. 따라서 아렌트는 니체의 의지를 긍정적인 측면에서 인정하면서도, 그것이 가져올 수 있는 위험성을 경계한다. 무엇보다 인간의 정신적 활동이 의지에만 의존하지 않고 사유와 판단력, 그리고 타인과 함께하는 공동체적 관계를 고려해야 한다고 강조한다. 아렌트는 이를 통해 근대 사회의 변화와 인간 조건의 변화를 설명해냈다.

---

19) H. Arendt., *The Life of Mind*, by Harcourt, Inc., 1978, pp 172-194.
20) 한나 아렌트, 『정신의 삶』, 홍원표 옮김, 푸른숲, 2019, 333-520쪽.

3. 아렌트가 바라본 니체의 니힐리즘

아렌트는 진보의 전개 과정을 역사적으로 고찰하고 싶다면, 니체의 사유 실험, "내가 체험한 그러한 실험 철학은 가장 근본적인 **니힐리즘**의 가능성마저도 실험적으로 예상해야 한다."[21]고 말한다. 그러면 니체는 니힐리즘을 어떻게 보았는가? 니체는 니힐리즘을 다음과 같이 말한다.

> "니힐리즘은 목표가 결여되어 있다: 왜? 라는 물음에 대한 대답이 결여되어 있다. 그러면 니힐리즘은 무엇을 의미하는가? 니힐리즘은 최고의 가치들이 탈가치화하는 것. 이것은 두 가지 의미가 있다. A) 상승되어 가는 정신력의 징후로서 니힐리즘: 능동적 니힐리즘으로서 이것이 강함의 징후일 수 있다. B) 정신력의 점차 하강해 가는 퇴보로서의 허무주의: 수동적 니힐리즘: 쇠약함의 징후로서: 정신력이 피폐해질 대로 소진해 버리고 고갈되어 버릴 수 있다."[22]

위의 인용문에서 보듯이, 니체는 니힐리즘의 정의를 능동적 니힐리즘과 수동적 니힐리즘으로 구분하여 정리한다. 능동적 허무주의는 점차 상승해 가는 정신력의 징후로서 드러나는 강함의 니힐리즘이다. 곧 이러한 니힐리즘은 강함의 징후다. 수동적 니힐리즘은 점차 정신력이 하강해 가면서 퇴행해 간다. 이러한 수동적인 허무주의에서 쇠약과 미약함의 징후가 곳곳에서 나타난다. 이러한 니힐리즘에 빠진 상황에서 니체는 지금까지 니힐리즘을 새롭게 극복할 수 있는 새로운 대안 주체, 즉 위버멘쉬(Übermensch)가 위치할 수 있는 활동 공간을 예견한다.[23]

아렌트가 보기에 니힐리즘은 진정한 사유의 결과가 아니라, 오히려 사

---

21) 아렌트, 『정신의 삶』, 534쪽. 니체, The Will to power, no.1041, p.531.

22) 프리드리히 니체, 『유고(1887년 가을~1888년 3월)』, 니체 전집, 제20권, 책세상, 2014, 22-23쪽.

23) 김진, 「니체와 불교적 사유」, 울산대학교 출판부, 2002, 34쪽.

유의 결여에서 비롯된 것이다. 니힐리즘은 기존의 가치 체계가 붕괴되고 새로운 가치 체계를 제대로 찾지 못하고 헤매는 상태에서 발생하는 것으로서 이는 깊이 있는 사유와 성찰의 부재를 의미한다. 즉, 니힐리즘은 기존의 가치와 의미가 와해(瓦解)되었을 경우, 이를 대체할 새로운 가치와 의미를 창출하는 사유의 과정이 충분히 완수되지 않았을 때 나타나는 현상이다. 아렌트는 니체의 니힐리즘을 단순하게 비관적 세계관으로 해석하지 않고, 서구 사상 전통의 근본적인 문제를 드러내는 중요한 현상으로 간주했다. 그래서 아렌트는 니체의 니힐리즘을 기존 가치 체계의 붕괴와 그로 인한 가치의 진공 상태로 이해했으며, 이는 서구 문명의 역사적 과정에서 필연적으로 나타난 결과라고 보았다.

니체의 니힐리즘은 **"신의 죽음"이라는 상징적 표현**으로 대표되는데, 이는 전통적 가치와 절대적 진리의 붕괴를 의미한다. 아렌트는 『정신의 삶』에서 니체가 『우상의 황혼』(1888)을 통해 신이란 용어가 초기의 역사에서 무엇을 의미했는지에 대해 언급한다. 신은 지금껏 형이상학에서 이해하는 초감각 영역의 상징이었다. 아렌트는 신이란 용어 대신에 진정한 참된 세계라는 용어를 니체가 사용했으며 『우상의 황혼』을 인용하여 다음과 같이 말한다.

> 우리는 진정한 세계를 소멸시켰다. 무엇이 남아 있는가? 현상세계인가? 아니다! 우리는 진정한 세계와 더불어 현상세계 역시 소멸시켜버렸다.[24]

아렌트는 이러한 니체의 통찰을 통해 근대 사회에서 벌어진 가치의 상실과 혼란을 잘 보여준다고 해석했다. 아렌트는 니체의 니힐리즘을 서구 사상이 이성을 절대화하고 인간 존재의 다면성을 억압해 온 결과로 이해하고자 했다.

---

24) 한나 아렌트, 『정신의 삶』, 57쪽.

하지만 아렌트는 니체의 니힐리즘을 단순히 부정적인 것으로만 보지 않았다. 오히려 그것을 새로운 시작의 기회로 해석했다. 왜냐하면 아렌트는 니힐리즘을 통해 전통적인 권위와 가치가 무너졌기 때문에 이제 인간은 새로운 가치를 창조하고 공동체적 삶을 재구성할 수 있는 가능성을 갖게 되었다고 보았다. 이런 점에서 아렌트는 니체의 니힐리즘을 파괴적인 힘이자 동시에 창조적인 힘으로 해석했다. 아렌트는 '활동적인 삶'으로서 노동, 작업, 행위가 있으며, 거기서 나오는 삶은 공적영역과 사적영역이다. 먼저 노동은 필요성에 의해 강요된 것이고 작업은 유용성에 의해 추진된 것이다. 반면에 행위는 필요성이나 유용성에 의한 것이 아니기 때문에 행위만이 자유로운 활동이다. 행위는 "어떤 사물이나 물질적 매개 없이 인간 사이에 직접적으로 수행되는 유일한 활동"이다.[25] 행위는 '동등성'과 '차이성'이라는 이중성을 갖고 있다. 즉 행위는 모두에게 동등하지만, 각기 다른 행태로 나타나기에 사람들 사이의 거리가 있을 수밖에 없고, 말과 행위에 의한 '참여', 즉 정치적 참여가 일어날 수 있다. 이러한 의미에서 행위는 다원적 정치적 참여에 의해 일어나는 공적영역에 위치해있다. 이것은 고대 그리스의 폴리스에서 다원성과 참여의 원형을 찾아낼 수 있다. 즉, "고대 그리스에서 폴리스의 발생이 인간이 사적 생활 이외에 정치적 삶을 부여받았음을 의미한다."[26]

결국 아렌트는 행위를 통해 니체의 니힐리즘이 극복될 수 있다고 보았으며, 이를 통해 우리 인간은 새로운 의미와 가치를 창출할 수 있다고 굳게 믿었다. 아렌트에게 니체의 니힐리즘은 인간이 스스로 운명을 주체적으로 개척할 수 있는 자유를 부여하는 동시에 그것이 얼마나 어려운 과제인지를 상기시켜주는 중요한 철학적 문제였다. 따라서 아렌트는 니체의 니힐리즘을 통해 서구 사상과 문화의 위기를 드러나게 하는 동시에 인간이 새로운 길을 모색할 수 있는 철학적 도전으로 나아갈 수 있다고

---

25) 한나 아렌트, 『인간의 조건』, 55-56쪽.

26) 한나 아렌트. 『인간의 조건』, 256- 261쪽.

보았다.

4. 아렌트가 바라본 니힐리즘의 극복책

1) 사유실험으로서 영원회귀

아렌트는 니체의 영원회귀 개념을 사유와 연관시킴으로써, 인간이 자신의 삶과 선택에 대해 깊이 성찰하고 도덕적 책임을 자각하도록 하는 데 그 목적을 두고 있다. 영원회귀는 단순한 철학적 개념을 넘어서 인간의 사유와 존재의 근본 문제를 탐구하는 중요한 도구로 작용하며, 이를 통해 아렌트는 사유의 중요성과 그 필요성을 강조하고자 했다. 이상엽이 니체의 영원회귀를 해석했듯이, "영원회귀는 현존재의 긍정의 최고 형식이고, 이것은 모든 것을 다시 한번 영원히 체험하려는 욕구에서 비롯된다".[27]

아렌트는 니체의 『즐거운 학문』(1882)에 나타나는 두 가지 주요한 은유, 하나는 삶과 연관된 것이고, 다른 하나는 영원회귀라는 주제의 도입과 연관되어 있다고 말한다.[28] 여기서 니체의 영원회귀 사상으로 살 수 있을 만큼 충분히 강한 새로운 인간 종인 위버멘쉬(Übermensch)를 배출할 미래를 고대한다.[29] 주지하듯이, 니체는 **"영원회귀(die ewige Wiederkehr)의 개념"**[30]을 그의 주된 사상으로 탐색하고 있다. 왜냐하면 아렌트는 니체의 운명 사랑(amor fati)과 영원회귀 개념이 가장 비중 있는 내용을 함축하고 있기 때문에 도달할 수 있는 최상의 긍정 형태로

---

27) 이상엽, 「니체의 삶의 예술철학」, 『니체연구』, 제17집, 한국니체학회, 2010, 108쪽.
28) 한나 아렌트, 『정신의 삶』, 541쪽.
29) 한나 아렌트, 위의 책, 541쪽.
30) 니체의 영원회귀에 대한 보다 자세한 문헌은 다음을 참조: 이상엽, 「니체의 동일한 것의 영원회귀에 대한 연구」, 『니체연구』, 제5집, 한국니체학회, 2003, 71-96쪽.

서 『정신의 삶』에서 활기를 불어 넣어 준다고 다음과 같이 말한다.

> 한 악마가 당신에게 다음과 같이 말한다. "당신이 현재 이러한 삶을 영위할 때, 당신은 ... 셀 수 없을 만큼 ...영위해야 할 것이다. 그리고 그 삶에는 새로운 것이 없을 것이며, 모든 고통과 환희, 그리고 모든 사유나 한 숨은 당신에게로 되돌아와야 한다. 동일한 계기가 연속 속의 모든 것 ... 실존의 영구적인 모래시계는 반복해서 똑바로 세워지고, 그것을 지니고 있는 당신은 먼지가루다." 당신은 그렇게 말하는 악마를 넘어뜨리고 저주하지 않겠는가? 아니면 당신은 그에게 다음과 같이 답변하고자 했던 중대한 계기를 한번 경험했을 것이다. ... 당신은 이 궁극적인 영구적 확신과 봉인을 훨씬 열렬하게 열망하기 위해 당신 자신과 삶에 얼마나 호의를 가졌는가?[31]

아렌트의 관점에서 이 구절의 핵심은 니체의 영원 회귀하는 개념이 순환운동을 포함한 고대 시간개념으로의 후퇴가 아니라는 사실이다. 말하자면 영원회귀란 실제로 한낱 사유, 보다 정확히 말하자면 **사유실험**이다.[32] 아렌트는 니체의 "최대의 무게(Das grösste Schwerwicht)"라는 제목으로 붙인 사유실험에 대해 다음과 같이 말한다.

> 어느 날 낮이든 밤이든 한 악마가 슬며시 당신의 가장 외로운 고독으로 숨어들어 가 당신에게 다음과 같이 말한다면 어떨까? 당신은 현재 영위하고 있는 생을 다시 한번 무한히 반복해서 살아야 할 것이다. 거기에는 새로운 것이라고는 아무 것도 없고, 모든 고통과 모든 환희, 모든 생각과 한 숨, 그리고 당신의 삶에서 표현할 수 없는 작고 큰 것들은 당신에게 모두 같은 계기와 연속으로 -이 거미, 달빛 심지어 이 순간 나 자신도- 다시 돌아올 것이다. 이 영원한 실존의 모래시계는 반복적으로 뒤집히고, 그것을 가지고 있는 당신은

31) 한나 아렌트, 『정신의 삶』, 푸른 숲, 2019, 238쪽.
32) 위의 책, 238쪽.

먼지 자국이다![33]

아렌트가 보기에 영원회귀의 예리함은 존재에 대한 존재에 대한 사유와 무에 대한 사유를 결합하는 친근한 연결고리에 나타난다. 어느 누구도 무를 생각하지 않고 존재를 생각할 수 없다는 것, 즉 무용, 허, 공허 무의미함을 생각하지 않고 의미를 생각할 수 없다는 단순한 사실에서 발생한다.[34] 니체는 『이 사람을 보라』에서 영원회귀를 다음과 같이 말한다.

> 영원회귀에 대한 가르침, 즉 무조건적이고 무한히 반복되는 만사의 순환에 대한 가르침-차라투스트라의 이 가르침은 결국 헤라클레이토스가 먼저 가르쳤을 수도 있었으리라[35]

위 인용문에서 보듯이, 니체의 영원회귀에 대한 기르침은 무조건적이고 무한히 반복되는 만사의 순환에 대한 가르침이라는 단순한 내용이지만, 이것은 그의 삶의 철학에서 핵심을 이루고 있다.

또한 니체는 영원회귀 사상을 그의 『유고』집에서 "새로운 주요 관심사"로 다음과 같이 말한다.

> 동일한 것의 영원회귀. 우리의 지식, 실수, 우리의 습관, 다가오는 모든 것에 대한 삶의 지혜, 이러한 것들의 무한한 중요성. 남은 인생 동안 우리는 무엇을 할 것인가?[36]

이러한 유고집에서 보여주고 있듯이, 그의 영원회귀 사상의 단초는

---

33) 위의 책, 544쪽.
34) 위의 책, 239쪽.
35) 니체, 『이 사람을 보라』, 백승영 옮김, 책세상, 2009, 393-394쪽.
36) 니체, 『유고 1881년 봄~1882년 여름』, 안성찬·홍사현, 책세상, 2010, 487쪽.

『즐거운 학문』의 초판 341절에서 다음과 같이 언급한다.

> 나는 이 삶을 다시 한번 그리고 무수히 반복해서 다시 살기를 원하는가? 라는 질문은 모든 경우에 최대의 중량으로 그대의 행위에 얹힐 것이다. 이 최종적이고 영원한 화신과 봉인이외에는 아무 것도 요구하지 않기 위해서 어떻게 그대 자신과 그대의 삶을 만들어나가야만 하는가?[37]

> 인간에게 있는 위대함에 대한 내 정신은 운명애이다: 앞, 뒤로 영원토록 다른 것은 갖기를 원하지 않는다는 것, 필연적인 것을 단순히 감당하기만 하는 것이 아니고, 은익은 더 더욱 하지 않으며 (...) 오히려 그것을 사랑하는 것. ...[38]

아렌트는 『정신의 삶』에서 니체의 『짜라투스라는 이렇게 말했다』(1883)를 인용하여 다음과 같이 영원회귀와 관련하여 말한다.

> 두 길이 여기서 만난다. 어느 누구도 아직까지 그 길의 끝에 도착하지 않았다. 이 긴 길은 영원을 향해 뒤쪽으로 이어져 있다. 다른 길은 그곳에서 나가는 길, 즉 또 다른 영원이다. 이 길들은 서로 대립한다. 이들은 서로를 정면으로 공격한다. 여기 문에서 이들은 서로 만난다. 성문 위에는 현재라는 이름이 적혀 있다. ... 이 현재를 주시하라! 이 성문인 현재로부터 길고 영원한 길이 뒤쪽으로 인도되어 있다. 우리 뒤에는 영원히 놓여 있으며[다른 길은 영원한 미래로 인도된다.][39]

위 인용문에서 아렌트는 주시하고 있는 사람의 입장이 아니라 단지 성

---

37) 니체, 『즐거운 학문』, 안성찬·홍사현, 책세상, 2010, 315쪽.
38) 니체, 『이 사람을 보라』. 422쪽.
39) 한나 아렌트, 『정신의 삶』, 홍원표 옮김, 푸른 숲, 2019, 312-313쪽.

문 앞에 서 있는 사람의 입장이라 파악한다. 시간은 구경꾼이 보았을 경우, 하나의 다른 하나의 뒤를 잇는 현재의 연속으로, 즉 우리가 생각하던 방식으로 흘러간다. 현재에 서 있는 사람은 누구나 두 방향으로 눈을 돌린다. 아렌트가 보기에 니체는 과거와 미래에 대해 서로를 향해 달려간다는 것이다.[40] 또한 아렌트는 하이데거의 『니체』를 인용하여 영원회귀를 다음과 같이 말한다.

> 이것은 영원회귀 사상의 명백한 내용이다. 즉 영원은 현재 속에 있으며, 순간은 그것이 관찰자에게만 존재하는 무용한 현재가 아니라 과거와 미래의 충돌이다.[41]

위 인용문에서 보듯이, 과거와 미래의 충돌은 자신이 현재로 존재하는 사람에게만 야기된다. 니체의 영원회귀는 단순히 아무 것도 없는 무의 상태로 끝나지 않으며 불가피하게 회귀를 끊임없이 지속하는 실존을 내세우는 허무주의의 극단적인 형식이다. 영원회귀는 이 세상에서 존재하는 그 어떤 아무것도 아닌 것, 즉 다소 의미 없는 상황이 영원히 지속된다는 것을 뜻한다. 또한 "자연과학적인 영원회귀, 그렇게 하여 우리는 궁극적인 목표를 부인한다. 이것을 부인한다면 실존은 이미 목표를 성취했어야 할 것이다."[42]

이렇게 아렌트가 『정신의 삶』에서 니체의 영원회귀 개념을 사유와 연관시킨 까닭은, 영원회귀 개념이 인간의 사유와 존재의 근본적인 문제들을 탐구하는 중요한 도구로 작용하기 때문이다.[43] 따라서 아렌트는 니체처럼 모든 존재의 최고원리인 영원회귀의 긍정에 도달하지 못하는 삶의 철학은 자신이 무엇을 이야기하는가도 알지 못할 것이라 비판한다.

---

40) 위의 책, 313쪽.
41) 위의 책, 313쪽.
42) F. Nietzsche, *Der Wille zur Macht* Stuttgart 1964, S.44. Vgl. KSA 12, S. 213.
43) 한나 아렌트, 『인간의 조건』, 152쪽.

2) 사유하는 삶

아렌트는 니힐리즘의 문제를 인식하고 이를 극복하기 위해 여러 가지 대안을 제시했다. 아렌트는 사유를 단순한 인지 활동이 아니라, 인간 존재와 세계에 대한 깊이 있는 성찰과 관계 맺기 과정으로 본다. 사유는 자신의 삶과 행동을 반성하고, 도덕적 판단을 내리는 데 필수적인 활동이다. 아렌트는 니체의 니힐리즘에 대한 극복 방안을 그의 사유에서 중요한 주제로 다루었다. 아렌트는 니힐리즘을 단순히 부정적으로 보지 않았으며, 그것을 극복할 수 있는 가능성을 모색했다.

아렌트는 사유함에 대해 인간의 자유와 도덕적 책임의 기반이라고 강조한다. 아렌트에게서 사유한다는 것은 검토하는 것과 질문하는 것을 의미한다. 니체가 그렇게도 좋아했던 우상들을 박살내는 일과 관련된다는 것이다.[44]. 사유 없는 삶은 비판적 사고와 도덕적 판단이 결여된 무사유(thoughtlessness) 상태로 이어지며, 이는 전체주의와 같은 위험한 사회적 현상을 초래할 수 있다. 특히 아렌트는 아이히만의 '무사유성'에 주목한다. 왜냐하면 아이히만의 사유하기의 무능은 개인적인 문제일 수 있다. 왜냐하면 그런 무능함이 아이히만에게만 일어날 수 있는 것은 아니기 때문이다[45] 아렌트는 『정신의 삶』에서 "소크라테스의 사유방식"[46], 『칸트의 정치철학강의』, 칸트의 『계몽이란 무엇인가』(1784) 등에서 스스로 사유하기에 대한 여러 표현을 다음과 같이 언급하고 있다.

---

44) 한나 아렌트, 『책임과 판단』, 서유경 옮김, 푸른숲, 2020, 208쪽.

45) Richard Bernstein, *Why Read Hannah Arendt Now?*, Cambridge, 2018, 김선욱 옮김, 한길사, 14쪽.

46) 아렌트는 '하나 속의 둘의 대화'라는 소크라테스의 사유 방법을 통해 전개한다. 즉, "사유는 고독하지만 고립되지 않는다는 것이다. 자아 존재의 고독은 내가 나 자신을 동료로 삼고 있는 인간적 상황이다. 고독은 내가 나 자신을 동료로 삼고 있는 인간적 상황이며, 고립은 내가 하나 속의 둘로 분리되지 않는 채 자신을 동료로 삼을 수 없기 때문에 나만이 외롭게 있을 때 나타난다.(Hannah Arendt, *Life of the Mind*, by Harcourt, Inc., 1978, p.185.)

1) 스스로 사유하기, 모든 타자의 위치에서 사고하기, 항상 자기 자신과 일치하게 사고하기. 첫째의 것은 선입견 없는 사유방식의 준칙이고, (…) 결코 수동적이지 않은 이성의 준칙이다.[47]

2) 스스로 사유하기는 자기 자신의 이성 안에서 진리의 최고 시금석을 찾는 일을 말한다. 그리고 항상 스스로 사유하라는 준칙은 **"계몽"**[48]이다. (…) 계몽은 오히려 자기 인식 능력을 사용하기 위한 소극적(negative) 원칙이다.[49] 칸트에게서 계몽은 스스로 이성을 사용하여 미성숙한 상태에서 벗어나는 것, 즉 '스스로 사고하기'를 의미한다.[50] 칸트의 계몽은 하나는 계몽에 근거한 '성숙'으로서의 계몽이고, 다른 하나는 '비판'으로서의 계몽이다. 칸트의 계몽은 스스로 사유하기에 근거할 때 '성숙'이자 '비판'을 의미한다. '성숙'은 스스로 행위를 책임진다는 것을 의미한다.

3) 오류 일반을 피하기 위한 일반적 규칙과 조건들은 ① 스스로 사유하기, ② 다른 사람 입장에서 사고하기, ③ 언제나 자기 자신과 일치되게 사유하기다. —스스로 사유하라는 준칙은 명료(klar)한 사유방식으로 (…) 부를 수 있다.[51]

이를테면 칸트의 "스스로 사유하기"란 자신의 이성을 사용하라는 준

---

47) 임마누엘 칸트, 『판단력비판』, 백종현 옮김, 아카넷, 2009, 319쪽.

48) 계몽은 자기 스스로에게 책임이 있는 미성숙으로부터 우리가 해방되는 것이다. 미성숙의 원인은 이성의 결핍이 아니라 다른 사람의 지도가 없이는 그것을 사용할 결심과 용기의 결핍이 있을 때, 자기 스스로에게 책임이 있다. 스스로 이성을 사용할 용기를 가져라. 이것이 바로 계몽이다.(Immanuel Kant, 홍우람 옮김, 『비판기 저작 I (1784~1794)』, 한길사, 2019, 39쪽.)

49) 임마누엘 칸트, 「사유 안에서 방향 정하기란 무엇인가?」, 111쪽

50) 함태원·양대종, 「칸트의 계몽(Aufklärung)과 스스로 사고하기(Selbstdenken)-스스로 사고하기의 두 의미를 중심으로-」, 『인문학연구』63(2), 충남대학교 인문학연구소, 2024, 101쪽. 육혜원, 「한나 아렌트의 정치사상에서 '사유'와 '판단'」, 『대한정치학회보』 23집, 2015, 4쪽.

51) 임마누엘 칸트, 『논리학·교육론』, 이엽, 김창원 옮김, 한길사, 2021, 91쪽.

칙이다. 이는 능동적으로 사유하라는 준칙이며 적극적으로 사유하라는 의미다. 스스로 사유하기란 자기 자신에 이성에 근거해서 사유하고, 이 사유에 의해 행위를 하며, 그 행위에 대한 책임을 져야 한다는 것을 뜻한다. 이성에 따른 사유와 그에 따른 행위가 발생할 때, 인간은 자율적인 인격체의 지위를 가진다. 아렌트는 칸트에서처럼 인간의 사유와 판단 능력을 회복하는 데 초점을 맞추었다. 이를 통해 아렌트는 새로운 가치를 창출하고 인간의 존엄성을 회복하려고 했다.

3) 판단력

아렌트는 니힐리즘을 극복하는 대안으로 판단(judging)을 중요한 요소로 보았다. 아렌트의 사유에서 판단은 단순한 개인적 의견이나 선호를 넘어서, 공동체적 세계에서 함께 살아가는 데 필요한 중요한 정치적 능력으로 여겨진다. 아렌트가 보기에 판단은 칸트적 판단의 맥락에서 이해될 수 있다. 칸트는 판단을 보편적인 기준이 아니라, 상황과 맥락에 따라 신중하게 고려하는 능력으로 보았다. 아렌트는 이 개념을 받아들여, 판단이란 단순히 옳고 그름을 결정하는 것이 아니라, 다양한 관점을 고려하여 세계에 대한 이해를 확장시키고, 공통된 현실을 구성하는 과정이라고 보았다.

아렌트는 니힐리즘이 가치의 붕괴로 인한 혼란과 무의미함을 초래한다고 보았지만, 판단을 통해 새로운 의미를 창출할 수 있다고 믿었다. 특히 판단은 개인이 타인의 입장에서 세상을 바라보고, 그들의 관점을 이해하려고 노력하는 행위이다. 이러한 과정에서 인간은 단순한 자기중심적 관점을 넘어서 보다 넓은 공동체적 이해를 추구할 수 있게 된다.

판단은 인간이 서로 다른 관점을 이해하고 조율하면서 새로운 공동체적 가치를 창출하는 데 필수적인 능력으로 작용한다. 아렌트는 판단력을 강조한다. 판단력은 특정 상황에서 도덕적이고 실천적인 결정을 내리는 능력이다. 이는 사유와 밀접하게 연결되며, 특히 개인이 도덕적 선택을 해야 하는 순간에 중요하다. 아렌트는 칸트의 판단력 개념을 발전시켜 개인이 자율적이고 책임 있는 판단을 할 수 있도록 하는 것이 니힐리즘을 극복하는 데 필요하다고 본다. 칸트는 『판단력비판』에서 취미판단이 비록 주관적이기는 하지만 동시에 필연적이라고 주장한다.[52] 이는 내가 장미꽃 한 송이를 보고 "이 장미꽃은 아름답다"라는 판단을 내렸을 때, 그러한 판단이 비록 내 개인의 감정에서 기인하는 주관적 판단일지라도, 다른 사람들 역시 나와 동일한 판단을 내릴 수밖에 없다는 의미이다. 그런데 취미판단의 이러한 필연성은 인식 판단에서의 필연성과 다르다. 왜냐하면 취미판단은 객관적 판단이 아니므로, 인식 판단에서처럼 어떤 개념에서 도출될 수 없으며, 따라서 증명에 의거하지도 않기 때문이다.[53] 그럼에도 취미판단의 필연성이 주장될 수 있는 까닭은 취미판단에 어떤 특별한 조건이 개재되어 있는 덕분이다. 그 조건이란 바로 "(미적) 공통감"이다. 칸트는 다음과 같이 말한다.

> 취미판단은 누구에게서나 동의를 요구한다. 무엇을 아름답다고 천명하는 사람은 눈앞에 놓여 있는 대상에 모두가 찬동을 보내고, [그들이] 자신과 마찬가지로 그 대상을 아름답다고 천명**해야 한다**고 의욕한다. … 사람들이 다른 모든 사람에게서 동의를 얻는 것은, 그러한 동의를 얻기 위한 만인에게 공통된 근거를 갖고 있기 때문이다. … 취미판단은 어떤 주관적 원리를 지니고 있을 수밖에 없다. 이때 그러한 원리는 무엇이 마음에 들고 또 그렇지 않은지를 개념들을 통해서가 아니라 감정을 통해서, 하지만 그럼에도 보편타당하게 규정한다. 그러한 원리는 단지 공통감으로 간주될 수 있겠다. 그런데 이때의 **공통감**은 사람들이 때때로 마찬가지로 공통감이라 부르는

---

52) Immanuel Kant, *Kritik der Urteilskraft,* Bd.39. 7. Auflage. 1924, AA 05: 236 이하.

53) 위의 책, AA 05: 237 참조.

공통[일반]의 지성[상식]과 다르다.[54]

위의 인용 구절에서 칸트는 취미판단이 모든 사람에게서 동의를 얻을 수 있다고 주장한다. 그리고 그러한 일이 가능한 까닭은 동의를 얻기 위한 근거가 만인에게 공통으로 주어져 있기 때문이라고 말한다. 이때 그 근거라는 것이 바로 취미판단의 주관적 필연성을 위한 조건으로, 칸트에 따르면 곧 "공통감(sensus communis)"이다. 그런데 여기서 "공통감"은 그와 동일한 이름으로 불리고 있는 "공통의 지성", 즉 '일반 상식'과는 구별된다. 바로 이 점에서 칸트는 "공통감"을 다른 의미로 사용했다. 그녀는 자유로운 개인은 서로 다른 견해를 가지고 있지만, 소통을 통해 서로가 공동체적으로 행동하여 하나의 공통감을 이해하게 된다고 보았다.[55]

따라서 아렌트는 판단을 통해 니힐리즘이 가져오는 공허함을 극복할 수 있다고 보았다. 판단은 각 개인이 자신의 관점을 관철시키려고 하는 것이 아니라 타인의 관점과 대화하면서 공동의 현실을 재구성하는 과정이다. 이 과정에서 우리는 세계에 의미를 부여하고, 새로운 가치를 창출할 수 있다. 이런 점에서 아렌트는 판단을 니힐리즘을 극복하는 중요한 도구로 보았으며, 이를 통해 인간이 공동체 안에서 의미 있는 삶을 지속할 수 있다고 믿었다.

4) 공동체와 정치적 참여

아렌트는 인간이 정치적 존재로서 공동체와의 상호작용을 통해 자신의 정체성을 형성한다고 믿는다. 그녀는 공적인 삶과 정치적 참여를 통해 개인이 자신을 초월하고 공동체와 연결될 수 있다고 주장한다. 정치적 참여는 개인이 공적인 공간에서 사유하고 판단하며 행동하는 과정을

54) 위의 책, AA 05: 237 이하.

55) 한나 아렌트, 『칸트 정치철학 강의』, 김선욱 옮김, 푸른숲, 2002, 157쪽.

포함하며, 이는 니체적인 니힐리즘을 극복하는 중요한 방법이다. 아렌트는 "정치적 참여"[56]와 그리고 서로 함께하는 공동의 실천을 주장한다. 즉, 그녀는 정치가 갖고 있는 구성체의 역할을 강조하는 가운데 정치를 도덕과 단절된 것으로 파악하는 정치적 자유관을 중시한다.

아렌트는 니체적인 니힐리즘을 공동체적이고 정치적인 활동을 통해 극복할 수 있다고 보았다. 그녀는 니힐리즘을 단순히 부정적인 것, 즉 기존 가치의 붕괴로만 이해하지 않았다. 오히려 니힐리즘을 새로운 시작의 기회로 간주했다. 아렌트는 인간이 공동체 내에서 적극적으로 정치적 활동에 참여함으로써 새로운 의미와 가치를 창출할 수 있다고 주장했다. 아렌트에게 있어서 중요한 것은 행위이다. 행위는 단순한 개인의 활동이 아니라, 공동체적이고 공적인 영역에서의 행위를 의미한다. 이는 개인들이 서로 협력하고, 대화하며, 새로운 현실을 함께 만들어 나가는 과정이다. 아렌트는 이러한 과정이 니힐리즘에서 벗어나는 길이라고 보았다.

니체가 제시한 니힐리즘은 모든 절대적 가치의 붕괴와 그에 따른 공허함을 의미한다. 아렌트는 이러한 공허함을 새로운 공동체적 가치와 의미로 채우는 것이 중요하다고 보았다. 그녀는 인간이 타인과의 관계 속에서 새로운 가치를 창출할 수 있다고 굳게 믿었으며, 이러한 관계는 정치적 활동을 통해 구체화될 수 있다고 보았다. 정치적 활동은 공공의 장에서 함께 모여 서로의 의견을 교환하고, 새로운 공동의 세계를 구축하는 것을 의미한다. 아렌트는 이를 통해 인간은 단순히 니힐리즘의 피해자가 아니라, 새로운 의미와 가치를 창출하는 능동적인 존재가 될 수 있다고 보았다. 즉 이는 인간이 공공의 장에서 함께 새로운 세상을 창조하는 과정을 통해 실현된다. 이 과정에서 인간은 행동을 통해 스스로 갱신하고,

---

56) 민주주의의 참여 모델은 가능하면 참여를 넓혀가고자 하는 선 자체이다. 이러한 민주주의적 참여론에서 정치적 판단의 실행에 대해 공공성의 영역과 함께 정치적 기회를 현실화시키고자 하는 제도적 전제조건으로 된다(Seyla Benhabib, "Unteilskraft und die moralischen Grundlagen der Politik im Werk Hannah Arendt," in: *Zeitschrift für philosophische Forschung*, Bd.41. H.4. 1987, 527쪽).

새로운 의미를 부여받을 수 있는 존재로 거듭날 수 있다. 인간의 실존조건은 '세 가지 활동적인 삶'으로서 노동, 작업, 그리고 행위라고 아렌트는 간주한다. 그 각각의 삶은 공적 영역과 사적 영역으로 구분된다. 그녀는 "노동(labor), 작업(work), 행위(action)"[57]를 인간 행위로 분류한다. 그녀는 활동직 행위(vita activa)를 통해 개인들의 삶을 의미 있게 만들고자 한다. 특히 현대에 들어 인간의 실존은 그 잠재력을 실현할 수 있는 공동체에서 희망을 얻기를 원한다.[58] 즉 인간의 "노동, 작업, 행위"의 인간 활동은 각기 적합한 공간이 각기 따로 존재한다.

아렌트는 그리스인들에게 사적/공적 영역을 가정과 정치적 영역, 생계유지에 연관된 **공동 세계**의 구분에 따른다. 여기서 공적 영역에서 공적(public)이란 개념은 누구나 볼 수 있고, 청취할 수 있는 공간이 갖고 있는 공공성을 가리킨다.[59] 또한 공적 영역이란 세계가 우리 모두의 공동의 것이고, 우리의 사적인 소유와 구별되는 세계를 일컫는다.[60] 아렌트 관점에서 정치적 행위는 개인의 정체성을 드러내는 인간성을 실현하는 것이며, 이러한 정체성은 고립된 개인이 아닌 다원성을 가리킨다. 즉 이는 다수의 인간으로 구성된 정치 공동체를 전제로 한다. 정치 공동체는 개인적, 세계적 계기가 동시에 들어 있음을 의미한다. 아렌트가 인간스러움의 발현 조건으로서 정치적 공동체를 만들고 공동세계를 유지하려는 노력은 인간이면 누구나 참여해야 할 공적인 일(res publica)인 것이다. 이렇게 아렌트는 다양한 사람들이 함께 모여서 정체성을 드러내는 발언을 하고 이러한 행위를 위한 공간을 함께 활짝 열고 공적인 관계를

57) 한나 아렌트, 『인간의 조건』, 55~60쪽.
58) 한나 아렌트, 위의 책, 83쪽.
59) 한나 아렌트, 위의 책, 102쪽. 공적이란 공개성과 고유성이라는 개념이 모두 포함되어 있다. 즉 공개되지 않고 공유되지 않은 어떤 것에 대해서 공적이라는 말을 사용할 수 없다(김석수 「칸트의 반성적 판단력과 아렌트의 정치철학」, 『칸트와 현대사회철학』, 울력, 2005, 226쪽)
60) 한나 아렌트, 『인간의 조건』, 105쪽.

유지하고자 한다.

아렌트에게 있어서 가정 영역의 특징은 공동생활에서 "삶 자체"[61]이다. 이러한 삶 자체는 종족의 보존을 위해서라도 타인과의 교류를 필요로 한다. 가정이라는 자연스러운 공동체는 필연성의 산물이다. 왜냐하면 가정에서 수행해나가는 수많은 활동들은 필연성의 지배를 받고 있기 때문이다.[62] 이런 측면에서 가정은 어떤 누구라도 쉽게 배척하고 물리쳐질 수 있는 성질의 것이 아니며, 피할 수 없는 운명 공동체이다. 하지만 가정을 이루는 공동체는 가부장적인 사회에서 목격하는 것처럼, 불평등이 지배하는 영역이다. 특히 사회적 영역의 등장은 이제까지 가정의 영역에서만 한정되었던 노동을 공적 영역으로 끌어 드렸다. 가정의 경제 활동이 공적 영역으로 침투함으로써 사적 영역의 모든 문제들이 사회의 공동 관심사로 자리 잡았다.[63]

이에 비해 정치적 영역은 평등을 함축하고 있는 자유의 영역이다. 평등과 자유는 가정적 삶에 필수적인 자유의 조건이 된다. 이러한 자유의 조건은 오래전 그리스인들이 행복한 삶의 조건이라고 불렀던 행복의 본질적인 요인이 된다. 행복한 삶은 우선 부와 건강에 의존하는 객관적 상황을 충족해야 한다.[64] 가정 안에서 생명의 충족감은 정치영역에서 자유를 위한 조건이 된다. 자유는 정치영역의 어떤 상황에서도 사회 보존을 위한 수단이 된다. 가정이 가장 심각한 불평등의 영역이라면, 정치영역은 유독 평등만을 고려했다.[65]

하지만 아렌트는 사적 영역과 공적 영역을 구분한 것보다 사회적 영역에 관심을 두었다. 아렌트에 따르면, **"사회적인 것의 등장"**[66]은 다양한

---

61) 한나 아렌트, 『인간의 조건』, 55쪽.
62) 한나 아렌트, 위의 책, 82쪽.
63) 한나 아렌트, 위의 책, 40쪽.
64) 한나 아렌트, 위의 책, 83쪽.
65) 한나 아렌트, 위의 책, 28, 37, 64~65쪽.
66) 한나 아렌트, 위의 책, 38쪽.

영역에 변화를 일으키는 동력을 제공했다. 즉, 아렌트는 오랜 그리스 시대의 사적/공적 영역에서 벗어나 근대사회를 특징지었던 사회적인 것의 등장으로 인해 사회에 많은 변화가 일어났다고 보았다. 여기서 사회적인 것의 등장은 인간의 활동을 주로 노동이 대변하게 되었다. 노동은 생산과 소비의 끊임없는 자동적 순환, 소멸 과정에 맞서 안정적이고 인위적인 세계를 세우지 않으면, 유의미한 인간적 삶은 불가능하게 되었다. 이런 측면에서 노동의 세계는 정치 공동체에서 안정적이고 지속적인 제도를 유지해야만 했다.[67] 그래서 사회구성원들은 오직 노동에 의한 경제적 이해관계에 얽매이게 되면서 의식주에 모든 신경을 곤두세우게 되었고, 정치를 경제적 이해관계의 함수관계로 여기게 되었다. 이렇게 되면서 정치에서 독립성이 위태롭게 위기에 빠지면서 민주주의의 위기도 한층 가속되는 상황이 되었다.

다시 말해 공적 영역에 사회적인 것이 등장함으로써 인간의 활동 중에 노동과 작업의 역할이 다소 과도하게 평가되었다. 특히 노동은 필연성에 의해 강요된 것이고 작업은 유용성 때문에 추진된 것이다. 즉 아렌트는 근대가 노동을 중심으로 재편성되면서 정치적 행위의 중요성이 감소하고, 이는 전통적 가치의 붕괴와 새로운 가치 체계의 등장과 맞물려 있다고 본다. 반면에 행위는 필요성이나 유용성에 의한 것이 아니기에 행위만이 자유로운 활동이라 말할 수 있다. 행위는 "어떤 매개 없이 인간 사이에 직접적으로 수행되는 유일한 활동"[68]인 것이다. 행위는 '동등성'과 '차이성'이라는 이중성을 갖고 있다. 즉 행위는 사람들 사이에서 거리감이 다소 있을 수 있고 말과 행위를 통한 '참여', 즉 정치적 참여가 일어날 수 있다. 이러한 의미에서 행위는 다원적이며 공적 영역에 위치한다. 곧 "고대 그리스에서 폴리스의 발생이 인간이 사적생활 이외에 일종의 정치

67) 정윤석, 『아렌트 공화주의의 현대적 전개』, 서울대학교 대학원 철학박사학위 논문, 2001, 40-41쪽.

68) 한나 아렌트, 『인간의 조건』, 55-56쪽.

적 삶을 부여받았음을 의미한다."[69] 따라서 정치적 참여 및 정치적 자유는 본질적으로 공적이며 공공문제에 참여하는 활동과 연관된다. 그렇기 때문에 공동세계를 구성하기 위해서 행위가 필요로 하는 것이다.[70] 그러므로 사람들이 정치적 자유를 행사하기 위해서는 동등한 존재로서 활동할 수 있는 공간, 모일 수 있는 정치적 공간이 필요한 것이다.

인간의 복수성에 기반을 둔 행위가 점차 사라지면서 여러 사회문제들이 발생하게 되었다. 특히 현대사회에 들어 경제적 관심이 점차 인간들의 활동 영역에 지배적이게 되었다.[71] 아렌트에 의하면, 현대화된 사회는 정치영역으로부터 근대 사회에서의 제도적 분화를 점차 겪게 되면서 시장 경제와 가족제도가 분화하게 되었다. 그렇게 해서 현대사회는 가정과 경제, 정치 국가를 새롭게 생성했다.[72] 사회적인 것의 등장은 자유로운 정치적 결단을 요구하는 사안들이 많게 되었다. 사회적인 것이 등장했다고 해서 반드시 새로운 정치영역을 필요로 하는 것은 아니었다.[73] 이런 측면에서 아렌트는 **공공성**을 새롭게 발견하고자 했고[74] ... 공적 영역에서 정치적 합법성과 공공성을 가능하게 하는 조건들을 조성하고자 했다.[75] 따라서 아렌트는 공적영역에서의 **공동 세계**(a common world)를 다음과 같이 강조한다.

---

69) 한나 아렌트, 위의 책, 256-261쪽.

70) 정치적 자유의 중요성은 행위가 초래하는 세 좌절을 통해 증명된다. 첫째, 행위는 예측하기 어려우며, 둘째, 과정을 반전시킬 수 없으며, 셋째, 익명성을 띨 수가 없다. 이러한 것들은 다원성이라는 상황에서 발생하는 행위의 재앙이다. (한나 아렌트, 『혁명론』, 홍원표 옮김, 한길사, 2007. 44-46쪽, 97-99쪽.)

71) 김선욱, 『정치와 진리』, 책세상, 2005, 47쪽.

72) H. Arendt, *vita activa oder tätigen Leben,* München, 1981, 38-49쪽. Vgl. Seyla Benhabib, "Modelle des öffentlichen Raums: Hannah Arendt, die liberale Tradition und Jürgen Habermas," in: Soziale Welt, 42Jg. 1991, 148쪽.

73) Ingeborg Nordmann, *Hannah Arendt,* Frankfurt/New York, 1994, 73-74쪽.

74) 한나 아렌트, 『인간의 조건』, 211쪽.

75) Andreas Großmann, "Renaissance einer streitbaren Denkerin,-Hannah Arendt in der neueren Diskussion," in: *Philosophische Rundschau,* 44. Jg. H. 3. 1997, 44쪽.

"공적 영역은 수많은 관점과 다양한 양상(Aspects)들이 동시에 존재한다는 사실에 기반하며, 이러한 관점들과 양상들 속에서 공동세계는 존재하지만, 그렇다고 해서 공통적으로 적용되는 척도나 공통분모는 있을 수 없다. 공동세계가 모두가 함께 만나는 곳일지라도 그 안에 있는 사람들은 서로 다른 위상에 처해 있다. 두 대상의 위치가 다르듯이, 한 사람의 위치와 다른 사람의 위치는 상호 일치할 수 없다. 타인들에 의해 보여주고 들려진다는 것이 의미가 있는 것은 모든 사람들이 서로 다른 위치에 바라보고 듣는다는 사실에 있다. 이것이 공적인 삶의 의미이다."76)

위 인용문에서 보듯이, 아렌트는 인간이 정치적 행위를 통해 공공의 영역에서 타인과 관계를 맺고, 이러한 타인과의 관계 속에서 새로운 가치를 창출할 수 있다고 믿었다. 아렌트는 니힐리즘의 공허함을 극복하기 위해 인간이 적극적으로 함께 행동하고, 함께 새로운 세상을 창출할 필요가 있다고 주장했다. 이는 결국 타인과 함께하는 인간의 자유와 책임을 강조하는 것이기도 하다. 따라서 아렌트는 니힐리즘의 극복을 위한 길을 타인과 함께하는 공동체적이고 적극적인 정치적인 활동에서 찾고자 했다. 궁극적으로 그녀에게 있어 니힐리즘은 단순히 절망과 공허의 상태가 아니라, 새로운 시작을 위한 조건이 될 수 있는 출발점이었던 것이다.

5. 한국 사회에서 아렌트의 정치 철학은 여전히 유효한가?

앞서 고찰하였듯이, 아렌트는 정치적 자유와 자율성을 니힐리즘을 극복하는 핵심 요소로 본다. 자유로운 사유와 판단은 개인이 외부의 억압

76) 한나 아렌트, 『인간의 조건』, 100-111쪽.

이나 강요에 저항하고, 자신의 삶을 주체적으로 살아갈 수 있게 한다. 이는 니힐리즘을 극복하고, 새로운 가치를 창출하는 데 필수적이다. 아렌트가 정치와 자유의 문제를 해결하는 출발 지점은 고대 폴리스 세계이다. 아렌트가 보기에 정치적 현상으로서의 자유는 고대 그리스 시대의 폴리스에서 유래한다. 자유가 정치적 현상이었고 폴리스가 자유의 세계라고 볼 수 있는 이유는 폴리스 안에서 모든 일들이 말을 통해 진행되었지 강제나 폭력을 통해서 이루어지지 않았기 때문이다.[77] 니체는 전통적 가치를 전복하고 새로운 가치를 창조하는 것이 필수적이라고 주장했으나, 아렌트는 그러한 전복이 오히려 니힐리즘을 심화시키고, 정치적 혼란과 폭력을 초래할 수 있다고 경계했다. 우리 시대의 관점에서 니체는 니힐리즘을 반드시 극복해야 할 과제로 보았고, 이를 통해 인간의 새로운 가능성을 열어 넣을 수 있다고 본다. 반면 아렌트는 니힐리즘이 근대사회부터 현대사회에 이르기까지 미치는 부정적 영향에 주목하여 이러한 부정적 상태가 전체주의의 부상을 촉진할 수 있음을 경고했다. 앞서 언급했듯이, 아렌트에 따르면, 니힐리즘은 기존의 전통적 가치를 파괴하고 새로운 가치를 창출할 수 있는 기회를 제공할 수 있다. 하지만 아렌트는 니체의 방식인 "위버멘쉬"에 의한 극복보다는 행동과 정치적 삶을 통해 니힐리즘을 극복할 수 있다고 본 것이다. 무엇보다 논자의 입장에서 아렌트는 니체의 가치 전도가 근대사회에서 인간의 자유와 창조성이 약화된 것을 설명하는 데 많은 이론적 도움을 받았다는 것은 분명한 사실이라 생각한다.

21세기 현대사회에서 민주시민들을 결속시켜 주는 일은 그들이 같은 공적 공간에 거주하고, 공동의 관심사를 공유한다는 사실이다. 만일 시

---

77) 한나 아렌트, 『혁명론』, 한길사, 홍원표 옮김, 2004, 35-37쪽. 아렌트의 「정치현상으로서 자유」에 대한 논문은 아렌트의 정치적 자유 개념을 구체적으로 다루고 있다. 박혁, 「정치현상으로서의 자유- 한나 아렌트의 '정치적 자유' 개념」, 『사회와 철학』, 제18호, 사회와 철학연구회, 2009, 417-456쪽.

민들이 의사의 만장일치나 의지의 통합이 이루어진다면, 이는 오히려 위험의 신호일 수 있다. 이런 점에서 아렌트는 "의지나 진리가 아니라 대중들의 의견을 중요시 한다." 우리는 "공적인 일에 대한 공적인 토론에서 우리는 각자의 의견을 다름대로 형성"[78]하는 것에 주목한다. 따라서 아렌트가 강조한 바와 같이, 시민들의 이해들은 하나가 될 수 있지만, 민주사회에서 각자의 의견들은 서로 상이할 수밖에 없고 당연한 이치이다.

그런데 아렌트가 보기에 니체의 가치 전도 현상이 근대사회에서 공적인 삶과 정치적 행위의 중요성을 감소시킨 원인 중 하나이다. 앞서 언급했듯이, 니체는 전통적 도덕과 가치가 무너지고 새로운 가치 체계가 등장한다고 주장했다, 이를 통해 아렌트는 근대사회에서 사적인 영역(노동과 작업)이 공적인 영역(정치적 행위)을 압도하게 된 현상과 연결시켰던 것이다. 따라서 니체의 가치 전도는 인간존재의 본질적 조건들이 기술과 도구에 의해 재구성되는 방식에도 반영되었다. 아렌트는 근대사회가 인간의 삶을 도구적 이성에 의해 재편성하고, 이로 인해 인간의 본질적 활동과 경험이 변질되었다는 본 것이다 이는 니체의 전통적 가치의 붕괴와 새로운 가치 체계의 등장이 기술적 지배와 연결되는 방식으로 해석할 수 있다.

우리가 보기에 니체는 가치전도를 통해 니힐리즘을 극복하고 새로운 가치를 창출하려 했지만, 아렌트는 그러한 과정이 오히려 더 큰 혼란과 정치적 위험을 초래할 수 있다고 파악했기에 니힐리즘을 경계해야 할 상태로 간주했던 것이다. 궁극적으로 아렌트는 니체의 니힐리즘을 극복하기 위해 깊이 있는 사유와 판단력의 회복, 정치적 참여와 공동체의 중요성, 역사와 기억의 성찰, 도덕적 책임, 그리고 자유와 자율성을 강조했다. 이러한 요소들은 인간이 자신의 존재와 행동을 깊이 성찰하고, 새로운 가치를 창출할 수 있으며, 더 나은 행복하고 건전한 사회를 만들어 나

78) 한나 아렌트, 앞의 책, 100-111쪽.

아가는데 필수적인 요소이다.

아렌트는 전체주의의 본질, 공론장의 회복, 시민의 정치적 주체성에 대한 철학적 사유로 현대 정치철학에 지대한 기여를 하였다. 한국 사회는 민주주의의 제도적 외형을 갖추었음에도 불구하고, 여전히 권력 집중, 표현의 위축, 공공성의 붕괴와 같은 문제를 안고 있다. 한국 사회에는 지난 윤석열 정부에서 권력의 비민주적 행사, 법치의 선택적 적용, 정치적 중립성 훼손 등의 문제는 아렌트의 전체주의 이론과 상응하는 경고를 준다. 따라서 한국 시민사회는 민주주의를 유지하기 위해 시민의 각성과 공적 실천이 필수적임을 인식해야 한다.

주지하듯이, 아렌트는 『인간의 조건』에서 인간을 노동하는 존재(homo laborans), 도구를 만드는 존재(homo faber), 그리고 행위하는 존재(zoon politikon)로 나눈 바 있다. 이 가운데 정치적 행위는 인간 존재의 가장 고귀한 표현으로써 말하고 행동함으로써 타자와 관계 맺는 공적 공간에서 실현된다. 한국 사회는 경제적 효율성과 기술 중심주의에 의해 정치의 중요성이 상대적으로 축소되었다. 그러나 사회적 갈등, 불평등, 혐오의 심화는 공공적 토론과 정치적 실천 없이는 해결될 수 없으며, 아렌트의 공론장 개념은 이 문제의 대안적 지평을 제시한다.

또한 한국 사회는 역사적 정권 폭력, 인권 침해, 민주화 탄압 등의 경험 속에서 악의 구조를 철저히 성찰해야 한다. 이는 단지 과거를 심판하는 것이 아니라, 비판적 사유와 행동의 윤리를 시민이 회복할 수 있는 출발점이 된다. 아렌트는 정치란 동일한 것을 추구하는 행위가 아니라, 서로 다른 사람들이 함께 세계를 구성하는 과정이라고 강조했다. 아렌트는 제도권을 벗어난 집단적 정치행위가 민주주의의 활력을 되찾는 데 중요한 역할을 한다고 주장한다. 예컨대 촛불시민운동, 차별철폐운동, 4대강 사업 재자연화를 위한 환경 운동 등 다양한 한국의 사회 운동은 아렌트의 시민불복종 개념과 긴밀히 닿아 있다. 이처럼 민주주의는 투표와 제도만이 아니라, 일상 속에서 정치적 존재로 살아가는 시민의 행동을 통해 구성되어야 한다는 점에서 그녀의 철학은 한국 민주주의의 재구성을 위한 이론적 기초가 되고 있다.

이런 점에서 아렌트의 정치철학은 단지 역사적 철학이 아니라, 현재 한국 사회의 위기와 가능성을 동시에 성찰하게 만드는 살아 있는 사유체계이다. 전체주의적 경향에 대한 경계, 공론장의 회복, 책임 윤리, 시민 불복종을 통한 민주주의 확장 등 아렌트가 제기한 핵심 주제들은 오늘날 한국 사회가 마주한 과제들과 깊이 맞물린다. 그녀의 정치철학은 민주주의의 형식적 유지에 안주하지 않고, 정치의 본질을 인간의 자유롭고 능동적인 실천으로 복원할 수 있는 통찰을 제공한다. 따라서 한국 사회는 아렌트의 사상을 통해 시민 개개인이 정치의 주체로 다시 서는 길을 모색해야 할 것이다.

참고문헌

공병혜, 「세계소외와 이야기적 정체성-한나 아렌트의 『인간의 조건』을 중심으로-」, 『 인간연구』제25호, 가톨릭대학교 인간학연구소, 2013.

김석수 「칸트의 반성적 판단력과 아렌트의 정치철학」, 『칸트와 현대사회철학』, 울력, 2005,

김선욱, 『정치와 진리』, 책세상, 2005,

김선욱, 『한나 아렌트 정치판단이론』, 푸른숲, 서울, 2002.

김진, 「니체와 불교적 사유」, 울산대학교 출판부,

니체, 프리드리히, 『비극의 탄생/반시대적 고찰』, 이진우 옮김, 책세상 2011.

니체, 프리드리히, 『신약의 저편·도덕의 계보』, 김정현 옮김, 책세상, 2013.

니체, 프리드리히, 『아침놀』,박찬국 옮김, 책세상, 2004.

니체, 프리드리히, 『유고 1881년 봄~1882년 여름』, 안성찬·홍사현, 책세상, 2010,

니체, 프리드리히, 『유고(1887년 가을~1888년 3월)』, 백승영 옮김, 책세상, 2014,

니체, 프리드리히, 『이 사람을 보라』, 백승영 옮김, 책세상, 2009.

니체, 프리드리히, 『즐거운 학문』, 안성찬·홍사현, 책세상, 2010,
박혁, 「마르크스의 사상에 내재한 반정치적 요소들에 대한 아렌트의 비판」, 『융합사회와 공공정책』8권2호, 단국대학교 융합사회연구소, 2014.
박혁, 「정치현상으로서의 자유- 한나 아렌트의 '정치적 자유' 개념」, 『사회와 철학』 제18호, 사회와 철학연구회, 2009.
백승영, 『니체, 철학적 정치를 말하다』, 책세상, 2018.
아렌트, 한나, 『인간의 조건』, 이진우·태정호 옮김, 한길사, 1996,
아렌트, 한나, 『정신의 삶,』, 홍원표 옮김, 푸른숲, 2019.
아렌트, 한나, 『책임과 판단』, 서유경 옮김, 필로소피, 2020.
아렌트, 한나, 『혁명론』, 홍원표 옮김, 한길사, 2007.
양대종, 「철학의 자기치유로서의 가치전도」, 『니체-현대성의 위기와 미래철학의 과제-』, 이른비, 2021,
양해림, 「고령화 사회에서 노동의 소외는 극복될 수 있는가」, 동서철학연구 제43호, 한국동서철학회, 2007.
양해림, 「한국사회에서 공화주의 이념은 부활할 수 있는가?-공화주의 정치철학적 고찰 -」, 『시대와 철학』, 제19권, 한국철학사상연구회, 2008.
양해림, 『니체와 그리스 비극』, 한국문화사, 2017.
엄인주, 「니체철학의 교육학적 해석: 니힐리즘 극복을 위한 '삶-예술'철학」, 성균관대학.
엘리자베스 영-브륄, 『한나 아렌트 전기-세계 사랑을 위하여』, 홍원표 옮김, 인간사랑, 2007.
육혜원, 「한나 아렌트의 정치사상에서 '사유'와 '판단'」, 『대한정치학회보』23집, 2015,
이상엽, 「니체의 동일한 것의 영원회귀에 대한 연구」, 『니체연구』, 제5집, 한국니체학회, 2003, 71-96쪽.
이상엽, 「니체의 삶의 예술철학」, 『니체연구』, 제17집, 한국니체학회, 2010.
이성환, 「한나 아렌트에게 묻는다 : 당신은 누구나/지금도 '행위'가 가능하다고 생각하는가?」, 『철학논총』, 제 65집, 새한철학회, 2011, 250-271쪽.
이재현, 「지배와 피지배의 정치적 자유-아리스토텔레스에게서 자유 개념이 정치철학적 의미에 관한 연구-」, 『철학논집』 제43집, Sogang Journal of Philosophy, 2015, 105-138쪽.

이진우, 『프라이버시의 철학 -자유의 토대로서의 개인주의-』, 돌베개, 2009.

장원순, 『한나 아렌트의 사유개념과 민주주의』, 충북대학교 대학원 정치학박사 학위논문, 2024.

정낙림, 「니체 정동의 놀이로서의 예술」, 『감각의 부활』, 파라아카데미, 2024.

정미라, 「정치적 행위와 자유-한나 아렌트의 정치철학에 대한 비판적 소고」, 『철학논총』, 제 76집, 새한철학회, 2014, 612~628쪽.

채진원, 「프락시스(praxis) 관점에 있어서 아렌트와 마르크스의 횡단성(transversality)」, 『철학사상』, 제33집, 서울대학교철학사상연구소, 2009,

칸트, 임마누엘, 『논리학·교육론』, 이엽, 김창원 옮김, 한길사, 2021.

칸트, 임마누엘, 『판단력비판』, 백종현 옮김, 아카넷, 2009,

함태원·양대종, 「칸트의 계몽(Aufklärung)과 스스로 사고하기(Selbstdenken)-스스로 사고하기의 두의미를 중심으로-」, 『인문학연구』63(2), 충남대학교 인문학연구소, 2024,

Andreas, Kalyvas, "The Tyranny of Values: Hannah Arendt's Critique of Political Rationalism" in; *European Journal of Political Theory*, 2017.

Arendt, H., "Rejoinder to Eric Voegelin's Review of The Origins of Totalitarianism", Review of Politics, No. 15, January 1953.

Arendt, H., The Human Contdition, The University, of Chicago Press, 1958.

Arendt, H., The Life of Mind, by Harcourt, Inc., 1978.

Arendt, H., Vita activa oder tätigen Leben, München, 1981,

Arndt David, Arendt on the Political, 2016.

Benhabib, Seyla, "Modelle des öffentlichen Raums: Hannah Arendt, die liberale Tradition und Jürgen Habermas," in: Soziale Welt, 42Jg. 1991

Figal, J., "Nietzsche und die philosophische Hermeneutik des 20. Jahrhunderts," in; *Nietzsche-Studien,* Bd. 10/11(1981/1982).

Grossßmann, Andreas, "Renaissance einer streitbaren Denkerin,-Hannah Arendt in der neueren Diskussion," in:

Philosophische Rundschau, 44. Jg. H. 3. 1997,
Heidegger, Martin, Nietzsche I, Pfullingen, 1961.
Kant, Immanual , Kritik der Urteilskraft, Bd.39. 7. Auflage. 1924,
Ludz, Ursula, Hannah Arendt: A Critical Introduction: , 2018.
Misch, Georg, "Dilthey versus Nietzsche", in: Die Sammlung. Zeitschrift für Kultur und Erziehung. 7. Jg. 1952.
Müller-Lauter,Wolfgang, "Nietzsches Lehre von Willen zur Macht", Nietzsche-Studien, Bd. 3. 1974,
Nietzsche, Friedrich, Jenseits von Gut und Böse, KSA, 5.
Nietzsche, Friedrich, Menschliches, Allzumenschiches I und II KSA, 2.
Nietzsche, Friedrich, Nachgelassene Fragmente 1882~1884, KSA 10,
Nietzsche, Friedrich, Nachgelassene Fragmente 1884~1885, KSA 11,
Nietzsche, Friedrich, Nachgelassene Fragmente 1887~1889, KSA 12,
Nietzsche, Friedrich, Sämtliche Werk, Kritische Studienausgabe, in 15 Banden, Giorio Colli/Mazzino Montinari, Bd. 1. Walter de Druyter: Berlin·New York, 1980
Nietzsche, Friedrich, Unzeitgemäße Betrachtungen I-IV,
Nordmann, Ingeborg Hannah Arendt, Frankfurt/New York, 1994,
Strong, Tracy B., Politics Without Vision: Thinking Without a Banister in the Twentieth Century, 2019.
Villa, Dana R. Arendt and Nietzsche: Encounters in History, Politics, and Philosophy, 2021.

제12장

한국 사회에서 오리엔탈리즘 철학의 문명적 전환은 재인식될 수 있을까?

-동서 철학의 문명의 전환-

제12장

한국 사회에서 오리엔탈리즘 철학의 문명적 전환은 재인식될 수 있을까?

-동서 철학의 문명의 전환-*

1. 문명의 대화

주지하듯이, 유엔(UN)은 지난 2001년 초에 21세기를 **"문명(civilisation)의 대화"**로 정한 바 있다. 그 이유는 상호존중과 차이의 인정, 관용의 정신, 비폭력의 해결 방식을 필요로 하게 되었고, 지구의 미래에 공동의 책임을 져야 할 의무가 있으며, 가난한 자를 외면하지 말고 지구온난화를 비롯한 환경 및 생태 보호를 책임져야 할 의무 등을 지녔기 때문이다.

이른바 문명이란 사람들이 야만과 자연의 굴레를 벗어 던지고 자연에서 지혜를 찾고 인간다움의 순리를 터득하여 밝은 빛을 비칠 수 있게 살아가는 상태를 일컫는다. 문명을 물질적 개명 상태로 말하고, 문화를 정신적 개화 상태로 나누기도 하지만, 우리가 정신적 문화 상태나 물질적 문화 상태는 언제든지 말할 수 있는 것이기 때문에 정확히 구분하기는 어렵다. 또한 문명은 라틴어로 시민(civis)이란 뜻을 가진 말에서 유래한

---

* 이 글은 「기독교와 문화」, 제22집, 숭실대학교 한국기독교문화연구원, 2024, 191-224쪽에 실린 내용을 수정·보완한 것임.

다. 문명은 사람을 시민으로 만드는 것이다. 즉 사람들에게 일련의 법치와 사회의 질서를 순리에 맞게 잘 준수하여 그 사회의 일원으로 살아가는 것을 뜻한다. 또한 대화란 공통적인 삶의 상호작용에 의해 인간의 창조적 기능을 생활의 근원적 형식 속에서 자유롭게 진행시키는 것이다. 자유로운 대화는 일징한 객관적 의견에 근거하지 않고 단지 서로 자극하는 사상의 교환을 기반으로 한다. 대화는 단순한 논쟁이 아니라 예의를 갖추어서 내 의견을 상대방에게 정확히 전달하고 남의 의견에 귀 기울이는 태도가 무엇보다 필요하다. 21세기의 현시점에서 대화는 오류에 대한 논박에서 진리를 뽑어대는 전통적인 소크라테스식의 소박한 대화술을 요구하지 않는다. 우리가 현재 필요하고 배워야 할 대화는 **"이제까지 나와는 보다 다른 방식으로 생각하고, 행동하며, 세상을 해석하는 타자들을 인정하고 서로 용인하는 과정"**을 통해 배워야 한다. 즉 지금은 패러다임의 변화가 절실한 시점이 되었다.

19세기의 세계가 강력한 민족국가의 힘의 정치를 체험하였다면, 20세기에 들어 와서는 이데올로기의 갈등을 경험하였고, **21세기는 문화의 갈등과 충돌**이 야기될 것이라고 전망한 것처럼 세계도처에서 러시아-우크라이나, 이란-이스라엘 전쟁, 남북한의 전쟁위기 고조 등 크고 작은 전쟁과 분쟁이 일어나고 있다.

주지하듯이, 우리는 지난 1989년을 세계사의 패러다임이 전환된 연도로서 기억하고 있다. 전(全) 세계를 주목시켰던 베를린 장벽의 붕괴, 소비에트 사회주의 제국의 붕괴, 대부분 동유럽 공산국가들의 와해는 이데올로기의 종식 내지는 해체를 가져왔다. 특히 베를린 장벽의 붕괴는 시장경제, 의회정치, 그리고 문화적 다원주의의 관용이 경제·사회체계를 존속시킨다는 결론을 내리게 되었다. 현재의 세계체계는 경제적으로 미국을 중심으로 하는 단일체계로 진행되고 있지만, 문화적·정치적으로는 복합다원주의 체계로 전개되고 있다. 베를린 장벽의 붕괴와 사회주의 체계의 와해는 냉전시대의 적대자들도 동반자로서 거래를 시작하면서 평화 유지와 평화 조성이 우리의 일상적 질서로 자리 잡을 전망으로 보고 있으나 현실은 반드시 그러한 기대만으로 진행되어가고 있지 않다. 특히 지난 2022년 러시아의 침공으로 시작된 러시아-우크라이나 전쟁은 대립과 갈등을 다시 소생시키고 있다. 냉전질서가 무너지면서 세계는 새로운 개인적 삶의 다양한 다원주의적 태도는 부정되고 세계는 하나의 새로운 억압체계로 재편성되었다. 억압은 힘의 폭력에 의해 의존하게 되었다. 니체(Friedrich Nietzsche, 1846-1900)의 표현대로, 강력한 "힘에의 의지"를 가진 자만이 폭력을 마음대로 행사할 수 있게 되는 힘의 정치를 구현하는 세상이 되었다. 이제 21세기는 문화충돌의 패러다임과 근본주의적 종교관의 단순화된 세계관이 야만의 얼굴을 백일하에 드러냈다. 이렇게 21세기 들어와 "문명의 충돌"로 표현되는 갈등과 반목이 지속되고 있지만, 그 이면에는 끊임없이 문명과의 대화를 하자고 이구동성으로 말한다. 그러면 동서간에 대화는 왜 해야 되고 구체적으로 어떻게 해야 하는가? 21세기의 현시점에서 그 많은 문명 중에서 왜 다시 동양의 유교문명인가? 이러한 물음을 한마디로 답변하기에는 그다지 쉽지 않다.

지금까지도 일본이나 중국에서나 인의예지(仁義禮智)와 같은 상투화된 유교적 표현들이 소통되고 있지만, 아무런 반성 없이 그대로 전통적 개념이라 해서 전통을 살리자는 구호는 바람직한가? 지금껏 서구와 그다지 다르지 않게 동아시아에서도 전통에 바탕을 둔 공통적 정체성과 함께 전통에 대한 반성과 전통을 아주 새롭게 계승, 발전시키려는 노력에 기반한 동질성이 없었던 것이 아니다. 이러한 관점에서 우리는 21세기 현대에서 유교문명을 전개하려는 의도도 곧 유교 전통을 진정으로 선입견 없이 그 자체로 이해하려고 하는 것이라 생각한다. 먼저 전통적인 동서양의 해석학적 방법은 현대를 어떻게 이해하고 적용해야 하는가의 문제이다. 이해에는 이성과 권위, 이성과 감성, 지배와 피지배 계층, 비판적 역사와 전통, 객관성과 선입견, 계몽과 비이성 등 대립을 궁극적으로 어떻게 넘어설 것인가?. 그것을 넘어서지 못할 경우, 여전히 오해의 여지는 남아 있다. 동서양을 막론하고 전통의 이해는 텍스트의 이해를 통하여 진행되며 과거와 현재의 지평, 그리고 나의 현재 지평과 과거의 역사적 지평과의 융합(融合)의 대화를 통해서 이루어진다. 이러한 텍스트의 이해는 저자가 의미했던 바를 단순히 역사적으로 규명하거나 재생시키는 것이 아니라 텍스트가 관여하고 있던 주제의 창조적 이해를 발굴해 내는 것이다. 이해는 과거와 현재, 역사적 의미와 현대적 의의, 미래의 전망, 인식적 규범과 규범적 해석, 객관적 이해와 심리적(주관적) 이해, 텍스트의 이해와 자기 이해의 모든 구별들을 넘어서는 것이다. 그렇게 하여 이제까지 밝혀지지 않았거나 의식되지 않았던 배후의 연관들을 들추어냄으로써 "더욱 더 잘 이해할 수 있는 계기"를 찾아내야 한다. 이것이 과거의 전통을 해석하고 현대에 맞게 이해하는 작용의 중요한 기능이다. 전통적 해석학이 주장해왔던 **"더 잘 이해 함"**은 유교 문명을 해석하는 과정에 있어서 여전히 필수적으로 요청되고 있다. 여기서 "더 잘 이해함"은 과거의 무비판적 몰입이 아니라 그 내용에 담겨져 있는 긍정과 부정의 가능성을 동시에 포함한다. 따라서 유교문명의 전통에 대한 해석을 무조건적으로 의심하고 해체시키는 편견과 독단이 아니라 전통과의 만남 속에서 현재를 이해하고 나아가 미래의 전망을 제시하고자 하는 것이다.

2. 오리엔탈리즘 철학의 재인식

지금까지 동양 세계는 서양이 근대화의 충격으로부터 과거 속에서 봉쇄되었던 다소 낯선 지역이었다. 동양은 오랜 기간 동안에 부지불식간에 정신적 가치나 신비주의에 매혹된 관점들이 없지 않았다. 동양에 대한 신비스러운 관념이나 틀에 박힌 고정관념들은 온갖 칭송에서부터 각가지 비난이나 비방에 이르기까지 혼란스러운 생각들이 여전히 혼재한다. 예컨대 동양 사회에 대한 편협한 생각들은 헤겔, 몽테스키외, 홉스 등 많은 서양 철학자들에게서 종종 찾아볼 수 있다. 역사학자 랑케(Leopold von Ranke)에 따르면, "헤겔(Georg Wilhelm Friedrich Hegel) 이후의 동양관"[1]에 의해 아시아인들은 자기 자신이 독자적으로 성장할 수 있는 잠재력이 부족하다고 보았고, 마르크스(Karl Marx)는 동양 세계에 대해 전체주의적 경향을 갖고 있다고 묘사했던 아시아적 생산양식에 동의한다. 마르크스는 중국의 오랜 전통으로 내려왔던 유교를 종종 언급해왔다.[2] 마르크스가 유럽 자본주의를 강력하게 혹평한 것으로 견주어 볼 때, 오리엔탈리즘의 특성에는 멀리 벗어나 있을 것으로 추측할 수 있다. 그러나 마르크스의 유럽중심적인 태도는 아시아적 생산양식에서 단적으로 드러난다. 이를테면 마르크스는 서양 세계를 세계역사가 발전해온 능동적이고 적극적인 주체로써 격상시켰다면, 동양의 세계는 수동적이고 낙후된 객체로 격하시켰다. 다시 말해 서양은 능동적 주체로서 세계를 우뚝 솟게 발전시켜 왔으며, 동양은 어떠한 발전적이고 진보적인 역사가 거의 없다고 단언했다. 서구문명권에서 일어난 자본주의 발전이 인류 역사발전의 보편적 전형이었다면, 아시아적 사회란 유럽의 유럽 문명사회에 강제적으로 편입해서 적응하거나 역사 앞에서 생존을 중단해야 하는 운명이었다.[3]

아비네리(S. Avineri)에 의하면, "중국은 시간의 톱니바퀴 속에서 빈

---

1) 헤겔은 『법철학 강요』에서 세계사를 세 가지 단계로 구성되어 왔다고 기술한다. 첫 번째로 동양의 세계, 두 번째로 고대 그리스적, 로마적 세계, 세번째로 게르만적인 세계가 그것이다. 헤겔은 『법철학강요』에서는 ① 동양적 단계, ② 그리스적 단계, ③ 로마적 단계, ④ 게르만적 단계 등 4단계로 구분했다. 헤겔은 민족정신의 변화를 통해 보편적 정신을 실현해 가는 세계사를 가리켜 자유 정신의 진보라 일컬었다.(G. W. Hegel, *Grundlinien der Philosophie der Rechts,* Hamburg, 1987, 41쪽.) 동양은 오로지 독재자의 자유만이 존재했고, 고대 그리스·로마는 몇몇 선택받은 자들만이 자유를 향유했고, 게르만인들은 거의 누구나 자유를 만끽했다. 그 당시 동양 사회는 전제정치가 팽배하게 지배했으며, 그리스 세계는 민주정치가 광범위하게 지배했으며, 게르만 세계는 귀족정치를 통해 지배했다.

2) 양해림, 「동양과 서양의 생산양식 구성은 어떻게 이루어 졌나?」, 『동서철학연구』, 제 90집, 한국동서철학회, 2018, 379-407쪽.

3) 송영배, 『동서철학의 교섭과 동서양 사유 방식의 차이』, 논형, 2004, 286쪽.

둥거리며 부패하고 있는 어리숙한 문명에 불과했다."[4] 아비네리가 보기에 마르크스가 기술하였던 제국주의 형태들 안에서 근대화된 문명을 필연적인 전제조건으로 끌어 들였던 것이다. 이른바 아시아적 특수성은 암묵적으로 제국주의적 팽창을 정당화시키고 당연시하는 관점을 끊임없이 제공해주었다. 아시아의 특수한 입장들을 헤쳐 나가기 위해 아시아적 생산양식에 대해 논쟁을 벌였던 까닭은 이념적인 성격을 함축하고 있었기 때문이다. 따라서 중국은 지난 아편 전쟁 및 자본주의 세계무역의 강력한 열광을 향해 그동안 침체하고 닫혔던 중국의 문호를 개방해 줄 수 있었던 영국 자본주의 무역 침투와 더불어 상존해왔던 셈이었다. 즉, 동양의 특징적인 정치 제도는 전제군주제였으며, 아시아적 생산양식을 마르크스가 적극적으로 동조했다는 것이다.[5]

마르크스는 "동양의 보편적 노예상태"에 대해 종종 발언해왔다. 여기서 마르크스가 언급하는 동양의 보편적 노예 상태라는 의미는 서양의 노예제 및 농노제와 전적으로 구분되어야 한다는 견해이다.[6] 단지 아시아적 생산양식은 아시아 사회를 간단하게 해명하는데 초점을 맞추는 것이 아니라, 지금껏 유럽 사회에서 자본주의가 어떻게 생성 및 발호되어 왔는지에 대해 근본적인 기원을 규명하기 위한 것이었다. 마르크스 관점에서 서양 사회는 역사적인 발전과정에서 승리를 이끌어 냈던 주동 세력이었고, 동양 사회는 서양에 짓눌려 한갓 수동적인 수혜자에 불과했던 것이다.[7] 따라서 그 당시 아시아 사회는 유럽 사회와의 차이가 현저히 드러났다. 즉 아시아 사회는 사적 소유의 결여, 중간계급의 부재, 도시의 미숙한 발전, 부르주아적인 사회들이 결여되어 있었다.

---

4) Shlomo Avineri, *Karl Marx on Colonialism and Modernization*, New York: 1969, p.343.

5) J. J. 클라크, 『동양은 어떻게 서양을 계몽했는가』, 장세룡 옮김, 우물이 있는 집, 2004, 115쪽.

6) Karl Marx, *Grundriss der Kritik der politischen Ökonomie*, Berlin, 1953. 396쪽.

7) 존 M. 홉슨, 『서구문명은 동양에서 시작되었다』, 정경옥 옮김, 에코리브르, 2005, 34쪽.

마르크스는 그 당시 유럽 사회의 본질적인 징표로서 사유재산 제도를 언급했고 서로 다른 소유양식을 다르게 지녔던 인간의 역사적 단계를 기술했다. 그런데 아시아적 사회는 유럽 지역 역사발전의 첫 단계에 어느 지역도 포함시키지 않았다. 말하자면 아주 오래된 그리스, 로마시대의 노예사회나 봉건제도는 말할 것도 없이 유럽 지역 역사발전의 첫 단계에 전혀 연관시키지 않았다. 그가 보기에 노예제도 및 봉건영주를 포함한 어떤 자립적인 소유계급을 아시아 사회에는 전혀 없다고 판단했다. 즉, 아시아적 사회는 원시사회이자 인류문화의 초급단계에 불과한 것이었다. 이는 마치 "벌집 속의 벌과 마찬가지로 개인이 부족이나 공동체의 탯줄로부터 아직 분리되지 않은 사회"[8]와 동일하다.

마르크스 관점에서 아시아 사회의 특징은 경제적 자립이나 사유재산도 결여되어 있었고 개인의 자유도 전혀 존재하지 않는 단지 목가적인 촌락공동체였다. 특히 아시아적 사회는 토지를 비롯한 사적 소유를 인정하지 않았고 단지 공동체 재산에 기반한 자족적인 촌락 공동체였다. 그리고 계급제도가 결여되어 있었으며 독재자를 중심으로 보편적인 노예신분이 일반화되어 있었다고 마르크스는 본 것이다. 또한 아시아적 사회는 대체로 촌락의 주민만 존재하고 있었으며, 제대로 소유를 하고 있지 못했다. 그래서 아시아적 사회에서 공동체의 재산은 독재자에게 전적으로 의탁하여 생계를 지탱해나갈 수밖에 없었다는 것이다. 여기서 아시아적 생산양식은 역사발전의 원동력인 사유재산과 계급투쟁이 없었다는 사실이다.[9] 다시 말해 아시아 사회는 사유재산이 존재하지 않는 공동체이었고 자연발생적으로 생겨났으며, 계급관계의 위계질서가 아주 미흡하다는 것이다. 그래서 마르크스는 아시아적 사회를 계급사회 중에서 아주 오래된 원시 공산제와 유사한 사회라고 본 것이다. 아시아 사회는 문화적 측면에서 서양과는 다르게 자연에 상당부분 예속되어 살아가는 인

---

8) Karl Marx, *Das Kapital, Bd. 1.* MEW, Bd. 23. 354쪽.
9) 존 M. 홉슨, 위의 책, 33쪽.

간의 수동적 성격이 강했다. 마르크스는 이러한 아시아적 사회를 유럽 자본주의가 폭력성을 갖고 침투했을 경우, 비로소 아시아적 사회는 서서히 해방을 맞이하여 해체 단계로 갈 수 있다고 보았다. 따라서 마르크스는 자신 있게 "아시아인들이 그 이전에 만끽하지 못한 사회혁명을 맞이할 수 있다."[10]는 호기를 부렸던 것이다.

아시아 사회는 어떤 측면에서 휴머니즘에 전면 배치되고 있으며, 문명화된 유럽 자본주의가 이러한 아시아 사회에 침투하여 혁명적 변화를 일으키는 것은 아주 정당하다는 것이다. 이런 관점에서 마르크스는 아시아적 사회에서 획기적인 혁명적 변화를 불러일으켰을 경우에 인류발전의 세계사적 의미를 부여할 수 있다고 보았다. 그 이후 마르크스주의자들은 서구의 근대화의 관점에서 아시아의 후진성을 주목하여 고찰해 왔다. 마르크스의 관점에서 아시아적 유교 사회는 토지에 대한 사적 소유의 불인정, 부족의 재산이나 부락 공동체 재산에 기반한 자족적인 촌락공동체였다. 또한 아시아적 유교사회는 체계적인 계급관계가 되어 있지 않은 채로 후진적으로 발전되어 있었으며, 독재자 1인에 대한 노예 신분제도가 널리 퍼져 있었다. 또한 아시아적 유교사회는 널리 산재한 촌락의 주민만 거주하고 있을 뿐이지 사유지를 소유하고 있지 않았기에 공동체가 지니고 있던 소유제는 독재자 개인에 의탁하여 생계를 유지할 수밖에 없었다. 중요한 사실은 아시아적 유교사회에서 역사발전의 원동력이라 할 수 있는 사유재산과 계급투쟁이 전혀 부재한 아시아적 생산양식이 널리 펴져 있었다.[11] 하지만 죠셉 니담(J. Needam)에 따르면 『중국의 과학과 문명』(1954-2004)의 저서에서 유교중심 사회는 "중국에 대한 편견이며, 많은 점에서 중세 중국의 사회적, 경제적 체제는 중세 유럽의 체제보다도 합리적 이었다"[12]고 기술한다.

---

10) Karl Marx, "britische Herrschaft in Indien", MEW, Bd. 9. 133쪽.
11) 존 M. 홉슨, 『서구문명은 동양에서 시작되었다』 정경옥 옮김, 에코리브르, 2005, 33쪽.
12) 고사키 시로, 『근대라는 아포리아』, 최재목 외 옮김, 이학사, 2007, 20쪽.

유교는 하나의 거대한 전체체계로서 또한 특정한 체계와 환경과 상호소통 한다. 예컨대 유교 사회에서 공자는 이른바 질서 잡힌 정치체계에서 우리들의 삶과 조화에 대해 이야기한다. 공자는 유교 사회의 전체 체계 안에서 삶과 조화의 정치를 관찰할 수 있어야 한다고 강조한 것이다. 즉 공자는 관용(寬)과 성냄(孟)을 적절하게 의사소통할 것을 언급하는 구절에서 우리들의 삶과 조화의 정치를 찾을 수 있다.

> 정치가 너무 관용을 베풀면 백성이 태만해진다, 정치가 너무 태만해 질 경우, 성냄으로 바로 잡아야 한다. 그러나 정치가 너무 성냄이 잦아지면 백성이 쇠잔(衰殘)해진다. 백성이 쇠잔해지면, 관용으로 베풀어야 한다. 관용으로 성냄을 바로잡고, 성냄으로 관용을 바로잡는다. 정치는 이렇게 조화해나가야 한다.[13]

그래서 정치가 "관용을 베풀면 백성이 한 곳에 모여들고, 왕이 은혜를 베풀면 백성을 다스리기가 한층 용이하기 때문이다."[14] 유교 사회는 기본적으로 인본주의(人本主義)의 전체체계에 의한 환경의 일부분으로 보고 있다는 측면에서 사회학자인 루만의 체계이론과 일맥상통한다. 유교는 근본적으로 '내'가 주체가 되어 혼인에 의해 대가족을 중심으로 사회적 관계를 최소 단위로써 파악한다. 이런 점에서 유교사회는 서열화된 가족윤리의 관계를 어떤 요인보다 중요하게 여긴다. 유교 사회에서 가족윤리의 핵심은 효(孝)다. 이를테면 부모에 대한 효를 근간으로 하여 내 이웃과 사회, 그리고 국가에서 인(仁)을 확대해나간다. 더 나아가 궁극적으로 유교사회는 가족의 윤리뿐만 아니라 유교 진리를 구현하는 것을 궁극적인 목적으로 삼는다. 이러한 예시(例示)는 중국 명나라 사상가 왕양명(王陽明)의 어록인 『전습록(傳習錄)』 5조목에서도 잘 드러나 있다. "이

13) 『春秋左傳』, 「昭公」20년, "中尼曰, 善哉! 政寬則民慢, 漫則糾之以猛, 猛則民殘, 殘則施之以寬, 寬以濟猛, 猛以濟寬, 政是以和

14) 『論語』, 「陽貨」, 寬則得衆, 惠則足以使人

제 부모에게는 마땅히 효도해야 하며 형에게는 마땅히 공손해야 한다는 것을 다 알고 있는 사람이 도리어 효도하지 못하고 공손하지 못하니, 곧 지와 행은 분명 두 가지 일이다."[15]

이른바 동양, 동방, 그리고 서양과 같은 용어들은 의미론적 인공물이다. 오리엔탈리즘의 담론은 에드워드 사이드(Edward W. Said)의 『오리엔탈리즘』(1978)의 저서를 통해 처음으로 제기했다. 사이드는 『오리엔탈리즘(Orientalism)』에서 해체주의 및 포스트구조주의의 철학자로 잘 알려진 푸코(Michael Foucault)의 『광기의 역사』(1961), 『감시와 처벌』(1975), 『성의 역사, I. II. III. IV)』(1976-2018) 등의 저서에서 "지식/권력 이론을 적용"[16]하여 서양과 동양사이의 차이를 기술하고 재현하는 과정을 구체적으로 밝힌 바 있다. 즉 사이드는 푸코의 "지식/권력 이론"[17]에서 지식의 만듦은 이미 권력을 함축하고 있다는 가정(假定)에서 출발한다. 사이드는 동양이라는 타자를 어느 한쪽에 종속시키지 않으면서 현재에 재현할 수 있는 대안적 형식의 지식을 고안하였다. 이런 의미

---

15) 『전습록(傳習錄)』 上. 루만의 체계 이론과 유교의 상호소통가능성을 다룬 논문은 다음을 참조; 양해림, 「루만 체계이론에 의한 유교의 상호소통 가능성」, 『동서철학연구』, 한국동서철학회, 제94집, 2019, 195-225쪽.

16) 푸코는 『감시와 처벌』에서 권력과 지식의의 역학관계를 다음과 같이 말한다. "우리는 권력의 역학이 유보되는 경유에만 지식이 존재할 수 있다든지 지식은 권력의 영향, 명령, 이해와 분리되는 경우에만 발전할 수 있다고 상상하는 우리의 전통을 전부 버릴 필요가 다분히 있으리라. 또 권력이 광기를 만들어낸다든지 거꾸로 권력을 거부하는 것만이 지식을 가능하게 한다는 믿음을 버려야 한다."(미셸 푸코, 『감시와 처벌: 감옥의 탄생』, 오생근 옮김, 나남출판, 1994, 57쪽.)

17) 사이드는 푸코의 저서를 통해 오리엔탈리즘에 대한 학문적 구상을 다음과 같이 기술하고 있다.

"오리엔탈리즘이란 동양을 지배하고 재구성하며 위압하기 위한 서양의 스타일이다. 나는 미셸 푸코의 『지식의 고고학』 및 『감시와 처벌』 속에 설명된 담론 개념을 원용하는 것이 오리엔탈리즘의 본질을 꿰뚫는 데 유효하다고 생각하게 되었다. 다시 말해서 담론으로서의 오리엔탈리즘을 검토하지 않는 한, 계몽주의 시대 이후의 유럽 문화가 정치적·사회적·군사적·이데올로기적·과학적으로 그리고 상상력에 의해 오리엔트를 관리하거나 심지어 오리엔트를 생산하기까지 한 경우의 그 거대한 조직적 규율=훈련이라는 것을 이해할 수 없다."(Edward W. Sade, 『오리엔탈리즘』, 박홍규 옮김, 교보문고, 1999, 19쪽.)

에서 오리엔탈리즘에 대한 대안적 접근 및 전략은 이제까지 서양에 의한 동양사회의 고정 관념과 편견에 대해 해체론적인 관점에서 다시 구성할 것을 제기한다.

근대사회 이후로 서구사회는 동양을 일컬어 여성적, 유아적=미개발, 저개발=비문명적, 반문명적 존재로 폄하했다. 서양에 대해서는 서양=남성적,우월적=개발=선진 문명으로 치켜세웠다. 서구인들은 여성적, 미개척, 비문명적, 반문명적 동양을 정복하고 개발하여 문명화하는 것을 우선 과제로 삼고 제국주의적 야욕을 적나라하게 드러냈다. 전통적 형이상학의 이분법적 대립은 육체/정신, 물질/정신, 주관/객관, 내면/외면, 표상/현전, 현상/본질, 본질/형상, 감성/이성과 같은 개념들이다. 반면에 나와 나 밖의 타자를 구분하는 이분적인 대비(對比), 즉, 동양/서양, 여성/남성, 처녀/개발지, 빈곤/자본, 야만/문명 등은 부지불식간에 수동적으로 받아들여져 왔다. 이러한 이원화된 대비가 지금껏 잘못 통용되어 왔다면, "서구의 잘못 고착화된 오리엔탈리즘 인식"[18]네 대한 전환은 당연한 수순이라고 하겠다.

3. 오리엔탈리즘 문화 및 문명의 재인식

오스발트 슈펭글러(Oswald Arnold Spengler)는 『서구의 몰락』(1922)[19]에서 문화의 발전과정을 자연의 계절 변화에 비교한 바 있다. 슈펭글러는 『서구의 몰락』에서 획일적인 세계사의 개념을 거부하고 역사 상대주의를 강조한다. 그는 세계사를 이집트 사회, 바빌론 국가, 인도

18) 서구의 낙관주의는 세 가지 믿음이 존재한다. 첫째, 자율성의 신화, 둘째, 선(善)의 신화, 셋째, 진보의 신화가 그것이다.(리차드 코치·크리스 스미스, 『서구의 자멸』, 채은진 옮김, 말·글 빛냄, 2009, 87-88쪽)

19) 오스발트 슈펭글러, 『서구의 몰락』, 양해림 옮김, 책세상, 2019.

사회, 중국사회, 그리스·로마 국가, 아라비아 국가, 멕시코 국가·서구라고 하는 각각 고립되고 상호 어떤 영향을 받지도 않은 8개의 문화를 고찰한 바 있다. 그러나 그는 8개의 문화 가운데 3개 문화권에 대해 대체적으로 기술해나갔다. 여기서 3개의 문화란 곧 아폴론 문화, 아라비아 문화, 파우스트 문화를 가리켰나. 그는 문화를 모든 유기체가 성장하고 반영하고 몰락해 나가듯이, 모든 문화는 어느 때든 몰락한다고 결론지었다. 슈펭글러에 따르면 개별문화는 사람과 마찬가지로, 유아기 및 유년기, 청년기, 장년기, 노년기의 과정을 점차적으로 겪게 된다는 것이다. 이 개별 문화의 과정을 겪으면서 처음에는 창조의 문화 과정이 나타나고, 그 다음 차례에는 쇠퇴 및 소멸해가는 문명의 과정이 도래할 것이다. 궁극적으로 개별 문화는 각기 문화적 몰락의 운명에 처하게 될 것이다. 이와 같이 슈펭글러는 모든 문화나 유기체는 상호 비슷한 부류라는 사실을 적시하여 문화 유기체론을 주장했다.[20] 문화라든지 생물유기체는 일정한 유기체적인 순환과정을 통해 역사를 파악할 수 있다. 서양은 19세기에 겨울 단계, 20세기 초엽에 독재주의의 길을 가면서 몰락의 길을 걸었다는 점이다. 따라서 그는 서구문화가 이미 겨울철로 접어들었으며, 과거에는 고등 문명을 갖고 있었으나 다른 문명들과 마찬가지로 서구는 몰락의 길로 갈 것이라 결론 내렸다. 역사학자 토인비도 슈펭글러와 유사한 견해를 품고 다음과 같이 말한다.

> 문화가 출범했다가 없어지고 그 쇠퇴하는 과정에서 타 문화가 등장하는 와중에도 어떤 문화보다도 훨씬 고등하고, 목적으로 가득 찬 어떤 계획을 중단 없이 하여 전진해야 하는 것과 같다. 혹시 신 안에는 어떤 문화가 몰락 내지 쇠퇴하는 전통을 목격하면서 아주 처음부터 문화의 몰락을 인식을 하는 것이 진보하는 최고의 수단이라 할 수 있다.[21]

---

20) 오스발트 슈펭글러, 위의 책, 2019, 140-141쪽.

슈펭글러와 토인비는 문화적 발전이 일정한 계획된 법칙에 따라 진행한다고 파악한다. 토인비는 문화의 발전과정에 진보의 개념을, 슈펭글러는 문화를 생물체의 삶에 비교하였다.[22] 앞서 언급했듯이, 사이드는 『오리엔탈리즘』에서 오리엔탈리즘에 대해 학계에 본격적으로 물꼬를 트게 했다. 먼저 오리엔탈리즘은 동양을 서양의 타자로서 획일적이고 인위적으로 난도질한 가설에서 출발한다. 그는 오리엔탈리즘을 지금까지 서구의 동양에 대한 편견에 대해 강하게 비판한다. 즉 그는 오리엔탈리즘을 탈식민지 담론에 누락될 수 없는 쟁점으로 삼았다. 그의 오리엔탈리즘은 서구의 타자로써 동양의 서구중심주의를 끊임없이 구축하고자 했던 서구인들의 적나라한 의도가 담겨 있다고 보았다.[23] 오리엔탈리즘은 동양과 견주어 서양의 우월성을 강조하고자 하는 관점이다. 단적으로 "오리엔탈리즘의 배후에는 낙후되고 열등하게 뒤떨어진 동양"[24]이라는 자의에 의한 타자를 고안해냈다. 동양을 고의적으로 부정적 관점으로 각색하고 정의를 내리면서 서양의 우월한 고정화된 생각들이 깊숙하게 내재해 있다.

사이드에 따르면 동양과 서양의 문화를 비교해볼 경우, 서양은 "동양과 대조되는 이미지, 관념, 개성, 경험" 등이 아주 상이하게 대치된다. 서양에서의 "유럽문화는 일종의 대리적 혹은 비밀스런 자아로서의 동양과 대치시켜 서구의 위치를 설정함으로써 힘과 정체성을 획득하고자 한

---

21) A. Toynbee, *Kultur am Scheidewege*, Ullstein, 1958, 17쪽.

22) 프린츠 브케티즈, 『자연의 재앙, 인간』, 박종대 옮김, 시아출판사, 2004, 177쪽.

23) Ella Shohat and Robert Stam, *Unthinking Unrocentrism*, London and New York, 1994, p.15.

24) 서양이 동양을 배제하는 이유는 다음과 같은 세 가지 중요한 문제가 감추어져 있다. 첫째, 동양은 약 500년 이후 독자적, 실질적인 경제개발을 적극적으로 선도했다. 둘째, 동양은 500년 이후 세계 경제를 적극적으로 창조해냈다. 셋째, 동양은 수없이 많은 진보적인 자원목록(기술, 제도, 사상)들을 발굴하여 서양에 전수했다. 이로써 동양은 서양문화의 진흥에 적극적으로 기여했다.(존 M. 홉슨, 『서구문명은 동양에서 시작되었다』, 정경옥 옮김, 에코리브르, 2005, 23-24쪽)

다."[25] 사이드는 벨푸어(Arthur James Balfour)와 크로머와 같은 학자들의 생각을 인용하여 "동양인은 비합리적이고 열등하며, 유치하고, 기이(奇異)하다."이에 반해 "유럽인은 합리적, 도덕적, 성숙함, 정상적이다."[26] 이러한 열등한 동양에 대한 서구의 상상적인 가치관은 부지불식간에 시양 가치관의 관점으로 자리매김했다.[27] 이런 관점에서 볼 때 오리엔탈리즘이란 서양이 동양을 폭압적으로 지배하고 억압하고 억누르기 위한 방식이라 생각해도 무방하다. 이러한 생각들을 도표로 표기하면 다음과 같다.

능동적 서양	수동적 동양
창의적, 독창적, 혁신적	모방적, 무지함, 수동적
이성적	비이성적, 반이성적
과학적	미신적, 주술적
계율적, 질서적	나태, 혼란, 산만, 충동적
지적 통제적, 분별적, 분석적, 상식적	무별적, 감정적
이성 지향적	육체지향적, 이국적, 유혹적
성인적, 독립적, 기능적	유아적, 의존적, 기능 장애적
자유민주적, 관용적, 정직함	노예근성, 전제적, 비관용적
문명화함	야만적
도덕적, 경제적으로 진보함	도덕적, 경제적으로 침체되고 보수적임

사이드는 오리엔탈리즘을 다음과 같이 표현하고 있다.

> 문화는 늘 서로 다른 문화에 대해 완전한 변형을 강요한다. 문화는 단지 있는 그대로의 모습으로서가 아니라, 받아들이는 측에서 반드시 그렇게 해야 한다는 모습으로 전환시켜서 수용하게 된다. (…)

25) 존 맥클라우드, 「식민주의 담론읽기」, 『탈신민주의의 길잡이』, 최인환 옮김, 한울, 2003, 69쪽.
26) Edward W. Sade, 『오리엔탈리즘』, 박홍규 옮김, 교보문고, 1999, 83쪽.
27) 존 M. 홉슨, 『서구문명은 동양에서 시작되었다』, 정경옥 옮김, 에코리브르, 2005, 26쪽.

더 보태서 오리엔탈리즘 학자들은 동양을 자연 그대로의 그 밖의 다른 것으로 전환시키는 것을 그의 소일거리로 삼는 인간이다. 그들은 그 일을 자기 자신을 위해 자기 자신에게 속해 있는 문화를 위해서 어느 때는 동양 사람을 위한다고 확신하면서 행동한다. 이러한 전화의 과정은 규율-훈련에 따른 것이다 곧 규율-훈련을 가르쳐지는 것이다. 규율-훈련은 독자적인 학회나 정기간행물, 전통, 어휘, 그밖에 수사법을 갖는다. 그러한 모든 밑바탕에서 서양을 지배하는 문화적, 정치적 규범과 연관하여 거기서 자양분을 듬뿍 부여받게 된다.[28]

위와 같이 사이드가 보기에 오리엔탈리즘이란 "유럽의 실체적인 문명, 문화의 한 구성 부분을 이루고 있으며 그 내적인 구성 부분이라 할 수 있는 오리엔트를 문화적으로도 이데올로기적으로 하나의 양태를 지닌 담론, 여러 제도, 학식, 신조, 식민지 관료제, 식민지적 양식에 의해 유지된 것으로 표현하고 표상하는 문화적 헤게모니 체계인 것이다."[29] 그래서 사이드는 오리엔탈리즘이란 "오리엔트 곧 동양에 관계하는 방식으로서, 서양인의 경험 속에 동양이 차지하는 특별한 지위에 근거하는 것"[30]이라 정의(定義) 내린다. 여기서 오리엔트란 동양에 관계되는 것을 의미한다. 사이드는 서양 세계의 동양에 대한 전면적인 공략법, 즉, 서양이 동양을 서서히 알게 모르게 접근하여 잠식하면서 침략 전쟁을 벌였던 동서충돌, 이를테면 서세동점(西勢東漸)을 주로 중동을 중심으로 생각했다. 사이드가 서양의 중동의 공략을 지칭하여 '오리엔탈리즘'이라는 용어를 끄집어내었지만, 이는 바로 서양 세계가 동양을 지배하는 공략이자 야욕의 방식이었다. 사이드가 말하고자 하는 동방(Orient)은 중국, 일본, 인도와 같은 나라가 아닌 아랍지역의 중동이었다. 더 나아가 오리엔탈리즘

---

28) Edward W. Sade, 위의 책, 131쪽.
29) Edward W. Sade, 위의 책, 131쪽.
30) Edward W. Sade, 위의 책, 15쪽.

은 영국과 프랑스가 지난 200년 동안 갖은 이유와 구실을 갖다 대고 영향력을 행사하고자 했던 중동 및 이슬람 세계에 대한 서구의 지적(知的), 이성적 전통을 뜻했다.[31] 이러한 오리엔탈리즘은 "한창 치열한 제국주의적 경쟁 안에서, 학문적이고 미적인 관용어에 의해 정교하고 세련되게 은폐하는 당파 이념으로서 그들의 구조에 날개를 다는 구조와 같은 것이다."[32] 이는 오리엔탈리즘의 시각으로 서구 세계의 창조적으로 개방된 텍스트를 확산시키거나 동양에 대한 지식과 권력의 구조를 확장시키고자 하는 것이었다. 이런 점에서 오리엔탈리즘은 동양과 서양 사이에 의도적으로 기획된 존재론이자 인식론적 구별에 근거한 일련의 사유의 산물인 것이다. 그렇게 해서 수많은 서구의 "시인, 철학자, 정치학자, 경제학자, 식민지 제국의 관료들을 포함한 작가들이 동양과 그 주민, 풍습, 정신, 운명 등등에 관한 정교한 이론, 서사시, 소설, 사회적 설명, 정치적 기사를 작성하는 것을 출발점으로 하여 동양과 서양을 기본적으로 구분하여 왔다."[33]

이렇게 유럽 사람들에게서 동양이란 고대에는 오리엔트 세계를 일컬었고, 후대에는 페르시아 및 인도를 가리켰다. 유럽을 침략한 공포의 대상으로서 지난 몽골·터키의 시대를 거쳐 지나오면서 근대에 와서는 극동아시아를 포함시켰다. 하지만 동양의 중심은 언제나 인도나 중국이었다.[34] 동양은 유럽에 단지 인접해서 있는 것만이 아니라, 유럽의 식민지 중에서도 가장 광대한 영토를 갖고 있었다. 동양은 오랫동안 식민지였던 토지이고, 유럽의 문명과 다양한 언어의 연원이었다. 이렇게 동양은 유럽문화의 호적수였지만, 유럽인의 마음 한가운데는 반복되어 묘사되고 있는 낯선 타자(他者)의 모습이기도 했다. 따라서 오리엔탈리즘은 동양

31) J. J. 클라크, 『동양은 어떻게 서양을 계몽했는가』, 장세룡 옮김, 우물이 있는 집, 2004, 40-41쪽.

32) Said E., *Orientalism*, Hamondworth: Pengim, 1989, p.211.

33) Edward W. Sade, 위의 책, 17쪽.

34) 고사카 시로, 『근대라는 아포리아』, 야규 마코토·최재목 외 옮김, 이학사, 2007, 321쪽.

을 문화적, 이데올로기적으로 하나의 모습을 갖고 있는 언어로서 표현하고 표상해 냈다.[35] 사이드가 오리엔탈리즘을 심층 분석하여 숙고해 보았을 때, 서구인들에게서 동양은 제국주의시기에 서구인들이 멋대로 자의적으로 고안한 구성물로서 이데올로기의 허구에 불과한 것이었다. 사이드의 문제의식에서 서구인들은 "서양과 동양을 엄격한 대립 개념으로 판별했다. 동양은 서양과는 대조적으로 후진성·관능성·감성·불변성·정체성·보수성·비침투성 등의 특질들"로 폄하했다.[36] 이러한 허구적 동양관을 꾸며낸 까닭은 서구의 문화적 우월성을 확보하여 동양에 대한 침략의 야욕을 품고 지배를 정당화하기 위한 계략이나 다름없었다.[37] 사이드는 오리엔탈리즘에 대해 차후 거듭되는 수정을 거쳐 정통 학설로 인정되면서 서구를 비롯한 전세계로 광범위한 논쟁을 야기 시켰다.

하지만 사이드가 보기에 오리엔탈리즘은 단순하게 제국주의가 동양에 대한 침략의 야욕과 정복을 정당화하기 위해 만들어낸 계략만은 아니었다. 이러한 오리엔탈리즘의 시선은 동양을 단순히 서양의 수동적이고 피동적인 상대로 묘사하거나 상상함을 통해 오직 서구 세계만이 독자적이며 진보적인 발전을 할 수 있다는 견해를 정당화시키기 위한 첫걸음이었다.[38] 이렇게 해서 서서히 오리엔탈리즘은 동양에 대해 서양의 지리적 확장을 지속적으로 펼쳤으며, 식민지주의, 인종차별주의, 자민족중심주의와 맞물리면서 지배를 정당화하기 위한 양식으로 대두하였던 것이다.

거듭 사이드는 오리엔탈리즘에 대해 서구인들에게 복종하는 동양의 타자를 설정하고 서구제국주의의 지배서사(master narrative)로 간주했다. 즉 오리엔탈리즘은 서구의 식민지화된 관념을 통해 식민권력을 더욱

---

35) Edward W. Sade, 『오리엔탈리즘』, 15쪽.

36) Edward W. Sade, 위의 책, 531쪽.

37) J. J. Clake, *Oriental Enlightment: The Encounter Between Asian and Western Thought*, London and New York, 1997, p.8.

38) 존 M. 홉슨, 『서구문명은 동양에서 시작되었다』, 정경옥 옮김, 에코리브르, 2005, 27-28쪽.

움켜쥐면서 '지배서사' 정당화했다.

앞서 언급했듯이, 오리엔탈리즘은 서구의 다양한 권력과 불균형적 교환과정에서 존재한다. 즉 오리엔탈리즘은 식민지 제도에서 드러났던 권력, 비교언어학, 비교해부학, 현대 정책과학과 마찬가지로 유행적인 학문에서 나타나는 지적(知的)인 권력, 텍스트에 대한 정통한 해석, 규범을 동반한 권력, 우리의 행동에 대한 관념들이 있다. 하지만 동양의 타자는 '서구인들'과 마찬가지로 제대로 이해할 수 없는 서구인 중심의 도덕적으로 우월한 권력에 의해 형성된 것이다.[39]

4. 오리엔탈리즘을 넘어 문명 주체의 철학을 향해

지금까지 고찰한 바와 같이, 우리는 동서 철학 및 동서 문명 간의 화해와 극복의 조건들을 다음과 같이 한국 사회에 제시해 보고자 한다.

첫째, 문명의 충돌은 21세기 현시점에서도 위험의 요소들이 여전히 상존해 있다. 이런 점에서 동서양 철학 및 동서 문명의 대화가 여전히 필요한 시점이기도 하다. 즉 동서 철학 및 동서 문명 사이의 대화는 인류 문명이 소수 권력에서가 아닌 다수의 권력이 존재한다는 사실을 전제로 한다. 이를테면 대화는 평등과 상호 구별을 인정한다. 어느 사회든지 평등이 부재하다면, 상호 의사소통을 하기 위한 여건도 존재하지 않는다. 어떤 제대로 된 구별이 없다면, 그다지 대화할 필요가 없다. 그래서 평등은 동서 문명 사이에 대화의 토대를 조성해 주고, 그러한 구별에 의해서 공통의 과제를 바람직하게 의미 있는 것으로 안내한다. 헌팅턴이 제시했던 문명의 충돌에서 유의미한 관점을 찾고자 한다면, "문화의 다원성을 주장했다는 사실"[40]이다. 하지만 문화 다원성의 이면에는 미국 상류사

39) Edward Sade, 『오리엔탈리즘』, 박홍규 옮김, 교보문고, 1999.
40) 뚜웨이밍, 『문명들의 대화』, 김태성 옮김, 휴머니스트, 2006, 165쪽.

회에 보다 유리하게 작용하고 있다는 사실이다. 지금까지 미국을 비롯한 열강들이 자신들의 문화만이 우월하고 인정하기를 강요해왔다면, 이제 이러한 생각들은 21세기 문화다원주의 사회에서 더 이상 바람직하지 않다. 이제 타 문화를 인정하고 세계에 무수히 많은 다른 문화들이 다양하게 존재한다는 사실을 인정해야 한다. 그래서 타자와의 평화가 당위로 다가왔다. 두유명(杜维明, Tu Weiming)이 언급한 바와 같이, "다양성이야말로 공개적이고 역동적인 공동체를 형성하는데 힘"[41]을 실어주는 요소임에 틀림없다. 이런 측면에서 동서간의 상호 소통해야 한다는 대화의 기술은 여전히 유효하다. 하지만 동서간에 상호 소통은 단순하게 오류에 대한 논박에 의해서 진리를 이끌어낼 수 있다는 소크라테스식의 지적 산파술 및 대화술을 말하는 것은 아니다. 우리가 배워야 할 대화의 기술은 지금까지와는 전혀 다른 패러다임의 전환이 필요하다. 따라서 대화의 기술은 이 세계를 보다 폭넓게 포용하고 해석하여 상호인정의 절차를 통해 학습해나가야 할 것이다. 이를테면 우리는 단순히 보편이 아니라 특수성에 눈여겨보아야 한다. 왜냐하면 보편적인 문명이란 서로 충돌을 하게 되면, 세상이 동요될 수 있고 고귀한 생명들을 상실할 수 있게 되기 때문이다.[42]

이른바 대화는 상호 간에 참된 합의를 이끌어 내기 위해 또한 자기의 목적을 달성하기 위해 단순한 설득전략이 아니라 오히려 서로의 가치를 존중해야 하는 것이다. 그렇게 했을 때 상호 새로운 삶의 의미를 창조해 낼 수 있는 것이다. 따라서 동서 문명간의 대화는 자신의 생각과 신념 및 믿음을 설득해야 하며,[43] 자신의 의견에 대해 타자를 존중하고 인정하는 자세이다, 그렇게 하여 자신의 존엄한 가치에 대해 동의를 이끌어 내어 자신의 행위도 평가받게 하는 것이다. 특히 현대 해석학의 아버지라 불

---

41) 두유명, 『문명간의 대화』, 나성 옮김, 철학과 현실사, 2007, 113-114쪽.
42) 조너선 색스, 『차이의 존중-문명의 충돌을 넘어서-』, 말글 빛냄, 2007, 53쪽.
43) 두유명, 앞의 책, 109쪽.

리 우는 가다머의 해석학에서 동서철학문명의 지평을 엿볼 수 있다. 가다머는 과거와 현재라는 지평융합(Horizontverschmelzung)의 개념을 적용하여 이해과정을 전개했다. 즉 지평이란 활짝 열려져 있는 가운데 누구나 함께 하는 그 무엇인 것이다. 지평은 동서간의 하나의 관점이며 지속히는 전통 속에서 만나야 하는 것이다.[44]

위에서 언급하였듯이, 오리엔탈리즘의 편향된 시각을 중단하고 그 대안을 찾는 방법은 최소한 대화이다. 가다머의 철학적 해석학에서 선이해(先理解)에 기반한 지평융합은 동서양 문명의 화해를 뜻한다, 여기서 동서양의 화해는 타자와의 차이에 대한 자기 인식, 타자에 대한 타자성, 그 타자의 인정을 함축한다. 가다머의 사유방식이 동서양의 권력구조에 아주 민감하게 반응하는 아니지만, 동서양의 상호 텍스트를 이해하는 방식에 중요한 관점을 제공한다. 또한 가다머의 철학적 해석학을 통해 오리엔탈리즘의 한계와 문제점들을 인식하는데 이론적 관점을 제공해줄 수 있다.[45] 즉 왜곡되고 폄하된 "오리엔탈리즘에서 벗어나 진정한 새로운 이해와 해석의 가능성을 열어 놓는 자세"[46]가 필요할 것이다. 한국 사회는 식민지 경험과 급속한 서구화 과정을 거치면서 오랜 시간 '타자화된 주체'로 존재해 왔다. 이러한 오리엔탈리즘적 시선은 단순한 문화적 왜곡을 넘어 철학적 담론과 지식체계의 구조에까지 깊이 뿌리내리고 있다. 따라서 우리는 오리엔탈리즘의 철학적 구조를 비판적으로 고찰하고, 한국 사회 내에서 그것의 문명적 전환 가능성을 탐색하는 것을 목적으로 해야 한다.

둘째, 농서양의 이분법적 논리를 해체하고 기존의 서구 중심적 관점들

44) 양해림, 「가다머: 철학적 해석학」, 『스물에 만나는 현대해석학의 거장들』, 집문당, 2023.168쪽.

45) J. J. 클라크, 『동양은 어떻게 서양을 계몽했는가』, 장세룡 옮김, 우물이 있는 집, 2004, 24쪽.

46) 성균관대학교 동아시아 유교문화권 교육·연구단편, 「유가의 예에 대한 해석학적 접근」, 『동아시아 유교문화의 새로운 지향』, 청아람미디어, 2004, 91쪽.

을 재구성해야 한다. 서구철학은 해체주의의 영향으로 서로 다른 문화권의 다양성, 개별성, 복수성, 특수성 등을 인정해오고 있다. 지금까지 "서구중심의 로고스중심주의, 즉 서구의 이성 중심주의에 대한 비판은 반드시 필요한 작업이다."[47] 로고스중심주의는 유럽 중심의 형성물이며, 형이상학, 과학, 언어들이 로고스에 의존하고 있는 모든 영역에 해당되어 있다. 로고스중심주의는 그 지금까지 어느 영역에서든지 막강한 힘을 한 곳에 집중하여 중심화시켰다. 로고스중심주의는 20세 중반이후 전개해왔던 포스트모더니즘의 영향으로 어느 대상이든 오직 유일한 견해만 있는 것이 아니라 각 개인의 개성에 따라 수많은 패러다임이 있다고 주장해왔다. 포스트모던적 사유는 각 개개인의 경험을 존중하고 다양한 견해들을 포용하고 문화다원주의의 입장들을 존중해왔다. 이 세계는 하나의 단일한 이상적(理想的) 체계가 지배하고 있는 것이 아니라 개별적인 가치를 지닌 다양한 문화 경험들이 어느 곳에든지 섞여 있다고 주장한다. 즉 포스트모더니즘은 획일적이고 단일한 기준 틀을 고수했던 사고방식에서 다양한 시각을 인정하고 존중해야 한다고 주장한다. 이를테면 포스트모더니즘은 문화다원주의에 대한 일련의 교정(矯正) 수단으로 생각했다.[48] 지난 20세기까지 미국을 중심으로 하는 일극(一極) 체계의 지배는 쇠퇴해졌다.

미래학자 리프킨(Jeremy Rifkin)에 따르면, 미국을 중심으로 하는 일극 정신이 과거에 너무 사로잡혀 있는 나머지 쇠퇴하고 있는 반면, 유럽을 중심으로 하는 유러피언 드림이 우뚝 섰다. 그러한 까닭은 "유러피언 드림은 개인의 자유보다 공동체 내의 관계를, 동화보다는 다양성을, 부의 축적보다 삶의 질을, 무제한적 발전보다 환경보전을 염두에 둔 지속가능한 개발을, 무자비한 노력보다 온전함을 느낄 수 있는 심오한 놀이를, 재산권보다 보편적 인권을, 일방적 무력보다 다원적 협력을 강조한

47) 미하일 리클린, 『해체와 파괴』, 최진석 옮김, 그린비, 2009, 30쪽.
48) 제러미 리프킨, 『유러피언 드림』, 이원기 옮김, 민음사, 2009, 13-15쪽.

다는 점”49)에서 그러하다. 지금껏 권력의 중심이 미국의 일극 중심에서 유러피언 드림으로 이동했거나, 중국을 비롯한 동양 드림으로 상당부분 이동했을지라도, 지금껏 인류가 추구해왔던 보편적 가치를 무시하고 인정하지 않는 정신의 추구는 곧 쇠퇴 내지 소멸할 운명에 처하게 될 것이다. 이러한 경향은 동서양을 막론하고 오랜 역사가 분명하게 증명해왔다. 그렇기 때문에 오리엔탈리즘은 지금까지 서구의 문화적 가치를 보편적 현상이라 확신했던 서양의 신념에 대해 이제 그렇지 않은 허위 및 거짓된 가치들이 함축되어 있다는 사실을 입증할 필요가 있다. 향후 지금까지 서구 중심적이었던 믿음을 상당부분 허구라는 사실을 찾아내고 논박하여 동양의 소중한 가치들을 지켜내야 할 것이다. 따라서 오리엔탈리즘 철학을 재인식한다는 것은 단순한 비판에 머무르는 것이 아니라, 자기 문명의 철학적 재구성을 의미한다. 한국 사회는 오리엔탈리즘에 의해 타자화된 경험을 바탕으로, 보다 포괄적이고 윤리적인 철학의 전환을 모색할 수 있다. 이는 곧 지식 식민주의의 해체, 자기 철학의 복원, 그리고 문명적 주체성의 선언으로 이어질 수 있다. 이제 한국은 더 이상 해석당하는 ‘동양’이 아닌, 철학을 통해 해석하는 동아시아의 주체로 나아갈 수 있다.

셋째, 서구의 패권주의가 오리엔탈리즘의 지배 권력과 지배의 조건을 정당화해 온 것에 대해 적극적으로 타파해나가야 할 것이다. 서구의 패권주의는 오리엔탈리즘의 필수 조건이었지는 모르지만, 그렇다고 해서 충분한 조건은 아니다. 왜냐하면 오리엔탈리즘은 서구의 낡은 패권주의에서 태동했기에 이에 대한 시정은 여전히 시급하기 때문이다. 또한 서구 패권주의에 맞서 동양의 문화를 반영한 패러다임의 획기적 변화가 더욱 필요한 시점이다. 이제껏 오리엔탈리즘이 서구의 아시아적 식민 지배를 당연시하고, 정당화했던 지배담론을 더 이상 전파시킬 수 없게 대항

49) 제러미 리프킨, 위의 책, 12쪽.

담론을 확산시켜나가야 할 것이다. 이제 중국을 비롯한 일본, 한국 등 동양 사회는 서구와 대등한 혹은 월등한 정치, 경제적 힘을 축적한 지 오래 되었다. 그래서 지금껏 서구중심의 게임 규칙을 서구와 평등한 조건으로 수정하여 보다 효율적이고 실효성 있는 전략을 구상하여 적극적으로 매진해 나가야 할 것이다. 이런 점에서 향후 오리엔탈리즘의 향방은 서구 세계에 대한 21세기의 대항 담론으로서 오히려 오랫동안 축적되어 온 동양적 사유의 자산들을 발굴하여 서구의 왜곡된 오리엔탈리즘이 발 딛을 수 없게 해야 한다.

한국 사회는 식민지 경험과 급속한 서구화 과정을 거치면서 오랜 시간 '타자화된 주체'로 존재해 왔다. 이러한 오리엔탈리즘적 시선은 단순한 문화적 왜곡을 넘어 철학적 담론과 지식체계의 구조에까지 깊이 뿌리 내려왔다. 오리엔탈리즘은 동양에 대한 서양의 지배, 서양 중심의 우열의 구조화, 권위화의 방식이다. 이러한 담론은 동양을 비합리적·신비적·낙후된 문명으로 설정하며, 서구 문명의 우월성을 정당화해 왔다.

하지만 현시점에서 서양의 이분법적 우월구도는 이미 붕괴되고 있다. 즉 서양이 오랫동안 무차별 살포했던 서구 중심의 이분적 사유 구도는 그 정당성을 이미 상실했다. 이제까지 이성을 수단으로 했던 서구중심의 공리주의 및 실용주의적 유용성의 사유체계는 상당부분 그 설득력을 상실했다. 즉 문명의 충돌이냐 혹은 문명의 공존이냐? 이러한 물음에 대한 양자의 차이 및 간극이 존재한다면, 문명의 충돌 및 공존을 가능하게 하는 것이 무엇인지 되물어야 한다. 흔히 언급하고 있듯이, "동양이 옳은가, 서양이 옳은가?"[50]라는 상식적인 어느 한쪽의 선택적인 물음도 동서 문명의 공존을 위해서도 더 이상 바람직하지 않다. 다시 말해 동서양 어느 한쪽을 양자택일하여 어느 한쪽 편에 서고자 하는 자세도 동서 문명의 공존을 위해서 바람직하지 않다. 이를테면 어떤 방향에서는 유, 불,

50) 동양과 서양의 옳고 그름에 대한 자세한 내용은 다음을 참조: 리처드 니스벳, 『생각의 지도』, 최인철 옮김, 김영사, 2006, 203-239쪽.

도를 비롯한 동양 철학의 사고방식을, 다른 방향에는 고대 그리스철학을 비롯한 서양철학의 사고방식들이 각기 상이하게 나타날 수 있다. 따라서 우리가 동서양 사고방식을 생산적이고 긍정적으로 받아들인다면, 양자 간의 비교우위의 사유는 더 이상 무의미하다.

지금껏 한국의 철학 교육 및 연구는 대체로 서구 중심으로 구성되어 있으며, 칸트, 하이데거, 니체, 마르크스 등의 철학이 '보편철학'으로 간주되고, 유교, 불교, 동양철학은 종종 주변화 되어 왔다. 이는 곧 지식의 식민화 구조를 반영한다. 서구중심의 철학은 자기철학의 배제라는 형태로 오리엔탈리즘을 재생산해왔다. 지금은 주변부의 위치를 활용하여 '타자적 주체성'을 자원으로 전환하는 방식이 존재한다. 시민철학, 여성철학, 생태철학은 모두 이러한 전복적 전환을 지향하며, 서구 이성 중심주의에 대한 대안을 제공한다.

따라서 오리엔탈리즘 철학을 재인식한다는 것은 단순한 비판에 머무르는 것이 아니라, 자기 문명의 철학적 재구성을 의미한다. 한국 사회는 오리엔탈리즘에 의해 타자화된 경험을 바탕으로 보다 포괄적이고 윤리적인 철학의 전환을 모색할 수 있는 여건이 이미 무르익었다. 이는 곧 지식 식민주의의 해체, 자기 철학의 복원, 그리고 문명적 주체성의 선언으로 이어질 수 있다.이제 한국은 더 이상 해석당하는 '동양'이 아니라 철학을 통해 해석하는 동아시아의 주체로 나아갈 수 있다.

참고문헌

강상중, 『오리엔탈리즘을 넘어서』, 이경덕·임성모 옮김, 이산, 2004.
강정인, 『서구중심주의를 넘어서』, 아카넷, 2004.
김민웅, 『밀실의 제국』, 한겨레신문사, 2003.
김상일, 『뇌의 충돌과 문명의 충돌』, 지식산업사, 2007.
니스벳, 리처드, 『생각의 지도』, 최인철 옮김, 김영사, 2006.

두유명, 『문명간의 대화』, 나성 옮김, 철학과현실사, 2007.
뚜웨이밍, 『문명들의 대화』, 김태성 옮김, 휴머니스트, 2006.
리클린, 미하일, 『해체와 파괴』, 최진석 옮김, 그린비, 2009.
리프킨, 제러미, 『유러피언 드림』, 이원기 옮김, 민음사, 2009.
맥클라우드, 존, 「식민주의 담론읽기」, 『탈신민주의의 길잡이』, 최인환 옮김, 한울, 2003.
박순영, 「Gadamer의 해석학과 정신과학의 방법론」, 『철학』 제24집, 한국철학회, 1987.
브케티즈, 프린츠, 『자연의 재앙, 인간』, 박종대 옮김, 시아출판사, 2004.
사이드, 에드워드, 『도전받는 오리엔탈리즘』, 김영사, 2001.
사이드, 에드워드, 『오리엔탈리즘』, 박홍규 옮김, 교보문고, 2000.
색스, 조너던, 『차이의 존중-문명의 충돌을 넘어서-』, 말글 빛냄, 2007.
송영배, 『동서철학의 교섭과 동서양 사유 방식의 차이』, 논형, 2004,
슈펭글러, 오스발트, 『서구의 몰락』, 양해림 옮김, 책세상, 2008.
슈펭글러, 오스발트, 『서구의 몰락』, 양해림 옮김, 책세상, 2019.
시로, 고사카, 『근대라는 아포리아』, 야규 마코토 최재목 외 옮김, 이학사, 2007.
양해림, 「그리스 비극과 소크라테스 비판 -니체의 『비극의 탄생』을 중심으로-」, 『니체연구』 제16집, 한국니체학회, 2009.
양해림, 「동양과 서양의 생산양식 구성은 어떻게 이루어 졌나?-마르크스의 아시아적 생산양식을 중심으로-」, 『동서철학연구』,제 90집, 한국동서철학회, 2018, 379-407쪽.
양해림, 「루만 체계이론에 의한 유교의 상호소통 가능성 -유교정치체계와의 교섭을 중심으로-」, 『동서철학연구』, 한국동서철학회, 제94집, 2019.
양해림, 『21세기 한국사회와 철학』, 철학과현실사, 2008.
양해림, 『스물에 만나는 현대 해석학의 거장들』, 집문당, 2024.
이승환, 「우리 안의 오리엔탈리즘」, 『유교담론의 지형학』, 푸른숲, 2004.
이진우, 『니체, 실험적 사유와 극단의 사상』, 책세상, 2009.
임홍빈, 「인권담론의 세계성과 문화다원주의」, 『세계화의 철학적 담론』, 문예출판사, 2002.
코치, 리차드·스미스, 크리스, 『서구의 자멸』, 채은진 옮김, 말글빛냄, 2009.

클라크, J. J., 『동양은 어떻게 서양을 계몽했는가』, 장세룡 옮김, 우물이 있는 집, 2004.

푸코, 미셸, 『감시와 처벌: 감옥의 탄생』, 오생근 옮김, 나남출판, 1994.

푸코, 미셸, 『광기의 역사』, 이규현 옮김, 나남출판, 2003.

함재봉, 『탈근대와 유교』, 나남출판, 1998.

헌팅턴, 새무엘, 『문명의 충돌』, 이희재 옮김, 김영사, 1997.

홉슨, 존 M., 『서구문명은 동양에서 시작되었다』, 정경옥 옮김, 에코리브르, 2005.

Barbarić, Damir, "Zur Sprachauffassung H.-G. Gadamers", in: *Internationale Zeitschrift für Philosophie*, Heft. 2. 1996.

Clake, J. J., Oriental Enlightment: The Encounter Between Asian and Western Thought, london and New York, 1997.

Foucault, M. *Jenseits von Strukturalismus und Hermeneutik,* Frankfurt. a. M. 1987.

Foucault, M. *Überwachen und Strafen,* Frankfurt, a. M. 1994,

Foucault, M., "What is Enlightenment ?", in: *The Foucault Reader*, New York; Pantheon Books, 1984.

Gadamer, H.-G., *Wahrheit und Methode, Grundzüge eine philosophischen Hermeneutik*, Tübingen; J.C. Mohl, 1972,

Morgot Fleischer, *Der Sinn der Ende und die Entzauberung des Übermenschen: Eine Auseinandersetzung mit Nietzsche*, Aarmstadt, 1993.

Nietzsche, Friedrich, *Sämtliche Werke. Kritische Studienausgabe*, 2, hrsg. v. M. Montinari, die Gruyter, Berlin/New York, 1980.

Said, Edward, "Foucault and the Imagination of Power", Foucault; A Critical Reader, ed David Couzens Hoy, Oxford: Basil Blackwell, 1986.

Shohat, Ella and Robert, Stam, Robert, *Unthinking Unrocentrism*, London and New York, 1994.

Toynbee, A., *Kultur am Scheidewege*, Ullstein, 1958.

Young, R., *White Mythologies: Writing History and the west*, New York, 1990.

제13장

한국 사회에서 아시아적 생산양식은 여전히 상호 소통할 수 있을까?

-마르크스의 아시아적 생산양식-

제13장

한국 사회에서 아시아적 생산양식은 여전히 상호 소통할 수 있을까?

-마르크스의 아시아적 생산양식-*

1. 들어가는 말: 오리엔탈리즘의 시각

"오리엔탈리즘의 범주"[1]가 서양의 발흥에 대한 주요한 서술 속에 포함된 것은 분명해 보인다. 마르크스(Karl Marx, 1818~1883)가 유럽자본주의를 강력하게 혹평한 인물이었다는 사실을 감안해 볼 때, 마르크시즘은 오리엔탈리즘의 성격과는 그다지 부합하지 않을 것이라 생각할 수 있다. 그러나 마르크스는 서양을 발전적인 세계역사의 능동적인 주체로

---

* 이 글은 「동서철학연구」, 한국동서철학회, 2018, 379-407쪽에 실린 내용을 수정·보완한 것임.

1) 에드워드 사이드(Edward W. Said, 1935-2003)는 『오리엔탈리즘』(1978)이란 저서에서 서구중심주의의 논의를 학계에 본격적인 물꼬를 트게 한 장본인이다. 오리엔탈리즘은 동양을 서양의 타자로서 획기적으로 조립하고 건설했다는 가설에서 출발한다. 그는 이 저서에서 지금까지 서구의 동양에 대한 편견을 강하게 비판했으며, 오리엔탈리즘을 탈식민지 담론에 빠트릴 수 없는 쟁점으로 부각시켰다. 그의 오리엔탈리즘은 서구 내부의 문헌에서 서구의 타자인 동양의 서구중심주의를 구축하고자 하는 적나라한 의도를 보였다.(Edward, W. Said, 『오리엔탈리즘』, 박홍규 옮김, 교보분고, 1999, 83쪽.) 이에 대한 자세한 논문은 다음을 참조: 양해림, 「동서 문명의 전환-서구중심주의의 해체적 담론 전략을 중심으로-」, 『동서철학연구』, 제54호, 한국동서철학회, 2009, 385-410쪽.

격상시키고, 동양을 수동적인 객체로 격하시켰다.

마르크스의 이론에 따르면, 서양이 능동적 주체로서 세계를 유일무이하게 발전시켰으며, 동양에는 아무런 발전적인 역사가 없다고 못 박았다. 아비네리(S. Avineri)에 따르면 "중국은 시간의 톱니바퀴 속에서 빈둥거리는 부패중인 어눌한 문명이있다."[2] 즉, 아비네리는 영국 세국주의에 대한 마르크스의 설명을 제국주의 형태들이 광범위하면 할수록 근대화는 더욱 필연적인 가정을 이끌어왔다고 주장한다. 이른바 아시아적 특수성은 암묵적이기는 했지만, 궁극적으로 제국주의적 팽창을 정당화하는 논거를 제공해 왔다. 마르크스주의자들이 종종 이러한 특수성의 개념을 타파하기 위해 논쟁해 왔던 이유는 아시아적 생산양식이 강한 이데올로기적 성격을 함축하고 있었기 때문이다. 따라서 중국은 아편전쟁이나 자본주의 세계무역의 열정적인 자극을 향해 침체한 중국의 문을 열어 줄 영국 자본주의들의 침입과 함께 성취되어 왔던 셈이었다.

아시아 사회에 대한 체계적인 이론은 헤겔, 몽테스키외, 홉스 등에게서 찾아볼 수 있다. 독일 역사가 랑케(Leopold von Ranke, 1795~1886)에 따르면, 특히 "헤겔 이후의 동양관"에 따라 아시아인들은 스스로 발전할 수 있는 잠재력을 결여하게 되었고, 전체주의적 경향이 있는 것으로 묘사했던 마르크스의 아시아적 생산양식의 성찰에 동의하게 되었다. 클라크(J. J Clack)에 따르면, 전제군주제가 동양의 특징적인 정치제도였으며, 아시아적 생산양식(AMP, Asiatic mode of production)이라 불렀던 결과에 마르크스가 동의했다는 것이다.[3] 마르크스는 헤겔과 마찬가지로 "동양의 보편적 노예상태"에 대해 말하곤 했다. 여기서 동양의 보편적 노예상태라는 의미는 서양의 노예제나 농노제와는 서로 구별되어

2) Shlomo Avineri, *Karl Marx on Colonialism and Modernization,* New York: 1969, p.184, p.343. 존 M. 홉슨, 『서구문명은 동양에서 시작되었다』 정경옥 옮김, 에코리브르, 2005, 32쪽 재인용.

3) J. J. 클라크, 『동양은 어떻게 서양을 계몽했는가』, 장세룡 옮김, 우물이 있는 집, 2004, 115쪽.

야 한다는 것이다.[4] 단지 아시아적 생산양식은 이론적 역할을 하는데 있어서 아시아적 사회를 단순히 해명하는데 있는 것이 아니라, 유럽에서 자본주의가 생성되는 기원을 근본적으로 설명하기 위한 것이었다. 마르크스 입장에서 서양은 역사적인 발전을 승리로 이끈 주동자였고, 동양은 서양의 수동적인 수혜자에 불과했던 것이다.[5] 따라서 아시아적 사회는 유럽과의 차이, 즉 사적 소유의 결여, 중간계급의 미성숙, 도시의 미발전, 부르주아적 제도들의 결여에 의해 정의(定義)되었다.

마르크스의 유럽중심적인 태도는 그의 아시아적 생산양식이론에서 목격할 수 있다. 그는 문명사회의 본질적인 징표로서 사유재산을 들었고 상이한 소유양식을 가진 일련의 인간역사의 단계를 설정했다. 그런데 마르크스는 아시아적 사회를 결코 유럽 지역 역사발전의 최초 단계에 어느 곳에도 포함시키지 않았다. 예를 들어 그는 헤겔의 주장처럼, 고대 그리스-로마시대의 노예사회라든가 봉건제와 연관시키지 않았다. 왜냐하면 노예소유주라든가 봉건영주와 같은 자립적인 소유계급이 결여되어 있는 것은 아시아적 사회에 전형적인 현상이었기 때문이다. 마르크스에 따르면 아시아적 사회는 원시사회이자 인류문화의 단초에 불과하다. 이는 마치 "벌집 속의 벌처럼 개인이 부족이나 공동체의 탯줄로부터 아직 분리되지 않은 사회"[6]와 같다.

마르크스가 보기에 아시아적 사회의 특징은 경제적으로는 어떠한 사유재산도, 어떠한 개인의 자유도 존재하지 않는 목가적인 촌락공동체였다. 즉, 마르크스가 보기에 아시아적 사회는 토지에 대한 사적 소유의 결여와 부족재산, 공동체재산에 기초하는 자족적인 촌락공동체이며, 계급관계의 미흡한 발전, 독재자에 대한 동양의 보편적인 노예 신분이 일반

4) Karl Marx, *Grundriss der Kritik der politischen Ökonomie(Rohenwurf)*, Berlin, 1953. 395쪽.

5) 존 M. 홉슨, 『서구문명은 동양에서 시작되었다』, 35쪽.

6) Karl Marx, *Das Kapital, Bd. 1.* MEW, Bd. 23. 353-354쪽.

화되어 있었다. 또한 일반적으로 촌락의 주민이 있을 뿐 이들은 사유지를 소유하고 있지 못했기 때문에 공동체의 소유는 독재자에 의탁하여 생계를 유지할 수밖에 없었다는 것이다. 중요한 사실은 역사발전의 원동력인 사유재산과 계급투쟁이 없는 아시아적 생산양식의 개념이었다는 것이다.[7] 이를테면 아시아 사회는 자연발생적이며 사유재산이 존재하지 않는 공동체이며 계급관계가 아주 미약하다는 것이다. 그래서 그는 아시아적 사회를 계급사회 중에서 가장 오래된 사회(원시 공산제)에 근접한 사회라고 본 것이다. 문화적으로 아시아적 사회는 자연에 예속된 인간의 수동적 성격이 강했다. 마르크스는 이러한 아시아 사회에 대해 유럽의 문명화된 자본주의가 폭력을 갖고 침투했을 경우에 비로소 그 사회는 해체될 수 있다고 보았다. 따라서 마르크스는 "아시아인들이 그 이전에 만끽하지 못한 사회혁명을 맞이한다."[8]는 것이다.

아시아 사회는 휴머니즘에 전면 배치되는 것이며, 문명화된 자본주의가 이런 아시아 사회에 난폭하게 침투하여 혁명적 변화를 초래하는 것은 정당하다는 것이다. 이런 관점에서 마르크스는 아시아 사회의 혁명적 변화가 인류발전의 세계사적 의미를 갖고 있다고 주장했던 것이다. 그 이후 서양의 많은 학자들은 서구의 합리화 내지 근대화를 아시아의 후진성이라는 관점에서 고찰해 왔다. 하지만 니담(J. Needam)처럼 『중국의 과학과 문명』(1954-2004))에서 아시아, 특히 "중국에 대한 편견이며, 많은 점에서 중세 중국의 사회적, 경제적 체제는 중세 유럽의 체제보다도 합리적이었다"[9]고 기술하는 서구 학자들은 여전히 드물다. 따라서 우리는 마르크스의 아시아적 생산양식을 통해 그 당시 오리엔탈리즘을 살펴보고 현대의 관점에서 아시아적 생산양식을 재조명해 보자.

---

7) 존 M. 홉슨, 위의 책, 33쪽.

8) Karl Marx, "britische Herrschaft in Indien", MEW, Bd. 9. 132-133쪽.

9) 고사키 시로, 『근대라는 아포리아』, 최재목외 옮김, 이학사, 2007, 20쪽.

2. 아시아적 생산양식의 발단

마르크스와 엥겔스(Friedrich Engels, 1820-1895)는 1853년 영국의 외교정책을 비판하는 글을 신문에 기고하면서 처음으로 아시아적 사회의 분석에 관심을 가졌다. 「뉴욕 데일리 트리뷴」(誌)에 실린 마르크스와 엥겔스의 논문은 제임스 밀의 「대영제국 지배 하의 인도 역사」(1821), 프랑소와 베르니에의 「대몽고제국 기행문」(1670)과 리차드 존스의 「부의 분배와 조세 부과 자료에 관한 소론」에서 많은 영향을 받았다. 이러한 자료들을 근거로 마르크스와 엥겔스는 사적 소유, 특히 토지의 사적 소유권 결여가 아시아적 사회에서 사회적 정체를 낳은 근본 원인이라고 주장하였다. 특히 마르크스와 엥겔스는 「뉴욕 데일리 트리뷴」지의 기고문 등에서 토지의 사적 소유를 창출함으로써 영국이 정체된 아시아적 생산양식을 해체시키고 인도 사회를 혁명적으로 변혁시켰다고 주장했다. 예컨대 철도체제, 자유언론, 근대적 군대와 근대화된 통신체제 형태가 사회적 발전을 위한 제도적 틀을 제공했다는 것이다. 마르크스와 엥겔스는 자본주의적 생산관계가 아직 농촌지역 깊숙이 침투하지 못한 곳에서는 러시아적 공동체가 사회주의를 위한 기반을 제공할 수 있다고 주장했다. 그들은 러시아의 혁명은 유럽의 노동자계급의 혁명과 동시에 일어나야만 한다고 보았다. 러시아의 문제는 혁명 전략에 관한 논쟁에서 아시아 자회를 분석하는데 중요한 역할을 했다. 오랜 세월동안 아시아적 사회의 정치조직은 왕조 간의 투쟁과 군사적 정복으로 주기적으로 변화해 왔다. 하지만 이러한 변화도 경제조직의 급진적 변동을 가져오지는 못했다. 왜냐하면 토지 소유권과 농경활동 조직이 실제의 토지 소유자인 국가에 여전히 귀속되어 있었기 때문이었다. 그래서 마르크스와 엥겔스는 1853년 초에는 짜르 치하의 러시아를 반(反)아시아적이라고 간주했다.

아시아적 사회의 정태적 본질은 농업과 수공업과 결합하여 경제적으로 자급자족 상태에 있는 고대 촌락 공동체의 견고한 공존에 근거하고 있다. 이러한 고대 촌락 공동체는 지리적, 기후적 요인 때문에 대규모 수로 공사를 조정하고 개발하기 위한 중앙집권적인 통치기구를 필요로 하는 관개사업을 기반으로 했다. 지금까지 전제군주제의 정체성은 공공사업에서 지배적 역할을 해 왔던 국가의 자급자족적이고 고립적인 촌락공동체의 존재에 의해 실명되어 왔다. 이러한 아시아적 사회의 기본적인 설명은 그 이후에 마르크스와 엥겔스가 완성한 저서를 통해 아시아적 생산양식을 보다 확대시켰다. 즉, 엥겔스는 『반듀링론』(1877)에서 동양적 전제군주의 기반으로서 고립적인 러시아 공동체라는 개념을 발전시켰다. 1877년부터 1882년까지 『조국의 기록』의 편집진이던 자술리치는 엥겔스에게 러시아 사회구조와 혁명의 가능성에 대한 그의 개괄적인 견해를 보여주는 수많은 편지를 썼다.[10] 이를테면 러시아가 사회주의의 기반을 진정 제공할 수 있는가? 그렇지 않으면 러시아는 정치적 발전을 사회적으로 방해하는 대표적 장애물인가 하는 것이었다.

하지만 엥겔스는 『가족, 사적 소유, 국가의 기원』(1884)에서 아시아적 생산양식에 대해서는 그다지 언급하지 않았다. 아시아적 생산양식은 러시아의 혁명투쟁(1905-1917)을 배경으로 마르크스주의자들 사이의 논쟁에서 다시 제기되었다. 왜냐하면 러시아 사회의 특성을 봉건제, 자본주의 또는 아시아적 사회로서 어떻게 개념화하느냐에 따라 각기 다른 정치적 전략을 세워야하기 때문이었다.

아시아적 생산양식은 아시아 지역 밖에서도 발생할 수 있는 공동체적 소유의 한 형태로서 인식되었다. 마르크스의 『자본론』에서도 공동체적 소유의 변형태를 대표하는 것으로서 아시아적 생산양식에 유사한 접근을 했다. 그는 『자본론』에서 아시아의 전제군주제의 기반이 아시아적 촌

10) 마르크스는 동양에 대한 비판은 수많은 신문기사(11848-1862)사이에 74건 정도에 이른다. 논문뿐만 아니라 그의 역사적 유물주의적 접근과 관련한 이론에서도 찾아 볼 수 있다(존 M. 홉슨, 『서구문명은 동양에서 시작되었다』 정경옥 옮김, 에코리브르, 2005, 32쪽).

락의 자급자족성, 수공업과 농업의 일치로 되돌아갔다고 주장한다. 마르크스는 아시아적 정체성의 본질적인 특성을 규정하는 것은 바로 촌락 수준에서 행해진 생산의 단순성이라 말한다. 이것이 아시아적 사회의 불변성에 내재된 비밀이었다고 말한다. 이 공동체들의 잉여생산은 조세의 형태로 국가에 의해 전유되었으며, 결국 지대와 조세는 일치하였다.

마르크스와 엥겔스의 아시아적 생산양식의 분석에서 사적 소유의 결여, 관개사업에 있어서 국가의 지배적 지위, 촌락의 자급자족 경제, 수공업과 농업의 일치, 생산방법의 단순성 등 아시아적 사회의 본질적 특성에 대해 많은 논의를 전개했다. 이러한 다양한 논의의 초점은 서구의 발전과 관련하여 아시아적 사회의 정체성을 인정하면서 자본주의적 발전을 초래하였던 유럽의 봉건제에 내재했던 요소들과는 동일시하지 않으려는 것이었다. 오리엔탈리즘 시각에서 볼 때, 아시아적 사회는 국가기구와 발전이 다소 뒤쳐진 시민사회라는 특징을 갖고 있다. 반면에 유럽은 그 반대의 특징을 나타낸다. 아시아적 사회에서는 부르주아의 계급의 출현과 밀접히 연관된 사회적 장치들, 즉 자유 시장, 사적 소유, 길드구조와 부르주아적 법제 등이 중앙집권적 국가의 시민사회 지배로 인하여 결여되어 있다는 것이다. 사적 소유의 결여는 사회변동의 동인으로서의 사회계급의 발전을 배제했다. 촌락 수준에서 모든 거주자들은 총체적 노예제 국가에 존재하는 피착취계급으로 간주될 수도 있었다.

그러나 아시아적 사회 내에서 지배계급을 판가름하는 것은 섣부른 속단이라 할 수 있다. 마르크스와 엥겔스가 계급관계의 원시적 형태로 간주했던 카스트 제도는 중국, 터키와 페르시아의 분석틀에 적용하는 것은 적절하지 않다. 사회변동의 내재적 메커니즘이 결여된 마르크스의 인도에 대한 분석은 그의 의도가 아니었다 할지라도, 영국 제국주의가 아시아적 생산양식의 해체를 촉진했던 주요한 외생적 힘이 되었다는 것을 암시하고 있다.

3. 마르크스의 아시아적 생산양식

아시아적 생산양식은 마르크스에 의해 먼저 구상되었으며 헝거리의 마르크스주의자였던 퇴케이(Ferenc Tökei)에 의해 이론적으로 완성했다. 즉, 마르크스에 의해 최초로 구상되었으며 퇴케이에 의해 완성된 아시아 사회의 이론을 아시아적 생산양식이라 일컫는다. 퇴케이에 따르면, 주(周)시대(기원전11C~771)에서 1911년에 이르기까지 3천여 년 간 지속된 철저한 고립기간에 중국은 종족공유가 지배적이었다. 잡종같이 열세하고 일그러진 중국사회의 발전은 대체로 고대 노예사회 전(前)단계에 머물러 있었다. 더 나아가 중국사회는 사회주의적 발전단계에 이르러서 잡종같이 열세하고 반야만적이고 반명문적인 아시아 문명을 전 인류 발전의 과정에 비로소 편입될 수 있었던 것이다.[11] 이른바 퇴케이는 "부족소유"[12]에 기반한 아시아적 생산양식을 다음과 같이 이해했다.

> 아시아적 생산양식은 그 전형에 있어서 과도적 형식이다. 그것도 원시공동체와 고대적 생산양식사이에 존재하는 과도적 형식이다. 소유관계의 측면에서 보면, 이것은 원시공동체적 구조와 밀접히 연결되지만, 생산양식과 사회분화 전체의 관점에서 보면 그것은 원시공동체에도 노예제나 봉건제의 범주에도 속하지 않는다.[13]

여기서 퇴케이는 원시공동체, 노예제, 봉건제의 세 형식이외에 이러한 아시아적 생산양식을 네 번째의 전(前)자본주의적 기부구조로 설정한다.[14] 퇴케이는 유럽의 경우보다 여러 세기 정도 앞서 있는 중국 초기 자본주의의 발생에 대해 다음과 같이 언급한다.

---

11) F. Tökei, 위의 책, 86쪽.
12) F. Tökei, *Zur Frage der asiatischen Produktionsweise*, 85쪽.
13) F. Tökei, 위의 책, 86쪽.
14) F. Tökei, 위의 책, 86쪽.

> 아시아적 국가는 농민의 사유재산을 가능하게 하는 특별한 역사적 조건의 부재를 충분히 활용한 셈이다. 그러므로 중국 왕조의 봉건적 요소의 억제는 그 모순성에도 불구하고 진보적인 것으로 평가되어야 한다. 왜냐하면 이런 봉건적 요소의 억제는 고립 속에서도 가능한 한 최대한 발전을 보장할 수 있었기 때문이다.[15]

바로 중국 국가권력의 반(反)봉건적 중앙집권화의 노력이 진보적으로 평가되어 왔다. 이를테면 중국의 열세한 발전이 자족적 촌락공동체를 파괴할 수는 없었다는 것이다. 고립 속에서도 반봉건적 중앙집권화가 중국을 발전시켰기 때문에 진보적인 것으로 평가할 수 있지만, 잡종같이 열세한 발전만으로는 자족적 촌락공동체의 한계를 벗어나지는 못했다. 퇴케이가 보기에 "아시아적 생산양식의 발전 방향은 전진적이지 못하고 후진적이었다. 아시아적 생산양식에는 정지와 정체가 있을 뿐이었다."[16] 그러한 아시아적 생산양식의 정체는 단순하게 어떤 이행단계의 전형적인 발전이 정지해 있다는 것을 의미하는 것이 아니라 전형적인 길에서 빗나갔음을 뜻하는 것이었다. 이러한 마르크스의 유럽중심적인 태도는 아시아적 생산양식이론에서 잘 드러나 있었던 것이다. 그는 문명사회의 본질적인 징표로서 사유재산을 상이한 소유양식을 가진 일련의 인간역사의 단계를 설정한다. 1939년에 마르크스의 유고집인 『자본주의 생산에 선행하는 제 양식』(1858)이 발견되어 아시아적 생산양식에 대한 보완을 했다. 여기서 마르크스는 아시아에서는 국가가 토지를 소유하고 일부 지주와 관료가 토지를 점유하기 때문에 토지의 사적 소유가 없는 아시아 특유의 생산양식이 지속될 수 있었다고 보았다.

하지만 마르크스는 영국에서 오래 체류하는 가운데 중국보다는 인도에 대해서 더 많은 것을 알 고 있었다. 그는 1853년에도 인도를 통해 본

15) F. Tökei, 위의 책, 109쪽.
16) F. Tökei, 위의 책, 92쪽.

중국을 동양적인 것으로 간주하고 있었던 것이다. 그는 인도사회를 이렇게 묘사했다.

> 인도 사회는 전혀 어떤 역사도 가지지 않았다. 적어도 알려진 어떠한 역사도 가지지 않았다. 우리가 그들의 역사라고 묘사할 수 있는 이 무저항적이고 무변동적인 사회의 수동적 기반 위에서 그들의 제국을 구축했었던 계속된 침입자들의 역사에 불과할 따름이다.[17]

마르크스는 1859년에 「중국과의 교역」이라는 글에서는 중국사회의 경제적 구조가 소농과 가내수공업의 결합에 토대를 두고 있다고 주장했다. 그는 중국 농업의 특징을 19세기 청조의 경우 노동집약적인 영세 자영농으로 보았다. 이는 인도를 통해 본 동양의 전형인 국가통제하의 촌락공동체소유가 당시의 중국에는 존재하지 않는다고 생각한 것이다. 그러나 마르크스는 『자본론』 3권에서는 중국에 대해 아시아적 생산의 경제적 토지 공동소유에 근거한 원초적 형태로서의 촌락공동체를 언급한다. 마르크스는 1853년 6월 25일 인도의 촌락공동체를 분석하기도 했다. 더 나아가 마르크스는 인도의 공동소유제에 대해 다음과 같이 언급한다.

> 자연발생적인 공동 소유제란 특수하게 슬라브적이라거나 또는 전적으로 러시아적 형태라는 최근에 널리 퍼져있는 이런 견해는 우스운 선입견이다. 이것은 우리가 로마인, 게르만족, 켈트족에게서 찾아낼 수 있는 원형으로서, 부분적으로 파괴되었다고 할지라도 아직도 지금 인도인들에세도 그에 관한 아주 각양각색의 모범적인 표본을 발견할 수 있다. 아시아적 특수하게 인도적인 공동소유 형태에 관한 자세한 연구는 상이한 형태의 자연발생적인 공동소유제로부터 어떻게 공동소유제가 상이한 형태로 배제되는가를 증명해 줄 것이

17) Karl Mart, "Die zukünftigen Ergenbnisse der englischen Herrschaft in Indien," MEW 9, 220쪽.

> 다. 예를 들면, 상이한 형태의 인도적 공동소유제로부터, 로마적 및 게르만적 사적 소유제가 보여주는 상이한 원형들이 도출해 낼 수 있다.[18]

이러한 주장들은 마르크스가 다른 전자본주의적 소유형태-고전·고대적 및 게르만적의 원초적 모델로서 아시아적 공동소유제를 어떻게 파악했는가를 잘 제시해 주고 있다. 엥겔스에게 보낸 한 편지에서 마르크스는 마우러(Maurer)에 의한 마르크(Mark, 중세 독일의 농촌공동체)이론과 관련해서 이러한 아시아적 소유형태에 관한 그의 견해를 다음과 같이 주장했다.

> 나에 의해 제기된 견해, 즉 아시아적 또는 인도적 소유제 형태가 유럽에서 도처에서 그 시초를 형성했다는 것은 여기에서(마우러가 그에 대해 전혀 아무 것도 몰랐다 할지라도) 새롭게 증명되었다. 그러나 역시 러시아의 소유형태에 대해 독창성을 주장하는 마지막 흔적도 이 선상으로 사려져 버린다.[19]

위의 인용문에서 보듯이, 마르크스의 아시아적인 토지소유제의 생각들은 더욱 명료해 졌다. 특별히 인도적이거나 변형된 슬라브적 형태로 나타나는 아시아적 소유제 형태는 인류 사회공동체의 보편사적 단계의 산물이었다. 따라서 아시아적 토지소유제는 고대적 및 게르만적 형태에 선행한다. 마르크스는 아시아 사회를 문화적으로 일종의 불변하는 "반야만, 반문명의 소규모 공동체"[20]라 진단한다. 그래서 마르크스가 보기에 이러한 공동체는 자립적인 개인의 사유재산이 존재하지 않는다. 이런 의

---

18) Karl Marx, *Zur Kritik der politischen ÖKnomie*, 28쪽. *Das Kapital*, Bd. I. 92쪽.

19) Karl Marx an Engels, 14. März 1868, in: MEW, Bd. 32. 42쪽. Marx an Kugelmann, 17.·Feburar 1870, in; MEW, Bd. 32. 650쪽.

20) Kal Marx, "Die britische Herrschaft in Indien," MEW, Bd. 9, 132쪽.

미에서 마르크스는 아시아에서 "토지 소유의 결여야말로 동방의 하늘에 이르는 실제적인 열쇠"[21]라고 표현했다. 마르크스가 이러한 **사유재산의 결여**라는 내용에 근거하여 확립한 개념이 아시아적 생산양식이론이었다. 여기서 제시된 아시아적 생산양식이란 것이 과연 어떠한 내용의 사회구성이냐? 하는 물음이 철학계·역사학계·경제학계의 중요한 논생이 되었다. 하지만 아시아에는 중국, 인도, 아랍을 포함하는 광범위한 지역이고, 그 광활한 지역을 단일한 공간으로 볼 수가 없기 때문에 아시아적 생산양식에 대한 일치된 견해는 없다.

마르크스에 따르면, 아시아적 생산양식은 사적 소유권이 없고, 계급투쟁이 결여되어 있다. 그 당시 아시아 사회는 관개운하와 같은 대규모 공공사업이 필수적이었다. 이들 요소들은 다시 엄격한 중앙집권적 정부의 변화와 근대화에 맞서는 강력한 요새를 형성하는 결과를 가져왔다. 이러한 생각들은 중국의 한 순환주기보다 더 나은 유럽의 50년 이란 테니슨의 유명한 서구에서 한 마디로 요약되었다.[22] 주지하듯이, 마르크스는 인류발전의 세계사적 의미를 주장했다. 즉, 농경단계로의 사회발전은 가부장적 공동소유가 사라지고 토지나 노예의 사적 소유가 발생해야만 확보될 수 있었다. 그런데 그러한 사적 소유가 발생하지 못한 아시아적 사회는 노예사회의 전(前)단계에서 정체될 수밖에 없었다. 이러한 아시아적 생산양식의 본질적 특징은 다음과 같이 살펴볼 수 있다.

첫째, 토지에 대한 사적 소유의 결여와 부족재산, 공동체재산에 기초하는 자족적인 촌락공동체야말로 아시아 사회의 불변하는 사회경제적 기본단위이다. 둘째, 아시아 사회 경제의 크기는 가내수공업을 하는 정도에 머물러 있다. 셋째, 유일한 소유권자인 독재자 혹은 국가는 아시아적 농업의 토대인 거대한 관개시설에 대한 책임을 지고 있다. 넷째, 계급관계의 미약한 발전, 독재자 혹은 국가가 대한 아시아 사회의 보편적인

---

21) Karl Marx, "Brief von Marx an Engelsam. 2.6 1853," MEW. Bd. 28. 254쪽.
22) J. J. 클라크, 『동양은 어떻게 서양을 계몽했는가』, 116쪽.

노예 신분이 일반화되어 있다. 왜냐하면 유일한 소유자인 독재자 내지 국가 이외에 자기 재산을 마음대로 처리할 수 있는 법률상의 어떠한 계급도 존재하지 않기 때문이다. 일반적으로 촌락의 주민이 있을 뿐이다. 주민들은 사유지를 소유하고 있지 못하기 때문에 공동체의 소유 혹은 독재자나 국가의 재산에 의존하여 생계를 유지할 수밖에 없다. 다섯째, 아시아 사회는 자연발생적이며 사유재산이 존재하지 않는 공동체이다. 그리고 아시아 사회는 계급관계가 미약하다. 그래서 아시아적 사회는 계급사회 중에서 가장 오래된 사회였던 원시 공산제에 가장 근접해 있는 사회로 자리 잡았다.

아시아적 생산양식이라는 개념은 타파, 부흥, 일신이라는 오랜 역사를 겪어 왔다. 마르크스는 『정치경제학 비판(*Kritik der Politischen Ökonomie*)』(1859)의 서문에서 아시아적 생산양식을 사회의 경제적 발전에서 진보한 단계의 하나로 다루었다. 이 책에서 마르크스는 아랍, 인도, 중국, 러시아의 일부를 아시아라는 포괄적 공간개념으로 기술하면서 이 지역은 서구와 다른 경제구조와 사회성격을 가지고 있다고 보았다. 마르크스는 위의 저서 서문에서 세계사적 발전의 과정을 이렇게 표현했다.

> 하나의 사회 구성체는 생산력에 있어서 발전의 여지가 없어질 때까지는 결코 몰락하지 않으며 또 새로운 보다 고도의 생산관계는 이 물질적인 존재조건이 낡은 사회 자체의 모태 내에서 완전히 부화할 때까지는 종래의 것에 의해 결코 대체되지 않는다. 그러므로 인간은 항상 자기가 해결할 수 있는 과제만을 제기한다. 좀 더 정밀하게 고찰해 보면 알게 되겠지만 문제 자체는 그 해결의 물질적 조건이 이미 현존하든가 혹은 적어도 만들어지고 있든가 하는 경우에만 비로소 발생하기 때문이다. … 크게 보아서 아시아적, 고대적, 봉건적 및 근대사회적 생산양식은 경제적 사회구성체의 선진적 전기들로서 묘사될 수 있다. 시민적 생산관계는 적대적인 사회적 생산과정의 최종 형태인데, 이때 적대적이라 함은 개인적 적대성이 아니라, 개인의

사회적 생존조건들로부터 생성 성장된 적대성을 의미한다. 그러나 동시에 시민사회의 품안에서 발전된 생산력은 이러한 적대성을 해결하기 위한 물질적 조건을 창출한다. 따라서 이 사회구성체와 더불어 인류사회의 전사가 종결된다.[23]

위 인용문에서 보듯이, 마르크스가 『정치경제학비판』 서문에서 아시아의 근대사회적 생산양식을 언급했다. 그는 "개략적으로 아시아적·고대적·봉건적·근대 부르주아적 생산양식을 갖고 경제적 사회구성의 계기적(繼起的) 시기로 구별할 수 있다"[24]고 세계사의 발전을 주장한다. 이러한 주장은 인류 최초의 생산양식으로서 아시아적 생산양식을 거론한 것이다. 이것이 마르크스가 생각한 세계사의 발전법칙이다. 말하자면 마르크스의 유물론적 역사발전은 원시 공산주의사회, 고대 노예제사회, 봉건사회, 근대 자본주의사회, 사회주의 그리고 공산주의로 이행한다는 것이며 이 사회발전과정은 아시아를 비롯한 다른 사회에서도 유사하다는 것이다. 이러한 관점에서 마르크스는 동양과 서양의 도시 역사에서 중요한 차이점에 주목했다. 봉건제에서의 교환가치는 생산의 증대를 위한 지역으로서의 정치적으로 독립된 도시의 존재가 부르주아 계급과 산업자본주의 발전에 결정적인 역할을 해 왔다. 반면에 아시아의 도시는 국가의 인위적 창조물이며 농업과 농촌에 종속적이었다. 즉 동양의 도시는 사회의 경제적 구조에서 강요된 단순한 왕족의 거주지였다는 것이다. 마르크스는 국가에 의해 상징되는 사회적 통일체의 실제 기반으로서 자급자족적이고 폐쇄적인 촌락에 의한 토지의 공동체적 소유를 특히 강조했다.

그러나 마르크스는 이런 서구적 역사발전 단계가 그대로 서구 이외의 사회에 적용될 수는 없다는 것을 제대로 인식하고 있었다. 그래서 그는 『정치경제학비판』에서 원시공산주의 사회가 해체되고 고대노예제의 계

23) Karl Marx, *Zur Kritik der politischen Ökionomie*(1859), Berlin, 1968, 16쪽.
24) Karl Marx, *Zur Kritik der politischen Ökionomie,* 16쪽,

급사회가 형성되는 과도기에 아시아적 생산양식이 나타난다고 보았던 것이다. 이렇게 볼 때 마르크스가 주장한 아시아적 생산양식은 첫째, 독자적인 역사발전 단계가 아니라 폐쇄적이고 종속적이었다. 둘째, 원시공동체가 해체되고 계급사회가 출현하기 이전(以前)의 특수한 생산양식이었다. 이러한 관점은 마르크스가 아시아적 정체성과 국가노예를 강조한 것으로 오인되기도 했다.

마르크스는 『독일이데올로기』(1845-1846)에서 각 개인이 자신의 노동을 위한 자연적 전제조건과 토지에 대한 관계들이 일정한 역사적 상황에서 전개되어 왔다. 하지만 노동은 공동체와의 연관성 속에서 이루어지는 방식이었다. 따라서 마르크스는 노동 분업과 소유관계를 역사적 과정의 가장 원시적인 단계는 부족소유제의 단계로 다음과 같이 보았다.

> 그것은 미발달 단계의 생산에 상응하는 것으로, 이 단계에서 한 부족(Stamm)은 사냥, 물고기 잡이, 가축사육, 또는 기껏해야 농경으로 생계를 이었다. 마지막의 경우에 농경이란 경작되지 않은 거대한 땅들이 전제되어야 한다. 이 단계에서 노동 분업은 아직 매우 미발달 상태에 있으며, 가족 아에서 일어나는 자연발생적인 노동 분업의 계속적인 확장에 한정되었다. 따라서 사회구성은 가족확장 안에서 제한된다. 가부장적 부족의 수장들이 있으며, 그들의 밑에 부족의 성원들은 결국 노예일 뿐이다. 가족 안에 잠재해 있는 노예제는 비로소 인구와 수요의 증가 및 전쟁이나 교역과 같은 외적 교류의 확장과 더불어 발달된다.25)

마르크스는 전(前)자본주의적 소유형태들이 지닌 상이한 발달상을 자세히 분석함으로써 자본주의 생산에 선행했던 여러 행태들 속에서 소유형태와 노동 분업을 다음과 같이 제시했다.

---

25) Karl Marx, *Deutsche Ideologie,* : MEW, Bd. 3. 22쪽.

이러한 첫 형태의 공동소유제에서는 첫 전제조건으로서 자연발생적 공동체가 나타난다. 그것은 가족 및 부족 안에서 확장된 가족 또는 가족 간의 상호결혼이나 부족들 간의 결합을 통해서 이루어진 것이다. 우리는 유목적 생활, 즉 유랑이 최초의 생존방식 형태이며, 부족이 어떤 특정한 곳에 정착한 것이 아니라 그들 앞에 놓여 있는 장소로 가축의 먹이를 구해 이주해 갔을 것이라고 상상할 수 있다.-인간이란 천성적으로 정착하고자 하는 기질을 가진 게 아니다.(인간이 원숭이처럼 한 나무에 눌러앉은 것은 특히 그와 같이 풍요한 자연 환경 속에서 그렇게 되었음이 틀림없다. 그렇지 않았으면 인간도 야생동물처럼 방랑적이었을 것이다.) 따라서 부족 공동체, 그러한 자연적 공동체는 결과적 산물로서가 아니고 일시적인 공동체적 토지이용을 위한 전제조건으로 나타난다. 드디어 그들은 정착하게 되고, 그렇게 하여 공동체는 상이한 외적, 기후적, 지리적, 물리적 등등의 제 조건들과 그들의 특수한 자연적 기질 -그들의 부족적 특성-에 의해 종속당하며, 많든 적든 이러한 원초적 공동체는 또한 수정되어 간다. 이 자연발생적 부족공동체 또는 무리적 생활은 그들 삶의 객관적 조건들을 점취하고, 재생산되면서 자립화되는 동일한 활동(목자, 사냥꾼, 농부 등등에 있어서 활동)을 위한 첫 전제조건- 혈통, 언어, 풍습 등등에 있어서의 공동체성-이다.[26)]

마르크스는 이러한 모든 소규모 공동체 위에 존재하는 총괄적 통합체가 사유의 소유자나 유일한 소유자로서 등장하는 대부분의 아시아적 토지형태들을 다양하게 실현될 수 있는 첫째의 형태 안에 포함시켰다.[27)] 마르크스는 아시아적 토지형태들에 대해 다음과 같이 말한다.

두 번째 형태도 첫 번째 형태와 마찬가지로 지역적 역사적 이유 등으로 인해 현저한 여러 변형체를 가져온다. 더욱이 동적(動的)으

26) Karl Karx, Rohentwerf, 375쪽.
27) Karl Karx, Rohentwerf, 376쪽.

로 된 역사적 삶과 운명의 산물이고, 원초적인 여러 부족사회의 변형물이다. 이는 역시 그 첫 전제조건으로 공동체를 기반으로 하지만, 개개인의 단순한 부속물이거나 순전히 자연발생적으로 구성요소를 구성할 뿐 첫 경우에서처럼, 공동체가 그 실체를 구성하는 것은 아니다. 두 번째의 형태는 농촌이 기반을 이루고 있는 것이 아니고, 도시를 이미 촌민들(토지소유제들)의 구축된 본거지(중심지)로서 지니고 있다. 경작지는 도시에 속한 영역으로 등장한다. 촌락은 토지의 단순한 부속물이 아니다. ... 개개인의 소유물은 따라서 공동체와 분리되지 않고, 개개인은 오히려 단지 점유 물자에 불과한 첫 경우와는 다르게 여기서 개개인의 소유물은 그 자체 직접으로 공동체 소유물은 아니다. 개개인의 소유물이 공동 작업을 통해, 즉 예를 들어 동양사회에서의 수로작업에서처럼 실질적으로 그 가치가 더 적게 증식되면 될수록, 부족의 순수하게 자연발생적인 성격이 역사 운동, 이주 등에 의해 더 파괴되면 될수록, 한 종족이 그의 원초적인 본거지로부터 더욱 멀리 떨어져서 낯선 지방에 살게 될수록, 즉 기본적으로 새로운 노동조건들이 등장하여 개개인의 활동이 더욱 계발될수록, 즉 그의 공동체적 성격이 외적으로 더욱 부정적으로 나타난다. 이러한 것들이 나타나지 않으면, 개개인이 토지의 특수한 분활지들의 사적 소유자가 되어, 그 토지를 특수하게 경작한 것이 그의 가족에게 귀속되는 제조건들이 더욱 많이 주어진다.[28]

또한 마르크스는 다음과 같이 공동체 구성원에 대해 서술한다.

노동하는 개개인들, 공동체의 자급자족적 구성원들이 자연적 조건에 대해 그들의 노동이 지녔던 또 하나의 다른 소유제 형태는 게르만적 형태이다. 여기서 공동체 성원은 특수적 동양적 형태에서와 같은 공동체적 소유의 공동점유자가 아니다(그것에서 소유물이란 단순히 공동체소유로서만 존재하며, 그런 존재자로서의 개개인이란

28) Karl Marx, *Rohentwurf*, 378쪽.

단지 그것이 상속될 수 있든지, 또는 없든지 간에 이 특정한 토지의 점유자일 뿐이다. 왜냐하면 소유물의 각 부분은 한 개인 자신을 위해 어떤 한 개별 구성원에게 속하지 않으며, 공동체와 구별되는 것이 아니다. 따라서 이러한 개개인은 단순히 점유자일 뿐이다. 여기서는 오로지 공동체적 소유와 사적 점유만이 공유할 뿐이다. 공동체적 사유와 비교해서 이러한 점유가 존재하는 방식은 노동 자체가 사적 점유와는 분리되어 이루어지는 가 또는 특정 공동에 위에 군림하는 통합체에 의해 결정되는 가에 따라 역사적, 지역적으로 등등 아주 상이하게 변형될 수 있다. 여기서는 그리스 형태(짧게 말해 고전·고대적 형태)에서 보이는 것처럼, 토지가 로마의 토지로서 공동체에 의해 점령되어 있지 않다. 한 일정부분의 토지는 공동체 구성원들로부터 구별되는 것으로서 공동체에 소속된다. 공동체로서의 귀속방법은 다양한 형태로 나타나지만, 또 다른 부분의 토지는 분배되며, 이 각각의 분할지는 사적 소유물로서 로마시민의 소유지와 같이 그 시민에게 속한 자신의 몫의 작업장이라는 점에서 로마적 형태를 띤다. 그러나 그들은 로마 토지의 한 부분에 대한 이러한 절대적 권리를 지니고 있는 한에서만 단지 로마시민일 뿐이다.[29]

계속해서 마르크스는 세 가지 형태의 소유제가 아닌 특징을 비교한다. 그리고 토지소유에 관한 세 가지 전(前)자본주의 형태들의 차이점을 제시한다.

아시아 (가장 이전에 지배적이었던) 형태에서는 소유가 없었으며, 나만 개개인의 점유만이 존재한다. 공동체는 원래부터 실질적 소유자이다. 즉 단지 토지에 대한 공동체적 소유로서만이 존재한다. 고대적 형태에서는 (가장 순수하고 뚜렷한 형태로서 가장 고전적 실례를 보여 주는 로마적 형태에서는) 상호대립적인 형태의 국가 토지소유와 사적 토지소유가 존재했다. 따라서 후자의 형태가 전자의 형

29) Karl Marx, 위의 책, 380쪽.

태를 통해서 매개되거나, 전자를 통해 이중적 형태를 지니며 존재했다. 따라서 사적 토지소유지는 동시에 도시의 시민이었다. 경제적으로 국가시민이란 농촌의 촌민이 곧 도시거주자로 되는 단순한 형태로 용해된다. 게르만적 형태에서는 촌민이 곧 국가시민 즉 시거주자가 된 것이 아니고, 그 기반으로서의 고립되고 독자적인 가족 거주자와 같은 종족 가운데서 그러한 식의 다른 가족거주지들과의 결속 및 전쟁, 종교, 권리중재 등을 위한 가끔 있는 공동화합을 통해서 언제나 변동적인 시민자격을 보증한다. 여기에서는 개인에 대한 토지소유가 공동체의 토지소유에 대한 대립되는 것이었으나, 공동체를 통해 매개되는 것으로 나타나지 않고, 그 반대로 나타난다. 공동체는 이러한 개인적인 토지소유지를 상호 간의 관계 그 자체 속에서만 존재할 뿐이다.30)

여기서 마르크스는 이 세 가지 소유형태의 발달과정의 차이에 대한 원인을 다음과 같이 설명한다.

공동체에서의 삶을 통해 매개된 이러한 소유제가 공동체적 소유로 나타나는가, ... 또는 소유가 국가소유와 사적 소유의 중첩적 형태 속에서 병렬적으로 나타나는가, ... 또는 결국 공동체적 소유란 개인적 소유에 대한 보충물이지만, 그러나 이 개인적 소유가 토대이고 공동체란 공동체 구성원에 의한 총회와 공동의 목적을 위한 그들의 결합이외에는 전적으로 그 자체를 위해 존재하지 않는 형태로서 나타나는가? 공동체 내지 종족의 구성원들의 종족의 토지 -그들이 정착했던 대지-에 대한 처신에서 보이는 이러한 다양한 형태들은 부분적으로는 그 종족의 자연적 기질에 좌우되며, 또 부분적으로는 그가 단지 실질적으로만 토지의 소유자로서 처신하는, 즉 노동을 통해 자신의 결실물을 성취함에 있어서 놓이게 되는 경제적 제 조건들에 의해 좌우되는데, 이것은 그 자체 기후, 물리적인 토지상태, 토지

---

30) Karl Marx, 위의 책, 383쪽.

의 이용을 물리적으로 조건지우는 방식, 적대적인 부족에 대한 태도, 또는 이웃 부족들 및 유랑, 역사적 체험 등을 가져다주는 변화 등에 의해 좌우된다.[31)]

여기에서 마르크스가 유형화된 이 세 가지 전(前)자본주의적 소유형태들에 대한 순서가 연대사적 의미에서 규정되었는지 문제를 제기한다. 또한 이것이 의미론적 분석적 의미에서 파악된 것인가 하는 문제가 제기된다. 다시 말해 이러한 세 형태의 아시아적, 고대적 및 게르만적 토지소유제가 순서에 따라 분류된 역사적 과정을 제시하는가, 혹은 단순히 병렬적으로 존재하는 발전의 가치들을 보여주는 것인가 하는 문제가 제기된다. 이러한 복잡한 문제에 관한 마르크스의 관점은 어떠했는가?

> "역사는 원초적 형태, 즉 공동소유의 모습을 지니고 매우 오랫동안 의미 있는 역할을 수행할 하나의 형태로서의 (예를 들어 인도인, 슬라브인, 옛 켈트족, 등등에서 나타난) 공동소유를 오히려 보여준다.[32)]

마르크스가 사망하기 2년 전에 썼던 한 초안에서 보편사적 해석을 다음과 같이 살펴볼 수 있다.

> 촌락공동체는 역시 아시아에서, 아프가니스탄 등지에서 발견된다. 그러나 그것은 가장 최초의 유형, 이른바 태고적 사회구성체의 마지막 단계를 보여준다. ... 원시적 사회구성체의 마지막 단계에서 보이는 농경공동체는 동시에 공동체 소유에 근거한 사회로부터 제2차적 사회구성체로 넘어가는 이행단계에 존재한다. 즉 제2차적 구성체란, 잘 이해한다면, 노예제, 농노제에 기반한 일련의 여러 사회

---

31) Karl Marx, 위의 책, 385쪽.

32) Karl Marx, *Zur Kritik der politischen ÖKnomie,* 232쪽.

를 포괄한다.[33]

이런 관점에서 마르크스는 제2차 사회구성체의 지배, 복종의 관계를 갖고 노예제와 농노제를 함축했다면, 아시아적 소유제에 기반한 사회구성체의 계급적 성격은 어떻게 설명될 수 있는가? 마르크스에 의하면 아시아적 사회구성체를 계급 없는 사회로 간주하는 가정은 뚜렷한 근거가 없다. 왜냐하면 아시아적 사회구성체는 계급 없는 사회의 마지막 단계에서의 사회구성체로서 동시에 제2차적 사회구성체로서의 이행단계에 지나지 않기 때문이다. 이로부터 우리는 다음과 같은 질문을 제기할 수 있다.

첫째, 어떤 개념을 갖고 마르크스는 아시아적 사회구성체의 계급관계를 특징 지웠는가?

둘째, 이러한 계급관계는 제2차적 사회구성체에 속한 노예제와는 어떻게 구별되는가?

4. 아시아적 생산양식의 근·현대적 논쟁

중국사회는 어떤 사회인가?' 1853년 6월 14일 마르크스는 '중국혁명과 유럽혁명'이라는 글에서 태평천국의 난(1850-1866)과 인도의 세포이의 난(1857-1858)같은 엄청난 혁명이 유럽의 부르주아 자본주의 사회에 결정적인 영향력을 미칠 것이라고 언급했다.[34] 하지만 마르크스가 이렇게 표현한 의도는 유럽에서 어느 정도 완화된 혁명적 상황을 재생시키려는 것이었다. 러시아에서 사회주의 성립과 건설에 뒤이어 중국혁명

33) Karl Marx, "Entwürfe einer Antort auf den Brief von V. J. Sassulitsch, dritter Entwurf", in: MEW, Bd. 19. 403쪽.

34) Karl Marx, "Die Revolution in China and in Europa," MEW, Bd. 9. 85쪽.

의 전성기와 패배기(1925-27)가 뒤따랐다. 중국에서의 이 혁명단계에서는 중국의 특수한 방식이 사회주의로 이행함에 있어서 발생하는 이론적 전략적 문제들이 부상하였다. 이러한 복잡한 문제들과 관련하여 소련의 학자들은 마르크스에 의해 제기된 아시아적 생산양식의 개념 규정에 착수했다. 러시아에서 먼저 제기되어 '중국공산당은 어떤 입상을 취해야 하는가?'라는 물음에서 시작되었다.

아시아적 생산양식이 처음으로 문제를 제기한 인물은 플레하노프(Grigoriy Plechanow. 1856-1918)와 레닌(Vladimir Lenin, 1870-1924)에 의해서였다. 그 당시 이들은 아시아적 생산양식을 단순히 책상 앞에서 하는 이론이 아니라 능동적인 정치투쟁을 통해 러시아 혁명에 깊이 관여했다.[35] 플레하노프는 러시아 역사에 대한 인민주의자들의 유토피아적 견해를 배격했다. 그는 공동체를 러시아 절대주의의 기반으로 간주했다. 그는 토지국유화 제의를 아시아적 생산양식과 동양적 전제군주제의 복귀라고 공격했다.[36] 아시아적 사회에 대한 이러한 논쟁들은 결정론적인 단선적 역사관의 문제에 달려 있었다. 이런 점에서 아시아적 생산양식의 타당성은 복선적인 접근에 중요한 논거를 제공한다. 왜냐하면 이러한 복합적인 접근은 마르크스주의가 필연적 법칙에 따라 역사적 단계들을 기계론적 도식에 따르지 않았기 때문이다. 지난 1925년 논쟁초기에 중국은 아시아적 생산양식이 남아있는 사회라는 견해가 있었지만, 1926년 코민테른은 이를 부정했다. 당시 코민테른이 내린 중국사회는 반봉건·반식민(半封建半植民) 사회였다. 이 논쟁의 발단은 1925년 중국혁명 때 혁명에 당면하고 있는 중국사회가 아시아적 생산양식의 사회라고 규정된 데서 비롯되었다. 이 규정은 다음해에 코민테른에 의해 사회주의 혁명에 대한 제전망의 철회를 선언했다.[37] 그 후부터 중국사회가

---

35) J. Chesneaux, "*Le mode de production asiatique prespectives de recherche*", 19쪽. 송영배, 『중국사회사상사』, 한길사, 1987, 137쪽 재인용.

36) G.W. Plechanow, *Grundprobleme des Marxismus*, Berlin, 1958, Bd. 51, 49쪽.

당면했던 사회의 특질은 반봉건적·반식민지적 사회라고 규정했다. 마르크스가 언급한 아시아적 생산양식이란 무엇이냐 하는 것이 문제화되면서 소련에서는 1926년 이후에 중국에서는 1927년 이후 이에 관한 논쟁이 활발히 전개되었다. 중국공산당은 반봉건근대화, 반제자주화를 위한 혁명을 해야 한다는 것이다. 코민테른의 이 결정이 타당한가에 대해서 중국공산당 내부의 격렬한 토론이 있었다. 중국공산당이 내린 결론은 중국은 반봉건·반식민사회이며 그 과제인 반봉건반제(半封建反帝) 혁명에 역량을 집중해야 한다는 것이었다.

반면에 1925년 헝가리 경제학자 오이겐 바르가(Eugen Varga, 1879-1964)는 「중국혁명에 있어서 경제적 제 문제」라는 글에서 중국은 특수한 사회적 성격을 가지고 있다고 주장하여 아시아적 생산양식의 논쟁에 불을 한층 지폈다. 특히 바르가는 그의 저서에서 아시아적 생산양식에 대한 새로운 토론을 가열시켰다. 레닌그라드의 결정은 마르크스-엥겔스에 의한 아시아적 생산양식의 개념에 두 가지 주목할 만한 테제를 포함시켰다. 첫째, 마르크스에 의해 전자본주의적 구성체로 규정된 아시아적 생산양식의 개념은 하나의 우연한 언급이다. 둘째, 경제적 사회구성체의 선진적 전기들의 하나로서 쓰여진 아시아적 생산양식은 아시아적 생산양식이란 아시아적 생산양식을 다만 아시아적 양태로서 서술하기 위해 다만 지리적으로 해석된 것에 불과하다. 이러한 레닌그라드의 토론의 관점을 아시아적 생산양식에 대한 마르크스-엥겔스적 구상을 통해 검토되었던 것이다. 중국혁명과 목표에 관한 코민테른의 입장은 7차 EKKI의 총회(1926년 11월-12월)와 제 8차 총회(1927년 3월)에서 성립되었다. 이 8차 총회에서 스탈린은 당시 중국혁명의 단계를 제국주의와 봉건주의 잔재에 대항하는 시민적 민주주의 투쟁이라고 규정했다.

원시공산제, 노예제, 봉건제, 자본주의, 사회주의의 단선적 도식은

---

37) J. Chesneaux, "*Le mode de production asiatique prespectives de recherche*", 19쪽.

1931년 레닌그라드 회의에서 아시아적 사회 분석에 대해 아시아적 생산양식을 적용하는 것이 적절하지 않다고 결정한 이후 우세를 보이게 되었다. 이러한 결정은 기계론적인 단선적 역사관에 대한 스탈린의 집착에 의해 확고해졌다. 아시아적 생산양식의 비판은 아시아 사회들이 이후에 노예제나 봉건제의 범주 안에 포섭하고 있다는 것을 의미했나. 학문적 차원에서 확산된 아시아적 생산양식은 정치적 이데올로기적 논쟁을 불러일으켰다. 그 이후 이 토론은 1930년~1931년 트리비리시와 레닌그라드에서 최종적으로 전개되었다. 공식적으로 아시아적 생산양식은 봉건주의의 아시아적 변종으로 정의되었다. 하지만 레닌그라드의 토론이후 아시아적 생산양식의 개념은 소련과 중국에서 마르크스주의자 저서에서 완전히 사라졌다.

> "이렇게 하여 모든 마르크스주의적 역사서술들은 마르크스에 의해 쓰여진"아시아적 생산양식에 대해 한마디도 언명하지 않은 채 다섯 단계로 서술된다. 원시적 공산사회, 노예제사회, 봉건주의, 자본주의, 사회주의.[38]

그러나 사회발전에 대한 이러한 보편적인 단순도식은 민족해방운동의 과정에서 현실적인 사회·경제적 상태를 규정하려는 복잡한 문제와 직접 대치하고 있는 아시아, 아프리카의 특정 사회에 적용함에 있어서 난점을 드러냈다. 탈스탈린화의 정치적 분위기는 레닌그라드 토론 이후 금기되었던 '아시아적 생산양식'에 대한 질문의 제기는 가능하게 했다. 이렇게 중국혁명에서 촉발된 아시아적 생산양식은 마르크스, 엥겔스, 레닌을 비롯한 서구사상가들의 아시아관과 깊은 관련이 있다. 근대 초기에 서구인들은 이집트로부터 아랍, 인도, 남아시아, 중국, 일본에 이르는 거대한 공간을 아시아라는 단일 공간으로 인식했다. 사상적 오리엔탈리즘이라

38) Stalin *Über Dialektischen und Materialismus*, Berlin, 1945, 24쪽.

고 할 수 있는 이 역사관에서 아시아는 서구 유럽 이외의 사회를 통칭하는 개념이었다. 이 전통적 견해를 역사유물론으로 마르크스는 해석했다.

마르크스의 아시아적 생산양식에 대해 비트포겔(Karl August Wittfogel, 1896-1988)은 『동양적 전제주의』(1957)의 저서에서 논쟁을 다시 촉발시켰다. 그는 "마르크스는 중국에서 토지 공동소유가 사라진다고 해서 아시아적 생산양식이 약화된 것은 결코 아니었다."[39]라고 해석한다. 인도의 토지 공동소유에 근거한 촌락공동체보다 중국의 토지 공동소유는 '원초적'이라는 마르크스의 표현에 대해 비트포겔은 원초적이라는 표현을 중국에서 토지 공동소유가 사라진다고 해석한다. 비트포겔은 전체주의 권력의 비교 연구로서 사적 소유권 없이 행정기관을 통제하는 지배계급이라는 견해는 정치권력이 짜르 시대로부터 스탈린의 러시아에까지 계승된다는 것을 지적한다.[40] 1931년 이후 공산주의 지도층이 아시아적 생산양식이라는 개념을 억눌렀다고 하는 주장은 많은 논쟁을 불러 일으켰다. 당의 관료체제가 전통적 전제군주제가 존속되었다는 것이다.

비트포겔은 중국의 사회구조에 있어 관개(灌漑)의 중앙집권적 관리가 갖는 함축에 대하여 관심을 두었다. 『중국의 경제와 공동체』에서 비트포겔의 소련 경제에 관한 연구를 고무한 것은, 막스 베버(Max Weber)가 중국 역사에 가산 관료제라는 개념을 적용한 것으로부터였다. 따라서 비트포겔은 아시아적 생산양식의 개념을 두 가지 문제에서 제기했다. 첫째 그것은 인간과 자연 간의 관계에 대한 전체적인 문제였다. 관개사업의 공적 소유권을 바탕으로 하는 사회구성에 대한 그의 문화지리학적 연구는 인간집단들을 자연과 연결시키는 생산적 노동의 기초과정에 초점을 두었다. 둘째, 지배계급이 생산수단을 소유하지는 못하면서 관료계급으로서 국가기구들과 경제를 통제하는 사회가 존재할 수 있었는지 여부의 문제였다.

---

39) K. A. Wittfogel, *Die orientalische Despotie,* Köln, 1962, 463쪽.
40) G. Sofri, *Über die asiatische Produktionsweise,* Frnnkfurt. a. M. 1972, 134쪽.

탈스탈린화 과정은 1960년대에 다시 아시아적 생산양식에 대한 관심을 불러일으켰다. 비트포겔 이외에 아시아적 생산양식의 옹호자인 마르크스주의자 퇴케이는 아시아적 소유 형식을 부족(部族) 소유의 형식이라고 확신한다. 이를테면 농경 단계로의 사회발전은 가부장적 공동소유가 사라지고 토지나 노예의 사적 소유가 발생해야만 확보될 수 있는 것이다. 그러한 사적 소유가 발생하지 못한 아시아적 사회는 노예사회의 전 단계에서 정체될 수밖에 없었다는 것이다. 그렇기 때문에 아시아적 생산양식의 발전 방향은 전진적이지 못하고 후진적이다. 어떤 이행 단계의 전형적인 발전이 정지해 있다는 것을 의미하는 것이 아니라 동시에 전형적인 길을 빗나갔음을 뜻한다. 반야만적이고 반문명적인 아시아 문명을 전인류 발전의 과정에 비로소 삽입시킬 수 있는 것이다.

마르크스가 아시아에서는 척박한 기후와 지리적 조건 때문에 국가가 관개 시설이나 농업 등 대규모 공공사업의 주체가 되었고, 이것이 동양적 농업경제의 토대를 이루었다는 것이다.[41] 토지의 사적 소유나 자유주의 사상은 존재하지 않았다. 생산은 주로 농업과 수공업에 의존하고 있었고, 중앙집권적 통제로 인하여 생산양식은 수천 년 동안 정체되어 있었다. 이처럼 국가가 사회를 관장하는 전제군주제도에서 자본축적이나 생산적 노동은 생겨날 수 없었다.[42] 그래서 아시아에서 원시 공동체가 변형된 종족공동체가 19세기까지 이어졌다. 그리고 국가가 생산수단과 생산관계를 독점하는 특수한 형태가 지속되었다. 이처럼 1920년대 중국사회를 봉건사회로 보는 관점에 대비되는 견해가 바로 아시아적 생산양식을 가진 특수한 중국 또는 독자적인 역사 발전의 과정을 걸어온 중국이었다.

---

41) Karl Marx, *Die britische Herrschaft in Indien*, MEW. Bd. 9. 129쪽.
42) Karl Marx, 위의 책, 129쪽.

5. 아시아적 생산양식은 한국 사회에 여전히 적용 가능한가?

앞서 고찰한 바와 같이, 마르크스의 아시아적 생산양식의 특징을 다음과 같이 요약해 볼 수 있다.

첫째, 아시아적 생산양식이란 지리적으로 한정되는 개념이 아니고, 인류 사회발전의 보편사적 단계에서 나타나는 생산양식의 일종이다.[43] 둘째, 마르크스에 의한 경제적 사회구성체들의 순서는 연대사적 의미에서 설정된 것이다.[44] 셋째, 아시아적 생산양식은 원시 공동체의 질서로부터 제2차적인 사회 질서에서의 이행 단계에서 나타난다. 즉 노예소유제도 아니고, 봉건제의 한 변종도 아니다.[45]

19세기의 마르크스와 엥겔스의 이론에서 아시아 사회의 분석은 주된 관심사가 아니었다. 그러나 학술적으로 아시아적 생산양식은 마르크스주의에서 주요한 개념적, 정치적 의의를 지닌다. 아시아적 생산양식 논쟁은 비유럽지역에 마르크스주의 개념을 적용할 수 있는가 하는 문제 이외에도 계급사회 및 혁명적 변혁과 세계사에 대한 유물론적 해석의 특성에 관한 문제들을 제기했다. 아시아적 사회라는 개념은 매우 혼미한 상태에 빠질 수도 있지만, 아시아적 생산양식의 타당성을 인정할 때 마르크스주의자들은 서구의 역사가 동양에 비해 우월하다고 생각해 왔다. 이러한 경우 서구의 동적이고 진보적인 특성이 정적이고 다소 보수적인 동양과 뚜렷하게 대비될 수 있다. 아시아적 사회는 전횡적이고, 전체적이며 정체적이라는 서양의 믿음이 내적인 변혁에 필수조건이 된다는 점에서 식민주의를 정당화하는 근거가 될 수 있다.

정통 마르크스주의자였던 알튀세르(Louis Pierre Althusser, 1918~

---

43) E. Varga, 'Über die asiatische Produktionsweise', 184쪽.

44) F. Tökei, "Zur Frage der asiatischer Produktionsweise, 59쪽.

45) R. Eifler, "Vorkapitalistische Klassengesellschaft und aufsteigende Folge von Gesellschaftsformation im Werk von Karl Marx", in: Zeitschrift für Geschichtswissenschaft(1972), H. 5. 594쪽.

1990)와 같은 구조주의적 마르크스주의자들은 생산양식에 대한 분석을 통해 사적 유물론의 과학적 위치를 다시 강조한다.[46] 그는 다양한 생산양식 속에 존재하는 전통적인 사회과학의 근대화와 발전이론들에 대해 엄밀한 마르크스주의적 대안을 제시했다. 아시아적 생산양식에 대한 관심은 주변부 경제에 대한 자본주의적 팽창의 영향을 파악하기 위해 종속(→종속이론), 불균등 발전과 저개발(→저개발과 발전)이라는 개념들을 제시한 마르크스주의에 있어서 보다 일반적 흐름의 한 양상을 보여주어 왔다. 아시아적 생산양식은 단선적 발전 단계론에 따라 노예제와 봉건제에 대한 대안으로서 아시아적 사회가 특수한 측면들을 갖는다는 생각은 동양적 사회의 특수성으로 인식되었다. 이러한 형식적이고 도식적인 분류는 아시아적 생산양식이나 아시아적 사회라는 개념에 여전히 많은 문제점으로 남아 있다. 봉건적 생산양식을 아시아에 적용하는 것은 이 지역의 사회에서 갖는 경험적 복잡성과 다양성의 포괄적 인식을 막연하고 불명료하다는 이유로 비판받아 왔다. 예컨대 비트포겔은 짜르 치하의 러시아, 송조(宋朝)의 중국, 파라오 이집트, 이슬람 지배기의 스페인, 페르시아, 메소포타미아, 사하라 남쪽의 몇몇 아프리카 지역, 하와이와 같은 나라의 발전과 체제에서 다양한 차이를 나타내는 사회에서 수력사회(水力社會)라는 단일한 개념으로 포괄하였다.[47]

마르크스 역시도 중국과 인도 외에 스페인, 중동, 자바와, 콜럼버스에 의해 발견되기 이전의 아메리카를 설명하는 데 아시아적 사회라는 용어를 사용하였다. 하지만 특정한 사회들에 아시아적 생산양식을 적용하는 데에는 수많은 경험적 난점들이 있다. 이론적으로도 아시아적 생산양식은 풀기 어려운 문제를 안고 있다. 예컨대 자급자족적이고 자치적인 촌락들이 촌락 경제에 개입하는 중앙집권적 국가와 어떻게 양립할 수 있는가 하는 것 등이다. 무엇보다 아시아적 사회의 사회적 특징은 생산관계

---

46) L. Althusset, *Für Marx,* Frankfurt.a. M., 1968, 157-158쪽.

47) G. Sofri, *Über die asiatische Produktionsweise,* Frankfurt. a. M. 1972, 134쪽.

의해서라기보다는 대규모 관개사업과 관련된 기술적 요인에 기인하는 것으로 나타났다. 이는 아시아적 생산양식에서 생산관계는 생산력에 의해 결정된다는 사적 유물론과 양립할 수 없는 기술적 결정론에 관한 가정들을 함축한다. 궁극적으로 아시아적 사회에서 국가의 기원에 관한 설명은 수많은 문제점을 제기하고 있지만, 그 당시 계급투쟁이 존재하지 않는 상황에서 국가는 공공사업, 공적인 기능과 관련된 국가의 기능이라는 관점에서 설명되어야만 한다.

마르크스는 비유럽적인, "반야만, 반문명적인"[48] 아시아 사회는 이제 문명화된 유럽 자본주의의 세력에 의해 시민사회화 될 수밖에 없는 필수불가결한 조건이라 생각했다.[49] 이를테면 마르크스주의는 비유럽적인 아시아 사회에서 더 이상 주체적, 자율적인 자기발전의 가능성 대신에 유럽화될 수 없다는 수동적 의미만 부여했다.[50] 마르크스를 비롯한 서구의 오리엔탈리즘 내지 서구중심주의의 논리는 이제까지 자신들의 문화적 가치를 보편적이라 믿어 왔던 서양의 신념에 대해 옳지 않은 가치들이 많이 내재해 있다. 또한 그러한 서구의 믿음이 비도덕적이고 위험할 수 있다는 인식의 공유를 통해 그 허구를 찾아내어 보다 균형 잡힌 이론적 지식으로서 확산시켜 나가야 함은 물론이다.

이제까지 서양의 권력과 지배의 조건을 넘어서 더 풍부하고 비판적 오리엔탈리즘의 사유를 확산하는 작업이 더욱 필요한 시점이다. 서구의 패권주의는 오리엔탈리즘의 필수조건이었지만, 충분조건은 아니다. 이제 여러 방면에서 오리엔탈리즘은 서구의 낡은 패권주의적 유토피아를 청산하고 자아와 다양성에 대한 인식을 고취하는 의사소통과 상호작용의 통로를 더욱 개척해 나가야 할 것이다. 지금껏 오리엔탈리즘은 서구의

48) Markl Marx, "Die britische Herrschaft in Indien", MEW Bd. 9. 122쪽.

49) 송영배, 『동서철학의 교섭과 동서양사유방식의 차이』, 논형, 2004, 318쪽.

50) Karl Marx, "Die künftigen Ergebnisse der britischen Herrschaft in Indien", MEW Bd.9, 221쪽.

아시아 식민지 지배를 반영하고, 지지하고, 정당화하여 동양에 대한 권력과 지배의 담론을 표현했다. 향후 동양은 보다 적극적으로 서구와 대등한 정치, 경제적 힘을 확보하여 게임의 규칙을 서구와 평등한 조건에서 수정하거나 시정하여 서구중심주의를 극복할 수 있는 전략을 보다 실효성 있는 구상도 이울러 필요하다. 따라서 오리엔탈리즘의 향방은 서구세계에 대한 21세기의 대항 담론으로서 오히려 서구를 끌어안는 동양적 사유의 영역들을 보다 확대해 나가는 작업이 필요해 보인다. 즉, 아시아적 생산양식의 핵심 요소인 공동체적 토지소유, 관료적 착취, 중앙집권 체제를 중심으로 조선시대부터 현대에 이르기까지 한국 사회에서의 재현 가능성과 변형 양상을 살펴볼 필요가 있다. 이를 통해 아시아적 생산양식이 오늘날 한국 사회를 이해하는 하나의 유효한 분석틀이 될 수 있는지에 대한 고찰이 필요해 보인다. 다시 말해 향후 마르크스의 아시아적 생산 양식 개념을 바탕으로, 한국 사회에서 나타난 유사한 경제·사회 구조를 고찰함으로써 이 개념이 현대에도 비판적으로 적용될 수 있는지 탐구할 여지가 있다. 아시아적 생산양식은 서구 중심의 자본주의 발전 모델과 다르게 비서구 사회의 역사적 정체성을 설명하려는 시도였다. 특히 국가의 관료기구를 통해 경제적 잉여를 수탈하는 구조는 동아시아 문명권에서 자주 나타나는 양상이다. 한국 역시 유사한 역사적 경로를 거쳤기 때문에 아시아적 생산양식의 개념을 통해 비판적 분석이 가능하다.

아시아적 생산양식은 마르크스 저작에서 일관되지 않고, 특히 유럽중심주의적 시각과 비서구사회의 동질화 문제 등으로 비판을 받아왔다. 하지만 식민주의, 국가자본주의 논의와 결합되면서 현대적 비판이론으로 재조명되었다.

지난 조선시대의 아시아적 생산양식 특징은 토지제도, 과전법, 공전제 등은 사적 소유보다는 국가 소유적 성격을 보인다. 그 당시 관료제 통치은 양반 지배층은 국가 권력을 매개로 경제적 잉여를 흡수했다. 그 당시 마르크스가 주장한 대로 자율적 부르주아 계급이 성장하지 못했고, 사회

구조는 고착화되었다. 조선시대 이후 일제강점기의 아시아적 생산양식은 식민지형 변형되었는데, 일본은 토지조사사업을 통해 공동체적 소유가 해체되고, 국가적 수탈 체제가 강화되었다. 일본 식민정부가 직접 지대를 수탈하며 아시아적 생산양식의 관료적 지배구조가 더욱 재현되었다고 볼 수 있다.

현대 한국 사회에서 아시아적 생산양식의 적용 가능성은 지난 박정희 체제와 국가자본주의로 인한 경제개발 5개년 계획 등에서 국가가 직접 자본 축적 주체로 작용해 왔다. 박정희 체제의 재벌 형성과 국가 권력의 유착은 관료-경제 통합구조로서 아시아적 생산양식의 현대적으로 재현되었다고 볼 수 있다. 즉, 토지 및 부동산 중심의 불평등 구조로 인해 토지가 주요 자산이자 불로소득의 원천이며, 개발권은 여전히 국가가 통제해왔다. 즉 공공개발이익의 사적 귀속이나 국가의 재분배 실패는 아시아적 생산양식의 착취와 유사한 양상으로 나타났다. 또한 고위 관료 및 권력집단의 지속적 재생산은 사회적 이동의 경직성을 초래해왔다. 반면 시민사회는 제약된 참여구조 속에서 한계적 역할에 머무를 수밖에 없었고, 정치 변동은 국가 주도로만 가능했다.

앞서 살펴보았듯이, 아시아적 생산양식 개념은 유럽 중심의 진화모델에서 나온 것이며, 한국 사회의 식민지 경험, 글로벌 자본주의 수용 등 복합적 요소를 충분히 설명하기 어렵다. 그러나 국가와 자본, 토지와 권력의 관계를 분석하는 비판적 도구로 여전히 의미가 있다. 한국 사회는 전근대시대 조선으로부터 식민지기, 산업화 시대, 그리고 현대에 이르기까지 국가 중심의 경제 조직과 관료적 지배구조를 일정 부분 유지해왔다. 이는 마르크스가 정의한 아시아적 생산양식의 요소와 상당 부분 유사하다. 아시아적 생산양식은 한국 사회를 단선적인 자본주의 발전사관에서 벗어나 비판적 역사분석의 틀로 재해석할 수 있게 한다. 하지만 그 적용에는 신중한 역사적 맥락 해석과 함께 현대적 이론의 결합이 필요해 보인다.

참고문헌

고사키 시로, 『근대라는 아포리아』, 최재목외 옮김, 이학사, 2007.

송두율, 『계몽과 해방』, 당대, 2008.

송영배, 『동서철학의 교섭과 동서양사유방식의 차이』, 논형, 2004.

송영배, 『중국사회사상사』, 사회평론, 2012.

양해림, 「동서문명의 전환-서구중심주의의 해체적 담론 전략을 중심으로-」, 『동서철학연구』, 제54호, 한국동서철학회, 2009.

존 M. 홉슨, 『서구문명은 동양에서 시작되었다』, 정경옥 옮김, 에코리브르, 2005.

클라크, J.J., 『동양은 어떻게 서양을 계몽했는가』, 장세룡 옮김, 우물이 있는 집, 2004.

Avineri, Shlomo, *Karl Marx on Colonialism and Modernization,* New York: 1969.

Eifler, R., "Vorkapitalistische Klassengesellschaft und aufsteigende Folge von Gesellschaftsformation im Werk von Karl Marx", in: *Zeitschrift für Geschichtswissenschaft(1972),* H. 5.

Hegel, G. F. W. *Grundlinien der Philosophie der Rechts,* Hamburg 1987.

Jaeggi, Rahel,/Loick, Daniel, *Nach Marx,* Frankfurt. a. M. 2014.

Karl Marx an Engels, 14. März 1868, in: MEW, Bd. 32.

Karl Marx, "Brief von Marx an Engelsam. 2.6 1853," MEW. Bd. 28.

Karl Marx, "Die britische Herrschaft in Indien," MEW, Bd. 9,

Karl Marx, "Die zukünftigen Ergebnisse der britischen Herrschaft in Indien", MEW Bd.9,

Karl Marx, "Entwürfe einer Antort auf den Brief von V. J. Sassulitsch, dritter Entwurf", in: MEW, Bd. 19.

Karl Marx, "Entwürfe einer Antort auf den Brief von V. J. Sassulitsch, dritter Entwurf", in: MEW, Bd. 19.

Karl Marx, *Das Kapital, Bd. 1.* MEW, Bd. 23.

Karl Marx, *Deutsche Ideologie,* : MEW, Bd. 3.

Karl Marx, *Grundriss der Kritik der politischen Ökonomie(Rohenwurf),* Berlin, 1953.

Karl Marx, *Zur Kritik der politischen Ökionomie*(1859), Berlin, 1968.

Marx an Kugelmann, 17. Feburar 1870, in; MEW, Bd. 32.

Plechanow, G.W., *Grundprobleme des Marxismus,* Berlin, Bd. 51, 1958.

Said, Edward, W., 『오리엔탈리즘』, 박홍규 옮김, 교보분고, 1999.

Shlomo Avineri, *Karl Marx on Colonialism and Modernization,* New York: 1996

Sofri, G., *Über die asiatische Produktionsweise,* Frankfurt. a. M. 1972.

Stalin *Über Dialektischen und Materialismus,* Berlin, 1945.

Tökei, F., *Zur Frage der asiatischen Produktionsweise,* Berlin, 1967.

Varga, E., Über die asiatische Produktionsweise, H.12. 1925.

Wiifogel, K.A., *Die orientalische Despotie,* Köln, 1962.

William H. McNeil, "The Rise of the West after Twenty-Five Years", in Stephen K. Sanderson(ed.) *Civilizition and World Systems.* London: Altamira Press, 1995.

제14장

한국 사회에서 서구의 체계이론은 유교와 상호소통할 수 있을까?

-루만 체계이론에 의한 유교의 상호소통 가능성-

제14장

한국 사회에서 서구의 체계이론은 유교와 상호소통할 수 있을까?

-루만 체계이론에 의한 유교의 상호소통 가능성-*

1. 서구의 체계이론과 유교는 어떻게 소통 가능한가?

21세기에 들어서면서 사회·문화, 정치적 맥락에 따라 학제적 연구들이 더욱 거세게 불고 있다. 특히 기술·문화산업·매체·존재론·인식론·텍스트·예술 등을 한 묶음으로 읽어내는 "통합 학문"이 바로 그것이다. 루만(Niklas Luhmann, 1927~1998)의 체계이론은 학제적 연구의 성격을 다분히 띠고 있기 때문에 21세기에 표본적 사례라 할 수 있다. 이러한 추세에 따라 최근 미국을 비롯한 서구유럽 권에서의 학문적 연구는 형식적이고 도식적(圖式的)인 사유의 구분법을 깨고 새로운 패러다임의 전환을 끊임없이 시도하고 있다.

본 글의 목적은 이러한 최근의 학문적 경향에 따라 루만의 체계이론을 중심으로 유교와의 상호소통 가능성을 모색해 보는 데 있다. 루만의 기능주의적으로 구조화된 체계이론은 사회체계를 근본적으로 작동시킬 수

---

* 이 글은 「동서철학연구」, 제94집, 한국동서철학회, 2019, 196-225쪽에 실린 내용을 수정·보완한 것임.

있는 커뮤니케이션의 통로로서 간주된다. 그리고 거기서 루만의 체계이론은 유교와의 커뮤니케이션을 구성하는 동기로서 특별한 의미를 부여할 수 있다. 이런 점에서 루만의 사회체계는 사회의 실천적 삶에 의해 그들의 이론을 이해함으로써 윤리·법·국가·정치·경제·교육 등 개별 과학들의 공통점과 차이점들을 규명을 통해 유교와의 소통가능싱을 모색할 수 있다. 이것은 동시에 루만의 체계이론을 접근하는데 있어서 객관적 정신의 표현이자 문화철학 및 사회철학의 의미를 동시에 표출하는 것이라 할 수 있다. 나아가 우리는 루만의 체계이론을 통해 유교정치체계의 교섭 가능성을 타진해 보고자 한다. 특히 루만은 체계이론에서 사회체계의 순환과정으로서 자동생산(Autopoiesis)의 개념을 중심으로 고찰해 왔다. 그리고 그는 자기준거로서 체계/환경을 구분하여 사회이론을 분석했다. 루만에 따르면 새로운 체계이론의 핵심은 "체계가 아니라 체계와 환경이다. 체계가 수행하는 기능의 개념과 기능적인 분석은 체계 그 자체가 아니라 체계와 환경의 관계에 연관되어 있다. 궁극적으로 모든 기능적인 분석은 체계와 환경의 차이에 놓여 있다."[1)]따라서 우리는 이러한 루만의 기능주의적 체계이론에서 유교와의 상호소통 가능성을 살펴볼 것이다. 이러한 시도를 통해 21세기 민주주의 사회에 부응하는 현대 유교 정치체계가 루만의 체계이론과 교섭하여 새로운 학제적 패러다임으로 전개해 나갈 수 있는 이론인지를 검토해 볼 것이다.

---

1) Niklas Luhmann, *Soziale System. Grundriss einer allgemenies Theorie,* Frankfurt. a m. Main:Suhrkamp 1984, 242쪽.

2. 루만의 체계이론

1) 의식철학에서 탈주체로의 이행과 유교

앞서 언급했듯이, 루만의 체계이론은 단순한 체계가 아니라 "체계와 환경"이다. 이를테면 "체계 그 자체가 아니라 "체계와 환경의 관계"에 있는 것이다. 따라서 루만의 체계이론은 의식의 사실(die Tatsache des Bewußtsein)을 근거로 하여 체계/환경이라는 지식의 본질을 규명한 것이다. 루만은 사회적 체계들에 관한 일반 이론의 기본개요들을 다음과 같이 세 층위로 분류한다.

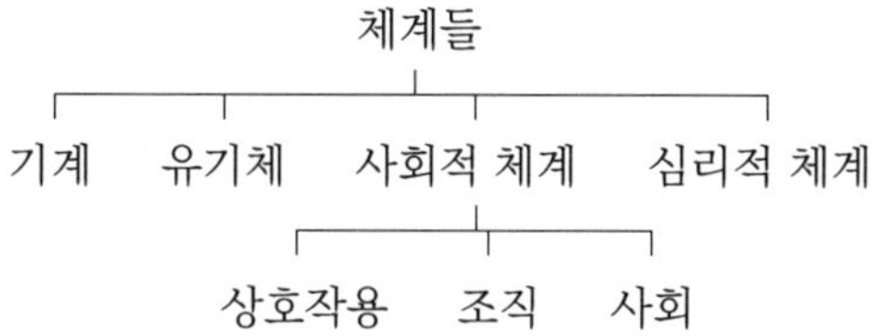

루만은 체계이론의 발전을 다음의 4단계로 구별했다.

(1) 과거에서 전승되었고 오늘날에도 개념의 정의에서 유지되는 체계 개념. 그 개념은 **전체/부분**이라는 범주들로 체계들을 규정하려고 시도한다. 체계를 부분들 사이의 관계라는 순수한 내적 질서로 이해하고, 환경과 어떤 관계도 맺지 않는 전체로 이해하는 체계이론이다.

(2) **균형이론**: 이 이론은 체계들을 마찬가지로 스스로 유지되는 것으로 보았다. 하지만 여전히 환경을 체계 안에서 보상이 이루어지거나 그렇지 않을 수 있는 장애의 근원으로 고려했다.

(3) **환경에 개방 체계이론**: 이 이론은 체계들이 환경과의 교환과정들의 유지와 선택적 조정을 통해서만 유지 가능한 것으로 전제했다. 여기서는 체계와 환경의 상호의존이 이미 정상적인 어떤 것으로 간주되었으

며 결합으로 간주되지 않았다.

(4) **사이버네틱스 체계이론**: 이 이론은 체계와 환경의 관계를 복잡성(Komplexität)의 차이로 파악한다. 이 경우 환경은 지나치게 복잡한 것으로 간주된다. 체계는 자신을 유지하려면 자신의 고유한 복잡성을 환경의 복잡성과 일치관계로 옮겨야 하며, 그 밖에도 강화된 선택권을 통해 자신의 낮은 복잡성을 보충해 나가야 한다.[2)]

루만은 체계이론에서 의식(Bewußtsein)의 철학에 연관시켰다. 루만의 체계이론은 커뮤니케이션으로서 의식을 통해서 생겨난다. 즉, 루만의 체계이론은 “커뮤니케이션 이론에 중요한 이론적 토대[3)]”를 제공한다. 그런데 이러한 사회의 이해는 실제적으로 부차적인 의미에서 의식에 반영되든지 그렇지 않든지 간에 상호 간에 상당 부분 의존해 있다. 유교는 이 가운데 사회적 체계에 해당하며 포괄적인 사회체계로서 자신의 경계 밖에 어떤 사회적 체계도 두지 않는 사회의 부분체계중의 하나이다.[4)] 유교는 나의 수신(修身齊家治國平天下)을 먼저 내세우는 주체를 강조한 반면, 루만은 ‘나’라는 주체의 개념을 배제하고 있다는 측면에서 유교와 상이할 수 있다. 조선후기 유학은 사상적으로 주자학과 이념화된 도덕의 부도덕성을 비판하면서 도덕적 주체의 반성의식을 촉구했다. 이러한 변화의 요구가 정치적 측면에서 대내적 권력비판과 대외적 대청의식의 변화 등 새로운 정치질서의 요구 등으로 전개해 갔다.[5)] 유가적 관점에서 개인의 수신이 이루어진 뒤에는 개인과 가정, 나아가 인류사회가 어떻게

---

2) Niklas Lumann/Jürgen Habermas, *Theorie der Gesellschaft die oder Sozialtechnologie -was leistet die Systemforschung?*, Frankfurt. a. M.: Suhrkamp, 1971, 10-11쪽.

3) 루만의 커뮤니케이션이론에 관한 자세한 내용은 다음을 참조: 정호근, 「의사소통과 매체」, 김상환외, 『매체의 철학』, 나남출판, 1998, 373-404쪽.

4) 이윤미, 「니클라스 루만의 체계이론을 통해 바라본 현대 유교의 텍스트 중심성」, 『종교연구』, 76(2), 한국종교학회, 2016. 54쪽.

5) 이진경, 「주체의 도덕적 관점에서 본 강화학파의 진가론 담론」, 『유학연구』, 제27집, 충남대학교 유학연구소, 2012, 172쪽.

관계를 갖느냐하는 문제가 발생한다.[6] 조선 후기 중심축은 남명에게 확인하듯이, 내적 주체성의 자발성과 자기 형성력의 옹호에 있었다. 이것을 다른 말로는 주재(主宰)라 한다. 자기 안의 주재는 경전의 권위적 주석이나 예의의 타율적 적응에 만족하지 않고, 자신의 실질적 권능을 찾고자 한다.[7] 이렇게 조선유교 내지 유학은 내재적 주체성과 도덕의 주체적 반성을 촉구했다.

먼저 루만은 체계 및 의미의 한계를 다양한 행위에 의해 주어진 수많은 체계를 정렬한다. 행위의 다중성은 행위 하는 자의 주관적으로 의도된 의미와 행위관찰자의 선택적인 의미에 관한 명료성의 차이에 의해서만 나타나는 것은 아니다. 행위의 통일체로서 어떤 문화의 내부에서 이해된 것은 행위에서 드러난 그때마다 동일한 의미연관을 변화시킨다. 루만의 체계이론은 단순히 헤겔의 변증법적이고 논리학적 사유, 후설 현상학에서의 의식의 지향성 개념, 니체의 디오니소스적 이성비판, 마르크스의 자기준거, "사이버네틱스"[8]와 마투라나(Humberto Maturana: 1928-2021)와 바렐라(Francisco Varela: 1946-2001)의 생물학적 유기체 이론 등 의식의 철학을 주축으로 하여 결합시켰다. 하버마스의 따르면, 루만은 고전 사회학의 전통보다는 칸트(I. Kant)에서부터 니체(F. Nietzsche), 후설(E. Husserl)에 이르는 "의식철학의 역사"[9]를 계승하

---

6) 뚜웨이밍, 『문명들의 대화』, 김태성 옮김, 휴마니스트, 2006, 27쪽.

7) 한형조, 「조선유학의 지형도」, 『왜 조선유학인가』, 문학동네, 2008, 371쪽.

8) 사이버네틱스라는 용어는 1948년 미국의 저명한 수학자 위너(Nobert Winer)가 처음으로 사용했다. 위너는 사이버네틱스의 개념들은 그 단시 개발하고 있던 디지털 컴퓨터와 결합시켜 현재 우리가 정보 커뮤니케이션 기술이라고 부르는 기술에 관한 통찰력 있는 이론을 이끌어 냈다. 위너는 2차 세계대전 동안 사격통제장치를 설계하고 분석하면서 인공두뇌이론(사이버네틱스)을 고안해 냈다. 사이버네틱스는 어원상으로 키잡이를 뜻하는 그리스어 kubernetes(항해사, 키잡이)에서 유래한 것이며, 후에 로마로 건너가 "governor"라는 용어를 만들어 냈다. 어원상 사이버네틱스는 조정(steer, pilot)과 통제(control, govern)의 두 가지 의미를 지닌다.(양해림 외, 『사이버공간과 윤리-개정4판』, 충남대학교출판문화원, 2025 20-21쪽.)

9) 후설의 의식철학에 대해서는 다음을 참조: 양해림, 『현상학의 대화』, 서광사, 2003,

고 있다. 특히 루만의 체계이론에서 자기 자신과 세계를 밑받침하는 주체는 칸트의 비판철학을 중심으로 한 선험철학의 유산을 계승하고 있다. 선험적이라는 말은 칸트에게서 주로 등장한다. "나는 대상들이 아니라 대상들에 관한 우리의 인식방식을, 선험적으로 가능한 점에서 일반적으로 다루는 모든 인식을 선험적이라 부른다."[10] 후설에 의하면, 선험적이라는 말은 "데카르트에게서 시작되었으며 모든 인식 형성의 궁극적 원천으로 되돌아가려는 동기"라고 말한다. 즉 인식하는 자기 자신과 자기를 인식하는 삶을 성찰하려는 근원적 동기이다. 후설은 주관으로 되돌아가

17-65쪽 참조.) 후설의 지향성은, 의식이 대상의 의미를 지닌 대상성으로 구성하는 의식작용으로 발전시킨다. 따라서 후설의 지향성은 단순하게 의식과 대상을 연결하는 관계이거나 그 관계를 규정하는 것도 아니다. 후설에게서 현상이란 언제나 "의식현상"이다. 현상 즉 나타남이라는 말은 언제나 "~이 ~에게 나타난다"는 이중적 구조를 갖는다. 의식현상이라는 표현은 "의식에게 나타난 것"이라고 바꾸어 말할 수 있다. 또한 "의식에게 주어진 것"이라고도 이야기된다. 현상학의 탐구대상은 "의식에게 주어진 것"을 탐구의 대상으로 삼는다. 의식현상은 "~이 의식에 주어졌다"는 이중적 구조를 갖는다. 이 이중구조는 작용의 측면뿐만 아니라 그 내용을 문제시한다는 것을 뜻한다. 따라서 후설은 의식을 "지향적 체험 내지 "지향성"으로 규정한다. 지향성은 그 구조가 매우 복잡하고 다층적이며 많은 변양의 모습을 보이고 있어서 마치 미로와 흡사하다. 지향성이란 의식의 임의적인 활동을 가리키는 개념이 아니라, 의식은 벌써 대상에 의존하고 있으며 대상은 의식에 대한 대상임을 일컫는 개념이다. 후설은 의식을 다름과 같은 세 가지의 개념으로 설명한다. ① 의식은 경험적 자아의 내실적(reell) 현상학적 구성요소의 총체를 의미한다. ② 의식은 자신의 심리적 체험에 관한 내적인 각성을 의미한다. ③ 의식은 모든 종류의 심리적 작용 혹은 지향적 체험을 일컫는다. 이러한 작용을 의식작용(noesis-행위)과 의식내용(noema)라고 칭한다. 의식은 노에마와 노에시스의 상관구조를 갖는다. 노에시스와 노에마가 상관관계에 있다는 것이 바로 지향적 의식의 근본구조이다. 즉 주관이 대상을 형성하는 작용을 후설은 노에시스라고 부른다. 노에시스는 의식이 의미된 대상에로 시선을 향하며 이 대상을 파악하고 시선이 또 다른 대상에로 향할 때, 먼저 파악했던 대상을 기억 속에 확보하며, 대상을 설명하고, 대상에 관계하며, 대상을 확신하거나 평가하는 등의 작용을 의미한다. 이렇게 노에시스의 기본적인 신념은 "지각의 확실성"이다. 이러한 사고 작용은 감각적 질료와 지향적 형상이라는 두 계기로 구분된다. 감각적 질료는 우리의 오관이 사물로부터 받아들이는 감각내용들, 즉 색의 자료·촉각자료·쾌감·고통감 등을 의미하며, 이것들은 색성·조잡성·진동·쾌감·고통감을 주는 물리적이거나 생리적인 원인과는 구별된다. 이들 감각내용은 아무런 지향성의 작용도 포함되어 있지 않은 순전한 감각적 질료에 불과하다. 이것은 감성적으로 받아들인 질료(Hyle)에 의미를 부여하는 작용을 말한다.(양해림, 『현상학과의 대화』, 45-47쪽.)

10) I. Kant, *Kritik der reinen Vernunft,* Hamburg, 1958, B.25

려는 동기를 모두 선험적이라 지칭한다. 선험성을 극복하려고 루만의 체계이론은 많은 주체들을 설정하고 있지만, 사회는 넓은 의미에서 생물학적 체계/환경을 구분한다. 루만의 입장에서 의식의 사실 및 의식철학에 관한 이해의 인식론은 현대의 인공지능의 공학에 이론적 토대를 제공해준다. 루만은 의식의 사실, 의식의 철학에서 지식의 본질이 무엇인가를 묻는다. 이들은 이제까지의 이론들을 추상적 생각에 머무는 것이 아니라 구체적으로 사유하고, 느끼고, 행위 하는 사회의 실천적 삶의 관계에서 출발한다. 왜냐하면 이들의 이론은 현실적인 삶 속에서 이해에 관한 인식론을 분석하고 있기 때문에 인간의 내적인 의식을 역동적으로 파악한다. 따라서 루만의 삶과 의식은 사회체계를 구성하는 전제조건이 된다.

루만의 의식철학으로서 탈주체는 자동생산적인 생명과 의식, 사회체계들의 재생산 방식을 가리키며, 사이버네틱스의 제2단계를 받아들인다. 여기서 루만은 생물학적 자동생산의 개념을 특수한 조작방식을 수행하는 모든 체계로서 확대하여 적용한다. 따라서 특수한 조작방식을 수행하는 자동생산을 세 종류로 나누어 설명한다. ① 신진 대사나 신경 활동의 연속으로 이루어지는 살아 있는 체계, ② 사유 및 감정의 연속으로 이루어지는 심리체계, ③ 커뮤니케이션으로 이루어지는 사회체계를 들고 있다. 이런 점에서 탈주체로서의 의식철학은 컴퓨터 공학 내지 인지공학에 이론적 토대를 제공한다. 먼저 루만은 현대사회의 복잡성 증대와 분화에 대한 문제의식에서 출발한다. 그리고 그의 체계이론은 주체로부터 해방된 사회이론이다. 그는 『사회적 체계들 *Soziale System. Grundriss einer allgemenies Theorie*』(1984)에서 체계이론을 다음과 같이 말한다.

> 체계이론은 어떠한 주체개념을 적용하지 않고 출발점으로 삼는다. 이것은 주체개념을 자기 준거적 체계개념으로 대체한다. 이러한 체계에 적용된 각각의 통일체를 형식화시킨다.[11]

루만이 보기에 주체개념은 유교처럼 보존하고 계승하는 것이 아니라, 오래전에 폐기해야 할 개념이었기 때문에 주체의 개념은 더 이상 유효한 철학이나 사회학적 범주가 아니었다. 그래서 루만은 전통적으로 철학이나 유교가 종종 언급해 왔던 주체개념을 제거해야 한다고 다음과 같이 보았다.

> 체계이론에 의한 주체의 거부는, 이 세계는 하나의 관점에서 기술될 수 없다는 관념과 밀접하게 연관되어 있다. 이를 행하고자 했던 마지막 시도가 주체이론이었다.[12)]

이제 철학의 전통에서 주체개념이 지양됨에 따라 주체는 더 이상 인식과 행위의 토대가 될 수 없다. 루만 체계이론의 근원은 주체가 아니지만, 그 자체를 관찰하는 체계가 그의 이론의 근원을 이룬다. 과거의 전통철학은 모두 관찰과 인식의 전제로 관찰하는 주체를 설정한다. 그럼에도 불구하고 루만은 "인간", "개인", "인성"과 같은 개념을 버리지 않았다는 점에서 유교와 유사한 측면이 많다. 루만의 방법론적 휴머니즘은 체계이론적 분화를 시도하여 인간을 사회자체의 부분이 아니라 사회 환경의 부분으로 본다.[13)] 유교도 근본적으로 휴머니즘의 체계아래 사회 환경의 부분으로 파악하고 있다는 점에서 루만의 체계이론과 일맥상통한다. 유교는 근본적으로 주체인 내가 결혼을 통해 가부장적인 가족을 중심으로 사회적 관계의 최소 단위로 파악한다. 그래서 유교는 가족윤리를 다른 어떤 이념보다 중요시 한다. 유교에서 가족윤리의 중심은 효(孝)에 있으며, 부모에 대한 참사랑인 효도를 기본으로 하여 이웃과 국가, 사회로 사랑의 정신을 확대해 나간다. 더 나아가 궁극적으로 유교는 진리의 구현

---

11) Niklas Luhmann, *Soziale System.* 51쪽.

12) Niklas Luhmann, *Archmimedes und wie.* Interview, hrsg. von Dirk Baecker/Georg Stanizek, Berlin, 1987, 120쪽.

13) Niklas Luhmann, *Soziale System,* 288쪽.

을 최종 목적으로 한다.[14] 이러한 예시(例示)는 중국 명나라 사상가 양명학(陽明學)의 어록인 『전습록(傳習錄)』 5조목에서도 잘 드러나 있다. "이제 부모에게는 마땅히 효도해야 하며 형에게는 마땅히 공손해야 한다는 것을 다 알고 있는 사람이 도리어 효도하지 못하고 공손하지 못하니, 곧 지와 행은 분명 두 가지 일이다."[15]

하지만 루만의 체계이론은 유교처럼, 주체를 설정하지 않고 체계적인 사회이론을 설정했고 그의 탈 휴머니즘적 구상아래 전개한다. 이를테면 그는 인식 단위를 보장하는 것으로서, 그리고 사회에 대한 요구로서 단수의 인간인 주체를 지양하는 것이며[16], 사회를 이해하기 위해 이러한 주체를 더 이상 필요로 하지 않는다. 이것은 특수한 인간으로서 보다 추상적인 정체성이라는 관점을 필요로 한다.[17]

왜 루만은 인간과 주체에서 출발하지 않고 체계와 환경에서 출발하는 탈 휴머니즘적, 탈 주체적 관점에서 출발했을까? 왜냐하면 그것은 사회의 자기기술 때문이다. 루만에 따르면, "사회가 구체적인 인간들과 인간들 사이에 관계들로 구성된다."[18]고 전제하는 것은 인식을 봉쇄하는 것이다. 루만은 다음과 같이 주장한다.

> 우리가 인간을(사회 자체의 부분이 아니라) 사회 환경의 일부분으로 간주한다면, 이는 모든 전통적인 문제 제기의 전제조건을, 그리하여 고전적 인본주의의 전제조건까지도 변형할 것이다. 그렇다고 해서 전통에 비해 인간의 가치를 덜 평가한다는 뜻은 아니다. 그

---

14) 성균관대학교 동아시아 유교문화권교육연구단 편, 『동아시아유교문화의 새로운 지향』, 청아람미디어, 2004, 17쪽. 한국유교 사회 및 가족제도에 대한 자세한 내용은 다음을 참조: 나종석, 『대동민주 유학과 21세기 실학』, 도서출판 b, 2017, 37-388쪽.

15) 傳習錄 上.

16) Niklas Luhmann, *Soziale System*, 428쪽.

17) 위의 책, 429쪽.

18) Niklas Luhmann, *Der Gesellschaft der Gesellschaft,* Suhrkamp: Frankfurt. a. M, 1997, 24쪽.

렇게 추측하는 사람은(사실 이러한 제안에 대한 모든 논박에는 그와 같은 비방이 공공연하게도 은밀하게 깔려 있다.) 체계이론에서의 패러다임 전환을 이해하지 못한 것이다.[19)]

루만은 인간을 자기준거적이고 자기폐쇄적인 체계나 단위로 보지 않는다. 하지만 각각의 개인은 자기준거적이고 자기생산적인 폐쇄적 체계 또는 단위이다. 루만의 관점에서 보았을 때 유교는 다분히 개인의 인의예지(仁義禮智) 등 도덕적 주체에서 출발하지만, 유교는 개인과 사회의 관계에서 개인들을 파악하고 있기 때문에 폐쇄적이지 않다. 이를테면 유교적 개인은 개인들의 내(內)와 사회질서라는 외(外)를 연결해 주었던 예(禮), 말하자면 '내(內)'와 '외(外)'의 쌍방[20)]에서 "일정한 질서 속"[21)]에 존재하는 개인, 즉 철저하게 사회적 관계 속에 통합된 개인이라 할 수 있다. 유교는 예(禮), 곧 "개인이 속하는 사회적 범주 모두에게 부가할 수 있는 규칙의 총체"[22)]를 통해 각 사회성원들과 사회 질서의 유기적 조화를 추구한다. 무엇보다 개인과 사회의 유교적 매개방식은 인간의 사회적 삶의 양식을 기본단위로서의 개인으로부터가 아니라 사람과 사람사이의 관계로 이해하는 유가적(儒家的) 인간관의 문화적, 사회적 제도적으로 구현되어 나타났다.[23)] 유교는 순자(荀子)이후의 정의(正義)라는 한자어가 몇몇 문헌에 보이고 있는데, 의(義), 예(禮), 균(均), 평(平), 분(分), 공(公), 명(名) 등 같은 공적 개념을 널리 적용했다.[24)] 따라서 유교의 예(禮)는 사

19) Niklas Luhmann, Soziale System, 288-289쪽.

20) 『논어』의 대화들은 인과 예의 우선순위에 서로 다른 견해를 보인다. 제자 자유와 자하와 관련된 대화는 일반적으로 예의 중요성을 더 강조하고, 증자와 자장, 안연과 관된 대화는 인을 더 중요시 한다. 이러한 불일치는 나중에 내외(內外)논쟁이라 불린다.(카린 라이, 『케임브리지 중국철학 입문-지성사로 본 중국 사유의 계통과 맥락』, 심의용 옮김, 유유, 2018, 63쪽.)

21) 미조구치 유조 외, 『중국의 예치 시스템: 주희에서 등소평까지』, 동국대동양사연구실 옮김, 청계, 2001, 212쪽.

22) 위의 책, 165쪽.

23) 장은주, 『유교적 근대성의 미래』, 한국학술정보, 2014, 90쪽.

실상 도덕과 법과 정치제도라고 해도 무방하다. 도덕의 원천인 예가 이런 까닭에 유학에서의 도덕은 정치와 밀접히 연관되면서, 정치의 토대로서 사회정립이라는 목표를 이루고자 한다. 단적으로 유교에서 예와 유리된 정치는 상상할 수도 없고, 정치는 도덕과 분리해서 논의할 수 없다.[25)]

슈람(Stuart R. Schram)은 19세기 후반부터 시작된 중국사회를 3단계로 구분한다. 첫째, 전통지향적인 민족주의 단계, 둘째, 극단주의적 서구화 단계, 셋째, 혁명적 민족주의 단계가 그것이다.[26)] 특히 5.4운동 기간에 나타났던 서구화 운동은 전통적인 유교사회의 가치관과 제도 등에 깊은 환멸을 느끼고, 새로운 계몽주의 이념을 갖고 유교적 세계관과 윤리 등에 결정적 비판을 가했다. 즉 극단적 서구화는 낡은 중국을 2천년 이상 지배해 왔던 정통적 유교사상을 과감히 붕괴시키려고 하였다.[27)] 하지만 유교가 서구화의 과정에서 갈등이 다소 있었다는 측면을 고려한다고 해도 개인과 사회적 관계에서는 언제나 상호 소통해 왔다. 따라서 개인과 사회과 상호작용하고, 전체 인류와 자연이 조화로운 상태를 유지하며, 인심과 천도(天道)가 서로를 보완해 주고, 개인의 심신과 영혼이 안돈(安頓)하는 것이 유교가 추구하는 가장 이상적인 세계이다.[28)]

루만이 개인과 사회를 사회학적 논의의 대상으로 파악하고 있다는 점에서 유교와의 상호 소통가능성을 자연스럽게 접근할 수 있다. 루만은 유교와 마찬가지로 개인은 심리적 체계로서 사회적 체계와 상호의존 관계에 있다고 본다. 왜냐하면 개인의 심리적 체계는 한 체계가 다른 체계의 환경이 되기 때문이다. 우리는 개인이고자 하는 요구만으로도 이미 다른 개인이 된다. 이 개인의 존재형식인 요구는 사회 분화와 배치되는 것이 아니다. 오히려 이 양자는 서로 맞물리고 정초되고 상승됨으로써

24) 이승환, 『유가사상의 사회철학적 재조명』, 고려대학교 출판부, 1998, 9쪽.
25) 윤사순, 『조선, 도덕의 성찰』, 돌베개, 2013, 20-21쪽.
26) Stuart R. Schram, *Das politische Denken Mao Tse-tungs,* München, 1972, 17쪽.
27) 송영배, 『중국사회사상사』, 사회평론, 2012, 285쪽.
28) 뚜웨이밍, 앞의 책, 27쪽.

공생관계를 이룬다. 개인들은 이 욕구의 원리에 따라 정보를 획득하고 세계를 검사하고 자기 결정을 할 수 있다.[29] 루만의 관점에서 주체를 먼저 보지 않고 환경과 체계를 우선적으로 보았다는 측면에서 유교의 전통과 다소 차이가 날 수 있지만, 유교도 기본적으로 개인의 도덕적 신념을 정치체계에 반영하고 있다는 점에서 크게 다르지 않다. 다만 루만은 인간 및 주체와 결별을 고하고 인간이 주체와 관련된 기존의 모든 사고와 단절한다.[30] 따라서 루만의 이론들은 생물학, 의학, 사이버네틱스와 같은 자연과학으로서 이러한 이론들은 사실상 주체와 거리가 동떨어진 인식체계인 반면, 유교는 주체를 중심으로 전체사회를 포괄하는 사회의 부분체계중의 하나인 것이다.

2) 자동생산(Autopoiesis) 개념과 기능분화 사회로서의 유교

루만의 체계이론은 자동생산을 삶의 개념체계로서 중요하게 다루고 있다. 여기서 루만은 자동생산의 개념을 삶의 개념 속에서 찾아내고 정의(定義)한다.[31] 그리고 그는 거기서 드러난 한계를 찾아내어 사회현실에 적용시킨다. 이러한 사회현실이 삶과 의식에 관계하고 있다는 측면에서 유교와 연결시킬 수 있다. 즉, 루만의 자동생산은 삶과 의식의 사회체계를 구성하는 전제조건이 된다는 점에서 유교의 삶과 의식에 상통(相通)한다. 유학자들은 예로부터 "어떻게 생활해야 할 것인가, 어떤 태도로 살아가야 옳은가"하는 문제에 가장 많은 관심을 기울였다. 그래서 유학

---

29) Niklas Luhmann, "Die Tücke des Subjekts und die Frage nach dem Menschen", in: Soziologische Aufklärung, Bd. 6.: Die Soziologie und der Mensch, Opladen: Westdeutscher Verlag 1995, 149-161쪽.

30) 김덕영, 『사회의 사회학』, 도서출판, 길, 2016, 465쪽.

31) Niklas Luhmann, "Die Autopoiesis des Bewußtseins", in: *Soziale Welt.* 36. Jg. 1985, 402. Vgl. Danilo Zolo, "Reflexive Selbstbegrüdung der Soziologie und Autopoiesis", in: *Soziale Welt,* 36. Jg. Heft. 4. 1985, 520쪽.

자들은 값지게 사는 방법을 추구하는 것을 가장 중요한 관심사로 여겨왔다. 이런 경향으로 인해 유교에서는 공자이래로 도덕설과 정치설이 유학의 중추적 분야의 위치를 차지한다.[32)]

루만의 "자동생산의 개념"[33)]은 생명과 의식, 사회체계들의 재생산 방식을 가리키며, 그것의 기본적인 개념은 인지생물학자인 마투라나와 바렐라에 의해서 창안되었다. 루만의 자기 준거적 체계개념은 의식철학의 모형을 수용하기 보다는 일반적인 체계이론과 사이버네틱스의 제2단계를 받아들인 것이며, 궁극적으로 마투라나의 자동생산의 개념을 변형시킨 것이다. 이들은 1973년에 자기생산 개념을 도입했다. 이것은 역사적 두 생물학자가 고대 그리스어를 조합해서 만든 것이다. Autopoiesis(αύτό=self), ποίησις=to produce)[34)] 즉, 그리스autos(자기)와 poiesis(창작, 시작)를 합성하여 표현한 조어이다. 글자 그대로 번역하면 "자기창작"이나 "자기생산"이라 할 수 있다. 예컨대 세포처럼 살아 있는 체계는 자동생산 체계에 속한다.

> 하나의 세포는 분업적 그물망으로서 세포를 이루고 있는 특수한 구성요소(복합적인 분자 유기체)를 생산한다. 동시에 세포의 구성요소들은 환경과의 경계(세포막)를 이루고 있는 생산의 그물망의 존속을 가능하게 한다. 세포 내부에서 일어나는 모든 과정은 자기 생

---

32) 윤사순, 앞의 책, 19쪽.

33) H. Maturana, *Erkenntnis. Die Organisation und Verkörperung von Wirklichkeit,* 1982. 58쪽.
하이데거에 따르면, 테크놀로지에 의한 생산은 사물에 대한 존재론적 이해 방식을 말하는 테크네(techne: 제작)의 역사 안에서 해석된다. 그것은 테크네가 원래 그 속에 귀속해 있던 포이에시스(poiesis: 짓기)와 유리되는 과정에서 파악되어야 한다. 포이에시스는 플라톤 철학 이전의 그리스적 존재이해의 방식에 해당한다.(M. Heidegger, Vorträge und Aufsätze, Pfullinge: Neske, 1954, 16-34쪽).

34) Humberto R. Manturana, "Autopoiesis: Reproducion, Heredity and evolution", in: Milan Zeleny(Ed), Autopoiesis, Dissipative Structures and Spontaneous Sacial orders, Boulder, Colo.: Westview Press 1980, p.80.

산과 세포의 유지, 즉 자동 생산성을 지속하기 위해 수행된다. 세포 내부에서 진행되는 과정은 요소들 간의 상호작용을 통해 서로 제한하기 때문에(=재귀성), 세포는 강력한 역동성을 지니고 있다. 환경의 영향이 세포를 교란시키지만, 곧 반작용에 의해 다시 균형을 이룬다. 생물체는 영양분이나 에너지를 받아들이고 폐기물을 환경에 배출하기 위해 환경을 필요로 하지만, 그렇다고 생물체가 환경에 순응하는 것은 아니다.[35]

여기서 바렐라가 주장하고 있는 자기생산 개념은 체계의 고유한 역동성으로부터 체계의 존속을 유지해야 한다는 것을 설명하기 위해 사용한 개념이다. 따라서 마투라나와 바렐라가 언급하고 있는 자기 생산적 체계란 그 체계를 구성하는 요소들이 첫째, 상호작용을 통해 재귀적으로 자신들을 생산했던 것을 재생산하며, 둘째, 자신들이 내부에서 존재하는 체계의 공간적 영역을 구성하고 구체화함으로써 이 생산의 네트워크에 통일성을 부여하는 체계이다.[36] 자기 생산체계란 커뮤니케이션의 자동생산체계로 작동하는 것이며, 유교도 커뮤니케이션의 작동방식으로 전개된다. 첫째, 유교는 커뮤니케이션의 연쇄적 자기생산이 이루어질 때 존재할 수 있는 사회체계이다. 말하자면 유교가 사회적 체계로 존재할 수 있으려면, 유교적 커뮤니케이션은 지속적으로 자기 생산적인 작동으로 이어가야 한다는 것이다.

둘째, 유교와 유교적 커뮤니케이션을 촉발시키는 사람들은 체계와 환경으로 구분한다. 심리적 체계로서 유교적 의식을 지닌 유학인들은 유교라는 커뮤니케이션의 자기 생산적 작동과는 구분해야 한다. 그래서 유교인들은 커뮤니케이션 체계 밖에 있는 환경으로 존재한다.[37]

---

35) Francisco J. Varela, "Autonomie und Autopoiesis", in: Siegfried J. WSchmidt(Hg.), *Der Diskurs des Radikalen Konstruktivismus,* Frankfurt M, 1987, 119쪽.

36) 위의 책, 53쪽.

이렇게 루만의 체계이론은 사회체계와 유기체와의 일반체계이론을 생물학자 마투라나의 자동생산의 개념과 접맥시켜 자기 준거적·자동생산적인 체계이론을 보다 명확하게 규정한다. 제2의 사이버네틱스는 다른 관찰하는 체계들을 관찰하는 관찰체계들의 이론을 나타낸다. 여기서 루만은 관찰을 "하나의 구별을 통해 구별된 어떤 것을 지칭한다."[38] 이를테면 관찰되는 모든 대상, 즉 한 이론이 이용될 수 있는 모든 의미적 대상은 이러한 구별과 지칭이 여러 상황에서 반복된다. 즉, 관찰하는 체계들은 모두 그 체계의 출발점이 되는 구분법을 따른다. 여기서 체계 밖에서 관찰되는 유교는 현대사회와의 또 다른 구별을 통해 규정한다. 따라서 체계는 상식적으로 볼 수 없는 오랜 전통의 유교사회를 당연히 보지 못할 수 있다. 체계는 구분을 변경시키는데 충분할 만큼 복잡성에 이르게 되면, 사용하는 구분법을 변경할 수 있다.

> 체계는 복잡성으로부터 환원되며, 이는 내부/외부 차이의 안정화에 의해 진행된다. 체계에 관한 모든 진술, 즉 부분들의 분화, 위계형성, 경계유지, 구조와 과정의 분화, 선택적 환경체계 등은 내가 여기서 개별적으로 제시할 수 없지만, 기능적으로 분석해 보면, 복잡한 환원이라 할 수 있다.[39]

여기서 복잡성으로부터 환원(Reduktion von Koplexität)은 복잡함으로부터의 질서의 원리, 즉 어떤 기계가 작동하려면 그 환경으로부터 들어오는 자극을 선택적으로 처리해야 한다는 원리에서 착안한 것이다.

---

37) 이윤미, 앞의 논문, 56쪽.

38) Niklas Luhmann, *Wissenschaft der Gesellschaft,* Frankfurt. a. M.: Suhrkamp, 1988, 79쪽.

39) Niklas Lumann/Jürgen Habermas, *Theorie der Gesellschaft die oder Sozialtechnologie -was leistet die Systemforschung?,* Frankfurt. a. M.: Suhrkamp, 1971, 11쪽.

위에서 언급한 내용은 체계/환경의 차이보다 체계를 중심에 놓고 본다는 관점이 강하다. 현대사회에서 유교를 기술하기 위해 바로 현대사회가 기능적으로 분화된 사회라는 사실이다. 현대사회에서 유교는 사회의 기능분화로 인해 재구성된 유교라는 점이다.[40] 그렇지만 현대사회에서 유교가 체계와 그 스스로 환경을 구분하지 못한다면, 체계는 제대로 관찰할 수 없다. 또한 현대사회에서 유교의 자기 관찰은 자기 자신의 체계를 환경으로부터 구분하였을 때 가능하다. 또한 다른 체계들은 관찰하는 체계를 관찰하기 위해 유교사회라는 다른 구분법을 사용할 수 있다. 루만은 사회체계를 삶과 의식의 자동생산을 확증(確證)해 나가면서 다시 본래의 재생산 과정을 현실화시킨다. 하지만 루만의 의식체계 및 사회의 개념이 체계로서 살아 숨 쉬는 삶의 의식으로 되어 가는 과정은 그렇게 간단하게 전제조건화 되지 않는다. 이러한 의식은 정신적인 표상의 힘으로만 존재하는 것이 아니라 현실적이고 개별적인 삶의 본질에서 발견될 수 있다. 이러한 루만의 자동 생산적 체계이론의 패러다임 전환은 원래 부분과 전체의 구분으로부터 출발했다.[41] 사회는 다양한 부분체계들로 구성되어 있으며, 모든 부분 체계들은 복잡성의 환원을 통해 독자적인 실재를 구성하고 있다. 이를 다음과 같이 도표로 단순화시켜 볼 수 있다.[42]

---

40) 이윤미, 앞의 논문, 66쪽.
41) Walter Reese-Schäfer, *Luhmann zur Einführung*, Hamburg: Junius, 1992, 54쪽.
42) 위의 책, 127쪽.

기능체계	부호	매체
경제	소유/무소유	화폐/생산
법	합법/불법	법률〈=법규, 의사결정
학문	진리/허위	과학적 인식
정치	정부/야당	권력(공직)
종교	내재성/초월성	믿음
교육	좋은 성적/나쁜 성적	권력의 기대
대중매체	정보/미정보	전달
도덕	선함/악함	가치관
예술	전통적: 미/추 근대적: 혁신/진부	미학적 형태

예컨대 위 표에서 보듯이, 경제는 화폐 문제로, 학문은 과학적 인식문제로 현실을 구성한다. 만약 각각의 부분체계들이 이와 다른 방식으로 접근한다면, 그 어떠한 반향이 생기지 않을 것이다. 루만은 체계와 체계의 관계를 전체체계와 부분체계, 혹은 전체체계와 하위체계라고 언급한다. 그래서 루만은 체계가 전체와 그 부분으로 이루어진다는 전통적 관념이 체계와 환경사이의 경계 설정으로 다룬다.[43] 따라서 이러한 전체와 부분으로 이루어진 의식들은 인간본성의 요소에 근거한 체계이다. 이를테면 체계는 고유한 매체, 코드, 프로그램을 통해 그 자신의 고유한 기능을 담당한다. 여기서 고유한 코드와 프로그램은 기능 체계들의 결과이며, 그 조건이 된다.[44] 루만이 언급하는 코드는 이항(二項)코드로서, 긍정값 내지는 부정값으로 할당되는데, 이러한 할당이 제대로 구성되는 지를 정하는 기준이 프로그램이다. 체계에서 "구조적으로 결정적인 것은 고정된 코드와 가변적인 프로그램의 차이"[45]이다. 이러한 코드화는 한 매체가 다른 매체들과 구별, 분화, 독립, 특수화되는 것을 보장한다. 현

---

43) Niklas Luhmann, *Gesellschaft des Gesellschaft,* Frankfurt. a. M.1997, 856쪽.
44) 니콜라스, 루만, 『사회의 사회 1』, 장춘익 옮김, 새물결, 2014, 655쪽.
45) 위의 책, 426-427쪽.

대사회의 각각의 기능 체계들은 코드로 인해 고유한 자기생상으로 작동하며, 이로 인해 비로소 독립분화, 즉 정치체계, 경제체계, 법체계, 과학체계 등으로 나아간다.[46]

분화된 기능체계들은 체계 작동상의 폐쇄성을 갖는다. 체계는 전적으로 자기 준거에 기반을 두고 내재적으로 작동한다.[47] 즉 기능체계들은 상호 닫힌 체계로서 작동하지만, 상호 간에 환경이다. 경제체계는 '소유/비소유'라는 고유한 이항코드, '희소성/가격'이라는 조건화, 즉 프로그램, '화폐·소유·권력'이라는 매체를 가지며 사회에 '물질적 재생산'이라는 기능을 수행한다. 정치 체계는 '여당/여당'이라는 고유의 이항코드, '정치사상과 이데올로기'라는 프로그램, '권력(경쟁)'이라는 매체에 근거해 '집합적 의사 결정의 산출'이라는 기능을 수행하고, 과학체계는 '진리/거짓'이라는 고유의 이항코드, '학문연구'라는 프로그램, '과학적 인식'이라는 매체에 근거해 새로운 인식 생산이라는 기능을 수행한다. 이런 점에서 루만은 "이론은 법률이 아니고, 연애관계에 투자하는 사람은 기업가처럼 행위 하지 않는다."[48]고 말한다. 이는 특정한 체계가 다른 체계에 대해 일정한 폐쇄성을 가진 닫힌 체계라는 것, 즉 체계 간의 독립성과 자율성을 설명해 근대의 분화된 특정한 기능체계들의 고유의 기능을 설명하는 것이다.

이러한 관점은 인간본성의 전체성(Naturganzen)의 조건하에 개인의 상호작용과의 관계 속에서 더욱 고양된다. 루만의 체계이론에 관한 사회적 문제는 과학적인 법칙으로서 인식한다. 여기서 시민사회운동을 통해 보다 쟁점화 되고, 경제적 효율성이라는 측면에서 비용이 계산되면서, 정치적으로 합의를 통해 중재되는 과정을 거쳐 법적으로 제도화된다. 또

46) 니콜라스 루만, 『사회의 사회 2』, 장춘익 옮김, 새물결, 2014, 863쪽.

47) 디르크 베커 편집, 『체계이론 입문』, 윤재왕 옮김, 새물결, 2014, 121쪽.

48) 니콜라스, 루만, 『사회의 사회 1』, 443쪽. 자세한 내용은 다음을 참조, 〈표 1-기능체계의 도표(Reese-Schäfer, Walter, *Luhmann zur Einführung,* Hamburg:Junius, 2002: 184-185쪽.)

한 교육적인 계몽으로 내면화되었을 때, 사회 전체적인 대응이 또한 가능하다. 특히 정치와 경제는 기능적으로 분화된 체계이다. 정치가 가격 형성 과정에 개입하면, 정치는 경제적 문제를 정치적 문제로 변형시킨다. 그렇지만 여전히 두 체계사이의 차이는 남아 있다. 이러한 기능영역과 코드는 동시에 작동되어야 하는 과제를 안고 있다.[49]

오늘날 사회생활을 하는 어떠한 개인도 경제·교육·법·종교·예술과 같은 기능체계에 참여하는 것을 포기할 수 없다. 루만은 위에서 언급한 이분법적 코드가 사회적 진화 과정에서 생기며, 조작이 될 경우에는 상응하는 체계들이 "완전분화(Ausdifferzierung)"[50]되는 경향을 갖고 있다고 파악한다. 여기서 완전분화는 기존의 조작방식의 해체를 통해서 이루어지는 것이 아니라, 전체 사회체계 내에서 한 코드의 지도아래 다른 부분체계가 완전 분화됨으로써 구성된다. 따라서 체계는 코드화와 프로그램의 분화를 통해 폐쇄체제로서 조작될 수 있는 가능성을 획득한다. 그렇기 때문에 분화는 다른 분화를 통해서 얻게 된 표출능력과 함께 환경을 위협하는 사회문제를 해결하는 단서가 될 수 있다.[51]

앞서 언급한 기능체계들의 독립분화가 이루어진 근대사회를 전제한다면, 현대사회에서 유교는 자신의 고유한 자기생산을 수행하는 기능체계로서 존재하고 있는지 의문을 제기할 수 있다. 지난 한국의 전통사회에서 유교의 재생산은 전체 사회의 영역에서 전개되어 왔다고 볼 수 있다. 전체사회로서의 유교는 서양 사회에서 기독교가 그래왔던 것처럼, 사회 전체에 확실성을 제공하지 못했다. 왜냐하면 사회는 첨예하게 기능체계

---

49) 여기서 정치·경제·법·종교·교육과 같은 기능체계의 상세한 논증은 다음을 참조: N. Luhmann, *Funktion der Religion,* Frankfurt. a. M. 1977; Ders., *Öklologische Kommunikation,* Opladen, 1986(이남복 옮김, 『현대사회는 생태학적 위협에 대처할 수 있는가』, (서울: 백의, 2002), 87-169쪽).

50) 여기서 Ausdifferzierung은 한국어 번역본에는 탈분화로 번역되어 있으나, 문맥상 완전분화로 번역한다.

51) 니클라스 루만, 『현대사회는 생태학적 위협에 대처할 수 있는가』, 이남복 옮김, (서울: 백의, 2002), 79쪽.

들로 분화되었고, 그것들은 독자적 자율성을 갖고 재생산 하고 있기 때문이다. 19세기말부터 유교는 종교라는 기능체계와 학문이라는 기능체계로 분화되었다.[52] 따라서 유교는 현대 한국 사회에서 대학으로 대표되는 학문체계 내에서도 하나의 분과 학문을 이루고 있으며 동시에 학문체계로서 고유한 커뮤니케이션을 재생산해 나가고 있다.

3) 체계/환경과 유교

루만은 『사회적 체계(Soziale Systeme)』의 5장에서 체계와 환경의 차이를 언급한다. 여기서 그는 “자기준거적(selbstreferentielle)체계들이 있다.”[53]로 교정한다. 자기준거란 “체계들이 그 요소들과 요소적 작동들을 구성함에 있어서 자기 자신과 관련을 맺는 것”[54]이라 규정한다. 여기서 자기 자신이란 동일한 체계의 요소일 수 있고, 동일한 체계의 작동일 수 있고, 동일한 체계 자체일 수 있다. 그래서 루만의 자기준거적 체계들이란 체계 자신과 그 환경사이의 경계를 스스로 긋는 체계들이다. 이 두 테제는 다음과 같은 새로운 출발점을 담고 있다. 첫째, 체계이론이 체계와 환경의 구분을 이용하여 그 구별의 지정된 한 측면인 체계를 탐구 대상으로 한다는 것이며, 둘째, 이 구별을 통해 이론의 대상이 되는 체계들이 실재라는 점을 말하고자 한다.[55]

먼저 루만은 사회에 대한 인식, 즉, 사회란 무엇이며, 사회에 대한 인식은 어떻게 가능한가라는 문제를 추적해 나간다. 사회에 대한 개념이 명백해지면서 현대 사회학은 언제나 민족적·문화적·지역적 그리고 정치적인 차이에 의해서 종종 좌절되어 왔던 포괄적인 체계이론을 필요하게

52) 이윤미, 「니클라스 루만의 체계이론을 통해 바라본 현대 유교의 텍스트 중심성」, 69쪽.
53) Niklas Luhmann, *Soziale System*. 242쪽.
54) 위의 책, 25쪽.
55) 위의 책, 242-243쪽.

되었다. 그래서 사회는 유교사회가 되었든 어떤 사회체계가 되었든 간에 사람들 사이의 커뮤니케이션에 의해 재생산하는 포괄적인 체계다. 하지만 사회는 자기준거적이며 폐쇄적인 체계일 수 있고 마찬가지로 오랜 유교사회에서도 자기준거적이며 폐쇄적일 수 있다. 즉, 모든 커뮤니케이션은 사회내적인 조작이 가능하며 사회에서 경험적인 사건으로서 연속성을 갖고 있지만, 다른 커뮤니테이션에 의해 방해를 받는다. 사회는 체계 내의 체계에로, 사회에서 다른 사회로 이동해 가는 올바른 이동 경로를 포기해야 된다는 것을 의미할 수 있다. 현대사회에서 유교는 커뮤니케이션 체계로 존재하는 사회체계의 한 부분이며, 정보로 구성되는 커뮤니케이션에 의해 동일한 유형의 지속적으로 커뮤니케이션을 재생산한다.

유교는 어떤 형식이 없는 것으로써 존재하는 모호한 그 무엇의 사회체계로 이루어진 것이 아니라 커뮤니케이션이라는 형식을 통해 존재하는 사회체계의 일부이다. 이렇게 루만의 커뮤니케이션 이론은 현대사회에서 유교가 재생산될 수 있는 가능성이 있으며 존재하는 유교의 형식을 설명해 주는데 있어서도 아주 유용한 이론으로 적용될 수 있다.[56] 하지만 현대사회에서 유교적 정체성을 표출하는 경우는 아주 소수에 불과하고 점차 감소하고 있는 현실이지만, 그것이 곧바로 커뮤니케이션의 자기재생산체계로서 유교의 소멸로 이어지는 것은 아니다. 유교의 신념을 가진 사람들이 예전보다 많이 감소했다고 할지라도 재생산되는 커뮤니케이션의 분량이 많게 되면, 커뮤니케이션의 체계로서의 유교의 재생산은 가능할 것이며, 사회의 부분체계로서의 유교도 지속될 수는 있기 때문이다.[57]

루만은 사회체계의 인식론적 복잡성을 "자기준거(Selbstreferenz)"[58]

---

56) 이윤미, 위의 논문, 58쪽.

57) 위의 논문, 59쪽.

58) Selbstreferenz는 독일어의 Referenz나 영어의 reference라는 용어로 옮길 수 있는 적당한 우리말 단어가 없다. 문장의 맥락에 따라 지시, 준거, 참조, 관계 등 다양하게 번역될 수 있다. 루만은 Selbstreferenz를 "자기가 지향하는 작용 '이자 "자기가 포함되는

의 행위로서 관찰한다. 여기서 그는 체계/환경에 대한 차이를 이해하고 설명한다. 이러한 체계/환경의 구분은 자기반성이론을 다루기 위해 구체화한다. 루만의 체계이론에 따르면, 이해는 자기준거의 행위를 관찰하고 자기준거의 개념은 체계이론의 중요한 개념으로 제시한다.[59] 유교도 체계와 환경의 구분을 통해 상이한 부분세계들로 관찰 가능하나. 사실상 루만의 관점에서 이해의 자기준거는 마르크스의 『정치경제학 비판』(1859)에서 정식화하였으며, 이것은 그의 자본주의 체계를 이해하는 핵심개념이다.[60] 마르크스에 의하면, 사회적 노동은 유적(類的) 존재와 환경세계로부터 객관화된 외부자연과의 신진대사과정을 매개함으로써 나타난다. 이것은 노동력의 힘든 수고의 대가로부터 출발한다. 노동력은 생산과 생산품의 소비를 노동력의 재생산 과정으로 되돌아가는 순환의 유적존재의 자기생산으로 간주된다. 루만의 체계이론은 이러한 순환과정을 통해 자동생산(Autopoiesis)의 개념을 매개하여 특별한 경우로서 다룬다. 이러한 관점에서 루만의 자기생산의 개념은 마르크스가 주장하는 사회의 물질적 재생산의 체계와 밀접한 연관을 맺는다. 주지하듯이, 19세기 마르크스의 사회분석은 이미 그의 저서에서 다양한 자본주의의 비판을 통해 나타났다. 마르크스의 자본주의 비판은 그 당시의 시민 사회적(봉건적), 소시민적-낭만주의적 혹은 유토피아적-공산주의적 자본주의에 다소 대립적이다.[61] 여기서 루만의 자기준거는 마르크스의 사회이론에 영향을 받고 다음과 같이 세 부류를 구분한다.

집합"(N. Luhmann, Soziale Systeme. *Grundriß einer allgemeinen Theorie*, Frankfurt. a. M., 1993, 58쪽)이라 말한다. 여기서는 문맥에 따라 자기준거라 옮긴다.

59) Niklas Luhmann, *Soziale Systeme. Grundriß einer allgemeinen Theorie*, Frankfurt. a. M., 1993, 591-595쪽.

60) Karl Marx, Das Kapital, Bd. I, in: Karl Marx/ F. Engels, Werk, Bd. 23, 1969, 169. Vgl. Niklas Luhmann, Beobachtungen der Moderne, Opladen, 1992, 23쪽.)

61) Hans-Peter Krüger, *Perspektiven Wechsel. Autopoiesis, Moderne und Postmoderne im Kommunikationsorientierten Vergleich*, Berlin, 1993, 97쪽.)

① 사유결과에 대한 자기준거는 개별적인 사유자체를 타자의 타자로서 수행할 수 있도록 구성한다.

② 관찰의 자기준거는 타자준거/자기준거의 차이에 대한 일치점을 재구성하여 형성한다.

③ 자유롭게 주어진 자기준거/타자준거의 구분은 자기의식의 도움을 통해 정체성에 관한 반성을 수행한다. 즉 자기준거/타자준거의 구분은 두 질서의 가능 조건들로서 언제나 열려져 있다.62) 이런 관점에서 루만의 체계이론은 두 가지 질서의 생성 및 작용연관이라는 점에서 마르크스의 사회이론과 공유한다. 루만이 마르크스의 사회이론을 근거로 체계이론을 형성하고 있지만, 마르크스가 아시아 사회, 즉 중국을 비롯한 유교사회를 언급하고 있다는 점은 눈여겨 볼만하다.63) 물론 마르크스가 보기에 중국을 비롯한 아시아적 유교사회는 토지에 대한 사적 소유의 결여와 부족(部族)재산, 공동체재산에 기초하는 자족적인 촌락공동체이며, 계급관계의 미흡한 발전, 독재자에 대한 동양의 보편적인 노예 신분이 일반화되어 있었다. 또한 일반적으로 촌락의 주민이 있을 뿐 아시아적 유교사회는 사유지를 소유하고 있지 못했기 때문에 공동체의 소유는 독재자에 의탁하여 생계를 유지할 수밖에 없었다고 본다. 중요한 사실은 역사발전의 원동력인 사유재산과 계급투쟁이 없는 아시아적 생산양식의 개념이었다는 것이다.64) 하지만 니담(J. Needam)은 『중국의 과학과 문명』(1954-2004))에서 유교중심의 아시아적 사회를 보는 관점은 "중국에 대한 편견이며, 많은 점에서 중세 중국의 사회적, 경제적 체제는 중세

---

62) Niklas Luhmann, *Soziale Syseme*. 591쪽. Vgl. Hermann Pfütze, "Theorie ohne Bewußtsein. Zu Niklas Luhmanns Geankenkonstrucktion", in: *Merkur*. 42. Jg. Heft. 467-468. 1988, 305-306쪽.

63) 마르크스의 아시아적 유교사회에 대한 자세한 내용은 다음을 참조. 양해림, 「동양과 서양의 생산양식 구성은 어떻게 이루어 졌나?-마르크스의 아시아적 생산양식을 중심으로-」, 『동서철학연구』,제 90집, 한국동서철학회, 2018, 379-407쪽.

64) 존 M. 홉슨, 『서구문명은 동양에서 시작되었다』 정경옥 옮김, 에코리브르, 2005, 33쪽.

유럽의 체제보다도 합리적 이었다"[65]고 기술한다.

현대사회가 아주 복잡한 형태로 변화해 나간다는 것은 법·정치·경제·과학의 체계 등으로 분화되어 가는 것을 가리킨다. 현대사회는 정치·경제·법·과학·종교·예술 등 다양한 기능 체계들에 의해 완전분화 되어 나간다. 이 모든 영역은 유교는 물론이거니와 전세의 사회체계가 이미 구성되어 있다는 것을 전제로 한다. 루만은 전체사회를 커뮤니케이션으로 이루어진다고 파악한다. 이런 측면에서 유교도 전체사회를 구성한다. 따라서 전체사회는 커뮤니케이션적인 행위를 통해서만 성립되고 지속된다. 루만은 완전분화 개념을 상대화하며 부분체계와 사회적 환경으로서 고유한 체계를 형성하는 전체사회를 설계한다. 이렇게 하여 사회가 부분체계의 환경으로서 혹은 이러한 부분체계가 전체로서 작용하고 있는지의 작동여부는 사회가 분화되어 가던지 아니면 분화되지 않건 간에 관찰을 지속해 나간다.

루만은 사회에 대한 인식을 체계이론에 적용하여 분석한다. 그의 체계이론은 칸트의 주장처럼, 경험적/선험적인 구분이 아니라 체계/환경의 구분을 통해 진행한다. 그래서 루만의 이해이론은 일종의 체계/환경을 중심으로 하여 형성된다.[66] 이러한 이해는 환경에 의해 구조화되어 규정된 것이 아니기 때문에 왜곡될 수 있다. 루만은 체계의 내부와 외부의 모델을 아주 복잡한 구조로 다루고 있기 때문에, 행위뿐만 아니라 목적/수단의 도식과 같은 동일한 주제를 체계이론 안에서 다룬다.[67] 이런 점에

---

65) 고사키 시로, 『근대라는 아포리아』, 최재목 외 옮김, 이학사, 2007, 20쪽.

66) Niklas Luhmann, "Systeme verstehen Systeme", in: ders/K. E. Schorr(Hg.), *Zwischen Intransparenz und Verstehen. Fragen an die Pädagogik,* Frankfurt. a. M. 1986, 72-112쪽. Vgl. Hartmut Esser, "Der Doppelpaß als soziales System", in: *Zeitschrift für Soziologie,* Jg. 20. Heft. 2. 1991, 53쪽.

67) Niklas Luhmann, "Neuere Entwicklungen in der Systemtheorie", in: *Merkur.* 42 Jg. Heft. 467-478, 1988, 292쪽. Vgl. Frank Beckenbach, "Die Wirtschaft des Systemtheorie", in: *Das Argument.* 31. Jg. 1989, 889쪽: Niklas Luhmann, *Das Recht der Gesellschaft,* Frankfurt.a M. 1993, 52-53쪽.

서 루만은 근대의 계층적 사회로부터 기능적으로 분화된 사회에로의 변화를 내화조건(Inklusionsbedingung)으로 진행시킨다. 그러나 개인은 단지 내화조건에 의해서가 아니라 사회로부터 나오는 외화조건(Exklusion)에 의해 전개된다.[68] 따라서 루만은 체계/환경의 구분을 사소한 기계(Trivialmaschine)와 자기준거적 기계(Selbstreferenzielle Maschine)로 나눈다. 여기서 기계는 전환기능을 의미하지만 반드시 기계장치는 아니며, 두뇌나 수학적 계산이 이에 해당한다. 그는 이러한 기계의 구분을 투입(Inputs)과 산출(Outputs)기능으로서 설명한다.[69] 따라서 루만은 사소한 기능은 항상 같은 방식으로 투입을 산출로서 전환한다는 것이다. 투입이 반복되면 똑같은 산출이 나온다. 이에 반해 자기 준거적 기계는 각기 다른 산출을 내 보인다. 각기 다른 상태는 그 이전에 진행된 동작에서 나온다. 이 기계들은 자신의 상태에 따라 동일한 투입에도 불구하고 전혀 다른 결과를 낳는다. 사소한 기계들은 고장이 나도 예측 가능하게 작동하지만, 자기준거적 기계들은 믿을 수 없으며 기분에 의해 좌우된다.[70]

그러나 자기준거적 기계들은 역사적이며, 우연한 방식으로 창조된다. 이와 같은 기계의 구분은 환경과 연결되어 전개된다. 여기서 기계의 투입/산출기능은 그 자신 내부에서 작동하는 폐쇄성 및 순환성 사이를 구분하는 것이다.[71] 이러한 구분은 루만의 독창적인 생각이라기보다는 앞서 언급한 바렐라의 구분법을 따랐다. 바렐라는 신경계는 작업적 폐쇄성

68) N. Luhmann, *Gesellschaftsstruktur und Semanik*, Bd. 3. Frankfurt. a. M., 1989, 149-258쪽.

69) Niklas Luhmann, "Neuere Entwicklung in der Systemtheorie", in: *Merkur.* 42 Jg. H.467-478, 1988, 292쪽: ders, "Am Ende der kritischen Soziologie", in: *Zeitschrift für Soziologie,* Jg. 20. H.2. 1991, 149쪽.

70) 니콜라스 루만, 노진철·최재현 옮김, 「체계이론의 최근경향」, 최재현 엮음, 『현대 독일 사회학의 흐름』, 형성사, 1991, 196-197쪽.

71) Niklas Luhmann, *Zweckbegriff und Systemrationalität,* Frankfurt. a. M. 1973, 258쪽.

을 지닌다고 본다. 흔히 신경계란 활동적 구성요소들의 그물체이다. 이러한 구성요소들 사이의 흥분관계에 생기는 변화는 언제나 그 틈에서 또 다른 변화를 불러온다.[72] 신경계의 연관성은 역동성과 상호작용을 근거로 삼아 진행되기 때문에 변함없이 유지된다. 이러한 신경계는 구성요소들의 흥분관계가 맞물려서 변화하는 닫힌 그물체로서 작동한다.

주지하듯이, 루만의 체계이론은 세계를 다루면서 체계/환경을 구분한다. 이러 점에서 루만의 체계이론은 하나의 거대한 세계이론(Welttheorie)이다. 그런데 그의 이러한 체계이론은 다른 구분법과는 다소 다르다. 그의 구분법은 어떠한 체계준거(Systemreferenz)로부터 출발하며, 특정한 체계의 입장에서는 무엇이 그 환경을 밝힐 수 있을 것인가를 묻는다. 이른바 이해는 타자와 관련되어 있기 때문에 사회적 차원의 관찰방법과 사회적 결과를 중요시 한다. 이해는 특별한 방식의 체계적 관찰이다. 그의 이해는 환경을 통해 체계를 관찰하며 그 밖의 또 다른 체계로서 나타난다. 이러한 관점에서 이해는 체계적인 작용의 현실로서 설명하는 전제조건이 되며, 체계/환경이 새로운 체계이론의 중심적인 패러다임을 형성한다.[73] 그런데 루만의 사회체계이론은 체계/환경의 차이에 의해 다른 의미를 지닌다. 그러나 이러한 차이는 자기준거적인 폐쇄성을 지니는 한에서 인식된다. 이러한 차이는 외부환경의 복잡성을 축약시킨다. 여기서 체계의 커뮤니케이션을 가능하게 하는 의미의 처리과정이 어떤 주체나 실체로 나타나는 것이 아니라 자기 준거적인 체계의 속성으로 작용한다. 다시 말해서 자기준거적 체계이론은 주체뿐만 아니라 생명의 유기체와 함께 사회체계에로 적용된다. 더 나아가 자기준거의 체계는 두 체계사이의 상호작용으로서 진행된다. 유교는 하나의 거대한 전체체계로서 또한 특정한 체계와 환경과 상호소통 한다. 특히 유교에서 공자는 정치체

72) 움베르토 마투라나/프란시스 바렐라, 『인식의 나무-인식활동의 생물학적 뿌리』, 최호영 옮김, 자작 아카데미, 1995, 170쪽.

73) Niklas Luhmann, *Soziale Systeme,* 242쪽.

계 속에서 삶과의 조화를 강조한다. 우리는 유교라는 전체 체계 속에서 삶의 정치를 관찰할 수 있다. 즉 공자의 너그러움(寬)과 사나움(孟)을 적절히 커뮤니케이션할 것을 주장하는 문맥에서 조화의 정치를 발견할 수 있다.

> 정치가 너그러우면 백성이 태만해 지고, 너무 태만해질 때는 사나움으로 바로 잡아야 한다. 그러나 정치가 너무 사나워지면 백성이 쇠잔해진다. 백성이 쇠잔해지면, 너그러움으로 베풀어야 한다. 너그러움으로 사나움을 바로잡고, 사나움으로 너그러움을 바로잡는다. 정치는 이렇게 조화(커뮤니케이션)해야 한다.[74]

그래서 정치가 "너그러우면 백성이 모여들고, 임금이 은혜로우면 백성 부리기가 한결 쉬워지기 때문이다."[75] 이런 점에서 유교사회는 체계와 체계의 내적인 환경을 위한 "이차적 질서의 개념"을 관찰할 수 있다. 유교라는 체계/환경을 직접 관찰할 경우 체제에 적용되는 것이다. 이와 반대로 다른 체계를 관찰하는 체계는 다른 가능성을 지닌다. 모든 체계와 마찬가지로 체계자체는 항상 환경을 필요로 한다. 마투라나는 다른 체계에 의한 어떤 체계의 관찰을 이차적 질서의 관찰이라 불렀다. 이러한 "관찰은 체계의 고유한 조작방식"[76]에 의해 부여받아 제한적으로 관찰한다. 체계는 관찰된 체계의 지평선을 관찰할 수 있기 때문에 지평선이 배제된 것을 또한 인식한다.[77] 이를 통해서 체계는 일종의 "이차적 질서의

---

74) 『春秋左傳』, 「昭公」20년, "中尼曰, 善哉! 政寬則民慢, 漫則糾之以猛, 猛則民殘, 殘則施之以寬, 寬以濟猛, 猛以濟寬, 政是以和

75) 『論語』, 「陽貨」, 寬則得衆, 惠則足以使人

76) 관찰과 조작사이의 구분은 외부의 측면에서 분화된다. 자세한 내용은 다음을 참조: Urs Stäheil, "Das Populäre in the Systemtheorie", Günter Burkart/Gunter Runkel(Hg.), *Luhmann und die Kulturtheorie*, Frankfurt. a.M. 2004, 181-186쪽.

77) Niklas Luhmann, *Soziologie des Risikos*, Berlin/New York, 1991, 241-242쪽.

사이버네틱스"에서 관찰된 체계/환경의 작용방식을 선명하게 드러낸다. 루만의 이차적 질서의 관찰은 아주 다양한 작용을 한다. 이런 점에서 루만의 이차적 질서의 관찰은 우리가 유교라는 다른 관찰을 억지로 설정하거나 자체적으로 환경을 구분하여 연구할 수 있는 것이다.

3. 한국 사회에서 체계이론과 유교는 어떻게 적용 가능한가?

우리는 지금까지 루만의 체계이론을 중심으로 유교와의 상호 소통가능성을 살펴보았다. 우리가 앞장에서 살펴보았던 루만의 체계 이해이론에서 유교와의 상호 소통가능성을 다음과 같은 현대적 의미를 찾아볼 수 있다.

첫째, 루만의 체계이론은 삶을 매개로 하여 자동생산의 개념을 다루고 있다는 점에서 유교와 상호 소통가능하다. 루만의 체계이론은 자동생산을 삶의 개념체계로서 이해하였기 때문에 유교도 삶을 매개로 전개되어 왔다는 사실이다. 루만의 입장에서 체계이론은 사회체계의 자동생산에 작용하는 커뮤니케이션으로 받아들인다는 점에서 유교와 상호 소통 가능한 것으로 이해할 수 있다. 그래서 개별적인 개인의 커뮤니케이션은 정보와 전달 그리고 이해를 구성하게 된다. 이러한 이해는 커뮤니케이션 체계의 자동생산적인 동기로서 작용한다. 그런데 이러한 기능은 반드시 의식의 실마리로서 요구되는 것은 아니며, 의식은 그렇게 새로운 의미를 부여하는 것도 아니다. 왜냐하면 우리가 이해하는 의식이 우리와 상관없이 멀리 동떨어져 표상되어 나타나는 것은 아니기 때문이다.

둘째, 루만의 70여 건의 많은 저서와 400여 편의 논문들은 독립적으로 구성되어 있지 않다. 즉, 유교는 루만의 사회체계이론처럼, 상이한 이론들이 혼재하여 복잡하게 얽혀져 있다. 루만 체계이론에서 드러난 **복잡성(Komplexität)의 개념**은 현대 유교사회의 관점에서도 이해할 수 있다. 우리가 오랜 유교의 농경사회에서 산업사회, 그리고 정보사회를 거치면서 체험하는 모든 세계는 "가능한 사건들의 전체로서의 복잡성으로 가득 차 있다."[78] 이런 점에서 루만의 체계이론은 체계의 복잡성의 구조에 대한 이해와 오해의 역할을 분석하고 있다. 이러한 복잡성의 체계는 현대 유교사회에서 드러난 다양한 문제들을 진단할 수 있다. 그러한 복잡성의 체계는 복잡성의 경험과 덜 체계화된 환경사이에서 경험을 통해 드러난다. 루만의 체계이론은 자기준거의 행위관찰을 통해 복잡성의 작용으로 이해한다. "자기준거"[79]의 행위는 옛 자아를 통제하며 새로운 사회적 체계를 구성한다. 자기준거의 행위는 의미 있는 외부의 영향력을 인간적 행태로서 이해하는 것이다. 이해하고 이해 받은 체계는 인간의 작품, 의식의 존재, 심리적 혹은 사회적 체계와 더불어 모든 인간의 의식작용에 관계한다. 따라서 루만의 체계분화의 이론은 그의 사회적 체계이론에서 다시 새롭게 발견하게 된다. 루만의 기능주의는 부분요소들의 재생산의 단절이나 지속성의 작동이 어떻게 자동생산과 연관되어 있는가에 대해 관계하듯이, 유교도 기능주의의 재생산과 지속성의 작동이 자동생산과 연관되어 왔는지 관찰 가능한 것이다.

---

78) Niklas Luhmann, "Das sind Preise. Ein soziologische-systemtheoretischer Klärungsversuch," in: *Soziale Welt,* 34. Jg. H.3. 1983, 159. Vgl. Ders. "Soziologie als Theorie sozialer Systeme", in: *Kölner Zeitschrift für Soziologie,* 19(1967), 615쪽: Heinrich Rombach, *Phänomenlogie des sozialen Lebens,* Freiburg/München, 1994, 253-254쪽.

79) 하버마스에 따르면 루만의 자기준거의 개념을 사회 전체의 합리성과 연결시켜야 한다고 주장한다. 첫째, 자기준거의 개념은 모든 경험적인 자기생산체계로 이송하며, 둘째, 합리성에 대한 자기준거의 추론을 포기해야 하며 셋째, 합리성이 더 이상 이성의 자기준거에서 주어질 수 없으며, 넷째, 분화의 역설에 대한 모든 합리성의 노력과 기능 체계적 차이의 코드화를 조화시킨다. 체계들은 복잡한 환경세계의 우연한 조건에서 생산되고 보존된다. 따라서 주변세계의 체계/환경의 관계들은 복잡성을 형성하게 되며, 나아가 이러한 복잡성을 통해 과제를 수행하게 된다. 우리는 체계/환경의 차이에 대해 관찰하여 보다 잘 이해하기를 원한다. 이런 점에서 체계/환경의 구분은 반성을 통해 다루어지며 환경에서의 체계를 일체화시키는 계기를 마련해야 한다. (위르겐 하버마스, 『현대성의 철학적 담론』, 이진우 옮김, 문예출판사, 1994, 433쪽.)

셋째, 루만의 체계이론은 현재의 생태위기를 극복할 수 있는 생태철학의 새로운 이론적 대안으로 활용할 수 있다. 오늘날 기능체계들이 본질적으로 생태학적 위협에 대한 반향을 일으키고 있으며, 부차적으로 도덕적 문제일 수밖에 없다는 사실에서 출발한다. 유교는 나와 만물이 하나라는 우주자연의 감응과 조화라는 관점에서 생태학적 관점을 제공한다.[80] 루만은 인간과 사회를 성찰하는 역사적 차원의 관점에서 생태학적 커뮤니케이션, 사회적 커뮤니케이션의 주제를 사회와 환경과의 관계를 새롭게 설정하고 있다는 점에서 유교의 "우주자연의 감응과 조화"의 사상과 상호소통가능하다. 유교에서 "어떻게 하면 인간이 자연 만물과 괴리되지 않고 조화로운 하나 된 삶을 살 수 있을까? 인간이 자연만물과 조화롭고 하나 된 삶을 살기 위해서는 먼저 우주자연의 운행과정과 천지만물의 생성과정에 대한 이해가 선행되어야 한다고 본다. 유교에서 "천지만물과 한 몸을 이룬다."는 사상은 천인합일의 변주곡이고, 인간 자아실현의 최고 단계를 천지정신의 구현이라 규정한다.[81]

넷째, 루만의 체계이론은 현대사회가 탈주체로서 완전 분화되어 가는 과정에서 전체적인 틀을 조망한다면, 유교는 주체로서 가족을 중심으로 사회, 그리고 국가라는 전체체계의 틀을 조망한다. 현대사회는 정치·경제·법·과학·종교·예술 등 다양한 기능 체계들에 의해 첨예하게 탈분화되어 나간다. 이 모든 영역은 전체의 사회체계가 이미 구성되어 있다는 것을 전제로 한다. 루만은 현대사회가 점차 완전 분화되어 가고 있지만, 유교도 전체사회의 한 부분체계로서 커뮤니케이션으로 이루어진다고 파악하고 있다는 점에서 열린 소통의 체계를 지향하고 있다.

다섯째, 루만의 체계이론은 서두에서 언급하였듯이, 학제적 연구의 표준적인 모델을 제시해 준다. 흔히 학제적 연구의 특성은 이질적 성질을

---

80) 김세정, 『돌봄과 공생의 유가생태철학』, 소나무, 2017, 190쪽 이하 참조.

81) 두유명, 『문명간의 대화-유교 인문주의의 현대적 병용에 관한 연구』, 나성 옮김, 철학과 현실사, 2007, 340쪽.

결합한 복합체라 말한다. 하지만 유교는 동질적인 학문체계로서 여러 학문들의 분파 속에서 존속해 왔다고 말할 수 있다. 이를테면 유교는 동질적 학문으로서 서로 상이한 부분체계를 유교라는 전체의 틀 속에서 포용해 왔다고 말할 수 있다.

여섯째, 앞장에서 고찰하였듯이, 루만의 사회체계는 부분체계로서가 아니라 전체체계로 파악한다. 즉 그는 정치·경제·법·과학·인륜·예술·종교·교육 등 개별분과가 아니라 통합학문으로 본다. 즉 루만의 체계이론은 열역학으로부터 유기체이론, 생물학·신경생리학·컴퓨터 이론 및 정보이론·사이버네틱스 등과 연관시켜 학제적 연구의 기본적 토대를 제시해 준다. 유교도 정치, 경제, 사회, 과학, 예술, 종교 분야 등 통합체계로서의 역할을 해 왔으나, 이제는 현대사회의 부분체계라는 점을 인정하고 그에 부응하는 역할을 기대할 수 있다. 루만의 체계이론이 우리학계에서 다소 낯선 이론이기는 하지만, 앞서 살펴보았듯이, 학제적 통합에 적합한 이론이며 고도로 체계화된 이론이라 할만하다. 루만의 자기준거 내지 자동생산의 체계이론은 유교와 같은 "거대이론의 모델"에 토양을 제공해 줄 수 있다. 따라서 우리는 루만 체계이론에서 학제적 연구의 장점을 최대한 살려 21세기에 유교의 새로운 패러다임을 구축할 수 있는 계기를 마련할 수 있을 것이다.

일곱째, 루만은 사회를 자율적이고 자기참조적인 소통체계로 보았고, 전통적인 인간 중심적 윤리체계를 배제한다. 반면 유교는 도덕적 인간관계와 사회적 책임을 중심으로 질서를 구성해왔다. 이 두 체계는 상이한 인식론을 갖지만, 현대 한국 사회의 전통과 복잡성을 함께 이해하는 데 있어 상호보완적 의미를 가질 수 있다. 루만의 체계이론과 한국 사회에서 유교는 상호 상반되는 철학적 구조를 가지고 있지만, 한국 사회에서의 복합적 현실에 비추어볼 때 상호소통은 불가능하지 않다. 즉 유교는 인간 중심적 세계관: 수기치인(修己治人), 덕(德)을 통한 질서를 강조했고, 사회는 위계적 관계 속에서 윤리적 조화를 추구해왔다. 또한 유교는 정치, 교육, 가족이 도덕적 규범으로 통합 '예(禮)'를 통한 상호 인정과 공동체의 형성을 해왔다.

루만은 사회분석의 탁월한 도구를 제공했다면, 유교는 그 이론이 놓치는 공동체 윤리의 심층 구조를 제시한다. 양자의 긴장 속에서 우리는 윤리적 근내성과 제도적 복잡성을 동시에 사유할 수 있다. 향후 양자(兩者)의 과제는 한국의 실제 제도 특히 교육, 복지, 정치 체계에 이 이론들을 적용하여 실천적 방향을 도출할 필요가 있다.

참고문헌

고사키 시로, 『근대라는 아포리아』, 최재목 외 옮김, 이학사, 2007.

김덕영, 『사회의 사회학』, 서울: 도서출판 길, 2016.

김세정, 『돌봄과 공생의 유가생태철학』, 소나무, 2017.

김세정, 『한국 성리속의 심학』, 예문서원, 2015.

김형효, 『동서철학에 대한 주체적 기록』, 고려원, 1985.

나종석, 『대동 민주유학과 21세기 실학』, 도서출판 b, 2017.

다이머-위데포드, 닉, 신승철 외 옮김, 『사이버-맑스』, 서울:이후, 2003.

두유명, 『문명 간의 대화-유교 인문주의의 현대적 변용에 관한 연구』, 나성 옮김, 철학과 현실사, 2007.

뚜웨이밍, 『문명들의 대화』, 김태성 옮김, 휴마니스트, 2006.

라이, 카린, 『케임브리지 중국철학 입문-지성사로 본 중국 사유의 계통과 맥락』, 심의용 옮김, 유유, 2018.

루만, 니클라스, 노진철·최재현 옮김, 「체계이론의 최근경향」, 최재현 엮음, 『현대 독일 사회학의 흐름』, 서울: 형성사, 1991.

마투라나, 움베르토/바렐라, 프란시스, 최호영 옮김, 『인식의 나무-인식활동의 생물학적 뿌리』, 서울: 자작 아카데미, 1995.

미조구치 유조 외, 『중국의 예치시스템,: 주희에서 등소평까지』,동국대동양사연구실 옮김, 청계, 2001.

성균관대학교 동아시아 유교문화권 교육 연구단 편, 『동아시아 유교문화의 새로운 지향』, 청아람미디어, 2004.
송영배, 『중국사회사상사』, 사회평론, 2012.
양해림 외, 『사이버공간과 윤리-개정3판』, 대전: 충남대학교출판문화원, 2019.
양해림, 「동양과 서양의 생산양식 구성은 어떻게 이루어 졌나? -마르크스의 아시아적 생산양식을 중심으로-」, 동서철학연구, 제 90집, 한국동서철학회, 2018.
양해림, 『현상학의 대화』, 서광사, 2003.
이승환, 『유가사상의 사회철학적 재조명』, 고려대학교출판부, 1998.
이윤미, 「니클라스 루만의 체계이론을 통해 바라본 현대 유교의 텍스트 중심성」, 『종교연구』,76(2), 한국종교학회, 2016.
이진경, 「주체의 도덕적 관점에서 본 강화학파의 진가론 담론」, 『유학연구』, 제 27집, 충남대학교 유학연구소, 2012.
이철, 「루만의 자기생산 체계 개념과 그 사회이론사적 의의」, 『담론210』, 13(3), 2010.
장은주, 『유교적 근대성의 미래』, 한국학술정보, 2014.
정호근, 「의사소통과 매체」, 김상환 외, 『매체의 철학』, 서울: 나남출판, 1998.
존 M. 홉슨, 『서구문명은 동양에서 시작되었다』, 정경옥 옮김, 에코리브르, 2005.
하버마스, 위르겐, 『현대성의 철학적 담론』, 이진우 옮김, 서울: 문예출판사, 1994.
헬가그립-하겔슈탕에, 『니클라스 루만-인식론적 입문』, 이철 옮김, 이론출판, 2019.
Beckenbach, F., "Die Wirtschaft des Systemtheorie", in: *Das Argument.* 31. Jg. 1989.
Böckenförde, E. W., *Recht, Staat, Freiheit, Studien zur Rechtsphilosophie, Staatstheorie und Verfassungsgeschichte,* Frankfurt. a. M. 1992.
Bohn, C., "Verstehen, Kommunikation und das Problem der Schriftlichkeit: von 27. Luhmann zu Dilthey" in: *S oziologisches Jahrbuch.* 8. 1992-I.
Esser, H., "Der Doppelpaß als soziales System", in: *Zeitschrift für Soziologie,* Jg. 20.Heft. 2. 1991.
Hahn, A., "Versthen bei Dilthey und Luhmann", in: *Soziologisches*

Jahrbuch, 8. 1992-I.

Heidegger, M., *Vorträge und Aufsätze*, Pfullingen: Neske, 1954.

Knüppel, R., *Diltheys Erkenntnistheoretische Logik*, München 1991.

Koslowski, S., *Die Geburt des Sozialstaats aus dem Geist des Deutschen Idealismus, Person und Gemeinschaft bei Lorenz von Stein*, Weinheim: Acta Humaniora, 1989.

Krüger, H-P., *Perspektiven Wechsel. Autopoiesis, Moderne und Postmodern im Kommunikationsorientierten Vergleich*, Berlin, 1993.

Luhmann, N., "Am Ende der kritischen Soziologie", in: *Zeitschrift für Soziologie*, Jg. 20. H.2. 1991

Luhmann, N., "Das sind Preise. Ein soziologische-systemtheoretischer Klärungsversuch," in: *Soziale Welt*, 34. Jg. H.3. 1983.

Luhmann, N., "Die Autopoiesis des Bewußtseins", in: *Soziale Welt*. 36. Jg. 1985.

Luhmann, N., "Neuere Entwicklungen in der Systemtheorie", in: *Merkur*. 42 Jg. Heft. 467-478, 1988.

Luhmann, N., "Soziologie als Theorie sozialer Systeme", in: *Kölner Zeitschrift für Soziologie*, 19(1967).

Luhmann, N., "Systeme verstehen Systeme", in: ders/K. E. Schorr(Hg.), *Zwischen Intransparenz und erstehen. Fragen an die Pädagogik*, Frankfurt. a. M. 1986.

Luhmann, N., *Beobachtungen der Moderne*, Opladen, 1992.

Luhmann, N., *Das Recht der Gesellschaft*, Frankfurt.a M. 1993.

Luhmann, N., Funktion der Religion, Frankfurt. a. M. 1977; ders., *Öklologische Kommunikation*, Opladen, 1986(이남복 옮김, 『현대 사회는 생태학적 위협에 대처할 수 있는가』, 백의, 2002).

Luhmann, N., *Gesellschaft der Gsellschaft*, Suhrkam:Frankfurt.a. M, 1997.(니클라스 루만, 『사회의 사회 1.2』, 장춘익 옮김, 새물결, 2012.)

Luhmann, N., *Gesellschaftsstruktur und Semanik*, Bd. 3. Frankfurt. a. M. 1989.

Luhmann, N., *Soziale Systeme. Grundriß einer allgemeinen Theorie*, Frankfurt. a. M, 1993.

Luhmann, N., *Soziologie des Risikos*, Berlin/New York, 1991.

Luhmann, N., *Wissenschaft der Gesellschaft*, Frankfurt.a.M:Suhrkamp, 1988.

Luhmann, N., *Zweckbegriff und Systemrationalität*, Frankfurt. a. M. 1973.

Lumann, Niklas/Habermas, Jürgen, *Theorie der Gesellschaft die oder Sozialtechnologie-Was leistet die Systemforschung?*, Frankfurt. a. M. Suhrkamp, 1971.(위르겐 하버마스/니클라스 루만, 『사회이론인가, 사회공학인가? 체계이론은 무엇을 수행하는가?』, 이철 옮김, 이론출판, 2018.)

Maraldo, J. C., *Der hermeneutische Zirkel*, Freiburg/München, 1974.

Marx, K., "Das Kapital," Bd. I, in: Karl Marx/ F. Engels, *Werk*, Bd. 23, 1969.

Maturana, H., *Erkenntnis. Die Organisation und Verkörperung von Wirklichkeit*, 1982.

Pfütze, H., "Theorie ohne Bewußtsein. Zu Niklas Luhmanns Geankenkonstrucktion", in: *Merkur*. 42. Jg. Heft. 467-468. 1988.

Reese-Schäfer, Walter, *Luhmann zur Einführung*, Hamburg:Junius, 1992.

Rombach, H., *Phänomenlogie des sozialen Lebens*, Freiburg/München, 1994.

Stäheil, U., "*Das Populäre in the Systemtheorie*", Günter Burkart/Gunter Runkel(Hg.), *Luhmann und die Kulturtheorie*, Frankfurt. a.M. 2004.

Vogel, P., *Hegels Gesellschaftsbegriff und seine geschichtliche Fortbildung durch Lorenz Stein, Marx und Lasselle*, Berlin, 1925.

Zolo, D., "Reflexive Selbstbegrüdung der Soziologie und Autopoiesis", in: *Soziale Welt*, 36. Jg. Heft. 4. 1985.

제15장

현대사회에서 인지·뇌 과학은 인간의 마음을 어떻게 불교의 깨달음과 소통할 수 있을까?

-인지과학에서 바라본 깨달음-

제15장

현대사회에서 인지·뇌 과학은 인간의 마음을 어떻게 불교의 깨달음과 소통할 수 있을까?

-인지과학에서 바라본 깨달음-*

1. 인지·뇌 과학에서 마음의 이해

21세기 들어 철학자를 비롯한 인문학자들이 뇌 과학의 중요성을 주장하면서 마음이 뇌이고 뇌가 곧 마음이라는 견해가 뇌 과학의 근본 입장으로 점차 굳혀져 가고 있다. 우리말의 '마음(心)'하면 심장이 떠오르지만, 서양말의 ' 마인드(mind)'는 기억, 생각, 의도의 의미를 그 어원에 담아 뇌를 떠올리게 한다. 전통적으로 동서양 철학을 막론하고 철학자들은 항상 마음의 본질을 탐구해 왔다. 우리가 무엇을 주장하거나 마음속에 간직하거나 품는다는 것은 그것을 기억 속에 보유한다는 것이다. 무엇을 마음속에 불러온다는 것은 기억하거나 회상한다는 것이다. 어떤 것을 마음속에 제거하거나 버린다는 것은 그것을 잊는다는 것이다. 우리가 마음을 터놓는다는 것, 즉 누군가가 우리의 마음을 알게 하는 것은 그 사람에게 우리가 생각하거나 주장하는 바를 말해 준다는 것이다. 우리가 무엇

* 이 글은 「불교평론」, 제18권, 제2호 통권 66호, 2016·여름, 94-112쪽에 실린 내용을 수정·보완한 것임.

에 전념한다는 것은 그것을 생각하기 시작한다는 것이다. 그리고 마음을 쓴다는 것은 그것에 대해 숙고하거나 몰두하는 것이다. 무엇을 해야 할지 망설이는 것은 아직 결정하지 못했다는 것이다. 마음을 정했다는 것은 결정했다는 것이고, 변심했다는 것은 결정이나 판단을 뒤집는 것이다.[1] 이렇듯 서양말 마인드는 기억, 생각, 의도 등을 뇌에 담아낸다.

하지만 과학자들은 뇌=마음이라는 생각에서 벗어나 뇌 없이도 생명은 있다는 뇌에 대한 과학적 설명을 제시해 왔다. 예컨대 해면동물은 신경 없이 세포가 모여 있는 것만으로도 생명체를 형성한다. 또한 우렁쉥이는 바다 속을 헤엄치는 유생 때에만 뇌를 갖고 있다. 우렁쉥이는 성장하면 대부분 한곳에 들러붙어 바닷물에 있는 미립자를 먹이로 걸러 먹으며 살아간다. 이런 생물들은 모두 아주 간단한 생명체들이지만, 대체로 편안한 삶을 살아간다. 왜냐하면 이 동물들은 그다지 인간처럼 삶에 대해 복잡하게 '신경 쓸 일'이 없기 때문이다. 대체로 한곳에서 움직이지 않는 동물은 뇌가 필요 없다. 더 이상 필요가 없는 뇌는 점차 소멸한다. 인간은 운동뿐만 아니라 그들 사이의 상호관계, 판단, 의사결정 등을 위해 당연히 더 복잡한 뇌가 필요하다. 인간의 삶은 복잡하지만 훨씬 덜 편안할 수 있다. 덜 편안한 것이 우리 인간 삶의 운명이기도 하다. 흔히 우리가 마음을 비운다는 것은 뇌를 가상적으로 작동 없는 상태로 둔다는 뜻이다.[2]

인간의 마음이 사물에 대해 알고 있는 본질과 지식이 이루어지는 전제조건을 탐구하는 "인지과학"[3]이 더욱 업그래이드 되고 있다. 주지하듯

---

1) 백스웰 베넷·피터 마이클 스티븐, 『신경과학의 철학』, 이을상 외 5인 옮김, 사이언스북스, 2013, 219-221쪽.

2) 김재권, 『심리철학』, 하종호·김선희 옮김, 철학과현실사, 2004, 22쪽.: 김광수, 『마음의 철학』, 철학과현실사, 2006.

3) 첫째, 제1세대, 제2세대, 제3세대 인지과학에 대해서는 다음을 참조: G. 레이코프·M. 존슨, 『몸의 철학』, 임지룡 외 옮김, 박이정, 2008, 126쪽.: 이정모, 「인지과학 패러다임의 새 변화가 학문간 융합에 주는 시사」, 김광수 외, 『융합인지과학의 프런티어』, 성균관대학교 출판부, 2010, 37쪽.: 프란시시코 J. 바렐라·에번 톰슨·엘리너 로쉬, 『인지과학의 철학

이, 인지과학은 철학의 가장 오래된 분야 중 하나인 인식론에 뿌리를 두고 있다. 먼저 인지는 우리의 마음작용에서부터 비롯된다. 우리가 인지과학을 포괄적으로 정의한다면, 그것은 마음의 과학이라 말할 수 있다. 우리의 인지활동은 기호와 같은 정신적 표상에 의해 나타난다. 인지과학이 정신현상의 표상이라 할 수 있는 기호에 의해 설명될 수 있기 때문에 마음의 기호체계를 구성한다. 이런 점에서 인지과학은 사고, 기억, 지각과 같은 다양한 인지과정에서 기호를 조작한다. 따라서 인지과학은 마음이 기호를 조작하는 과정, 즉 특정한 정보를 처리하거나 그 밖의 정보로 전환시키는 과정을 거친다. 인지과학의 관점에서 인식론의 역사에서 가장 많이 언급되는 철학자는 데카르트이다. 데카르트(Rene Descartes)가 이러한 인식론적 심신문제를 3백여 년 전에 공식화한 이래로 심리철학의 주된 주제로 다루어져 왔다.[4] 데카르트는 그의 저서 『방법론 서설』(1637)에서 두 개의 서로 다른 실체, 즉 인간은 몸과 마음으로 구성되어 있다는 이원론을 제창하였다. 정도의 차이는 있지만, 오랜 기간 동안 철학자들은 데카르트의 "나는 생각한다. 그러므로 존재 한다"라는 존재론적 패러다임에서 맴돌았다.

단적으로 지금까지 철학자들은 현상을 경험하는 주체와 그 대상인 객체를 서로 나누어 생각했던 데카르트의 심신이원론의 사유에서 크게 벗어나지 못했다. 21세기 들어 철학자들은 데카르트의 이원론적 관점에서 벗어나고자 뇌=마음의 개념 틀에서 서로 상이한 논의를 진행 중에 있다. 인간의 사회적 인지 및 행동의 기초가 되는 생물학적 매커니즘은 뇌 연구와 인문학의 융합, 즉 사회심리학과 신경과학이 융합하여 출연한 학제간 연구를 사회신경과학이라 일컫는다. 즉 인간의 사회생활과 뇌의 구조관계를 연구하는 인문학과의 주제는 도덕적 행동, 모방심리, 정치성향

적 이해』, 석봉래 옮김, 옥토, 1997, 277-278쪽.).

4) 백도형, 「심리철학과 심신문제」, 박영태 외, 『과학철학-흐름과 쟁점, 그리고 확장』, 창비, 2011, 382쪽.: 백도형, 『심신문제』, 아카넷, 2014.

등 점차 그 범위가 확대되고 있다.

2. 인지·뇌 과학에서 마음의 이해와 모방이론

현대 인지과학에서 마음이라는 실체는 더 이상 존재하지 않는다. 우리가 일상적으로 마음이라 부르는 것은 단지 몸이나 뇌의 기능에 불과하다. 마음이 실제 대상이 아니라 그런 대상의 기능으로 흘러가고 있다. 즉 현대 인지과학이나 신경과학의 주도적 흐름은 물리주의, 기능주의, 제거주의들을 통해 이러한 방향으로 전개되고 있다.[5] 따라서 현대 인지과학에서 인간의 마음은 다음과 같은 내용을 다루고 있다.

첫째 마음은 역사적 오해와 무관하게 사고 내지 인지의 영역만을 지칭하는 데 사용된다. 둘째, 마음은 역사적 오해에서 연유된 의미를 지닌다. 이 경우 마음은 감정적, 정서적 측면을 지닌다.[6] 이렇게 오랜 역사를 거치면서 마음은 인지, 감동, 동기의 3대 요소가 서로 뒤섞여 있는 것으로서 인식되어 왔다. 이 세 가지의 요소는 단일한 마음의 기능을 보여주는 다른 측면으로 인식되기도 하지만, 서로 뚜렷이 구별되는 별개의 능력을 갖고 있는 것으로 간주되어 왔다. 20세기에 들어오면서 마음이 이러한 정신과 연관되었다는 인식은 거의 사라졌다. 행동주의자들이 득세하면서 심리학은 이러한 세 부분의 요소를 논쟁거리로 삼으면서 마음 전체를 무시했다. 21세기 인지혁명이 심리학에 다시 마음을 불러들였지만, 생각이나 인지과정들만 강조되고 감정과 동기는 여전히 무시되었다. 우리가 왜 특정한 대상들에 대해 주의를 기울이고, 기억하며, 생각하는지를 이해하는 것은 여전히 중요하다.[7] 마음에 대한 가장 근본적인 두 가지의

---

5) 이영의, 「논리 중심적 철학 치료적 성격」, 『범한철학』, 제65집, 범한철학회, 2012, 149쪽.
6) 김영정, 『심리철학과 인지과학』, 철학과현실사, 1996.
7) 조지프 르두, 『시냅스와 자아』, 강봉균 옮김, 동녘 사이언스, 2011, 293쪽.

문제는 '우리에게 지능을 가능하게 하는 것은 무엇 때문일까?' 그리고 '우리에게 의식을 가능하게 하는 것은 무엇 때문일까?'라는 물음이다.

현대사회에 인지과학이 출현하면서 지능의 비밀을 보다 상세하게 이해할 수 있게 되었다. 인지과학이 여전히 추상적인 분석의 지식으로 보일 수도 있지만, 첫 번째 질문은 어느 정도 해결되었다고 볼 수 있다. 하지만 우리의 의식 혹은 감각력은 아직도 수수께끼로 남아 있다. 예컨대 치통, 빨강, 짠맛, 음계와 같은 1차적 감각은 여전히 베일에 싸인 채 수수께끼로 남아 있다.[8] 우리가 다른 사람의 감정 상태를 어떻게 알아볼 수 있을까? 그리고 우리는 다른 사람의 감정 상태를 어떻게 의식적으로 평가할 수 있을까? 또한 의식의 감정 상태는 저절로 느껴지는 것일까? 이와 같은 물음들에 대해 답변을 이끌어내는 것은 그렇게 쉽지 않다. 뇌과학자 가자니가(Michael Gazzaniga)는 마음을 읽는 이론에서 마음의 정신적·감정적 상태를 다음과 같이 두 가지 측면에서 파악한다.

첫째, 마음은 모방이론(simulation theory)에서 나온다. 마음은 의도적이며 자발적으로 다른 사람의 감정 상태를 자기 마음속으로 재현해 보는 방식으로서 상대방의 감정 상태를 추론해 낸다.[9] 모방이론의 근원지는 철학자 딜타이(Wilhelm Dilthey, 1833-1910)의 감정이입을 통한 이해이론에서 발견할 수 있다. 즉 딜타이의 이해이론은 사회과학과 상식 사이에 놓여 있는 이해를 방어했다. 즉 모방이론은 자기 자신을 다른 사람의 입장에 놓고 그 사람의 상황에서 우리가 어떻게 할 것인지를 헤아려 낸다. 그렇게 하여 모방이론은 타자가 처한 상황에 대해 공감하거나 사상적 투사(投射)를 하거나 '타인의 입장에서 생각해 보는 것'이다. 대체로 심리학자들이 어떠한 역할놀이나 '입장 바꾸기'의 용어를 사용하여 모방이론을 표현하곤 한다.[10] 먼저 우리가 자료들을 갖고 어떻게 해야

8) 스티븐 핑커, 『마음은 어떻게 작동하는가』, 김한영 옮김, 동녘사이언스, 2010, 106-107쪽.
9) 마이클 가자니가, 『왜 인간인가?』, 박인균 옮김, 추수밭, 2009, 212쪽.
10) A. I. 골드먼, 『철학과 인지과학』, 석봉래 옮김, 서광사, 1998, 113쪽.

할 것인지를 상상해 보는 것이다. 모방이론은 행동을 판단하기 위해 이론이나 지시체, 혹은 규칙들을 사용하는 것은 아니다. 그리고 모방이론은 '우리 자신의 마음과정에서 다른 사람의 마음도 조작 가능한 모형'으로 간주한다.

둘째, 마음은 이론-이론(theory-theory)을 정립하는 데서부터 시작한다. 한 개인이 선천적이든 후천적이든 간에 자신만의 심리를 이용하여 다른 사람과 어떻게 반응하는지, 그리고 다른 사람이 무엇을 하고 있는지, 그 사람이 어디에 있는지, 누구와 같이 있는지, 과거는 어떠했는지 등의 다양한 물음을 통해 그 사람의 정신 상태를 추측하는 이론이다.[11] 이는 인간의 행동을 이해하는 데 필요한 정신적 개념들을 설명하는 데 있어서 통속 심리학의 이론을 적용한다. 통속 심리학은 타인의 행동을 판단하는 데 사용하는 규칙이다. 여기서 통속 심리학은 우리가 지식을 갖고 태어났는가, 아니면 우리가 지식을 어떻게 배우고 익혀야 할 것인가에 대한 물음을 제기한다.[12]

이 두 이론에서 마음의 이론은 개인의 의지에 근거하여 다른 사람에 대한 감정 상태를 실제로 평가하고 결정한다. 특히 지금까지 두 이론은 인지과학의 정보처리를 중요하게 여겼다. 정보처리는 수학과 물리학을 비롯하여 언어학, 인류학 그 밖의 수많은 인문·사회·자연과학 연구자들에 의해 채택되어 왔다.[13] 이러한 인지과학의 정보처리는 마음과 마음작용의 하위 양태인 지능과 연관되어 있다. 이는 인간을 일종의 정보처리 시스템으로 보고자 하는 데서 기인한다. 이러한 정보처리 시스템은 컴퓨터의 발전, 특히 인공지능의 발전에 기여했을 뿐만 아니라 우리가 어떤 문제를 추론하여 해결하는 데 인지프로세스 연구방법론의 정보처리 접근을 가능하게 했다. 이렇게 정보처리시스템은 그동안 마음이 어떻게 작

---

11) 마이클 가자니가, 앞의 책, 212쪽.

12) 마이클 가자니가, 『윤리적 뇌』, 김효은 옮김, 바다출판사, 2009, 224-225쪽.

13) 조지프 르두, 『시냅스와 자아』, 강봉균 옮김, 동녘 사이언스, 2011, 52쪽.

동하고 있는지를 해명하기 위한 학제적 접근에서 출발했다. 따라서 인지과학은 다음과 같이 새로운 마음의 과학이라 불리게 되었다. 첫째, 인간의 인지(판단, 추론, 기억, 문제해결 등에 있어서의 심적 활동)는 기본적으로 기호를 처리하는 과정이다.

둘째, 인지과정에서 처리되는 기호는 컴퓨터의 기계 내부에서 처리하는 기호와 같다. 셋째, 인지과정은 컴퓨터 프로그램과 같은 계열적인 기호처리가 이루어진다. 넷째, 정보처리과정은 적은 양의 정보를 일시적으로 보유하는 단기기억시스템과 거대한 지식의 대부분을 영구적으로 보유하는 장기기억시스템을 갖고 있다. 다섯째, 정보처리과정은 정보처리의 효율성을 보다 높여서 정보처리 부하(예: 단기기억에서의 정보보유율)를 경감시키기 위해 휴리스틱(heuristic) 방법[14]을 취한다. 즉 정보처리과정은 대부분 가장 근접한 최선의 답변을 효과적으로 얻기 위해 최소한의 규칙을 정해 구성한다.[15] 인지과학은 정보처리과정뿐만 아니라 다양한 분야에 걸쳐 적용되고 있기 때문에 문학 텍스트에서 적극 활용하고 있다. 문학은 인간 사고의 집약적 결과물이기 때문에 문학 텍스트를 통한 인지과정의 탐색이야말로 중요한 요인이 될 수 있다. 인지과학이 전통문학에 대한 비판적 성찰과 인지 문학적 탐구결과를 융합하는 과정을 통해 문학적 소통의 장을 여는 데 중심축을 구축하고 있다.

3. 인지·뇌 과학에서 거울뉴런과 공감

나는 공감적인가 적대적인가? 이 물음들은 이탈리아 출신의 생리학자인 파르마 대학교의 자코모 리졸라티(Giacomo Rizzolatti)가 지난 10

---

14) 인간이 어떠한 목적을 달성하기 위해 필요한 최상의 수단을 선택한다고 보았다. 사이먼은 이것을 휴리스틱스 개념이라 표현했다.

15) 사에키 유타카, 『인지과학 혁명』, 에이콘출판, 2010, 196-197쪽.

년간 수행해 온 독창적이고 상상력이 풍부한 연구를 통해 주목받아 왔다. 거울뉴런(mirror neuron: 거울신경세포)[16]은 이탈리아 파르마 대학의 뇌신경과학자인 리졸라티를 주축으로 한 연구팀에 의해 발견되어 1996년 「브레인(Brain)」지(誌) 4월호에 발표되었다. 원숭이를 대상으로 연구했던 리졸라티와 그의 동료들은 원숭이의 뇌 안에 있는 뉴런들 하나하나의 활동을 기록했다. 이 뉴런은 두뇌활동에 기록되는 원숭이나 그 밖의 다른 원숭이가 어떻게 반응하는지를 관찰했다. 원숭이가 땅콩에 손을 뻗으면 그 원숭이의 전전두엽 부위의 신경이 발화되는 것이 기록된다. 기록 장치를 스피커에 연결하면 어떤 뉴런이 발화할 때마다 딱딱거리는 소리를 들을 수 있다. 어느 날 리촐라티는 이 소리를 듣고 깜짝 놀랐다. 동물 스스로 땅콩을 잡으려고 손을 뻗을 뿐만 아니라, 사람이 이 동물의 눈앞에서 손을 뻗을 때도 같은 소리가 들렸던 것이다. 이때부터 원숭이가 어떤 운동을 할 때에도 반응하고, 사람이 하는 같은 운동을 원숭이가 관찰만 할 때에도 반응하는 뉴런을 거울뉴런이라 일컬었다. 그리고 다른 원숭이나 인간이 포도에 손을 뻗을 때 그 행위를 관찰하는 원숭이의 뉴런 또한 발화된다. 이렇게 뉴런은 자신의 행위와 동일한 목표를 갖는 타인의 행위에 둘 다 반응한다는 것이다.[17]

구체적으로 이 연구팀은 원숭이의 뇌에서 운동지령을 보내는 부위에 전극을 삽입했다. 그들은 마카크 원숭이가 땅콩을 잡기 전에 전두피질의 F5 영역의 뉴런이 활성화된다는 사실을 관찰했다. 이 영역은 前운동피질이라 불리는 커다란 영역 안에 위치하고 있다. 이 영역에는 손에 쥐기, 들기, 찢기, 그리고 물건으로 입 가져가기 등의 손의 행위들을 전문적으로 부호화하는 뉴런들이 수백만 개나 들어 있다. 이어진 실험에서 연구

16) 뉴런(neuron) 또는 신경원(신경세포)에 대한 자세한 논의는 다음을 참조: 장현갑, 『마음 vs 뇌』, 불광출판사, 2009, 19쪽.: 'Marco Iacoboni, Mirroring People-The New Science of How We Connect With Others(『미러링 피플』, 김미선 옮김, 도서출판 겔리온, 2009: 박문호, 『뇌 생각의 출현』, 휴머니스트, 2009, 112쪽.

17) 마이클 S. 가자니가, 『윤리적 뇌』, 김효은 옮김, 바다출판사, 2009, 142쪽.

팀은 원숭이가 땅콩을 까거나 다른 누군가가 땅콩 까는 소리를 들었을 때에도 특정 부위의 세포가 활성화된다는 사실을 알아냈다. 뇌영상 실험을 통해 우리 인간에게도 다양한 몸동작에 반응하는 거울뉴런이 있음을 확인했다. 이 거울뉴런들은 우리에게 동작에서 반영되는 다른 사람들의 생각과 느낌에 공명하는 능력을 부여함으로써 인간의 감정이입과 마음의 이론을 자연스럽게 설명해 준다. 즉 인간에게 자기공명영상촬영(fMRI)을 통해 다른 사람의 손동작과 얼굴 표정 등을 보게 한 후, 원숭이들과 마찬가지로 F5에 해당하는 '전두엽'을 포함하는 뇌의 특정 부분이 마치 자기가 손을 움직이고 얼굴 표정을 하는 것처럼 같은 부위에서 활성화된다는 사실을 알아냈다. 연구팀은 이 뉴런을 **거울신경세포**라 이름 붙였다.[18]

거울뉴런 덕분에 우리는 웃고, 춤추고 운동하는 방법을 배울 수 있다. 거울뉴런을 이해하면 왜 다른 사람이 웃는 모습을 보면 전염되어 입을 벌리게 되고, 슬픈 영화를 보다가 주인공이 눈물을 흘리면 왜 **감정이입**(empathy)이 되어 울게 되는지를 알 수 있다. 또한 우리는 책을 보거나 읽을 때에 주인공에게 감정이입이 되어 그의 고통을 마치 자기가 당한 것처럼 느끼기 때문에 종종 눈물을 흘린다.[19] 우리는 영화 속의 주인공이 괴한에게 쫓기거나 정신적인 충격에서 헤어 나오지 못할 때에 마치 자신의 위협을 받고 있는 것처럼 공포와 위협을 느끼기기도 한다. 이렇게 사람은 거울뉴런을 이용하여 남의 행동을 모방할 뿐만 아니라 그 의미를 깨달을 수 있다.

거울뉴런은 곧 인간의 감정을 주관하는 변연계에 신호를 보낸다. 얼굴은 드디어 표정을 짓고 슬픔, 기쁨을 느낀다. '관찰하고 흉내를 내십시

---

18) 제러미 리프킨, 『공감의 시대』, 이경남 옮김, 민음사, 2010, 101-102쪽; 크리스 프리스, 『인문학에게 뇌과학을 말하다』, 장호연 옮김, 동녘, 2009, 234-235쪽.

19) 이인식, 『지식의 대융합-인문학과 과학기술은 어떻게 만나는가-』, 고즈윈, 2008, 153-154쪽.

오!' 이는 로스앤젤레스의 데이비드 게펜 의학전문대학원의 라카보니(Maro Iacaboni)를 중심으로 한 연구팀의 거울뉴런실험에서 피실험자들에게 두 가지의 과제를 제시하는 데서도 나타났다. 피실험자들은 자기공명단층촬영기 속에 누운 상태에서 기쁨, 놀라움, 두려움을 드러내는 사람들을 보았다. 첫 번째 단계에서 피실험자들은 단지 그 얼굴들을 관찰만 해야 했고, 두 번째 단계에서는 흉내 내고 내적으로 공감해야 했다. 그 결과 두 과제 모두의 경우에서 활동한 신경세포의 네트워크가 광범위하게 일치하였다. 전운동영역과 전뇌의 경계 부위, 즉 일부 측두엽과 섬엽 그리고 편도체가 관련되어 있었다. 관찰과 내적인 공감의 유일한 차이는 이 영역들에서의 활동이 약간 더 활발했다는 것이다. 야카보니는 자신의 연구결과를 다음과 같이 해석했다. 우리는 다른 사람들의 감정표현에서 지각한 것을 깊이 공감함으로써 이해한다. 분명히 공감은 외부의 관찰을 통해 신경시스템에서 강화되고 반영되는 것에서 드러난다. 거울뉴런과 관련이 없는 다른 한 실험은 정반대로 사회적인 태도가 얼마나 깊숙이 뇌에 고착되어 있는지를 분명히 해 준다.[20)]

야카보니에 의하면, 자기와 타자 사이의 피할 수 없는 상호의존성을 가리키는 뇌세포인 거울뉴런은 인간을 사회적 존재로서 구성하게 하는 필수 요건이라 본다. 예컨대 전화 도중에 상대방이 보지 않음에도 몸짓을 하거나 심지어 맹인에게 이야기할 때조차 제스처를 취하는 경향이나 각종 모방중독 현상, 자폐증 등도 거울뉴런의 작동으로 설명된다. 다시 말해 다른 사람의 몸짓을 한 번도 본 적이 없고 날 때부터 맹인인 사람까지도 말을 할 때 몸짓을 하는 현상 또한 감정이입과 **공감**[21)]의 메커니즘에 거울뉴런이 결정적인 역할을 하기 때문이다. 따라서 자아의식의 개발

---

20) 마르틴 후베르트, 『의식의 재발견-현대 뇌 과학과 철학의 대화-』, 원석영 옮김, 프로네시스, 2007, 210쪽.

21) 공감의 용어가 자리 잡게 된 시기는 1909년 근대 심리학이 의식과 무의식의 내적 역학원리를 탐구하기 시작한 시점과 일치한다. 공감의 대한 자세한 내용은 다음을 참조: 제러미 리프킨, 『공감의 시대』, 민음사, 2010, 18쪽.

은 공감의식과 얽혀 있는 것이다. 이렇게 공감하려는 인간의 본능을 자극하여 다른 사람의 행위에 대해 일종의 내적 '모방'(mimesis)을 촉진하는 것이 거울뉴런의 기능이다.[22] 따라서 야카보니는 인간의 자기공명영상촬영을 찍어 '거울뉴런-대뇌피질의 섬(insula)-변연계'로 이어지는 해부학적 연결망을 발견했다. 이것은 다른 사람의 감정을 우리가 모방한다는 사실을 보여준다. 우리는 모방하면서 다른 사람과 공감한다.

에델만(Gerald M. Edelman)은 『신경과학과 마음의 세계』(1992)[23]에서 뇌의 발생 과정을 통해 뇌를 이해하고자 했다. 그는 뇌, 특히 감각입력과 운동 출력에 관한 접근 방법을 말한다. 즉 지금까지 지각과 인지, 행위는 완전히 별개이며 각각의 과정은 다른 상자에 담긴 기계에서 차례로 이루어졌다.

하지만 거울뉴런의 발견은 이런 근대적 단계론을 전복시켰다. 다른 사람이 움직이면 '성급한' 거울뉴런은 따라 하고 그대로 본다. 사람들이 실제로 행위를 할지, 하지 않을지는 후차적인 문제다. 다시 말해 뉴런은 자동으로 모방한다. 흉내는 인식을 앞선다. 사랑의 기초신경도 거울뉴런이다. 예컨대 실험실 안에 사람들을 가두어 놓고 실험을 했다. 실험 대상자로 가장한 연구원이 잠입해 턱을 괴거나 하품을 하거나 기지개를 편다. 일부 사람들이 따라 하기 시작한다. 실험이 끝나고 연구원에 대한 호감도를 조사했다. 모방을 많이 한 사람일수록 호감도가 높았다. 그러고 보면 연인들은 서로를 따라 한다. 음악을 좋아하면 음악을 따라 듣고 책을 좋아하면 책을 따라 읽는다. 부부가 닮아가는 이유도 이런 경우다. 하지만 거울뉴런은 인간 자율성에 대한 근대적 믿음을 위협한다.

데카르트는 "나는 생각한다. 고로 존재한다"고 언급했지만, 사실 우리는 '나는 자동 모방한다. 고로 존재한다'의 세계에 사는 모방자들(Mirroring

---

22) Marco Iacoboni, *Mirroring People-The New Science of How We Connect With Others*: 김미선 옮김, 『미러링 피플』, 도서출판 갤리온, 2009.

23) 제럴드 에델만, 『신경과학과 마음의 세계』, 황의숙 옮김, 범양사, 2006.

People)이었던 것이다. 이는 리처드 도킨스(Clinton Richard Dawkins, 1941~)가 처음 쓴 복제자 '밈(meme)'[24]과도 통한다. 거울뉴런은 이번 세기를 결정지을 과학의 중요한 개념이다. 리졸라티가 거울뉴런을 발견함으로써 우리가 볼 수 있는 어떤 것을 모방할 경우, 마치 그것을 경험하는 것과 똑같아진다는 것을 우리는 이미 알고 있다. 하지만 이것은 경험에 그치지 않는다. 다른 자극이 없는 상태에서도 정신적 표상은 지각에 직접 관련된 것과 똑같은 신경세포를 작동시킨다. 우리가 어떤 것을 모방하지 않고 단지 모방하는 상상만 한다고 할지라도, 실제로 그것을 모방하는 것과 같은 결과를 가져온다. 이처럼 어떤 일을 상상하는 것, 누군가가 어떤 일을 하는 것을 보는 것, 직접 그 일을 하는 것은 신경세포의 형성과 발달에 중요한 토대를 형성한다.[25]

따라서 거울뉴런은 무의식적 공감 내지 감정이입의 능력을 지녔음에도 불구하고 어떤 결정을 할 때 자유의지와는 그다지 상관이 없다는 것을 밝혀내고 있다. 그러나 이러한 뇌 영역들이 서로 어떻게 협력하고 있는지 아직까지도 제대로 알려진 것이 없다. 인지과학자들은 공감을 하나의 도구적 가치로 간주하여 공감이 자신의 사회적 관심을 높이고 적절한 사회적 관계를 유지하기 위해 다른 사람에게 취하는 조치라고 본다. 이렇게 공감은 뇌에 내재된 인식기능이지만, 문화적 조율을 거친다. 모든 인간은 다른 사람의 행동과 의도를 판단하기 위해 그 사람의 역할을 떠맡고, 그렇게 해서 적절한 대응 방법을 만들어낸다.[26] 하지만 우리가 마음을 이루는 물질을 이해하는 데 절대적으로 필수적인 진화 이론으로부

---

24) 도킨스는 남의 것을 모방하고 따라 하는 모방 심리를 밈이라는 용어로 설명했다. 그는 유전자에 대응하는 이른바 문화 유전자라는 개념으로 모방자, 즉 밈이라는 용어를 도입했다(Richard Dawkin, *The Selfish Gene,* New York: Oxford University Press, 2006, 162쪽).

25) 이언 맥길크리스트, 『주인과 심부름-두뇌 속에서 벌어지는 은밀한 배신과 정복의 스토리-』, 김병화 옮김, 뮤진트리, 2011, 414쪽.

26) 제러미 리프킨, 이경남 옮김, 『공감의 시대』, 민음사, 2010, 20쪽.

터 다소 상대적으로 격리되어 있었다.

마크 바넷(Mark Barnett)은 공감을 '다른 사람의 정서와 조화되어야 하지만 반드시 동일할 필요가 없는 정서의 대리경험'이라고 정의한다. 많은 사람들이 공감에 대해 다양한 견해를 제시하고 있지만, 심리학적으로 얼마나 합당한 것인지는 보다 면밀하게 고찰해야 한다. 예컨대 공감적 상태들이 주어진 행위자의 감정 상태와 '유사한', '조화되는', 혹은 '상응하는' 것으로 해석하는 것이 얼마나 의미 있는 일인가? 공감 상태들이 유사성과 조화를 나타내는 것은 무엇 때문인가?[27] 물론 이러한 물음에 대한 답변은 쉽지 않다. 주지하듯이, 공감 상태는 인지를 통해 이루어진다. 가드너(Howard Gardner)의 주장대로 인지가 '마음의 과학'으로서 정의될 수 있는 것이라면, 시대가 요구하는 인지 문화 혁명은 마음의 과학이 가졌던 이전의 패러다임을 전면적으로 재구성한다는 것을 의미한다.

위에서 살펴본 것처럼, 인지과학에서 공감에 대한 관심은 주로 '타인의 마음을 어떻게 알 수 있는가?' 하는 인지적 관심에 의해 주도되어 왔다. 인간은 자칫 타인의 겉모습만을 직접적으로 보고 지각할 수 있다. 그리고 타인의 내면에 대해 이해하고 함께 체험한다는 공감의 능력은 신비로운 능력이기도 하다.[28] 현대 심리학자들은 경험적, 실증적 방법론을 토대로 심리현상을 탐구하는 데 있어서 공감을 관찰 가능한 사실로 파악하고 이에 대한 분석을 시도해 오고 있다. 따라서 공감은 현대 심리학자들에 의해 대체로 두 가지 측면에서 정의되어 왔다. 첫째, 공감은 다른 사람의 내적 상태들, 내적인 사상, 감정, 지각, 의도들에 대한 인지적 자각이다. 둘째, 공감은 다른 사람에 대한 대리적·정의적 대응이다. 정의적 공감은 타자들이 느끼는 것을 단지 느끼는 것이라는 단순한 개념처럼 보이며, 많은 작가들은 그것을 단순히 결과적 측면에서 정의를 내린다.[29]

27) A. I. 골드먼, 『철학과 인지과학』, 석봉래 옮김, 서광사, 1998, 174쪽.
28) 박인철, 「공감의 현상학」, 『철학연구』, 겨울, 제99집, 철학연구회, 2012, 107쪽.

결국 사람들은 자신의 느낌과 다른 사람의 느낌이 일치하는 정도만큼만 공감한다.

4. 인지·뇌 과학에서 마음의 이해와 불교의 깨달음

인지과학에서 마음의 과학 이론을 살펴보았듯이, 최근 불교계에서 오랫동안 있어 왔던 화두(話頭) 논쟁도 마음의 본성에 대한 논의였다.30)

주지하듯이, 불교의 목표는 깨달음이다. 불교에서 연기설(緣起說)의 원리 위에 깨달음의 목표를 설정하고 있다. 중생의 모든 문제는 깨달음을 통해 해결하고자 한다. 그러면 깨달음이란 무엇인가?31) 먼저 불교에서 깨달음이란 "정토, 보리에서부터 묘리(妙理) 까지"이며 정토와 보리를 하나로 표현한다. 말하자면 보리(bodhi)와 진여가 유식사상이 얻고자 하는 2대 목표이다. 원시불교이래로 무상정각(無上正覺)을 얻어 열반에 든다고 말한다. 이 가운데 무상정각에 상응하는 것이 보리이며 열반에 상응하는 것이 진여(眞如)이다. 진여는 전인격적 영역에서 진리이며, 그

---

29) 마틴 호프만, 『공감과 도덕발달-배려와 정의를 위한 함의들-』, 박재주·박균열 옮김, 철학과현실사, 2011, 48쪽.

30) 불교에서 깨달음의 논쟁은 10년 주기로 있어 왔다. 지난 2015년 9월 조계종 교육원장 현응 스님이 "깨달음은 이해의 영역이기 때문에 설법, 토론, 대화를 통해 얻을 수 있다"고 말한다. 이와 같은 주장에 대해 범어사 주지 수불 스님과 간화선(看話禪·화두를 들고 참선하는 수행)을 하는 수좌 스님들이 반발하며 다시 논쟁이 촉발됐다. 이 논쟁은 2016년 들어서까지도 불교계의 화두가 되고 있다. 돈점설은 ①점수돈오(漸修頓悟) ② 돈수점오(頓修漸悟) ③ 점수점오(漸修漸悟) ④ 돈오점수(頓悟漸修) ⑤ 돈오돈수(頓悟頓修) ⑥ 수오일시(修悟一時) ⑦ 본구불덕(本具佛德) 등으로 요약된다. 이 가운데 종종 거론되는 내용은 점수점오(漸修漸悟), 돈오점수(頓悟漸修)이다. 돈점법에서 가장 주목받는 것은 돈법으로 깨닫고 점법으로 닦는다고 하는 '돈오점수(돈수)'와 깨달음과 닦음을 모두 돈법으로 성취한다는 돈오점수이다(서경부, 「서산대사의 돈점관, 깨달음」, 강건기·김호성 편, 『돈오점수인가 돈오돈수인가』, 1992, 민족사,167-169쪽: 김방룡, 『보조지눌의 사상과 영향』, 보고사, 2008, 39-84쪽).

31) 박찬욱 외, 『깨달음, 궁극인가 과정인가』, 운주사, 2014.

진리를 인식하는 지혜, 즉 깨달음이 보리이다. 구체적으로 진여는 마음의 진실, 진리이다. 본래적인 마음의 청정, 즉 자성청정심(自性淸淨心)이 진여이다. 진여는 마음의 본성이기 때문에 마음에서 벗어나 있지 않다. 우리 마음을 오염된 상태에서 본래 청정 상태로 변화시킴으로써 마음 자체를 원상태로 회복함으로써 얻어지는 마음 자체의 존재방식이 진여이다.[32]

불교에서 깨달음은 다양하게 표현된다. '정각(正覺), 무상정등정각(無上正等正覺), 대각(大覺), 원각(圓覺), 상각(常覺), 정각(淨覺), 구경각(究竟覺), 열반(涅槃), 견성(見性), 성불(成佛) 등 다양한 명칭들로 지칭한다.' 깨달음은 수행에 의해 이루어지고, 수행은 깨달음을 통해 더욱 성숙해진다. 수행 없는 깨달음이 없고, 깨달음 없는 수행도 없다. 수행과 깨달음은 둘이 아니라 하나인 것이다. 그런데 깨달음의 정도는 사람마다 다르다. 깨달음이 빠르게 되는 것을 돈(頓)이라 하고 느리게 점차적으로 되는 것을 점(漸)이라 한다. 돈점의 문제는 불교의 실천수행에 있어서 관심을 가진 것이 아니라 중생교화의 방편에 있어서도 중요한 내용이었다. 이와 같은 돈점설은 청량징관(淸凉澄觀, 738~839), 규봉종밀(圭峰宗密, 780~841), 영명연수(永明延壽, 904~975), 보조지눌(普照知訥, 1158~1210) 등에 의해 자세히 거론되었다.[33] 돈오, '단박에 깨친다.'는 말은 깨달음이란 시간의 틀이 적용되지 않는 초시간이라는 뜻이다.

> 선사들이 말하려고 하는 것은 깨달음에는 준비가 필요 없다거나 짧은 순간 안에 얻어진다는 의미가 아니었다. 그들이 강조한 것은 깨달음이 '초시간적인 순간'즉 시간을 초월한 영원 속에서 일어나며, 그것은 우리 자신의 행동이 아니라 절대자 자신의 행동이라는 일반적인 신비적인 진실이었다. 사람이 깨달음을 얻기 위해서 할 수

32) 요코야마 코이치, 『유식이란 무엇인가』, 장순용 옮김, 세계사, 1996, 26-29쪽.

33) 서경부, 「서산대사의 돈점관, 깨달음」, 강건기, 김호성 편, 『돈오점수인가 돈오돈수인가』, 1992, 민족사, 169쪽.

있는 일은 아무 것도 없다. 엄격한 생활과 명상이 해탈을 가져올 것이라고 기대하는 것은 '벽돌 갈아서 거울을 만들려는 것과 같다. 깨달음은 단지 일어날 뿐이다. 그것은 한정된 조건이나 영향의 중재를 받지 않는 완전히 자유로운 시간이다. 깨달음은 공덕을 점진적으로 쌓아서가 아니라 '문득 알아챔'을 통해 달성된다.[34]

이와 같이 불교에서 깨달음은 마음의 본성에 대한 깨달음이다. 불교에서 돈오점수나 점오돈수는 모두 마음을 갈고 닦는 것을 뜻한다. 불교의 교의는 의식이 뇌와 떨어져 존재할 수 있고, 어느 정도 독립적일 수 있다는 데카르트적 이원론과 본질적으로 연계되는 부분이 많다.[35] 하지만 인지과학에서 마음은 불교에서처럼 단순히 마음을 갈고 닦아 깨달음에 이르는 것이 아니라 총체적인 지(知), 정(情), 의(意), 즉, 마음의 과학을 일컫는다.

21세기 들어 인간의 거주공간으로 개척되고 있는 사이버스페이스가 인간친화적인 인터넷 소통 문화공간으로 불교나 인지과학 모두 이미 깊숙이 침투하였다는 사실을 공감해야 한다. 새로운 사이버스페이스는 인간+기계의 가능성의 점층적 확대에 의한 새로운 포스트휴먼의 출현을 알리고 있다. 따라서 "인간과 기계의 만남"[36]은 인간이란 무엇인가라는 정체성을 더욱 요구하게 되었기 때문에 불교나 인지과학에서도 마음의 규명작업을 보다 새롭게 떠안게 되었다. 이는 불교에서 "연기와 무아, 공성(空性)을 완전히 이해하고 이 원리대로 행하면 대승적 깨달음"에 이르는데, 이는 "거울신경체계를 통한 공감의 연대에서 매개"[37]에 의해 진일보 할 수 있는 것이다. 이렇게 하여 불교나 인지과학에서 거울신경체계

34) Edward Conze, 『한글세대를 위한 불교』, 한형조 옮김, 세계사, 1992, 272쪽.
35) 자라 호우쉬만드 외 엮음, 『달라이 라마, 과학과 만나다-뇌 과학과 불교의 질문과 대답』, 알음, 2007, 56쪽.
36) 김대식, 『인공지능이란 무엇인가-김대식의 인간 vs기계』, 동아시아, 2016.
37) 이도흠, 『인류의 위기에 대한 원효와 마르크스의 대화』, 자음과모음, 2016, 249쪽, 251-252쪽.

를 통한 공감의 연대에서 마법과 같은 힘을 지닌 새로운 마음의 개념을 발휘하게 될 수 있을 것이다. 즉, 인지과학이나 불교에서 거울신경체계의 기능에 따라 모방한 공감 혹은 깨달음의 행위를 하는 것이다. 따라서 21세기 뇌와 마음에 대한 인지과학과 불교의 발견들은 점차 "인격적이고 감성적인 인문학"[38]을 통해 새로운 학습을 해 나갈 것을 요구하고 있는 것이다.

참고문헌

가자니가, 마이클, 『왜 인간인가?』, 박인균 옮김, 추수밭, 2009.

가자니가, 마이클, 『윤리적 뇌』, 김효은 옮김, 바다출판사, 2009.

골드먼, A.I., 『철학과 인지과학』, 석봉래 옮김, 서광사, 1998.

김광수, 『마음의 철학』, 철학과 현실사, 2006.

김대식, 『인공지능이란 무엇인가-김대식의 인간 vs기계』, 동아시아, 2016.

김방룡, 『보조지눌의 사상과 영향』, 보고사, 2008.

김영정, 『심리철학과 인지과학』, 철학과현실사, 1996.

김재권, 『심리철학』, 하종호·김선희 옮김, 철학과 현실사, 2004.

레이코프·M. 존슨, 『몸의 철학』, 임지룡 외 옮김, 박이정, 2008.

리프킨, 제러미, 『공감의 시대』, 이경남 옮김, 민음사, 2010.

마르틴 후베르트, 『의식의 재발견-현대 뇌과학과 철학의 대화-』, 원석영 옮김, 프로네시스, 2007.

맥길크리스트, 이언, 『주인과 심부름-두뇌 속에서 벌어지는 은밀한 배신과 정복의 스토리-』, 김병화 옮김, 뮤진트리, 2011.

박문호, 『뇌 생각의 출현』, 휴머니스트, 2009.

박인철, 「공감의 현상학」, 『철학연구』, 겨울, 제99집, 철학연구회, 2012.

박찬욱 외, 『깨달음, 궁극인가 과정인가』, 운주사, 2014.

38) 특히 인지과학이 교육의 수행과 관련된 부분들, 이를테면 교실현장에서의 교수-학습 방법론, 재교육 현장에서의 직종에 따른 커뮤니케이션의 습득방법론, 감정/실천에 의거한 타자 중심적 도덕교육들은 사회적 자폐증, 알코올이나 약물 중독 등 각종 병리현상에 대한 교정교육들에 보다 실질적이고 탁월하게 적용될 수 있다.

백도형, 「심리철학과 심신문제」, 박영태 외, 『과학철학-흐름과 쟁점, 그리고 확장』, 창비, 2011,

백도형, 『심신문제』, 아카넷, 2014.

백스웰 베넷·피터 마이클 스티븐, 『신경과학의 철학』, 이을상 외 5인 옮김, 사이언스북스, 2013.

서경부, 「서산대사의 돈점관, 깨달음」, 강건기·김호성 편, 『돈오점수인가 돈오돈수인가』, 1992, 민족사.

에델만, 제럴드, 『신경과학과 마음의 세계』, 황의숙 옮김, 범양사, 2006.

유타카, 사에키, 『인지과학혁명』, 에이콘, 2010.

이도흠, 『인류의 위기에 대한 원효와 마르크스의 대화』, 자음과 모음, 2016.

이영의, 「논리 중심적 철학 치료적 성격」, 『범한철학』, 제65집, 범한철학회, 2012.

이인식, 『지식의 대융합-인문학과 과학기술은 어떻게 만나는가-』, 고즈윈, 2008.

이정모, 「인지과학 패러다임의 새 변화가 학문간 융합에 주는 시사」, 김광수 외, 『융합인지과학의 프런티어』, 성균관대학교 출판부, 2010.

장현갑, 『마음 vs 뇌』, 불광출판사, 2009.

조지프 르두, 『시냅스와 자아』, 강봉균 옮김, 동녘 사이언스, 2011.

코이치, 코이치, 『유식이란 무엇인가』, 장순용옮김, 세계사, 1996.

프란시시코 J. 바렐라·에번 톰슨·엘리너 로쉬, 『인지과학의 철학적 이해』, 석봉래 옮김, 옥토, 1997.

프리스, 크리스, 『인문학에게 뇌과학을 말하다』, 장호연 옮김, 동녘, 2009.

핑커, 스티븐, 『마음은 어떻게 작동하는가』, 김한영 옮김, 동녘사이언스, 2010.

호우쉬만드, 자라 외 엮음, 『달라이 라마, 과학과 만나다-뇌과학과 불교의 질문과 대답』, 알음, 2007.

호프만, 마틴, 『공감과 도덕발달-배려와 정의를 위한 함의들-』, 박재주·박균열 옮김, 철학과현실사, 2011.

Edward Conze, 『한글세대를 위한 불교』, 한형조 옮김, 세계사, 1992.

Marco Iacoboni, Mirroring People-The New Science of How We Connect With Others(『미러링 피플』, 김미선 옮김, 도서출판 겔리온, 2009.)

Richard Dawkin, *The Selfish Gene*, New York: Oxford University Press, 2006.

제16장

현대사회에서 뇌 과학은 우리의 기억을 어떻게 소환해 낼까?

-인지혁명과 기억 연구: 외현기억과 암묵기억의 현대적 논의-

제16장

현대사회에서 뇌 과학은 우리의 기억을 어떻게 소환해 낼까?

-인지혁명과 기억 연구: 외현기억과 암묵기억의 현대적 논의-*

1. 들어가는 말: 인지혁명과 기억연구

유발 하라리는 그의 베스트셀러 『사피엔스』(2015)에서 7만 년 전쯤에 일어난 "인지혁명"[1]을 역사의 출발점으로 보았다. 왜냐하면 사피엔스가 인지혁명으로 인해 사회 조직 또는 문명을 만들어 낼 능력을 보유하게 되었다고 보았기 때문이다. 그러면 인지혁명은 어떤 혁명이었을까? 그것은 역사의 사건이 아니라 다음과 같은 생물학의 사건이었다.

---

* 이 글은 「현대유럽철학연구」, 제52집, 한국유럽철학연구회, 2019, 255-288쪽에 실린 내용을 수정·보완한 것임.

1) 유발 하라리는 『사피엔스』(2015)에서 역사의 진로를 형성한 것은 세 개의 혁명이었다고 말한다. 약 7만 년 전 일어난 인지혁명은 역사의 시작을 알렸다. 약 12,000년 전 일어난 농업혁명은 역사의 진전 속도를 빠르게 했다. 과학혁명이 시작한 것은 불과 500년 전의 일이다.(유발 하라리, 『사피엔스』, 조현욱 옮김, 김영사, 2016, 19쪽.) 일단 등장한 문화는 끊임없이 변화 발전했으며, 우리는 멈출 수 없는 변화를 역사라 부른다. 그러므로 인지혁명이란 역사가 생물학에서 독립을 선언한 지점이었다. 인지혁명 이전에 모든 종의 행위는 생물학의 영역의 속했다. 인지혁명 이후에는 생물학이론이 아니라 역사적 서사가 호모 사피엔스의 발달을 설명하는 일차적 수단이 되었다(유발 하라리, 위의 책, 66쪽).

> 인지혁명이란 약 7만 년 전부터 3만 년 전 사이에 출현한 새로운 사고방식과 의사소통을 말한다. 무엇이 이것을 촉발했는지 우리는 모른다. 많은 사람들이 믿는 이론은, 우연히 일어난 유전자 돌연변이가 사피엔스 뇌의 내부 배선을 바꿨다는 것이다. 그 덕분에 전에 없던 방식으로 생각할 수 있게 되었으며, 완전히 새로운 유형의 언어를 사용해서 의사소통을 할 수 있게 되었다는 것이다. 이것은 '지식의 나무 돌연변이'라고 할 수 있다. 왜 하필 네안데르탈인이 아니라 사피엔스의 DNA에 등장했을까? 우리가 아는 한 그것은 순수한 우연의 산물이었다.[2]

위 인용문에서 보듯이, 사피엔스는 인지혁명을 거치면서 생물학의 영역을 넘어 역사의 무대에 들어섰다. 사피엔스가 믿는 가상적 실재와 그것의 유발한 행동패턴의 다양성이 서로 다른 문화의 주된 요소가 되었다. 사피엔스는 인지혁명으로 걸음마를 뗐고, 농업혁명이후 달리기 시작한 인류의 역사는 과학혁명으로 날개를 달았다. 과학혁명을 시작한 서유럽 사람들은 그때까지 인류의 역사에서는 그다지 중요한 역할을 한 적이 없었다.[3] 그는 『호모 데우스』(2017)[4]의 후속 저서를 통해 사피엔스가 모든 생물체를 지배하는 물리적 힘, 화학반응, 자연선택과정을 정당화시키려고 한다고 주장한다. 유발 하라리는 생물학의 이론에 따라, 우리의 기억, 상상, 생각은 고차원적이고 비물질적인 영역에 존재하지 않는다고 본다.[5] 위와 같은 영역들은 수백의 뉴런들이 발화하면서 밀려드는 전기신호들이다. 기억, 상상, 생각들은, 수백 억 개의 뉴런을 통해 부신과 다리근육을 활성화하는 일련의 전기화학적 반응으로 쉽게 해결되지 않는다.[6] 그러면 뉴런이 연결되는 물리적 사건 이외에 기억이라는 의식적 경

---

2) 유발 하라리, 『사피엔스』, 44쪽.
3) 위의 책, 353-354쪽.
4) 호모(homo)는 사람, 데우스(deus)sms 신, "신이 된 사람"이라는 뜻이다.
5) 유발 하라리, 『호모 데우스-인간의 미래-』, 김명주 옮김, 김영사, 2017, 161-162쪽.
6) 위의 책, 161쪽.

험은 어떻게 필요한가?

유발 하라리는 『호모 데우스』(2017)에서 인간이 기억을 저장하고, 계획을 세우고, 완전히 새로운 이미지와 개념을 자동으로 불러일으키기 위해 마음이 필요하다고 주장한다.[7] 이런 활동은 단지 외부 자극에 대한 반응이 아니라는 것이다. 예컨대 어떤 사람이 밀림에서 사자와 마주쳤을 때, 그 사자를 보고 자동으로 반응을 일으키는 것이 아니라는 것이다. 그가 1년 전에 숙모가 사자에게 잡혀 먹힌 일을 기억한다. 사자가 자신의 몸을 갈기갈기 찢는다면, 어떤 느낌일지 상상하는데, 그가 도망치는 이유다. 이 모든 기억, 상상, 생각들은 무엇인가?[8]

유발 하라리가 분석한 것처럼, 21세기에 들어 과학혁명은 한층 더 업그레이드하여 인지혁명의 시대를 활짝 열었다. 이제 인지혁명의 시대는 슈퍼컴퓨터의 도움으로 뇌 과학을 발달시켰고 뇌의 구조를 영상화하는데 크게 기여하고 있다. 지난 1981년 "분할 뇌 연구"[9]로 노벨 의학/생리학상을 수상한 로저 스페리(Roger Sperry) 교수는 20세 후반 일어난 가장 중요한 과학적 사건이 "인지혁명(Cognitive Revolution)"이라 말한다. 그는 인지혁명의 의의에 대해 다음과 같이 언급한다.

> 인지주의 과학혁명의 영향 결과로 일어난 기본적 변화란 수준 간 인과적 결정론에 대한 상이한 패러다임의 출현이라는 것이다. 모든 것이 전적으로 아래에서 위로 결정된다는 전통적 물리학의 가정 대신에 우리는 역방향적 결정론을 전제한 것이다. 전통적 상향적 입장과 인지주의의 하향적 입장이 조합된 이중방향, 이중 결정 모형은

---

7) 위의 책, 167쪽.

8) 위의 책, 161쪽.

9) 분할 뇌 연구는 환자들의 양쪽 반구 사이에 정보가 어떻게 전달되는 지를 연구한다. 예컨대 우반구에 정보를 입력하면 어떤 일이 일어나는가? 말할 때 쓰는 뇌는 보통 좌반구이므로 이런 환자들은 우반구에 정보를 제공할 수 없다. 정서의 정보와 자극의 내용에 관한 정보는 뇌에서 서로 다른 경로로 처리된다(스티븐 핑커외, 『마음의 과학』, 이한음 옮김, 와이즈베리, 2012, 324쪽).

> 과학적으로 하여금 인간 자신과 자연의 질서 전체를 지각하고, 설명하고, 이해하는 전혀 새로운 양식을-진정한 쿤(Kuhn)적 세계관 패러다임의 전이로서-부여 하였다. 이전에 양자역학에 돌렸던 세계관적 의의의 대부분이 이 새로운 거시적-심리적 패러다임에서는 창발적 하향적 제어에 의해 무가치하게 된다. 우리는 더 이상 현실의 궁극적 본질을 최소의 물리적 요소에서 찾으려 하지도 않으며, 가장 깊은 심층적 진수에서 찾으려 하지도 않는다. 그 대신 탐색의 방향은 요소들의 패턴에 주로 초점이 맞추어지고, 차별적 시공간화, 점진적 패턴의 상위 패턴으로의 복합과 그것의 발전 전개적인 본질과 복잡성에 초점이 맞추어진다. 그 결과로...과학이 상징하던 바, 과학의 신조와 세계관들이 급진적으로 수정되는 것이다.[10]

위의 인용문에서 보듯이, 20세기 전반부를 풍미하던 프로이트의 정신분석학과 "스키너(B. F. Skinner)"류[11]의 행동주의가 쇠퇴하고 "인지주의"[12]라는 새로운 사조가 등장했다. 학자들은 이러한 인지주의의 과학

---

10) R. Sperry, "The future of psychology," in: *American psychologist*, 50, 1995, 505-506쪽.

11) 왓슨(John B. Watson)과 스키너(B. F. Skinner)에서 유래한 심리학 분파는 행동주의 개념을 내세웠다. 이 이론은 모든 유심론적 설명들을 거부했다. 스키너 같은 일부 학자들은 정신적 사건을 받아들이지만, 정신적 요소가 원인이 될 수 있다는 주장은 거부했다(제럴드 에델만, 『세컨드 네이처』, 김창대 옮김, 이음, 2017, 92쪽.). 스키너는 행동주의 창시자들이 윤곽을 제시한 철학적 방향을 따랐다. 그들은 과학적인 심리학은 공개적으로 관찰할 수 있고 객관적으로 수량화할 수 있는 행동의 측면만을 다루어야 한다고 주장했다. 스키너를 비롯한 행동주의자들은 오직 관찰 가능한 행동에만 초점을 맞추어 정신적 삶이나 자기성찰의 노력을 그들의 연구에서 배제시켰다. 예컨대 느낌, 사고, 계획, 욕망, 동기, 가치관과 같은 내적인 상태의 개인적 경험들은 과학적으로 접근할 수 없으며, 행동과학에 불필요하다고 여겼다(에릭 캔델, 『기억을 찾아서』, 전대호 옮김, 랜덤하우스, 2009, 62-63쪽). 스키너는 인간을 비롯한 모든 동물의 행동이 궁극적으로 환경에 의해 결정되는 것이기 때문에 기구적 조건방식을 교육에 적용하면 모든 인간을 정서적이고 안정적이고 지적인 인간으로 성장시키는 것이 가능하다고 믿었다. 스키너는 동물들이 스키너 상자 안에서 보상을 받기 위해 취해야 하는 행동을 조작적 행동 또는 단순히 조작이라 불렀고, 이와 같은 조작적 행동을 학습하는 과정을 기구적 조건화 또는 조작적 조건화라 불렀다.(이대열, 『지능의 탄생』, 바다출판사, 2017, 173-174쪽).

12) 인지주의란 마음이 자극과 반응으로만 설명되는 블랙박스가 아니라 컴퓨터나 두뇌처럼

혁명을 인지혁명이라 부른다.[13] 이 인지혁명의 영향으로 과거 미시적인 물리학 중심의 상향적 입장(bottom-up)은 역방향의 하향적 입장(top-down)을 조합한 이중 방향[14], 즉, 이중결정 모형을 통해 인간 자신과 자연 질서의 전체를 지각, 설명, 이해하는 새로운 양식으로 나타나게 된다. 신경과학과 인지과학으로부터 발전된 "뇌 인지과학(Brain & Cognitive Science)"[15]은 뇌 세포내에 미시적 매커니즘과 분자수준으로 점차 발전해 나갔다. 특히 뇌 인지과학은 신경전달물질의 연구와 함께 신경인지검사 및 심리검사, 뇌 영상장비를 통한 뇌기능의 미시적 변화를 관찰한다. 이러한 양방향을 동시적으로 통합하여 인간을 연구해 나가고 있다.[16] 특히 인지혁명은 심리학에서 주된 연구대상이었던 외적인 유연성에 집착하기보다 사람들의 "머리 속"에 무엇이 들어 있는지에 대

복잡하고 정교한 정보처리가 일어나는 장치로 보는 관점이다. 인지주의는 당시의 컴퓨터공학, 인공지능학, 인지심리학, 뇌과학 등의 분야를 한 곳으로 모으는 역할도 했다. 지금까지 인지주의는 심리철학, 언어학계의 주류 패러다임으로 자신의 자리를 지켜 왔다. 여기서 인지과학이라는 새로운 융합분야를 낳기도 했다. 최근에는 뇌영상 기술과 정신약물학의 비약인 발전으로 인해 마음의 블랙박스가 활짝 열리고 있다(김광웅 엮음, 『융합학문, 어디로 가고 있나?』, 서울대학교 출판문화원, 2011, 124-125쪽).

13) 이정모, 『인지심리학: 형성사, 개념적 기초, 조망』, 아카넷, 2001, 이정모, 『인지과학: 학문간 원리와 융합의 원리와 융합』, 성균관대학교 출판부, 2009.

14) 하향적 입장은 지적인 존재들이 무엇을 하는 가에 대한 현재의 이해에서 출발해서 어떤 종류의 바탕을 이루는 작용들이 그러한 인지활동을 가능하게 한다. 상향적 입장은 인지적인 활동들이 신경계의 활동일 뿐이다. 즉 상향적 입장은 누군가 신경계의 활동을 이해하고자 할 경우, 그러한 이해를 얻게 되는 최선의 방법에 대한 신경계를 조사한다. 이렇게 상향적 입장은 신경계를 이루는 최소 단위들의 구조와 움직임, 그들의 상호연결 상태와 상호작용, 그것들의 시간적인 발달상태, 행동에 대한 집합적 통계들을 알아내는 것이다(P. M. 처치랜드, 『물질과 의식-현대심리철학입문-』, 석봉래 옮김, 서광사, 2007, 156쪽).

15) 인간 수행 증진을 성취하기 위해 가장 핵심적인 융합과학이 뇌 인지과학이다. 뇌 연구를 통해 인간의 마음(예컨대 동기와 정서)를 읽어내고 앞으로 행할 행동을 예측하며 동일한 기능을 물질/기계인 로봇에 불어 넣으며, 인간의 마음과 육체의 문제를 치료하는 융합학문이 바로 뇌 인지과학이다(권준수, 「뇌, 융합의 총화-정신현상, 뇌의 기능으로 환원 가능한가?」, 김광웅 편, 『융합학문, 어디로 가고 있나?』, 서울대학교출판문화원, 2011, 231쪽).

16) 권준수, 「뇌, 융합의 총화-정신현상, 뇌의 기능으로 환원 가능한가?」, 2011, 222쪽.

해 폭넓은 관심을 보여 왔다. 그래서 새롭게 단장한 인지혁명은 어떤 관찰한 행동을 외부의 유연성으로만 설명하기에는 다소 미흡한 점이 있기 때문[17]에 다음과 같은 내부의 인지작용에 집중하고 있다.

> 인지혁명은 지금의 정보처리(인지적 기관)와 거의 유사하다. 인지적 용어를 사용하여 기술하는 것은 처리 메커니즘 속으로 입력되는 정보는 무엇이고, 그 정보를 변형시키는 절차는 어떤지 그리고 그 절차를 통해 조작되는 자료의 구조(표상)는 어떠하며, 출력으로 생성되는 표상이나 행동은 무엇인지를 분명히 해 준다.[18]

뇌 과학자 가자니가(Michael Gazzaniga)에 따르면, 지난 20세기에는 개인의 인지에 초점을 맞추어 뇌를 연구하였다면, 21세기에는 뇌가 사회적으로 어떻게 연구 가능할 것인지에 대한 범위가 확대될 것으로 예측했다.[19] 21세기 인지혁명이 심리학에 다시 마음을 불러 들였지만, 생각이나 인지 과정들만 강조되었지 감정과 동기는 여전히 무시되었다. 우리가 왜 특정한 대상들에 대해 주의를 기울이고, 기억하며, 생각하는 지를 이해하는 것은 여전히 중요하다.[20]

따라서 21세기 인지문명 시대는 뇌의 구조를 시냅스로 파악하는 과정에서 정신, 마음, 기계, 물질들의 관계가 서로 동떨어져 있는 것이 아니라 하나로 밀접하게 연결되어 인지할 수 있다는 사실을 발견해 내고 있다. 이와 같이 21세기의 인지혁명의 시대는 물질과 에너지를 서로 구별하지 않고 마음과 기계가 별개로 존재하지 않게 될 것이라 예측한다. 따라서 우리는 21세기 인지혁명에서 드러난 인지의 주된 정신작용을 기억

---

17) 데이비드 M. 버스, 『마음의 기원』, 김교헌·권선중·이흥표 옮김, 나노미디어, 2009, 57쪽.
18) J. Troby & L., Cosmids, "Pssychological foundation of culture," In: J. Barkow L., Cosmides & J. Tooby(Eds.), *The adapted mind,* New York: Oxford University Press, 1992, 640쪽.
19) 마이클 S. 가자니가, 『윤리적 뇌』, 바다출판사, 2010.
20) 조지프 르두, 『시냅스와 자아』, 강봉균 옮김, 동녘 사이언스, 2011, 293쪽.

이라 파악하고, 기억의 다양한 기능 가운데 서술기억과 비서술기억을 중심으로 고찰하고자 한다. 그리고 현대적 의미에서 기억이란 과연 무엇인지를 살펴보고자 한다.

2. 인지의 정신작용: 기억체계의 구성

지난 30년간 뇌 과학에서 집중적으로 연구수행한 분야가 기억이다. 기억은 인지의 주된 정신작용이다. 기억과 관련된 뇌 연구는 "해마(hippocampus)"[21]라는 뇌 영역에서 집중되었다. 그 이유는 해마에서 우리 삶의 전(全) 과정이 이야기로 만들어지기 때문이다. 지난날을 회상(recollection)하는 자전적 일화기억이 바로 매 순간 자아를 만들어 내고 있는 것이다.[22]

뇌 전체를 작동시키기 위해 해마의 역할은 아주 중요하다. 그 이유는 모든 기억 작업이 해마의 스위치가 켜지고 뉴런이 작동해야만 시작되기 때문이다. 하지만 해마는 기억의 최종 저장고가 아니다. 즉 해마는 오감을 통해 받은 외부의 자극이 해마에 의해 전기신호로 바뀌어 대뇌피질에 저장된다. 즉 해마는 외부로부터 받은 신호를 정리하고 일시적으로 기억을 저장하는 작용을 담당한다. 그 저장기간은 1개월에서 몇 개월 정도밖에 안 된다. 해마는 모든 기억을 일시적으로 저장할 뿐 그 다음 기억은 측두엽을 포함한 대뇌피질로 옮겨간다.[23] 사람이 일생에서 기억이 차지

---

21) 해마(hippocampus)는 기억의 세계로 들어가는 입구이다. 이곳에서 단기기억이 장기기억으로 저장된다. 이 부위에 손상을 입으면 장기기억력을 잃고 '현재'라는 감옥에 갇히게 된다(미치오 카쿠, 『마음의 미래』, 김영사, 이병철 옮김, 2015, 41쪽.). 해마는 최초로 확인되었을 때 바다생물인 해마의 휘어진 꼬리가 연상되었기 때문에 그리스어로 '말 모양 '이라는 뜻의 'hippo'와 '바다괴물'이라는 뜻의 campos를 합성하여 해마라는 이름을 붙이게 되었다.

22) 박문호, 『박문호박사의 뇌과학 공부』, 김영사, 2017, 311쪽.

23) 김윤환·기억제작팀, 『KBS 사이언스 대기획 인간탐구 기억』, 예담, 2011, 38-39쪽.

하는 비중은 실로 크다. 뉴런은 신경계를 이루는 기본단위이다. 뇌는 뉴런(neuron)이라는 신경세포 말단에 있는 "시냅스(synapse)"[24]로 구성되어 있고 이 뉴런과 시냅스 작용의 결과이다.[25] 신경세포와 여기서 나오는 돌기를 합친 것으로, 자극을 수용하고 전달하는 기능을 한다. 뉴런은 신경세포와 신경돌기, 신호를 전달하는 축삭돌기와 신호를 받아들이는 수상돌기로 구성되어 있다. 즉, 뉴런은 세포체(soma)와 수상돌기(dendrite), 축삭(axon)으로 구성되어 있고, 들어오는 정보를 잘 수용하고(수상돌기) 통합하여, 다음 세포로 신호를 전달(축삭)하기에 좋은 구조를 갖고 있다.[26] 뉴런은 세포체(Soma, cell boy)와 세포체에서 뻗어 나온 돌기(processes, projections)로 구분된다. 세포체는 세포의 중추부위로 핵(nucleus)과 RNA(리보핵산)를 포함하고 있으며 단백질의 생산구조를 갖고 있다. 여기서 생산된 단백질은 복잡한 축삭수송(axonal transport)에 의해 축삭 아래쪽으로 이동된다. 돌기는 축삭(axon)과 수상돌기(dendrite)로 구별되지만, 모든 뉴런이 그 모두를 갖고 있지 않다.

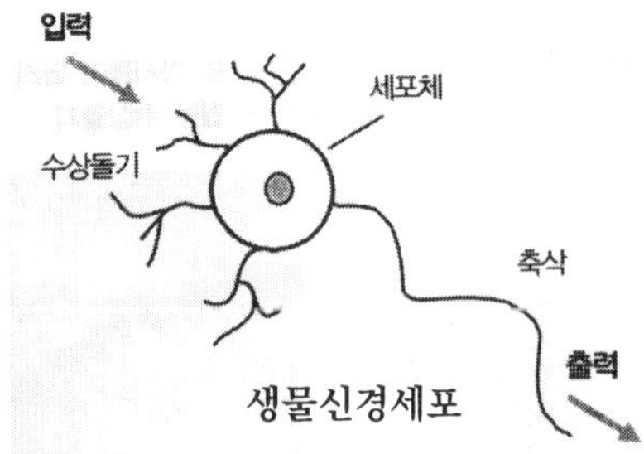

축삭은 출력장치이며, 수상돌기는 주로 신호를 받아 통합하는 역할을 한다. 피부에 있는 일부 감각뉴런들은 단지 축삭을 갖고 있으며, 후각엽(olfactory lobe)에 있는 뉴런들은 수상돌기만을 갖고 있다. 하나의 축삭이 세포체로부터 뻗어나가 그 끝을 향해 넓게 가지를 만든다. 축삭돌

---

24) 출생 2개월부터 가장 많은 시냅스가 만들어진다. 생후 8개월에서 10개월 사이에 최고 정점에 도달하는 시냅스는 12개월 이후부터 급격하게 줄어들면서 12세까지 이러한 양상이 계속된다. 인간의 뇌는 평생에 걸쳐 시냅스의 가지 뻗기와 가지치기가 이루어진다. (김윤환·기억제작팀, 『KBS 사이언스 대기획 인간탐구 기억』, 예담, 2011, 66-67쪽)

25) 이영돈, 『KBS 특별기획 다큐멘타리 마음』, 예담, 2006, 57쪽.

26) 이정모 외, 『인지심리학』, 학지사, 2003, 75쪽.

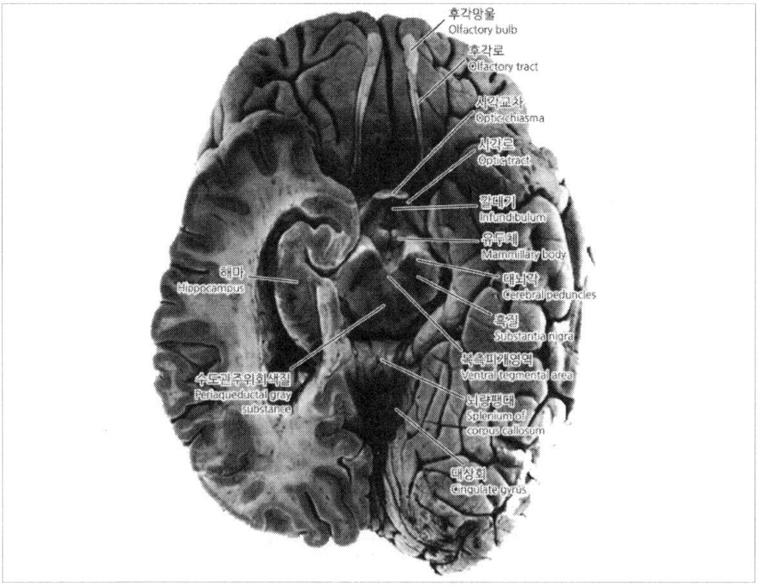

기와 수상돌기 사이에는 신경접합부인 시냅스가 존재한다. 시냅스를 뛰어넘는 전기신호는 다음 뉴런의 세포체에 전달된다. 시냅스를 건너온 신호가 많을수록 뉴런은 더욱 활발히 작동한다. 뉴런은 활동전위(action potential), 세포막의 전위가 정상상태 이상으로 오르는 경우를 일컫는다. 뉴런은 신호를 전달하는 전기펄스를 보내 다른 세포에 영향을 주는 세포이다. 지각은 감각들을 조직화하여 의미들을 구축하는 일을 맡는다. 뉴런집단들이 하는 일이 바로 이것이다.

뇌는 모든 건강관리 전반에 있어 제일이자 최우선으로 집중해야 할 부분이다. 뇌는 이 "신경전달물질"[27]로부터 영향을 받고 결핍될 때는 각종 질병에 시달리게 된다.[28] 다시 말해 세포말단에서 받은 외부 신경자극은

27) 신경전달물질은 신경세포들 사이에 존재하는 시냅스라는 좁은 틈을 건너 다른 신경세포에 도착하고, 그때 신경전달물질과 그것을 받아들이는 수용체의 종류에 따라 그 다음 신경세포의 막 전위에 서로 다른 영향을 미치게 된다. 신경전달물질은 흥분신경물질과 억제신경전달물질의 두 부류가 있다(이대열, 『지능의 탄생』, 32쪽).

28) 이영돈, 앞의 책, 57쪽.

전기신호로 바뀐다. 바꾸어 버린 전기신호의 정보는 긴 세포축을 따라 다음 뉴런세포로 전달되면서, 뉴런세포의 기나긴 연결여행은 말단에서 중추나 뇌까지 이어진다. 여기서 연결전후의 뉴런세포 사이의 부분이 바로 시냅스이다. 시냅스에는 전뉴런과 이것을 이어갈 다음의 뉴런 사이에 20-25mm 간격의 미세한 틈이 있다. 이것을 시냅스틈(synapse cleft)이라 부른다. 시냅스 틈을 통해 신경전달물질이 유출입 되면서 뉴런과 뉴런의 연결이 이어진다.[29]

뉴런의 신호가 빈번해 지고 시냅스가 계속 연결되면 신경회로가 형성된다. 즉 뉴런의 신호 전달을 효율화하는 메커니즘이 형성되는 것이다. 해마가 기억을 저장하는 현상인 단기 E-LTD와 장기 L-LTP(Long Term Potentiation)가 있다. 해마에서 저장된 기억들은 대뇌피질로 최종적으로 옮겨진다. 대뇌피질의 신경 회로에 신호가 전달되면 기억이 재생된다. 우뇌와 좌뇌 사이 안쪽에는 기억과 감정을 다스리는 변연계가 위치한다. 이는 사상과 대뇌반구를 연결해 주는 중간역할인데, 변연계의 가장 중요한 중추는 해마이다. 해마의 길이는 어른 손가락 두 마디 정도로 5cm 정도이고, 이 작은 곳에서 기억이 만들어진다. 해마에서 만들어진 기억은 신경섬유를 타고 대뇌피질로 간다. 기저핵과 시상사이에 정보를 받아들여 기억을 저장하는 멀티시스템이 존재한다. 기억을 저장하는 작업은 뇌의 한 곳에서 하는 일이 아니다. 예컨대 시신경을 타고 온 시각정보는 뇌 뒤쪽 시각영역에서 1차 처리를 한 후 해마로 전달되어 단기기억을 만든다. 이것은 뇌궁과 유두체, 그리고 시상을 거쳐 뇌 전체로 퍼지게 되어 장기기억으로 뒤바꾸게 된다.[30]

그런데 해마가 손상되면 심각한 기억상실증이 초래된다. 그래서 해마가 학습과 기억에 필요한 예측을 이끌어 낸다. 브랜다 밀러(Brenda Miller)

---

29) 최종덕, 「시냅스 철학의 존재론적 전환」, 『과학철학』, 제12집, 한국과학철학회, 2009, 72쪽.

30) 김윤환·기억제작팀, 『KBS 사이언스 대기획 인간탐구 기억』, 예담, 2011, 46쪽.

와 같은 심리학자들은 해마가 학습과 기억에 미치는 영향관계를 밝혀냈다.[31] 해마와 기저핵이 장소학습과 반응학습에 각각 중요한 역할을 한다. 여기서 반응학습은 일종의 절차적 학습이라 볼 수 있기 때문에, 이 결과는 기저핵이 절차적 학습과 밀접한 관련이 있다는 것을 시사한다. 실제로 파킨슨과 같이 기저핵의 기능에 이상이 생긴 환자들의 경우에는 여러 가지 동작을 특정한 순서로 해야 하는 복잡한 운동과 과제를 여러 번 반복한다고 할지라도 정상인에 비해서 속도가 향상되지 않은 경우가 많다. 즉 절차적 학습에 이상을 보이는 것이다. 이와 같은 결과는 해마와 기저핵이 인간을 포함한 모든 포유류에서 유사한 기능을 담당하고 있을 가능성을 시사한다.[32] 예컨대 우리가 하루 일과를 마치고 집으로 돌아가는 길에 평상시와는 다른 곳에 들러야 할 때도 잠시 정신이 팔려 걷다 보면, 새 집에 도착해 버리는 경우가 종종 있다. 이런 일이 일어나는 이유는 해마가 잠깐 동안 제 구실을 하지 않는 동안, 기저핵이 절차기억에 의해 우리의 행동을 결정해 버렸기 때문이다.

3. 외현기억(서술기억)과 암묵기억(비서술기억)

그러면 이러한 기억은 어떠한 종류가 있을까? 기억은 일반적으로 세 가지 측면에서 분류한다. 첫째, 기억생성 과정에 따른 분류이다. 즉, 일화기억, 의미기억, 절차기억이다, 둘째, 역할별 분류이다. 즉, 상태기억, 감정기억(정서기억), 인지기억, 셋째, 기억 가변성에 따른 분류이다, 즉. 절차기억, 신념기억, 학습기억이 그것이다.[33] 또한 신경과학에서는 일반적으로 기억을 세 부류로 구분한다.

---

31) 이대열, 『지능의 탄생』, 바다출판사, 2017, 196쪽.
32) 위의 책, 199-200쪽.
33) 박문호, 위의 책, 314쪽.

첫째, 사실기억(factual memory)이다. 사실기억은 언어적으로 동사 '기억하다'가 문법적 목적어를 취하는 문장으로 표현된다. 예컨대, '나는 6.25전쟁이 1950년에 일어났다는 사실을 기억한다.'라는 문장이 그것이다.

둘째, 경험기억(experiential memory)이다. 경험기억은 동사 '기억하다'가 과거에 지각한 자신의 경험을 규정하는 목적어를 취하는 문장으로 표현된다. 예컨대 '나는 ~을 보았다(또는 들었던 느꼈던) 것을 기억한다.' '나는 ~을 한 것을 기억한다.' '나는 ~을 했던 것을 기억한다.' 경험기억은 사실기억을 함축하지만, 사실 기억은 경험 기억을 함축하지 않는다.

셋째, 대상기억(objectual memory)이다. 대상기억은 때때로 동사 '기억하다'가 지각 가능한 것이나 성질을 지칭하는 목적어를 취하는 문장으로 표현된다. 예컨대, '나는 그녀(그녀의 미소, 그 집)를 기억한다. '나는 자스민 향기(벽의 색깔, 산딸기의 맛)를 확실하게 기억한다.'등이 그것이다. 대상이나 성질에 관한 지식은 모든 형태의 기억에 부분적으로 수반되거나 전체적으로 수반될 수 있다.[34]

인간의 기억이란 삶에서 필수적인 행동으로 여겨지는 인지과정이다. 이는 우리가 기억 과정을 통해 과거 경험을 인출하고 이를 바탕으로 현재 행동을 선택하거나 중요한 의사결정을 한다. 그리고 미래지향적인 행동을 의도하고 계획한다.[35] 그러면 기억의 목적은 무엇일까? 왜 인간은 기억이라는 인지과정을 발달시켜 왔을까?

---

34) 보다 상세한 논의 다음을 참조: N. Malcolm, "The forms of memory, in Knowledge and Certainty", (Englewood Cliffs NJ: Prentice Hall. Inc,. 1963), pp. 203-221. Vgl. 맥스웰 베넷, 『신경과학의 철학』, 이을호 외 옮김, 사이언스북스, 2013, 311-312쪽.

35) 한상훈, 「기억의 망각과 목적」, 이진우 외, 『호모 메모리스』, 책세상, 2014, 84쪽.

1) 외현기억(서술기억)

기억이란 지식의 보유능력이다. 회상한다는 것은 보유한 지식을 마음에 떠올리는 것이다. 기억하는 것이 반드시 과거의 것일 필요는 없지만,[36] 이미 알고 있거나 지각한 것만 기억한다는 것이 논리적으로 가능하다. 기억은 정보 입력, 저장(응고화), 인출이라는 세 단계로 이루어진다. 기억의 목적은 정보인출 단계에서 그 중요성이 부각된다. 인출할 때 인지과정에는 기억 회상을 통해 궁극적으로 얻게 되는 미래의 결과에 대한 판단에서 그 중요성의 인식한다. 컴퓨터 은유를 통한 정보처리 접근은 기억을 구조적으로 "장기기억과 단기기억 저장고"[37]로 구분한다. 장기기억 속에 있는 것들은 우리가 의식하는 것(외현기억(explicit memory), 서술기억)과 의식하지 못하는 것(암묵기억, 비서술기억, 정서기억)으로 나눈다.[38] 여기서 기억은 정보의 저장과 인출과정을 분석적으로 연구하는 데 영향을 미친다.[39] 이를테면 기억은 새로운 경험이나 정보가 적절하게 습득되어 부호화되고, 잘 저장되었다가 필요할 때 성공적으로 인출되는 일련의 포괄적인 개념이다. 뇌는 많은 양의 기억으로 가

---

36) 대니얼 샥터는 기억의 7가지 죄악이라 부르는 것을 주장했다. 첫째, 소멸(시간에 따라 흐려짐), 둘째, 정신없음(주의를 기울이지 않아서 잊어버림), 셋째, 막힘(혀끝에 맴도는 어떤 것), 넷째, 귀속(강간당한 여성이 TV에서 본 얼굴을 강간범에게 잘못 귀속시킬 때처럼), 다섯째, 암시성(매체를 포함한 다른 이들의 기억을 왜곡), 여섯째, 편견(우리의 편경이 어떻게 기억에 영향을 미치는지), 일곱 번째, 지속성(원치않는 기억을 계속 회상하는 것)이 그것이다(마이크. S. 가자니가, 『윤리적 뇌』, 김효은 옮김, 바다출판사, 2010, 169쪽).

37) 단기기억의 정보는 20-30초 정도로 알려져 있다. 적절한 조건이 주어진다면, 단기기억은 장기기억으로 넘어가게 된다. 장기기억은 현재 사용하고 있지 않으나, 기억 창고에 저장되어 있는 인출가능한 모든 정보를 표현한다.(한국심리학회 편, 『현대심리학의 이해』, 학문사, 1998, 246-250쪽 참조).

38) 김정호, 「기억과 의식」, 『인지과학』, 제7집, No.3. 한국인지과학회, 1996, 84쪽.

39) 이정모·박희경, 「의미기억과 일화기억의 구분은 필요한가?」, 『인지과학』, 제11권 3.4호, 2000, 34쪽.: 이홍철·장윤희, 「정서와 기억」, 『인지과학』, 제7집, 한국인지과학회, 1996, 62쪽. :사미자, 「기억에 관한 이론적 고찰」, 『장신논단』, 제24집, 장로신학대학교 기독교 사상과 문화연구원, 2015, 522쪽.

득 차 있으며, 학습한 것을 이해하는 과정에서 서술기억과 비서술기억의 이 두 가지 기억으로부터 많은 영향을 받는다.[40)]

외현기억은 일상적인 대화에서 기억이라는 단어를 쓸 경우에 두는 기억이다. 외현기억과 비서술기억은 독립적으로 생성된다. 여기서 외현기억은 어떤 특정 사건을 기억하고 있다는 개인의 의식이 있는 기억이다. 뇌는 두 범주에 속하는 많은 양의 기억으로 가득 차 있으며, 학습한 것을 이해하는 과정에서 이 두 가지 기억으로부터 많은 영향을 받는다.[41)] 즉, 인간이 다른 사람에게 언어를 이용해서 설명할 수 있는 종류의 기억이 바로 서술기억(deckarative memory)이다. 철학자이자 심리학자인 윌리엄 제임스는 서술기억을 이렇게 설명했다.

> 이미 의식에서 떨어져 나가 과거의 정신 상태에 대한 앎, 혹은 우리가 계속 생각해 오지 않은 사건 혹은 사실에 대한 과거에 우리가 그것을 생각했거나 경험했다는 의식을 추가로 동반한 앎이다.[42)]

서술기억은 그 내용을 인간이 의식적으로 회상할 수 있기 때문에 외현기억이라 지칭하기도 한다. 우리 동네에서 가장 오래된 식당이 어디인지를 기억하는 것은 의미 기억에 해당한다. 사람들이 인지기억(coginitive memory)이라고 말할 때 외현기억은 일상적인 대화에서 기억이라는 단어를 쓸 경우에 둔다. 서술기억은 뇌의 기억이다. 우리가 무언가 기억나지 않는다고 말했을 때의 기억이 바로 서술기억이다. 그래서 서술기억은 언어로 표현할 수 있는 기억이다. 외현기억 혹은 서술기억은 사건, 사실, 언어, 얼굴, 음악 등에 대한 기억, 우리가 살면서 경험과 학습을 통해 얻는 것이며, 잠재적으로 서술될 수 있는 온갖 지식에 대한 기억이다. 서술

40) 제임스 E. 줄, 『뇌를 변화시키면 공부가 즐겁다』, 문수인 옮김, 돋음새김, 2011, 146쪽.
41) 제임스 E. 줄, 앞의 책, 146쪽.
42) 윌리엄 제임스, 『근본 경험론에 관한 시론』, 정유경 옮김, 갈무리, 2018, 21쪽.

될 수 있다 함은 언어적 명제나 정신적 이미지로 상기할 수 있다는 뜻이다. 따라서 서술기억은 외현기억, 또는 의식적 기억이라 부른다.[43] 이와 같이 외현기억이란 경험, 장소, 대상, 사람에 대한 정보에 대한 의식적 회상, 즉, 일반적으로 '기억한다'라고 하는 것을 포함한다.

이런 점에서 외현기억은 사실, 관념, 시간에 대한 기억, 요컨대 언어적 진술이나 시각적 이미지의 형태로 의식적으로 불러낼 수 있는 정보에 대한 기억이라 말할 수 있다. 이 유형의 기억은 기억이라는 일반적 의미에 부합한다. 친구의 이름, 지난 여름의 휴가, 오늘 아침에 나눈 대화를 의식적으로 기억한다. 외현기억은 사람에게서도 연구할 수 있고, 다른 동물에게서도 연구할 수 있다. 그래서 외현기억은 의식적으로 되살려지며 대게 이미지나 단어로 표현될 수 있다. 따라서 외현기현은 다소 복잡하다. 그 기억은 해마의 내측 측두엽의 정교한 신경회로에 의존하며 기타 여러 장소에 저장될 수 있다. 장기저장은 다른 시스템을 추가하는데, 안쪽 관자엽과 해마와 기타 구조물에 위치한다.

또한 외현기억은 아주 개인적이다. 어떤 사람들은 평생 어떤 기억들을 갖고 산다. 예컨대 버지니아 울프도 그런 경우에 속한다. 그녀의 유년시절에 대한 기억은 어제나 그녀의 의식 가장자리에 있었고, 언제나 호출되어 일상과 통합될 준비가 되어 있었다. 특히 외현기억은 공간과 시간을 뛰어넘는 것을 가능하게 한다. 과거로 사라졌지만, 모종의 방식으로 우리 정신 속에 살아있는 시간과 감정을 불러낸다. 그러나 기억은 에피소드처럼 되살리는 일은 그 기억이 얼마나 중요하든 간에 단지 앨범 속의 사진을 응시하는 것과는 다르다. 기억의 회상은 창조적 과정이다. 뇌가 저장하는 것은 오직 핵심 기억뿐이라 여겨진다. 그 핵심기억은 되살려질 때, 빼고 보태고 다듬고 비트는 과정에 의해 정교해 지고 재구성된다.[44]

---

43) 에릭 캔델 외, 『기억의 비밀』, 해나무, 2016, 159쪽.
44) 에릭 캔델, 『기억을 찾아서』, 전대호 옮김, 랜덤하우스, 2009. 313쪽.

신경과학자 조지프 르두(Joseph Ledoux)는 『병렬기억』(1997)의 저서에서 "정서를 뇌에서 되돌려 놓고 그것을 인지 체계로 통합"할 것을 주장한다. 즉, 그에 따르면, "우리는 정서나 인지를 따로 떼어내 연구해서는 안 되며, 그것을 뇌에 있는 마음의 두 측면으로 연구해야 한다"[45]는 것이다. 정서기억은 경험하였거나 배운 것을 머릿속에 새겨 두었나가 감정에 기초하여 되살려 내는 심리과정이다. 일반적으로 정서과정과 인지과정의 차이점은 정서처리가 종종 신체반응으로 이어지는 반면, 인지과정은 또 다른 인지 처리로 이어진다. 인지는 특수한 형태의 반응을 불러일으키는 사례가 거의 없는 반면, 정서는 대게 반응을 일으킨다.[46]

인간의 학습과 기억을 분류하는 방법은 여러 종류가 있다. 하지만 인간의 뇌가 학습과 기억을 분류하는 방법은 동물의 것과 약간의 차이가 있다. 그것은 바로 언어다. 인간은 자신이 학습하여 기억하고 있는 내용의 부분을 많은 사람들에게 전달할 수 있는 능력이 있다. 물론 기억하고 있는 모든 사실을 그와 같이 언어로 표현할 수 있는 것은 아니다.[47] 따라서 인간의 기억은 언어를 사용해서 다른 사람에게 전달할 수 있는가 없는가에 따라 크게 외현기억과 비서술기억으로 구분하고 있는 것이다.

① 의미기억

앞서 살펴보았듯이, 기억의 종류는 다양하다. 즉 서술기억은 의미기억으로 분류한다.[48] 즉, 사실에 대한 기억, 특정한 사건과 상관없는 사실에 관한 기억을 의미기억(semantic memory)이라 부른다. 예컨대 "금은 녹슬지 않는다", "다이아몬드는 물렁물렁하지 않다"라는 정보를 담은 기억은 의미기억의 범주에 속한다. 내가, 언제 어디서 무엇을 했다는 것에

---

45) 스티븐 핑커 외, 앞의 책, 16-17쪽 재인용.
46) 스티븐 핑커 외, 『마음의 과학』, 이한음 옮김, 와이즈베리, 2012, 330-331쪽.
47) 이대열, 『지능의 탄생』, 바다출판사, 2017, 196쪽.
48) 강봉균, 「기억의 생물학적 기질」, 『호모 메모리스』, 책세상, 2016, 363쪽.

대한 기억인 일화기억과 지식이나 사실 등이 내가 알고 있는 많은 것에 대한 기억인 의미기억이 외현기억에 해당한다. 특히 의미기억은 이 유형의 정보를 회상하는 동물이나 인간은 어떤 특정한 과거 시간을 되새길 필요가 없다. 다만 특정 대상들이나 냄새들이 익숙하다는 것만 확인하면 된다. 그래서 사실기억은 의미기억이며, 사건과 사물에 대한 의미와 지식에 대해 기억한다. 즉, 사물의 용도와 사건의 목적을 추출하여 의미로 대응시킨 기억이다. 이런 점에서 의미기억은 일화기억의 의미를 기억하는 뇌의 작용인 것이다. 기억을 바탕으로 생성된 내면의 세계는 개인마다 모두 다르며, 일어난 사건에서 의미를 생성하는 능력은 개인 별로 차이가 크다.[49] 따라서 의미기억은 단순히 경험과 안쪽 관자엽이 제공한 도움의 결과로서 피질의 저장소들에 축적된다. 이렇게 의미기억은 사물의 용도와 행동의 목적을 표상하는 신경회로망의 네트워크에서 서서히 생겨난다. 이것을 토대로 의미기억에 대비되는 것이 일화기억이다.

② 일화기억

일화기억((episodic memory, 언제, 어디서 무엇을 했느냐에 관한 기억)은 자신의 삶에서 일어난 사건들에 대한 자서전적 기억이다. 의미기억과 다르게 일화기억은 사건이 일어난 시간과 장소(장소기억)를 알려주는 공간적, 시간적 표지를 저장한다. 일화기억은 이야기로 표현될 수 있는 사건에 대한 기억이며, 사건이 일어난 장소, 시간 정보가 사건기억의 인출단서가 된다. 사건의 구성요소를 시간 순으로 엮어서 이야기를 구성하는 기억이 일화기억이다. 그래서 일화기억은 외현기억에 중요한 역할을 한다. 서술적 기억 중에서 과거의 어떤 특정한 시점에 특정한 장소에서 자신이 어떤 일을 경험했는가를 기억한다. 일화기억에는 시간이라는 개념이 들어 있다. 예컨대 일화기억은 어느 날 저녁에 어떤 친구와 특정

---

49) 박문호, 『박문호박사의 뇌 과학공부』, 김영사, 2017, 329쪽.

한 식당에서 저녁을 먹었는지를 기억하는 것, 어제 본 영화의 내용, 출근하면서 보았던 일 등과 같은 부류이다. 오늘날 학자들은 동물이 인간으로 진화하는 과정의 어느 순간에 도약이 일어난다는 것에 동의한다. 그 도약을 통해 뇌의 부피, 특히 아마엽의 크기가 증가하면서, 새로운 기억 능력이 형성된다. 예컨대 사람들이 어느 장소에서 먹을거리나 은신처를 어떻게 발견하게 되었는지, 그 과정에서 어떤 사건들이 일어났는지, 어떤 위험들에 맞닥뜨리고 뜻밖에 어떤 즐거운 일들을 겪었는지에 대해 기억할 수 있게 된다. 그렇게 발생한 기억이 일화기억인 것이다. 이러한 일화기억의 명칭은 기본적으로 방금 우리가 제시한 설명을 요약한 것에 불과하다.

에피소드(episode, 일화)라는 단어에는 고대 그리스 명사 호도스(hodos)와 전치사 에피(epi)가 들어 있다. 전자는 길을 뜻하고 후자는 위에를 뜻하는 독일어 auf나 über로 번역된다. 따라서 에피소드란 어딘가로 가는 길 위에서 일어난 일을 뜻한다. 오늘날 어법에서도 에피소드의 의미에는 장면화가 한 요소로 포함된다. 에피소드를 언급할 때 항상 어떤 연속적인 이야기 속에 들어 있는 특정한 사건을 염두에 둔다.[50] 이렇게 일화기억과 의미기억은 양자(兩者) 모두 서술기억에 해당한다. 정보는 의식적으로 되새겨지고, 되새겨지는 주체는 자신이 저장된 정보에 접근하고 있음을 안다. 일화기억은 특정 시간과 장소에 대한 기억과 의미기억(사실에 대한 기억)의 구분은 유효하다. 일화기억은 피질저장소들과 안쪽 관자엽과 이마엽의 협동을 필요로 한다. 이 모든 구역이 협동해야 과거 경험이 발생한 때와 장소를 저장할 수 있다. 일화기억의 본성은 기억에서 하는 이마엽이 하는 역할을 한다. 그렇게 하여 일화기억의 본질은 출처기억(source memory) 또는 회상(recollection)이라는 용어에서 잘 드러난다. 즉 일화기억의 특징은 정보를 어디 어디에서 획득했는지를

50) 한나 모니어·마르틴 데스만, 『기억은 미래를 향한다』, 전대호 옮김, 문예출판사, 2017, 76쪽.

회상하는 기능이다.[51] 이마엽은 출처정보를 보유하고 일화기억의 일관성을 유지하는데 결정적인 구실을 한다. 예컨대 피노키오 이야기 속에서 금붕어의 이름을 어디에서 배웠는지 망각할 때처럼, 과거 시간의 내용이 그것의 원래 출처와 분리되면 그 내용은 다른 출처와 연결되거나 다른 출처에서 나온 내용과 재조합될 수 도 있다.

일화기억은 해마를 필요로 하지만, 절차기억은 해마가 없어도 된다. 일화기억을 형성하는 일이 해마에서 일어난다면, 절차적 학습은 뇌의 어느 부분에서 일어날까? 여기서 절차적 학습은 기저핵이라고 불리는 영역에서 일어난다. 기저핵이 절차적 학습에 관련하여 중요한 역할을 한다는 증거를 보여주는 연구 가운데 많은 수가 T자 미로를 학습하는 쥐 연구에서 찾아 볼 수 있다.[52] 예컨대 해마가 손상된 쥐들은 분기점에 도달했을 경우, 무조건 오른쪽을 도는 것이 좋다는 것은 학습했지만, 막을 것이 있는 장소 자체를 학습하는데 실패한 반면, 기저핵이 손상된 쥐들은 먹을 것이 있는 장소를 기억할 수 있다. 그 곳에 도달하기 위해 오른쪽으로 도는 것이 올바른 방법이라는 것을 학습하지 못한 것이다. 이렇게 일화기억은 절차적 학습에 중요한 역할을 한다.

2) 암묵기억(비서술기억)

암묵기억은 의식적으로 기억하려고 하지 않거나 경험했다는 것을 기억하지는 못해도, 과거의 경험으로 이후에 행동, 기술, 습관, 감정 등에 변화가 나타나는 것을 의미한다. 암묵기억은 몸의 기억이라 말할 수 있다. 암묵기억에는 자전거 타기나 수영 등 운동 능력이 경험과 훈련을 거쳐 기술향상으로 나타나는 절차기억(procedural memory: 기술기억이

---

51) 박문호, 위의 책, 243-244쪽.
52) 이대열, 앞의 책, 199쪽.

라고도 함.)은 서술적 기억과는 다르게 기억의 내용을 의식하지 못하더라도 반복 훈련을 통해 형성되는 기억이다. 예를 들어 자전거를 타거나 악기를 연주하는 것처럼 복잡한 기술을 연마하는 것은 수 없이 많은 반복 훈련을 거쳐서 이루어진다. 그렇게 한번 동작을 익히고 나면, 시간이 한참 흐른 후에도 잊히지 않지만, 다른 사람에게 말로 설명해서 가르쳐 주기는 힘들다. 아이에게 자전거 타는 법을 가르치기가 얼마나 힘든지 생각해 보라. 또한 절차기억은 그 내용을 여러 부분으로 나누어 각 부분이 어떤 순서로 연결되어 있는지 의식적으로 회상하기 힘들다. 각 부분들이 전체로 기억되는 것이다.[53] 우리가 잘 의식하지 못하며 말로 표현할 수 없는 기억이다. 이를테면 암묵기억은 우리 몸에 밴 기억이다. 운동 기술, 습관 같은 것들이 대표적인 절차기억이다. 이런 기억은 말로 표현하기 어렵다. 비서술기억이라고도 하고 무의식적으로 표현되므로 암묵기억이라 말한다.

이렇게 암묵기억은 의식적으로 되살리지 않는 형태의 기억이다. 암묵기억은 단순한 지각 및 운동 솜씨의 원인일 뿐 아니라 김연아의 피겨 스케이팅 솜씨, 트럼펫 연주의 기술, 자전거를 타는 소녀의 동작이 원인이기도 하다. 암묵기억은 우리가 의식적으로 통제되지 않는 일상을 안정되게 살아갈 수 있도록 이끈다.[54] 비서술기억은 서술기억과 마찬가지로 경험에서 비롯되지만, 회상으로 표출되는 것이 아니라 행동의 변화로 표출된다. 서술기억과 다르게 비서술기억은 무의식적이다. 비서술 기억은 지각솜씨, 운동솜씨, 인지솜씨, 및 습관에 관한 정보를 무의식적 활동과 관련 있다.[55] 비서술기억의 학습은 그 시스템들에 위치한 뉴런들의 효율을 직접 변화시킨다. 물론 비서술 학습에도 흔히 회상 능력이 동반될 수 있다. 예컨대 우리는 운동 솜씨를 학습한 다음에 그 솜씨에 관해 무엇인가

53) 이대열, 앞의 책, 197쪽.

54) 에릭 캔델, 『기억을 찾아서』, 311쪽.

55) 에릭 캔델 외, 『기억의 비밀』, 해나무, 2016, 50-51쪽. 249쪽.

기억해 낼 수 있다. 이러한 비서술기억은 형태가 다양하며 편도체, 소뇌, 선조체 등의 다양한 뇌 구역뿐 만 아니라 반사적 과제 수행에 동원되는 특수한 감각 및 운동 시스템 등에도 의존한다고 여겨진다.[56]

이렇게 기억연구에서 주로 다루어져 온 의식적 경험이 수반되는 외현기억만이 아니라 의식적 경험이 수반되지 않는 암묵기억도 최근 기억연구의 중요한 관심사가 되고 있다. 특히 암묵기억은 기억 장애 환자나 점화나 절차기억 능력이 보존되어 있다는 결과와 관련하여 집중적으로 연구되고 있다.[57] 이런 관점에서 의미기억과 일화기억이 서로 다른 기억으로 구분되는지 아니면 두 기억을 단일한 기억체계로 설명할 수 있는가는 여전히 기억체계 이론의 논쟁중 하나다.

4. 기억의 현대적 의미

앞서 살펴본 것처럼, 우리가 인지혁명을 통해 기억의 구성체계를 분석하고 현대적 의미에서 재조명하는 이유는 다양하다. 우리 인간들은 기억없이는 한 발짝도 이 세상을 살아갈 수 없으며, 우리는 매일 기억을 떠올리면서 또한 망각하면서 좋든 싫든 살아간다. 그러면 최근 들어 집단기억, 문화적 기억, 사회적 기억, 기억의 터, "므네모시네(Mnemosyne)"[58], 기억의 공간, 기억의 정치와 같은 담론들이 범람하는 이유는 무엇일까? 그동안 학문적 관심을 그다지 갖지 못했던 기억이 새롭게 조명되

53) 위의 책, 66쪽.

57) 이정모·박희경, 앞의 논문, 34쪽.

58) 기억을 뜻하는 고대 그리스말 므네모시네는 학문과 예술을 관장하는 무사이(Mousai) 신들을 낳는 여신이었다. 기억은 사람이 갖고 있는 모든 앎의 기원이다. 하지만 그녀를 만나고자 하는 사람은 먼저 망각의 여신 레테(Lethe)를 만나야 하는데, 이는 사람의 기억이 언제나 망각의 위험 앞에 놓여 있다는 점을 상징적으로 나타낸다(장영란, 「기억과 상기의 신화와 철학」, 『철학과 현상학 연구』, no. 45. 한국현상학회, 2010, 142-144쪽 참조).

는 이유는 무엇인가?

첫째, 기억은 인지의 주된 정신작용이며 의식에 기반한다. 여기서 인지과정 중에서 있는 기억의 개념적 정의를 필요로 한다. 인간의 3대 일반적 핵심능력인 수명, 인지능력, 감정이다. 그 중에서 인지능력, 즉 그 주된 영역은 기억력이 그 핵심을 이룬다.59) 이를테면 인간은 기억하는 인간이다. 기억을 인지하면 감정, 언어, 의식을 뇌 과학의 관점에서 살펴볼 수 있다. 기억은 오랫동안 밝혀지지 않은 뇌 작용이었으며, 한동안 행동심리학에서는 기억이라는 용어를 일부러 회피했다. 그러나 지난 30년간 뇌 과학에서 집중적인 연구가 수행된 분야가 바로 기억이다. 기억 관련 뇌 연구는 해머라는 뇌 영역에서 집중되었다. 왜냐하면 해머에서 우리 삶의 전 과정이 이야기로 만들어 지기 때문이다. 지난날을 회상하는 자전적 일화기억이 바로 매 순간 우리의 자아를 만들어 낸다.60)

기억능력은 인간의 인지능력이다. 어떻게 신경계가 학습하고 기억하는지, 그 방법에서 상당한 진보가 이루어졌다고 말하는 것은 오해를 불러일으킬 뿐이다. 왜냐하면 어떤 것을 학습하거나 기억하는 것은 신경계가 아니라 동물이기 때문이다.61) 기억은 다양한 별개의 분리 가능한 과정들로 구성되어 있다. 오랜 역사를 거치면서 **마음은 인지, 감동, 동기의 3대 요소**가 개별적인 것이 아니라 상호 연관되어 있는 것으로서 인식되어 왔다. 물론 이 세 가지의 요소는 서로 뚜렷이 구별되는 별개의 능력을 갖고 있는 것으로 간주되어 왔다. "행동주의자들이 득세"62)하면서 심리

---

59) Nick Bostrom, "Why I Want to be a posthuman When I Grow Up ", Bert Gordijn·Ruth Chadwick (eds.) Medical Enthancement and Posthumanity(Spring, 2008), 107-137쪽.

60) 박문호, 『박문호박사의 뇌과학공부』, 311쪽.

61) Brenda Milner, Larry R. Squire and Eric R. Kandel, *Cognitive neuroscience and the Study of memory,* Neuron, 20(1988), 446쪽. Vgl. 맥스웰 베넷 외, 『신경과학의 철학』, 이을호 외 옮김, 사이언스 북스, 2013, 310쪽.

62) 존 왓슨 1930년대에 다음과 같이 썼다. "행동주의자들의 견해에 따르면, 심리학은 자연과학의 순수하게 객관적인 실험분과이다. 심리학의 이론적 목적은 행동의 예측과 통제

학은 마음 전체를 무시했다. 행동주의 심리학과 인지심리학의 통합, 신경과학과 분자생물학의 통합에 의한 새로운 정신과학은 진지한 사상가들이 수천 년 동안 고민한 철학적 질문들을 다루어 왔다. 인지는 "지각하고 느끼고 이해하고 판단하고 의지하는 등의 활동에 포함되는 정신적 과정을 총칭하는 용어로서, 감각, 지각, 추리, 정서, 지식, 기억, 결정, 소통 등의 개체적 및 간 개체적 수준의 정신작용 모두를 포괄"63)하고 있다. 인지는 주의를 기울이고 확인하고 행동하기 위해 뇌가 수행하는 고차원의 주문 처리 과정이다. 말하자면 인지는 우리의 사고와 결정, 행동과 이에 동반하는 분위기에 해당한다.64) 기억은 생각, 경험, 행동 속에 반영되는 지속적인 표상으로 정의된다.65) 또한 기억이란 자료, 능력, 감정과 같은 정보를 보존하고 이 정보를 필요에 따라 호출하는 과정으로 정의한다. 학습은 그러한 표상들을 얻는 것인데, 뇌의 여러 영역들과 활동들이 표상에 관여한다. 사람의 기억은 놀랄 정도로 한계가 있으며, 아울러 놀랄 정도로 인상 깊은 능력을 갖는다. 예컨대 기억은 의식과 시간사이의 관계, 기억의 개인적인 측면과 역사적 측면사이의 관계, 생각하는 의식 주체가 우리의 인과성 개념을 바꾸어 놓았는지의 여부 등과 연관된다.

유발 하라리는 컴퓨터의 감각, 욕망, 고도된 의식에 대해 묻는다. 즉, 컴퓨터에는 감각이나 욕망이 없을까? 지금 감각이나 욕망이 없다고 할지라도 복잡하게 고도화되면 의식이 생기는 것이 아닐까? 그런 일이 일어난다면 우리는 고도화된 의식을 어떻게 알 수 있을까? 컴퓨터기사 운전기사, 교사, 정신과 의사를 대체하면, 그들이 느낄 수 있는지 아니면 마

이다. 내성은 심리학의 방법들의 본질적인 부분을 전혀 형성하지 않으며, 심리학 자료들의 과학적 가치는 그 자료들을 기꺼이 의식의 면에서 해석하는 일에 맡기는 데에 의존하지 않는다."(숀 갤러거, 단 자하비, 『현상학적 마음』, 박인성 옮김, 도서출판b, 2015, 35-36쪽)

63) 조정환, 『인지자본주의』, 갈무리, 2011, 12쪽.

64) 레처드 레스택, 『인간적인 너무나 인간적인 뇌』, 홍승호 옮김, 휴머니스트, 2016, 52쪽.

65) Bernard J. Baars, 『인지, 뇌, 의식』, 강봉균 옮김, 교보문고, 2012, 249쪽.

음이 없는 알고리즘들의 집합에 불과한지 어떻게 알 수 있을까? 등 다양한 질문을 던진다.

현재 인간들은 의식적인 마음의 경험과 무의식적인 뇌의 활성을 구별할 수 있다는 것이다. 인간들이 의식을 대체로 이해하기까지는 아직 멀었다는 것이다. 과학자들은 의식의 진기화학적 특징들 가운데 일부를 확인하는데 성공했다. 과학자들은 식물인간처럼 보이는 뇌졸중환자가 의식을 완전히 잃었었는지, 아니면 몸과 언어를 통해 통제하는 능력을 잃었을 뿐인지를 알아낼 수 있다. 그 환자의 뇌가 의식의 분명한 특징들을 내보이면 그는 움직이거나 말할 수 없어도 의식이 있는 것이다. 최근 의사들은 기능 자기공명영상을 이용하여 그런 환자들과 의사소통을 하는데 성공했다. 의사들은 환자들에게 예/아니오로 답해야 하는 질문들을 하고 답이 '예'이면 테니스 치는 상상을 하게하고, '아니오'이면 자기 집이 있는 곳을 떠올리게 했다. 그런 이후 환자들이 테니스 치는 상상을 할 때는(예라는 의미) 운동피질이 활성화하는 반면, 아니오라고 생각할 때는 공간기억에 관여하는 뇌 부위들이 활성화되는 것을 관찰할 수 있었다.[66]

둘째, 기억은 인문학영역에 이르기까지 침투해 들어오는 인지과학, 신경과학과 같은 자연과학의 도전에 대해 인문학은 기억의 문화적 현상을 규명한다. 이를테면 기억은 근본적으로 "문화적 현상"[67]이다. 기억은 오늘날 철학, 심리, 문학, 예술, 사회, 정치의 문화적 현상이 되어 가고 있다. 기억은 우리의 삶을 주조하고 우리의 사회적, 문화적 성격을 구성한다.[68] 기억은 단지 과거의 사건을 현재에 있는 그대로 재현하는 것이 아니다. 기억을 해본 사람이라면 기억이 과거의 재구성이라는 사실을 잘 인지한다. 기억하려고 해도 잘 생각나지 않던 것이 갑자기 기억되기도

66) Dehaene, Consciousness and the Brain, Vgl. 유발 하라리, 『호모 데모스-미래의 역사-』, 김명주 옮김, 김영사, 2017, 170쪽.

67) 이에 대한 자세한 내용은 다음을 참조: 신응철, 「문화적 기억과 자기이해 그리고 책임기억」, 『해석학연구』, 제35집, 한국해석학회, 2014, 201-230쪽.

68) 이진우, 『호모 메모리스-기억과 망각에 관한 17가지 해석』, 책세상, 2014, 8쪽.

하고, 기억된 것도 왜곡되어 종종 나타나곤 한다. 기억은 개인적 정체성의 연속을 위해 필수적일 뿐 아니라 문화의 전수와 사회의 진화 및 연속을 위해서도 필수적이다.[69] 새로운 정신과학의 통찰은 뇌가 기억을 저장하기 위해 사용하는 분자적 메커니즘에 대한 지식에서 분명하게 드러난다. 우리는 왜 이미 지나가 버린 1987년 민주화운동과 같은 특정한 대상들이나 사건에 대해 주의를 기울이고, 기억하며, 생각할까? 왜 우리는 무엇인가를 기억하기 위해 〈암살〉, 〈밀정〉, 〈군함도〉, 〈1987〉과 같은 영화를 제작하고, 기념비를 세우고, 기록보관소를 만들고, 기억의 조형물을 설치할까? 그 이유는 기억이 문제풀이의 필수적인 능력을 지녔기 때문일 것이다. 기억은 인간행동의 가장 두드러진 측면 중의 하나다. 참혹한 기억은 우리들의 삶에 손상을 입힌다. 홀로코스트, 6.25 전쟁, 일제강점기, 87년 6월 항쟁, 80년 5.18.광주민주화운동, 외상 후 스트레스 장애 등이 그러하다.

기억은 우리가 여러 사실들을 한꺼번에 늘어놓음으로써 일상에서 만나는 문제들을 풀 수 있게 해 준다. 기억은 〈암살〉, 〈밀정〉, 〈군함도〉, 〈1987〉과 같은 영화를 보면서 생각, 경험, 행동 속에 반영되어 지속적으로 표상된다. 또한 이 영화를 통해 우리의 기억은 자료, 능력, 감정과 같은 정보를 보존하고 이 정보를 개인의 필요에 따라 호출하는 과정으로 나타난다. 학습은 그러한 표상들을 얻는 것인데, 뇌의 여러 영역들과 활동들이 표상에 관여한다. 사람의 기억은 놀랄 정도로 한계가 있으나, 아울러 놀랄 정도로 인상 깊은 능력을 지녔다. 예컨대 기억은 〈암살〉, 〈밀정〉, 〈군함도〉, 〈1987〉 영화에서 의식과 시간사이의 관계, 기억의 개인적인 측면과 역사적 측면사이의 관계, 생각하는 의식 주체가 우리의 인과성 개념을 바꾸어 놓았는지의 여부 등과 연관된다.

셋째, 기억은 인간의 행동의 가장 두드러진 측면 가운데 하나다. 그래

69) 에릭 캔델, 『기억을 찾아서』, 9쪽.

서 기억은 우리가 여러 사실들을 한꺼번에 늘어놓음으로써 일상에서 만나는 경험이나 체험에서 오는 문제들을 풀 수 있게 해 준다. 기억은 문제풀이에 필수적인 능력이다. 기억은 우리의 삶의 연속성을 제공한다. 기억은 과거에 대한 정합적인 상(像)을 제공하고, 그 상은 현재의 경험을 일목요연하게 정리한다. 기억의 결합력이 없다면, 경험은 살아가는 동안에 만나는 무수한 조각들로 파편화될 것이다. 기억이 제공하는 정신적 시간 여행이 없다면, 우리의 개인사는 알지 못할 것이며, 우리 삶의 이정표로 작용하는 기쁨의 순간들을 회상할 길이 없을 것이다. 우리의 기억 과정은 우리가 기쁜 사건들을 쉽게 떠올릴 수 있고, 악몽 같은 사건들과 실망스러운 일들의 정서적 충격을 쉽게 희석할 수 있을 때 우리에게 봉사할 수 있을 것이다.

철학자 베르그송은 『물질과 기억』(1896)[70]에서 기억을 시간의 관점에서 주관적 경험에 부속되기 때문에 직관적이고 주관적인 개인의 의식이 철학적 성찰의 주요한 요소라 간주한다. 베르그송의 『물질과 기억』은 『시론』에서 전개한 연속적 질적 변화인 '지속'의 개념을 '기억'이론 중심으로 발전시켰다.[71] 베르그송의 『창조적 진화』(1907)에서는 지속, 기억에 바탕을 둔 '진화'의 주요개념이 등장한다. 베르그송은 연속적인 변화, 즉 『시론』에서의 '지속'을 순간적으로 파악한 것을 '이미지'라고 불렀다. 또한 그 이미지들을 뇌라는 또 다른 이미지를 통해 포착해 형성한 것을 '지각'이라 불렀다. 이런 지각에 의해 구성된 것이 바로 '기억'이다. 베르그송은 우리의 지각표상이 거의 기억으로 채워져 있다고 말한다. 심리학자들은 이것을 잘 보여 주고 있으며, 베르그송도 여기에 전적으로 동의한다. 베르그송이 『물질과 기억』 2장에서 기억에 관한 고찰 부분이 많은 분량 기억에 할당하는 이유도 거기에 있다. 특히 심리학자들은 우리의 지각이 기억에 의해 끊임없이 재구성되고 있다는 것을 보여 주고

70) 앙리 베르그송, 『물질과 기억』, 최화 옮김, 자유문고, 2017.
71) 황수영, 『물질과 기억, 시간의 지층을 탐험하는 이미지와 기억의 미학』, 그린비, 2007.

있다.[72)]

베르그송은 기억이 신체와 정신에 동시에 작용하여 결과적으로 그 둘을 연결 짓는 매개가 된다고 생각했다. 베르그송은 이 기억을 운동능력이나 언어능력과 같이 반복된 신체 활동을 통해 습득된 습관기억과 어떠한 노력 없이 떠올려지는 이미지 기억의 둘로 나누었다. 습관기억은 어떠한 삶의 유용성을 목표로 구성되는 데 반해 이미지기억은 유용성과는 관계없이 무의식적으로 작용한다는 차이가 있다. 베르그송은 연속적인 변화를 순간적으로 파악한 것을 이미지라고 불렀고, 그 이미지들을 뇌라는 또 다른 이미지를 통해 포착해 형성한 것이 지각인데 이런 지각에 의해 구성된 것이 바로 기억이라 했다. 그 이전에는 기억은 개인적이고 심리적인 차원에서 한정하여 접근했지만, 역사적, 사회적 학문적인 본격적 논의는 프랑스의 사회학자였던 모리스 알바크(Maurice Halbwachs)에 의해 시작되었다. 집단기억을 창안해 낸 알바크는 베르그송의 기억이론에 많은 영향을 받았다.

알바크는 베르그송과 같은 철학자들이 말하는 기억을 사회적, 집단적, 구성적 관점에서 다시 바라보면서 이를 집단기억이란 개념으로 표현했다. 즉, "집단기억은 시간적, 공간적으로 제한된 집단이 갖는 특수한 기억이다. 우리는 과거의 사건들이 가지는 전체성을 단지 유일한 상(像)에 대한 전체에서 조합하여 그 과거의 사건들을 회상 속에 지니고 있는 각 집단의 기억으로부터 그 사건들을 분리한다. 그리고 그 사건들이 발생했던 당시 사회적 환경 범위 안에서, 그 환경과 관련된 심리적 삶과 결부된 굴레를 분리한다. 마지막으로 그 집단의 연대기적 공간적 도식만을 취한다."[73)] 예컨대 영화 〈화려한 휴가〉, 〈택시운전사〉, 〈1987〉과 같은 민주화운동의 역사에 대한 집단기억이라는 것이 자민족 역사에 대한 무조건

---

72) 황수영. 위의 책, 83쪽.

73) Maurice Hallwachs, *Das kollektive Gedächnis,* Frankfurt. am. Main,1985, 72쪽.

적인 숭배만을 의미하는 것은 아니다. 역사에 대한 기억은 다양한 모습으로 다시 상기된다. 일제 강점기 위안부 할머니를 기억하기 위해 소녀상 세우기, 1948년 제주 4.3항쟁 다시 기억하기, 한국전쟁 민간인학살 사건 발굴, 1980년 광주민주화항쟁 재평가, 1987년 6월 항쟁, 다시 기억하기 등이 이런 사례에 속한다.

넷째, 기억은 단지 과거의 사건을 현재에 있는 그대로 재현하는 것이 아니다. 예컨대 영화 〈1987〉에서 보듯이, 과거 1987년 민주화 운동의 기억을 해본 사람이라면, 기억이 과거의 재구성이라는 사실을 잘 인지한다. 기억하려고 해도 않 되던 것이 갑자기 영화를 통해 기억되기도 하고, 기억된 것도 때로 왜곡되어 나타나기도 한다. 과거 1987년과 같은 민주항쟁의 집단기억은 향후 우리의 역사과제에 대한 문제풀이여야 한다. 왜냐하면 과거의 집단기억은 우리 미래의 삶에 연속성을 제공하기 때문이다. 기억은 과거에 대한 정합적인 생각을 제공하고, 그 생각은 현재의 경험을 일목요연하게 정리할 수 있어야 한다. 기억의 결합력이 없다면, 경험은 살아가는 동안에 만나는 무수한 조각들로 파편화될 것이다. 영화 〈1987〉과 같은 집단기억이 제공하는 정신적 시간 여행이 없다면, 우리의 개인사는 제대로 인지하지 못할 것이며, 우리의 미래에 대한 삶의 이정표로 작용하는 2017년 촛불항쟁과 같은 승리의 순간들을 회상할 길이 없을 것이다. 우리의 기억 과정은 우리가 승리의 사건들을 쉽게 떠올릴 수 있고, 악몽 같은 사건들과 실망스러운 일들의 정서적 충격을 쉽게 희석할 수 있을 때 우리에게 소중한 자산으로 다가갈 수 있을 것이다.

다섯째, 기억연구(인지심리학, 인지신경과학, 신경병리학 등)가 상이한 많은 학문 분야를 포함하는 연구 영역의 핵심적인 발견들 중 하나는 기억이 마음의 단일한 능력이 아니라는 점이다. 오히려 기억은 다양한 별개의 분리 가능한 과정들로 구성되어 있다. 단기간의 정보를 보존할 수 있을 때, 기술을 학습하고, 습관을 습득할 때 일상의 사물들을 알아볼 때, 개념적인 정보를 보유할 때 관련된 기억이 있으며, 우리가 과거의 특정사건들을 회상할 때와 관련된 기억이 있다.[74] 이런 점에서 인지인문학과 연관하여 기억의 주제에 주목하는 것은 이러한 학제 간 성격 때문이다. 기억은 철학, 역사학, 종교학, 문학, 심리학, 사회학, 정치학, 그리고 인지과학, 신경과학과 같은 자연과학도 관여한다. 인간의 기억을 공부하려면 생화학, 세포생물학, 분자생물학, 신경과학, 신경해부학, 인지과학, 생리심리학, 그리고 진화심리학이 필요하다. 이들 각 과학영역이 협력하여 인간이 생각한다는 현상이 무엇인지를 밝혀야 한다.[75] 따라서 인간을 이해하는 과정의 핵심은 인간 뇌가 생성하는 기억이라는 현상을 파악하는 것이다. 이런 점에서 "저명한 심리철학자인 대니얼 데닛(Daniel Dennett, 1942~2024)"[76]의 표현에 따라 "기억의 기본적 의미는 유용한 정보를 저장하고 정확하게 그것을 복구하는 능력이며, 현재의 순간에 우리에게 유용하도록 만드는 것이다."[77]

참고문헌

가자니가, 마이클 S. 『윤리적 뇌』, 바다출판사, 2010.

강봉균, 「기억의 생물학적 기질」, 『호모 메모리스』, 책세상, 2016.

갤러거, 숀, 자아비, 단, 『현상학적 마음』, 박인성 옮김, 도서출판 b, 2015.

---

74) D. L., Schacter, *Searching for Memory: The Brain, the Mind and the Past,* New York: Basic Books, 1996, 5쪽.Vgl, 숀 갤러거, 단 자아비, 『현상학적 마음』, 박인성 옮김, 도서출판 b, 2015, 130쪽.

75) 박문호, 『박문호박사의 뇌과학공부』, 김영사, 2017, 311쪽.

76) 지난 2013년 스위스 싱크탱크 GDI(Gottlieb Duttweiler Institute)는 100대 글로벌 사상가를 발표한 바 있다. 목록 대상은 경제학자, 심리학자, 저술가, 정치학자, 물리학자, 인류학자, 생물학자, 기업가, 신학가등을 망라했다. 그런데 100대 목록 최상위 중 네 명이 철학자였다. 그 네 사람은 1위, 슬로보예 지젝, 2위, 대니얼 데닛, 3위, 피터 싱어, 4위, 위르겐 하버마스였다(피터 싱어, 『더 나은 세상-우리 미래를 가치 있게 만드는 83가지』, 박세연 옮김, 예문 아카이브, 2017, 58쪽).

77) C. Westbury and D. C. Dennet, *Mining the past to Construct the Future,* 2000, 13쪽.

구연상, 「기억의 우리말 뜻매김」, 『현대유럽철학연구』, 제48집, 2018.
권준수, 「뇌, 융합의 총화-정신현상, 뇌의 기능으로 환원 가능한가?」, 김광웅 편, 『융합학문, 어디로 가고 있나?』, 서울대학교출판문화원, 2011.
김윤환·기억제작팀, 『KBS 사이언스 대기획 인간탐구 기억』, 예담, 2011.
김정호, 「기억과 의식」, 『인지과학』, 제7집, No.3. 한국인지과학회, 1996.
레스택, 레처드, 『인간적인 너무나 인간적인 뇌』, 홍승호 옮김, 휴머니스트, 2016.
모니어. 한나·데스만, 마르틴, 『기억은 미래를 향한다』, 전대호 옮김, 문예출판사, 2017.
박문호, 『박문호박사의 뇌과학 공부』, 김영사, 2017.
버스, 데이비드 M., 『마음의 기원』, 김교헌·권선중·이홍표 옮김, 나노미디어, 2009.
베넷, 맥스웰, 『신경과학의 철학』, 이을호 외 옮김, 사이언스북스, 2013.
베르그송, 앙리, 『물질과 기억』, 최화 옮김, 자유문고, 2017.
사미자, 「기억에 관한 이론적 고찰」, 『장신논단』, 제24집, 장로신학대학교 기독교 사상과 문화연구원, 2015.
스티븐 핑커, 스티븐 외, 『마음의 과학』, 이한음 옮김, 와이즈베리, 2012.
신응철, 「문화적 기억과 자기이해 그리고 책임기억」, 『해석학연구』, 제35집, 한국해석학회, 2014.
싱어, 피터, 『더 나은 세상-우리 미래를 가치 있게 만드는 83가지』, 박세연 옮김, 예문 아카이브, 2017.
알아스만, 알라이다, 『기억의 공간-문화적 기억의 형식과 변천』, 그린비, 2017.
이대열, 『지능의 탄생』, 바다출판사, 2017.
이영돈, 『KBS 특별기획 다큐멘타리 마음』, 예담, 2006.
이정모 외, 『인지심리학』, 학지사, 2003.
이정모, 『인지과학: 학문간 원리와 융합의 원리와 융합』, 성균관대학교출판부, 2009.
이정모, 『인지심리학 형성사, 개념적 기초, 조망』, 아카넷, 2001,
이정모·박희경, 「의미기억과 일화기억의 구분은 필요한가?」, 『인지과학』, 제11권 3. 4호, 2000.
이진우, 『호모 메모리스-기억과 망각에 관한 17가지 해석』, 책세상, 2014.

이홍철·장윤희, 「정서와 기억」, 『인지과학』, 제7집, 한국인지과학회, 1996.
장영란, 「기억과 상기의 신화와 철학」, 『철학과 현상학 연구』, Vol. 45. 한국현상학회, 2010.
제임스 E. 줄, 『뇌를 변화시키면 공부가 즐겁다』, 문수인 옮김, 돋음새김, 2011.
제임스, 윌리엄, 『근본 경험론에 관한 시론』, 정유경 옮김, 갈무리, 2018.
조정환, 『인지자본주의』, 갈무리, 2011.
조지두, 조지프, 『시냅스와 자아』, 강봉균 옮김, 동녘 사이언스, 2011.
처치랜드, P.M., 『물질과 의식-현대심리철학입문-』, 석봉래 옮김, 서광사, 2007.
최종덕, 「시냅스 철학의 존재론적 전환」, 『과학철학』, 제12집, 한국과학철학회, 2009.
캔델, 에릭 외, 『기억의 비밀』, 해나무, 2016.
캔델, 에릭, 『기억을 찾아서』, 전대호 옮김, 랜덤하우스, 2009.
핑커, 스티븐 외, 『마음의 과학』, 와이즈베리, 2012.
하라리, 유발, 『사피엔스』, 조현욱 옮김, 김영사, 2016.
하라리, 유발, 『호모 데모스 -미래의 역사-』, 김명주 옮김, 김영사, 2017.
한국심리학회 편, 『현대심리학의 이해』, 학문사, 1998.
한상훈, 「기억의 망각과 목적」, 이진우 외, 『호모 메모리스』, 책세상, 2014.
황수영, 『물질과 기억, 시간의 지층을 탐험하는 이미지와 기억의 미학』, 그린비, 2007.
Bernard J. Baars, 『인지, 뇌, 의식』, 강봉균 옮김, 교보문고, 2012.
Bostrom, Nick, "Why I Want to be a posthuman When I Grow Up ", Bert Gordijn·Ruth Chadwick (eds.) Medical Enthancement and Posthumanity, Spring, 2008.
Dehaene, Consciousness and the Brain,
Hallwachs, Maurice, *Das kollektive Gedächnis,* Frankfurt. am. Main,1985.
Malcolm, N., "The forms of memory, in Knowledge and Certainty", (Englewood Cliffs NJ:Prentice Hall. Inc,. 1963.
Schacter,D. L., *Searching for Memory: The Brain, the Mind and the Past,* New York: Basic Books, 1996,
Sperry, R., "The future of psychology," in: *American psychologist*, 50,

1995.

Troby, J., & Cosmids, L., "Psychological foundation of culture," In: J. Barkow L., Cosmides & J. Tooby(Eds.), *The adapted mind,* New York: Oxford University Press, 1992.

Westbury,C. and Dennet, D. C., *Mining the past to Construct the Future,* 2000.

찾아보기

(ㄴ)

(ㄷ)

(ㄹ)

(ㅁ)

(ㅂ)

(ㅅ)

(ㅇ)

(ㅈ)

(ㅊ)

(ㅋ)

(ㅌ)

(ㅍ)

(ㅎ)